韓日対訳

韓国語基本語彙意味頻度辞書

한일
대역 한국어 기본 어휘·의미 빈도 사전

말뭉치 기반 국어 연구 총서 28

韓日対訳
韓国語基本語彙意味頻度辞書

한일
대역 한국어 기본 어휘·의미 빈도 사전

徐尚揆 서상규 著

大井秀明 오오이 히데아키 訳

한국문화사

말뭉치 기반 국어 연구 총서 28

韓日対訳
韓国語基本語彙意味頻度辞書
(한일 대역 한국어 기본 어휘·의미 빈도 사전)

1판1쇄 발행   2017년 02월 20일

지은이 서 상 규(徐尙揆)
옮긴이 오오이 히데아키(大井秀明)
꾸민이 홍 윤 환
펴낸이 김 진 수
펴낸곳 **한국문화사**
등   록 1991년 11월 9일 제2-1276호
주   소 서울특별시 성동구 광나루로 130 서울숲IT캐슬 1310호
전   화 02-464-7708
팩   스 02-499-0846
이메일 hkm7708@hanmail.net
홈페이지 www.hankookmunhwasa.co.kr

ISBN 978-89-6817-464-3   93710

이 도서의 국립중앙도서관 출판예정도서목록(CIP)은 서지정보유통지원시스템
홈페이지(http://seoji.nl.go.kr)와 국가자료공동목록시스템(http://www.nl.go.kr/kolisnet)에서
이용하실 수 있습니다.(CIP제어번호:2017003520)

| まえがき |

　ある言語を学習し理解する時、私たちはまず第一に、その言語の単語を学びます。単語の発音と意味を一つ一つ身につけ、それが文章の中でどのように使われなければならないのかをだんだん身につけていってみると、本来その単語が持つほとんどの用法を身につけて自在に使うことができるようになります。

　ところで韓国語を初めて学んだり、学び始めてまだいくばくもない人が韓国語の単語を習おうとする時、一番重要なことは、何を最初に覚え身につけるかという問題であるでしょう。当然、韓国語を使わなければならない状況でよく、広く使われるとても重要な単語を最初に学ぶのが効果的だろうということは誰でも同意すると思います。

　では、いかなる単語が重要で先ず学んで身につけなければならないのかということが問題になります。さらに一歩踏み込んで考えてみると、辞書を開いてみればすぐにわかるように、単語の意味は一つだけではなく色々あって、その中のどの意味と用法が重要なのか、どっちを先ず覚えて身につけなければならないのかを知ることはなかなか難しいです。

　まさにこのような問題と必要性を解決しようと、コーパスと呼ばれる、コンピュータ化された多彩な言語資料や、コンピュータを積極的に活用した言語情報学的実証研究を基に、基本的な語彙を選別し、それらの実際の用法を把握しようとしたのが、まさに2014年に発刊された『한국어　기본어휘 의미 빈도 사전』(ソ・サンギュ著)でした。この辞書は、韓国語の基本語彙を最大限客観的なあらゆる方法を使って抽出した上で、100万文節というとても大きなコーパスを使い、一つ一つの用法を分類することにより、単語すべての一つ一つの意味と用法がどれだけの多様なテキストでどれだけの頻度で使われているのかを実証的に明らかにした、非常に科学的で画期的な辞書なのです。

　今、上記の辞書に掲載された精巧な意味用法の頻度を、実際の韓国語学習者や子供たちが存分に活用できるようにしたがこの本です。先ず、基本語彙のうちで最も重要な、80％以上の用法を理解できる意味のみを載せ、その韓国語を日本語で話したいときに、日本語ではどう言っているのかを‘対応’させて作りました。単純な「翻訳」ではありません。二つの言語の話者の考え方と表現方法をいちいち突き合わせて対応させたものです。さらに、本のうしろに日本語で、それに対応する韓国語の単語を見つけられる索引もつけました。

　どうか、この辞書を通じて韓国語の基本語彙の最も重要で核心的な意味と用法を簡単に身につけて、自由な意思疎通ができるようになることを願います。

著者　徐尚揆

｜翻訳者のことば｜

　私にとって、辞典の翻訳は、白峰子先生の「韓国語文法辞典」についで2回目である。やはり、翻訳というのは難しく、直しても直してもこれで良いのだろうかという悔いが残る。今回は幸いにも著者の徐尚揆教授が日本の大学で10年近く韓国語教授までされた経験の持ち主で、日本語がぺらぺらの上に、私の指導教授でもあるのでしょっちゅうお目にかかって、先生の学問的立場もうかがうことができる。そういった意味では非常に恵まれた良い環境で翻訳に臨むことができた。

　今回翻訳するにあたって、徐尚揆教授の要請は、翻訳を越えた韓国語の表現と日本語の表現の対照言語学的比較を基礎にして、日本語も翻訳調でなく、自然な生きた日本語で翻訳して欲しい、というものであった。確かに旨くいけば、じつはこれこそが究極の翻訳であるだろう。

　私も、生きた韓国語を習得するために韓国に渡って、はや三十数年が過ぎた。それで究極の翻訳が、旨くいっているかどうかは、読者諸氏にまかせるしかないが、私なりには、この翻訳は、韓国での学究生活30年の総決算のつもりである。

　あと、文法の違いについて簡単に説明をつけておく。韓国の学校文法は崔鉉培学派の流れを汲み、系譜で言えば周時経、崔鉉培、許雄の流れになる。日本語文法の活用論は、屈折と派生がごっちゃになったものであるが、崔鉉培はこれと違い活用論で屈折と派生をみごとに整理し、統語論中心の文法学を確立し、韓国文法を西洋文法の水準に押し上げた。

　最後に、日本の読者のために、日本の文法学と違いのある文法用語についてのみ記述しておくと、指定詞は日本語の〈だ、である〉、冠形詞は連体詞、がこれに当たる。

大井秀明

| 目次 |

まえがき 5

翻訳者のことば 6

■ 使用の手引き 9

　1. 意味頻度とは何か 9

　2. この辞書の構成について 9

　　2.1. 収録した見出し語の構成 10

　　　2.1.1. 見出し語の範囲 10

　　　2.1.2. 品詞の表示 10

　　2.2. 単語の重要度と使用頻度 10

　　　2.2.1. 韓国語基本語彙（星印） 10

　　　2.2.2. 出現テキスト数と頻度数 13

　　　2.2.3. 意味項目の使用比率 14

　　2.3. 意味と用法 14

　　　2.3.1. 意味と用法区分の基準 14

　　　2.3.2. 用法が一つだけ表示されている場合の意味 15

　　　2.3.3. 慣用表現 15

　　2.4. 用例 16

　　　2.4.1. 用例の表示と日本語対応語の提示 16

　　　2.4.2. 結合する語彙の表示 16

　　　2.4.3. 用例の形式 17

　　　2.4.4. 漢字語の表示 17

　3. コーパスの構成内容について 17

　4. この辞書の編纂に関係する参考文献リスト 19

■ 韓国語基本語彙意味頻度辞書

　ㄱ 23

　ㄲ 64

　ㄴ 70

　ㄷ 87

　ㄸ 112

　ㄹ 118

　ㅁ 122

ㅂ ……………………………………………………………………………… 142

ㅃ ……………………………………………………………………………… 164

ㅅ ……………………………………………………………………………… 167

ㅆ ……………………………………………………………………………… 194

ㅇ ……………………………………………………………………………… 197

ㅈ ……………………………………………………………………………… 249

ㅉ ……………………………………………………………………………… 280

ㅊ ……………………………………………………………………………… 282

ㅋ ……………………………………………………………………………… 293

ㅌ ……………………………………………………………………………… 295

ㅍ ……………………………………………………………………………… 300

ㅎ ……………………………………………………………………………… 307

■ 日本語 索引 ……………………………………………………………… 323

■〈表〉

〈表 1〉韓国語基本語彙の品詞別分布と比率 ………………………… 11

〈表 2〉韓国語基本語彙の重要度表示と分布 ………………………… 12

〈表 3〉基本語彙の星印の意味 ………………………… 13

〈表 4〉韓国語教育標準コーパスの構成 ………………………… 18

使用の手引き

1. 意味頻度とは何か

　私たちが日常生活で使う単語はいつも一つの意味だけで使われることもありますが、ほとんどの単語は、文脈に応じて様々な意味で使われます。このようなものを多義語と呼びます。特に、日常的によく使用され、使用頻度が非常に高い単語は例外なく多義語であり、単語が持つこれらのいろいろな種類の意味はすべて辞書に記述されます。ところで、私たちは辞書を通じてどの単語がどのような意味を持っているかまではわかりますが、その多くの意味のうち、どの意味がもっとも重要で、日常的によく使われているのかは知るすべがありません。

　この辞書にいう「意味頻度」とは、一つの単語について事前に記述されているひとつひとつの意味がそれぞれ実際にどれだけ使われているかを調査して明らかにした使用頻度を指します。したがって、この'意味頻度'は、ある単語や意味がそれぞれどれだけ重要な比重を占めて使われているか、を一目でわかるように、私たちに見せてくれている情報なのです。

　意味頻度を調査するためには、コーパスに実際に現れた全ての用例を一つ一つ見て、新たに意味を分類し、それによって意味頻度を調査するのが理想的です。しかし、そうするのは現実的にあまりにも困難であり、さらに、すでに大規模のコーパス分析を土台にした辞書があるのなら、その成果をもとにした方がずっと容易でしょう。そのような意味で、コーパスを基盤にした初の韓国語辞書である『연세한국어사전(延世韓国語辞典)』(延世大学言語情報研究院、1998)は意味頻度辞書開発に大きな足がかりになりました。私たちは『延世韓国語辞典』の意味分析を基にしてコーパスの実際の用例を区分けすることにより、ともすると主観に流れやすい意味区分の基準を客観化して基本語彙の意味頻度調査を成功裏に実現することができました。

2. この辞書の構成について

　この辞書は100万語(文節)の韓国語均衡コーパス(韓国語教育標準語コーパス)に現われた韓国語基本語彙の意味用法の調査を土台にして作られました。このコーパスは全部で218の、著作物と対話のテキストで構成されています。

　「韓国語教育基本語彙」には見出し語の品詞名の横に3桁からなる黒と白の星印が付いています。

2.1. 収録した見出し語の構成

2.1.1. 見出し語の範囲

この辞書には総数3,537個の、日常的に使われる頻度が最も高く使用範囲が広い見出し語を選別して収録しました。

先ず、韓国語基本語彙2,960個を1次的に選定しましたが、これは『韓国語基本語彙意味頻度辞書』(2014)の基本語彙2,966個中、コーパスでの頻度が極めて低い単語を除くことで、選定されたものです。一方、基本語彙目録にはないけれど、20種以上のテキストで50回以上出現した577個の単語を追加することにより、総数3,537個の見出し語を厳選しました。

2.1.2. 品詞の表示

この辞書に使用された品詞区分の略号は次のとおりです。

명 : 名詞	명의 : 形式名詞	명(固有) : 固有名詞
대 : 代名詞	수 : 数詞	
동 : 動詞	형 : 形容詞	지 : 指定詞
동보 : 補助動詞	형보 : 補助形容詞	
관 : 冠形詞	부 : 副詞	감 : 感嘆詞
접 : 接辞		
조 : 助詞	끝 : 語尾	준 : 縮約語

2.2. 単語の重要度と使用頻度

2.2.1. 韓国語基本語彙（星印）

この辞書の見出し語の横に黒星(★)と白星(☆)の三桁の組み合わせで表示がついた語は韓国語基本語彙に該当することを意味します。

<例>

가까이¹   부   ★★☆【56種のテキストで77例】

가깝다   형   ★★★【118種のテキストで253例】

가꾸다   동   ★☆★【53種のテキストで111例】

가늘다   형   ☆☆★【19種のテキストで27例】

가락   명   ★☆☆【14種のテキストで22例】

本来この基本的語彙は『외국인을 위한 한국어학습사전』(서상규 외, 2004年、2006年)と「韓国語 学習 辞典 編纂과 基本 語彙의 選定을 위한 基礎研究」(서상규, 2006)で発表された

「重要語彙」のリストをもとにして、以前には知ることができなかった単語それぞれの意味と用法の頻度調査の結果を考慮し、同音異義語の間の相対的な使用率まで反映することにより、その客観性と精度を最大に高めたものであります。この基本的な語彙の詳細な情報のリストは、『한국어 기본어휘 연구』(서상규, 2013年)に収録されています。

次の表は、100万語(文節)の現代韓国語均衡コーパスに実際に使われた単語数とその中で〈韓国語基本語彙〉が占める割合などを見せたものです。

<表 1> 韓国語基本語彙の品詞別分布と比率

項目 / 品詞	全体 単語数	収録語彙 単語数	収録語彙 品詞内比率	基本語彙 単語数	基本語彙 品詞内比率	基本語彙 頻度合計	基本語彙 品詞内比率
名詞	27,374	3,839	14.0%	1,548	5.7%	235,395	65.2%
固有名詞	5,978	35	0.6%	30	0.5%	3,762	10.9%
形式名詞	291	205	70.4%	76	26.1%	52,955	95.9%
代名詞	149	86	57.7%	40	26.8%	39,696	94.7%
数詞	95	57	60.0%	37	38.9%	15,179	83.7%
動詞	8,125	1,618	19.9%	668	8.2%	176,666	79.5%
形容詞	2,564	498	19.4%	239	9.3%	64,720	81.7%
指定詞	1	1	100%	1	100%	36,685	100%
補助動詞	57	41	71.9%	31	54.4%	51,171	99.4%
冠形詞	567	120	21.2%	36	6.3%	31,396	92.0%
副詞	2,568	564	22.0%	218	8.5%	65,852	79.2%
感歎詞	379	81	21.4%	24	6.3%	7,288	64.4%
接辞	78	58	74.4%	18	23.1%	23,055	95.8%
合計	48,226	7,203	14.9%	2,966	6.2%	803,820	76.4%

当初『외국인을 위한 한국어 학습 사전』(서상규 외, 2004, 2006)の重要語彙(韓国語基本語彙)は総数2,975個でしたが、この辞書の編纂過程で基礎としたそれぞれの目録や事前作成に使用された見出し語の設定方法、同音異義語と品詞区分方式の違いなどを調整し、不具合を修正した結果、実際の最終的な基本語彙の数は2,966個になりました。

ところが、〈表1〉に示すように、基本語彙2,966個は全体の単語のたった6%に過ぎないけれども、その頻度をすべて合わせると、コーパス出現単語全体頻度合計の、なんと76%を超えます。これは韓国語基本語彙が非常に高い頻度でよく使われる単語であることを表すものであります。

一方、各品詞ごとに調べてみても、固有名詞を除くすべての品詞において基本語彙は、その品詞内比率の少なくとも60%以上の頻度数を占めることにより、基本語彙は品詞別単語構成においても非常に均衡的に構成されていることを知ることができます。基本語彙の重要度表示(黒星)と単語の数は、次のとおりです。

<表 2> 韓国語基本語彙の重要度表示と分布

目録一致度	重要度表示		単語数	比率	頻度数合計	比率
3目録一致	★★★	①	1,128	38.0%	606,343	75.4%
2目録一致	★★☆	②	377	12.7%	114,214	14.2%
	★☆★	③	242	8.2%	19,419	2.4%
	☆★★	④	184	6.2%	8,429	1.0%
1目録一致	★☆☆	⑤	287	9.7%	23,744	3.0%
	☆★☆	⑥	312	10.5%	16,617	2.1%
	☆☆★	⑦	436	14.7%	15,054	1.9%
合計			2,966	100%	803,820	100%

(1) コーパス共通高頻度基本語彙表示

　最初の位置に黒い星がついた単語[1]は、5種の大規模なコーパスに共通して高い頻度で現れた基本的な語彙2千余個のリストに含まれている単語であることを示しています。

　この表示の目的は様々な方法で構成された大規模なコーパスの頻度調査目録を対照して共通する単語を見つけることにより、どのような頻度調査でもいつも高頻度で現れる単語を見つけ出すことにあります。この単語はいつも「高い頻度で使われると同時に、様々な言語資料に広く現われる単語」、すなわち一般的に現代韓国語で広くよく使われる単語なのです。

(2) 韓国語教材共通基本語彙目録

　2番目の位置に黒い星がついた単語[2]は、広く知られている主要な韓国語教育機関の教材をはじめとする約30種の外国語としての韓国語教材に共通に表示される基本的な語彙2千余個のリストに含まれている単語であることを示しています。

　この表示の目的は、この目録と辞書の最終的な目標が外国語としての韓国語教育に役立つようにするため、現実的に韓国語教育の現場で、果たしてどのような単語が重要単語として扱われているかを客観的な根拠をもとにして見つけるためのものなのです。

(3) 辞書及び目録15種の共通基本語彙目録

　3番目の位置に黒い星がついた単語[3]は、韓国語教育の専門家によって発表されたいくつかの基本語彙リストと、主要な学習辞書の重要語彙リストなどの14種のリストに共通して現れた単語2千余個のリストに含まれている単語であることを示しています。

　この表示の目的は、おもに韓国語教育の専門家や学習辞書編纂者たちの「主観的評定」によって作成された複数のリストを元にして、できるだけ多くの専門家が共通して重要であると認識

---

[1] 上の表の'重要度表示'の①②③⑤がこれに該当するタイプの単語です。
[2] 上の表の'重要度表示'の①②④⑥がこれに該当するタイプの単語です。
[3] 上の表の'重要度表示'の①③④⑦がこれに該当するタイプの単語です。

(評定)した単語を見つけるためのものです。

　したがって、〈表3〉に示すように3種すべて黒で表示された1,128個の単語は、この辞書の基本語彙の合計頻度数の75%に相当します。これらの単語は、日常的に高頻度で広く使われると同時に、韓国語の教科書でも共通に、非常に重要な単語として扱われており、韓国語教育の専門家と学習辞書編纂者によって共通して重要な語彙として推薦された単語なのです。

　星の位置と組み合わせ、それが何を意味するか、については、서상규(2006：223-287)に詳細に記載されています。〈表3〉は「重要度表示」に書かれた丸番号順に、これら星印の組み合わせが何を意味するかを示したものです。

<表 3> 基本語彙の星印の意味

重要度表示		単語数	意味·内容
★★★	①	1,128	コーパス共通高頻度基本語彙、韓国語教科書共通基本語彙、専門家及び学習辞書共通基本語彙リスト全てに含まれる。
★★☆	②	377	コーパス共通高頻度基本語彙、韓国語教科書共通基本語彙リストには含まれるが、専門家および学習辞書共通基本語彙リストには含まれない。
★☆★	③	242	コーパス共通高頻度基本語彙、専門家及び学習辞書共通基本語彙リストには含まれるが、韓国語教科書共通基本語彙リストには含まれない。
☆★★	④	184	韓国語教科書共通基本語彙、専門家及び学習辞書共通基本語彙リストには含まれるが、コーパス共通高頻度基本語彙リストには含まれない。
★☆☆	⑤	287	コーパス共通高頻度基本語彙目録にのみ含まれる。
☆★☆	⑥	312	韓国語教科書共通基本語彙目録にのみ含まれる。
☆☆★	⑦	436	専門家および学習辞書共通基本語彙目録にのみ含まれる。

2.2.2. 出現テキスト数と頻度数

　この辞書に掲載されたすべての見出し語には、〈例〉のように出現テキストの数と頻度が表示されています。

　　〈例〉
　　가¹ 토 **【218種のテキストで23,989例】**
　　①例 비가 오다.
　　　　〈雨が降る。〉(92.7%)
　　②例 의사가 [되다/아니다].
　　　　〈医者になる。/医者じゃない。〉(7.1%)
　　③例 좋지가 않다.
　　　　〈良くない。〉(0.3%)

　コーパスを構成するテキスト群の最大数は218個です。したがって、〈例〉「가¹」【218種のテキストで23,989例】とは、「가¹」は、コーパスのすべてのテキスト(218種)に出現していて、その例の数は23,989例であったということを示しています。

この「テキスト」の数は、その見出し語がどれだけ多様な形態の文章や話し言葉で使われているかを示すためのものなので、使用頻度数が同じ見出し語であっても出現テキストの数が多いほど、より多様で幅広く使われていることを示し、逆にその数が少なければ少ないほど使われている幅が狭く、特定のテキストに偏って表示されていることを意味します。

一方、〈例〉の【218種のテキストで23,989例】に於いて、「23,989例」は、調査対象のコーパスで、見出し語が使われた用例数の総計(すなわち、頻度数)を表しています。

したがって、〈例〉の「가¹」の①の用法は、総23,989の頻度の、92.7%である23,230個の用例に表示されているということを知ることができます。この辞書では用法の頻度は表示せずパーセントだけ示しました。万一、より詳細な用法の頻度まで知る必要がある方は、『한국어 기본어휘 의미 빈도 사전』(「韓国語基本語彙意味頻度辞書」)(2014)をご覧になると、簡単に調べることができますのでそちらをお求め下さい。

2.2.3. 意味項目の使用比率

この辞書のすべての用法には百分率でその項目の割合を表示し大まい順に並べました。

<例>

가깝다 〔형〕 ★★★【118種のテキストで253例】
① 〈예〉 역이 집에서 가깝다.
　　〈駅が家から近い。〉(41.9%)
② 〈예〉 친구와 가깝게 지내다.
　　〈友人と仲良く過ごす。〉(21.7%)
③ 〈예〉 겨울이 가까워지다.
　　〈冬が近づく。〉(11.5%)
④ 〈예〉 울음에 가까운 목소리.
　　〈泣き声に近い声。〉(9.1%)

それぞれの意味項目の右端の括弧の中に提示された百分率は、その見出し語の全体数に対する割合を示します。この割合は、一見出し語の多義的な用法の中でどれがより頻繁に使われるかを示してくれるものです。

2.3. 意味と用法

2.3.1. 意味と用法区分の基準

この意味頻度辞書に掲載されたすべての見出し語の用法は、各単語の全体の用法の少なくとも80%以上を理解するのに必要な、最も重要な用法をその頻度の順に沿って配列したものです。つまり、この辞書にある単語の用法の頻度の割合を全部合わせると、それがコーパスで実際に使われた全ての用例の80%以上になるということです。

〈例〉の「가다」はコーパスで一番よく使われた用法が、頻度が高い順に配列されていますが、この三つの用法だけでも「가다」全体の頻度の82%を占めるのです。このように、『연세한국어사전』に記述された30種類以上のすべての用法を知らなくても、この辞書に記載された見出し語にある用法を理解するだけで、その全ての単語の用法の80%～100%を理解できるというわけです。

〈例〉

가다¹ 〔동〕 ★★★【214種のテキストで4,819例】
① ㉡ [어디에/저쪽으로] 가다.
〈[どこかに/あっちの方へ]行く。〉(65.4%)
② ㉡ [학교에/산으로] 가다.
〈[学校に/山へ]行く。〉(10.4%)
③ ㉡ [여행을/이사를] 가다.
〈旅行に行く。/引っ越しをする。〉(6%)

2.3.2. 用法が一つだけ表示されている場合の意味

この辞書の見出し語に用法が一つしか記述されていないのは、番号表示が⓪になっていますが、ほとんどはその一つの用法だけで、それの単語の用法の80%以上を理解することができることも示しています。下の〈例〉の「가리다²」は、提示された一つの用法だけでこれらの単語のすべての用法の98.3%を理解することができていることを示しています。

〈例〉

가리다² 〔동〕【41種のテキストで60例】
⓪ ㉡ 모자로 얼굴을 가리다.
〈帽子で顔を隠す。〉(98.3%)

2.3.3. 慣用表現

提示された用法中で㉑とゴシック体で表示された用法は、「慣用表現」を指すもので、主に『연세한국어사전』で見出し語の副見出しで記述された慣用表現とことわざをはじめ、コーパスで新たに発見された慣用表現が含まれています。

〈例〉

간³ 〔명〕 ☆☆★【10種のテキストで14例】
① ㉡ 간(肝)에 좋은 [약/음식].
〈肝臓に良い[薬/食べ物]。〉/
간 이식.
〈肝移植。〉(50%)
② ㉑ <간이 콩알만하다>.
〈肝っ玉が小さい〉。(21.4%)

③⊕ <간을 [꺼내/빼(어)] 주다>.

〈一番大事な物をやる〉。(14.3%)

2.4. 用例

2.4.1. 用例の表示と日本語対応語の提示

すべての意味項目には「예」の後に用例を提示しました。この用例は『연세한국어사전』の用例をもとに、不要な部分を省略して、意味と用法を簡単に理解できる句または文として例示したり、実際のコーパスの中で発見された例の中から、使い方が分かりやすくて、頻度が高い用例を捜し出して提示しました。また、全ての用例には最も自然な日本語の対応表現をつけました。これは単なる「翻訳」ではなく、該当する韓国語の表現を日本語で言う時に、日本語ではどのような表現が使用されるかを考え、対応する語を選択したものです。

<例>

거의 閂 ★★★【142種のテキストで388例】

①예 마음 맞는 사람이 거의 없다.

〈気の合う人がほとんどいない。〉(61.9%)

②예 자리가 거의 다 차다.

〈席がほとんどいっぱいになる。〉(36.3%)

2.4.2. 結合する語彙の表示

用法が似ていたり、よく一緒に使われる言葉を大括弧の中に斜線で（〔/〕）のように示すことで、単語結合関係の特性と用法がすぐに分かるようにしました。

<例>

가다¹ 图 ★★★【214種のテキストで4,819例】

①예 [어디에/저쪽으로] 가다.

〈〔どこかに/あっちの方へ〕行く。〉(65.4%)

②예 [학교에/산으로] 가다.

<〔学校に/山へ〕行く。>(10.4%)

③예 [여행을/이사를] 가다.

〈旅行に行く。/引っ越しをする。〉(6%)

<例>

가지다¹ 图 ★★★【189種のテキストで1,394例】

①예 [관심을/긍지를/불만을/자신을/책임감을] 가지다.

<〔興味を/誇りを/不満を/自信を/責任感を〕持つ。>(28.3%)

②예 우산을 가지고 [가다/오다].

〈傘を持って〔行く/来る〕。〉(19.6%)

③㉠ [모양을/성격을/의의를/특성을] 가지다.

    〈〔形状を/性格を/意義を/特性を〕持つ。〉(12.6%)

2.4.3. 用例の形式

見出し語の意味と用法を理解するのに必要だと思われる場合には、対話形式や自然で完全な文章の形で用例を提示しました。

    〈例〉

그래 ㉡ ★★★【129種のテキストで499例】

①㉠ A:회의에 늦지 마. B:그래.

   〈A:会議に遅れないで。B:ああ。〉/

   A:같이 안 갈래? B:그래, 안 가.

   〈A:一緒に行かない? B:うん、行かない。〉(78.8%)

②㉠ 너 잘났다, 그래!

   〈ふん、おまえは偉いよ、うん！〉/

   그래, 너 계속 거짓말할래?

   〈で、お前まだ嘘を言うつもりか？〉(10%)

2.4.4. 漢字語の表示

見出し語が漢字語である場合には、最初の意味項目の例で、漢字表記を括弧の中に入れて示しました。これは、同音異義語を区別するためにのみでなく、辞書ユーザーの学習にも便宜を与えるためのものです。

    〈例〉

가격 ㉢ ★★☆【27種のテキストで79例】

⓪㉠ 가격(價格)이 [비싸다/싸다].

   〈値段が〔高い/安い〕。〉(100%)

3. コーパスの構成内容について

この辞書のもととなった『한국어 기본어휘 의미빈도 사전』(서상규, 2014)では、単語の意味頻度を調査するために「韓国語教育標準コーパス」を作りそれを基礎にして頻度を調査しました。このような名前を付けた理由は、当初このコーパスを、韓国語教育に必要な各種の言語情報を得るための土台になる資料として、現代韓国語の一般的な使われ方を代表する均衡コーパスとして、設計したためです。このコーパスの構成は、次のとおりです。[4]

---

4) 当初は100万語(文節)で設計、構成しましたが、実際に作成の過程で、一部の不適当な資料(例えば、古語や漢詩が多い文章)を外したり交代した結果、最終的に約99万文節に確定されました。서상규・최호철・강현화(1999)、서상규・강현화・유현경(2000)、徐尚揆(2006)を参照。

<表 4> 韓国語教育標準コーパスの構成

言語	種類別	主題/分野	テキストの数	標本文節数5)	比率	種類別文節数合計(比率)
文語 86.3%	教養 解説 散文	人文	7	36,730	3.7%	132,983 (13.5%)
		社会	7	37,030	3.7%	
		芸術	9	48,721	4.9%	
		工学	2	10,502	1.1%	
	芸術 散文	小説	28	141,843	14.4%	224,512 (22.7%)
		随筆	12	59,555	6.0%	
		童話	5	23,114	2.3%	
	実用 散文	時事/情報	7	35,325	3.6%	35,325 (3.6%)
	私的著述 散文	手記/伝記	15	76,024	7.7%	76,024 (7.7%)
	初等 学校 教科書	話し/書き	8	22,949	2.3%	287,089 (29.1%)
		話し/聞き/書き	4	26,137	2.6%	
		読み	12	74,680	7.6%	
		生活の手引き	10	38,503	3.9%	
		賢い生活	4	6,461	0.7%	
		楽しい生活	4	3,490	0.4%	
		道徳	6	34,062	3.4%	
		正しい生活	4	4,720	0.5%	
		社会	8	43,121	4.4%	
		社会科探究	6	32,966	3.3%	
	韓国語 教科書	外国語としての 韓国語	30	96,506	9.8%	96,506 (9.8%)
口語 13.7%	録音 転写 資料	日常会話	8	11,991	1.2%	70,828 (7.2%)
		テーマ別会話	5	19,220	1.9%	
		ビジネス会話	1	10,109	1.0%	
		講義/講演	1	5,210	0.5%	
		ニュース放送	1	4,163	0.4%	
		対話放送	1	4,902	0.5%	
		ビジネス放送	1	3,578	0.4%	
		討論放送	1	11,655	1.2%	
	準口語	ドラマ台本	4	18,462	1.9%	64,978 (6.6%)
		演劇台本	4	27,128	2.7%	
		映画シナリオ	3	19,388	2.0%	
合計			218	988,245	100%	988,245 (100%)

---

5) 「文節数」というのは、分かち書きを基準にしてコーパスデータの量を表す単位で、一般的な「文節」とほぼ同じ概念で使用します。しかし、実際のデータでは、規範としての分かち書きの規定を完全に適用した例は、非常にまれで、また一貫した原則として統一するにも困難があります。したがって、このときの「文節」とは、実際の言語資料で「分

このコーパスの構成には、次のような特徴があります。

　まず、現代韓国語、特に韓国語教育に必要な語彙の実際の使われ方の姿が「ありのまま」の形で現れた均衡コーパスとして設計しました。

　第二に、文章語だけでなく、話し言葉の特性も十分に反映されるように、実際の言語生活の中で音声データを収集して直接転写した録音転写資料はもちろん、文章語で実現された口語資料(準口語)を含むことにより、現代韓国語の特性を幅広く反映しようとしました。

　第三に、均衡コーパスを構成するとき、特定の筆者や文体、テーマや内容に偏らないようにするために、すべてのテキストは、原則として5千文節以内の大きさに切って標本を作りました。ただし、口語録音転写資料と、いくつかの短いテキストの場合には、本文全体が含まれている場合もあり、コーパス標本の中で最小のものは506文節で、最大のものは18,437の文節から成っています。コーパス標本全体の約74%が4千から5千文節の長さに制限されています。

　このコーパスを構成した具体的なテキストのリストは、『한국어 기본어휘 의미빈도 사전』(서상규、2014：22-28)に詳しく提示されています。

4. この辞書の編纂に関係する参考文献リスト

この辞書の編纂過程で発表した関連論文を年度順に列挙すると、次のとおりです。

서상규(1998a), 『현대 한국어의 어휘 빈도(상·하)』, 서울:연세대 언어정보개발연구원 내부보고서.

서상규(1998b), 「말뭉치 분석에 기반을 둔 낱말 빈도의 조사와 그 응용 -연세 말뭉치를 중심으로-」, 『한글』242, 서울:한글학회.

서상규·남윤진·진기호(1998a), 『외국어로서의 한국어 교육을 위한 기초 어휘 선정 **1**- 기초 어휘 빈도 조사 결과-』, 서울:문화관광부/한국어 세계화 추진위원회.

서상규·남윤진·진기호(1998b), 『외국어로서의 한국어 교육을 위한 기초 어휘 선정 **2**- 교재 8종의 어휘 사용 실태 조사-』, 서울:문화관광부/한국어 세계화 추진위원회.

서상규·최호철·강현화(1999), 『한국어 교육 기초 어휘 의미 빈도 사전의 개발』, 서울:한국어 세계화 추진위원회.

서상규·강현화·유현경(2000), 『한국어 교육 기초 어휘 의미 빈도 사전의 개발』, 서울:문화관광부/한국어 세계화 추진위원회.

서상규(2001), 「말뭉치의 주석과 한국어 기본 어휘 의미 빈도 사전」, 『계량언어학』1집, 서울:박이정, pp. 57-104.

서상규·강현화·유현경·김홍범(2001), 『외국인을 위한 한국어 학습 사전 개발(1차년도) 최종 보고서』,

かち書き」されている言葉の単位を指すものと理解してもいいです。(서상규, 1998:226)

서울:한국어세계화재단·문화관광부.

서상규·김진웅·김한샘(2001), 「Yonsei Sense Frequency Dictionary based on sense-tagged corpus」,
『사전편찬학 연구』 제11집 2호, 서울:연세대학교 언어정보개발연구원, pp. 19-38.

서상규(2002a), 「한국어 말뭉치의 구축과 과제」, 『한국어와 정보화』, 태학사, pp. 255-292.

서상규(2002b), 「한국어 기본 어휘와 말뭉치 분석」, 『21세기 한국어교육학의 현황과 과제』, 박영순 편,
서울:한국문화사, pp361-396.

이익환·서상규(2002), 『기본 어휘 선정 및 사용 실태 조사를 위한 기초 연구』, 서울 : 국립국어
연구원, 2002.

서상규(2003a), 「한국어 교재의 어휘 사용량 조사」, 『계량언어학』 2집, 서울:박이정, pp. 57-104.

서상규(2003b), 「한국어 학습 사전 편찬과 기본 어휘의 선정을 위한 기초 연구」, 『조선어연구』 3집,
조선어연구회, 동경:くろしお出版.

서상규(2003c), 「한국어 학습자 말뭉치 구축의 실제적 문제」, 『한국어 교육과 학습 사전』, 서상규 편,
서울:한국문화사.

서상규·백봉자·강현화·김홍범·남길임·유현경·정희정·한송화(2004), 『외국인을 위한 한국어 학습
사전』, 서울:문화관광부·한국어세계화재단.

서상규(2006a), 「의미 빈도 사전과 어휘 연구」, 『朝鮮学報』 198집, 텐리:조선학회, pp. 33-61.

徐尙揆(2006b), 「韓国語 学習 辞典 編纂과 基本 語彙의 選定을 위한 基礎研究」, 『朝鮮語研究』
3, 朝鮮語研究会 편, 동경:くろしお出版.

서상규·백봉자·강현화·김홍범·남길임·유현경·정희정·한송화(2006), 『외국인을 위한 한국어 학습
사전』, 서울: 신원프라임.

서상규(2007), 「基礎学習語彙論: 日本語話者のために」, 『韓国語教育論講座 第 1 巻』, 野間秀
樹 편, 동경:くろしお出版.

서상규(2008a), 「균형 말뭉치 구축 방법론의 새로운 모색」, 『언어정보와 사전편찬』 22권, 서울:연
세대 언어정보연구원, pp. 5-44.

서상규(2008b), 「韓国におけるコーパス研究と活用」, 『国文学解釈と鑑賞』 74권 1호, 동경, pp. 100-105.

서상규(2009), 「높임법 특수 어휘의 용법과 사전 기술」, 『한국어교육연구』 4집, 배재대학교, pp. 105~136.

서상규·유현경(2009), 『교육용 기본 어휘 선정을 위한 기초 연구』, 서울:국립국어원.

서상규(2014), 『한국어 기본어휘 의미 빈도 사전』, 서울:한국문화사.

韓日対訳
韓国語基本語彙意味頻度辞書
한일
대역 **한국어 기본 어휘·의미 빈도 사전**

ㄱ

가¹ 토【218種のテキストで23,989例】

①예 비가 오다.
〈雨が降る。〉(92.7%)

②예 의사가 [되다/아니다].
〈医者になる。/医者じゃない。〉(7.1%)

③예 좋지가 않다.
〈良くない。〉(0.3%)

가² 명 ★★★【14種のテキストで23例】

⓪예 큰길의 오른쪽 가에 있다.
〈大通りの右端にある。〉(100%)

–가³ 접 ☆★☆【9種のテキストで14例】

⓪예 종로3가(街).
〈鍾路(チョンノ)3丁目。〉(92.9%)

가⁴ 명【11種のテキストで32例】

⓪예 가와 나, 다.
〈'い','ろ','は。¹)〉(100%)

가게 명 ★★★【54種のテキストで228例】

⓪예 [생선/화장품] 가게.
〈魚屋。/化粧品店。〉(100%)

가격 명 ★★☆【27種のテキストで79例】

⓪예 가격(價格)이 [비싸다/싸다].
〈値段が[高い/安い]。〉(100%)

가구¹ 명 ★★★【11種のテキストで17例】

⓪예 값비싼 가구(家具)를 [들이다/사다].
〈高価な家具を[入れる/買う]。〉(100%)

가구² 명【8種のテキストで16例】

①예 세 가구(家口)가 한 집에 살다.
〈3世帯が1つの家に住む。〉(62.5%)

②예 가구마다 차 한 대씩 있다.
〈1世帯ごとに車が1台ずつある。〉(37.5%)

가까이¹ 부 ★★☆【56種のテキストで77例】

①예 차가 가까이 다가오다.
〈車が近くによってくる。〉(68.8%)

②예 책을 가까이 하다.
〈書籍に親しむ。〉(15.6%)

③예 한 시간 가까이 기다리다.
〈一時間近く待つ。〉(15.6%)

가까이² 명【41種のテキストで52例】

⓪예 집 가까이에 산이 있다.
〈家の近くに山がある。〉(92.3%)

가깝다 형 ★★★【118種のテキストで253例】

①예 역이 집에서 가깝다.
〈駅が家から近い。〉(41.9%)

②예 친구와 가깝게 지내다.
〈友人と仲良く過ごす。〉(21.7%)

③예 겨울이 가까워지다.
〈冬が近づく。〉(11.5%)

④예 울음에 가까운 목소리.
〈泣き声に近い声。〉(9.1%)

가꾸다 동 ★☆☆【53種のテキストで111例】

①예 꽃을 예쁘게 가꾸다.
〈花を美しく育てる。〉(59.5%)

②예 정원을 아름답게 가꾸다.
〈庭園を美しく手入れする。〉(17.1%)

③예 우리말을 곱게 가꾸어 나가다.
〈国語を大切に育てていく。〉(13.5%)

가끔 부 ★★★【99種のテキストで229例】

⓪예 가끔 친구를 만나다.
〈時々友達に会う。〉(100%)

가난 명【16種のテキストで34例】

⓪예 가난 속에 살다.
〈貧困の中に生きる。〉(100%)

가난하다 형 ★★☆【57種のテキストで131例】

①예 가난한 이웃을 돕다.
〈貧しい隣人を助ける。〉(71.8%)

②예 집도 나라도 가난하다.
〈家も国も貧しい。〉(23.7%)

가늘다 형 ☆☆★【19種のテキストで27例】

①예 손가락이 가늘다.
〈指が細い。〉(59.3%)

②예 손이 가늘게 떨리다.
〈手が小刻みに震える。〉(29.6%)

가능성 명 ★★☆【52種のテキストで98例】

⓪예 가능성(可能性)이 낮다.
〈可能性が低い。〉(100%)

가능하다 형 ★★☆【78種のテキストで169例】

⓪예 예약 취소가 가능(可能)하다.
〈予約の取り消しが可能だ。〉(100%)

가다¹ 동 ★★★【214種のテキストで4,819例】

①예 [어디에/저쪽으로] 가다.
〈[どこかに/あっちの方へ]行く。〉(65.4%)

②예 [학교에/산으로] 가다.
〈[学校に/山へ]行く。〉(10.4%)

③예 [여행을/이사를] 가다.
〈旅行に行く。/引っ越しをする。〉(6%)

가다² 동보 ★★☆【178種のテキストで899例】

①예 밤이 점점 깊어 가다.
〈夜がますます深まる。〉/
두 달이 되어 가다.
〈2ヶ月になろうとしている。〉(78%)

②예 예를 들어 가며 설명하다.
〈例をあげながら説明する。〉(22%)

---

1) 「い」、「ろ」、「は」は「가」、「나」、「다」に該当する。韓国語は子音文字と母音文字を合せて音節「가」(ka)ができる。

가다듬다 〔동〕【15種のテキストで19例】
- ①예 [마음을/숨을/정신을] 가다듬다.
  〈[心を/息を/精神を]整える。〉(78.9%)
- ②예 [머리칼을/옷매무새를] 가다듬다.
  〈[髪を/身なりを]整える。〉(21.1%)

가두다 〔동〕【14種のテキストで20例】
- ⓪예 [감옥에/우리에] 가두다.
  〈[監獄に/檻に]閉じこめる。〉(85%)

가득 〔부〕★★★【80種のテキストで130例】
- ⓪예 병에 물이 가득 차다.
  〈瓶に水がいっぱい入っている。〉(100%)

가득차다 〔형〕【17種のテキストで23例】
- ①예 [결의에/근심이/생각으로] 가득차다.
  〈[決意に/憂いに/考えに]満ちる。〉(56.5%)
- ②예 주머니가 [꽁초가/동전으로] 가득차다.
  〈ポケットが[吸い殻が/小銭で]いっぱいになる。〉
  (26.1%)
- ③예 [냄새가/빛이/연기가/소음으로] 가득차다.
  〈[臭いが/光が/煙が/騒音で]いっぱいになる。〉
  (17.4%)

가득하다 〔형〕【32種のテキストで46例】
- ①예 가게 안에 물건이 가득하다.
  〈店の中に物が溢れている。〉(45.7%)
- ②예 사랑으로 가득한 세상.
  〈愛に満ちた世界。〉/
  얼굴에 기쁨이 가득하다.
  〈顔に喜びが満ちている。〉(30.4%)
- ③예 뜰에 한낮의 햇살이 가득하다.
  〈庭に真昼の日差しがいっぱいだ。〉(23.9%)

가뜩이나 〔부〕【10種のテキストで15例】
- ⓪예 가뜩이나 신경 쓸 일도 많은데, 아이까지
  말썽이다.〈ただでさえ気を使うことも多いの
  に、子供まで悩みの種だ。〉(100%)

가라앉다 〔동〕【28種のテキストで30例】
- ①예 [마음이/화가/흥분이] 가라앉다.
  〔心が/怒りが/興奮が]おさまる。〉(20%)
- ②예 착 가라앉은 목소리.
  〈ゆったりと落ち着いた声。〉(20%)
- ③예 배가 물속으로 가라앉다.
  〈船が水に沈む。〉(16.7%)
- ④예 분위기가 차갑게 가라앉다.
  〈雰囲気が冷たく沈む。〉(16.7%)
- ⑤예 온 몸이 가라앉는 느낌.
  〈全身が沈む感じ。〉(6.7%)

가라앉히다 〔동〕【13種のテキストで16例】
- ⓪예 [감정을/마음을/분위기를/흥분을] 가라앉
  히다.〈[感情を/心を/雰囲気を/興奮を]鎮める。〉
  (81.3%)

가락 〔명〕★☆☆【14種のテキストで22例】
- ⓪예 가락을 맞추다.
  〈音調を合わせる。〉/

우리의 가락.
〈私たちの音調。〉(95.5%)

가량 〔명〕【24種のテキストで31例】
- ⓪예 3시간 가량.
  〈3時間ほど。〉/
  30세 가량의 남자.
  〈30歳ほどの男。〉(100%)

가렵다 〔형〕☆☆★【5種のテキストで5例】
- ⓪예 [눈이/몸이] 가렵다.
  〈[目が/体が]かゆい。〉(100%)

가령 〔부〕【26種のテキストで51例】
- ⓪예 가령(假令) 이런 경우를 생각해 보자.
  〈たとえば、このような場合を考えてみよう。〉(100%)

가로[1] 〔명〕☆☆★【10種のテキストで12例】
- ①예 빨랫줄이 가로로 걸쳐 있다.
  〈洗濯ロープが水平に張ってある。〉(58.3%)
- ②예 상자의 세로와 가로의 길이.
  〈箱の縦と横の長さ。〉(41.7%)

가로[2] 〔명〕【2種のテキストで2例(13.3%)】
- ⓪예 도시의 가로(街路)도 한산하다.
  〈都市の大通りも閑散としている。〉(100%)

가로등 〔명〕【10種のテキストで39例】
- ⓪예 가로등(街路燈) 불빛.
  〈街灯の光。〉(100%)

가로막다 〔동〕【14種のテキストで16例】
- ①예 사람들이 내 앞을 가로막다.
  〈人々が私の前を遮る。〉(31.3%)
- ②예 철문이 앞을 가로막고 서다.
  〈鉄の門が前に立ちはだかる。〉(25%)
- ③예 도중에 내 말을 가로막다.
  〈途中、私の話を遮る。〉(25%)

가로지르다 〔동〕【17種のテキストで21例】
- ①예 광장을 가로질러 달리다.
  〈広場を横切って走る。〉(57.1%)
- ②예 다리가 개울을 가로지르다.
  〈橋が小川を横切る。〉(33.3%)

가루 〔명〕★☆☆【10種のテキストで13例】
- ⓪예 [곡식/석탄] 가루.
  〈[穀物の/石炭の]粉。〉(100%)

가르다 〔동〕★☆★【20種のテキストで21例】
- ①예 편을 가르다.
  〈組み分けをする。〉/
  사람들을 두 편으로 가르다.
  〈人々を二組に分ける。〉(52.4%)
- ②예 물고기의 배를 가르다.
  〈魚の腹を切る。〉(19%)
- ③예 죽음이 서로를 갈라 놓다.
  〈死がお互いを引き離す。〉(14.3%)

가르치다 〔동〕★★★【109種のテキストで301例】
- ①예 학생들에게 [수학을/한국어를] 가르치다.

〈学生たちに[数学を/韓国語を]教える。〉(37.5%)

②예 중학교에서 아이들을 가르치다.
〈中学校で子供たちに教える。〉(23.9%)

③예 [이름을/전화번호를/주소를] 가르쳐 주다.
〈[名前を/電話番号を/住所を]教える。〉(22.6%)

가르침 명 ★☆☆【21種のテキストで36例】
⓪예 스승의 가르침을 받다.
〈師の教えを受ける。〉(100%)

가리다¹ 동 ★★★【52種のテキストで81例】
①예 올해 최고의 팀을 가리는 경기.
〈今年最高のチームを選ぶ試合。〉(46.9%)

②예 [때를/시비를/우열을] 가리다.
〈[時を/是非を/優劣を]分ける。〉(37%)

③예 음식을 가리다.
〈食べ物を選り好みする。〉(9.9%)

가리다² 동【41種のテキストで60例】
⓪예 모자로 얼굴을 가리다.
〈帽子で顔を隠す。〉(98.3%)

가리키다 동 ★★★【69種のテキストで181例】
①예 몸의 각 부분을 가리키는 낱말.
〈体の各部分を指し示す単語。〉(46.4%)

②예 손으로 문을 가리키다.
〈手でドアを指し示す。〉(34.3%)

가만 부【24種のテキストで36例(83.7%)】
①예 가만 좀 있어 봐.
〈ちょっとじっとしていろ。〉/
또 그러면 가만 안 두겠어.
〈又そんなことをしたらただじゃ置かない。〉(63.9%)

②관 <가만 [있거라/있어/있자…]>
〈じっと[してなさい/黙ってろ/待てよ…]。〉(22.2%)

가만히 부 ★★★【70種のテキストで120例】
①예 아무 말 않고 가만히 서 있다.
〈何も言わず、じっと立っている。〉(45.8%)

②예 가만히 생각해 보다.
〈よくよく考えてみる。〉(28.3%)

③예 사람들 모르게 가만히 나오다.
〈人知れずそっと出る。〉(18.3%)

가문 명【14種のテキストで30例】
⓪예 가문(家門)의 명예.
〈家門の名誉。〉(100%)

가뭄 명【15種のテキストで29例】
⓪예 가뭄이 들다.
〈干ばつにみまわれる。〉(100%)

가방 명 ★★★【54種のテキストで136例】
⓪예 가방을 [들다/메다/싸다].
〈カバンを[持つ/かつぐ/まとめる]。〉(100%)

가볍다 형 ★★★【63種のテキストで102例】
①예 가벼운 운동.
〈軽い運動。〉/
고개를 가볍게 끄덕이다.

〈首をこくりとうなずく。〉(27.5%)

②예 짐이 가볍다.
〈荷物が軽い。〉/
가벼운 물건.
〈軽い物。〉(18.6%)

③예 걸음이 가볍다.
〈足どりが軽い。〉/
가벼운 마음.
〈軽い気持ち。〉(17.6%)

④예 가벼운 [소설/음악/칵테일].
〈軽い[小説/音楽/カクテル]。〉(12.7%)

⑤예 가벼운 [두통/부상/사고/열].
〈軽い[頭痛/負傷/事故/熱]。〉(9.8%)

가사 명【15種のテキストで19例】
⓪예 노래의 가사(歌詞).
〈歌の歌詞。〉(100%)

가수 명 ☆★★【16種のテキストで43例】
⓪예 노래를 잘하는 가수(歌手).
〈歌が上手な歌手。〉(100%)

가스 명 ★☆☆【16種のテキストで34例】
①예 가스 [라이터/보일러].
〈ガス[ライター/ボイラー]。〉(55.9%)

②예 [배기/연탄] 가스가 독하다.
〈[排気/練炭]ガスの臭いがきつい。〉(35.3%)

가슴 명 ★★★【118種のテキストで400例】
①예 가슴이 [메다/뭉클하다/뿌듯하다].
〈胸が[つまる/ジーンとする/いっぱいだ]。〉/
가슴이 [아프다/저리다/찡하다].
〈心が痛い。/胸が痛む。/胸を打たれる。〉/
가슴에서 우러나는 말.
〈心からしみ出る言葉。〉(58.5%)

②예 아이를 가슴에 안다.
〈子供を胸に抱く。〉(14.8%)

③예 가슴이 [두근대다/뛰다].
〈胸がどきどきする。/胸がわくわくする。〉(13.3%)

가시 명【14種のテキストで20例】
①예 선인장 가시에 찔리다.
〈サボテンのとげに刺される。〉(45%)

②예 생선 가시가 목에 걸리다.
〈魚の小骨がのどに刺さる。〉(25%)

③예 그 말이 가시가 돼 가슴에 박히다.
〈その言葉がとげになり心に刺さる。〉(10%)

가엾다 형【15種のテキストで16例】
⓪예 부모 잃은 아이가 가엾다.
〈親を失った子供がかわいそうだ。〉(100%)

가운데 명 ★★★【115種のテキストで313例】
①예 속담 가운데에 재미있는 것이 많다.
〈ことわざの中に面白いものが多い。〉(54%)

②예 날씨가 맑은 가운데 기온이 30도를 넘다.
〈いい天気の中、気温が30度を超える。〉(17.9%)

③예 가운데 부분과 끝 부분.
〈中央の部分と端の部分。〉(11.8%)

가위 명 ☆☆★【12種のテキストで17例】

⓪예 가위로 머리카락을 자르다.
〈ハサミで髪の毛を切る。〉(94.1%)

가을 명 ★★★【86種のテキストで351例】

⓪예 가을 [하늘/햇살].
〈秋の〔空/日差し〕。〉(100%)

가장 부 ★★★【159種のテキストで764例】

①예 계절 중 봄을 가장 좋아하다.
〈季節の中で春が一番好きだ。〉(76.8%)

②예 특징을 가장 잘 드러내다.
〈特徴を最もよく表わす。〉/
가장 최근의 일.
〈一番最近のこと。〉(23%)

가장자리 명【14種のテキストで16例】

⓪예 [길/도로/도화지] 가장자리.
〈〔道の/道路の/画用紙の〕端。〉(100%)

가정 명 ★★★【72種のテキストで327例】

⓪예 화목한 가정(家庭)을 [꾸리다/지키다].
〈なごやかな家庭を〔いとなむ/守る〕。〉(98.8%)

가져가다 동 ★★☆【38種のテキストで60例】

①예 외출할 때 우산을 가져가다.
〈外出するとき傘を持って行く。〉(55%)

②예 [담배를/손을/잔을] [입에/입으로] 가져가다.
〈〔タバコを/手を/グラスを〕〔口に/口へ〕持って行く。〉
(43.3%)

가져오다 동 ★★☆【85種のテキストで130例】

①예 [가방을/술을/우산을] 가져오다.
〈〔カバンを/酒を/傘を〕持ってくる。〉(62.3%)

②예 사회에 바람직한 [결과를/변화를] 가져오다.
〈社会に望ましい〔結果を/変化を〕もたらす。〉
(37.7%)

가족 명 ★★★【126種のテキストで692例】

⓪예 가족(家族)을 돌보다.
〈家族の面倒を見る。〉(98%)

가죽 명 ☆☆★【15種のテキストで31例】

①예 호랑이의 가죽을 벗기다.
〈虎の皮をはぐ。〉(74.2%)

②예 가죽 가방.
〈革カバン。〉/
가죽으로 만든 신.
〈革で作った靴。〉(22.6%)

가지 명의 ★★★【169種のテキストで1,083例】

⓪예 [다섯/여러] 가지 [방법/색].
〈〔五つの/色々な〕〔方法/色〕。〉(85.7%)

가지다¹ 동 ★★★【189種のテキストで1,394例】

①예 [관심을/긍지를/불만을/자신을/책임감을] 가지다.〈〔興味を/誇りを/不満を/自信を/責任感を〕持つ。〉(28.3%)

②예 우산을 가지고 [가다/오다].
〈傘を持って〔行く/来る〕。〉(19.6%)

③예 [모양을/성격을/의의를/특성을] 가지다.
〈〔形状を/性格を/意義を/特性を〕持つ。〉(12.6%)

④예 가지고 싶은 것을 사다.
〈欲しいものを買う。〉(11.2%)

⑤예 [능력을/효력을/힘을] 가지다.
〈〔能力を/効力を/力を〕持つ。〉(4.6%)

⑥관 〈~을 가지고〉
예 이 돈을 가지고 뭘 하지?
〈このお金で何をしようかな?〉(4.2%)

가지다² 동보 ☆★★【71種のテキストで277例】

① 〈-(아/어) 가지고〉예 편지를 써 가지고 부치다.
〈手紙を書いて送る。〉(52.3%)

② 〈-(아/어) 가지고〉예 급한 일이 생겨 가지고 못 오다.〈急な用事ができて来ない。〉(29.6%)

③관 〈[그래/이래] 가지고〉〈〔そんな/こんな〕ことで〉
예 그래 가지고 내가 화가 나서….。
〈それでもって私が頭に来て…。〉(10.8%)

④ -(아/어) 가지고
예 너무 추워 가지고 밖에 못 나가다.
〈とても寒くて外に出られない。〉(7.2%)

가지런히 부【20種のテキストで32例】

⓪예 책을 가지런히 [꽂다/놓다].
〈本をそろえて〔差し込む/置く〕。〉(100%)

가짜 명【11種のテキストで23例】

⓪예 진짜와 가짜(假-).
〈本物と偽物。〉/
가짜 돈.
〈偽金。〉(100%)

가축 명【11種のテキストで17例】

⓪예 가축(家畜)을 기르다.
〈家畜を育てる。〉(100%)

가치 명 ★★★【51種のテキストで242例】

①예 새로운 이상과 가치(價値).
〈新しい理想と価値。〉(40%)

②예 [영양/자료로서의] 가치.
〈〔栄養/資料としての〕価値。〉(38.8%)

③예 [돈의/물건의] 가치.
〈〔お金の/モノの〕価値。〉(18.6%)

가치관 명【20種のテキストで57例】

⓪예 가치관(價値觀)이 흔들리다.
〈価値観が揺れる。〉(100%)

가하다 동【16種のテキストで24例】

⓪예 [공격을/압력을/위협을] 가(加)하다.
〈〔攻撃を/圧力を/脅威を〕加える。〉(100%)

각 관 ★★★【75種のテキストで191例】

⓪예 각(各) [가구/대학/지방].
〈各〔世帯/大学/地方〕。〉(100%)

각각 부 ★★☆【69種のテキストで129例】

⓪예 낱말들이 각각(各各) 가리키는 뜻.
〈単語がそれぞれ示す意味。〉(100%)

각국 명 【13種のテキストで20例】
⓪예 세계 각국(各國)의 대표.
〈世界各国の代表。〉(100%)

각기 부 【18種のテキストで23例】
⓪예 나라마다 각기 역사가 다르다.
〈国ごとにそれぞれ歴史が違う。〉(100%)

각오 명 【13種のテキストで15例】
⓪예 그만둘 각오(覺悟)를 하다.
〈やめる覚悟をする。〉(100%)

각자 명 ★☆☆【54種のテキストで99例】
①예 그 까닭을 각자(各自) 생각해 보자.
〈その理由を各自考えてみよう。〉(54.5%)
②예 우리 각자가 바라는 일.
〈私たち一人一人が望むこと。〉(45.5%)

각종 명 【35種のテキストで67例】
⓪예 각종(各種) [병/채소].
〈各種〔病気/野菜〕。〉(100%)

-간¹ 접 ★★☆【71種のテキストで174例】
①예 [1년/6개월/이틀/수년]간(間).
〈〔1年/6ヶ月/二日/数年〕間。〉(60.3%)
②예 [가족/형제]간의 사랑.
〈〔家族/兄弟〕間の愛。〉(36.8%)

간² 명의 ★★★【62種のテキストで130例】
①예 부모와 아이들 간(間)의 거리.
〈両親と子供たちの間の距離。〉/
남북한 간의 교류.
〈韓国、北朝鮮間の交流。〉(70%)
②예 어떤 일[이건/이고/이든] 간에.
〈どんな仕事〔であろうが/でも/だろうと〕ともかく。〉
(26.9%)

간³ 명 ☆☆★【10種のテキストで14例】
①예 간(肝)에 좋은 [약/음식].
〈肝臓に良い〔薬/食べ物〕。〉/
간 이식.
〈肝移植。〉(50%)
②관 <간이 콩알만하다>.
〈肝っ玉が小さい〉。(21.4%)
③관 <간을 [꺼내/빼(어)] 주다>.
〈一番大事な物をやる。〉(14.3%)

간단하다 형 ★★★【80種のテキストで189例】
①예 간단(簡單)한 [문제/인사/질문/회화].
〈簡単な〔問題/挨拶/質問/会話〕。〉(69.8%)
②예 간단한 [도구/방식/절차].
〈簡単な〔道具/方式/手続き〕。〉/
점심을 간단하게 먹다.
〈お昼を簡単に食べる。〉(29.6%)

간단히 부 【21種のテキストで37例】
①예 복잡한 내용을 간단(簡單)히 [설명하다/
요약하다].〈複雑な内容を易しく〔説明する/要約
する〕。〉(70.3%)
②예 간단히 [구별하다/바꾸다/생각하다].

〈簡単に〔区別する/変える/考える〕。〉(13.5%)

간밤 명 【13種のテキストで17例】
①예 간밤에 [잠을 못 이루다/큰 비가 내리다].
〈きのうの夜〔よく眠れなかった/大雨が降った〕。〉
(64.7%)
②예 간밤 큰 비가 내리다.
〈昨夜、大雨が降る。〉(35.3%)

간부 명 【11種のテキストで14例】
⓪예 학생회 간부(幹部).
〈生徒会の幹部。〉/
간부 직원.
〈幹部職員。〉(100%)

간식 명 【10種のテキストで20例】
⓪예 간식(間食)을 먹다.
〈おやつを食べる。〉(100%)

간신히 부 【30種のテキストで41例】
⓪예 전쟁터에서 간신(艱辛)히 살아나오다.
〈戦地から辛うじて生還する。〉(100%)

간장 명 ☆☆★【7種のテキストで14例】
⓪예 간장(-醬)을 [담그다/치다].
〈醤油を〔つくる/仕込む〕。〉(100%)

간절하다 형 【17種のテキストで22例】
⓪예 간절(懇切)한 [마음/목소리/부탁/편지].
〈切実な〔心/声/頼み/手紙〕。〉(100%)

간접적 명 【11種のテキストで17例】
⓪예 간접적(間接的)으로 알리다.
〈間接的に知らせる。〉/
간접적인 표현.
〈間接的な表現。〉(100%)

간직하다 동 ☆★☆【39種のテキストで53例】
①예 [기억을/추억을] 간직하다.
〈〔記憶を/思い出を〕大事にしまっておく。〉
(43.4%)
②예 [순결을/착한 성격을] 간직하다.
〈〔純潔を/善良な性格を〕保つ。〉(39.6%)

간추리다 동 【21種のテキストで77例】
⓪예 간추린 소식.
〈要約版ニュース。〉/
[내용을/줄거리를] 간추리다.
〈〔内容を/あらすじを〕要約する。〉(97.4%)

간판 명 ☆☆★【19種のテキストで31例】
⓪예 가게에 간판(看板)을 달다.
〈店に看板を掲げる。〉(96.8%)

간호사 명 【10種のテキストで50例】
⓪예 간호사(看護師)가 주사를 놓다.
〈看護師が注射をする。〉(100%)

간혹 부 【17種のテキストで32例】
⓪예 간혹(間或) 있는 일.
〈たまにあること。〉/
간혹 사고가 나다.

〈たまに事故が起こる。〉(100%)

갇히다　동【27種のテキストで38例】

①예 [방에/승강기에/옥에] 갇히다.
〈[部屋に/エレベータに/刑務所に]閉じ込められる。〉(76.3%)

②예 [규범에/욕망에] 갇히다.
〈[規範に/欲望に]囚われる。〉(23.7%)

갈다¹　동 ★★★【26種のテキストで44例】

⓪예 [기저귀를/붕대를/연탄을] 갈다.
〈[おむつを/包帯を/煉炭を]取りかえる。〉
(95.5%)

갈다²　동【17種のテキストで31例】

①예 [과일을/야채를] 갈아서 먹다.
〈[果物を/野菜を]すりおろして食べる。〉(32.3%)

②관 <이(를) 갈다>〈牙をとぐ。〉
예 원수에게 이를 갈다.
〈仇敵に復讐心を燃やす。〉(19.4%)

③관 <갈고 닦다>〈磨きあげる。〉
예 재능을 갈고 닦다.
〈才能を磨きあげる。〉(16.1%)

④예 자면서 [이를/이빨을] 갈다.
〈寝ていて歯ぎしりをする。〉(16.1%)

⑤예 벼루에 먹을 갈다.
〈硯に墨をする。〉(12.9%)

갈다³　동【9種のテキストで13例】

⓪예 쟁기로 땅을 갈아 엎다.
〈すきで土地を耕す。〉(92.3%)

갈등　명 ★☆☆【40種のテキストで91例】

①예 부부간의 갈등(葛藤)을 풀다.
〈夫婦間の葛藤を解決する。〉(65.9%)

②예 실패의 불안과 갈등을 느끼다.
〈失敗に対する不安と葛藤を感じる。〉(33%)

갈라지다　동【25種のテキストで43例】

①예 의견이 둘로 갈라지다.
〈意見が二つに分かれる。〉(44.2%)

②예 뿌리가 잘게 갈라지다.
〈根が細かく分かれる。〉(23.3%)

③예 [방바닥이/벽이] 갈라지다.
〈[部屋の床が/壁が]割れる。〉(16.3%)

갈래　명【13種のテキストで26例】

①예 사상이 여러 갈래로 나뉘다.
〈思想がいくつかに分かれる。〉(61.5%)

②예 머리를 두 갈래로 땋다.
〈髪をツインテールにする。〉(38.5%)

갈비　명 ☆★☆【3種のテキストで4例】

⓪예 갈비를 구워 먹다.
〈カルビを焼いて食べる。〉(100%)

갈색　명【10種のテキストで16例】

⓪예 갈색(褐色) 구두.
〈茶色の靴。〉(100%)

갈아입다　동 ☆☆★【18種のテキストで19例】

⓪예 옷을 갈아입다.
〈服を着替える。〉(100%)

갈아타다　동 ☆★★【7種のテキストで7例】

⓪예 [배를/차를] 갈아타다.
〈[船を/車を]乗りかえる。〉(100%)

감¹　명 ★☆★【9種のテキストで36例】

⓪예 잘 익은 감을 따다.
〈良く熟した柿をもぎとる。〉(100%)

감²　명【4種のテキストで5例】

⓪예 좀 [늦은/이상한] 감(感)이 있다.
〈ちょっと[遅れた/おかしな]感がある。〉(100%)

－감³　접【5種のテキストで6例】

①예 김장감.〈キムチの材料。〉/
반찬감.〈おかずの材料。〉(50%)

②예 노벨상감.〈ノーベル賞もの。〉/
논문감.〈論文に値するもの。〉(33.3%)

감각　명 ★☆☆【36種のテキストで62例】

①예 [시대/패션] 감각(感覺).
〈[時代/ファッション]感覚。〉/
[국제적/미적] 감각.
〈[国際的/美的]感覚。〉(58.1%)

②예 손끝에 감각이 없다.
〈指先に感覚がない。〉(38.7%)

감격　명【14種のテキストで17例】

⓪예 감격(感激)에 겹다.
〈感激で胸がいっぱいになる。〉/
벅찬 감격.
〈胸にあまる感激。〉(100%)

감기　명 ☆★★【32種のテキストで46例】

⓪예 감기(感氣)에 걸리다.
〈風邪をひく。〉(100%)

감다¹　동 ★★★【48種のテキストで81例】

⓪예 눈을 살짝 감았다가 뜨다.
〈目をちょっと閉じてからあける。〉(95.1%)

감다²　동【17種のテキストで27例】

⓪예 머리를 감다.
〈髪を洗う。〉(88.9%)

감다³　동【19種のテキストで21例】

①예 목에 목도리를 감다.
〈首にマフラーをまく。〉(47.6%)

②예 검정 드레스로 몸을 감다.
〈黒のドレスで身をつつむ。〉(19%)

③예 팔로 허리를 감다.
〈腕を腰にまわす。〉(9.5%)

④예 뱀이 먹잇감을 칭칭 감다.
〈蛇が獲物をぐるぐるまく。〉(9.5%)

⑤예 [끈을/실을] 감다.
〈[ひもを/糸を]まく。〉(9.5%)

감당하다　동【24種のテキストで30例】

①예 맡은 일을 감당(堪當)하다.

〈引き受けた仕事をまっとうする。〉(50%)

②㋖ 충격을 감당하기 어렵다.
〈衝撃に耐えるのが難しい。〉(50%)

감독 몡【18種のテキストで60例】

⓪㋖ 영화 감독(監督).
〈映画監督。〉/
축구 팀의 감독.
〈サッカーチームの監督。〉(80%)

감동 몡【29種のテキストで70例】

⓪㋖ 감동(感動)을 느끼다.
〈感動を感じる。〉(100%)

감동적 몡【13種のテキストで24例】

⓪㋖ 감동적(感動的)인 장면.
〈感動的な場面。〉/
감동적으로 느끼다.
〈感動的に感じる。〉(100%)

감사 몡 ☆☆☆【21種のテキストで25例】

⓪㋖ 감사(感謝)를 드리다.
〈感謝をささげる。〉/
감사 인사.
〈お礼のあいさつ。〉(100%)

감사하다¹ 휑 ☆★☆【47種のテキストで89例】

⓪㋖ 참 감사(感謝)한 일입니다.
〈本当にありがたいことです。〉/
도와 주셔서 감사합니다.
〈助けていただきありがとうございます。〉(100%)

감사하다² 동【25種のテキストで40例】

⓪㋖ 이웃들의 도움에 감사(感謝)하는 마음.
〈隣人たちの助けに感謝する心。〉(100%)

감상¹ 몡 ☆★★【11種のテキストで21例】

⓪㋖ [미술/음악] 감상(鑑賞).
〈[美術/音楽]鑑賞。〉(100%)

감상² 몡【6種のテキストで12例】

⓪㋖ 책을 읽고 느낀 감상(感想).
〈本を読んで感じた感想。〉(100%)

감상³ 몡【6種のテキストで7例】

⓪㋖ 쓸쓸한 감상(感傷)에 [빠지다/젖다].
〈寂しい感傷に[おちいる/ひたる]。〉(100%)

감상하다 동【17種のテキストで28例】

⓪㋖ 작품을 감상(鑑賞)하다.
〈作品を鑑賞する。〉(100%)

감수성 몡【12種のテキストで40例】

⓪㋖ 예술가들은 감수성(感受性)이 예민하다.
〈芸術家たちは感受性が鋭敏だ。〉(100%)

감수하다 동【11種のテキストで16例】

⓪㋖ [고통을/불편을/희생을] 감수(甘受)하다.
〈[苦痛を/不便を/犠牲を]甘受する。〉(100%)

감시 몡【13種のテキストで30例】

⓪㋖ 감시(監視)를 [당하다/받다].

〈監視を[される/受ける]。〉(100%)

감싸다 동【30種のテキストで36例】

①㋖ 푸른 언덕이 마을을 감싸다.
〈青い丘陵が村を取り囲む。〉(61.1%)

②㋖ 찬 기운이 몸을 감싸다.
〈冷気が身体を包む。〉(16.7%)

③㋖ 서로의 [과거를/상처를] 감싸다.
〈互いの[過去を/傷を]かばい合う。〉(13.9%)

감옥 몡【23種のテキストで55例】

⓪㋖ 감옥(監獄)에 [가다/갇히다].
〈刑務所に[入る/収容される]。〉(100%)

감자 몡 ☆☆★【8種のテキストで16例】

⓪㋖ 밭에 감자를 심다.
〈畑にジャガイモを植える。〉/
감자를 삶다.
〈ジャガイモをふかす。〉(93.8%)

감정 몡 ★★★【50種のテキストで121例】

①㋖ 슬픈 감정(感情)을 느끼다.
〈悲しい感情を感じる。〉(43.8%)

②㋖ 감정을 살려 노래하다.
〈感情を込めて歌う。〉(37.2%)

③㋖ 감정만큼 인간적인 것도 없다.
〈感情ほど人間的なものはない。〉(19%)

감추다 동 ★☆☆【47種のテキストで69例】

①㋖ 모자로 [손을/얼굴을] 감추다.
〈帽子で[手を/顔を]隠す。〉(40.6%)

②㋖ [사실을/정체를] 감추다.
〈[事実を/正体を]隠す。〉(37.7%)

③㋖ [모습을/자취를] 감추다.
〈姿を隠す。/行方をくらます。〉(21.7%)

감탄하다 동【18種のテキストで21例】

⓪㋖ 요리 솜씨에 감탄(感歎)하다.
〈料理の腕前に感心する。〉(100%)

감히 閈【27種のテキストで34例】

①㋖ 네가 감(敢)히 나한테 거짓말을 해?
〈お前が図々しくも私に嘘をつくのか?〉(79.4%)

②㋖ 감히 용기를 내어 제안하다.
〈あえて勇気を出して提案する。〉(20.6%)

갑자기 閈 ★★★【141種のテキストで395例】

⓪㋖ 갑자기 울기 시작하다.
〈急に泣き出す。〉(100%)

갑작스럽다 휑【21種のテキストで25例】

⓪㋖ 갑작스러운 [연락/행동].
〈突然の[連絡/行動]。〉(100%)

값 몡 ★★★【55種のテキストで145例】

⓪㋖ 물건 값이 [비싸다/싸다].
〈物の値が[高い/安い]。〉(95.9%)

값싸다 휑【12種のテキストで21例】

⓪㋖ 값싼 동정을 바라다.
〈安っぽい同情を望む。〉(100%)

갓¹ 閉【13種のテキストで20例】

①예 갓 [입학한/태어난] 아이.
〈つい先ほど[入学した/生まれた]子供。〉(90%)

갓² 명【9種のテキストで12例】

①예 갓을 쓴 선비.
〈笠をかぶったソンビ²)。〉(100%)

갔다오다 동 ☆★☆【21種のテキストで30例】

①예 [미국에/학교에] 갔다오다.
〈[アメリカに/学校に]行って来る。〉(60%)

②예 [군대에/군대를] 갔다오다.
〈軍隊に行って来る。〉(30%)

강 명 ★★★【51種のテキストで208例】

①예 강(江)을 건너다.
〈川を渡る。〉

강가 명【14種のテキストで28例】

①예 강(江)가를 따라 거닐다.
〈川辺に沿って散歩する。〉(100%)

강남 명【14種のテキストで30例】

①예 서초구 등 강남(江南) 출신 합격자.
〈瑞草(ソチョ)区など江南(カンナム)出身の合格
者。〉(53.3%)

②예 강남 갔던 제비가 돌아오다.
〈春が来る。〉(36.7%)

강력하다 형【23種のテキストで41例】

①예 파업에 강력(強力)하게 대처하다.
〈ストライキに強硬に対処する。〉(51.2%)

②예 강력한 [타격/펀치].
〈強力な[打撃/パンチ]。〉(46.3%)

강렬하다 형【14種のテキストで19例】

①예 뜨겁고 강렬(強烈)한 사랑.
〈熱く強烈な愛。〉(78.9%)

②예 햇빛이 강렬하게 비치다.
〈日光が強烈にさす。〉(21.1%)

강물 명 ★☆☆【35種のテキストで97例】

①예 강(江)물이 흘러가다.
〈河の水が流れる。〉(100%)

강변 명【12種のテキストで19例】

①예 강변(江邊)에 낚시꾼들이 보이다.
〈河辺に釣り人たちが見える。〉(100%)

강산 명【15種のテキストで19例】

①예 강산(江山)이 모두 변하다.
〈山川がみな変わる。〉(52.6%)

②예 이 강산에 독립이 찾아오다.
〈この地に独立がやって来る。〉(47.4%)

강아지 명 ★★★【22種のテキストで62例】

①예 강아지를 기르다.
〈子犬を飼う。〉(96.8%)

강요하다 동【15種のテキストで18例】

①예 나에게 [거짓말을/대답을] 강요(強要)하다.
〈私に[嘘を/返事を]強要する。〉(61.1%)

②예 아이들에게 [모임에 오라고/줄을 서라고]
강요하다.〈子供たちに[集まりに来るよう/並べと]
強要する。〉(38.9%)

강의 명 ★★★【21種のテキストで66例】

①예 강의(講義)를 [듣다/하다].
〈講義を[聞く/する]。〉(100%)

강인하다 형【13種のテキストで20例】

①예 강인(強靭)한 [의지/정신력/체력]을 지니다.
〈強靭な[意志/精神力/体力]を持つ。〉(100%)

강제 명【20種のテキストで23例】

①예 강제(強制)로 끌고 가다.
〈強制的に連れて行く。〉(73.9%)

②예 강제 [노동/동원/연행/폐간].
〈強制[労働/動員/連行/廃刊]。〉(21.7%)

강조하다 동 ★★☆【46種のテキストで64例】

①예 덕을 강조(強調)하다.
〈徳を強調する。〉(100%)

강하다 형 ★★★【78種のテキストで151例】

①예 [책임감이/호기심이] 강(強)하다.
〈[責任感が/好奇心が]強い。〉(47%)

②예 강한 [군대/사람/힘].
〈強い[軍隊/人/力]。〉(37.1%)

갖가지 명【31種のテキストで41例】

①예 갖가지 [선물/상황].
〈色んな[プレゼント/状況]。〉(92.7%)

갖다¹ 동 ★★★【125種のテキストで459例】

①예 [관심을/긍지를/불만을/자신을/책임감을]
갖다.〈[関心を/誇りを/不満を/自信を/責任感を]
持つ。〉(30.1%)

②예 우산을 갖고 [가다/오다].
〈傘を持って[行く/来る]。〉(18.3%)

③예 [모양을/성격을/의의를/특성을] 갖다.
〈[形を/性格を/意義を/特性を]持つ。〉(15.7%)

④예 갖고 싶은 것을 사다.
〈欲しい物を買う。〉(9.6%)

⑤예 <~ 갖고> 예 왜 우리 둘 갖고 그래?
〈どうして私たち二人に対してそうなんだ?〉(5.4%)

⑥예 [과거를/기회를/역사를] 갖다.
〈[過去を/機会を/歴史を]持つ。〉(3.9%)

갖다² 동보【17種のテキストで133例】

①예 편지를 써 갖고 부치다.
〈手紙を書いて出す。〉(41.4%)

②예 <그래 갖고> 예 뛰다가 넘어졌어. 그래 갖
고 발목을 다쳤어.〈走っていて転んじゃったん
だ。それで足首にけがをしたんだ。〉(26.3%)

---

2) 学識はあるが官職につかなかった人。

③예 급한 일이 생겨 갖고 못 오다.
〈急な用事ができて来れない。〉(22.6%)

갖추다 동 ★★☆ 【75種のテキストで150例】
⓪예 [기능을/시설을] 갖추다.
〈[機能を/施設を]備える。〉(88.7%)

같다 형 ★★★ 【211種のテキストで3,375例】
①예 비가 올 것 같다.
〈雨が降りそうだ。〉(36.4%)
②예 콜라 같은 탄산음료.
〈コーラのような炭酸飲料。〉(18.6%)
③예 3년 전 일이 어제 일 같다.
〈3年前のことが昨日のことのようだ。〉(15.4%)
④예 [모양이/색이/크기가] 같다.
〈[形が/色が/サイズが]同じだ。〉(9.4%)
⑤예 같은 동네에 살다.
〈同じ町内に住む。〉(7.9%)

같이¹ 부 ★★★ 【184種のテキストで758例】
①예 우리, 같이 놀러 가자.
〈一緒に遊びに行こう。〉(43.8%)
②예 아이를 친딸과 같이 여기다.
〈子供を実の娘のように思う。〉(25.9%)
③예 소문과 같이 그는 친절하다.
〈うわさ通り彼は親切だ。〉(18.6%)
④예 친구와 같이 밥을 먹다.
〈友達と一緒に食事する。〉(11.3%)

같이² 토 【84種のテキストで172例】
⓪예 얼음같이 차다.
〈氷のように冷たい。〉/
매일같이 보다.
〈毎日のように会う。〉(100%)

같이하다 동 【12種のテキストで15例】
①예 친구와 점심을 같이하다.
〈友達と昼食を一緒にする。〉(53.3%)
②예 뜻을 같이하는 동지.
〈志を共にする同志。〉(46.7%)

갚다 동 ★★★ 【30種のテキストで38例】
①예 [돈을/빚을] 갚다.
〈[お金を/借金を]返す。〉(73.7%)
②예 [신세를/은혜를] 갚다.
〈[好意を/恩を]返す。〉(26.3%)

개¹ 명의 ★★★ 【133種のテキストで412例】
⓪예 사탕 한 개(個).
〈キャンディーひとつ。〉/
여러 개의 상품.
〈色々な商品。〉(100%)

개² 명 ★★★ 【58種のテキストで164例】
⓪예 개를 기르다.
〈犬を飼う。〉/
개가 짖다.
〈犬がほえる。〉(100%)

개구리 명 ★☆★ 【20種のテキストで48例】

⓪예 개구리가 겨울잠을 자다.
〈カエルが冬ごもりする。〉(89.6%)

개구쟁이 명 【11種のテキストで15例】
⓪예 개구쟁이 짓을 하다.
〈やんちゃをする。〉/
개구쟁이 소년.
〈やんちゃ坊主。〉(100%)

개나리 명 ☆★☆ 【11種のテキストで19例】
⓪예 노란 개나리가 피다.
〈黄色いレンギョウが咲く。〉(100%)

개념 명 ★☆☆ 【35種のテキストで191例】
⓪예 국가의 개념(概念)을 [설명하다/이해하다/
정의하다]. 〈国家の概念を[説明する/理解する
/定義する]。〉(100%)

개다¹ 동 ☆★★ 【10種のテキストで11例】
①예 날씨가 활짝 개다.
〈カラリと晴れる。〉(81.8%)
②예 [눈이/비가/안개가] 개다.
〈[雪が/雨が/霧が]晴れる。〉(18.2%)

개다² 동 【6種のテキストで7例】
⓪예 [빨래를/옷을/이불을] 개다.
〈[洗濯物を/服を/布団を]たたむ。〉(100%)

개미 명 ☆☆★ 【16種のテキストで78例】
⓪예 구멍에서 개미들이 나오다.
〈穴からアリが出てくる。〉(100%)

개발 명 ★☆☆ 【32種のテキストで105例】
①예 지역 개발(開發).
〈地域開発。〉(42.9%)
②예 신제품 개발.
〈新製品開発。〉(31.4%)
③관 <개발 도상국>
〈開発途上国。〉(17.1%)
④예 여성의 능력 개발.
〈女性の能力開発。〉(8.6%)

개발되다 동 【14種のテキストで34例】
①예 신제품이 개발(開發)되다.
〈新製品が開発される。〉(55.9%)
②예 [기술이/재능이] 개발되다.
〈[技術が/才能が] 開発される。〉(23.5%)
③예 [관광지로/리조트가] 개발되다.
〈[観光地として/リゾートが]開発される。〉(20.6%)

개발하다 동 【27種のテキストで58例】
①예 신제품을 개발(開發)하다.
〈新製品を開発する。〉(36.2%)
②예 [기술을/재능을] 개발하다.
〈[技術を/才能を]開発する。〉(34.5%)
③예 [관광지로/유전을] 개발하다.
〈[観光地として/油田を]開発する。〉(29.3%)

개선 명 【16種のテキストで23例】
⓪예 [무역 수지의/생활 환경의] 개선(改善).

〈〔貿易収支の/生活環境の〕改善。〉(100%)

개선하다 동【10種のテキストで15例】
　①예 문제점을 개선(改善)하다.
　　〈問題点を改善する。〉(100%)

개성¹ 명【18種のテキストで43例】
　①예 개성(個性) 있는 옷차림.
　　〈個性ある服装。〉(100%)

개성² 명〈固有〉【8種のテキストで44例】
　①예 개성(開城)은 인삼으로 유명하다.
　　〈開城(ケソン)は朝鮮人参で有名だ。〉(100%)

개월 명의 ☆★☆【35種のテキストで87例】
　①예 6(육)개월(個月).
　　〈六ヶ月。〉(100%)

개인 명 ★★★【51種のテキストで161例】
　①예 이 일은 나 개인(個人)만의 문제가 아니다.
　　〈このことは私個人だけの問題ではない。〉(100%)

개인적¹ 명【26種のテキストで40例】
　①예 개인적(個人的)인 일.
　　〈個人的なこと。〉/
　　개인적으로 미안하다.
　　〈個人的にすまない。〉(77.5%)
　②예 개인적인 취향에 따르다.
　　〈個人的な好みに従う。〉(22.5%)

개인적² 관【13種のテキストで22例】
　①예 개인적(個人的) 사정으로 회사를 그만두다.
　　〈個人的な事情で会社を辞める。〉(81.8%)

개척하다 동【16種のテキストで20例】
　①예 [미래를/새로운 길을] 개척(開拓)하다.
　　〈〔未来を/新しい道を〕開く。〉(60%)
　②예 [터전을/황무지를] 개척하다.
　　〈〔基盤を/荒れ地を〕開拓する。〉(35%)

개혁 명【17種のテキストで33例】
　①예 [사회/제도] 개혁(改革).
　　〈〔社会/制度〕改革。〉(100%)

객관적¹ 명【16種のテキストで22例】
　①예 객관적(客觀的)인 사실.
　　〈客観的な事実。〉/
　　객관적으로 판단하다.
　　〈客観的に判断する。〉(100%)

객관적² 관【6種のテキストで7例】
　①예 객관적(客觀的) [사실/평가].
　　〈客観的〔事実/評価〕。〉(100%)

갸웃거리다 동【12種のテキストで18例】
　①관 <고개를 갸웃거리다> 예 누구나 고개를
　　갸웃거릴 이야기이다.〈誰もが首をかしげる話
　　だ。〉(61.1%)
　②예 애교 부리는 듯 [고개를/머리를] 갸웃거
　　리며 웃다.〈愛嬌を振りまくように首をかしげなが
　　ら笑う。〉(38.9%)

개 대【24種のテキストで99例】
　①예 개는 누구지?
　　〈あの子は誰だろう?〉(100%)

거 명의 ★★★【188種のテキストで5,094例】
　① <-는/-ㄴ 거다> 예 심각한 병이기 때문에 예
　　방이 중요한 거다.〈深刻な病気であるため、
　　予防が重要なのだ。〉(24.2%)
　②예 아까 받은 거 돌려주다.
　　〈さっきもらったの返す。〉(16.4%)
　③예 인생은 누가 대신 살아 주는 게 아니다.
　　〈人生は誰かが代わりに生きてくれるわけではない。〉
　　(13.3%)
　④ <-ㄹ 거(다)> 예 힘든 일도 있을 거야.
　　〈つらい事もあるだろう。〉(12%)
　⑤예 먹을 거 좀 사다.
　　〈ちょっと食べるものを買う。〉(11.4%)
　⑥ <-ㄹ 거(다)> 예 죽어라고 공부할 거야.
　　〈死に物狂いで勉強するつもりだよ。〉(4.6%)

거기 대 ★★★【142種のテキストで532例】
　①예 거기에 다시 가고 싶다.
　　〈そこにもう一度行きたい。〉(48.3%)
　②예 거기에 일일이 대꾸하지 마.
　　〈そこでいちいち口ごたえするな。〉(33.6%)
　③예 거기 가 보자.
　　〈そこに行ってみよう。〉(16.7%)

거꾸로 부【21種のテキストで25例】
　①예 거꾸로 달린 간판.
　　〈さかさまにかかった看板。〉(48%)
　②예 거꾸로 생각을 하면 서로를 이해할 수 있다.
　　〈逆に考えれば、お互いを理解することができる。〉
　　(44%)

- 거나 끝【167種のテキストで920例】
　①예 책을 읽거나 산책을 하다.
　　〈本を読んだり散歩をする。〉(100%)

거느리다 동【11種のテキストで16例】
　①예 [군대를/군부를] 거느린 장군.
　　〈〔軍隊を/軍部を〕率いる将軍。〉(62.5%)
　②예 사장이 남자 둘을 거느리고 오다.
　　〈社長が2人の男を率いてくる。〉(25%)
　③예 [가족을/식솔을] 거느린 가장.
　　〈〔家族を/一家を〕率いる家長。〉(12.5%)

- 거니 끝【14種のテキストで21例】
　①예 잔을 주거니 받거니 하다.
　　〈杯をやりとりする。〉/
　　좀 늦겠거니 짐작하다.
　　〈少し遅れるであろうとおもいはかる。〉(100%)

- 거니와 끝【20種のテキストで39例】
　①예 거듭 말하거니와 내 생각은 변함없다.
　　〈繰り返して言うけど、私の考えは変わらない。〉
　　(100%)

거대하다 형【36種のテキストで52例】

⓪예 크기가 거대(巨大)하다.
〈大きさが巨大だ。〉(100%)

거두다 동 ★☆☆【50種のテキストで89例】
①예 [유종의 미를/효과를] 거두다.
〈有終の美を飾る。/効果をあげる。〉(47.2%)
②예 점원이 빈 그릇을 거두어 가다.
〈店員が空の器を片付けていく。〉(14.6%)
③예 논에서 [곡식을/벼를] 거두다.
〈田で〔穀物を/稲を〕収穫する。〉(11.2%)
④예 시선을 거두다.
〈目をそらす。〉(11.2%)

– 거든 끝【72種のテキストで207例】
①예 아무리 생각해도 알 수 없거든.
〈いくら考えても分からないんだよね。〉(84.1%)
②예 그가 오거든 편지를 전해 줘요.
〈彼が来たらさ、手紙渡してくれよ。〉(15.9%)

– 거든요 끝【52種のテキストで246例】
⓪예 좋은 꿈을 꾸었거든요.
〈良い夢を見たんですよ。〉(100%)

거들다 동【15種のテキストで18例】
①예 [김장을/일을] 거들다.
〈〔キムチを漬けるのを/仕事を〕手伝う。〉(55.6%)
②예 저마다 [말을/한 마디씩] 거들다.
〈それぞれ〔言葉を/一言ずつ〕添える。〉(44.4%)

거듭하다 동【19種のテキストで20例】
⓪예 [고민을/실패를] 거듭하다.
〈〔悩みを/失敗を〕重ねる。〉(100%)

– 거라 끝【27種のテキストで51例】
⓪예 늦지 않게 얼른 가거라.
〈遅れないように早く行きなさい。〉(100%)

거래 명 ☆☆★【9種のテキストで10例】
①예 거래(去來) 은행.
〈取引銀行。〉/
거래를 하다.
〈取引をする。〉(90%)
②예 여야당 사이에 거래가 이루어지다.
〈与野党間で取引がなされる。〉(10%)

거리¹ 명 ★★★【75種のテキストで194例】
⓪예 거리를 거닐다.
〈町をぶらつく。〉(98.5%)

거리² 명【54種のテキストで116例】
①예 집에서 역까지의 거리(距離).
〈家から駅までの距離。〉(73.3%)
②예 <거리가 멀다> 예 출세와 거리가 멀다.
〈出世と縁が無い。〉(11.2%)

거미 명 ☆☆★【5種のテキストで10例】
⓪예 거미가 거미줄을 치다.
〈くもが巣をはる。〉(100%)

거부하다 동【30種のテキストで52例】
⓪예 대화를 거부(拒否)하다.

〈対話を拒否する。〉(100%)

거세다 형【15種のテキストで23例】
①예 [바람이/파도가] 거세다.
〈〔風が/波が〕激しい。〉(65.2%)
②예 [저항이/항의가] 거세다.
〈〔抵抗が/抗議が〕激しい。〉(34.8%)

거스르다¹ 동【19種のテキストで22例】
①예 강물을 거슬러 올라가다.
〈川の水をさかのぼる。〉(50%)
②예 10년 전으로 거슬러 올라가다.
〈10年前にさかのぼる。〉(31.8%)

거스르다² 동【3種のテキストで3例】
⓪예 잔돈을 거슬러 [받다/주다].
〈おつりを〔もらう/やる〕。〉(100%)

거실 명 ☆★☆【23種のテキストで86例】
⓪예 온 가족이 거실(居室)에 모이다.
〈家族全員が居間に集まる。〉(100%)

거울 명 ★★★【45種のテキストで141例】
⓪예 거울에 비친 모습을 보다.
〈鏡にうつった姿を見る。〉(97.2%)

거의 부 ★★★【142種のテキストで388例】
①예 마음 맞는 사람이 거의 없다.
〈気の合う人がほとんどいない。〉(61.9%)
②예 자리가 거의 다 차다.
〈席がほとんどいっぱいになる。〉(36.3%)

거절하다 동 ☆★☆【23種のテキストで31例】
⓪예 부탁을 거절(拒絶)하다.
〈お願いをことわる。〉(100%)

거지 명【12種のテキストで23例】
⓪예 거지가 [구걸을/동냥을] 하다.
〈乞食が〔物乞いを/物もらいを〕する。〉(100%)

거짓 명 ☆☆★【17種のテキストで23例】
⓪예 거짓으로 대답하다.
〈うそを言う。〉(82.6%)

거짓말 명 ☆★★【45種のテキストで100例】
⓪예 거짓말을 하다.
〈うそをつく。〉(100%)

거치다 동 ★☆★【59種のテキストで129例】
①예 [절차를/협의를] 거치다.
〈〔手続きを/協議を〕経る。〉(71.3%)
②예 대구를 거쳐 부산으로 가다.
〈大邱(テグ)を経て釜山(プサン)に行く。〉
(27.9%)

거칠다 형 ★☆★【43種のテキストで66例】
①예 [성격이/행동이] 거칠다.
〈〔性格が/行動が〕乱暴だ。〉(37.9%)
②예 [글이/말투가] 거칠다.
〈〔文が/言い方が〕荒い。〉(28.8%)
③예 목소리가 거칠다.
〈声が荒い。〉/

거친 고함.
〈激しい怒鳴り声。〉(12.1%)

④예 [손이/피부가] 거칠다.
〈[手が/肌が]あれる。〉(4.5%)

걱정 명 ★★★【99種のテキストで225例】
⓪예 아이 일이 걱정이 되다.
〈子供のことが心配になる。〉(98.7%)

걱정스럽다 형【22種のテキストで27例】
①예 내일 시험이 걱정스럽다.
〈明日の試験が心配だ。〉(40.7%)
②예 걱정스러운 [얼굴/표정]을 하다.
〈心配そうな[顔を/表情を]する。〉(33.3%)
③예 혼자 있는 아이가 걱정스럽다.
〈一人でいる子供が心配だ。〉(25.9%)

걱정하다 동 ★★★【57種のテキストで83例】
①예 [아이/일] 때문에 너무 걱정하지 마세요.
〈[子供/仕事]のことであまり心配しないでください。〉(71.1%)
②예 [나라를/일을/자식을] 걱정하다.
〈[国を/仕事を/子]心配する。〉(28.9%)

- 건 끝【38種のテキストで98例】
⓪예 아프건 말건 상관하지 마라.
〈病気だろうと何だろうと私に構うな。〉(100%)

건강 명 ★★★【60種のテキストで148例】
①예 과음으로 건강(健康)을 해치다.
〈飲みすぎで健康をそこなう。〉(56.8%)
②예 건강에 좋은 음식.
〈健康に良い食べ物。〉(43.2%)

건강하다 형 ★★★【74種のテキストで161例】
①예 [몸이/아이가] 건강(健康)하다.
〈[体が/子供が]健康だ。〉(81.4%)
②예 건강한 [사회/정신].
〈健康な[社会/精神]。〉(17.4%)

건너 명【19種のテキストで20例】
⓪예 강 건너에 마을이 있다.
〈川の向こう側に村がある。〉(100%)

건너가다 동 ☆★☆【28種のテキストで65例】
①예 [강을/길을/다리를] 건너가다.
〈[川を/道を/橋を]渡っていく。〉(66.2%)
②예 [안방으로/중국으로] 건너가다.
〈アンパン(台所の横の部屋)に行く。/中国に渡る。〉(33.8%)

건너다 동 ★★★【63種のテキストで146例】
⓪예 [강을/길을/다리를] 건너다.
〈[川を/道を/橋を]渡る。〉(95.2%)

건너오다 동【13種のテキストで18例】
①예 [강을/길을/다리를] 건너오다.
〈[川を/道を/橋を]渡ってくる。〉(61.1%)
②예 [미국에/안방으로] 건너오다.
〈[アメリカに/アンパン(台所の横の部屋)に]渡ってくる。〉(38.9%)

건너편 명【22種のテキストで36例】
⓪예 [강/길] 건너편(便).
〈[川の/道の]向こう側。〉(100%)

건네다 동【37種のテキストで59例】
①예 [돈을/봉투를/선물을] 건네다.
〈[お金を/封筒を/プレゼントを]渡す。〉(74.6%)
②예 [말을/인사를] 건네다.
〈[言葉を/あいさつを]交わす。〉(25.4%)

- 건대 끝【18種のテキストで21例】
⓪예 짐작하건대 벌써 끝났을 게다.
〈察するに、もう終わってるだろうよ。〉(100%)

건드리다 동【24種のテキストで29例】
①예 전시물을 건드리다.
〈展示物に触れる。〉(58.6%)
②예 [감정을/자존심을] 건드리다.
〈[感情に/自尊心に]触れる。〉(31%)

- 건만 끝【22種のテキストで35例】
⓪예 그토록 믿었건만 배신당했다.
〈あんなに信じていたのに、裏切られた。〉(100%)

건물 명 ★★★【72種のテキストで212例】
⓪예 건물(建物)을 짓다.
〈建物を建てる。〉(100%)

건설 명【24種のテキストで60例】
①예 [공장/주택] 건설(建設) 현장.
〈[工場/住宅]建設現場。〉(63.3%)
②예 [국가/복지 사회] 건설.
〈[国家/福祉社会]建設。〉(36.7%)

건설하다 동【22種のテキストで33例】
①예 도로를 건설(建設)하다.
〈道路を建設する。〉(63.6%)
②예 복지 사회를 건설하다.
〈福祉社会を建設する。〉(36.4%)

건전하다 형【19種のテキストで38例】
⓪예 건전(健全)한 [정신/태도].
〈健全な[精神/態度]。〉(100%)

건조하다 형【13種のテキストで15例】
①예 건조(乾燥)한 직장 분위기.
〈乾いた職場の雰囲気。〉(60%)
②예 건조한 날씨.
〈乾燥した天気。〉(13.3%)
③예 피부가 건조하다.
〈肌が乾燥している。〉(13.3%)

건지다 동【14種のテキストで21例】
①예 건더기를 건지다.
〈具をすくう。〉(42.9%)
②예 [거래에서 큰돈을/특종을] 건지다.
〈[取引で大金を/特ダネを]手に入れる。〉(23.8%)
③예 <[목숨을/생명을] 건지다>.
〈[命を/一命を]とりとめる。〉(19%)
④예 위기에 처한 회사를 건지다.

〈危機に直面した会社をすくう。〉(9.5%)

건축 명【12種のテキストで20例】
　⓪⑩ 건축(建築) [기술/회사].
　　〈建築[技術/会社]。〉(100%)

걷다 동 ★★★【115種のテキストで374例】
　⓪⑩ [산길을/오솔길을] 걷다.
　　〈[山道を/寂しい小道を]歩く。〉(92.5%)

걷어차다 동【10種のテキストで21例】
　⓪⑩ [돌멩이를/벽을] 걷어차다.
　　〈[石を/壁を]けっとばす。〉(95.2%)

걸다 동 ★★★【101種のテキストで238例】
　①⑩ 전화를 걸다.
　　〈電話をかける。〉(37.4%)
　②⑩ 옷걸이에 코트를 걸다.
　　〈ハンガーにコートをかける。〉(17.6%)
　③⑩ [농을/말을/시비를] 걸다.
　　〈冗談を言う。/言葉をかける。/言いがかりをつける。〉(14.3%)
　④⑩ [목숨을/생명을] 걸다.
　　〈[命を/生命を]かける。〉(6.3%)
　⑤⑩ 자동차 [시동을/제동을] 걸다.
　　〈車の[エンジンを/ブレーキを]かける。〉(3.9%)
　⑥⑩ 그에게 [기대를/희망을] 걸다.
　　〈彼に[期待を/希望を]かける。〉(3.8%)

걸레 명 ☆☆★【12種のテキストで17例】
　⓪⑩ 걸레로 마루를 닦다.
　　〈ぞうきんで床をふく。〉(100%)

걸리다¹ 동 ★★★【124種のテキストで243例】
　①⑩ [감기가/병에] 걸리다.
　　〈[風邪に/病気に]かかる。〉(27.6%)
　②⑩ 벽에 걸린 그림.
　　〈壁に掛かった絵。〉(19.3%)
　③⑩ 목에 가시가 걸리다.
　　〈喉に小骨が刺さる。〉/
　　옷이 못에 걸리다.
　　〈服が釘にひっかかる。〉(9.9%)
　④⑩ 잘못 걸린 전화.
　　〈間違い電話。〉(9.5%)
　⑤⑩ [마음에/신경에] 걸리다.
　　〈心にかかる。/神経にさわる。〉(6.2%)
　⑥⑩ [법에/속도위반으로] 걸리다.
　　〈[法に/スピード違反で]ひっかかる。〉(4.1%)
　⑦⑩ [덫에/미끼에] 걸리다.
　　〈[わなに/おとりに]かかる。〉(4.1%)
　⑧⑩ 그믐달이 밤하늘에 걸려 있다.
　　〈三日月が夜空にかかっている。〉(3.7%)

걸리다² 동【68種のテキストで127例】
　⓪⑩ [30분/세월이/시간이] 걸리다.
　　〈[30分/歳月が/時間が]かかる。〉(100%)

걸맞다 형【20種のテキストで25例】
　⓪⑩ [덩치에/체격에] 걸맞은 행동.

〈図体にふさわしい行動。(○)/体格にふさわしい行動。(×)〉(100%)

걸어가다 동 ★★☆【77種のテキストで129例】
　⓪⑩ 역까지 걸어가다.
　　〈駅まで歩いて行く。〉(95.3%)

걸어다니다 동【14種のテキストで18例】
　⓪⑩ 차를 놓고 걸어다니다.
　　〈車をおいて歩いて通う。〉(100%)

걸어오다 동【24種のテキストで36例】
　①⑩ [이쪽으로/집에] 걸어오다.
　　〈[こちらに/家に]歩いて来る。〉(69.4%)
　②⑩ 이제껏 걸어온 길을 추억하다.
　　〈今まで歩んできた道を思い出す。〉(25%)

걸음 명 ★★★【61種のテキストで115例】
　①⑩ 걸음을 [멈추다/빨리하다].
　　〈歩みを[止める/速める]。〉(57.4%)
　②⑩ 세 걸음 앞으로 가다.
　　〈三歩前に進む。〉(42.6%)

걸음걸이 명【13種のテキストで24例】
　⓪⑩ 걸음걸이가 씩씩하다.
　　〈足どりが勇ましい。〉(100%)

걸치다 동 ★☆★【62種のテキストで94例】
　①⑩ 10년에 걸친 프로젝트.
　　〈10年にわたるプロジェクト。〉(36.2%)
　②⑩ 전국에 걸쳐 비가 내리다.
　　〈全国にわたって雨が降る。〉(22.3%)
　③⑩ [겉옷을/코트를] 걸치다.
　　〈[上着を/コートを]ひっかける。〉(19.1%)
　④⑩ 배낭을 한 쪽 어깨에 걸치다.
　　〈リュックを片方の肩にかける。〉(9.6%)

걸터앉다 동【16種のテキストで26例】
　⓪⑩ [마루에/소파에] 걸터앉다.
　　〈[床に/ソファーに]腰をおろす。〉(100%)

검다 형 ★☆★【59種のテキストで158例】
　①⑩ 검은 옷.
　　〈黒い服。〉/
　　피부가 검게 타다.
　　〈肌が黒く焼ける。〉(77.8%)
　②⑩ 하늘이 검다.
　　〈空が黒い。〉/
　　검은 어둠.
　　〈黒い闇。〉(19%)

검사 명 ★☆★【16種のテキストで87例】
　⓪⑩ [시력/혈액] 검사(檢査)를 받다.
　　〈[視力/血液]検査を受ける。〉(100%)

검토하다 동【16種のテキストで20例】
　⓪⑩ 계획을 검토(檢討)하다.
　　〈計画を検討する。〉(100%)

겁 명 ★★★【46種のテキストで77例】
　①⑩ <겁(怯)이 나다>.

〈怖くなる。〉(51.9%)

②에 겁이 [많다/없다].
〈臆病だ。/怖さを知らない。〉(9.1%)

③관 <겁을 (집어)먹다>.
〈怖がる。/あわを食う。〉(9.1%)

겁나다 동【14種のテキストで16例】

①에 밤길 다니기가 겁(怯)나다.
〈夜道を通るのが怖い。〉(87.5%)

②관 <겁나게> 에 겁나게 춥다.
〈恐ろしく寒い。〉(12.5%)

것 명의 ★★★【217種のテキストで14,829例】

① <-는/ㄴ 것이다> 에 심각한 병이기 때문에 예방이 중요한 것이다. 〈深刻な病気である ため、予防が重要なのだ。〉(18.4%)

②에 아까 받은 것 돌려주다.
〈さっきもらったものを返す。〉(16.1%)

③에 먹을 것 좀 사다.
〈食べるものをちょっと買う。〉(14.8%)

④에 인생은 누가 대신 살아 주는 것이 아니다.
〈人生は誰かが代わりに生きてくれるわけではな い。〉(10.9%)

⑤ <-ㄹ 것(이다)> 에 의견이 안 맞는 일도 있을 것이다.〈意見が合わないこともあるだろう。〉(9%)

⑥관 <-는/-ㄴ/-ㄹ 것 같다>
에 비가 [오는/온/올] 것 같다.
〈雨が[降っている/降った/降る]ようだ。〉(7.3%)

⑦에 나를 좋아하는 것을 느끼다.
〈私を好きなことを感じる。〉(5.9%)

겉 명 ★☆☆【38種のテキストで56例】

①에 겉으로는 멀쩡하다.
〈外見はまともだ。〉/
겉으로 보아서는 모른다.
〈外見だけでは分からない。〉(83.9%)

②에 상자의 겉이 닳다.
〈箱の外側が磨り減る〉(16.1%)

-게¹ 끝【216種のテキストで11,026例】

⓪에 알아듣게 말해라.
〈分かるように話しなさい。〉/
기쁘게 하다.
〈喜ばす。〉/
까맣게 잊다.
〈けろりと忘れる。〉(100%)

게² 토【69種のテキストで246例】

⓪에 내게 소중한 물건.
〈私にとって大切な物。〉/
그 일은 제게 맡기세요.
〈その仕事は私に任せてください。〉(100%)

-게³ 끝【34種のテキストで84例】

⓪에 너무 슬퍼하지 말게.
〈あまり悲しむな。〉/
부산에 언제 가게?
〈釜山にいつ行くの?〉(100%)

게⁴ 명 ☆☆★【6種のテキストで16例】

⓪에 바다에서 게를 잡다.
〈海で蟹をとる。〉(100%)

-게끔 끝【18種のテキストで24例】

⓪에 그가 알게끔 신호를 보내다.
〈彼が分かるように信号を送る。〉(100%)

게다가 부 ★☆☆【53種のテキストで77例】

⓪에 직장은 없고, 게다가 아내는 임신 중이다.
〈職場はなく、しかも妻は妊娠中だ。〉(100%)

-게요 끝【13種のテキストで17例】

⓪에 어디 가시게요?
〈どこかにいらっしゃいますか?〉(100%)

게으르다 형 ☆☆★【12種のテキストで14例】

⓪에 게으른 사람.
〈怠け者。〉(100%)

게임 명 ☆☆★【20種のテキストで70例】

①에 [인터넷/컴퓨터] 게임 시장.
〈ゲーム市場。〉(58.6%)

②에 [야구/축구] 게임.
〈[野球/サッカー]ゲーム。〉(18.6%)

③에 술 마시며 게임을 하다.
〈酒を飲みながらゲームをする。〉(12.9%)

-겠- 끝【210種のテキストで3,738例】

⓪에 내가 가겠다.
〈私が行く。〉/
비가 오겠네.
〈雨が降るね。〉(100%)

겨레 명 ★★★【21種のテキストで64例】

⓪에 남과 북은 한 겨레이다.
〈南と北は一民族だ。〉(100%)

겨를 명의【14種のテキストで16例】

⓪에 [생각할/쉴] 겨를이 없다.
〈[考える/休む]いとまがない。〉(100%)

겨우 부 ★★★【73種のテキストで109例】

①에 겨우 [도착하다/합격하다].
〈やっと[到着する/合格する]。〉(62.4%)

②에 겨우 [고등학생/옷 한 벌].
〈たかだか[高校生/服一着]。〉(37.6%)

겨울 명 ★★★【89種のテキストで282例】

⓪에 겨울이 지나고 봄이 오다.
〈冬が過ぎて春が来る。〉(94.7%)

격 명【13種のテキストで16例】

⓪에 엎친 데 덮친 격(格)이다.
〈泣き面に蜂のありさまだ。〉/
국무총리 격인 수상.
〈国務総理格である総理大臣。〉(87.5%)

격려 명【16種のテキストで21例】

⓪에 격려(激勵)를 [받다/하다].
〈激励を[される/する]。〉(100%)

겪다 동 ★☆★【95種のテキストで224例】

⓪예 [고생을/난관을/전쟁을] 겪다.
〈[苦労を/難関を/戦争を]経る。〉(99.5%)

견디다 동 ★★★【73種のテキストで118例】

①예 [고통을/수술을] 견디다.
〈[苦痛に/手術に]耐える。〉(81.4%)

②예 비상식량으로 열흘을 견디다.
〈非常食で十日を耐える。〉(10.2%)

견주다 동【13種のテキストで27例】

①예 그 사람과 [실력을/키를] 견주다.
〈その人と[実力を/背の高さを]競う。〉(51.9%)

②예 몸에 견주어 키가 작다.
〈体に比べて背が低い。〉(48.1%)

견학 명【13種のテキストで54例】

⓪예 공장 견학(見學)을 하다.
〈工場見学をする。〉(100%)

견학하다 동【14種のテキストで64例】

⓪예 방송국을 견학(見學)하다.
〈放送局を見学する。〉(100%)

견해 명 ★☆☆【25種のテキストで53例】

⓪예 서로 견해(見解)가 다르다.
〈互いに見解が違う。〉(100%)

결과 명 ★★★【107種のテキストで333例】

①예 나쁜 결과(結果)를 빚다.
〈悪い結果をもたらす。〉(42.3%)

②예 미국 방문 결과를 설명하다.
〈米国訪問の結果を説明する。〉(39.3%)

③예 긴축 정책의 결과, 생산이 줄어들다.
〈緊縮政策の結果、生産が減る。〉(18.3%)

결국 부 ★★☆【110種のテキストで297例】

①예 표를 못 구해 결국(結局) 영화를 못 보다.
〈チケットを確保できず、結局映画を見られない。〉(63%)

②예 결국 건강이 가장 중요하다.
〈結局、健康が一番大事だ。〉(37%)

결론 명【34種のテキストで70例】

①예 회의에서 결론(結論)이 나오다.
〈会議で結論が出る。〉(87.1%)

②예 서론, 본론, 결론.
〈序論、本論、結論。〉(12.9%)

결말 명【12種のテキストで18例】

⓪예 협상의 결말(結末)을 짓다.
〈交渉の結末をつける。〉(100%)

결석 명 ☆☆★【4種のテキストで5例】

⓪예 수업에 결석(缺席)을 하다.
〈授業に欠席をする。〉(100%)

결심 명【23種のテキストで26例】

⓪예 굳은 결심(決心)을 하다.
〈堅い決心をする。〉/
결심이 서다.

〈決心がつく。〉(100%)

결심하다 동【28種のテキストで39例】

⓪예 금연하기로 결심(決心)하다.
〈禁煙することを決心する。〉(100%)

결정 명 ★★★【38種のテキストで78例】

⓪예 결정(決定)을 [내리다/하다].
〈決定を[下す/する]。〉(100%)

결정되다 동【24種のテキストで30例】

⓪예 회의에서 결정(決定)된 사항.
〈会議で決定された事項。〉(100%)

결정적[1] 명【15種のテキストで21例】

⓪예 결정적(決定的)인 영향을 받다.
〈決定的な影響を受ける。〉(95.2%)

결정적[2] 관【2種のテキストで3例】

⓪예 결정적(決定的) 타격을 주다.
〈決定的打撃を与える。〉(100%)

결정하다 동 ★★☆【53種のテキストで105例】

①예 [대회에 참가하기로/진로를] 결정(決定)하다.〈[大会に参加することに/針路を]決定する。〉(80%)

②예 작품의 예술성을 결정하는 요소.
〈作品の芸術性を決定する要素。〉(20%)

결코 부 ☆☆★【76種のテキストで187例】

⓪예 결(決)코 우연이 아니다.
〈決して偶然ではない。〉/
결코 포기하지 않다.
〈決して放棄しない。〉(100%)

결혼 명 ★★★【69種のテキストで206例】

⓪예 결혼(結婚)을 하다.
〈結婚をする。〉(100%)

결혼식 명 ☆★☆【20種のテキストで48例】

⓪예 결혼식(結婚式)을 올리다.
〈結婚式を挙げる。〉(100%)

결혼하다 동 ★★★【53種のテキストで136例】

⓪예 사랑하는 사람과 결혼(結婚)하다.
〈愛する人と結婚する。〉(100%)

겸 명의 ☆★☆【19種のテキストで23例】

①예 옷도 사고 구경도 할 겸(兼) 시장에 가다.
〈服の買い物と見物を兼ねて市場に行く。〉(78.3%)

②예 아침 겸 점심으로 빵을 먹다.
〈朝食兼昼食としてパンを食べる。〉(21.7%)

겹치다 동【22種のテキストで35例】

①예 몸살에 과로까지 겹치다.
〈悪寒に過労まで重なる。〉/
경사가 겹치다.
〈いいことが重なる。〉(82.9%)

②예 [종이가/필름이] 겹쳐 보이다.
〈[紙が/フィルムが]重なって見える。〉(14.3%)

- 경[1] 접【23種のテキストで33例】

⓪㉠ [시월/12시]경(頃).
〈[十月/12時]ごろ〉(100%)

경² 명【2種のテキストで7例】
①㉠ 스님이 법당에서 경(經)을 읽다.
〈僧侶が法堂で経を読む。〉(85.7%)
②㉙ <소 귀에 경 읽기>.
〈馬の耳に念仏。〉(14.3%)

경³ 명【2種のテキストで7例】
⓪㉠ 윌리엄 경(卿).
〈ウィリアム・オスラー卿〉(100%)

경계¹ 명【4種のテキストで4例】
①㉠ 그에 대한 경계(警戒)를 풀다.
〈彼に対する警戒を解く。〉(75%)
②㉠ 역사를 미래에 대한 경계로 삼다.
〈歴史を未来に対する警戒とする。〉(25%)

경계² 명【11種のテキストで15例】
①㉠ 담으로 집의 경계(境界)를 삼다.
〈塀を家の境界にする。〉(53.3%)
②㉠ 모방과 표절 사이의 경계.
〈模倣と盗作の間の境界。〉(46.7%)

경계하다 동【18種のテキストで24例】
①㉠ 외부 사람을 경계(警戒)하다.
〈部外者を警戒する。〉(50%)
②㉠ 적당주의를 경계하다.
〈ケンチャナ主義を警戒する。〉(33.3%)
③㉠ 사방을 경계하다.
〈四方を警戒する。〉(16.7%)

경기¹ 명 ★★★【25種のテキストで111例】
⓪㉠ [올림픽/축구] 경기(競技)가 시작되다.
〈[オリンピック/サッカー]競技が始まる。〉(100%)

경기² 명【7種のテキストで29例】
⓪㉠ 경기(景氣)가 [나쁘다/좋다].
〈景気が[悪い/良い]。〉(100%)

경멸하다 동【11種のテキストで18例】
⓪㉠ [말투를/사람들을/없다고] 경멸(輕蔑)하다.
〈[話し方を/人を/貧乏人だと]軽蔑する。〉(100%)

경복궁 명 (固有) ☆★☆【9種のテキストで51例】
⓪㉠ 경복궁(景福宮)을 구경하다.
〈景福宮(キョンボックン)を見物する。〉(100%)

경영 명【15種のテキストで30例】
⓪㉠ [호텔/회사] 경영(經營).
〈[ホテル/会社]経営。〉/
경영을 배우다.
〈経営を学ぶ。〉(100%)

경우 명 ★★★【142種のテキストで772例】
①㉠ 실수하는 경우(境遇)가 많다.
〈ミスする場合が多い。〉/
그대로 둘 경우 위험하다.
〈そのまま放置すれば危険だ。〉(60.2%)
②㉠ 우리 집의 경우에는….

〈我が家の場合には…。〉(39.8%)

경쟁 명 ★★★【23種のテキストで81例】
⓪㉠ 경쟁(競爭)을 [벌이다/하다].
〈競争を[繰り広げる/する]。〉(98.8%)

경제 명 ★★★【48種のテキストで397例】
①㉠ 경제(經濟)가 발전하다.
〈経済が発展する。〉(63.7%)
②㉙ <경제 발전>.
〈経済発展。〉(6.8%)
③㉙ <경제 문제>.
〈経済問題。〉(5%)
④㉙ <경제 개발>.
〈経済開発。〉(3.8%)
⑤㉙ <경제 성장>.
〈経済成長。〉(3.5%)
⑥㉙ <경제 정책>.
〈経済政策。〉(3.5%)

경제적¹ 명【20種のテキストで57例】
①㉠ 경제적(經濟的)인 관계.
〈経済的な関係。〉/
경제적으로 가치가 크다.
〈経済的に価値が大きい。〉(57.9%)
②㉠ 여가와 경제적인 여유.
〈余暇と経済的な余裕。〉(35.1%)

경제적² 관【23種のテキストで55例】
①㉠ 경제적(經濟的) [관점/난관].
〈経済的[観点/難関]。〉(65.5%)
②㉠ 경제적 도움을 [받다/주다].
〈経済的支援を[うける/与える]。〉(34.5%)

경주¹ 명 (固有) ☆★☆【12種のテキストで54例】
⓪㉠ 경주(慶州)로 여행을 가다.
〈慶州(キョンジュ)に旅行に行く。〉(100%)

경주² 명【5種のテキストで6例】
⓪㉠ [단거리/마라톤] 경주(競走).
〈[短距離/マラソン]競走。〉(100%)

경찰 명 ★★★【41種のテキストで138例】
①㉠ 경찰(警察)을 부르다.
〈警察を呼ぶ。〉/
경찰이 오다.
〈警察が来る。〉(57.2%)
②㉠ 경찰 [조직/행정].
〈警察[組織/行政]。〉(42.8%)

경찰관 명 ☆★☆【17種のテキストで29例】
⓪㉠ 교통 경찰관(警察官).
〈交通警官。〉(100%)

경찰서 명【19種のテキストで43例】
⓪㉠ 동대문 경찰서(警察署).
〈東大門(トンデムン)警察署。〉(100%)

경치 명 ★★★【27種のテキストで39例】
⓪㉠ 경치(景致)가 좋다.

〈景色が良い。〉(100%)

경향 명 ★☆☆【35種のテキストで69例】
⓪예 일반적인 경향(傾向).
〈一般的な傾向。〉/
주위에 무관심한 경향이 있다.
〈周りに無関心な傾向がある。〉(100%)

경험 명 ★★☆【91種のテキストで270例】
①예 색다른 경험(經驗)을 하다.
〈ユニークな経験をする。〉(76.3%)
②예 많은 경험을 쌓다.
〈多くの経験を積む。〉(23.7%)

경험하다 동 ★☆☆【32種のテキストで49例】
⓪예 시련을 경험(經驗)하다.
〈試練を経験する。〉(100%)

곁 명 ☆☆★【56種のテキストで118例】
①예 [전화/TV] 곁을 떠나지 못하다.
〈[電話の/テレビの]そばを離れることができない。〉(72%)
②예 [가족들/남편] 곁으로 돌아오다.
〈[家族たち/夫]のそばへ戻ってくる。〉(28%)

곁들이다 동【19種のテキストで24例】
①예 [설명을/해설을] 곁들이다.
〈[説明を/解説を]添える。〉(79.2%)
②예 약주를 곁들여 점심을 먹다.
〈お酒と一緒に昼食をとる。〉(20.8%)

계곡 명【22種のテキストで33例】
⓪예 계곡(溪谷).〈渓谷。〉(97%)

계급 명 ★☆☆【12種のテキストで22例】
⓪예 [시민/지배] 계급(階級).
〈[市民/支配]階級。〉(86.4%)

계기 명【27種のテキストで53例】
①예 그 일을 계기(契機)로 친해졌다.
〈そのことを契機に親しくなった。〉/
전화위복의 계기.
〈災いを転じて福となすきっかけ。〉(100%)

계단 명 ☆★★【37種のテキストで73例】
⓪예 위층으로 올라가는 계단(階段).
〈上の階に上がる階段。〉(89%)

계란 명【10種のテキストで22例】
⓪예 계란(鷄卵)을 삶아 먹다.
〈卵をゆでて食べる。〉(95.5%)

계산 명 ★★☆【35種のテキストで80例】
①예 곱하기의 계산(計算)을 하다.
〈掛け算の計算をする〉(75%)
②예 그는 냉철하고 계산이 빠르다.
〈彼は冷徹で計算高い。〉(8.8%)

계산하다 동 ★☆☆【20種のテキストで37例】
①예 [근로 시간을/복잡한 식을] 계산(計算)하다.
〈[労働時間を/複雑な式を]計算する。〉(75.7%)
②예 [밥값을/책값을] 계산하다.

〈[食事代を/本代を]計算する。〉(18.9%)

계속 부 ★★★【113種のテキストで322例】
⓪예 아기가 계속(繼續) 칭얼대다.
〈赤ん坊がずっとぐずる。〉(98.8%)

계속되다 동 ★☆☆【59種のテキストで88例】
⓪예 [경기가/불평이/추위가] 계속(繼續)되다.
〈[試合が/不満が/寒さが]続く。〉(100%)

계속하다 동 ★★★【70種のテキストで112例】
①예 [일을/학업을] 계속(繼續)하다.
〈[仕事を/学業を]続ける。〉(59.8%)
②예 환자가 계속해서 늘어나다.
〈患者が引き続き増える。〉(40.2%)

계시다¹ 동 ★★★【96種のテキストで245例】
①예 이 자리에 그냥 계세요.
〈ここから動かないで、そのままいらっしゃってください。〉/
서울에 계시는 동안 찾아뵙다.
〈ソウルにいらっしゃる間に伺う。〉(52.7%)
②예 이 분야에는 많은 전문가가 계시다.
〈この分野には多くの専門家がいらっしゃる。〉/
고향에 부모가 계시다.
〈故郷に両親がいらっしゃる。〉(24.5%)
③관 <안녕히 [계세요/계십시오]>.
〈別れの挨拶(さようなら。/お元気でいらっしゃって下さい。)〉(19.2%)

계시다² 동보 ★★☆【72種のテキストで155例】
⓪예 선생님이 [기다리고/이야기를 하고] 계시다.
〈先生が[待って/話をして]いらっしゃる。〉(100%)

계시다³ 형보 ★★☆【29種のテキストで42例】
⓪예 할아버지께서 [누워/살아/앉아] 계시다.
〈おじい様が[横になって/生きて/座って]いらっしゃる。〉(100%)

계절 명 ★★★【41種のテキストで101例】
⓪예 계절(季節)이 바뀌다.
〈季節が変わる。〉(90.1%)

계집애 명【12種のテキストで74例】
①예 나쁜 계집애와 결혼하다.
〈悪い女と結婚する。〉(87.8%)
②예 열 살짜리 계집애.
〈十歳の女の子。〉(12.2%)

계층 명【14種のテキストで34例】
①예 [사회/저소득] 계층(階層).
〈[社会/低所得]階層〉(76.5%)
②관 <계층 구조>.
〈階層構造。〉(23.5%)

계획 명 ★★★【75種のテキストで182例】
⓪예 계획(計劃)을 세우다.
〈計画を立てる。〉(100%)

계획하다 동【18種のテキストで20例】
⓪예 여행을 계획(計劃)하다.
〈旅行を計画する。〉(100%)

─ 고¹ 끝 【217種のテキストで30,666例】
　⑩예 키가 크고 성격도 좋다.
　　〈背が高くて性格もいい。〉/
　　비가 오고 바람도 불다.
　　〈雨が降り風も吹く。〉(100%)

고² 토 【68種のテキストで153例】
　⑩예 학교에 [간다/가냐/가라/가자]고 하다.
　　〈学校に[行く/行くのか/行け/行こう]と言う。〉
　　(100%)

─ 고³ 끝 【34種のテキストで57例】
　⑩예 어머니는 안녕하시고?
　　〈お母さんはお元気?〉(100%)

고⁴ 토 【17種のテキストで37例】
　⑩예 협조고 뭐고 다 그만두자.
　　〈協力も何も、もう全部やめよう。〉(100%)

고개 명 ★★★ 【94種のテキストで350例】
　①예 고개를 들고 쳐다보다.
　　〈頭を上げて見つめる。〉(82.9%)
　②관 <고개를 숙이다> 예 고개를 숙여 인사하다.
　　〈頭を下げてあいさつする。〉(14.6%)

고구려 명 (固有) ★☆☆ 【13種のテキストで133例】
　⑩예 고구려(高句麗)의 유물을 발굴하다.
　　〈高句麗(コグリョ)の遺物を発掘する。〉(100%)

고구마 명 ☆☆★ 【7種のテキストで11例】
　⑩예 고구마를 삶아 먹다.
　　〈サツマイモをふかして食べる。〉(100%)

고귀하다 형 【12種のテキストで15例】
　⑩예 고귀(高貴)한 [사랑/선물].
　　〈高貴な[愛/贈り物]。〉(100%)

고급 명 ☆★☆ 【24種のテキストで50例】
　⑩예 고급(高級) [시계/포도주].
　　〈高級[時計/ワイン]。〉(92%)

고기 명 ★★★ 【47種のテキストで123例】
　①예 냇가에서 고기를 잡다.
　　〈川で魚をとる。〉(53.7%)
　②예 정육점에서 고기를 사다.
　　〈肉屋で肉を買う。〉(46.3%)

고난 명 【11種のテキストで18例】
　⑩예 고난(苦難)을 겪다.
　　〈苦難を味わう。〉(100%)

─ 고는 끝 【105種のテキストで301例】
　⑩예 고개를 숙이고는 울다.
　　〈顔を伏せては泣く。〉(100%)

고달프다 형 【13種のテキストで16例】
　①예 [삶이/하루 살기가] 고달프다.
　　〈[生きていくことが/日々の生活が]つらい。〉
　　(56.3%)
　②예 [마음이/몸이/처지가] 고달프다.
　　〈[心が/体が/状況が]つらい。〉(43.8%)

고대 명 【16種のテキストで30例】
　①예 고대(古代)와 중세의 역사.
　　〈古代と中世の歴史。〉(63.3%)
　②예 고대의 [신앙/원시] 사회.
　　〈古代の[信仰/未開社会]。〉(33.3%)

고도 명 【17種のテキストで23例】
　①예 고도(高度)로 발전하다.
　　〈高度に発展する。〉/
　　고도의 전략.
　　〈高度の戦略。〉(78.3%)
　②예 해발 2700미터의 고도.
　　〈海抜2700メートルの高度。〉(13%)

고독 명 【12種のテキストで22例】
　⑩예 혼자만의 고독(孤獨)과 싸우다.
　　〈一人だけの孤独と戦う。〉(100%)

고독하다 형 【10種のテキストで19例】
　⑩예 홀로 고독(孤獨)하게 살다.
　　〈一人で寂しく暮らす。〉(100%)

고등 명 【12種のテキストで33例】
　⑩관 <고등(高等) 학교>
　　〈高等学校。〉(84.8%) ☞ 고등학교.

고등학교 명 ★★★ 【49種のテキストで131例】
　⑩예 아들이 고등학교(高等學校)에 다니다.
　　〈息子が高等学校に通う。〉(100%)

고래 명 ☆☆★ 【3種のテキストで5例】
　①예 포경선이 고래를 잡다.
　　〈捕鯨船が鯨を捕る。〉(20%)
　②예 그 사람은 술이 고래다.
　　〈その人は大酒飲みだ。〉(20%)

고려 명 (固有) ★★☆ 【27種のテキストで187例】
　⑩예 고려(高麗) 시대에 세워진 [절/탑].
　　〈高麗時代に建てられた[寺/塔]。〉(100%)

고려하다 동 【20種のテキストで37例】
　⑩예 여러 측면을 고려(考慮)하다.
　　〈さまざまな側面を考慮する。〉(100%)

고르다 동 ★★★ 【74種のテキストで157例】
　⑩예 [물건을/신랑감을/직장을] 고르다.
　　〈[物を/花婿候補を/職場を]選ぶ。〉(100%)

고마움 명 【14種のテキストで22例】
　⑩예 고마움을 [느끼다/표하다].
　　〈感謝の気持ちを[感じる/表する]。〉(100%)

고맙다 형 ★★★ 【107種のテキストで284例】
　⑩예 도와 줘서 고맙다.
　　〈助けてくれてありがとう。〉(100%)

고모 명 ☆★★ 【26種のテキストで99例】
　⑩예 고모(姑母)와 고모부.
　　〈父方の叔母と叔父。〉(100%)

고무신 명 【11種のテキストで20例】
　⑩예 고무신을 신다.

〈ゴム靴を履く。〉(95%)

고무줄 명 【10種のテキストで24例】

① 예 머리를 고무줄로 묶다.
〈髪をゴムひもでくくる。〉(62.5%)

② 관 <고무줄 놀이>.
〈ゴム跳び。〉(37.5%)

고문[1] 명 【11種のテキストで18例】

⓪ 예 고문(拷問)을 [가하다/당하다/하다].
〈拷問を〔加える/受ける/する〕。〉(100%)

고문[2] 명 【4種のテキストで7例】

⓪ 예 [군사/법률] 고문(顧問)으로 위촉하다.
〈〔軍事/法律〕顧問に委嘱する。〉(100%)

고민 명 ☆★☆ 【36種のテキストで84例】

⓪ 예 고민(苦悶)을 털어놓다.
〈悩みを打ち明ける。〉(100%)

고민하다 동 【31種のテキストで41例】

⓪ 예 [성적을/처지를] 고민(苦悶)하고 괴로워
하다.〈〔成績に/立場に〕悩み苦しむ。〉(100%)

고백 명 【12種のテキストで19例】

⓪ 예 [부끄러운/사랑의] 고백(告白).
〈〔恥ずかしい/恋の〕告白。〉(100%)

고백하다 동 【15種のテキストで17例】

⓪ 예 [과거를/비밀을/사랑한다고] 고백(告白)
하다.〈〔過去を/秘密を/愛していると〕告白する。〉
(100%)

고생 명 ★★★ 【51種のテキストで87例】

⓪ 예 고생(苦生)을 모르고 자라다.
〈苦労を知らずに育つ。〉/
고생이 많다.
〈苦労が多い。〉(96.6%)

고생하다 동 ★★☆ 【33種のテキストで44例】

⓪ 예 [돈에 쪼들려/병으로] 고생(苦生)하다.
〈〔お金に窮して/病気で〕苦労する。〉(100%)

– 고서 끝 【62種のテキストで155例】

⓪ 예 연락을 하고서 찾아가다.
〈連絡をして訪ねて行く。〉(100%)

– 고서야 끝 【14種のテキストで14例】

⓪ 예 일이 다 끝나고서야 퇴근하다.
〈仕事が終わってようやく退社する。〉(100%)

고속 명 【14種のテキストで32例】

① 관 <고속(高速) [국도/도로]>.
〈高速〔自動車国道/道路〕。〉(71.9%)

② 관 <고속 버스>.
〈高速バス。〉(15.6%)

– 고야 끝 【15種のテキストで20例】

⓪ 예 꼭 찾고야 말겠다.
〈必ず探してみせる。〉/
말을 다 듣고야 뜻을 이해할 수 있었다.
〈話をぜんぶ聞いてようやく意味を理解すること

ができた。〉(100%)

고약하다 형 【13種のテキストで18例】

① 예 냄새가 고약하다.
〈臭いがひどい。〉(33.3%)

② 예 [기분에/생긴 게] 고약하다.
〈〔気分に/見かけが〕悪い。〉(33.3%)

③ 예 [마음씨가/사람이] 고약하다.
〈〔心立てが/人が〕悪い。〉(33.3%)

고양이 명 ★★★ 【29種のテキストで55例】

⓪ 예 고양이를 기르다.
〈猫を飼う。〉(100%)

– 고요 끝 【29種のテキストで70例】

⓪ 예 정말이고 말고요.
〈本当ですとも。〉(100%)

고요하다 형 【18種のテキストで32例】

① 예 고요하게 잠들다.
〈静かに眠る。〉/
고요한 아침.
〈静かな朝。〉(56.3%)

② 예 사방이 고요하다.
〈四方がひっそりとしている。〉(34.4%)

고유 명 【18種のテキストで29例】

① 예 한국 고유(固有)의 [문화/음식].
〈韓国固有の〔文化/食べ物〕。〉(87.8%)

② 관 <고유 번호>.〈固有番号。〉(10.3%)

고유하다 형 【15種のテキストで33例】

⓪ 예 지방마다 고유(固有)한 음식이 있다.
〈地方ごとに固有の食べ物がある。〉(100%)

고을 명 【14種のテキストで19例】

① 예 남도의 각 고을에서 뽑힌 대표.
〈南道の各町から選ばれた代表。〉(78.9%)

② 예 고을 원님.
〈村代官。〉/
함흥 고을에 들어서다.
〈咸興(ハムフン)の村に入る。〉(21.1%)

고이다 동 【18種のテキストで25例】

① 예 눈에 눈물이 가득히 고이다.
〈目に涙がいっぱいたまる。〉(80%)

② 예 감격이 가슴에 고여 들다.
〈感激が胸にいっぱいになる。〉(12%)

– 고자 끝 【84種のテキストで222例】

⓪ 예 조언을 듣고자 찾아오다.
〈助言を聞こうと訪ねて来る。〉(100%)

고작 부 【29種のテキストで39例】

① 예 수입이 고작 50만 원 정도이다.
〈収入がわずかに50万ウォン程度だ。〉(51.3%)

② 예 아무리 벌어도 입에 풀칠하는 게 고작이다.
〈いくら稼いでも食べるだけで精一杯だ。〉(48.7%)

고장[1] 명 【44種のテキストで488例】

⓪ 예 [물이 많은/우리] 고장.

〈[水が多い/我が]ふるさと。〉(99.4%)

고장² 명 ★★★【22種のテキストで26例】
⓪예 차가 고장(故障)이 나다.
〈車が故障する。〉(100%)

고장나다 동 ☆★★【16種のテキストで17例】
⓪예 [자동차가/전화가] 고장(故障)나다.
〈[車が/電話が]故障する。〉(100%)

고전 명【13種のテキストで17例】
①예 고전(古典) 속에서 지혜를 찾다.
〈古典の中で知恵を探す。〉(41.2%)
②예 희귀한 고전을 구하다.
〈珍しく貴重な古典を求める。〉(17.6%)
③관 <고전 음악>.
〈古典音楽。〉(11.8%)

고정시키다 동【14種のテキストで20例】
①예 [범위를/한계를] 고정(固定)시키다.
〈[範囲を/限界を]固定させる。〉(45%)
②예 끈으로 물건을 고정시키다.
〈ひもで物を固定させる。〉(35%)
③예 시선을 앞으로 고정시키다.
〈視線を前に固定させる。〉(20%)

고집 명【26種のテキストで36例】
⓪예 고집(固執)이 세다.
〈意地っ張りだ。〉/
고집을 [부리다/피우다].
〈意地を張る。/強情を張る。〉(100%)

고집하다 동【19種のテキストで29例】
⓪예 [자기가 하겠다고/전통을] 고집(固執)하다.
〈[自分がすると/伝統を]固執する。〉(100%)

고추 명 ☆★★【13種のテキストで18例】
⓪예 밭에 고추를 심다.
〈畑に唐辛子を植える。〉/
잘 익은 고추를 따다.
〈よく熟した唐辛子を摘み取る。〉/
고추를 볶아 먹다.
〈唐辛子を炒めて食べる。〉(88.9%)

고치다 동 ★★★【99種のテキストで251例】
①예 [단점을/원고를] 고치다.
〈[短所を/原稿を]直す。〉(43.4%)
②예 고쳐 [말하다/쓰다].
〈なおして[言う/書く]。〉/
[법을/제도를/표정을] 고치다.
〈[法を/制度を/表情を]改める。〉(27.1%)
③예 [기계를/집을] 손수 고치다.
〈[機械を/家を]自分で直す。〉(17.9%)
④예 [감기를/병을] 고치다.
〈[風邪を/病気を]治す。〉(11.6%)

고통 명 ★☆☆【52種のテキストで128例】
①예 남에게 고통(苦痛)을 주다.
〈他人に苦痛を与える。〉(57.8%)
②예 실업의 고통.

〈失業の苦しみ。〉/
고통 없는 행복이란 없다.
〈苦痛のない幸せというものはない。〉(42.2%)

고통스럽다 형【20種のテキストで23例】
⓪예 [이런 일들이/학교에 나가는 것이] 고통(苦痛)스럽다.〈[このようなことが/学校にいくのが]苦痛だ。〉(100%)

고프다 형 ★★★【37種のテキストで58例】
⓪예 배가 고프다.
〈お腹がすく。〉(94.8%)

고함 명【17種のテキストで39例】
⓪예 고함(高喊)을 지르다.
〈大声を上げる。〉/
고함 소리.
〈叫び声。〉(100%)

고향 명 ★★★【77種のテキストで257例】
⓪예 태어나 자란 고향(故郷)을 떠나다.
〈生まれて育った故郷を去る。〉/
고향 사람.
〈故郷の人。〉(96.9%)

곡 명 ☆★☆【21種のテキストで37例】
①예 쇼팽의 곡(曲)을 연습하다.
〈ショパンの曲を練習する。〉(64.9%)
②예 노래 한두 곡.
〈歌、一二曲。〉(35.1%)

곡식 명 ★☆☆【36種のテキストで67例】
⓪예 곡식(穀食)을 추수하다.
〈穀物を収穫する。〉(100%)

-곤 끝【83種のテキストで284例】
⓪예 주말에 등산을 하곤 하다.
〈週末に登山をしたりする。〉/
화를 내곤 가 버리다.
〈怒っては行ってしまう。〉(100%)

곤란하다 형 ★★★【31種のテキストで44例】
⓪예 입장이 곤란(困難)하다.
〈困った立場になる。〉/
곤란한 일이 생기다.
〈困ったことができる。〉(100%)

곤충 명 ★☆★【16種のテキストで58例】
①예 개미, 나비와 같은 곤충(昆蟲)을 잡다.
〈アリ、チョウのような昆虫をつかまえる。〉(86.2%)
②예 작은 곤충 같은 하찮은 것.
〈小さな虫のような些細なこと。〉(13.8%)

곧 부 ★★★【132種のテキストで377例】
①예 이제 곧 입춘이다.
〈もうすぐ立春だ。〉(33.2%)
②예 지금 곧 출발하다.
〈今すぐ出発する。〉/
만나자마자 곧 친해지다.
〈会うやいなやすぐ親しくなる。〉(31.3%)
③예 침묵한다는 것은 곧 동의를 뜻한다.

〈沈黙するということは即同意を意味する。〉
(24.9%)

④㉠ 짐이 곧 법이요 국가이다.
〈朕は即、法であり国である。〉(10.1%)

곧다 〔형〕 ☆☆★ 【17種のテキストで25例】
①㉠ 몸을 곧게 펴다.
〈体をまっすぐに伸ばす。〉/
곧고 큰 나무.
〈まっすぐで大きな木。〉(84%)
②㉠ 곧고 강직한 인품.
〈まっすぐで剛直な人柄。〉/
성격이 곧다.
〈性格が曲がっていない。〉(16%)

곧바로 〔부〕 【24種のテキストで30例】
①㉠ 통지가 오면 곧바로 전화하다.
〈通知が来たらすぐに電話する。〉(83.3%)
②㉠ 일이 끝나면 곧바로 귀가하다.
〈仕事が終わるとすぐに帰宅する。〉(13.3%)

곧잘 〔부〕 【20種のテキストで22例】
⓪㉠ 친구들과 곧잘 어울리다.
〈友達とうまく交わる。〉(90.9%)

곧장 〔부〕 ☆☆★ 【24種のテキストで31例】
①㉠ 저녁 먹고 곧장 사무실로 가다.
〈夕食を食べてすぐ事務室に行く。〉(32.3%)
②㉠ 다음날부터 곧장 일을 시작하다.
〈次の日からすぐ仕事を始める。〉(29%)
③㉠ 서쪽으로 곧장 나아가다.
〈西にまっすぐ進む。〉(19.4%)
④㉠ 현관에서 곧장 제 방으로 가다.
〈玄関からすぐ私の部屋に行く。〉(19.4%)

골고루 〔부〕 【21種のテキストで31例】
⓪㉠ 음식을 골고루 [나누다/먹다].
〈食べ物をバランスよく[分ける/食べる]。〉(96.8%)

골다 〔동〕 【12種のテキストで22例】
⓪㉠ 코를 골며 자다.
〈いびきをかいて寝る。〉(100%)

골목 〔명〕 ☆☆★ 【46種のテキストで103例】
⓪㉠ 골목이 좁다.
〈路地が狭い。〉(100%)

골목길 〔명〕 【20種のテキストで30例】
⓪㉠ 골목길에 들어서다.
〈路地に入る。〉(100%)

골짜기 〔명〕 ☆☆★ 【20種のテキストで32例】
⓪㉠ 골짜기에 냇물이 흐르다.
〈谷間に小川が流れる。〉(100%)

곰 〔명〕 ★★★ 【22種のテキストで81例】
⓪㉠ 지리산에 곰이 살다.
〈智異山(チリサン)に熊がすむ。〉(98.8%)

곰곰이 〔부〕 【12種のテキストで16例】
⓪㉠ 곰곰이 [따져보다/생각하다].

〈じっくり[計算してみる/考える]。〉(100%)

곱다 〔형〕 ★★★ 【73種のテキストで189例】
①㉠ [마음씨가/말이] 곱다.
〈[心が/言葉が]きれいだ。〉(43.4%)
②㉠ [단풍이/하늘빛이] 곱다.
〈[紅葉が/空の色が]きれいだ。〉(34.4%)
③㉠ 미운 사람, 고운 사람.
〈醜い人、美しい人。〉/
미우나 고우나 내 자식.
〈憎かろうと可愛かろうと我が子の内。〉(5.3%)

곳 〔명〕〔의〕 ★★★ 【175種のテキストで1,410例】
⓪㉠ 한국어를 가르치는 곳.
〈韓国語を教えるところ。〉(91.1%)

곳곳 〔명〕 ★☆☆ 【34種のテキストで51例】
⓪㉠ 곳곳에서 물난리가 나다.
〈あちこちで洪水で大騒ぎになる。〉(100%)

공[1] 〔명〕 ★★★ 【25種のテキストで70例】
⓪㉠ 공을 [던지다/받다/차다].
〈ボールを[投げる/受ける/打つ]。〉(100%)

공[2] 〔명〕 ☆☆★ 【5種のテキストで16例】
⓪㉠ 서울 지역 번호는 02(空二)이다.
〈ソウルの地域番号は02である。〉(93.8%)

공[3] 〔명〕 【16種のテキストで22例】
①㉠ 국가 발전에 공(功)이 크다.
〈国家発展に功労が大きい。〉(81.8%)
②㉠ 복지 향상에 공을 [들이다/쏟다].
〈福祉向上に力を[入れる/注ぐ]。〉(18.2%)

공간 〔명〕 ★☆☆ 【45種のテキストで119例】
①㉠ 벽 속의 공간(空間).
〈壁の中の空間。〉(48.7%)
②㉠ 녹지 공간을 늘리다.
〈緑地空間を増やす。〉(32.8%)
③㉠ 우주의 공간도 한이 없다.
〈宇宙の空間も限りがない。〉(18.5%)

공감 〔명〕 【13種のテキストで15例】
⓪㉠ 그 말에 공감(共感)이 가다.
〈その言葉に共感する。〉(100%)

공감하다 〔동〕 【12種のテキストで30例】
⓪㉠ 그 말에 공감(共感)하다.
〈その言葉に共感する。〉(100%)

공격 〔명〕 【13種のテキストで21例】
⓪㉠ 적군의 공격(攻撃)을 받다.
〈敵軍の攻撃を受ける。〉(90.5%)

공격하다 〔동〕 【16種のテキストで27例】
①㉠ 적의 진지를 공격(攻撃)하다.
〈敵の陣地を攻撃する。〉(74.1%)
②㉠ 언론이 정부를 공격하다.
〈世論が政府を攻撃する。〉(14.8%)

공경하다 〔동〕 【10種のテキストで17例】

ⓞⓔ [부모를/어른을] 공경(恭敬)하다.
〈父母を/目上の人を〉敬う。〉(100%)

공공 명 【10種のテキストで49例】
①ⓔ 공공(公共)의 [관심/문제/이익].
〈公共の〔関心/問題/利益〕。〉(34.7%)
②ⓡ <공공 [시설/시설물]>.
〈公共〔施設/施設物〕。〉(30.6%)
③ⓡ <공공 장소>.
〈公共の場所。〉(16.3%)
④ⓡ <공공 기관>.
〈公共機関。〉(10.2%)

공급 명 【15種のテキストで31例】
ⓞⓔ 수요와 공급(供給).
〈需要と供給。〉(100%)

공기 명 ★★★【43種のテキストで138例】
ⓞⓔ 바깥 공기(空氣)가 상쾌하다.
〈外気がさわやかだ。〉(98.6%)

공놀이 명 【12種のテキストで19例】
ⓞⓔ 공놀이를 하다.
〈ボール遊びをする。〉(100%)

공동 명 ★☆☆【38種のテキストで71例】
ⓞⓔ 화장실을 공동(共同)으로 쓰다.
〈トイレを共同で使う。〉(97.2%)

공동체 명 【19種のテキストで45例】
ⓞⓔ 가정은 부모와 자녀가 이룬 공동체(共同體)이다.〈家庭は親と子どもが成した共同体である。〉(100%)

공무원 명 ★☆★【17種のテキストで51例】
ⓞⓔ 공무원(公務員)이 되다.
〈公務員になる。〉(100%)

공부 명 ★★★【122種のテキストで493例】
ⓞⓔ 수학 공부(工夫)를 하다.
〈数学の勉強をする。〉(100%)

공부하다 동 ★★★【102種のテキストで438例】
ⓞⓔ [법률을/수학을] 공부(工夫)하다.
〈〔法律を/数学を〕勉強する。〉(100%)

공사 명 ★★☆【28種のテキストで47例】
ⓞⓔ 도로 공사(工事)를 하다.
〈道路工事をする。〉(100%)

공산주의 명 【10種のテキストで27例】
ⓞⓔ 공산주의(共産主義).
〈共産主義。〉(100%)

공손하다 형 【20種のテキストで34例】
ⓞⓔ [말씨가/태도가] 공손(恭遜)하다.
〈〔言葉遣いが/態度が〕謙虚だ。〉/
어른에게 공손하게 인사하다.
〈目上の人に丁寧に挨拶する。〉(100%)

공손히 부 【15種のテキストで21例】
ⓞⓔ 어른에게 공손(恭遜)히 절하다.

〈目上の人に礼儀正しくおじぎをする。〉(100%)

공업 명 ★☆☆【15種のテキストで104例】
ⓞⓔ 기계 공업(工業)이 발달하다.
〈機械工業が発達する。〉(98.1%)

공연 명 ☆★☆【18種のテキストで71例】
ⓞⓔ 판소리 공연(公演)을 보다.
〈パンソリの公演を見る。〉(100%)

공연장 명 【3種のテキストで15例】
ⓞⓔ 공연장(公演場)에 가다.
〈公演場に行く。〉(100%)

공연히 부 【18種のテキストで25例】
ⓞⓔ 집에 손님이 오면 공연(空然)히 신이 나다.
〈家に客が来れば無性に浮かれる。〉/
공연히 화가 나다.
〈無性に腹が立つ。〉(100%)

공원 명 ★★★【37種のテキストで97例】
ⓞⓔ 공원(公園)에서 산책을 하다.
〈公園で散歩をする。〉(100%)

공장 명 ★★★【53種のテキストで270例】
ⓞⓔ 자동차 공장(工場)에서 일하다.
〈自動車工場で働く。〉(100%)

공정하다 형 【10種のテキストで20例】
ⓞⓔ 법에 따라 공정(公正)하게 처리하다.
〈法に則って公正に処理する。〉/
기회를 공정하게 주다.
〈機会を公正に与える。〉(100%)

공주 명 ☆☆★【19種のテキストで73例】
ⓞⓔ 왕자와 공주(公主).
〈王子と王女。〉(100%)

공중¹ 명 ★☆★【11種のテキストで48例】
①ⓔ 공중(公衆)의 [관심/여론].
〈公衆の〔関心/世論〕。〉(56.3%)
②ⓔ 공중 [변소/화장실].
〈公衆〔便所/トイレ〕。〉(18.8%)
③ⓡ <공중 전화>.
〈公衆電話。〉(16.7%)

공중² 명 【15種のテキストで19例】
ⓞⓔ 풍선이 공중(空中)을 떠다니다.
〈風船が空中を漂う。〉(100%)

공짜 명 ☆☆★【8種のテキストで13例】
ⓞⓔ 세상에 공(空)짜는 없다.
〈世の中にタダは無い。〉(100%)

공책 명 ★★★【27種のテキストで34例】
ⓞⓔ 공책(空冊)에 글을 쓰다.
〈ノートに文を書く。〉(100%)

공통점 명 【17種のテキストで68例】
ⓞⓔ 그와 나의 공통점(共通點).
〈彼/彼女と私の共通点。〉(100%)

공평하다 형 【10種のテキストで19例】

공평(公平)한 [법/심판].
〈公平な〔法/審判〕。〉/
공평하게 [나누다/대하다/세금을 내다].
〈公平に〔分ける/接する/税金を納める〕。〉(100%)

공포 몡【22種のテキストで43例】
　⓪예 공포(恐怖)로 파랗게 질리다.
〈恐怖で真っ青になる。〉(100%)

공항 몡 ☆★★【23種のテキストで47例】
　⓪예 [국제/김포] 공항(空港).
〈〔国際/金浦(キンポ)〕空港。〉(100%)

공해 몡【15種のテキストで23例】
　⓪예 공해(公害)에 오염된 공기.
〈公害に汚染された空気。〉(100%)

공허하다 혱【12種のテキストで20例】
　①예 마음이 슬프고 공허(空虛)하다.
〈心が悲しくて虚しい。〉(50%)
　②예 결과가 부질없고 공허하다.
〈結果がつまらなく空虚だ。〉/
공허한 [말/생각].
〈空虚な〔言葉/考え〕。〉(45%)

과¹ 토【207種のテキストで7,717例】
　①예 춤과 노래.
〈踊りと歌。〉(71.9%)
　②예 형과 다투다.
〈兄と争う。〉(28.1%)

과² 몡 ★★☆【22種のテキストで318例】
　⓪예 각 과(課)마다 연습 문제가 있다.
〈各課ごとに練習問題がある。〉(98.4%)

과³ 몡【23種のテキストで61例】
　⓪예 어느 과(科) 학생입니까?
〈どの科の学生ですか？〉(95.1%)

과거 몡 ★★★【53種のテキストで157例】
　①예 과거(過去)의 역사.
〈過去の歴史。〉(65%)
　②예 남의 과거를 들추다.
〈他人の過去をあばく。〉(20.4%)
　③예 과거 우리가 모르는 사이에….
〈過去、我々が知らない間に…。〉(12.1%)

과목 몡【20種のテキストで38例】
　①예 시험 과목(科目).
〈試験科目。〉(86.8%)
　②예 한 학기에 네 과목을 듣다.
〈1学期に4科目を受講する。〉(13.2%)

과수원 몡【10種のテキストで22例】
　⓪예 과수원(果樹園)의 나무들.
〈果樹園の木々。〉(100%)

과연 뭐 ☆☆★【62種のテキストで109例】
　①예 그는 과연(果然) 어떤 사람일까?
〈彼は果たしてどんな人だろうか。〉/
과연 몇이나 이 글을 읽어 줄까?
〈果たして何人ぐらいこの手紙を読んでくれる
か？〉(81.7%)
　②예 산에 오르자 과연 절이 보이다.
〈山に上がると、果たしてお寺が見える。〉(18.3%)

과일 몡 ★★★【52種のテキストで113例】
　⓪예 과일을 [깎다/먹다].
〈果物を〔むく/食べる〕。〉(100%)

과자 몡 ★★★【30種のテキストで47例】
　⓪예 과자(菓子)를 먹다.
〈お菓子を食べる。〉(100%)

과장¹ 몡 ★★☆【17種のテキストで70例】
　⓪예 회사에서 과장(課長)으로 승진하다.
〈会社で課長に昇進する。〉(100%)

과장² 몡【9種のテキストで11例】
　⓪예 과장(誇張)을 섞어 설명하다.
〈誇張を混ぜて説明する。〉(100%)

과정 몡 ★★☆【81種のテキストで310例】
　⓪예 정국 전개 과정(過程).
〈政局の展開過程。〉(100%)

과제 몡 ★☆☆【21種のテキストで47例】
　①예 과제(課題)를 열심히 하다.
〈課題を一生懸命にする。〉(74.5%)
　②예 집에서 국어 과제를 하다.
〈家で国語の課題をする。〉(21.3%)

과학 몡 ★★★【45種のテキストで140例】
　①예 과학(科學) 기술이 발전하다.
〈科学技術が発展する。〉(82.1%)
　②예 사회 과학 분야.
〈社会科学分野。〉(17.9%)

과학자 몡【21種のテキストで38例】
　①예 인문사회학 분야의 과학자(科學者)들.
〈人文社会科学分野の科学者たち。〉(68.4%)
　②예 생물학 분야의 과학자.
〈生物学分野の科学者。〉(31.6%)

과학적¹ 관【11種のテキストで33例】
　⓪예 과학적(科學的) [관찰/설명/지식].
〈科学的〔観察/説明/知識〕。〉(100%)

과학적² 몡【15種のテキストで20例】
　⓪예 과학적(科學的)으로 연구하다.
〈科学的に研究する。〉/
과학적인 분석.
〈科学的な分野。〉(100%)

관객 몡【16種のテキストで42例】
　⓪예 극장에 관객(觀客)들이 몰리다.
〈劇場に観客が群がる。〉(100%)

관계 몡 ★★★【106種のテキストで387例】
　⓪예 대등한 관계(關係)로 대하다.
〈対等な関係で接する。〉(96.4%)

관광 몡 ☆★★【14種のテキストで33例】

① 관광(觀光)을 [다니다/하다].
〈観光に行く。/観光する。〉(51.5%)

② 관 <관광 산업>.
〈観光事業。〉(27.8%)

③ 관 <관광 자원>.
〈観光資源。〉(12.1%)

관광객 명【16種のテキストで46例】
⓪예 관광객(觀光客)이 많다.
〈観光客が多い。〉(100%)

관광지 명【13種のテキストで19例】
⓪예 관광지(觀光地)로 유명하다.
〈観光地として有名だ。〉(100%)

관념 명 ★☆☆【24種のテキストで62例】
①예 [도덕/위생] 관념(觀念).
〈[道徳/衛生]観念。〉/
관념과 현실.
〈観念と現実。〉(74.2%)

②예 인간 관계에 대해 고정된 관념을 가지다.
〈人間関係に対して固定観念を持つ。〉(25.8%)

관련 명 ★☆☆【27種のテキストで66例】
⓪예 사건과 깊은 관련(關聯)이 있다.
〈事件と深い関連がある。〉/
석유 관련 제품.
〈石油関連製品。〉(100%)

관련되다 동 ★☆☆【50種のテキストで89例】
①예 이 문제는 가정과 관련(關聯)되다.
〈この問題は家庭と関連する。〉(70.8%)

②예 그가 사건에 관련되다.
〈彼が事件に関連する。〉(18%)

③예 대통령이 관련된 사항.
〈大統領が関連した事項。〉/
관련된 [인물을/자료를] 찾다.
〈関連する[人物を/資料を]探す。〉(11.2%)

관련하다 동【11種のテキストで26例】
⓪예 작가의 삶을 작품[과/에] 관련(關聯)해서 재구성하다.〈作家の人生を作品[と/に]からめて再構成する。〉(100%)

관리¹ 명 ★☆☆【25種のテキストで43例】
①예 창덕궁의 관리(管理)를 맡다.
〈昌徳宮(チャンドックン)の管理を引き受ける。〉(60.5%)

②예 씨앗과 묘목 관리.
〈種と苗木管理。〉(27.9%)

관리² 명【15種のテキストで31例】
⓪예 지방 관리(官吏).
〈地方の官吏。〉(100%)

관리하다 동【12種のテキストで18例】
⓪예 재산을 관리(管理)하다.
〈財産を管理する。〉(100%)

관심 명 ★★★【104種のテキストで269例】
⓪예 관심(關心)을 가지다.

〈関心を持つ。〉(100%)

관점 명 ★☆☆【21種のテキストで90例】
⓪예 보는 관점(觀點)이 다르다.
〈見る観点が違う。〉(100%)

관찰 명【14種のテキストで44例】
⓪예 과학적 관찰(觀察)과 실험.
〈科学的観察と実験。〉(100%)

관찰하다 동 ★☆☆【32種のテキストで72例】
⓪예 별을 관찰(觀察)하다.
〈星を観察する。〉(100%)

관청 명【10種のテキストで20例】
⓪예 감독 관청(官廳).
〈監督官庁。〉(100%)

관하다 동 ★★☆【100種のテキストで277例】
①예 성에 관(關)한 이야기.
〈性に関する話。〉(76.2%)

②예 역사에 관해 조사하다.
〈歴史に関して調査する。〉(23.8%)

광경 명【35種のテキストで53例】
⓪예 사람들이 오르내리는 광경(光景).
〈人々が上り降りする光景。〉(100%)

광고 명 ★★★【24種のテキストで338例】
⓪예 구직 광고(廣告)를 [내다/보다].
〈求職広告を[出す/見る]。〉(99.1%)

광대 명【10種のテキストで31例】
⓪예 춤꾼과 광대(廣大)들의 놀이.
〈踊り手とクァンデー(朝鮮時代の辻芸人)たちの遊び。〉(100%)

광복 명【13種のテキストで34例】
⓪예 조국의 광복(光復)을 기다리다.
〈祖国の光復を待つ。〉(100%)

광장 명【20種のテキストで46例】
⓪예 시청 앞 광장(廣場)에 모이다.
〈市庁前の広場に集まる。〉(89.1%)

괘씸하다 형【15種のテキストで16例】
⓪예 하는 [말이/짓이] 괘씸하다.
〈[言うことが/することが]けしからん。〉/
괘씸한 놈.
〈けしからん奴。〉/
괘씸한 생각이 들다.
〈腹だたしい思いをする。〉(100%)

괜찮다 형 ★★★【98種のテキストで241例】
①예 남을 돕는 일이라면 돈을 써도 괜찮다.
〈人を助けることならお金を使ってもかまわない。〉(45.2%)

②예 [고기 맛이/성적이] 괜찮다.
〈[肉の味が/成績が]いい。〉(24.1%)

③예 좀 괜찮다가 또 열이 오르다.
〈少し良くなってからまた熱が上がる。〉(18.3%)

괜히 부 ☆★☆【44種のテキストで79例】

①예 아무 이유도 없이 괜히 [때리다/미안하다].
〈何の理由もなくやたら[殴る/すまない]。〉(55.7%)

②예 알면서도 괜히 묻다.
〈分かっていながらも馬鹿みたいに訊く。〉/
괜히 왔네.
〈来て馬鹿を見たよ。〉(44.3%)

괴로워하다 图【16種のテキストで16例】

⓪예 사람을 만나기를 괴로워하다.
〈人に会うのを苦しみ嫌がる。〉/
늙고 병들어 괴로워하다.
〈老いて病気になって苦しむ。〉(100%)

괴롭다 刑 ☆★★【29種のテキストで38例】

①예 사람들의 편견이 내겐 괴롭다.
〈人々の偏見が私にはつらい。〉(60.5%)

②예 [마음이/몸이] 괴롭다.
〈[心が/体が]つらい。〉(39.5%)

괴롭히다 图【28種のテキストで49例】

⓪예 친구를 괴롭히다.
〈友達をいじめる。〉/
부모로서의 의무감이 그를 괴롭히다.
〈親としての義務感が彼を苦しめる。〉(100%)

괴물 名【13種のテキストで75例】

①예 머리 아홉 달린 괴물(怪物).
〈頭が九つついた怪物。〉(70.7%)

②예 TV라는 괴물의 노예가 되다.
〈TVという怪物の奴隷になる。〉(29.3%)

괴상하다 刑【12種のテキストで16例】

⓪예 괴상(怪常)한 [모습/사람/성격/일/취미].
〈奇妙な[姿/人/性格/こと/趣味]。〉/
괴상하게 생기다.
〈奇妙な形をしている。〉(100%)

굉장하다 刑 ☆☆★【15種のテキストで22例】

⓪예 굉장(宏壯)한 노력을 하다.
〈すごい努力をする。〉(90.9%)

굉장히 副 ☆★★【32種のテキストで155例】

⓪예 값이 굉장(宏壯)히 비싸다.
〈値段がとても高い。〉(98.7%)

교과서 名 ★★★【26種のテキストで63例】

⓪예 국어 교과서(教科書).
〈国語教科書。〉(98.4%)

교내 名【12種のテキストで20例】

⓪예 교내(校內)를 돌아보다.
〈校内を見回る。〉(100%)

교류 名【17種のテキストで30例】

⓪예 문화 교류(交流).
〈文化交流。〉(100%)

교문 名【15種のテキストで24例】

⓪예 교문(校門)으로 들어서다.
〈校門から入る。〉(100%)

교복 名【11種のテキストで20例】

⓪예 교복(校服)을 [맞추다/입다].
〈制服を[あつらえる/着る]。〉(100%)

교사 名 ☆☆★【21種のテキストで89例】

⓪예 중학교 교사(教師)가 되다.
〈中学高の教師になる。〉(96.6%)

교수 名 ★★★【54種のテキストで509例】

⓪예 대학 교수(教授).
〈大学教授。〉(100%)

교실 名 ★★★【60種のテキストで223例】

⓪예 3학년 2반 교실(教室).
〈3年2組の教室。〉(99.6%)

교양 名【14種のテキストで19例】

⓪예 폭넓은 교양(教養)을 갖추다.
〈幅広い教養を身につける。〉(100%)

교육 名 ★★★【67種のテキストで254例】

⓪예 학교에서 교육(教育)을 받다.
〈学校で教育を受ける。〉(100%)

교장 名【21種のテキストで42例】

⓪예 교장(校長) 선생님.
〈校長先生。〉(100%)

교통 名 ★★★【52種のテキストで145例】

①예 서울의 교통(交通) 문제.
〈ソウルの交通問題。〉(44.1%)

②예 대중 교통 수단.
〈公共交通機関。〉(19.3%)

③관 <교통 순경>.
〈交通巡査。〉(15.9%)

④관 <교통 사고>.
〈交通事故。〉(13.8%)

교통사고 名【10種のテキストで20例】

⓪예 교통사고(交通事故)가 나다.
〈交通事故が起こる。〉(100%)

교환 名 ☆☆★【8種のテキストで30例】

①예 [물물/포로] 교환(交換).
〈[物々/捕虜]交換。〉(80%)

②예 정보의 교환.
〈情報の交換。〉(20%)

교환하다 图【15種のテキストで21例】

①예 명함을 교환(交換)하다.
〈名刺を交換する。〉(71.4%)

②예 [동전으로/부품을] 교환하다.
〈[コインに/部品を]交換する。〉(19%)

교회 名 ☆★★【24種のテキストで70例】

①예 한국 교회(教會) 안팎의 개혁.
〈韓国教会内外の改革。〉(54.3%)

②예 교회 앞 뜰.
〈教会の前庭。〉(45.7%)

교훈 名【25種のテキストで39例】

⓪예 독자에게 교훈(教訓)을 주다.

〈読者に教訓を与える。〉(100%)

구¹ 줌 ★★★【123種のテキストで969例】

⓪예 9(九)년 동안 기다리다.
〈9年間待つ。〉(98.3%)

ㅡ구² 끝【53種のテキストで753例】

①예 밥을 먹구 집을 나서다.
〈ご飯を食べて家を出る。〉(90.6%)

②예 너도 책임이 있다구.
〈君も責任があるよ。〉(9.4%)

구경 명 ★★★【54種のテキストで117例】

⓪예 [경치/영화] 구경을 다니다.
〈〔景色/映画〕見物をして歩く。〉(99.1%)

구경거리 명【14種のテキストで15例】

⓪예 구경거리가 [많다/생기다].
〈みどころが〔多い/生じる〕。〉(100%)

구경꾼 명【12種のテキストで25例】

⓪예 싸움판에 구경꾼들이 모여들다.
〈けんかに見物人たちが集まって来る。〉(100%)

구경하다 동 ★★☆【59種のテキストで112例】

⓪예 [동물원을/물건을] 구경하다.
〈〔動物園を/物を〕見物する。〉(98.2%)

구기다 동【17種のテキストで22例】

⓪예 [옷을/종이를] 구기다.
〈〔服を/紙を〕しわくちゃにする。〉/
구겨진 셔츠.
〈しわになったシャツ。〉(86.4%)

ㅡ구나 끝【136種のテキストで519例】

⓪예 날이 춥구나.
〈寒いね。〉(100%)

구두 명 ★★★【27種のテキストで63例】

⓪예 구두를 [맞추다/신다].
〈靴を〔あつらえる/履く〕。〉(100%)

ㅡ구려 끝【17種のテキストで20例】

⓪예 말을 조심하구려.
〈言葉に注意して下さいよ。〉(100%)

구르다¹ 동 ★☆☆【32種のテキストで42例】

①예 환자가 바닥을 구르다.
〈患者が床を転がる。〉/
바퀴가 구르는 소리.
〈タイヤが回る音。〉(73.8%)

②예 보도에 구르는 [낙엽/쓰레기].
〈歩道に散らばっている〔落ち葉/ごみ〕。〉(4.8%)

구르다² 동【9種のテキストで11例】

①예 소리 내어 발을 구르다.
〈声を出して地団駄を踏む。〉(81.8%)

②관 <발을 (동동) 구르다> 예 물에 빠진 아이를 보고도 사람들은 발만 동동 굴렀다.
〈水におぼれている子供を見ても人々は地団駄を踏むだけだった。〉(18.2%)

구름 명 ★★★【47種のテキストで111例】

⓪예 하늘에 엷은 구름이 끼다.
〈空に薄い雲がたなびく。〉(94.6%)

구리 명 ☆☆★【8種のテキストで13例】

⓪예 구리로 만든 종.
〈銅で作った鐘。〉/
구리 반지.
〈銅の指輪。〉(100%)

ㅡ구만 끝【11種のテキストで22例】

⓪예 미안하구만.
〈すまないな。〉(100%)

ㅡ구먼 끝【18種のテキストで23例】

⓪예 기분이 좋겠구먼.
〈気分が良いなあ。〉(100%)

구멍 명 ★☆☆【34種のテキストで70例】

⓪예 벽에 구멍을 뚫다.
〈壁に穴を開ける。〉(87.1%)

구멍가게 명【13種のテキストで38例】

⓪예 구멍가게에서 콩나물을 사다.
〈よろず屋で豆モヤシを買う。〉(100%)

구별 명 ☆☆★【14種のテキストで24例】

⓪예 [공사의/선악의] 구별(區別)을 하다.
〈〔公私の/善悪の〕区別をする。〉(100%)

구별되다 동【12種のテキストで22例】

⓪예 딴 잡지와 구별(區別)되는 점.
〈他の雑誌と区別される点。〉(90.9%)

구별하다 동 ★☆☆【29種のテキストで49例】

⓪예 인간과 동물을 구별(區別)하다.
〈人間と動物を区別する。〉(98%)

구분 명【26種のテキストで43例】

①예 색의 구분(區分)이 쉽지 않다.
〈色の区分が容易ではない。〉(60.5%)

②예 시대 구분을 세 시기로 하다.
〈時代区分を三時期にする。〉(39.5%)

구분하다 동【29種のテキストで47例】

①예 형태를 셋으로 구분(區分)하다.
〈形態を三つに区分する。〉(61.7%)

②예 가짜를 진짜와 구분하다.
〈偽物を本物と区分する。〉(38.3%)

구사하다 동【12種のテキストで15例】

⓪예 [기술을/언어를/외국어를/화술을] 구사(驅使)하다.〈〔技術を/言語を/外国語を/話術を〕駆使する。〉(100%)

구석 명 ☆☆★【54種のテキストで87例】

①예 캄캄한 다락방 구석.
〈真っ暗な屋根裏部屋の隅っこ。〉(39.1%)

②예 아버지를 닮은 구석이 없다.
〈父に似たところがない。〉(36.8%)

③예 산골 구석에 들어가 살다.

〈山里の奥に入って住む。〉(17.2%)

구석구석 명【16種のテキストで20例】

①예 방바닥을 구석구석까지 닦다.
〈部屋の床を隅々まで磨く。〉(85%)

②예 도시를 구석구석 구경하다.
〈都市を隅々まで見物する。〉(15%)

구성 명【16種のテキストで34例】

①예 [영화의/작품의] 극적 구성(構成).
〈[映画の/作品の]劇的構成。〉(67.6%)

②예 [인적/조사단/컴퓨터 시스템의] 구성.
〈[人的/調査団/コンピューターシステムの]構成。〉(32.4%)

구성되다 동 ★☆☆【19種のテキストで27例】

◎예 전문가들로 조사단이 구성(構成)되다.
〈専門家で調査団が構成される。〉(100%)

구성원 명【17種のテキストで21例】

◎예 사회의 구성원(構成員)들.
〈社会の構成員たち。〉(100%)

구성하다 동【15種のテキストで22例】

◎예 [글을/대표단을/사회를] 구성(構成)하다.
〈[文章を/代表団を/社会を]構成する。〉(100%)

구실¹ 명 ★☆☆【29種のテキストで78例】

◎예 언론의 공익적 구실.
〈マスコミの公益的な役割。〉(92.3%)

구실² 명【8種のテキストで10例】

◎예 여러 가지 구실(口實)로 거절하다.
〈色々口実をつけて拒絶する。〉(100%)

구십 주【72種のテキストで236例】

◎예 90(九十) [명/퍼센트].
〈90[名/パーセント]。〉(99.2%)

구역 명【14種のテキストで27例】

◎예 [주차 금지/행정] 구역(區域).
〈[駐車禁止/行政]区域。〉(100%)

- 구요 끝【33種のテキストで93例】

◎예 좋구 말구요.
〈そりゃいいですとも。〉/
잠깐만요, 이 일 끝내구요.
〈ちょっと待って、この仕事を終わらせますから。〉
(100%)

구원 명【12種のテキストで28例】

①예 아군의 구원(救援)을 청하다.
〈味方の救援を求める。〉(57.1%)

②예 [영혼의/정신적] 구원을 얻다.
〈[魂の/精神的]救いを得る。〉(42.9%)

구월 명 ☆★☆【30種のテキストで46例】

◎예 구월(九月)의 하늘.
〈九月の空。〉(100%)

구입하다 동【24種のテキストで31例】

◎예 물건을 구입(購入)하다.

〈品物を購入する。〉(100%)

구절 명【20種のテキストで28例】

①예 공자의 말로 널리 알려진 구절(句節).
〈孔子の言葉として広く知られたくだり。〉(78.6%)

②예 시 한두 구절을 인용하다.
〈詩の一二節を引用する。〉(21.4%)

구조 명 ★★☆【34種のテキストで111例】

①예 [권력/사회적/산업] 구조(構造).
〈[権力/社会的/産業]構造。〉(60.4%)

②예 물질의 구조에 관한 이론.
〈物質の構造に関する理論。〉(14.4%)

③예 간단한 구조의 아파트.
〈簡単な構造のアパート。〉(14.4%)

구체적 명 ☆☆☆【46種のテキストで109例】

◎예 구체적(具體的)인 내용.
〈具体的な内容。〉/
구체적으로 알아보다.
〈具体的に調べてみる。〉(97.2%)

구하다¹ 동 ★★★【71種のテキストで120例】

①예 [밥을/일꾼을] 구(求)하다.
〈[ご飯を/働き手を]求める。〉(65%)

②예 향락에서 도피처를 구하다.
〈享楽に逃避先を求める。〉(23.3%)

구하다² 동【25種のテキストで44例】

◎예 [목숨을/사람을] 구(救)하다.
〈[命を/人を]救う。〉(100%)

구호 명【16種のテキストで31例】

◎예 구호(口號)를 외치다.
〈スローガンを叫ぶ。〉(100%)

국 명 ★★★【13種のテキストで25例】

◎예 국 한 그릇을 먹다.
〈吸い物を一杯食べる。〉(100%)

국가 명 ★★★【59種のテキストで258例】

◎예 부강한 국가(國家)를 만들다.
〈富強な国を作る。〉(100%)

국경 명【12種のテキストで24例】

◎예 국경(國境)을 넘다.
〈国境を越える。〉(100%)

국기 명【14種のテキストで30例】

◎예 국기(國旗)를 게양하다.
〈国旗を掲揚する。〉(100%)

국내 명【28種のテキストで64例】

◎예 미국 영화사의 국내(國內) 진출.
〈アメリカの映画会社の国内進出。〉(100%)

국도 명【10種のテキストで21例】

①예 6번 국도(國道)를 달리다.
〈国道6号線を走る。〉(66.7%)

②관 <고속 국도> 예 호남 고속 국도.
〈湖南(ホナム)高速自動車国道。〉(33.3%)

국립 圐 ☆★☆【10種のテキストで31例】
　①곤 <국립(國立) 묘지>.
　　〈国立墓地。〉(51.6%)
　②곤 <국립 공원>.
　　〈国立公園。〉(22.6%)
　③예 이 대학은 국립이다.
　　〈この大学は国立だ。〉(19.4%)

국물 圐【10種のテキストで15例】
　⓪예 국물을 마시다.
　　〈汁を吸う。〉(100%)

국민 圐 ★★★【54種のテキストで275例】
　⓪예 국민(國民)의 대표자.
　　〈国民の代表者。〉(89.5%)

국민학교 圐 ☆★☆【41種のテキストで85例】
　⓪예 국민학교(國民學校)를 [다니다/졸업하다].
　　〈小学校に通う。/小学校を卒業する。〉(100%)

국수 圐 ☆☆★【9種のテキストで13例】
　①예 점심으로 국수를 [먹다/삶다].
　　〈お昼に麺を[食べる/にる]。〉(84.6%)
　②곤 <국수(를) 먹게 하다>(=결혼하다)
　　〈「麺を食べさせる」=「結婚する」の意味。〉(15.4%)

국어 圐 ☆☆★【24種のテキストで108例】
　①예 국어(國語)의 문법을 연구하다.
　　〈国語の文法を研究する。〉(54.6%)
　②예 국어와 산수는 모두 백 점이다.
　　〈国語と算数はすべて満点だ。〉(38.9%)

국제 圐 ★★★【26種のテキストで137例】
　①곤 <국제(國際)(~) 질서>.
　　〈国際秩序。〉(21.9%)
　②곤 <국제 [정치/경제]>.
　　〈国際[政治/経済]。〉(19.7%)
　③예 국제 간 교역.
　　〈国際間交易。〉/
　　국제 문제.
　　〈国際問題。〉(19%)
　④곤 <국제 사회>.
　　〈国際社会。〉(10.2%)
　⑤곤 <국제 관계>.
　　〈国際関係。〉(5.8%)
　⑥곤 <국제(~) [경기/대회/행사/회의]>.
　　〈国際[競技/大会/行事/会議]。〉(4.4.%)

국토 圐【17種のテキストで30例】
　⓪예 국토(國土)를 지키다.
　　〈国土を守る。〉(100%)

국회 圐 ★☆★【8種のテキストで42例】
　①곤 <국회(國會) 의원>
　　〈国会議員。〉(59.5%) ☞ 국회의원.
　②예 국회에서 법을 만들다.
　　〈国会で法を作る。〉(40.5%)

국회의원 圐【18種のテキストで44例】
　⓪예 국회의원(國會議員)을 뽑다.
　　〈国会議員を選ぶ。〉/
　　국회의원 선거.
　　〈国会議員選挙。〉(100%)

－군¹ 끝【60種のテキストで161例】
　⓪예 날씨가 좋군.
　　〈天気がいいね。〉/
　　학생이군.
　　〈学生だね。〉(100%)

군² 圐의【22種のテキストで64例】
　⓪예 신랑 김성해 군(君).
　　〈新郎キムソンヘ君。〉/
　　김 군은 이제 돌아가게.
　　〈金君はもう帰りなさい。〉(100%)

군³ 圐【8種のテキストで17例】
　⓪예 군(郡)에서도 손꼽히는 부자.
　　〈郷里でも指折りの金持ち。〉(88.2%)

군⁴ 圐【11種のテキストで15例】
　⓪예 군(軍)에 복무하다.
　　〈軍に服務する。〉(93.3%)

군대 圐 ★★★【36種のテキストで83例】
　⓪예 군대(軍隊)에 가다.
　　〈軍隊に行く。〉(100%)

군데 圐의 ☆★☆【29種のテキストで40例】
　⓪예 식당이 두 군데 있다.
　　〈食堂が2カ所ある。〉(100%)

군사¹ 圐 ★☆☆【10種のテキストで38例】
　⓪예 군사(軍士)를 [모으다/이끌다].
　　〈兵を[集める/率いる]。〉(100%)

군사² 圐【7種のテキストで14例】
　①예 정치, 군사(軍事), 외교.
　　〈政治,軍事,外交。〉(64.3%)
　②곤 <군사 [대응/행동]>.
　　〈軍事[対応/行動]。〉(14.3%)
　③곤 <군사 시설>.
　　〈軍事施設。〉(14.3%)

－군요 끝【91種のテキストで336例】
　⓪예 날이 춥군요.
　　〈寒いですね。〉(100%)

군인 圐 ★☆☆【24種のテキストで60例】
　⓪예 군인(軍人)과 민간인.
　　〈軍人と民間人。〉(100%)

군중 圐【11種のテキストで17例】
　⓪예 시위 군중(群衆)들이 모이다.
　　〈デモの群衆たちが集まる。〉(100%)

굳다¹ 阂 ★★★【48種のテキストで69例】
　①예 [몸이/얼굴이/표정이] 굳어지다.
　　〈[体が/顔が/表情が]こわばる。〉(39.1%)
　②곤 <굳게> 굳게 [닫다/잠그다/쥐다].
　　〈固く[閉じる/ロックする/握る]。〉(26.1%)

③예 굳게 [결심하다/믿다].
〈固く[決心する/信じる]。〉(14.5%)

④예 굳은 [돌/주먹].
〈固い[石/拳]。〉(10.1%)

굳다² 동【15種のテキストで21例】

①예 표정이 굳어 [버리다/있다].
〈表情がこわばって[しまう/いる]。〉(47.6%)

②예 손발이 꽁꽁 굳어 버리다.
〈手足がかちかちに固まってしまう。〉(19%)

굳이 부【33種のテキストで44例】

①예 싫으면 굳이 안 가도 좋다.
〈いやなら強いて行かなくてもいい。〉(70.5%)

②예 선물을 굳이 사양하다.
〈贈り物を固辞する。〉(29.5%)

굴 명 ☆☆★【15種のテキストで23例】

①예 산속에 굴(窟)을 파고 살다.
〈山の中に穴を掘って暮らす。〉(73.9%)

②예 산에 [굴을/터널을] 뚫다.
〈山に[穴を/トンネルを]掘る。〉(13%)

굴다 동【22種のテキストで32例】

⓪예 남에게 쌀쌀하게 굴다.
〈人によそよそしく振舞う。〉(100%)

굴뚝 명 ☆☆★【14種のテキストで20例】

①예 공장 굴뚝에서 연기가 솟아오르다.
〈工場の煙突から煙が立ちのぼる。〉(55%)

②관 <아니 땐 굴뚝에 연기 나다>.
〈火のないところに煙は立たない。〉(30%)

③관 <굴뚝 같다> 예 보고픈 마음이 굴뚝 같다.
〈会いたくてたまらない。〉(15%)

굴리다 동【22種のテキストで24例】

①예 [눈덩이를/휠체어를] 굴리다.
〈[雪の塊を/車椅子を]転がす。〉(37.5%)

②예 [눈을/혀를] 굴리다.
〈目をしろくろさせる。/ぺらぺら無礼な話をする。〉
(37.5%)

③예 여러 가지 생각을 굴리다.
〈色々考えをめぐらす。〉(8.3%)

굵다 형 ★☆★【27種のテキストで39例】

①예 굵고 거친 손.
〈太くて荒れた手。〉/
굵은 나뭇가지.
〈太い木の枝。〉(56.4%)

②예 굵은 [보석 반지/알사탕].
〈大きい[宝石の指輪/飴玉]。〉(12.8%)

③예 굵은 눈발.
〈粗塩のような大きい雪。〉(12.8%)

굶다 동 ☆★★【25種のテキストで45例】

⓪예 [끼니를/밥을/점심을] 굶다.
〈[食事を/ご飯を/おひるを]我慢する。〉(100%)

굶주리다 동【14種のテキストで17例】

⓪예 헐벗고 굶주린 사람들.

〈ボロをまとい飢えた人々。〉(88.2%)

굽다¹ 동 ★★★【19種のテキストで27例】

①예 [고기를/생선을] 굽다.
〈[肉を/魚を]焼く。〉(74.1%)

②예 [도자기를/옹기를] 굽다.
〈[陶磁器を/陶器を]焼く。〉(18.5%)

굽다² 동【11種のテキストで12例】

①예 [등이/어깨가] 구부정하게 굽다.
〈[背中が/肩が]前屈みに曲がる。〉(58.3%)

②예 팔이 안으로 굽다.
〈腕が内側に曲がる。(血は水より濃い)。〉/
땅을 굽어 보다.
〈地面をかがんで見る。〉(25%)

③예 굽은 비탈길.
〈曲がった坂道。〉/
길이 안쪽으로 굽다.
〈道が内側に曲がっている。〉(16.7%)

굽히다 동 ★☆☆【21種のテキストで32例】

①예 [무릎을/허리를] 굽히다.
〈[膝を/腰を]曲げる。〉(71.9%)

②예 [기개를/주장을] 굽히지 않다.
〈[気概を/主張を]曲げない。〉(21.9%)

궁궐 명【13種のテキストで43例】

⓪예 궁궐(宮闕)을 짓다.
〈宮殿を建てる。〉(100%)

궁극적 명【15種のテキストで16例】

⓪예 궁극적(窮極的)인 행복.
〈究極的な幸せ。〉/
궁극적으로 추구하는 목표.
〈究極的に追求する目標。〉(100%)

궁금하다 형 ★★★【73種のテキストで121例】

⓪예 [결과가/잘 갔는지] 궁금하다.
〈[結果が/ちゃんと行ったかどうか]気になる。〉
(95.9%)

궁리 명【16種のテキストで21例】

⓪예 먹고 살 궁리(窮理)를 하다.
〈暮らす工夫をする。〉(90.5%)

궁리하다 동【15種のテキストで16例】

⓪예 [대책을/방법을/어떻게 할까] 궁리(窮理)
하다.
〈[対策を/方法を/どうするかと]思案する。〉(100%)

권¹ 명의 ★★★【35種のテキストで89例】

①예 공책 몇 권(卷).
〈ノートを何冊か。〉(84.3%)

②예 이효석 전집 제8권.
〈李孝石(イ・ヒョソク)全集第8巻。〉(15.7%)

-권² 접【12種のテキストで26例】

⓪예 세력권(圈).〈勢力圏。〉/
수도권.〈首都圏。〉(100%)

권력 명 ★☆☆【28種のテキストで77例】

ⓞ예 권력(權力)을 [빼앗다/쥐다].
〈権力を〔奪う/握る〕。〉(85.7%)

권리 몡 ★☆★【34種のテキストで112例】
ⓞ예 시민으로서의 권리(權利).
〈市民としての権利。〉(99.1%)

권위 몡【18種のテキストで25例】
ⓞ예 권위(權威)가 있는 전문가.
〈権威のある専門家。〉(84%)

권총 몡【10種のテキストで18例】
ⓞ예 권총(拳銃)을 [겨누다/쏘다].
〈拳銃を〔構える/撃つ〕。〉(100%)

권하다 동 ☆★★【34種のテキストで49例】
①예 [음식을/의자를] 권(勸)하다.
〈〔食べ物を/椅子を〕勧める。〉(51%)
②예 [가자고/입원을] 권하다.
〈〔行こうと/入院を〕勧める。〉(49%)

귀 몡 ★★★【88種のテキストで208例】
①예 소리가 귀에 들리다.
〈声が耳に聞こえる。〉(37%)
②예 귀 한 쪽이 떨어진 불상.
〈片方の耳が落ちた仏像。〉(27.4%)
③관 <귀를 기울이다>.
〈耳を傾ける。〉(19.2%)

귀국하다 동【15種のテキストで24例】
ⓞ예 출장 마치고 귀국(歸國)하다.
〈出張を終えて帰国する。〉(100%)

귀신 몡【20種のテキストで37例】
①예 귀신(鬼神)이 나오다.
〈鬼神がでる。〉/
귀신에 홀리다.
〈鬼神に惑わされる。〉(59.5%)
②예 조상의 귀신에게 제사하다.
〈先祖の霊を祭る。〉(27%)

귀엽다 형 ★★★【35種のテキストで58例】
①예 귀여운 [강아지/인상].
〈かわいい〔子犬/印象〕。〉(51.7%)
②예 [손자가/재롱이] 귀엽다.
〈〔孫が/かわいらしいしぐさが〕かわいい。〉
(48.3%)

귀족 몡【14種のテキストで30例】
ⓞ예 귀족(貴族) [계급/사회].
〈貴族〔階級/社会〕。〉(100%)

귀중하다 형【21種のテキストで37例】
ⓞ예 돈이 귀중(貴重)하다.
〈お金が貴重だ。〉/
사람을 귀중하게 여기다.
〈人を貴重に思う。〉(100%)

귀찮다 형 ★★★【36種のテキストで58例】
ⓞ예 [만사가/말하기도] 귀찮다.
〈〔万事が/口をきくのも〕おっくうだ。〉/

나를 귀찮게 하다.
〈私を困らせる。〉(100%)

귀하다 형 ★☆★【48種のテキストで69例】
①예 우리에게 귀(貴)한 것.
〈私たちにとって大切なもの。〉/
귀한 [선물/시간/책].
〈大事な〔プレゼント/時間/本〕。〉(44.9%)
②예 손이 귀한 집.
〈子孫に恵まれない家。〉(30.4%)
③예 귀한 손님.
〈貴重なお客様。〉/
귀하게 대접하다.
〈大事にする。〉(18.8%)

규모 몡 ★☆☆【34種のテキストで61例】
ⓞ예 규모(規模)가 [작다/크다].
〈規模が〔小さい/大きい〕。〉(96.7%)

규범 몡【16種のテキストで31例】
ⓞ예 [사회/생활/윤리] 규범(規範)을 따르다.
〈〔社会/生活/倫理〕規範に従う。〉(100%)

규정하다 동【22種のテキストで34例】
ⓞ예 북한을 적으로 규정(規定)하다.
〈北朝鮮を敵と規定する。〉(91.2%)

규제 몡【11種のテキストで30例】
ⓞ예 투자에 규제(規制)가 많다.
〈投資に規制が多い。〉(100%)

규칙 몡 ★★★【29種のテキストで111例】
ⓞ예 법과 규칙(規則)을 지키다.
〈法と規則を守る。〉(91%)

규칙적 몡【18種のテキストで26例】
ⓞ예 소리가 규칙적(規則的)으로 나다.
〈音が規則的に出る。〉/
규칙적인 리듬.
〈規則的なリズム。〉(100%)

균형 몡【21種のテキストで33例】
①예 [사회가/생각이] 균형(均衡)을 이루다.
〈〔社会が/思考が〕バランスを保つ。〉(60.6%)
②예 [몸의/자세의] 균형을 [잃다/잡다].
〈〔体の/姿勢の〕バランスを〔失う/とる〕。〉(39.4%)

귤 몡 ☆☆★【5種のテキストで6例】
ⓞ예 귤(橘)을 까 먹다.
〈ミカンをむいて食べる。〉(100%)

그[1] 관 ★★★【213種のテキストで8,069例】
①예 그 노인을 찾아가 사과하다.
〈その老人を訪ねて行き、謝る。〉(38.8%)
②예 장군과 그 딸.
〈将軍とその娘。〉(22.2%)
③예 그 때 우리는 많이 울었다.
〈そのとき私たちはおんおん泣いた。〉/
그 동안 잘 지냈어?
〈その間元気だった?〉(14.6%)
④예 경제가 잘 되면 그 결과가 국민에게 돌

아가다.〈経済がよくなると、その結果が国民に還元される。〉(11.5%)

그² 대 ★★★【160種のテキストで3,133例】

① 예 김성수, 그는 누구인가.
〈キム・ソンス、彼は誰だろうか。〉(53.1%)

② 예 그의 팔을 붙잡다.
〈彼の腕をつかむ。〉(31.3%)

③ 예 그만두면 그뿐이야.
〈やめればいいだけさ。〉/
자유는 그를 지키는 자의 것이다.
〈自由はそれを守る人のモノだ。〉(14.9%)

그거 대 ★★☆【137種のテキストで1,026例】

① 예 자유롭다는 것, 그거만으로 충분하다.
〈自由だと言うこと、それだけで十分だ。〉
(41.7%)

② 예 괘종시계, 그건 내 것이다.
〈掛時計、それは私のだ。〉(41.2%)

그것 대 ★★★【185種のテキストで1,856例】

① 예 괘종시계, 그것은 내 것이다.
〈掛時計、それは私のだ。〉(51.8%)

② 예 자유롭다는 것, 그것만으로 충분하다.
〈自由だと言うこと、それだけで十分だ。〉(39.1%)

그곳 대 ☆★☆【53種のテキストで126例】

⓪ 예 2층에 강당이 있으니까 그곳으로 가세요.
〈2階に講堂がありますからそちらに行って下さい。〉(96.8%)

그까짓 관【16種のテキストで23例】

⓪ 예 그까짓 맥주 한 병.
〈たかだかビール一本。〉/
그까짓 일로 고민해?
〈それぐらいのことで悩むか?〉(100%)

그나마 부【31種のテキストで38例】

① 예 꽃이 피니까 그나마 봄 기분이 나다.
〈花が咲いているからなんとか春の気分になる。〉
(42.1%)

② 예 겨울은 농한기라 그나마 품팔이 일도 없다.
〈冬は農閑期で日雇い仕事さえもない。〉(34.2%)

③ 예 싸구려에 그나마 성의 없게 포장된 선물.
〈安物の上にさらに雑に包装されたプレゼント。〉
(21.1%)

그날¹ 명【31種のテキストで63例】

⓪ 예 처음 만난 그날을 기억하다.
〈初めて会ったその日を覚えている。〉(85.7%)

그날² 부【26種のテキストで46例】

⓪ 예 그날 나는 진실을 알았다.
〈その日私は真実を知った。〉(95.7%)

그냥 부 ★★★【141種のテキストで485例】

① 예 애가 넘어져도 그냥 지켜보다.
〈子供が倒れてもただ見守る。〉(26.6%)

② 예 잔소리는 그냥 흘려버리다.
〈小言はそのまま聞き流す。〉(21%)

③ 예 그냥 팔아도 잘 팔리겠다.
〈そのまま売ってもよく売れるだろう。〉(14.8%)

④ 예 기분이 그냥 그렇다.
〈気分が何だかね。〉/
그냥 싫다.
〈何だか嫌いだ。〉(14%)

⑤ 예 그냥, 좀 힘들어서 그래요.
〈ただ、ちょっと疲れてね。〉(8.2%)

그녀 대 ☆☆★【46種のテキストで900例】

⓪ 예 그녀(-女)를 기다리다.
〈彼女を待つ。〉(100%)

그놈 대【20種のテキストで35例】

① 예 그놈을 이리 끌고 와라.
〈あやつをここに連れて来い。〉(25.7%)

② 예 생선은 그놈이 더 신선하다.
〈魚はあっちのやつがもっと新鮮だ。〉(25.7%)

③ 예 그놈의 버스가 늦게 오다.
〈バスのやつが遅れて来る。〉(20%)

④ 예 네 사촌 오빠 그놈이 문제다.
〈お前の従兄、そやつが問題だ。〉(17.1%)

그늘 명 ☆★★【31種のテキストで47例】

⓪ 예 나무 그늘이 지다.
〈木の陰が落ちる。〉/
그늘 밑.
〈陰の下。〉(91.5%)

그니까 부【14種のテキストで64例】

① 예 곧 돈이 좀 생길 거야 그니까 다음엔 꼭 갚을게.〈すぐお金が少し入るから、だから次には必ず返すよ。〉(56.3%)

② 예 그해 겨울, 그니까 처음 만난 때로부터 6개월 뒤였어.〈その年の冬、だから初めて会ったときから6ヵ月後だった。〉(29.7%)

그다지 부【23種のテキストで35例】

⓪ 예 그다지 어렵지 않다.
〈それほど難しくない。〉(94.3%)

그대 대【22種のテキストで89例】

① 예 그대 같은 친구를 얻어 기쁘다.
〈君のような友人を得て嬉しい。〉(79.8%)

② 예 진실로 그대를 사랑합니다.
〈本当にあなたを愛しています。〉(20.2%)

그대로 부 ★★★【126種のテキストで294例】

① 예 이불을 덮어 주면 남편은 그대로 잔다.
〈布団を掛けてやると、夫はそのまま眠る。〉(52%)

② 예 답변은 전에 말한 그대로이다.
〈答えは前に言ったとおりだ。〉(19.7%)

③ 예 말 그대로 천사의 미소이다.
〈言葉通り天使の微笑みだ。〉(8.5%)

그동안 부 ★★☆【55種のテキストで103例】

⓪ 예 그동안 안녕하셨어요?
〈これまでお元気でしたか?〉/
김 선생, 그동안 참 수고 많았소.

〈金先生、これまで本当にありがとうございました。〉(100%)

그들 [대] 【115種のテキストで803例】

⓪[예] 주모가 그들을 반갑게 맞다. 〈飲み屋の女主人が彼らを嬉しそうに迎える。〉(100%)

그때[1] [부] ★★☆ 【76種のテキストで258例】

⓪[예] 그때 문득 이런 생각이 들다. 〈そのときふとこんな考えが浮かんだ。〉(99.6%)

그때[2] [명] 【69種のテキストで147例】

⓪[예] 통일이 될 그때. 〈統一されるそのとき。〉/ 나중 일은 그때에 가서 걱정하다. 〈後のことはそのときになって心配する。〉(100%)

그래 [감] ★★★ 【129種のテキストで499例】

①[예] A:회의에 늦지 마. B:그래. 〈A:会議に遅れないで。B:ああ。〉/ A:같이 안 갈래? B:그래, 안 가. 〈A:一緒に行かない? B:うん、行かない。〉(78.8%)

②[예] 너 잘났다, 그래! 〈ふん、おまえは偉いよ、うん!〉/ 그래, 너 계속 거짓말할래? 〈で、お前まだ嘘を言うつもりか?〉(10%)

그래도 [부] ★★★ 【115種のテキストで303例】

①[예] 증거가 있지만, 그래도 사람들이 안 믿다. 〈証拠があるが、それでも人々が信じない。〉(81.5%)

②[예] 그래도 이렇게라도 사는 건 다 그분 덕이다. 〈それでもこんな風にでも生きていけるのはすべて彼のおかげだ。〉(18.5%)

그래두 [부] 【13種のテキストで17例】

①[예] 증거가 있지만, 그래두 사람들이 안 믿다. 〈証拠があるが、それでも人々が信じない。〉(58.8%)

②[예] 그래두 이렇게라도 사는 건 다 그분 덕이다. 〈それでもこんな風にでも生きていけるのはすべて彼のおかげだ。〉(41.2%)

그래서 [부] ★★★ 【189種のテキストで1,368例】

①[예] 삶에 만족감을 갖기 힘들다. 그래서 우울증에 걸린다. 〈人生に満足感を持てない。それでうつ病にかかる。〉(78.1%)

②[예] 놀부는 욕심이 생겼다. 그래서 놀부는 일부러 새끼 제비의 다리를 부러뜨렸다. 〈ノルブは欲が出た。それでノルブはわざと子ツバメの足を折った。〉(12%)

그러나 [부] ★★★ 【167種のテキストで1,806例】

①[예] 매일 소녀를 기다렸다. 그러나 소녀는 나타나지 않았다. 〈毎日少女を待った。しかし、少女は現れなかった。〉(64.9%)

②[예] 몹시 피곤했다. 그러나 더워서 잠을 이룰 수 없다. 〈ひどく疲れた。しかし、暑くて眠れない。〉(18.8%)

③[예] 형은 공부를 잘한다. 그러나 동생은 그와는 반대이다. 〈兄は勉強ができる。しかし弟は彼とは反対だ。〉(16.3%)

그래야 [부] 【15種のテキストで17例】

⓪[예] 책을 읽어라. 그래야 생각이 넓어진다. 〈本を読みなさい.それでこそ考えが広くなる。〉(100%)

그러니 [부] ☆★☆ 【54種のテキストで104例】

⓪[예] 지금 손님 와 있다. 그러니 얌전히 방에 있어라. 〈今お客さんが来ている。だから静かに部屋にいなさい。〉(100%)

그러니까 [부] ★★★ 【89種のテキストで293例】

①[예] 곧 돈이 좀 생길 겁니다. 그러니까 다음엔 꼭 갚겠습니다. 〈すぐお金が少しできます。だから次は必ず返します。〉(43.7%)

②[예] 그해 겨울, 그러니까 처음 만난 때로부터 6개월 뒤였다. 〈その年の冬、だから初めて会ったときから6ヵ月後だった。〉(31.4%)

③[예] 그러니까 10년 전 어느 여름날…. 〈だから10年前のある夏の日…。〉(11.9%)

그러다 [동] ★★☆ 【172種のテキストで1,363例】

①[예] 책상에 엎드린 채 한참 그러고 있다. 〈机に伏せたまましばらくそうしている。〉/ A:일을 시작하자. B:그러자. 〈A:仕事を始めよう。B:そうしよう。〉(46.6%)

②[예] 친구가 그러는데, 눈이 온대. 〈友達が言ってたんだけど、雪が降るって。〉(23.1%)

③[예] 그러고 밥 먹으려고? 손을 씻고 먹어야지. 〈そのままでご飯食べるつもり?手を洗って食べなくちゃ。〉(14.7%)

그러다가 [부] ☆★☆ 【59種のテキストで100例】

①[예] 아기가 혼자 논다. 그러다가 가끔 엄마를 찾는다. 〈赤ん坊が一人で遊んでいる。そうしながらときおり母親を捜す。〉(61%)

②[예] 애, 그러다가 다치겠다. 〈おい、そんなことしてるとケガするよ。〉(39%)

그러면 [부] ★★★ 【108種のテキストで267例】

①[예] A:제정신이니? B:그러면 내가 미쳤다 그 말이야? 〈A:正気? B:それじゃ私が狂ってるって言うの?〉(44.6%)

②[예] 서로 소중함을 느끼고, 그러면 더욱 친해진다. 〈お互いに大切さを感じて、するともっと親しくなる。〉(23.2%)

③[예] 정리는 끝났다. 그러면 역할은 어떻게 나눌까? 〈整理は終わった。それじゃ、役割はどのように分けようか?〉(23.2%)

그러면서 [부] 【33種のテキストで64例】

⓪[예] 그가 말문을 열었다. 그러면서 나에게 눈짓을 했다. 〈彼が口を開いた。そして、私に目くばせした。〉(100%)

그러면은 [부] 【11種のテキストで18例】

①옌 A:제정신이니? B:그러면은 내가 미쳤다 그 말이야?〈A:正気？ B:それじゃ私が狂ってるって言うの？〉(55.6%)

②옌 서로 소중함을 느끼고, 그러면은 더욱 친해진다.〈お互いに大切さを感じて、するともっと親しくなる。〉(22.2%)

③옌 정리는 끝났다. 그러면은 역할은 어떻게 나눌까?〈整理は終わった。それじゃ、役割はどのように分けよう？〉(11.1%)

그러므로 閏 ★★★【64種のテキストで179例】

⓪옌 죄를 지었다. 그러므로 벌을 받아야 한다.〈罪を犯した。したがって、罰を受けなければならない。〉(100%)

그러자 閏【50種のテキストで125例】

①옌 모든 사실을 털어놓았다. 그러자 속이 후련해졌다.〈すべての事実を打ち明けた。すると、胸がすっとした。〉(86.4%)

②옌 갑자기 비가 쏟아졌다. 그러자 사람들이 이리저리 뛰었다.〈突然雨が降りそうだ。すると人々が蜘蛛の子を散らすように走った。〉(13.6%)

그러하다 閼 ★★★【76種のテキストで253例】

①옌 마음대로 안 되면 짜증이 난다. 그러한 일이 너무 잦다.〈思い通りにならないと、いらいらする。そんなことがあまりにも多い。〉(48.2%)

②옌 네 결심이 정 그러하다면 어쩔 수 없다.〈君の決心が本当にそうだと言うのなら仕方がない。〉(30%)

③옌 사람에게 편안함을 주는 그러한 미소.〈人に安らぎを与えるそのような微笑み。〉(9.9%)

그런 閺 ★★☆【140種のテキストで1,321例】

⓪옌 정말 그가 그런 일을 했을까?〈本当に彼がそんなことをしたんだろうか？〉(87%)

그런대로 閏【14種のテキストで17例】

⓪옌 차림은 남루하지만 그런대로 당당해 보이다.〈服装はぼろぼろだが、それなりに堂々として見える。〉(94.1%)

그런데 閏 ★★★【175種のテキストで1,126例】

①옌 새 차를 사고 싶다. 그런데 돈이 모자란다.〈新しい車を買いたい。でもお金が足りない。〉(28.6%)

②옌 요즘 경기가 어렵죠. 그런데 무슨 사업을 하셨는데요?〈最近は景気が良くないですね。それでどんな事業をなさってたんですか？〉(28.2%)

③옌 장부상으론 돈이 남았다. 그런데 실제로는 돈이 없다.〈帳簿上では金が余った。ところが実際にはお金がない。〉(19.7%)

④옌 그 뒤 아이를 낳았어. 그런데 그 아이가 기형이었지.〈その後、子どもを産んだんだよ。ところが、その子が奇形児だったんだ。〉(10.2%)

그런데도 閏【17種のテキストで21例】

⓪옌 모두가 말렸다. 그런데도 그 사람은 떠나 버렸다.〈みんなが止めた。それでもその人は去ってしまった。〉(100%)

그럼¹ 閏 ★★★【132種のテキストで516例】

①옌 알고 싶어? 그럼 알려주지!〈知りたい？じゃ、教えてやるよ！〉(77.5%)

②옌 피로는 중요한 증상이다. 그럼 어떨 때 피로가 나타나는가?〈疲労は重要な症状だ。それではどんな時疲労が現れるのか？〉(11.6%)

그럼² 閤 ★★☆【42種のテキストで64例】

⓪옌 A:갈 거야? B:그럼. 가고 말고.〈A:行くの？ B:うん、行くとも。〉(98.4%)

그럼요 閤【13種のテキストで25例】

①옌 A: 맛있어요? B: 그럼요. 진짜 맛있어요.〈A:おいしい？ B:うん、本当においしいよ。〉(52%)

②옌 돈 없이도 잘, 그럼요, 잘 살았어요.〈お金がなくても何不自由なく、そう、何不自由な〈暮らしていました。〉(28%)

③옌 A: 잘 될 거예요. B: 그럼요.〈A:うまくいくと思うよ。B:そうとも。〉(20%)

그렇게 閏 ★★★【174種のテキストで1,071例】

①옌 그가 시키는 대로 그렇게 쓰다.〈彼がさせるままに、そう書く。〉(71.5%)

②옌 일이 그렇게 바쁠 수 없다.〈仕事がそれ以上はと言うくらい忙しい。〉(22.8%)

그렇다 閼 ★★★【195種のテキストで2,324例】

①옌 식당에 가도 기다려야 하고, 극장에 가도 그렇다.〈食堂に行っても待たなければならず、劇場に行ってもそうだ。〉(44.7%)

②옌 실로 따뜻한 웃음이다. 어린 시절에는 그런 웃음을 더러 보았었다.〈実に暖かい笑顔だ。幼い頃にはそのような笑顔を時折見た。〉(12.8%)

③옌 예술이 다 그렇지만 작품은 나중에 평가받는다.〈芸術がすべてそうだが、作品は後で評価される。〉(9.9%)

④옌 A:선생님이 참 좋은 거 같아요. B:그래요〈A:先生が本当に良いようです。B:そうです。〉(6.4%)

⑤옌 A:저 곧 결혼해요. B:그래요? 축하해요.〈A:私々々結婚します。B:そうなんですか？おめでとうございます。〉(6.1%)

⑥옌 A:회사 가요? B:네, 그래요.〈A：会社行くんですか？ B：はい、そうです。〉(4.2%)

그렇다고 閏【56種のテキストで86例】

⓪옌 약속을 지킬 수도, 그렇다고 안 지킬 수도 없다.〈約束を守ることも、かと言って破ることもできない。〉(100%)

그렇다면 閏 ☆★☆【64種のテキストで115例】

⓪옌 그렇다면 우리는 이제 어떻게 하지?

〈じゃ、私たちはこれからどうしよう？〉(100%)

그렇지만 _부 ★★★【83種のテキストで252例】

①예 마음을 잡으려 했다. 그렇지만 쉽지 않았다.
〈心を改めようとした。でも容易ではなかった。〉
(63.9%)

②예 배우지는 못했다. 그렇지만 나도 인간이다.
〈学校には行けなかった。でも私も人間である。〉
(29.4%)

그루 _{명의}【17種のテキストで24例】

⓪예 은행나무 10(열) 그루.
〈イチョウの木10本。〉(100%)

그룹 _명【14種のテキストで24例】

①예 조사 그룹별로 모이다.
〈調査グループ別に集まる。〉(45.8%)

③예 [선두/소장 작가] 그룹.
〈[先頭/若手作家]グループ。〉(29.2%)

③예 재벌 그룹.
〈財閥グループ。〉(20.8%)

그르다 _형【20種のテキストで30例】

①예 그른 주장.
〈間違った主張。〉/
옳든 그르든 간에.
〈正しかろうと正しくなかろうと。〉(63.3%)

②예 [승진이/일이] 영 글러 먹다.
〈[昇進が/仕事が]全く望めない。〉(16.7%)

그릇 _명 ★★★【52種のテキストで111例】

①예 그릇에 음식을 담다.
〈器に料理を盛りつける。〉(77.5%)

②예 밥 두 그릇.
〈ご飯二杯。〉(17.1%)

그리 _부 ★★☆【60種のテキストで114例】

①예 품질이 그리 나쁘지 않다.
〈品質がさほど悪くはない。〉(56.8%)

②예 사정이 그리 되다.
〈事情によりそうなる。〉(34.4%)

그리고 _부 ★★★【198種のテキストで2,098例】

①예 많은 실패를 했다. 그리고 또 얼마나 헤
맸던가?〈たくさんの失敗をした。そしてまた、どれ
ほど迷ったことか？〉(57%)

②예 청소 빨리 끝내. 그리고 빨래도 해!
〈掃除早く終わらせて。それから洗濯もして！〉
(26.7%)

③예 한강과 낙동강, 그리고 금강.
〈漢江（ハンガン）と洛東江（ナクトンガン）、それと
錦江（クムガン）。〉(16.2%)

그리구 _부【18種のテキストで60例】

①예 많은 실패를 했다. 그리구 또 얼마나 헤
맸던가?〈たくさんの失敗をした。そしてまた、どれ
ほど迷ったことか？〉(81.7%)

②예 청소 빨리 끝내. 그리구 빨래도 해!
〈掃除早く終わらせて。それから洗濯もして！〉
(10%)

그리다 _동 ★★★【112種のテキストで600例】

①예 [그림을/지도를/표를] 그리다.
〈[絵を/地図を/表を]かく。〉(43%)

②예 벽에 [동물을/산을] 그리다.
〈壁に[動物を/山を]えがく。〉(35.5%)

③예 그림에 [사람의 마음을/평화를] 그리다.
〈絵に[人の心を/平和を]えがく。〉(5.7%)

그리움 _명【18種のテキストで29例】

⓪예 부모에 대한 그리움을 달래다.
〈親に対する懐かしさを紛らす。〉(100%)

그리워하다 _동【16種のテキストで28例】

⓪예 [고향을/그를] 그리워하다.
〈[故郷を/彼を]しのぶ。〉(100%)

그리하여 _부【50種のテキストで103例】

①예 둘은 사랑을 했지. 그리하여 행복하게
잘 살았대.〈二人は愛しあった。そして幸せに暮
らしたそうだ。〉(48.5%)

②예 언론가 트인, 그리하여 누구나 제 의견을
말할 수 있는 사회.〈言論の自由が開け、そし
て誰もが自分の意見を述べることができる社
会。〉(27.2%)

③예 제품의 질을 높인다. 그리하여 시장 가
치를 높이자.〈製品の質を高める。そして市場
価値を高めよう。〉(24.3%)

그림 _명 ★★★【109種のテキストで982例】

⓪예 그림을 [감상하다/그리다].
〈絵を[鑑賞する/描く]。〉(98.2%)

그림자 _명 ★☆☆【41種のテキストで112例】

①예 나무 그림자가 돌담에 걸리다.
〈木の影が石垣にかかる。〉(70.5%)

②예 등 뒤로 사람 그림자를 느끼다.
〈背後に人影を感じる。〉(17.9%)

그립다 _형 ☆★★【32種のテキストで49例】

⓪예 그리운 [가족/고향 산천].
〈懐かしい[家族/故郷の山河]。〉(93.9%)

그만 _부 ★★★【92種のテキストで193例】

①예 설거지하다 그만 접시를 깨다.
〈後片付けをしていてつい皿を割る。〉(22.3%)

②예 술 좀 그만 드세요.
〈お酒はもう止めて下さい。〉/
고집 좀 그만 부려라.
〈我を張るのもほどほどにしろ。〉(19.7%)

③예 부도가 나서 회사가 그만 문을 닫다.
〈不渡りが出て会社がやむなく門を閉じる。〉
(17.6%)

④예 밖이 추워. 그만 들어가.
〈外は寒い。もう中に入りなさい。〉/
늦겠다, 이제 그만 돌아가자.
〈遅くなるから、もう帰ろう。〉(15%)

⑤예 순간 그만 숨이 막히다.
〈瞬間、思わず息が詰まる。〉(7.8%)

그만두다 동 ★★★【40種のテキストで61例】
⓪예 [일을/학교를/한 마디 하려다가/회사를] 그만두다.〈[仕事を/学校を/一言言おうとしたが、/会社を]やめる。〉(100%)

그만큼 부 【46種のテキストで75例】
⓪예 스스로에 대해 생각을 하면 그만큼 자신을 잘 알 수 있다.〈自らについて考えてみるとそれだけ自分をよく知ることができる。〉(100%)

그만하다¹ 형 【17種のテキストで20例】
①예 거기에는 그만한 사정이 있다.〈それにはそれだけの事情がある。〉(55%)
②예 그만하면 공부를 잘하는 편이다.〈それくらいできたら勉強が良くできる方だ。〉(45%)

그만하다² 동 【14種のテキストで15例】
⓪예 말도 안 되는 소리 그만하세요.〈お話にならないことを言うのはやめてください。〉(93.3%)

그물 명 ☆☆★【12種のテキストで17例】
①예 그물로 [고기를/노루를] 잡다.〈網で[魚を/ノロ鹿を]捕る。〉(76.5%)
②예 음모의 그물에 걸리다.〈陰謀の網にかかる。〉(5.9%)

그분 대 ★★☆【35種のテキストで97例】
⓪예 그분만 보면 얼굴이 밝아지다.〈その方さえ見ると顔が明るくなる。〉(97.9%)

그야말로 부 【26種のテキストで35例】
⓪예 아이를 그야말로 금지옥엽처럼 기르다.〈子供を、それこそ大事に育てる。〉(100%)

그이 대 【14種のテキストで31例】
①예 거기서 그이한테 청혼을 받다.〈そこで彼にプロポーズをされる。〉(67.7%)
②예 그이의 형이 근처에 살다.〈彼の兄が近くに住んでいる。〉(32.3%)

그저 부 ★★☆【73種のテキストで159例】
①예 기력이 다해서 그저 며칠 죽은 듯 앓다.〈気力が尽きてただ何日か死んだように病む。〉(21.4%)
②예 그저 살려만 주시면 뭐든 다 하겠습니다.〈どうか助けていただければ何でもします。〉(19.5%)
③예 대답은 않고 그저 웃기만 하다.〈答えはなくただ笑ってばかりいる。〉(18.9%)
④예 방학이라고 그저 놀기만 하다.〈休みだからと、ただ遊んでばかりいる。〉(13.2%)
⑤예 그저 해야 할 일을 하다.〈ただしなければならないことをする。〉(10.7%)

그저께 명 ☆★★【13種のテキストで16例】
①예 그저께부터 일을 하다.〈一昨日から仕事をする。〉(50%)
②예 그저께 미국으로 출발했다.〈おとといアメリカに向け出発した。〉(50%)

그제서야 부 【27種のテキストで38例】
⓪예 설명을 듣고 그제서야 이해하다.〈説明を聞いてやっと理解する。〉(100%)

그제야 부 【11種のテキストで15例】
⓪예 신분증을 보여 주자 그제야 문을 열어 주다.〈身分証明書を見せるとやっとドアを開けてくれる。〉(100%)

그쪽 대 ☆★☆【24種のテキストで41例】
①예 그쪽 사정은 들어서 잘 알고 있다.〈そちらの事情は聞いてよく知っている。〉/
그쪽 일은 어떻게 됐습니까?〈そちらの方はどうなりましたか。〉(68.3%)
②예 그쪽에서는 네가 마음에 든대.〈あちらは君が気にいってるんだって。〉(22%)

그치 감 【10種のテキストで22例】
①예 잘 됐다, 그치?〈よかった、よね?〉(72.7%)
②예 그치, 잘 했어.〈うん、よくやった。〉/
그치, 바로 그거야.〈そうだ、まさにそれだ。〉(27.3%)

그치다 동 ★★★【52種のテキストで87例】
①예 [비가/시위가/웃음이] 그치다.〈[雨が/デモが/笑いが]止む。〉(48.3%)
②예 계획이 구상에 그치다.〈計画が構想に終わる。〉(29.9%)
③예 [말다툼을/말을/울음을] 그치다.〈[口論を/言葉を/泣くのを]やめる。〉(21.8%)

그토록 부 【28種のテキストで47例】
⓪예 그토록 아름다운 나날들을 잊을 수 없다.〈あれほど美しい日々は忘れられない。〉/
왜 그토록 화가 났을까?〈どうしてあんなに腹がたったのか?〉(100%)

극단적 명 【17種のテキストで31例】
⓪예 극단적(極端的)으로 해석하다.〈極端に解釈する。〉/
극단적인 생각.〈極端な考え。〉(100%)

극복하다 동 【34種のテキストで58例】
⓪예 [슬픔을/어려움을] 극복(克服)하다.〈[悲しみを/困難を]克服する。〉(100%)

극장 명 ★★★【31種のテキストで70例】
⓪예 극장(劇場)에서 [연극을/영화를] 보다.〈劇場で[演劇を/映画を]見る。〉(100%)

극히 부 【13種のテキストで20例】
①예 극(極)히 [단순하다/드물다].〈極めて[単純だ/珍しい]。〉/
극히 사적인 일.〈極めて私的なこと。〉(75%)
②예 극히 소수에 불과하다.〈ごく少数に過ぎない。〉/

극히 제한적으로 소개하다.
〈極めて制限的に紹介する。〉(25%)

근거 명 ★★☆【33種のテキストで167例】
① 예 주장에 상당한 근거(根據)가 있다.
〈主張に相当な根拠がある。〉(90.4%)

근까 부【10種のテキストで33例】
① 예 곧 돈이 좀 생길 거야. 근까 다음엔 꼭 갚을게.〈すぐお金が少し入るから。だから次には必ず返すよ。〉(30.3%)
② 예 그해 겨울, 근까 처음 만난 때로부터 6개월 뒤였어.〈その年の冬、だから初めて会ったときから6ヵ月後だった。〉(24.2%)
③ 예 음, 근까 내 생각을 말하자면….
〈うん、だから私の考えを言えば…。〉(24.2%)
④ 예 근까 10년 전 어느 여름날….
〈だから10年前のある夏の日…。〉(6.1%)

근대 명【16種のテキストで37例】
① 예 근대(近代)에 접어들다.
〈近代に入る。〉(89.2%)

근대화 명【14種のテキストで41例】
① 예 기계 설비의 근대화(近代化).
〈機械設備の近代化。〉(100%)

근데 부【36種のテキストで494例】
① 예 장부상으론 돈이 남았다. 근데 실제로는 돈이 없다.〈帳簿上では金が余った。ところが実際にはお金がない。〉(26.5%)
② 예 지금 근데, 왜 그렇게 급해?
〈今ところで、なんでそんなに急いでるんだ?〉(24.3%)
③ 예 요즘 경기가 좀 어렵죠. 근데 무슨 사업을 하셨는데요?〈最近は景気が良くないですね。それでどんな事業をなさってたんですか?〉(16.6%)
④ 예 근데, 이런 말 묻는 건 그렇지만, 무슨 일 있어요?〈ところで、こんなこと聞くのはなんですが、何かあったんですか?〉(13.4%)
⑤ 예 새 차를 사고 싶다. 근데 돈이 모자란다.
〈新しい車を買いたい。でもお金が足りない。〉(10.3%)

근래 명【17種のテキストで22例】
① 예 근래(近來)에 처음 있는 일이다.
〈近来初めてのことだ。〉(50%)
② 예 근래 남극에 기지를 세우다.
〈近来南極に基地を立てる。〉(50%)

근무 명 ☆★☆【14種のテキストで22例】
① 예 주 5일 근무(勤務)를 하다.
〈週五日勤務をする。〉(100%)

근무하다 동【21種のテキストで38例】
① 예 병원에서 근무(勤務)하다.
〈病院で勤務する。〉(100%)

근본 명 ★☆☆【20種のテキストで26例】

근본 명 부부 생활은 신뢰를 근본(根本)으로 하다.
〈夫婦生活は信頼を根本とする。〉(100%)

근본적 명【26種のテキストで43例】
① 예 남녀는 근본적(根本的)으로 다르다.
〈男女は根本的に違う。〉(100%)

근사하다 형【18種のテキストで21例】
① 예 근사(近似)한 [선물/여행]을 하다.
〈素敵な〔プレゼント/旅行〕をする。〉(100%)

근원 명 ★☆☆【13種のテキストで30例】
① 예 가정은 행복의 근원(根源)이다.
〈家庭は幸福の根源である。〉(96.7%)

근육 명【10種のテキストで15例】
① 예 스트레칭으로 근육(筋肉)을 풀다.
〈ストレッチングで筋肉をほぐす。〉(100%)

근처 명 ★★★【65種のテキストで130例】
① 예 역 근처(近處)에 살다.
〈駅の近くに住む。〉(100%)

글 명 ★★★【112種のテキストで1,247例】
① 예 글을 [쓰다/읽다/짓다].
〈文を〔書く/読む/作る〕。〉(92.9%)

글쎄 감 ★★☆【77種のテキストで241例】
① 예 A:영수 집에 있어요? B:글쎄다, 어디 간 것 같구나.〈A:ヨンス家にいますか? B:そうだね、どこか行ったみたいだね。〉(46.5%)
② 예 A:왜 그렇게 화가 났어요? B:아, 글쎄 애가 거짓말을 하잖아.〈A:なんでそんなに腹が立ったんですか。B:そうね、あの子が嘘をつくじゃない。〉(18.7%)
③ 예 글쎄 무슨 마땅한 방법이 없네.
〈そうだね、なんか適当な方法がないね。〉/ 글쎄, 오늘은 뭘로 할까?
〈さて、今日は何にしようか?〉(13.3%)
④ 예 내가, 글쎄, 보니까, 글쎄.
〈私が、そうだな、見たところ、そうだな。〉(11.2%)
⑤ 관 <글쎄 말이다> 예 A:참 살기 힘드네. B: 글쎄 말예요.〈A:本当に生活が大変ね。B:そうなんですよ。〉(10.4%)

글씨 명 ★★★【40種のテキストで111例】
① 예 잘못 쓴 글씨를 고쳐 쓰다.
〈書き間違えた字を書き直す。〉(73%)
② 예 손으로 글씨를 잘 쓰다.
〈手で字を上手に書く。〉(20.7%)

글자 명 ★★★【55種のテキストで168例】
① 예 신문 기사의 글자(-字)를 읽고 또 읽다.
〈新聞記事の文字を何度も読む。〉(95.8%)

긁다 동 ☆☆★【23種のテキストで31例】
① 예 미안하다는 듯 뒤통수를 긁다.
〈すまないというように後頭部を掻く。〉(35.5%)
② 관 <바가지를 긁다>
〈愚痴をこぼす。〉(19.4%)

③[예] 솥의 누룽지를 긁다.
〈釜のお焦げをがりがりやる。〉(9.7%)

④[예] 사람의 속을 아프게 긁다.
〈人の心を痛くかきまわす。〉(9.7%)

금[1] [명] ★★★【12種のテキストで30例】

⓪[예] 앞니를 금(金)으로 씌우다.
〈前歯に金をかぶせる。〉(100%)

금[2] [명]【6種のテキストで6例】

①[관] <금이 가다> [예] [벽에/뼈에] 금이 가다.
〈〔壁に/骨に〕ヒビが入る。〉(50%)

②[관] <금이 가다> [예] 이웃 사이에 금이 가다.
〈お隣との間にヒビが入る。〉(33.3%)

③[예] 연필로 종이에 금을 긋다.
〈鉛筆で紙に線を引く。〉(16.7%)

금년 [명] ☆☆★【10種のテキストで19例】

⓪[예] 금년(今年)엔 방학을 앞당기다.
〈今年は冬休みを早める。〉(94.7%)

금방 [부] ★★★【82種のテキストで132例】

①[예] 버스에서 내리니까 금방(今方) 간판이 보이다.
〈バスから降りると、すぐ看板が見える。〉(56.8%)

②[예] 금방 돌아오겠다.
〈すぐに帰ってくる。〉/
개가 금방이라도 덤벼들 것 같다.
〈犬が今にも飛びかかりそうだ。〉(23.5%)

③[예] 저도 금방 왔어요.
〈私も今来たところです。〉(11.4%)

금세 [부]【19種のテキストで29例】

⓪[예] 택시가 금세 호텔에 도착하다.
〈タクシーがすぐにホテルに到着する。〉(100%)

금속 [명] ☆☆★【10種のテキストで14例】

⓪[예] 금속(金屬) [공예품/활자].
〈金属〔工芸品/活字〕。〉(100%)

금액 [명]【13種のテキストで18例】

⓪[예] 통장의 금액(金額).
〈通帳の金額。〉/
막대한 금액.
〈莫大な金額。〉(100%)

금요일 [명] ☆★★【11種のテキストで18例】

⓪[예] 금요일(金曜日)에 만나다.
〈金曜日に会う。〉(100%)

금지 [명]【10種のテキストで16例】

⓪[예] [주차/출입/통행] 금지(禁止).
〈〔駐車/出入り/通行〕禁止。〉(100%)

급하다 [형] ★★★【52種のテキストで76例】

①[예] 급(急)한 [심부름/일].
〈急ぎの〔おつかい/仕事〕。〉(46.1%)

②[예] 마음이 급하다.
〈気がせく。〉(27.6%)

③[예] 급한 걸음을 재촉하다.
〈しきりに急ぎ足で歩く。〉(14.5%)

④[예] 용변이 급하다.
〈用を足すのが火急だ。〉(10.5%)

급히 [부] ★★☆【45種のテキストで73例】

⓪[예] 급(急)히 집으로 돌아가다.
〈急いで家に帰る。〉(100%)

긋다 [동] ★☆☆【29種のテキストで38例】

①[예] 펜으로 종이에 줄을 긋다.
〈ペンで紙に線を引く。〉(63.2%)

②[예] 담배를 물고 성냥을 긋다.
〈タバコをくわえてマッチを擦る。〉(18.4%)

③[예] 일에 대해 [경계를/선을] 긋다.
〈仕事に対して〔境界を/線を〕引く。〉(10.5%)

긍정적 [명]【14種のテキストで16例】

①[예] 계획이 긍정적(肯定的)인 평가를 받다.
〈計画が肯定的な評価を受ける。〉(68.8%)

②[예] 매사에 긍정적으로 살다.
〈全てのことに肯定的に生きる。〉(31.3%)

긍지 [명]【18種のテキストで23例】

⓪[예] 직업에 긍지(矜持)를 가지다.
〈職業にプライドを持つ。〉(100%)

-기[1] [끝]【215種のテキストで8,863例】

⓪[예] 보기 싫다.
〈見たくない。〉(100%)

기[2] [명] ★★★【43種のテキストで67例】

①[관] <기가 막히다> [예] 억울하고 기(氣)가 막히다.〈悔しくて呆れる。〉(38.8%)

②[관] <기(를) 쓰고~> [예] 기를 쓰고 덤비다.
〈躍起になってつっかかる。〉(11.9%)

③[관] <기(가) 죽다> [예] 기죽지 않고 꿋꿋하다.
〈くじけず屈しない。〉(10.4%)

④[관] <기가 막히다> [예] 기가 막히게 맛이 좋다.
〈呆れるほど美味しい。〉(9%)

⑤[예] 기가 잘 통해야 몸이 건강하다.
〈気がよく通じてこそ体が健康だ。〉(6%)

⑥[예] 천지에서 상서로운 기를 느끼다.
〈天池(チョンジ：白頭山(ペクトゥサン)の頂上にある大きな湖)で吉祥の気を感じる。〉(4.5%)

⑦[관] <기가 질리다> [예] 거짓말에 기가 질리다.
〈嘘にやる気を失う。〉(4.5%)

⑧[관] <기를 꺾다>.〈気をくじく。〉(4.5%)

⑨[관] <기(를) 펴다> [예] 기를 펴고 살다.
〈のびのびと暮らす。〉(4.5%)

⑩[관] <기(가) 차다> [예] 기가 찬지 말이 없다.
〈呆れたのか言葉が無い。〉(3%)

기간 [명] ★★☆【49種のテキストで76例】

⓪[예] 대회 기간(期間).
〈大会期間。〉(100%)

기계 [명] ★★★【56種のテキストで147例】

⓪[예] 공장의 기계(機械)가 돌아가다.
〈工場の機械が動く。〉(98%)

기관 명 ★☆☆【28種のテキストで78例】
　⓪예 [공공/교육/금융/행정] 기관(機關).
　　〈[公共/教育/金融/行政]機関。〉(98.7%)

기구[1] 명 ★☆☆【25種のテキストで41例】
　⓪예 [관측/놀이/실험/운동] 기구·
　　〈[観測/遊び/実験/運動]器具。〉(90.2%)

기구[2] 명【9種のテキストで14例】
　⓪예 [비영리/심의] 기구(機構).
　　〈[非営利/審議]機構。〉(100%)

기념 명【17種のテキストで26例】
　①예 입학 기념(記念) 선물·
　　〈入学記念プレゼント。〉(88.5%)
　②관 <기념 사진>.
　　〈記念写真。〉(11.5%)

기능[1] 명 ★☆☆【26種のテキストで72例】
　⓪예 심장의 기능(機能)이 약화되다.
　　〈心臓の機能が弱化する。〉(100%)

기능[2] 명【9種のテキストで20例】
　⓪예 운전면허 기능(技能) 시험.
　　〈運転免許技能試験。〉(100%)

기다 동 ☆☆★【14種のテキストで21例】
　⓪예 땅바닥을 기다.
　　〈地面をはう。〉/
　　기어서 가다.
　　〈はって行く。〉(90.5%)

기다리다 동 ★★★【148種のテキストで522例】
　①예 [설날을/친구를] 기다리다.
　　〈[お正月を/友達を]待つ。〉(68.2%)
　②예 곧 갚을 테니 하루만 더 기다려 주세요.
　　〈すぐ返すからもう一日だけ待ってください。〉
　　(31.6%)

기대 명 ★☆☆【50種のテキストで76例】
　⓪예 기대(期待)가 크다.
　　〈期待が大きい。〉(100%)

기대다 동【31種のテキストで46例】
　①예 [나무에/소파에] 몸을 기대다.
　　〈[木に/ソファーに]もたれかかる。〉(87%)
　②예 딸에게 기대어 살다.
　　〈娘に頼って暮らす。〉(10.9%)

기대하다 동 ★★☆【46種のテキストで66例】
　⓪예 [선물을/칭찬을/희소식이 올 거라고] 기
　　대(期待)하다.〈[プレゼントを/称賛を/朗報が来
　　ると]期待する。〉(100%)

기도 명 ☆☆★【20種のテキストで31例】
　⓪예 [부처님께/하느님께] 기도(祈禱)를 [드리
　　다/하다].
　　〈[仏様に/神様に]祈りを[捧げる/する]。〉(100%)

기도하다[1] 동【11種のテキストで15例】
　⓪예 조국이 해방되기를 신에게 기도(祈禱)하다.

〈祖国が解放されることを神に祈る。〉(100%)

기도하다[2] 동【6種のテキストで10例】
　⓪예 [자살을/탈출을] 기도(企圖)하다.
　　〈[自殺を/脱出を]企てる。〉(100%)

기둥 명 ☆☆★【25種のテキストで35例】
　①예 건물 기둥·
　　〈建物の柱。〉(62.9%)
　②예 [정신적/집안의] 기둥·
　　〈[精神的/家の]支柱。〉(20%)

기록 명 ★☆☆【31種のテキストで53例】
　⓪예 [역사/회의] 기록(記錄).
　　〈[歴史/会議]記録。〉(92.5%)

기록하다 동 ★☆☆【37種のテキストで57例】
　①예 조사 결과를 표에 기록(記錄)하다.
　　〈調査結果を表に記録する。〉/
　　수첩에 일정을 기록하다.
　　〈手帳にスケジュールを記録する。〉(70.2%)
　②예 [48%를/3 연승을] 기록하다.
　　〈[48%を/3連勝を]記録する。〉(15.8%)

기르다 동 ★★★【73種のテキストで173例】
　①예 [기량을/담력을] 기르다.
　　〈[技量を/胆力を]養う。〉(45.1%)
　②예 [나무를/자식을] 기르다.
　　〈[木を/子を]育てる。〉(43.9%)

기름 명 ★★★【28種のテキストで43例】
　①예 기름이 물에 뜨다.
　　〈油が水に浮く。〉(32.6%)
　②예 주유소에서 기름을 넣다.
　　〈ガソリンスタンドでガソリンを入れる。〉(32.6%)
　③예 프라이팬에 기름을 두르다.
　　〈フライパンに油を引く。〉(23.3%)

기리다 동【15種のテキストで20例】
　⓪예 [공적을/업적을] 기리다.
　　〈[功績を/業績を]ほめる。〉(100%)

기반 명【16種のテキストで24例】
　⓪예 [발전의/생활의] 기반(基盤).
　　〈[発展の/生活の]基盤。〉(100%)

기법 명【13種のテキストで31例】
　⓪예 [조각/창작] 기법(技法).
　　〈[彫刻/創作]技法。〉(100%)

기본 명 ★★★【36種のテキストで68例】
　①예 기본(基本)을 익히다.
　　〈基本を身につける。〉(52.9%)
　②예 경제는 자유 경쟁이 기본이다.
　　〈経済は自由競争が基本だ。〉(42.6%)

기본적 명【32種のテキストで51例】
　⓪예 세상살이의 기본적(基本的)인 원리.
　　〈世渡りの基本的な原理。〉(100%)

기분 명 ★★★【123種のテキストで356例】

①예 목욕하니 기분(氣分)이 좋다.
〈入浴したら気持ちがいい。〉(80.9%)

②예 신혼여행 기분을 내다.
〈新婚旅行気分を出す。〉(17.1%)

기뻐하다 동 ★★☆【46種のテキストで77例】

⓪예 뛸 듯이 기뻐하다.
〈飛び跳ねるように喜ぶ。〉(100%)

기쁘다 형 ★★★【75種のテキストで134例】

⓪예 또 만나게 된 [것이/사실이] 무척 기쁘다.
〈また会えた[ことが/事実が]とても嬉しい。〉/
기쁜 마음을 갖다.
〈感謝する心を持つ。〉(100%)

기쁨 명 ☆★☆【70種のテキストで128例】

⓪예 슬픔과 기쁨을 느끼다.
〈悲しみと喜びを感じる。〉(100%)

기사¹ 명 ★★★【37種のテキストで88例】

⓪예 신문에 기사(記事)가 나다.
〈新聞に記事が出る。〉(100%)

기사² 명【16種のテキストで49例】

⓪예 버스 운전 기사(技士).
〈バス運転手。〉(89.8%)

기상¹ 명【11種のテキストで18例】

⓪예 [늠름한/씩씩한] 기상(氣像).
〈[凛とした/たくましい]気性。〉(100%)

기상² 명【8種のテキストで11例】

⓪예 기상(氣象)이 좋지 않다.
〈天候が良くない。〉/
기상 상황.
〈気象状況。〉(100%)

기색 명【20種のテキストで28例】

⓪예 당황한 기색(氣色)을 보이다.
〈狼狽の色を見せる。〉(100%)

기세 명【13種のテキストで15例】

①예 사내의 기세(氣勢)가 등등하다.
〈男の気勢が頼もしい。〉/
폭풍이 맹렬한 기세를 떨치다.
〈嵐が猛烈な勢いを振るう。〉(66.7%)

②예 [따지는/싸울] 기세로 묻다.
〈[詰問する/争う]気勢で聞く。〉(33.3%)

기숙사 명 ☆★★【8種のテキストで12例】

⓪예 학교 기숙사(寄宿舍) 생활.
〈学校の寮生活。〉(100%)

기술 명 ★★★【51種のテキストで273例】

①예 기술(技術)과 기계가 지배하는 시대.
〈技術と機械が支配する時代。〉(50.9%)

②예 미용 기술을 배우다.
〈美容技術を学ぶ。〉(33%)

③예 [로켓 발사/측정] 기술.
〈[ロケット発射/測定]技術。〉(16.1%)

기술자 명【20種のテキストで27例】

⓪예 건설 기술자(技術者).
〈建設技術者。〉(100%)

기슭 명【10種のテキストで17例】

①예 금강산의 기슭에 도착하다.
〈金剛山のふもとに到着する。〉(70.6%)

②예 배가 기슭에 닿다.
〈船が岸に着く。〉(29.4%)

기억 명 ★★★【75種のテキストで200例】

①예 [머릿속에 떠오르는/청춘의] 기억(記憶).
〈[頭の中に浮かぶ/青春の]記憶。〉(62%)

②예 [기억에/기억 속에] 살아 있다.
〈記憶に/記憶の中に]生きている。〉(23.5%)

③예 기억을 [돕다/못하다/하다].
〈記憶を[助ける/できない/する]。〉(14.5%)

기억하다 동 ☆★★【54種のテキストで112例】

①예 은혜를 기억(記憶)하다.
〈恩を記憶する。〉(61.6%)

②예 차 시간을 기억하다.
〈電車の時間を記憶する。〉(38.4%)

기업 명 ★★☆【24種のテキストで77例】

⓪예 기업(企業)을 운영하다.
〈企業を運営する。〉(100%)

– 기에 끝【58種のテキストで111例】

⓪예 너무 피곤했기에 힘들었다.
〈とても疲れていたから大変だった。〉(100%)

기여하다 동【18種のテキストで29例】

⓪예 사회 발전에 기여(寄與)하다.
〈社会発展に寄与する。〉(100%)

기온 명 ★★★【18種のテキストで35例】

⓪예 기온(氣溫)이 내려가다.
〈気温が下がる。〉(100%)

기와집 명【12種のテキストで17例】

⓪예 기와집을 짓다.
〈瓦ぶきの家を建てる。〉(100%)

기운 명 ★☆☆【35種のテキストで47例】

①예 기운(氣運)이 [나다/빠지다/세다/없다].
〈力が[出る/抜ける/強い/ない]。〉/
기운을 내다.
〈力を出す。〉(55.3%)

②예 쓸쓸한 기운이 감돌다.
〈寂しい雰囲気がただよう。〉(25.5%)

기울다 동【21種のテキストで27例】

①예 [달이/해가] 기울다.
〈[月が/日が]傾く。〉(29.6%)

②예 [차체가/한 쪽 어깨가] 기울다.
〈[車体が/片方の肩が]傾く。〉(25.9%)

③예 [가세가/국운이] 기울다.
〈[家勢が/国運が]傾く。〉(25.9%)

④예 생각이 허무주의로 기울다.
〈考えが虚無主義に傾く。〉(18.5%)

기울이다 동 ★★☆【64種のテキストで98例】
①예 [관심을/심혈을/힘을] 기울이다.
〈[関心を/力を/心血を]注ぐ。〉(44.9%)
②관 <귀를 기울이다>.
〈耳を傾ける。〉(40.8%)
③예 [몸을/병을/잔을] 기울이다.
〈[体を/盃を/グラスを]傾ける。〉(13.3%)

기원하다 동【13種のテキストで20例】
⓪예 신에게 장수와 풍년을 기원(祈願)하다.
〈神に長寿と豊作を祈願する。〉(100%)

기자 명 ☆★★【30種のテキストで71例】
⓪예 신문 기자(記者).
〈新聞記者。〉(100%)

기존 명【16種のテキストで49例】
①예 기존(既存)의 [이론을/통설을] 깨다.
〈既存の[理論を/通説を]破る。〉(59.2%)
②예 기존 질서에 대한 반발심.
〈既存の秩序に対する反発心。〉(36.7%)

기준 명 ★☆☆【47種のテキストで106例】
⓪예 [가치/행동] 기준(基準).
〈[価値/行動]基準。〉/
기준을 세우다.
〈基準を立てる。〉(90.6%)

기지 명【11種のテキストで51例】
①예 중개 무역 기지(基地)로 발전하다.
〈仲介貿易基地に発展する。〉(86.3%)
②예 [공군/해군] 기지.
〈[空軍/海軍]基地。〉(13.7%)

기차 명 ★★★【36種のテキストで112例】
⓪예 기차(汽車)를 타다.
〈汽車に乗る。〉(100%)

기초 명 ★☆☆【21種のテキストで27例】
⓪예 [문화의/사회의] 기초(基礎).
〈[文化の/社会の]基礎。〉/
기초 지식.
〈基礎知識。〉(100%)

기침 명 ☆★★【12種のテキストで18例】
⓪예 감기에 걸려 기침이 심하다.
〈風邪をひいて咳がひどい。〉(94.4%)

기타¹ 명 ★★☆【20種のテキストで29例】
①예 논과 밭, 기타(其他)의 토지.
〈田と畑、その他の土地。〉(65.5%)
②예 기타 [부문/쓰레기/의견].
〈その他の[部門/ごみ/意見]。〉(34.5%)

기타² 명【5種のテキストで9例】
⓪예 기타를 [치다/퉁기다].
〈ギターを[ひく/つまびく]。〉(100%)

기특하다 형【11種のテキストで15例】
⓪예 [마음씨가/생각이/아이가] 기특(奇特)하다.
〈[気立てが/考えが/子供が]けなげだ。〉(100%)

기호 명 ★☆☆【13種のテキストで45例】
⓪예 문자나 기호(記號)로 표시하다.
〈文字や記号で表示する。〉(100%)

기회 명 ★★★【87種のテキストで166例】
⓪예 기회(機會)를 [놓치다/잡다].
〈機会を[のがす/つかむ]。〉(100%)

기후 명 ☆★★【21種のテキストで46例】
⓪예 따뜻한 기후(氣候).
〈暖かい気候。〉/
기후 변동.
〈気候変動。〉(100%)

-긴 군【73種のテキストで141例】
⓪예 좋긴 좋다.
〈いいにはいい。〉/
가긴 가겠다.
〈行くには行く。〉(100%)

긴장 명【26種のテキストで29例】
①예 극도의 긴장(緊張) 상태가 풀리다.
〈極度の緊張状態が解ける。〉(69%)
②예 무거운 긴장이 [감돌다/흐르다].
〈重い緊張が[漂う/流れる]。〉(24.1%)

긴장하다 동【18種のテキストで28例】
⓪예 긴장(緊張)한 탓에 실수하다.
〈緊張したせいでミスする。〉(96.4%)

긷다 동【11種のテキストで15例】
⓪예 우물에서 물을 긷다.
〈井戸から水をくむ。〉(100%)

길 명 ★★★【177種のテキストで988例】
①예 길 양편에 늘어선 가로수.
〈道の両側に立ち並んだ並木。〉(43.4%)
②예 산에서 길을 잃다.
〈山で道を失う。〉/
길 안내.
〈道案内。〉(17.1%)
③예 살아날 길을 찾다.
〈生き残る道を探す。〉(10.5%)
④예 지금 퇴근하는 길이다.
〈今退勤するところだ。〉(9.1%)

길가 명【20種のテキストで22例】
⓪예 길가에 서 있는 큰 나무.
〈道端に立っている大きな木。〉(100%)

길거리 명【15種のテキストで18例】
⓪예 집을 나와 길거리로 나서다.
〈家を出て街頭に出る。〉(100%)

길다 형 ★★★【135種のテキストで335例】
①예 [막대기가/손가락이] 길다.
〈[棒が/指が]長い。〉(39.1%)
②예 밤은 짧고 낮은 길다.
〈夜は短く昼は長い。〉(17.6%)
③예 긴 싸움이 끝나다.

〈長い戦いが終わる。〉(12.5%)

④예 [머리가/수염이] 너무 길다.
〈[髪が/ひげが]とても長い。〉(10.7%)

⑤예 종이 길게 울리다.
〈鐘が長く鳴り響く。〉/
긴 한숨을 쉬다.
〈長いため息をつく。〉(9%)

길들이다 동 【15種のテキストで22例】

①예 [사람을/짐승을] 길들이다.
〈[人を/獣を]飼い慣らす。〉(59.1%)

②예 [가난에/인스턴트 식품에/차별에] 길들여지다.〈[貧乏に/インスタント食品に/差別に]慣らされる。〉(36.4%)

― 길래 끝 【26種のテキストで40例】

⓪예 문제가 뭐길래 그래?
〈何が問題だってんだ？〉(100%)

길목 명 【12種のテキストで20例】

①예 계절의 길목에 서다.
〈季節の変わり目にたつ。〉(40%)

②예 마을로 들어서는 길목.
〈村に入る入り口。〉(30%)

③예 차가 지나가는 길목.
〈車が通る街角。〉(30%)

길이 명 ★★★【32種のテキストで70例】

①예 줄의 길이를 재다.
〈紐の長さを測る。〉(65.7%)

②예 밤의 길이가 가장 긴 날.
〈夜の長さが一番長い日。〉(28.6%)

김¹ 명의 ☆★☆【16種のテキストで21例】

⓪예 이왕 들어온 김에 좀 쉬자.
〈どうせ入って来たついでに一休みしよう。〉(95.2%)

김² 명 ☆☆★【14種のテキストで19例】

①예 더운물에서 김이 오르다.
〈お湯から湯気が上がる。〉(57.9%)

②예 유리창에 김이 서리다.
〈ガラス窓が湯気でくもる。〉(21.1%)

③예 더운 김이 훅훅 와 닿다.
〈熱い湯気がぐつぐつわきでる。〉(10.5%)

김³ 명 【8種のテキストで40例】

⓪예 김 양식장.
〈海苔養殖場。〉(100%)

김⁴ 명 【8種のテキストで10例】

⓪예 보리밭에 김을 매다.
〈麦畑の草取りをする。〉(100%)

김밥 명 ☆★☆【10種のテキストで22例】

⓪예 김밥을 싸다.
〈海苔巻きご飯を作る。〉(100%)

김장 명 【11種のテキストで26例】

⓪예 김장을 하다.
〈キムジャン(キムチを漬けること)をする。〉(100%)

김치 명 ★★★【24種のテキストで130例】

⓪예 김치를 담그다.
〈キムチを漬ける。〉(100%)

김치찌개 명 ☆★☆【8種のテキストで9例】

⓪예 김치찌개를 끓이다.
〈キムチチゲ(キムチ鍋)をつくる。〉(100%)

깃 명 ☆☆★【6種のテキストで8例】

⓪예 코트의 깃을 올려 세우다.
〈コートの襟を立てる。〉(100%)

깃들다 동 【11種のテキストで15例】

①예 글에 생명력이 깃들다.
〈文章に生命力がこもる。〉(60%)

②예 목소리에 감정이 깃들다.
〈声に感情がこもる。〉(33.3%)

깊다 형 ★★★【127種のテキストで312例】

①예 깊은 산속.
〈深い山の中。〉/
계곡이 깊다.
〈谷が深い。〉(14.7%)

②예 그와 깊은 인연.
〈彼と深い縁。〉/
관련이 깊다.
〈関連が深い。〉(12.2%)

③예 깊은 [입맞춤/포옹].
〈深い[キス/抱擁]。〉/
주의 깊게 살피다.
〈注意深く探る。〉(11.9%)

④예 깊은 생각에 빠지다.
〈深い考えに陥る。〉/
사려 깊은 [마음/말].
〈思慮深い[心/言葉]。〉(11.2%)

⑤예 조예가 깊다.
〈造詣が深い。〉/
깊고 높은 지식.
〈深くて高い知識。〉(10.9%)

⑥예 무슨 깊은 뜻이 있었을 것이다.
〈何か深い意味があったはずだ。〉(10.6%)

⑦예 [가을이/밤이] 깊어 가다.
〈[秋が/夜が]深まる。〉(9.3%)

⑧예 물이 깊다.
〈水が深い。〉/
깊은 연못.
〈深い池。〉(7.7%)

깊숙이 부 【22種のテキストで27例】

①예 주머니에 깊숙이 손을 찌르다.
〈ポケットに深く手を突っ込む。〉(85.2%)

②예 커피가 생활에 깊숙이 파고들다.
〈コーヒーが生活に深く食い込む。〉(14.8%)

깊이¹ 부 ★☆☆【65種のテキストで103例】

①예 산 속 깊이 숨어들다.
〈山の中深く入り込む。〉(41.7%)

②예 더 깊이 살펴보다.

〈さらに深く観察する。〉(41.7%)

③예 깊이 생각해야 할 문제가 많다.

〈深く考えなければならない問題が多い。〉(14.6%)

깊이² 명 ☆☆★【27種のテキストで38例】

①예 [내용이/소설이] 깊이가 있다.

〈[内容が/小説が]深みがある。〉(71.1%)

②예 [강의/우물의] 깊이를 재다.

〈[講義の/井戸の]深さをはかる。〉(18.4%)

ㄲ

ー 까 끝【10種のテキストで18例】

⓪예 그만 하까?

〈やめようか?〉(100%)

까다 동 ☆☆★【9種のテキストで9例】

①예 [귤을/달걀 껍질을] 까다.

〈[ミカンを/卵の殻を]むく。〉(33.3%)

②예 엉덩이를 까다.

〈尻をまくる。〉(22.2%)

③예 야, 어디서 연설을 까고 있어.

〈おい、どこで演説やってるんだ。〉(11.1%)

까다롭다 형【12種のテキストで15例】

①예 [내용이/조건이] 까다롭다.

〈[内容が/条件が]面倒だ。〉(40%)

②예 [글이/문제가] 까다롭다.

〈[文章が/問題が]難しい。〉(26.7%)

③예 [성미가/취향이] 까다롭다.

〈[気性が/好みが]気むずかしい。〉(20%)

④慣 <-기가 까다롭다> 예기분을 맞추기가 까다롭다.〈機嫌をとるのが難しい。〉(13.3%)

까닭 명 ★★★【100種のテキストで533例】

⓪예 갑자기 고향으로 돌아온 까닭.

〈急に故郷に帰ってきたわけ。〉(97.4%)

까마귀 명 ☆☆★【9種のテキストで29例】

⓪예 까마귀가 울다.

〈カラスが鳴く。〉(100%)

까맣다 형 ☆★★【31種のテキストで54例】

①예 까만 [눈동자/머리칼/옷].

〈黒い[瞳/髪の毛/服]。〉(74.1%)

②예 까맣게 [모르다/잊다].

〈全然知らない。/すっかり忘れる。〉(24.1%)

까지 토【212種のテキストで2,485例】

①예 시청까지 가다.

〈市庁まで行く。〉/

12시까지 기다리다.

〈12時まで待つ。〉/

끝까지 해내다.

〈最後までやり通す。〉(70.8%)

②예 맛도 좋고 값까지 싸다.

〈味も良いし、価格まで安い。〉/

그렇게까지 할 필요 없다.

〈そんなにまでする必要ない。〉(29.2%)

까치 명 ☆☆★【12種のテキストで47例】

⓪예 까치가 울다.

〈カササギが鳴く。〉(100%)

깎다 동 ★★★【51種のテキストで81例】

①예 [머리를/손톱을] 깎다.

〈[髪を/爪を]切る。〉(35.8%)

②예 연필을 칼로 깎다.

〈鉛筆をナイフで削る。〉(22.2%)

③예 [물건값을/임금을] 깎다.

〈[値段を/賃金を]値切る。〉(16%)

④예 [나무 인형을/비석을] 깎다.

〈[木の人形を/碑石を]削る。〉(13.6%)

깔다 동 ☆☆★【33種のテキストで40例】

①예 [돗자리를/요를/이불을] 깔다.

〈[ござを/敷き布団を/掛け布団を]敷く。〉

(77.5%)

②예 작가의 체험을 작품의 바탕에 깔다.

〈作者の体験を作品の土台にする。〉(15%)

깔리다 동【35種のテキストで50例】

①예 바닥에 자갈들이 깔리다.

〈床に砂利が敷かれている。〉(42%)

②예 넓은 방에 장판이 깔리다.

〈広い部屋に油紙が敷かれている。〉(12%)

③예 [나무 밑에/자동차에] 깔리다.

〈[木の/車の]下敷きになる。〉(12%)

④예 술집에 외상이 깔리다.

〈飲み屋につけがたまる。〉(10%)

⑤예 땅거미가 깔리다.

〈夕暮れの帳がおりる。〉(10%)

깜깜하다 형【12種のテキストで15例】

⓪예 [방 안이/주위가] 깜깜하다.

〈[部屋の中が/周りが]真っ暗だ。〉(93.3%)

깜빡 부 ☆☆☆【12種のテキストで14例】

⓪예 깜빡 [잊다/잠들다].

〈うっかり[忘れる/眠る]。〉(100%)

깜짝 부 ★★☆【58種のテキストで101例】

⓪예 깜짝 놀라다.

〈びっくりする。〉(100%)

깨 명 ☆☆★【2種のテキストで2例】

⓪예 깨를 볶는 고소한 냄새.

〈ごまを炒る香ばしいにおい。〉(100%)

깨끗이 부 ★☆☆【55種のテキストで115例】

⓪예 방을 깨끗이 청소하다.

〈部屋をきれいに掃除する。〉(90.4%)

깨끗하다 형 ★★★【69種のテキストで232例】

①예 옷을 깨끗하게 빨다.

〈着物をきれいに洗濯する。〉(37.5%)

②예 [강물이/공기가] 깨끗하다.
〈[川の水が/空気が]きれいだ。〉(31.5%)

③예 [건물이/외관이] 깨끗하다.
〈[建物が/外観が]きれいだ。〉(22%)

깨다¹ 동 ★★★【49種のテキストで94例】

①예 [돌을/얼음을/유리를] 깨다.
〈[石を/氷を/ガラスを]割る。〉(72.3%)

②예 [분위기를/침묵을/흥을] 깨다.
〈[雰囲気を/沈黙を]破る。/興をさます。〉(8.5%)

깨다² 동 ★★★【54種のテキストで86例】

①예 [술이/잠에서/잠이] 깨다.
〈[お酒が/眠りから/目が]覚める。〉(74.4%)

②예 [술을/잠을] 깨다.
〈[お酒を/眠りを]さます。〉(12.8%)

③예 사회 의식이 많이 깨다.
〈社会意識がかなり目覚める。〉(11.6%)

깨닫다 동 ★☆★【85種のテキストで155例】

①예 자기 [실수를/잘못을] 깨닫다.
〈自己の[ミスを/過ちを]悟る。〉(66.5%)

②예 [도를/사물의 이치를] 깨닫다.
〈[道を/事物の理を]悟る。〉(33.5%)

깨달음 명【11種のテキストで16例】

①예 [인생의/진리의] 깨달음을 얻다.
〈[人生の/真理の]悟りを得る。〉(81.3%)

②예 자신의 처지에 대한 깨달음.
〈自分の立場に対する自覚。〉(18.8%)

깨뜨리다 동【17種のテキストで20例】

①예 [분위기를/침묵을] 깨뜨리다.
〈[雰囲気を/沈黙を]破る。〉(65%)

②예 [그릇을/벼루를/컵을] 깨뜨리다.
〈[器を/スズリを/コップを]割る。〉(35%)

깨물다 동【17種のテキストで21例】

①예 [과자를/사탕을] 깨물다.
〈[お菓子を/飴を]噛む。〉(52.4%)

②예 아픔을 참으며 입술을 깨물다.
〈痛みを堪えながら唇を噛む。〉(47.6%)

깨어나다 동【26種のテキストで44例】

①예 깊은 잠에서 깨어나다.
〈深い眠りから覚める。〉(79.5%)

②예 혼수상태에서 깨어나다.
〈昏睡状態から覚める。〉(9.1%)

③관 <죽었다 깨어나도> 〈何があっても。〉
예 남자들은 죽었다 깨어나도 여자들 마음을 모를 겁니다.〈男たちは、たとえ太陽が西から昇ろうとも、女心が分からないでしょう。〉(9.1%)

깨우다 동 ☆★☆【27種のテキストで46例】

⓪예 [아들을/잠을] 깨우다.
〈[息子を/眠りを]覚ます。〉(100%)

깨우치다 동【15種のテキストで18例】

①예 [글을/무지를/진리를] 깨우치다.

〈[学問を/無知を/真理を]さとす。〉(66.7%)

②예 국민을 깨우치다.
〈国民をさとす。〉(33.3%)

깨지다 동 ☆★★【5種のテキストで10例】

①예 [그릇이/병이/접시가] 깨지다.
〈[器が/ビンが/皿が]割れる。〉(20%)

②예 [머리가/이마가] 깨지다.
〈[頭が/額が]割れる。〉(10%)

③예 [기록이/사회의 윤리가] 깨지다.
〈[記録が/社会の倫理が]やぶれる。〉(10%)

④예 [분위기가/흥이] 깨지다.
〈雰囲気が壊れる。/興がさめる。〉(10%)

꺼내다 동 ★★★【109種のテキストで250例】

①예 봉지에서 과자를 꺼내다.
〈袋からお菓子を取り出す。〉(83.6%)

②예 [말을/이야기를] 꺼내다.
〈[言葉を/話を]切り出す。〉(16.4%)

꺼지다 동【24種のテキストで35例】

①예 [불꽃이/불이] 꺼지다.
〈[花火が/火が]消える。〉(68.6%)

②예 [발동이/엔진이] 꺼지다.
〈[発動が/エンジンが]止まる。〉(11.4%)

③예 내 앞에서 썩 꺼져.
〈私の前からさっさと消えろ。〉(11.4%)

꺾다 동 ☆☆★【39種のテキストで60例】

①예 [꽃을/줄기를] 꺾다.
〈[花を/茎を]折る。〉(40%)

②예 허리를 꺾으며 울다.
〈大泣する。〉(25%)

③예 그의 [고집을/기를] 꺾다.
〈彼の[我を折る/気をくじく]。〉(18.3%)

꺾이다 동【17種のテキストで18例】

①예 [기세가/사기가/오기가] 꺾이다.
〈[勢いが/士気が/負けん気が]そがれる。〉(27.8%)

②예 [가지가/줄기가] 꺾이다.
〈[枝が/幹が]折れる。〉(22.2%)

③예 의욕이 꺾이다.
〈やる気がそがれる。〉(22.2%)

④관 <한풀 꺾이다> 예 더위가 한풀 꺾이다.
〈暑さが一段落する。〉(11.1%)

껌 명【11種のテキストで21例】

⓪예 껌을 씹다.
〈ガムをかむ。〉(100%)

께 토【114種のテキストで428例】

⓪예 선생님께 인사하다.
〈先生に挨拶する。〉(100%)

께서 토【109種のテキストで1,364例】

⓪예 아버지께서 주무시다.
〈お父さんが寝ていらっしゃる。〉(100%)

껍질 명 ★☆★【25種のテキストで29例】

①예 알의 껍질.
〈卵の殻。〉/
[사과/참외] 껍질.
〈[リンゴ/マクワウリ]の皮。〉(51.7%)
②예 의식의 껍질을 깨다.
〈意識の皮を破る。〉(20.7%)
③예 양의 껍질을 벗겨 가죽을 만들다.
〈羊の皮を剥いで皮を作る。〉(13.8%)

껴안다 동 【23種のテキストで30例】
⓪예 아이를 껴안다.
〈子供を抱きかかえる。〉(93.3%)

꼬다 동 【10種のテキストで19例】
①예 실을 꼬아서 매다.
〈糸をよって結ぶ。〉/
새끼를 꼬다.
〈縄をなう。〉(57.9%)
②예 아이가 지루해서 몸을 꼬다.
〈子供が退屈で身をよじる。〉(21.1%)
③예 다리를 꼬고 앉다.
〈あぐらをかいて座る。〉(21.1%)

꼬리 명 ☆☆★ 【26種のテキストで37例】
①예 개가 꼬리를 흔들다.
〈犬がしっぽを振る。〉(45.9%)
②관 <(꼬리에) 꼬리를 물다>.
〈相次いで起こる。〉(29.7%)
③예 새들이 배의 꼬리에 앉아 쉬다.
〈鳥たちが船の船尾にとまって休む。〉(8.1%)

꼬마 명 【22種のテキストで67例】
①예 그 꼬마가 골목대장이 되다.
〈その子供が餓鬼大将になる。〉(62.7%)
②예 꼬마 [자동차/전구].
〈小型自動車。/豆電球。〉(35.8%)

꼬집다 동 【15種のテキストで25例】
①예 [다리를/살을] 꼬집다.
〈[足を/肉を]つねる。〉(72%)
②예 뭐라고 꼬집어 말할 수 없는 느낌.
〈何々と一言で言えない感じ。〉(24%)

꼭[1] 부 ★★★ 【141種のテキストで395例】
①예 비밀을 꼭 지키다.
〈秘密を必ず守る。〉/
꼭 있어야 할 사람.
〈ぜひいなければならない人。〉(76.7%)
②예 빈 집이 꼭 남의 집 같았다.
〈人のいない家がまるで他人の家のようだった。〉
(9.1%)

꼭[2] 부 【37種のテキストで51例】
①예 [가방을/손을] 꼭 잡다.
〈[カバンを/手を]しっかり握る。〉(72.5%)
②예 속이 꼭 찬 배추.
〈中身がしっかり詰まった白菜。〉/
문이 꼭 닫히다.
〈ドアがぴったりとしまる。〉/

눈을 꼭 감다.
〈目をしっかり閉じる。〉(21.6%)

꼭꼭[1] 부 【14種のテキストで19例】
①예 집안 깊숙이 꼭꼭 숨다.
〈家の奥にしっかり隠れる。〉(57.9%)
②예 다리를 꼭꼭 누르다.
〈足をぎゅっと押す。〉(42.1%)

꼭꼭[2] 부 【5種のテキストで7例】
⓪예 주말마다 등산을 꼭꼭 가다.
〈週末ごとに必ず山登りに行く。〉(100%)

꼭대기 명 【21種のテキストで30例】
⓪예 탑의 꼭대기에 올라가다.
〈塔の頂上に登る。〉(96.7%)

꼴 명 ★☆★ 【40種のテキストで67例】
①예 더러운 꼴을 당하다.
〈嫌な目にあう。〉/
거드름 피우는 꼴을 보다.
〈勿体ぶるざまを見る。〉(52.2%)
②예 기역자 꼴.
〈ㄱの字の形。〉/
비를 맞은 꼴이 우습다.
〈雨に濡れたさまがおかしい。〉(25.4%)
③관 <-는 [꼴이다/꼴이 되다]>
예 밑 빠진 독에 물 붓는 꼴이다.
〈底の抜けたかめに水を注ぐ格好だ。〉(19.4%)

꼼꼼하다 형 【11種のテキストで19例】
⓪예 꼼꼼한 성격.
〈几帳面な性格。〉/
꼼꼼하게 보다.
〈几帳面に見る。〉(100%)

꼼짝 부 【24種のテキストで32例】
①예 방 안에서 꼼짝도 하지 않다.
〈部屋の中で身動きもしない。〉(46.9%)
②관 <꼼짝(을) 못하다>
예 그는 아내에게 꼼짝을 못한다.
〈彼は妻に頭が上がらない。〉(34.4%)
③예 쥐가 나서 꼼짝을 할 수 없다.
〈足がつって全然動くことができない。〉(18.8%)

꼽다 동 【16種のテキストで20例】
①예 시급한 문제로 여성 문제를 꼽다.
〈緊急な問題として女性問題を挙げる。〉(90%)
②예 [손가락을/손을] 꼽아 수를 세다.
〈指を折って数を数える。/手を挙げて数を数える。〉(10%)

꽁꽁 부 【15種のテキストで17例】
①예 꽁꽁 [묶다/잠그다].
〈きっちりと[縛る/閉める]。〉(52.9%)
②예 [길이/얼음이] 꽁꽁 얼다.
〈[道が/氷が]カチンカチンに凍る。〉(47.1%)

꽂다 동 ★☆★ 【30種のテキストで58例】
①예 [책꽂이에 책을/코드를] 꽂다.

<本棚に本を入れる。/電気コードを差し込む。〉
(55.2%)

②예 정상에 깃발을 꽂다.
〈頂上に旗を立てる。〉(36.2%)

꽂히다 동 【18種のテキストで26例】

①예 꽃병에 꽃이 꽂히다.
〈花瓶に花が挿される。〉(61.5%)

②예 팔에 꽂힌 주사 바늘.
〈腕に刺さった注射針。〉(26.9%)

꽃 명 ★★★【100種のテキストで441例】

①예 노란 꽃이 피다.
〈黄色い花が咲く。〉(51.5%)

②예 꽃과 채소를 가꾸다.
〈花と野菜を育てる。〉(24.3%)

③예 꽃병에 꽃을 꽂다.
〈花瓶に花を挿す。〉(21.3%)

꽃밭 명 【17種のテキストで35例】

⓪예 꽃밭에 씨를 뿌리다.
〈花畑に種をまく。〉(100%)

꽃씨 명 【10種のテキストで44例】

⓪예 꽃씨를 [뿌리다/심다].
〈花の種を[まく/植える]。〉(100%)

꽃잎 명 【16種のテキストで31例】

⓪예 꽃잎이 [떨어지다/시들다].
〈花びらが[落ちる/枯れる]。〉(100%)

꽉 부 ★☆☆【29種のテキストで40例】

①예 꽉 막힌 지하.
〈行き詰まった地下。〉/
꽉 짜인 일과.
〈ぎっしり詰まった日課。〉(62.5%)

②예 꽉 움켜잡다.
〈むんずと引っつかむ。〉/
입을 꽉 다물다.
〈口をぎゅっとつぐむ。〉(37.5%)

꽤 부 ★★★【79種のテキストで129例】

①예 날씨가 꽤 춥다.
〈かなり寒い。〉(52.7%)

②예 나이를 꽤 먹다.
〈年をかなり食う。〉/
시간이 꽤 걸리다.
〈時間が大分かかる。〉(21.7%)

③예 일을 꽤 빨리 하다.
〈仕事をとても早くする。〉/
꽤 멀리 날아가다.
〈かなり遠くまで飛ぶ。〉(15.5%)

꾀 명 【19種のテキストで26例】

①예 재물을 탐하여 나쁜 꾀를 쓰다.
〈財物をむさぼって悪いはかりごとをめぐらす。〉
(53.8%)

②예 아이가 좋은 꾀를 내다.
〈子供がいい知恵を出す。〉(46.2%)

꾸다 동 ☆★★【35種のテキストで52例】

①예 간밤에 무서운 꿈을 꾸다.
〈昨夜怖い夢を見る。〉(71.2%)

②관 <꿈(을) 꾸다> 예 의사를 꿈 꾸다.
〈医者を夢見る。〉(23.1%)

꾸리다 동 【22種のテキストで28例】

①예 [가게를/살림을] 꾸려 나가다.
〈[店を/暮らしを]切り盛りする。〉(85.7%)

②예 [옷가지를/짐을] 꾸리다.
〈[衣類を/荷物を]まとめる。〉(10.7%)

꾸미다 동 ★★★【66種のテキストで281例】

①예 이야기를 꾸며서 말하다.
〈話をこしらえて言う。〉(58.4%)

②예 몸을 예쁘게 꾸미다.
〈体をきれいに飾る。〉(17.4%)

③예 본 것을 이야기로 꾸며서 엮다.
〈見たことを話にしてまとめる。〉/
교실을 무대로 꾸미다.
〈教室を舞台として飾る。〉(9.6%)

꾸준히 부 【26種のテキストで41例】

⓪예 한 푼 두 푼 꾸준히 저축하다.
〈一円二円、こつこつと貯金する。〉(100%)

꾸중 명 【18種のテキストで31例】

①예 선생님에게 꾸중을 듣다.
〈先生に叱られる。〉(61.3%)

②예 선생님께서 꾸중을 하시다.
〈先生がお叱りになる。〉(38.7%)

꾸짖다 동 【19種のテキストで29例】

⓪예 [아이를/잘못을] 꾸짖다.
〈[子供を/過ちを]叱る。〉(100%)

꾹 부 【18種のテキストで24例】

①예 [울음을/화를] 꾹 참고 견디다.
〈[涙を/怒りを]じっとこらえる。〉(66.7%)

②예 등을 꾹 찌르다.
〈背中をぐっと突く。〉/
두 눈을 꾹 감다.
〈両眼をぎゅっと閉じる。〉/
모자를 꾹 눌러 쓰다.
〈帽子をぎゅっと押さえてかぶる。〉(33.3%)

꿀 명 ☆☆★【9種のテキストで19例】

⓪예 떡을 꿀에 찍어 먹다.
〈餅を蜂蜜につけて食べる。〉(100%)

꿇다 동 【19種のテキストで34例】

⓪예 무릎을 꿇고 앉다.
〈正座する。〉(100%)

꿈 명 ★★★【107種のテキストで380例】

①예 꿈 많은 젊은이.
〈夢多き若者。〉(67.1%)

②예 밤마다 아버지의 꿈을 꾸다.
〈夜ごとに父の夢を見る。〉(31.3%)

꿈꾸다 동 【26種のテキストで37例】
①예 행복한 생활을 꿈꾸다.
〈幸福な生活を夢見る。〉(86.5%)
②예 자면서 꿈꾸는 것 같은 표정.
〈眠りながら夢見るような表情。〉(10.8%)

꿩 명 ☆☆★ 【10種のテキストで13例】
①예 꿩이 날아가다.
〈キジが飛んでいく。〉/
꿩 사냥.
〈キジ狩り。〉(76.9%)
②관 <꿩 대신 닭>.
〈鯛なくば狗母魚(エソ)。〉(15.4%)

꿰다 동 【18種のテキストで26例】
①예 구슬을 실에 꿰다.
〈ビーズを糸に通す。〉(53.8%)
②예 보퉁이를 막대기에 꿰다.
〈包みを棒に通す。〉(15.4%)
③예 [구두를 발에/젖은 몸에 옷을] 꿰다.
〈靴を足にひっかける。/濡れた体に服を羽織る。〉
(15.4%)
④예 동네 집들을 소상히 꿰다.
〈町内の家々を詳細に知り尽くしている。〉(11.5%)

끄다 동 ★★★ 【37種のテキストで71例】
①예 [실내등을/외등을] 끄다.
〈[室内灯を/外灯を]消す。〉(40.8%)
②예 [라디오를/시동을] 끄다.
〈[ラジオを/エンジンを]消す。〉(32.4%)
③예 [불을/촛불을] 끄다.
〈[火を/ろうそくを]消す。〉(22.5%)

끄덕이다 동 【40種のテキストで87例】
①예 삼촌 이름만 대면 누구나 고개를 끄덕이다.
〈おじさんの名前さえ言えば誰でも首を縦にふる。〉(46%)
②예 그의 불행한 처지에 모두 고개만 끄덕이다.
〈彼の不幸な境遇にいずれもうなずく。〉(39.1%)
③예 알았다는 듯 고개를 끄덕이다.
〈分かったというように首を縦にふる。〉(14.9%)

끈 명 ★☆☆ 【17種のテキストで32例】
①예 속치마 끈.
〈ネグリジェのひも。〉/
구두의 끈을 매다.
〈靴のひもを結ぶ。〉(50%)
②예 세상과의 끈을 끊고 살다.
〈世の中との縁を切って暮らす。〉(25%)
③예 이야기의 끈을 잇다.
〈話の糸口をつなぐ。〉(25%)

끈질기다 형 【19種のテキストで23例】
⓪예 끈질기게 쫓아오다.
〈執拗に追って来る。〉/
끈질긴 놈.

〈しつこい奴。〉(100%)

끊기다 동 【14種のテキストで17例】
①예 [소식이/지원이] 끊기다.
〈[消息が/支援が]絶える。〉(35.3%)
②예 전화가 뚝 끊기다.
〈電話がぶっつりと切れる。〉(17.6%)
③예 [대열이/철로가] 끊기다.
〈[隊列が/線路が]切れる。〉(11.8%)
④예 [수도가/전기가] 끊기다.
〈[水道が/電気が]切れる。〉(11.8%)

끊다 동 ★★★ 【61種のテキストで115例】
①예 전화를 끊다.
〈電話を切る。〉(44.3%)
②예 실을 가위로 끊다.
〈糸をハサミで切る。〉(16.5%)
③예 [담배를/술을] 끊다.
〈[タバコを/お酒を]絶つ。〉(7.8%)
④예 [관계를/인연을] 끊다.
〈[関係を/縁を]切る。〉(7%)
⑤예 연락을 끊고 살다.
〈連絡を絶って暮らす。〉(5.2%)

끊어지다 동 【28種のテキストで36例】
①예 [발길이/소식이] 끊어지다.
〈[行き来が/便りが]絶える。〉(44.4%)
②예 [끈이/다리가] 끊어지다.
〈[ひもが/橋が]切れる。〉(27.8%)
③예 숨이 끊어지다.
〈息が絶える。〉(13.9%)

끊임없다 형 【11種のテキストで15例】
⓪예 끊임없는 [관심/노력].
〈絶え間ない[関心/努力]。〉(100%)

끊임없이 부 【43種のテキストで72例】
⓪예 사건들이 끊임없이 일어나다.
〈事件が絶え間なく起きる。〉(100%)

끌다 동 ★★★ 【83種のテキストで143例】
①예 두 사람을 끌고 파출소로 가다.
〈二人を引っ張って交番に行く。〉(25.2%)
②예 아이가 아버지의 소매를 끌다.
〈子供が父親のそでを引く。〉(18.9%)
③예 [마음을/흥미를] 끌다.
〈[心を/興味を]引く。〉(12.6%)
④예 차를 끌고 나오다.
〈車を運転して出て来る。〉/
소가 끄는 달구지.
〈牛が引く荷車。〉(11.9%)
⑤예 [눈길을/이목을] 끌다.
〈[目を/耳目を]引く。〉(7.7%)
⑥예 [신발/치맛자락] 끄는 소리가 나다.
〈[靴を/チマ3)の裾を]引きずる音がする。〉(5.6%)

끌려가다 동 【22種のテキストで30例】

---

3) 韓国女性の民族衣装

①예 노인이 순사에게 끌려가다.
〈老人が巡査に引っぱられる。〉(86.7%)

②예 주인이 개에게 끌려가듯 하다.
〈主人がまるで犬に引っ張っていかれるみたいだ。〉(13.3%)

끌리다 동【26種のテキストで31例】

①예 그에게 끌려 집으로 들어가다.
〈彼に引っ張られて家に入る。〉(41.9%)

②예 [마음이/아가씨에게] 끌리다.
〈[心が/若い女性に]惹かれる。〉(38.7%)

③예 바지가 땅에 질질 끌리다.
〈ズボンが地に垂れる。〉(16.1%)

끌어당기다 동【10種のテキストで17例】

①예 접시를 제 쪽으로 끌어당기다.
〈皿を自分の方へ引き寄せる。〉(82.4%)

②예 [눈길을/시선을] 끌어당기다.
〈[目を/視線を]ひく。〉(17.6%)

끌어들이다 동【18種のテキストで26例】

①예 냇물을 끌어들여 빨래를 하다.
〈川の水を引き入れて洗濯をする。〉(38.5%)

②예 일본군을 끌어들여 청군을 치게 하다.
〈日本軍を引き入れて清軍を打たせる。〉(23.1%)

③예 논문에 새 이론을 끌어들이다.
〈論文に新しい理論を引っ張ってくる。〉(11.5%)

④예 사람을 끌어들이는 매력.
〈人を引きつける魅力。〉(11.5%)

끓다 동 ☆☆★【18種のテキストで22例】

①예 [국이/물이] 끓다.
〈[味噌汁が/水が]沸く。〉(63.6%)

②예 [동정심이/울화가] 끓다.
〈[同情心が/怒りが]わく。〉(18.2%)

끓이다 동 ★★★【30種のテキストで61例】

①예 미역국을 끓이다.
〈わかめ汁を沸かす。〉(86.9%)

②예 커피를 마시려고 물을 끓이다.
〈コーヒーを飲もうと湯を沸かす。〉(11.5%)

끔찍하다 형【24種のテキストで31例】

⓪예 끔찍한 [범죄를/죄를] 저지르다.
〈恐ろしい[犯罪を/罪を]犯す。〉(96.8%)

끝 명 ★★★【150種のテキストで446例】

①예 우리 관계도 이걸로 끝이다.
〈私たちの関係もこれで終わりだ。〉(31.6%)

②예 [마을의/봄의] 끝.
〈[村の/春の]終わり。〉(24.9%)

③예 바늘의 끝처럼 날카롭다.
〈針の先のように鋭い。〉(17%)

④ 〈끝에〉
㉮ [고생을/실패를 거듭한] 끝에 성공하다.
〈[苦労の/失敗を繰り返した]末に成功する。〉
(14.4%)

끝나다 동 ★★★【153種のテキストで416例】

①예 일이 끝나다.
〈仕事が終わる。〉(65.6%)

②예 [학기가/휴가가] 끝나다.
〈[学期が/休暇が]終わる。〉(16.1%)

끝내 부【41種のテキストで69例】

①예 끝내 [말이 없다/모른 척하다].
〈最後まで[何も言わない/知らないふりをする]。〉
(50.7%)

②예 참다못해 끝내 [울다/죽다].
〈耐えられなくなってとうとう[泣く/死ぬ]。〉
(49.3%)

끝내다 동 ★★★【69種のテキストで101例】

⓪예 [공사를/수속을] 끝내다.
〈[工事を/手続きを]終える。〉(89.1%)

끝없다 형【13種のテキストで16例】

⓪예 머릿속을 스치는 끝없는 상념.
〈頭の中をかすめる果てしない想念。〉(100%)

끝없이 부【21種のテキストで25例】

⓪예 끝없이 계속되는 이야기.
〈果てしなく続く話。〉/
눈물이 끝없이 터져 나오다.
〈涙が果てしなく湧き出る。〉(100%)

끼 명의【15種のテキストで33例】

⓪예 하루 세 끼 식사.
〈一日三度の食事。〉/
밥 한 끼 굶다.
〈一食食べない。〉(100%)

끼니 명【18種のテキストで24例】

⓪예 끼니를 [거르다/때우다/잇다].
〈食事を[抜く/済ます/つなぐ]。〉(100%)

끼다¹ 동 ★★★【49種のテキストで73例】

①예 [시계를/안경을/장갑을] 끼다.
〈[時計を/手袋を]はめる。/メガネをかける。〉
(34.2%)

②예 산비탈을 끼고 내려가다.
〈山の斜面に沿ってくだる。〉(27.4%)

③예 남편과 팔짱을 끼고 걷다.
〈夫と腕を組んで歩く。〉(12.3%)

④예 홀로 [각지를/팔짱을] 끼고 우두커니 서다.
〈一人で[手を/腕を]組んでぼんやりと立つ。〉
(11%)

끼다² 동【22種のテキストで28例】

①예 [눈곱이/때가/먼지가] 끼다.
〈[目やにが/垢が/ほこりが]つく。〉(28.6%)

②예 [먹구름이/안개가] 끼다.
〈[暗雲が/霧が]かかる。〉(25%)

③예 [녹이/이끼가] 끼다.
〈[サビが/苔が]つく。〉(21.4%)

④예 얼굴에 기미가 끼다.
〈顔にしみができる。〉(14.3%)

끼다³ 동【21種のテキストで26例】

①예 구경꾼들 틈에 끼다.
〈見物人たちの中に混ざる。〉(46.2%)

②예 [노인 축에/열강의 틈에] 끼다.
〈[老人グループに/列強の間に]列する。〉
(30.8%)

③예 [싸움판에/중간에] 끼어 훼방하다.
〈[喧嘩の場に/中間に]割り込んで妨げる。〉
(19.2%)

- 끼리 접 ★★☆【86種のテキストで155例】

⓪예 [가족/여자/우리]끼리.
〈[家族/女/我々]同士。〉(100%)

끼어들다 동【12種のテキストで16例】

①예 [이야기에/화투판에] 끼어들다.
〈[話に/花札に]割り込む。〉(50%)

②예 다른 사람들 수작에 끼여들다.
〈他の人たちの話に混じる。〉(31.3%)

③예 말에 폭력성이 끼여들다.
〈言葉に暴力性が混じる。〉(12.5%)

끼여들다 동【14種のテキストで15例】

①예 [이야기에/화투판에] 끼여들다.
〈[話に/花札に]混じる。〉(46.7%)

②예 말에 폭력성이 끼여들다.
〈言葉に暴力性が混じる。〉(33.3%)

③예 다른 사람들 수작에 끼여들다.
〈他の人たちの話に混じる。〉(20%)

끼우다 동 ★☆☆【28種のテキストで36例】

①예 액자에 유리를 끼우다.
〈額縁にガラスをはめる。〉(33.3%)

②예 부속을 갈아 끼우다.
〈付属品を付け替える。〉/
보석을 끼운 반지.
〈宝石をはめ込んだ指輪。〉(22.2%)

③예 [뚜껑을/클립을] 끼우다.
〈蓋をする。/クリップで留める。〉(16.7%)

④예 놀이에 끼워 주다.
〈あそびに入れてやる。〉(13.9%)

끼치다 동 ★☆☆【36種のテキストで50例】

①관 <영향을 끼치다>.
〈影響を及ぼす。〉(60%)

②예 해를 끼치다.
〈害を及ぼす。〉(32%)

- ㄴ¹ 끝【218種のテキストで40,156例】

⓪예 [가방을 든/모자를 쓴] 신사.
〈[カバンを持った/帽子をかぶった]紳士。〉/
예쁜 꽃.
〈きれいな花。〉(100%)

- ㄴ² 토【175種のテキストで2,836例】

⓪예 그건 뭐지?
〈それは何だろう?〉/
난 좋아.
〈私はいいよ。〉(100%)

- ㄴ가 끝【180種のテキストで1,833例】

⓪예 그건 뭔가?
〈それは何だ?〉(99.5%)

- ㄴ가요 끝【58種のテキストで197例】

⓪예 누군가요?
〈誰ですか?〉/
예쁜가요?
〈きれいですか?〉(100%)

- ㄴ걸요 끝【11種のテキストで14例】

⓪예 제 일인걸요.
〈私の仕事なんですもの。〉/
큰걸요.
〈大きいんですもの。〉(100%)

- ㄴ다 끝【196種のテキストで7,529例】

⓪예 회사에 간다.
〈会社に行く。〉(100%)

- ㄴ다거나 끝【15種のテキストで25例】

⓪예 말을 건다거나 하다.
〈言葉をかけたりする。〉/
나쁜 일이 생긴다거나 죽는다는 미신.
〈悪いことが起こるとか死ぬという迷信。〉(100%)

- ㄴ다고 끝【174種のテキストで838例】

⓪예 술을 산다고 하다.
〈一杯おごると言う。〉(97.1%)

- ㄴ다구 끝【17種のテキストで28例】

⓪예 좋아한다구 말하다.
〈好きだよと言う。〉/
난 널 사랑한다구.
〈私は君を愛しているってば。〉(100%)

- ㄴ다는 준【160種のテキストで1,070例】

⓪예 간다는 소식을 듣다.
〈行くという話を聞く。〉(100%)

- ㄴ다는데 끝【19種のテキストで22例】

⓪예 비가 온다는데 우산 가져가.
〈雨が降るというのに、傘持って行って。〉/
곧 도착한다는데….
〈すぐ到着するというが…。〉(100%)

- ㄴ다든가 끝【14種のテキストで23例】

⓪예 영화를 본다든가 하다.
〈映画を見るとかする。〉(100%)

- ㄴ다든지 끝【12種のテキストで23例】

⓪예 그림을 그린다든지 하다.
〈絵を描くとかする。〉(100%)

- ㄴ다며 끝【12種のテキストで14例】

⓪ㆍ예 유학 간다며?
〈留学行くんだって?〉/
그가 집으로 간다며 사무실을 나가다.
〈彼が家に行くといって事務室を出る。〉(100%)

－ㄴ다면 [끝]【129種のテキストで430例】
⓪ㆍ예 정 원한다면 도와주겠다.
〈本当に望むなら手伝ってあげる。〉/
그 사람이 온다면 어쩌지?
〈その人が来ると言ったらどうする?〉(100%)

－ㄴ다면서 [끝]【16種のテキストで18例】
⓪ㆍ예 내일 떠난다면서?
〈明日出発するんだって?〉/
그가 집으로 간다면서 사무실을 나가다.
〈彼が家に行くって事務室を出る。〉(100%)

－ㄴ단 [준]【37種のテキストで59例】
⓪ㆍ예 책임을 못 느낀단 말이니?
〈責任を感じないということなの?〉(100%)

－ㄴ단다 [끝]【37種のテキストで94例】
⓪ㆍ예 지금 병원에 간단다.
〈今病院に行くって。〉/
아주머니가 이리로 오기 싫단다.
〈おばさんがこちらに来たくないって。〉(100%)

－ㄴ답니다 [준]【15種のテキストで29例】
⓪ㆍ예 아내가 내일 온답니다.
〈妻が明日来るそうです。〉(100%)

－ㄴ답시고 [끝]【14種のテキストで16例】
⓪ㆍ예 잘한답시고 하다.〈うまくやるとみえを切る。〉
(100%)

－ㄴ대 [준]【29種のテキストで46例】
⓪ㆍ예 내일 온대.
〈明日来るって。〉(100%)

－ㄴ대요 [준]【30種のテキストで44例】
⓪ㆍ예 내일 비가 온대요.
〈明日雨が降るってよ。〉(100%)

－ㄴ데 [끝]【180種のテキストで928例】
①ㆍ예 무슨 일인데 그래?
〈何だどうした?〉(86.1%)
②ㆍ예 나는 좀 걱정인데.
〈私はちょっと心配なんだけど。〉(13.9%)

－ㄴ데도 [끝]【41種のテキストで55例】
⓪ㆍ예 봄인데도 춥다.
〈春なのに寒い。〉/
옷이 큰데도 잘 어울리다.
〈服が大きいのによく似合う。〉(100%)

－ㄴ데요 [끝]【64種のテキストで149例】
⓪ㆍ예 제 친구인데요.
〈私の友達ですが。〉/
꽃이 예쁜데요.
〈花が綺麗ですね。〉(100%)

－ㄴ들 [끝]【14種のテキストで15例】

⓪ㆍ예 이제 가 본들 소용없다.
〈もう行っても始まらない。〉(100%)

－ㄴ지 [끝]【186種のテキストで1,224例】
⓪ㆍ예 어떻게 된 것인지 궁금하다.
〈どうなったのだろうか気になる。〉(99.2%)

나¹ [대] ★★★【205種のテキストで7,001例】
⓪ㆍ예 그와 나 사이에 생긴 일.
〈彼と私の間に生じたこと。〉(91.7%)

나² [토]【177種のテキストで953例】
⓪ㆍ예 2배나 늘다.
〈2倍も増える。〉/
커피나 마시자.
〈コーヒーでも飲もう。〉/
먹고나 보자.
〈一応食べてみよう。〉(100%)

나³ [토]【162種のテキストで828例】
⓪ㆍ예 두 가지나 세 가지.
〈二つか三つ。〉(100%)

－나⁴ [끝]【140種のテキストで673例】
⓪ㆍ예 우리는 왜 참아야 하나.
〈私たちはなぜ我慢しなければならないんだ。〉/
지금 어디 가나?
〈今どこへ行くんだ?〉/
비가 오나 봐요.
〈雨が降ってるみたいですね。〉(100%)

－나⁵ [끝]【62種のテキストで134例】
⓪ㆍ예 무엇을 보나 마찬가지다.
〈何を見ても同じだ。〉/
앉으나 서나 똑같다.
〈座っても立っても同じだ。〉(100%)

나⁶ [토]【12種のテキストで13例】
⓪ㆍ예 해고나 다름없다.
〈解雇に他ならない。〉(100%)

나가다¹ [동] ★★★【182種のテキストで926例】
①ㆍ예 [거리로/문밖을] 나가다.
〈[通りに/外に]出る。〉(40.1%)
②ㆍ예 [공항에/시내를] 나가다.
〈[空港に/市内を]出る。〉(9.2%)
③ㆍ예 [강의실에서/건물에서/방을] 나가다.
〈[講義室から/建物から/部屋を]出る。〉(7.8%)
④ㆍ예 [색이 번져/소리가 퍼져] 나가다.
〈[色が広がって/音が広がって]いく。〉(7.6%)
⑤ㆍ예 세탁기에서 구정물이 나가는 소리.
〈洗濯機から汚水が出る音。〉(6.6%)
⑥ㆍ예 [대학에/학교를/회사에] 나가다.
〈[大学に/学校を/会社に]出る。〉(5.1%)
⑦ㆍ예 [일을/진료를] 나가다.
〈[仕事に/診療に]出る。〉(4.4%)

나가다² [동][보] ★★☆【88種のテキストで250例】
⓪〈-아/-어 나가다〉ㆍ예 [어려움을 이겨/책을 계
속 읽어//혜택을 늘려] 나가다.

〈[困難を克服して/本をずっと読んで/恩恵を増やして]いく。〉(100%)

나그네 몡【11種のテキストで32例】
　①몐 지나가는 나그네.
　　〈通り過ぎる旅人。〉(100%)

나날 몡【11種のテキストで15例】
　①몐 [고달픈/행복한] 나날을 보내다.
　　〈[苦しい/幸せな]日々を送る。〉(100%)

나누다 동 ★★★【142種のテキストで494例】
　①몐 이야기를 나누다.
　　〈話を交わす。〉(28.1%)
　②몐 현상을 크게 둘로 나누다.
　　〈現象を大きく二つに分ける。〉(22.5%)
　③몐 상품을 공평하게 나누다.
　　〈商品を公平に分ける。〉(22.3%)
　④몐 고깃덩이를 둘로 나누다.
　　〈肉の塊を二つに分ける。〉(8.9%)

나누어지다 동【12種のテキストで16例】
　①몐 사과가 두 조각으로 나누어지다.
　　〈リンゴが二つに割れる。〉(68.8%)
　②몐 좌우익으로 나누어지다.
　　〈左翼と右翼に分かれる。〉(25%)

나뉘다 동【17種のテキストで25例】
　①몐 직업이 크게 다섯 종류로 나뉘다.
　　〈職業が大きく五種類に分かれる。〉(68%)
　②몐 나라가 셋으로 나뉘다.
　　〈国が三つに分かれる。〉(32%)

나다 동 ★★★【194種のテキストで1,476例】
　① <-고 나다> 몐 일이 끝나고 나면 돌아가다.
　　〈仕事が終わったら、帰る。〉(27.5%)
　②몐 [냄새가/소리가/향기가] 나다.
　　〈[匂いが/音が/香りが]する。〉(12%)
　③몐 [시기가/짜증이/질투가/화가] 나다.
　　〈[ねたむ。/いらいらする。/嫉妬する。/腹が立つ。]〉(8.8%)
　④몐 [기억이/생각이/의심이] 나다.
　　〈[覚えている。/思い出す。/疑う。]〉(6%)
　⑤몐 [고장이/불이/사고가/싸움이/장마가/큰일이/홍수가] 나다.〈故障する。/火事になる。/事故が起こる。/喧嘩になる。/梅雨になる。/大変だ。/洪水になる。〉(5.2%)
　⑥몐 [여름철에/산에서] 나는 열매.
　　〈夏に実を結ぶ果実。/山で採れる木の実。〉(3.4%)
　⑦뫈 <[신명이/신바람이/신이] 나다>.
　　〈興がわく。/調子が出る。/浮かれる。〉(3.3%)
　⑧뫈 <겁(이) 나다>.
　　〈怖くなる。〉(2.7%)
　⑨몐 [기침이/몸살이/병이] 나다.
　　〈咳が出る。/体がだるくて悪寒がする。/病気になる。〉(2.6%)
　⑩몐 집 앞에 [길이/도로가] 나다.
　　〈家の前に[道が/道路が]できる。〉(2%)

나들이 몡【14種のテキストで18例】
　⓪몐 나들이를 [가다/다녀오다].
　　〈外出する。/旅行に行ってくる。〉(100%)

나라 몡 ★★★【162種のテキストで1,935例】
　⓪몐 나라마다 사정이 다르다.
　　〈国ごとに事情が異なる。〉/
　　나라 살림.
　　〈国の財政。〉(98%)

나란히 뫈【44種のテキストで69例】
　⓪몐 한 줄로 나란히 앉다.
　　〈一列に並んで座る。〉(100%)

나르다 동 ★☆☆【28種のテキストで40例】
　⓪몐 배로 짐을 실어 나르다.
　　〈船で荷物を運ぶ。〉(100%)

나름 몡의【29種のテキストで50例】
　①몐 <[그/나/제] 나름[대로/으로]>.
　　〈[彼/自分/私]][なりに/次第で]。〉(78%)
　②몐 [생각하기/학생도 학생] 나름이다.
　　〈モノは考え様だ。/学生も人によりけりだ。〉(22%)

나름대로 뫈【39種のテキストで67例】
　①몐 나름대로 [노력하다/생각하다].
　　〈それなりに[努力する/考える]。〉(82.1%)
　②몐 나름대로 간단하다.
　　〈それなりに簡単だ。〉(10.4%)

나머지 몡 ★★★【68種のテキストで99例】
　①몐 셋 중 둘만 잡히고 나머지 한 명은 도망치다.〈三人のうち二人だけが捕まり、残り一人は逃げる。〉(50.5%)
　②몐 [슬퍼하던/실망한] 나머지 술만 마시다.
　　〈[悲しみの/失望の]あまり酒ばかり飲む。〉(34.3%)

나무 몡 ★★★【126種のテキストで595例】
　⓪몐 나무를 심다.
　　〈木を植える。〉/
　　나무 그늘.
　　〈木の陰。〉(85.7%)

나무라다 동【20種のテキストで24例】
　①몐 과장이 부하를 나무라다.
　　〈課長が部下をたしなめる。〉(87.5%)
　② <나무랄 데가 없다>.
　　〈非の打ち所がない。〉(12.5%)

나물 몡【12種のテキストで22例】
　①몐 나물을 [무치다/삶다/캐다].
　　〈山菜を[あえる/煮る/掘る]。〉(54.5%)
　②몐 김치에 나물 한 가지뿐인 술상.
　　〈キムチに山菜一つだけの酒の膳。〉(45.5%)

나뭇가지 몡【26種のテキストで49例】
　⓪몐 나뭇가지에 잎이 무성하다.
　　〈木の枝に葉がしげる。〉(100%)

나뭇잎 몡【24種のテキストで48例】
　⓪몐 나뭇잎이 떨어지다.

〈木の葉が落ちる。〉(100%)

나비 명 ★☆☆【27種のテキストで79例】

⓪예 나비가 날아와 꽃에 앉다.
〈蝶が飛んできて、花にとまる。〉(100%)

나쁘다 형 ★★★【103種のテキストで264例】

①예 [건강이/눈이/컨디션이] 나쁘다.
〈健康がすぐれない。/[目が/コンディションが]
悪い。〉(34.8%)

②예 [거짓말은/그 놈이] 나쁘다.
〈[嘘は/そいつが]悪い。〉(34.8%)

③예 [기분이/꿈자리가] 나쁘다.
〈[気分が/夢見が]悪い。〉(27.3%)

나서다 동 ★★☆【103種のテキストで221例】

①예 [교문을/응접실을] 나서다.
〈[校門を/応接室を]出る。〉(24%)

②예 골목을 나와 큰길로 나서다.
〈路地を出て大通りへ出る。〉(22.2%)

③예 [꽃구경을/시위를] 나서다.
〈[お花見に/デモに]出る。〉(19.5%)

④예 [궂은/남의] 일에 나서다.
〈[よくない/人の]ことに関与する。〉(18.1%)

⑤예 [발표자로/증인으로] 나서다.
〈[発表者として/証人として]出る。〉(11.8%)

나아가다 동 ★☆☆【64種のテキストで106例】

①예 가족과 이웃, 나아가서 세계에 대한 이해.
〈家族と隣人、ひいては世界に対する理解。〉
(46.2%)

②예 소비 줄이는 쪽으로 나아가다.
〈消費を減らす方向に進む。〉(21.7%)

③예 자전거가 앞으로 나아가다.
〈自転車が先に進む。〉(19.8%)

④예 [강가로/교외로] 나아가다.
〈[川辺の方へ/郊外の方へ]進む。〉(12.3%)

나오다 동 ★★★【198種のテキストで1,657例】

①예 [길에/밖에] 나오다.
〈[道に/外に]出る。〉(19.9%)

②예 [교실에서/교장실을] 나오다.
〈[教室から/校長室を]出る。〉(9.6%)

③예 [신문에/책에] 나온 얘기.
〈[新聞に/本に]出た話。〉(6.9%)

④예 [샘이 솟아/피가 묻어] 나오다.
〈[泉が湧き/血がついて]出る。〉(6.6%)

⑤예 [비판이/얘기가/지적이] 나오다.
〈[批判が/話が/指摘が]出る。〉(6%)

⑥예 한 뱃속에서 나오다.
〈同じお腹の中から産まれ出る。〉(4.3%)

⑦예 [봄나물이/수박이] 나오다.
〈[春の山菜が/すいかが]出る。〉(3.8%)

⑧예 [영화에/TV에] 나오다.
〈[映画に/TVに]出る。〉(3.6%)

⑨예 약속 장소에 나오다.
〈約束の場所に出る。〉(3.5%)

⑩예 [교회에/학교를/회사에] 나오다.
〈[教会に/学校を/会社に]出る。〉(3%)

⑪예 서랍에서 [쓰레기가/쪽지가] 나오다.
〈引き出しから[ごみが/メモが]出てくる。〉(2.9%)

⑫예 [대답이/말이] 나오다.
〈[答えが/言葉が]出る。〉(2.8%)

⑬예 호랑이가 나오다.
〈虎が出る。〉/
박에서 보물이 나오다.
〈ひょうたんから宝物が出る。〉(2.4%)

⑭예 권력은 국민에게서 나오다.
〈権力は国民から出る。〉(2.3%)

⑮예 [기침이/울음이] 나오다.
〈咳が出る。/泣き声がする。〉(2.2%)

⑯예 [감옥을/수용소에서] 나오다.
〈[監獄を/収容所から]出る。〉/
집을 나오다(=가출하다).
〈家を出る（＝家出する）。〉(1.9%)

- 나요 끝【74種のテキストで467例】

⓪예 만난 적이 없었나요?
〈会ったことがなかったんですか？〉(100%)

나이 명 ★★★【120種のテキストで335例】

①예 20살의 나이.
〈20歳の年。〉/
나이가 [많다/어리다/적다].
〈年が[多い/若い/小さい]。〉(80.3%)

②관 <나이가 들다>.
〈年を取る。〉(16.7%)

나중 명 ★★★【92種のテキストで195例】

①예 나중에 [만나다/알다].
〈後で[会う/知る]。〉(73.3%)

②예 공연히 헛돈 쓰다가 나중에 후회하다.
〈いたずらに無駄遣いして後で後悔する。〉
(11.8%)

나타나다 동 ★★★【130種のテキストで501例】

①예 골목에서 사람이 나타나다.
〈路地から人が現れる。〉(33.7%)

②예 [성과가/욕심이] 겉으로 나타나다.
〈[成果が/欲が]表に現れる。〉(17.6%)

③예 벽화에 많이 나타나는 그림.
〈壁画に多く出没する絵。〉(13.6%)

④예 전국적 현상으로 나타나고 있는 교통 문제.
〈全国的な現象として現れている交通問題。〉(10.8%)

⑤예 신용도가 높게 나타나다.
〈信用度が高く現れる。〉/
환경 파괴가 심각하게 나타나다.
〈環境破壊が深刻に現れる。〉(10.4%)

나타내다 동 ★★★【91種のテキストで370例】

①예 시간을 나타내는 말.
〈時間を表す言葉。〉(48.9%)

②예 [자폐증적인 증후를/황홀의 경지를] 나타
내다.〈[自閉症的な症候を/恍惚の境地を]示
す。〉(42.7%)

나흘 명 ☆☆★【10種のテキストで10例】
　⓪예 나흘 뒤에 만나다.
　　〈四日後に会う。〉(100%)

낙엽 명 ☆☆★【15種のテキストで31例】
　⓪예 낙엽(落葉)이 지다.
　　〈落ち葉が散る。〉(100%)

낚시 명 ☆★★【20種のテキストで60例】
　①예 낚시가 잘 되다.
　　〈魚が良く釣れる。〉(73.3%)
　②예 낚시에 고기밥을 끼우다.
　　〈釣り針に餌をつける。〉(26.7%)

난리 명【23種のテキストで29例】
　①예 온갖 난리(亂離)를 치고 결혼하다.
　　〈ありとあらゆる大騒ぎをして結婚する。〉(44.8%)
　②예 난리 통에 가족과 헤어지다.
　　〈戦乱のさなかに家族と散り散りになる。〉(31%)
　③관 〈난리가 나다〉 예 아이가 없어져서 난리가
　　나다.〈子供がいなくなって大騒ぎになる。〉(20.7%)

난처하다 형【14種のテキストで18例】
　⓪예 입장이 아주 난처(難處)하다.
　　〈はなはだ立場が苦しい。〉(100%)

날 명 ★★★【183種のテキストで1,150例】
　①예 [결혼하던/이사할] 날.
　　〈[結婚していた/引越しする]日。〉(81.7%)
　②예 지나간 날의 [기억/삶].
　　〈過ぎ去った日の[記憶/人生]。〉(9.7%)

날개 명 ★☆☆【32種のテキストで67例】
　⓪예 [나비의/새] 날개.
　　〈[蝶の/鳥の]羽。〉(80.6%)

날다 동 ★☆★【49種のテキストで105例】
　⓪예 공중을 나는 [비행기/새].
　　〈空中を飛ぶ[飛行機/鳥]。〉(81%)

날뛰다 동【12種のテキストで18例】
　①예 [아이가 기뻐서/흥분한 말이] 마구 날뛰다.
　　〈[子供がうれしくて/興奮した馬が]むちゃくちゃ
　　飛んだり跳ねたりする。〉(66.7%)
　②예 [나쁜 놈들이/폭력이] 날뛰다.
　　〈[悪いやつらが/暴力が]のさばる。〉(27.8%)

날로 부【17種のテキストで23例】
　⓪예 교통 사정이 날로 악화되다.
　　〈交通事情がますます悪くなる。〉(100%)

날리다¹ 동 ★☆☆【34種のテキストで49例】
　①예 모자를 하늘로 날리다.
　　〈帽子を空に飛ばす。〉(40.8%)
　②예 [몸을/시선을/주먹을] 날리다.
　　〈身を躍らす。/[視線を/鉄拳を]飛ばす。〉(20.4%)
　③예 작가로 [이름을/이름이] 날리다.
　　〈作家として[名を馳せる/名があがる]。〉(20.4%)
　④예 비둘기를 날려 보내다.
　　〈鳩を放してやる。〉(18.4%)

⑤예 [장사 밑천을/재산을] 날리다.
　　〈[商売の元手を/財産を]飛ばす。〉(8.2%)

날리다² 동【13種のテキストで15例】
　⓪예 [눈보라가/재가/흙먼지가] 날리다.
　　〈[吹雪が/灰が/土ぼこりが]舞う。〉(100%)

날마다 부 ☆★☆【31種のテキストで54例】
　⓪예 날마다 편지를 쓰다.
　　〈毎日手紙を書く。〉(96.3%)

날씨 명 ★★★【80種のテキストで190例】
　⓪예 화창한 날씨.
　　〈うららかな天気。〉/
　　날씨가 좋다.
　　〈天気がいい。〉(100%)

날아가다 동 ★☆☆【41種のテキストで64例】
　⓪예 새들이 북쪽으로 날아가다.
　　〈鳥たちが北に飛んで行く。〉(87.5%)

날아다니다 동【20種のテキストで26例】
　⓪예 새가 하늘을 날아다니다.
　　〈鳥が空を飛び回る。〉(96.2%)

날아오다 동【23種のテキストで38例】
　①예 나비가 창으로 날아오다.
　　〈蝶が窓に飛んでくる。〉(50%)
　②예 [주먹이/총알이] 날아오다.
　　〈[拳が/弾丸が]飛んでくる〉(36.8%)
　③예 [부음이/소식이/편지가] 날아오다.
　　〈[訃報が/知らせが/書簡が]飛来する。〉
　　(10.5%)

날짜 명 ★★★【29種のテキストで46例】
　⓪예 날짜 지난 극장표.
　　〈日付が過ぎた劇場の切符。〉/
　　혼례 날짜.
　　〈婚礼の日。〉(84.8%)

날카롭다 형 ☆☆★【24種のテキストで29例】
　①예 날카로운 [비수/이빨].
　　〈鋭い[刃/歯]。〉(27.6%)
　②예 신경이 날카롭다.
　　〈神経がぴりぴりしている。〉(17.2%)
　③예 날카로운 [눈빛/눈초리].
　　〈鋭い[眼光/目つき]。〉(13.8%)
　④예 날카로운 [관찰력/질문].
　　〈鋭い[観察力/質問]。〉(13.8%)
　⑤예 따지는 품이 날카롭다.
　　〈問い詰める様が鋭い。〉/
　　감정이 날카롭게 대립하다.
　　〈感情が鋭く対立する。〉(13.8%)

낡다 형 ★☆☆【51種のテキストで84例】
　①예 낡은 [나무 계단/옷].
　　〈古い[木の階段/服]。〉(75%)
　②예 낡은 [사고방식/지식].
　　〈古い[考え方/知識]。〉(25%)

남 명 ★★★【128種のテキストで438例】

① 내가 남에게 잘 해야 남도 내게 잘 한다.
〈情けは人の為ならず。〉(67.8%)

② 남 못지않게 공부를 하다.
〈人に劣らず勉強をする。〉(24.2%)

남기다 〖동〗 ★★★【87種のテキストで169例】

①예 죽어서 이름을 남기다.
〈死んで名を残す。〉(43.8%)

②예 밥을 남기지 않고 다 먹다.
〈ご飯を残さず全部食べる。〉(20.7%)

③예 아이만 방에 남기고 나가다.
〈子供だけ部屋に残して出る。〉(9.5%)

④예 [말을/메모를] 남기다.
〈[言葉を/メモを]残す。〉(8.9%)

남녀 〖명〗 ★★☆【32種のテキストで88例】

⓪예 [두/18세 이상의] 남녀(男女).
〈[ふたりの/18歳以上の]男女。〉(96.6%)

남다 〖동〗 ★★★【158種のテキストで559例】

①예 남아 전하는 고대 유물.
〈残って伝える古代遺物。〉/
물기가 남다.
〈水気が残る。〉(23.8%)

②예 쌀이 반쯤 남다.
〈米が半分くらい残る。〉/
남은 두 자식을 키우다.
〈残りの2人の子どもを育てる。〉/
통장에 3만원이 남다.
〈通帳に3万ウォンが残る。〉(21.6%)

③예 감동이 오래 [가슴에/기억에] 남다.
〈感動が長く[胸に/記憶に]残る。〉(14.8%)

④예 혼자 [본국에/회사에] 남다.
〈一人で[本国に/会社に]残る。〉(12.7%)

⑤예 [시간이/쌀이] 남다.
〈[時間が/米が]残る。〉(7.2%)

남대문 〖명〗(固有) ☆★☆【11種のテキストで18例】

⓪예 남대문(南大門)에 불이 나다.
〈南大門(ナムデムン)で火事が起こる。〉(100%)

남북 〖명〗 ★☆☆【21種のテキストで61例】

⓪예 한반도 남북(南北) [대표/통일].
〈朝鮮半島南北[代表/統一]。〉(91.8%)

남산 〖명〗(固有) ☆★☆【17種のテキストで64例】

⓪예 남산(南山)에 오르다.
〈南山(ナムサン)に登る。〉(100%)

남성 〖명〗【16種のテキストで44例】

①예 남성(男性) 호르몬.
〈男性ホルモン。〉(75%)

②예 많은 남성에게서 사랑을 받다.
〈多くの男性から愛される。〉(22.7%)

남자 〖명〗 ★★★【116種のテキストで612例】

⓪예 사무실에 남자(男子)밖에 없다.
〈事務室に男しかいない。〉(99.7%)

남쪽 〖명〗 ★☆☆【42種のテキストで81例】

⓪예 한반도의 남(南)쪽.
〈朝鮮半島の南。〉/
남쪽에서 봄바람이 불어오다.
〈南から春風が吹いて来る。〉(100%)

남편 〖명〗 ★★★【64種のテキストで390例】

⓪예 남편(男便)의 역할.
〈夫の役割。〉(100%)

남학생 〖명〗【13種のテキストで42例】

⓪예 남학생(男學生)과 여학생.
〈男子学生と女子学生。〉(100%)

낫 〖명〗 ☆☆★【8種のテキストで8例】

⓪예 낫으로 풀을 베다.
〈鎌で草を刈る。〉(100%)

낫다¹ 〖형〗 ★★★【76種のテキストで131例】

⓪예 뛰어가는 것보다 걷는 것이 낫다.
〈走って行くよりも歩く方がましだ。〉(100%)

낫다² 〖동〗 ★★★【36種のテキストで67例】

⓪예 [감기가/병이] 다 낫다.
〈[風邪が/病気が]全快する。〉(100%)

낭독하다 〖동〗【14種のテキストで43例】

⓪예 [답사를/시를/판결문을] 낭독(朗讀)하다.
〈[答辞を/詩を/判決文を]朗読する。〉(100%)

낭만 〖명〗【11種のテキストで18例】

⓪예 낭만(浪漫)에 젖다.
〈ロマンに浸る。〉/
낭만이 없다.
〈ロマンがない。〉(100%)

낭비 〖명〗【22種のテキストで25例】

⓪예 낭비(浪費)를 하다.
〈浪費をする。〉/
시간 낭비.
〈時間のむだ。〉(100%)

낭비하다 〖동〗【19種のテキストで23例】

①예 [돈을/자원을] 낭비(浪費)하다.
〈[お金を/資源を]浪費する。〉(69.6%)

②예 [감정을/시간을/힘을] 낭비하다.
〈[感情を/時間を/力を]浪費する。〉(30.4%)

낮 〖명〗 ★★★【63種のテキストで138例】

①예 동지는 낮이 가장 짧다.
〈冬至は昼が最も短い。〉/
밤에 학교에 나가고, 낮에 일을 하다.
〈夜に学校に行き、昼に仕事をする。〉(73.9%)

②예 가을이라 해도 아직 낮이면 햇살이 따갑다.
〈秋だとはいえ、まだ昼間は日差しがきつい。〉
(26.1%)

낮다 〖형〗 ★★★【59種のテキストで113例】

①예 낮은 소리로 말하다.
〈低い声で話す。〉(29.2%)

②예 천장이 낮다.
〈天井が低い。〉/
키 낮은 대문.

〈高さの低い門。〉(28.3%)

③예 [기온이/저축률이] 낮다.
〈[気温が/貯蓄率が]低い。〉(25.7%)

④예 [수준이/질이] 낮다.
〈[レベルが/質が]低い。〉(10.6%)

⑤예 [가격이/임금이] 낮다.
〈[価格が/賃金が]低い。〉(5.3%)

낮잠 명【16種のテキストで21例】

⓪예 낮잠을 [자다/즐기다].
〈昼寝を[する/楽しむ]。〉(100%)

낮추다 동【22種のテキストで26例】

①예 [목소리를/몸을] 낮추다.
〈[声を/体を]低くする。〉(38.5%)

②예 [가격을/고도를/열을] 낮추다.
〈[価格を/高度を/熱を]下げる。〉(34.6%)

③예 자기 자신을 낮추다.
〈自分自身を下げる。〉(11.5%)

④예 선생님이 내게 말씀을 낮추다.
〈先生が私に言葉を低める。〉(11.5%)

낯 명 ☆☆★【13種のテキストで20例】

①예 낯을 붉히다.
〈顔を赤らめる。〉(65%)

②예 걱정스러운 낯으로 나를 보다.
〈心配そうな顔でわたしを見る。〉(10%)

③관 <낯을 가리다>.
〈人見知りをする。〉(10%)

④관 <낯(이) 익다>.
〈顔なじみだ。〉(10%)

낯설다 형【58種のテキストで106例】

①예 [시골 생활이/풍경이] 낯설다.
〈[田舎の生活が/風景が]見慣れない。〉
(67.9%)

②예 낯선 [사람/손님/얼굴].
〈見知らぬ[人/お客様/顔]。〉(32.1%)

낯익다 형【16種のテキストで21例】

①예 낯익은 [방/장소/풍경].
〈見慣れた[部屋/場所/風景]。〉(66.7%)

②예 낯익은 [사람/얼굴/이웃].
〈見慣れた[人/顔/隣人]。〉(28.6%)

낱말 명 ★☆☆【37種のテキストで411例】

⓪예 낱말의 뜻을 알다.
〈単語の意味を知る。〉(100%)

낳다 동 ★★★【91種のテキストで216例】

①예 [새끼를/아이를/알을] 낳다.
〈[子を/子供を/卵を]産む。〉(76.4%)

②예 환경오염을 낳다.
〈環境汚染を生む。〉/
프랑스가 낳은 대학자.
〈フランスが生んだ大学者。〉(23.6%)

내¹ 대 ★★★【187種のテキストで2,330例】

⓪예 내가 묻는 말에 대답하다.

〈私の質問に答える。〉(90.2%)

내² 관 ★★★【177種のテキストで1,684例】

⓪예 건강한 몸이 내 전 재산이다.
〈健康な体が自分の全財産だ。〉/
내 나이 벌써 40이다.
〈私の年ももう40だ。〉(100%)

내³ 명의 ☆☆★【39種のテキストで85例】

①예 도시 내(內)의 공원.
〈都市の中の公園。〉(81.2%)

②예 [며칠/빠른 시일] 내에 끝내다.
〈[数日/早い期日]内に終える。〉(18.8%)

내기 명【13種のテキストで15例】

⓪예 내기를 걸다.
〈賭けをする。〉/
내기에 지다.
〈賭けに負ける。〉(100%)

내내 부 ★★☆【41種のテキストで57例】

①예 오전 내내 늦잠을 자다.
〈午前中、朝寝坊をする。〉/
[가을/1년/점심시간] 내내.
〈[秋/1年/お昼時間]の間ずっと。〉(78.9%)

②예 내내 [밖에서 놀다/화가 안 풀리다].
〈ずっと[外で遊ぶ/怒りが解けない]。〉(21.1%)

내년 명 ☆☆★【19種のテキストで29例】

⓪예 내년(來年)에 귀국할 예정이다.
〈来年帰国する予定だ。〉(100%)

내놓다 동 ★★☆【62種のテキストで105例】

①예 [기부금을/시장직을] 내놓다.
〈[寄付金を出す。/市長職を辞める。〉(29.5%)

②예 [요리를/편지를] 내놓다.
〈[料理を/手紙を]出す。〉(12.4%)

③예 회사를 팔려고 내놓다.
〈会社を売ろうと売りに出す。〉(11.4%)

④예 [공약을/의견을] 내놓다.
〈[公約を/意見を]出す。〉(10.5%)

⑤예 이불 속에서 눈만 내놓고 눕다.
〈布団の中から目だけを出して横になる。〉
(8.6%)

⑥예 화분을 마당에 내놓다.
〈植木鉢を庭に出す。〉(7.6%)

⑦예 [작품을/제품을] 세상에 내놓다.
〈[作品を/製品を]世に出す。〉(7.6%)

내다¹ 동 ★★★【173種のテキストで787例】

①예 [겁을/샘을/욕심을/화를] 내다.
〈怖がる。/妬む。/欲を出す。/腹をたてる。〉
(17.7%)

②예 [숨소리를/향기를] 내다.
〈寝息をたてる。/香りを出す。〉(14.5%)

③예 [돈을/입장료를/집세를] 내다.
〈[お金を/入場料を/家賃を]出す。〉(12.1%)

④ <-아/-어내다>
예 골라내다.〈選び出す。〉/

뱉어내다.〈吐き出す。〉/
뽑아내다.〈引き抜く。〉/
우려내다.〈せびり取る。〉/
털어내다.〈払い落とす。〉(6.7%)

⑤예 [뽐을/시늉을] 내다.
〈格好をつける。/ふりをする。〉(4.6%)

⑥예 [음반을/잡지를/책을] 내다.
〈[アルバムを/雑誌を/本を]出す。〉(4.1%)

⑦예 [사표를/원서를] 내다.
〈[辞表を/願書を]出す。〉(3.8%)

⑧예 [기운을/속도를/엄두를] 내다.
〈[力を/速度を/やる気を]出す。〉(2.8%)

⑨예 [거품을/땀을] 내다.
〈[泡を/汗を]出す。〉(2.3%)

⑩예 [궁리를/꾀를] 내다.
〈工夫をする。/知恵をめぐらす。〉(2.3%)

⑪예 신문에 [광고를/부고를] 내다.
〈新聞に[広告を/訃報を]出す。〉(2.3%)

⑫ <-아/-어내다> 예 적을 [막아내다/몰아내다].
〈敵を[食い止める/駆逐する]。〉/
밀어내다.〈押し出す。〉/
불러내다.〈呼び出す。〉/
쫓아내다.〈追い出す。〉(2.2%)

⑬ [구멍을/상처를/자국을] 내다.
〈穴をあける。/傷をつける。/跡を残す。〉(1.8%)

⑭예 [문제를/의견을/퀴즈를] 내다.
〈[問題を/意見を/クイズを]出す。〉(1.7%)

⑮예 [술을/식사를] 내다.
〈[お酒を/食事を]出す。〉/
한턱을 내다
〈おごる。〉(1.7%)

내다² 〔동〕〔보〕 ★★☆【132種のテキストで552例】

① <-아/-어 내다> 예 책을 끝까지 읽어 내다.
〈本を最後まで読み切る。〉/
고통을 참아 내다.
〈苦痛を耐え切る。〉(51.8%)

② <-아/-어 내다> 예 많은 후배를 길러 내다.
〈多くの後輩を育て上げる。〉/
자신의 삶을 그려 내다.
〈自分の人生を描き出す。〉(48.2%)

내다보다 〔동〕【34種のテキストで51例】

①예 밖을 내다보다.
〈外を眺める。〉(84.3%)

②예 [미래를/앞일을] 내다보다.
〈[未来を/明日のことを]見通す。〉(15.7%)

내던지다 〔동〕【20種のテキストで23例】

①예 책을 방바닥에 내던지다.
〈本を床に投げつける。〉(60.9%)

②예 [가족을/일자리를] 내던지다.
〈[家族を/職場を]捨てる。〉(21.7%)

③예 [말을/질문을] 툭툭 내던지다.
〈[言葉を/質問を]ぽんぽん投げつける。〉(13%)

내려가다 〔동〕★★★【73種のテキストで138例】

①예 형이 아래층으로 내려가다.
〈兄が階下へ下りていく。〉(31.9%)

②예 [고향에/남쪽으로/시골로] 내려가다.
〈[故郷に/南へ/田舎へ]下る。〉(18.1%)

③예 [고개를/계단을/길을] 내려가다.
〈[峠を/階段を/道を]下る。〉(15.9%)

④예 엘리베이터가 내려가다.
〈エレベーターが下がる。〉(10.1%)

⑤예 [기온이/성적이/열이] 내려가다.
〈[気温が/成績が/熱が]下がる。〉(7.2%)

내려놓다 〔동〕【26種のテキストで40例】

①예 [잔을/전화기를/짐을] 내려놓다.
〈[杯を/電話機を/荷物を]下ろす。〉(70%)

②예 냄비를 불에서 내려놓다.
〈鍋を火から下ろす。〉/
안경을 신문 위에 내려놓다.
〈眼鏡を新聞の上に置く。〉(22.5%)

내려다보다 〔동〕【38種のテキストで76例】

⓪예 [마을을/아래를/아이 얼굴을] 내려다보다.
〈[村を/下を/子供の顔を]見下ろす。〉(100%)

내려앉다 〔동〕【21種のテキストで25例】

①예 강가에 물오리 떼가 내려앉다.
〈川辺にマガモの群れが舞い降りる。〉(40%)

②관 <가슴이(철렁) 내려앉다>.
〈びっくりしてヒヤリとする。〉(36%)

내려오다 〔동〕★★★【94種のテキストで259例】

①예 [밑으로/사다리에서/1층으로] 내려오다.
〈[下に/はしごから/1階へ]おりてくる。〉(38.6%)

②예 [비탈을/산을] 내려오다.
〈[坂を/山を]おりてくる。〉(18.5%)

③예 [고향에/남으로] 내려오다.
〈[故郷に/南へ]おりてくる。〉(12.7%)

④예 예부터 내려오는 [관례/명절].
〈昔から伝わる[慣例/名節⁴⁾]。〉(8.9%)

⑤예 하늘에서 이슬비가 내려오다.
〈空から霧雨が降ってくる。〉(6.6%)

내력 〔명〕【12種のテキストで53例】

⓪예 [고장의/집안의] 내력(來歷).
〈[故郷の/家の]来歴。〉(86.8%)

내리다 〔동〕★★★【158種のテキストで579例】

①예 [눈이/비가/이슬이] 내리다.
〈[雪が/雨が]降る。/露が降りる。〉(23.7%)

②예 [결론을/평가를] 내리다.
〈[結論を/評価を]下す。〉(14%)

③예 [버스에서/차에서] 내리다.
〈[バスから/車から]下りる。〉(13.1%)

④예 [버스를/차를] 내리다.

---

4) 韓国の伝統的な節日

〈〔バスから/車から〕下りる。〉(7.9%)

⑤ <-아/-어 내리다>

[예] 흙더미가 무너져내리다.
〈土砂が崩れ落ちる。〉/
가슴팍을 쓸어 내리며 말하다.
〈胸をなでおろしながら言う。〉(6.4%)

⑥[예] [상을/죽음을/형벌을] 내리다.
〈〔賞を/死を/刑罰を〕下す。〉(4.3%)

⑦[예] [발을/손을] 내리다.
〈〔足を/手を〕下ろす。〉(4%)

내면 [명] **【13種のテキストで18例】**

①[예] 인간의 내면(內面)을 살피다.
〈人間の内面を探る。〉(83.3%)

②[관] <내면 세계>.
〈内面の世界。〉(11.1%)

내밀다 [동] ★☆☆ **【68種のテキストで134例】**

⓪[예] [고개를/봉투를/손을/신분증을] 내밀다.
〈〔顔を/封筒を/手を/身分証を〕出す。〉(91.8%)

내뱉다 [동] **【17種のテキストで24例】**

①[예] [말을/욕을] 내뱉다.
〈〔言葉を/悪口を〕吐く。〉(79.2%)

②[예] [침을/한숨을/헛기침을] 내뱉다.
〈〔唾を/ため息を/空咳を〕吐く。〉(20.8%)

내버리다 [동] **【21種のテキストで24例】**

①[예] 그렇게 하도록 내버려 두다.
〈そうするように放っておく。〉(62.5%)

②[예] 봉투를 구겨서 내버리다.
〈封筒を丸めて捨てる。〉(20.8%)

내보내다 [동] **【15種のテキストで20例】**

①[예] 여직원을 사무실에서 내보내다.
〈女性職員を事務室から追い出す。〉(40%)

②[예] 사람을 회사에서 내보내다.
〈人を会社から追い出す。〉(20%)

③[예] TV에서 영화를 내보내다.
〈TVで映画を放映する。〉(20%)

내보이다 [동] **【13種のテキストで16例】**

①[예] [혀를/속옷을] 내보이다.
〈〔舌を/下着を〕出して見せる。〉(37.5%)

②[예] [관심을/속셈을/속을] 내보이다.
〈〔関心を/下心を/心の中を〕見せる。〉(37.5%)

③[예] [물건을/쪽지를] 내보이다.
〈〔物を/メモを〕出して見せる。〉(18.8%)

내부 [명] ★☆☆ **【32種のテキストで52例】**

①[예] 몸 내부(內部)의 장기.
〈体内部の臓器。〉/
지구 내부의 온도.
〈地球内部の温度。〉(65.4%)

②[예] 지역 사회 내부에서의 변화.
〈地域社会内部での変化。〉(34.6%)

내뿜다 [동] **【14種のテキストで16例】**

①[예] [담배 연기를/한숨을] 내뿜다.
〈〔タバコの煙を/ため息を〕吐く。〉(62.5%)

②[예] [고래가/분수가] 물을 내뿜다.
〈〔鯨が/噴水が〕水を噴き上げる。〉(25%)

③[예] 꽃이 향기를 내뿜다.
〈花が香りを吐き出す。〉(12.5%)

내세우다 [동] ★☆☆ **【36種のテキストで55例】**

①[예] 자기 [입장만/주장을] 내세우다.
〈自分の〔立場だけを/主張を〕唱える。〉(58.2%)

②[예] 다수결을 원칙으로 내세우다.
〈多数決を原則として掲げる。〉(18.2%)

③[예] [증인으로/총리로] 내세우다.
〈〔証人として/首相に〕立てる。〉(14.5%)

내쉬다 [동] **【19種のテキストで24例】**

⓪[예] [숨을/한숨을] 내쉬다.
〈〔息を/ため息を〕吐く。〉(100%)

내심 [명] **【10種のテキストで17例】**

⓪[예] 내심(內心) [당황하다/떨리다].
〈内心〔あわてる/震える〕。〉(88.2%)

내외 [명] **【16種のテキストで25例】**

①[예] 하숙집 주인 내외(內外).
〈下宿屋の主人夫妻。〉(56%)

②[예] 삼십 내외의 부인.
〈三十歳内外の夫人。〉(32%)

내용 [명] ★★★ **【125種のテキストで1,259例】**

①[예] 글의 내용(內容)이 전문적이다.
〈文の内容が専門的だ。〉(75.9%)

②[예] 내용과 형식.
〈内容と形式。〉(24%)

내일 [명] ★★★ **【111種のテキストで281例】**

①[예] 내일(來日) 꼭 오세요!
〈明日必ず来てください!〉(48.4%)

②[예] 내일부터 출근하다.
〈明日から出勤する。〉(45.2%)

내주다 [동] **【31種のテキストで42例】**

①[예] 가방에서 [돈을/서류를] 내주다.
〈カバンから〔お金を/書類を〕取り出して渡す。〉
(52.4%)

②[예] [빈 방을/재산을] 내주다.
〈〔空き部屋を/財産を〕譲る。〉(31%)

내지 [부] **【24種のテキストで60例】**

⓪[예] 3천 명 내지(乃至) 4천 명.
〈3千人ないし4千人。〉(96.7%)

내키다 [동] **【16種のテキストで20例】**

⓪[예] 내키지 않는 [술/일].
〈気の進まない〔お酒/仕事〕。〉/
생각해 보고 내키면 연락하다.
〈考えてみて気が向いたら連絡する。〉(95%)

냄새 [명] ★★★ **【71種のテキストで159例】**

①[예] 땀 냄새가 나다.
〈汗の臭いがする。〉/
냄새를 맡다.

〈臭いをかぐ。〉(81.8%)

②例 사람 사는 냄새가 나다.
〈人の住んでいる臭いがする。〉(15.7%)

냇가 名【13種のテキストで23例】

⓪例 냇가에서 고기를 잡다.
〈川辺で魚をとる。〉(100%)

냇물 名【18種のテキストで35例】

⓪例 마을 앞 냇물이 맑고 깨끗하다.
〈村の前の川の水がきれいだ。〉(100%)

냉면 名 ☆★★【6種のテキストで14例】

⓪例 냉면(冷麵)을 먹다.
〈韓国式冷麵を食べる。〉(100%)

냉장고 名 ☆★★【22種のテキストで41例】

⓪例 음식을 냉장고(冷藏庫)에 넣다.
〈食べ物を冷蔵庫にしまう。〉(100%)

냉정하다¹ 形【10種のテキストで17例】

⓪例 아내에게 냉정(冷情)하다.
〈妻に冷たい。〉(100%)

냉정하다² 形【8種のテキストで8例】

⓪例 냉정(冷靜)한 목소리.
〈冷静な声。〉/
문제를 냉정하게 검토하다.
〈問題を冷静に検討する。〉(100%)

-냐 尾【112種のテキストで510例】

⓪例 왜 그러냐?
〈どうしてなんだ?〉/
뭐냐?
〈なんだ?〉(100%)

-냐고 尾【56種のテキストで89例】

⓪例 어디 가냐고 묻다.
〈どこへ行くのか聞く。〉/
바쁘냐고?
〈忙しいのかって?〉(100%)

-냐는 句【21種のテキストで22例】

⓪例 약속이 있냐는 질문.
〈約束があるかという質問。〉(100%)

너 代 ★★★【150種のテキストで1,111例】

⓪例 너 나 알아?
〈お前、私を知ってる?〉/
나는 너를 믿는다.
〈私は君を信じている。〉(100%)

너그럽다 形【15種のテキストで18例】

⓪例 [마음이/타인에게] 너그럽다.
〈[心が/他人に]寛大だ。〉(100%)

-너라 尾【14種のテキストで25例】

⓪例 어서 오너라.
〈さあこい。〉(100%)

너머 名【32種のテキストで109例】

⓪例 [고개/담/철책] 너머.
〈[峠/塀/有刺鉄線]の向こう。〉(100%)

너무 副 ★★★【176種のテキストで700例】

①例 공기가 너무 건조하다.
〈空気がとても乾燥している。〉(50.6%)

②例 너무 뜻밖의 소식.
〈あまりに思いがけない知らせ。〉/
잘못이 너무도 많다.
〈過ちがあまりにも多い。〉(48.6%)

너무나 副【65種のテキストで126例】

⓪例 생각한 것과 너무나 다르다.
〈考えていたのとあまりにも違う。〉(100%)

너무너무 副【12種のテキストで30例】

①例 너무너무 [멀다/춥다/힘들다].
〈すごく[遠い/寒い/大変だ]。〉(46.7%)

②例 너무너무 [사랑하다/좋아하다].
〈すごく[愛する/好きだ]。〉(23.3%)

③例 너무너무 [좋다/보고 싶다].
〈すごく[いい/会いたい]。〉(23.3%)

너희 代 ★★★【70種のテキストで206例】

①例 너희들 똑똑히 들어.
〈お前らよく聞け。〉(83.5%)

②例 너희 삼촌 어디 갔니?
〈お前のおじさんどこ行ったの?〉(16.5%)

넉넉하다 形 ☆☆★【27種のテキストで41例】

①例 넉넉한 크기의 옷.
〈ゆったりしたサイズの服。〉/
차에 자리가 넉넉하다.
〈車に席がいっぱいある。〉(68.3%)

②例 [가세가/살림이] 넉넉하다.
〈[暮らし向きが/生活が]豊かだ。〉(31.7%)

넋 名【21種のテキストで29例】

①例 넋을 잃은 사람처럼 앉아 있다.
〈魂を失った人のように座っている。〉(48.3%)

②例 죽은 사람의 넋을 달래다.
〈死んだ人の霊を慰める。〉(24.1%)

③慣 <넋(이) 나가다>.
〈魂が抜ける。〉(13.8%)

널리 副 ★☆☆【39種のテキストで66例】

⓪例 널리 [알려지다/퍼지다].
〈広く[知られる/広がる]。〉(98.5%)

널리다 動【17種のテキストで22例】

⓪例 방에 [쓰레기가/옷이] 널리다.
〈部屋に[ごみが/服が]散らばる。〉(86.4%)

넓다 形 ★★★【113種のテキストで239例】

①例 넓은 들.
〈広い野原。〉/
방이 넓다.
〈部屋が広い。〉(74.1%)

②例 시야가 넓다.
〈視野が広い。〉(20.9%)

넓이 名 ☆☆★【10種のテキストで14例】

⓪例 [국토의/방의] 넓이.

〈[国土の/部屋の]広さ。〉(100%)

넓히다　[動]【33種のテキストで50例】

① [예] [견문을/시야를] 넓히다.
〈[見聞を/視野を]広げる。〉(60%)

② [예] [길을/점포를] 넓히다.
〈[道を/店舗を]広げる。〉(40%)

넘기다　[動] ★☆☆【70種のテキストで110例】

① [예] [예정 시간/해]를 넘기다.
〈[予定の時間を/日を]越す。〉(26.4%)

② [예] 정부 업무를 지방에 넘기다.
〈政府業務を地方に渡す。〉(15.5%)

③ [예] [서류철을/책장을] 넘기다.
〈[ファイルを/ページを]めくる。〉(15.5%)

④ [예] [위기를/장마철을] 넘기다.
〈[危機を/梅雨時期を]越す。〉(14.5%)

⑤ [예] 살던 집을 남의 손에 넘기다.
〈住んでいた家を人手に渡す。〉(9.1%)

⑥ [예] 감기를 대수롭지 않게 넘기다.
〈風邪を大したことなくやり過ごす。〉
소문을 웃음으로 넘기다.
〈噂を笑い飛ばす。〉(9.1%)

넘다　[動] ★★★【111種のテキストで236例】

① [예] [10만을/5년이] 넘다.
〈10万を越える。/5年が過ぎる。〉(58.5%)

② [예] [담을/성벽을] 넘다.
〈[塀を/城壁を]乗り越える。〉(10.6%)

③ [예] [산을/언덕을] 넘다.
〈[山を/丘を]越える。〉(9.7%)

④ [예] [국경을/삼팔선을] 넘다.
〈[国境を/38度線を]越える。〉(5.9%)

넘어가다　[動]【57種のテキストで89例】

① [예] 더 이상 따지지 않고 넘어가다.
〈これ以上問いただすこと無く不問に付す。〉
이 문제를 그냥 넘어갈 것 같지 않다.
〈この問題をそのままでは済まさないようだ。〉
(20.2%)

② [예] 돈 얘기로 화제가 넘어가다.
〈お金の話に話題が移る。〉(19.1%)

③ [예] 나무가 옆으로 넘어가다.
〈木が横に倒れる。〉(9%)

④ [예] [꾐에/속임수에] 넘어가다.
〈[誘いに/トリックに]ひっかかる。〉(7.9%)

⑤ [예] [밥이/침이] 넘어가다.
〈ご飯が食べられる。/唾を飲み込む。〉(7.9%)

⑥ [예] [달이/해가] 넘어가다.
〈[月が/日が]沈む。〉(5.6%)

⑦ [예] [담을/둑을] 넘어가다.
〈[塀を/堤防を]越える。〉(5.6%)

⑧ [예] 그들의 바깥세상은 평생 읍내를 못 넘어
가다.〈彼らの外の世界は、一生町を越えられな
い。〉(4.5%)

⑨ [예] 환자의 숨이 넘어가다.
〈患者の息が絶える。〉(3.4%)

⑩ [예] [고개를/산을/언덕을] 넘어가다.
〈[峠を/山を/丘を]越す。〉(3.4%)

⑪ [예] 마을 뒤로 넘어가다.
〈村の後方へ移る。〉/
강을 건너 중국으로 넘어가다.
〈川を越え中国に渡る。〉(2.2%)

넘어서다　[動]【28種のテキストで49例】

① [예] [예상을/한계를] 넘어서다.
〈[予想を/限界を]越す。〉(55.1%)

② [예] 5시를 넘어서다.
〈5時すぎだ。〉/
비용이 10만 원이 넘어서다.
〈費用が10万ウォンを越える。〉(32.7%)

넘어지다　[動] ☆☆★【42種のテキストで63例】

⓪ [예] 아이가 뒤로 넘어지다.
〈子供が後ろ向けに倒れる。〉(98.4%)

넘치다　[動] ★☆☆【44種のテキストで62例】

① [예] [자신감이/활기에] 넘치다.
〈[自信が/活気に]あふれる。〉(35.5%)

② [예] [정열이/탄력이] 넘치다.
〈[情熱が/弾力が]あふれる。〉(27.4%)

③ [예] 컵에 물이 넘치다.
〈コップに水があふれる。〉/
시냇물이 넘쳐 흐르다.
〈小川があふれる。〉(24.2%)

넣다　[動] ★★★【149種のテキストで465例】

① [예] 찻잔에 설탕을 넣다.
〈ティーカップに砂糖を入れる。〉/
명함을 지갑에 넣다.
〈名刺を財布に入れる。〉(46.9%)

② [예] [감옥에/방에] 넣다.
〈[監獄に/部屋に]入れる。〉(14.6%)

③ <-아/-어 넣다> [예] 은단을 입 안에 털어 넣다.
〈銀丹を口の中に叩いて入れる。〉/
그를 대화에 끌어 넣다.
〈彼を対話に引き入れる。〉(14.6%)

④ [예] 괄호 안에 알맞은 답을 넣다.
〈括弧の中に正しい答えを入れる。〉(8.6%)

네¹　[感] ★★★【94種のテキストで919例】

⓪ [예] 네, 알았습니다.
〈はい、分かりました。〉(91.3%)

-네²　[接] ★★☆【121種のテキストで614例】

① [예] 서 교장네 과수원.
〈徐校長の家の果樹園。〉/
철수네 집.
〈チョルスの家。〉(87.8%)

② [예] 우리네 농촌 사람들.
〈われら農村の人々。〉/
남정네.
〈男衆。〉(12.2%)

네³　[冠] ★★★【108種のテキストで237例】

⓪ [예] 네 살 때.

〈四歳の時。〉/네 개의 문장.
〈四つの文章。〉/
책 네 권.
〈本四冊。〉(100%)

네⁴ 〔관〕 ★★☆【83種のテキストで216例】
⓪예 네 생각을 얘기해.
〈君の考えを話せ。〉/
네 생각이 떠오르다.
〈君のことが思い浮かぶ。〉(100%)

네⁵ 〔대〕 ★★★【78種のテキストで204例】
⓪예 장남인 네가 가거라.
〈長男のお前が行け。〉(94.6%)

– 네⁶ 〔끝〕【103種のテキストで449例】
⓪예 자네를 보러 왔네.
〈君に会いに来たよ。〉/
내 얘기는 간단하네.
〈私の話は簡単だよ。〉(100%)

네거리 〔명〕 ☆☆★【12種のテキストで20例】
⓪예 네거리 건널목.
〈交差点の踏切。〉(100%)

네에 〔감〕【12種のテキストで26例】
①예 네에, 그렇군요.
〈ええ、そうですね。〉(73.1%)
②예 네에? 뭐라고요?
〈えー?何ですって?〉(19.2%)

– 네요 〔끝〕【59種のテキストで152例】
⓪예 날이 좋네요.
〈日がいいですね。〉/
서로 알겠네요?
〈お互いに知ってますね?〉(100%)

넥타이 〔명〕 ☆★★【16種のテキストで30例】
⓪예 넥타이를 [매다/하다].
〈ネクタイを〔締める/する〕。〉(100%)

넷 〔주〕 ☆★★【21種のテキストで25例】
⓪예 자식을 넷 키우다.
〈子を四人育てる。〉/
책상 넷이 놓여 있다.
〈机四つが置かれている。〉(100%)

넷째 〔주〕【24種のテキストで36例】
①예 넷째의 입장.
〈第四の立場。〉(72.2%)
②예 넷째 시간.
〈四時限目。〉(27.8%)

녀석 〔명〕【42種のテキストで161例】
①예 어떤 녀석이 이 소란을 피워?
〈どいつがこの騒ぎを起こしたんだ?〉(67.7%)
②예 아유, 고 녀석 귀엽기도 하다.
〈ああ、あいつ、可愛らしい奴め。〉(15.5%)
③예 녀석에 관한 소식을 듣다.
〈奴に関する消息を聞く。〉(14.9%)

년 〔명의〕 ★★★【181種のテキストで1,936例】

①예 일 년(年) 후.
〈1年後。〉(62.6%)
②예 세종 28년.
〈世宗28年。〉/
1999년.
〈1999年。〉(37.4%)

년대 〔명의〕 ★★☆【53種のテキストで301例】
⓪예 2000년대(年代).
〈2000年代。〉(100%)

노동 〔명〕 ★☆☆【22種のテキストで56例】
⓪예 육체 노동(勞動)을 하다.
〈肉体労働をする。〉(94.6%)

노동자 〔명〕【19種のテキストで54例】
⓪예 숙련된 노동자(勞動者).
〈熟練労働者。〉(100%)

– 노라 〔끝〕【11種のテキストで24例】
⓪예 경고하노라.
〈警告しておく。〉/
나는 모르노라.
〈私は知らぬ。〉(100%)

– 노라고 〔끝〕【15種のテキストで20例】
⓪예 그가 혼자 가겠노라고 하다.
〈彼が一人で行くってなこと言っている。〉(100%)

– 노라면 〔끝〕【17種のテキストで20例】
⓪예 사노라면 힘든 날도 있다.
〈生きていたら、いつか大変な日もある。〉(100%)

노랗다 〔형〕 ★★★【36種のテキストで58例】
⓪예 개나리가 노랗게 피다.
〈レンギョウが黄色く咲く。〉(96.6%)

노래 〔명〕 ★★★【111種のテキストで412例】
⓪예 노래를 부르다.
〈歌を歌う。〉(96.1%)

노래하다 〔동〕 ☆★☆【38種のテキストで85例】
①예 노래하고 춤추며 놀다.
〈歌って踊って遊ぶ。〉(81.2%)
②예 [봄을/시대를/청춘을] 노래하다.
〈〔春を/時代を/青春を〕歌う。〉(17.6%)

노려보다 〔동〕【20種のテキストで30例】
⓪예 그가 화가 나서 나를 노려보다.
〈彼が怒ってわたしをにらみつける。〉(100%)

노력 〔명〕 ★★★【72種のテキストで175例】
⓪예 최선의 노력(努力)을 쏟다.
〈最善の努力を注ぐ。〉(100%)

노력하다 〔동〕 ★★☆【86種のテキストで253例】
⓪예 인재 양성에 노력(努力)하다.
〈人材養成に努力する。〉(100%)

노릇 〔명의〕【41種のテキストで64例】
①예 귀신이 곡할 노릇이다.
〈世にも不思議な出来事だ。〉/

그만둔다는 건 어리석은 노릇이다.
〈やめるのは愚かなことだ。〉(37.5%)

②예 [가장/남편] 노릇.
〈[家長/夫]の役割。〉(23.4%)

③예 팀에서 왕초 노릇을 하다.
〈チームで頭の役割をする。〉(21.9%)

④예 선생 노릇을 하다.
〈先生稼業をする。〉(15.6%)

노리다 동 【12種のテキストで17例】

①예 [기회를/약점을/우승을/틈을] 노리다.
〈[機会を/弱点を/優勝を/すきを]ねらう。〉
(64.7%)

②예 [결과를/효과를] 노리다.
〈[結果を/効果を]ねらう。〉(23.5%)

③예 매서운 눈으로 그를 노리다.
〈けわしい目つきで彼をにらみつける。〉(11.8%)

노예 명 【16種のテキストで22例】

①예 포로들은 노예(奴隷)가 되다.
〈捕虜たちは奴隷になる。〉(50%)

②예 과학에 종속된 노예.
〈科学に従属した奴隷。〉(50%)

노을 명 【10種のテキストで15例】

⓪예 저녁 노을이 붉게 물들다.
〈夕焼けが赤く染まる。〉(100%)

노인 명 ★★★ 【56種のテキストで429例】

①예 노인(老人)이 다시 말하다.
〈老人が再び話す。〉(71.3%)

②예 노인들을 돌보다.
〈老人たちの世話をする。〉(26.3%)

노트 명 【15種のテキストで24例】

⓪예 책과 노트를 가방에 넣다.
〈本とノートをカバンに入れる。〉(100%)

녹다 동 ★☆☆ 【23種のテキストで33例】

①예 [눈이/아스팔트가/얼음이] 녹다.
〈[雪が/アスファルトが/氷が]溶ける。〉(57.6%)

②예 바닷물에 녹아 있는 소금.
〈海の水に溶けている塩。〉(15.2%)

녹이다 동 【19種のテキストで21例】

①예 [사탕을/쇠를/얼음을] 녹이다.
〈[飴を/鉄を/氷を]溶かす。〉(52.4%)

②예 [설탕을/소금을] 물에 녹이다.
〈[砂糖を/塩を]水に溶かす。〉(9.5%)

③예 [몸을/시린 손을] 녹이다.
〈[体を/冷えた手を]暖める。〉(9.5%)

④예 [마음을/슬픔을] 녹이다.
〈[心を/悲しみを]とかす。〉(9.5%)

논 명 ★☆☆ 【29種のテキストで63例】

⓪예 논 한 마지기.
〈種一斗まき分の田。〉(100%)

논리 명 ★☆☆ 【34種のテキストで109例】

①예 논리(論理) 이전의 상태.

〈論理以前の状態。〉(64.2%)

②예 진술의 논리가 맞다.
〈供述の論理が合っている。〉(34.9%)

논리적¹ 관 【14種のテキストで18例】

⓪예 논리적(論理的) 순서.
〈論理的順序。〉(100%)

논리적² 명 【14種のテキストで17例】

⓪예 논리적(論理的)이다.
〈論理的だ。〉/
논리적으로 잘못되다.
〈論理的に間違っている。〉(100%)

논문 명 【18種のテキストで41例】

⓪예 논문(論文)을 쓰다.
〈論文を書く。〉(100%)

논의 명 【11種のテキストで45例】

⓪예 국제 무역에 대한 논의(論議)가 활발하다.
〈国際貿易に対する議論が活発だ。〉(100%)

논쟁 명 【15種のテキストで32例】

⓪예 논쟁(論争)을 벌이다.
〈論争を展開する。〉(100%)

놀다 동 ★★★ 【123種のテキストで390例】

⓪예 아이들이 신나게 놀다.
〈子供たちが楽しく遊ぶ。〉/
아버지가 아이들과 놀아 주다.
〈お父さんが子供たちと遊んでやる。〉(93.3%)

놀라다 동 ★★★ 【120種のテキストで337例】

①예 여자의 비명에 놀라 일어나다.
〈女の悲鳴に驚き起きる。〉(38.9%)

②예 갑자기 일을 당해서 놀라다.
〈急にひどい目にあって驚く。〉(32%)

③예 작품이 놀랄 만큼 뛰어나다.
〈作品が驚くほど優れている。〉(15.1%)

④예 가슴이 섬뜩하게 놀라다.
〈ぎょっとするほど驚く。〉(13.9%)

놀랍다 형 ★★☆ 【42種のテキストで71例】

①예 기술의 발전 속도가 놀랍다.
〈技術の発展速度が驚くべきだ。〉(63.4%)

②예 벌은 놀라운 곤충이다.
〈蜂は驚くべき昆虫だ。〉/
놀라운 속도로 달리다.
〈驚くべき速度で走る。〉(33.8%)

놀래다 동 【12種のテキストで21例】

①예 갑자기 일을 당해서 놀래다.
〈急にひどい目にあって驚く。〉(71.4%)

②예 여자의 비명에 놀래서 일어나다.
〈女の悲鳴に驚かされ起きる。〉(14.3%)

놀리다¹ 동 ★☆☆ 【28種のテキストで54例】

⓪예 사람을 바보라고 놀리다.
〈人をバカだとからかう。〉(100%)

놀리다² 동 【15種のテキストで19例】

①예 부지런히 손을 놀리다.
〈まめに手を動かす。〉(52.6%)
②관 <[입을/주둥이를] 놀리다>.
〈むだ口をたたく。/みだりにしゃべる。〉(21.1%)
③예 [붓을/칼을] 놀리다.
〈[筆を/刀を]動かす。〉(15.8%)

놀이 명 ★★★ 【69種のテキストで292例】
①예 [고무줄/카드] 놀이를 하다.
〈ゴム跳びをする。/トランプをする。〉(68.2%)
②예 전통적인 [농악/민속] 놀이.
〈伝統的な農楽。/伝統的な民俗的遊び。〉
(29.5%)

놀이터 명 【24種のテキストで42例】
◎예 아이들이 놀이터에서 놀다.
〈子供たちが遊び場で遊ぶ。〉(100%)

놈 명 ☆★☆ 【60種のテキストで339例】
①예 동창 중에서 이민 간 놈.
〈同窓生の中で移民したやつ。〉(65.2%)
②예 [자식/친구] 놈을 감싸다.
〈[子/友達]をかばう。〉(16.5%)

농구 명 ☆★★ 【8種のテキストで11例】
◎예 체육관에서 농구(籠球)를 하다.
〈体育館でバスケをする。〉(100%)

농담 명 ☆★★ 【26種のテキストで43例】
◎예 농담(弄談)을 하다.
〈冗談を言う。〉(100%)

농민 명 ★☆★ 【22種のテキストで126例】
◎예 농민(農民)과 노동자.
〈農民と労働者。〉(96.8%)

농부 명 ★☆☆ 【35種のテキストで114例】
◎예 농부(農夫)가 벼를 베다.
〈農夫が稲を刈る。〉(100%)

농사 명 ★☆★ 【50種のテキストで133例】
◎예 농사(農事)를 짓다.
〈農業を営む。〉(100%)

농사일 명 【12種のテキストで21例】
◎예 힘든 농사(農事)일을 하다.
〈骨の折れる農作業をする。〉(100%)

농사짓다 동 【13種のテキストで21例】
◎예 농사(農事)지을 땅.
〈農業をする土地。〉/
농사짓는 [기술/법].
〈農業をする[技術/方法]。〉(100%)

농산물 명 【12種のテキストで73例】
◎예 농산물(農産物) 시장.
〈農産物市場。〉(100%)

농업 명 ★☆★ 【21種のテキストで171例】
◎예 농업(農業)에 알맞은 기후.
〈農業に適した気候。〉(100%)

농장 명 【11種のテキストで21例】
◎예 감귤 농장(農場).
〈みかん農場。〉(100%)

농촌 명 ★☆☆ 【29種のテキストで77例】
◎예 농촌(農村)에 살다.
〈農村に住む。〉(100%)

농토 명 【11種のテキストで16例】
◎예 기름진 농토(農土)를 일구다.
〈肥沃な農地を耕す。〉(100%)

높다 형 ★★★ 【135種のテキストで385例】
①예 [물결이/산이/재가] 높다.
〈[波が/山が/峠が]高い。〉(27.8%)
②예 [사회적 평가가/지체가] 높다.
〈[社会的評価が/身分が]高い。〉(25.5%)
③예 [습도가/열이/혈압이] 높다.
〈[湿度が/熱が/血圧が]高い。〉(19.5%)
④예 가치가 높다.
〈価値が高い。〉(6.2%)
⑤예 천장이 높다.
〈天井が高い。〉(4.9%)

높이[1] 부 ★☆☆ 【42種のテキストで63例】
①예 손을 높이 들다.
〈手を高くあげる。〉/
해가 높이 뜨다.
〈日が高く昇る。〉(81%)
②예 높이 숭앙을 받다.
〈高く崇敬を受ける。〉(17.5%)

높이[2] 명 ★☆★ 【32種のテキストで54例】
①예 산의 높이를 측정하다.
〈山の高さを測定する。〉(77.8%)
②예 아이의 [눈/얼굴] 높이에 맞추다.
〈子供の[目/顔]の高さに合わせる。〉(22.2%)

높이다 동 ★☆☆ 【39種のテキストで59例】
①예 [선호도를/질을/효과를] 높이다.
〈[選好度を/質を/効果を]高める。〉(40.7%)
②예 목청을 높이다.
〈声を高める。〉(35.6%)
③예 온도를 높이다.
〈温度を高める。〉(8.5%)

놓다[1] 동보 ★★☆ 【178種のテキストで871例】
① <-아/-어 놓다>
예 [전등을 꺼/채소를 씻어] 놓다.
〈[電灯を消して/野菜を洗って]置く。〉(77%)
② <놓고> 예 [저질러/지내] 놓고 생각하니….
〈[やらかして/やって]置いて、考えてみると…。〉
(18.7%)

놓다[2] 동 ★★★ 【130種のテキストで332例】
①예 도시락을 책상에 놓고 먹다.
〈弁当を机に置いて食べる。〉(47.6%)
②예 손을 잡았다가 놓다.
〈手を握って、放す。〉(13.6%)

③예 그 문제를 놓고 고심하다.
〈その問題をめぐって苦慮する。〉/
그의 행동을 놓고 욕하다.
〈彼の行動をめぐってののしる。〉(6.9%)
④예 [물고기를/새를] 놓아 주다.
〈〔魚を/鳥を〕放してやる。〉(5.7%)
⑤예 [수도를/전화를/철도를] 놓다.
〈〔水道を/電話を/鉄道を〕ひく。〉(4.2%)
⑥예 [엄포를/으름장을] 놓다.
〈〔こけおどしを/脅迫を〕する。〉(2.7%)

놓이다 동 ★★☆【83種のテキストで162例】
①예 복도에 의자가 놓여 있다.
〈廊下に椅子が置かれている。〉(58.6%)
②예 절망적인 상태에 놓이다.
〈絶望的な状態に置かれる。〉(13.6%)
③예 골짝에 채마밭이 놓여 있다.
〈谷間に野菜畑が広がっている。〉(11.1%)

놓치다 동 ☆★☆【39種のテキストで47例】
①예 [때를/시기를/혼기를] 놓치다.
〈〔時を/時期を/婚期を〕逃す。〉(34%)
②예 [물고기를/손을] 놓치다.
〈〔魚を/手を〕逃す。〉(19.1%)
③예 한 마디 말이라도 놓칠세라 귀를 기울이다.
〈一言も聞き逃すまいと耳を傾ける。〉(19.1%)
④예 [기차를/버스를] 놓치다.
〈〔汽車を/バスを〕逃す。〉(17%)

놔두다 동【15種のテキストで19例】
①예 다 먹은 그릇을 그대로 놔두다.
〈全部食べた器をそのままにしておく。〉(57.9%)
②예 혼자 하도록 그냥 놔두다.
〈一人でするようにそっとしておく。〉(31.6%)

뇌리 명【10種のテキストで15例】
①예 기억이 뇌리(腦裏)에 남다.
〈記憶が脳裏に残る。〉(53.3%)
②관 <뇌리를 스치다>.
〈脳裏をかすめる。〉(46.7%)

누 대 ★★☆【135種のテキストで383例】
⓪예 이 시간에 누가 올까?
〈この時間に誰が来るだろうか?〉(100%)

누구 대 ★★★【187種のテキストで928例】
①예 누구인가 이런 말을 하다.
〈誰かがこのようなことを言う。〉/
누구보다도 너를 좋아하다.
〈誰よりも君のことが好きだ。〉(49.4%)
②예 누구를 찾느냐?
〈誰をさがしてるんだ?〉/
너는 누구냐?
〈お前は誰だ?〉(40.8%)

누구누구 대【13種のテキストで21例】
⓪예 누구누구 왔는지 알아보다.
〈誰々来たか調べてみる。〉(95.2%)

누나 명 ★★★【44種のテキストで184例】
①예 고향에 있는 형과 누나.
〈故郷にいる兄と姉。〉(82.1%)
②예 간호사 누나.
〈看護士の姉さん。〉/
유관순 누나.
〈柳寬順姉さん。〉(17.9%)

누다 동【11種のテキストで23例】
⓪예 [똥을/오줌을] 누다.
〈〔糞を/小便を〕する。〉(100%)

누렇다 형 ☆☆★【29種のテキストで37例】
⓪예 곡식이 누렇게 익어 가다.
〈穀物が黄色く熟する。〉(100%)

누르다 동 ★★★【56種のテキストで125例】
①예 [스위치를/초인종을] 누르다.
〈〔スイッチを/呼び鈴を〕押す。〉(72%)
③예 [감정을/흥분을] 누르다.
〈〔感情を/興奮を〕抑える。〉(15.2%)

누리다 동【45種のテキストで68例】
⓪예 [자유를/특권을] 누리다.
〈〔自由を/特権を〕享受する。〉(100%)

누이 명【11種のテキストで31例】
⓪예 누이가 둘, 남동생 하나가 있다.
〈姉が二人、弟が一人いる。〉(100%)

눈¹ 명 ★★★【161種のテキストで961例】
①예 눈을 [감다/뜨다].
〈目を〔閉じる/開く〕。〉(57.8%)
②예 안으로 눈을 돌리다.
〈中に目を向ける。〉(12%)
③예 큰 바위가 눈에 들어오다.
〈大きな岩が目に入る。〉(6.6%)
④예 세상을 보는 눈이 정확하다.
〈世界を見る目が正確だ。〉(4.7%)

눈² 명 ★★★【59種のテキストで151例】
⓪예 흰 눈이 내리다.
〈白い雪が降る。〉(99.3%)

눈길 명【36種のテキストで63例】
⓪예 눈길을 끌다.
〈人目を引く。〉(100%)

눈동자 명【14種のテキストで28例】
⓪예 검은 눈동자(-瞳子).
〈黒い瞳。〉(100%)

눈물 명 ★★★【79種のテキストで233例】
⓪예 두 눈에 눈물이 고이다.
〈両目に涙がたまる。〉(94.4%)

눈부시다 형【30種のテキストで39例】
①예 여인이 눈부시게 화장을 하다.
〈女性が華々しく化粧をする。〉(43.6%)
②예 눈부신 속도로 발전하다.

〈華々しい速度で発展する。〉(30.8%)

③예 햇살이 눈부시다.
〈日差しがまぶしい。〉(25.6%)

눈빛 명【28種のテキストで66例】
⓪예 눈빛만 봐도 마음을 알다.
〈目つきだけ見ても心がわかる。。〉(98.5%)

눈썹 명 ☆☆★【15種のテキストで19例】
⓪예 눈썹이 짙다.
〈眉毛が濃い。〉(94.7%)

눈앞 명【47種のテキストで70例】
①예 눈앞에서 벌어진 사건.
〈目の前で起きた事件。〉(85.7%)
②예 광복의 날을 눈앞에 두다.
〈光復の日を目前に控える。〉(11.4%)

눈초리 명【13種のテキストで17例】
⓪예 [경계하는/호기심 어린] 눈초리로 보다.
〈[警戒する/好奇心に満ちた]目つきで見る。〉
(100%)

눈치 명 ☆☆★【55種のテキストで96例】
①관 <눈치(를) 보다>.
〈顔色を覗う。〉(35.4%)
②예 내 말을 믿는 눈치가 아니다.
〈私の話を信じている様子ではない。〉(26%)
③관 <눈치를 살피다>.
〈顔色を探る。〉(21.9%)

눈치채다 동【18種のテキストで20例】
⓪예 둘 사이를 눈치채다.
〈二人の間柄を悟る。〉(100%)

눕다 동 ★★★【77種のテキストで172例】
①예 [아랫목에/집에] 눕다.
〈[オンドルのたき口の近くに/家に]ふす。〉(80.8%)
②예 병에 걸려 [병석에/자리에] 눕다.
〈病気にかかって[病床に/寝床に]ふす。〉(14%)

눕히다 동【15種のテキストで21例】
①예 아이를 옆에 눕히다.
〈子供を横に寝かせる。〉(52.4%)
②예 침대에 몸을 눕히다.
〈ベッドに体を横たえる。〉(14.3%)
③예 [기억을/욕망을] 눕히다.
〈[記憶を/欲望を]ふせる。〉(9.5%)
④관 <때려 눕히다>.
〈打ちのめす。〉(9.5%)

뉘우치다 동【19種のテキストで27例】
⓪예 [실수를/잘못을] 뉘우치다.
〈[ミスを/過ちを]悔いる。〉(100%)

뉴스 명 ★★★【28種のテキストで122例】
⓪예 텔레비전 뉴스.
〈テレビニュース。〉/
9시 뉴스.
〈9時のニュース。〉(98.4%)

뉴욕 명 (固有) ☆★☆【13種のテキストで27例】
⓪예 뉴욕을 방문하다.
〈ニューヨークを訪問する。〉(100%)

느끼다 동 ★★★【163種のテキストで921例】
①예 [기쁨을/슬픔을] 느끼다.
〈[喜びを/悲しみを]感じる。〉(35.7%)
②예 느낀 소감.
〈感じた感想。〉/
한계를 느끼다.
〈限界を感じる。〉(23.2%)
③예 [더위를/추위를] 느끼다.
〈[暑さを/寒さを]感じる。〉(12.8%)
④예 그녀가 아름답다고 느끼다.
〈彼女が美しいと感じる。〉(12.5%)
⑤예 삶을 힘들게 느끼다.
〈生活を困難に感じる。〉/
자신에 대해 부끄럽게 느끼다.
〈自分自身について恥ずかしく感じる。〉(11.7%)

느낌 명 ★★☆【113種のテキストで406例】
⓪예 불안해하는 느낌을 받다.
〈不安がっている感じを受ける。〉(100%)

-느냐 끝【92種のテキストで287例】
⓪예 어디를 가느냐?
〈どこへ行くのか?〉(100%)

-느냐고 끝【49種のテキストで75例】
⓪예 어찌하면 좋겠느냐고 묻다.
〈どうすればいいのかと問う。〉(100%)

-느냐는 준【25種のテキストで30例】
⓪예 포기하는 게 어떻느냐는 사람도 있다.
〈諦めたらどうかという人もいる。〉/
뭐하러 가느냐는 말에 화가 나다.
〈なにしに行くのかという言葉に腹が立つ。〉
(100%)

-느니 끝【22種のテキストで30例】
⓪예 잘했느니 못했느니 말이 많다.
〈上手だったとか下手だったとか、口数が多い。〉/
앓느니 죽겠다.
〈病むよりは死んだほうがましだ。〉/
쏟아지느니 잠이다.
〈眠気に襲われる。〉(100%)

느닷없이 부【16種のテキストで21例】
⓪예 느닷없이 결혼을 발표하다.
〈いきなり結婚を発表する。〉/
[기억이/생각이] 느닷없이 떠올랐다.
〈[記憶が/考えが]突然浮かんだ。〉(100%)

-느라 끝【54種のテキストで91例】
⓪예 집 보러 다니느라 정신없다.
〈家を探すのに大変で、他のことが手につかない。〉(100%)

-느라고 끝【62種のテキストで101例】
⓪예 예까지 오느라고 고생하다.

〈ここまで来るのに苦労する。〉(100%)

느리다 [형] ☆☆★【28種のテキストで39例】
① [예] 걸음이 느리다.
〈歩みがのろい。〉(71.8%)
② [예] 느린 목소리.
〈ゆっくりした声。〉(12.8%)

느티나무 [명]【10種のテキストで35例】
⓪ [예] 느티나무 밑에 앉아 쉬다.
〈ケヤキの木の下に座って休む。〉(100%)

늑대 [명]【6種のテキストで46例】
⓪ [예] 늑대가 양을 물어가다.
〈オオカミが羊をくわえてゆく。〉(100%)

는¹ [토]【217種のテキストで29,361例】
⓪ [예] 키는 크다.
〈背は高い。〉/
맥주는 마시다.
〈ビールは飲む。〉/
춥기는 하다.
〈寒いには寒い。〉(100%)

– 는² [끝]【216種のテキストで30,725例】
⓪ [예] 걸어오는 사람.
〈歩いてくる人。〉(100%)

– 는가 [끝]【141種のテキストで900例】
⓪ [예] 지금 어디로 가는가?
〈今どこへ行くのか?〉/
비가 오는가 보다.
〈雨が降るようだ。〉(100%)

– 는걸 [끝]【22種のテキストで28例】
⓪ [예] 일이 재미있는걸.
〈仕事が面白いな。〉/
눈이 오는걸.
〈雪が降るな。〉(100%)

– 는걸요 [끝]【12種のテキストで14例】
⓪ [예] 좀 어렵겠는걸요.
〈ちょっと難しそうですね。〉/
그 말이 안 믿어지는걸요.
〈その言葉が信じられないんですよね。〉(100%)

– 는구나 [끝]【56種のテキストで89例】
⓪ [예] 비가 오는구나.
〈雨が降ってるね。〉(100%)

– 는군 [끝]【16種のテキストで20例】
⓪ [예] 꽃이 피는군.
〈花が咲いてるね。〉/
잘하는군.
〈上手だね。〉(100%)

– 는군요 [끝]【28種のテキストで39例】
⓪ [예] 잘 모르는군요.
〈あまり知らないんですね。〉(100%)

– 는다 [끝]【156種のテキストで962例】
⓪ [예] 밥을 먹는다.

〈ご飯を食べる。〉(100%)

– 는다고 [끝]【56種のテキストで81例】
⓪ [예] 고기를 먹는다고 한다.
〈肉を食べるという。〉(100%)

– 는다는 [관]【71種のテキストで114例】
⓪ [예] 책을 많이 읽는다는 [계획/아이].
〈本をたくさん読むという〔計画/子供〕。〉(100%)

– 는다면 [끝]【41種のテキストで53例】
⓪ [예] 상을 받는다면 기쁠 것이다.
〈賞を貰えるなら、嬉しいだろう。〉/
그가 오지 않는다면 더 설득하자.
〈彼が来ないならもっと説得しよう。〉(100%)

– 는데 [끝]【202種のテキストで2,590例】
① [예] 비가 오는데 택시를 탑시다.
〈雨が降ってるし、タクシーに乗りましょう。〉(97.2%)
② [예] 참 재미있는데.
〈本当に面白いね。〉/
어디 가는데?
〈どこ行くの?〉(2.8%)

– 는데도 [끝]【57種のテキストで75例】
⓪ [예] 날이 저물었는데도 아이가 안 돌아오다.
〈日が暮れたのに、子供が帰って来ない。〉(100%)

– 는데요 [끝]【68種のテキストで206例】
⓪ [예] 노래를 잘하는데요.
〈歌、上手ですね。〉/
어디로 가는데요?
〈どこいくんですか?〉(100%)

– 는지 [끝]【195種のテキストで1,588例】
⓪ [예] 어디로 갔는지 모르겠다.
〈どこへ行ったのか分からない。〉/
살았는지 죽었는지 소식이 없다.
〈生きてんだか死んでんだか連絡がない。〉(98.9%)

는커녕 [토]【28種のテキストで31例】
⓪ [예] 다른 나라 언어는커녕 제 나라 말도 모른다.〈他の国の言葉どころか、自分の国の言葉も知らない。〉(100%)

늘 [부] ★★★【117種のテキストで285例】
① [예] 그는 늘 변함이 없이 그녀를 기다리다.
〈彼はいつも変わりなく彼女を待つ。〉(48.8%)
② [예] 쉬지 않고 늘 일하다.
〈休まずいつも働く。〉(30.5%)
③ [예] 직장인들이 늘 가는 식당.
〈会社員たちの行きつけの食堂。〉(20.7%)

늘다 [동] ★★★【42種のテキストで68例】
⓪ [예] [인구가/주름이] 늘다.
〈〔人口が/しわが〕増える。〉(89.7%)

늘리다 [동]【19種のテキストで26例】
⓪ [예] [경기 수를/수출을] 늘리다.
〈〔試合数を/輸出を〕伸ばす。〉(92.3%)

늘어나다 [동] ★★☆【53種のテキストで141例】

⓪예 [소득이/인구개] 늘어나다.
〈〔所得が／人口が〕増える。〉(92.2%)

늘어놓다 동 【30種のテキストで42例】
①예 얘기를 자랑스럽게 늘어놓다.
〈話を、自慢げにひとくさりやる。〉(73.8%)
②예 등산 장비를 가득 늘어놓다.
〈登山装備をいっぱいならべる。〉(26.2%)

늘어서다 동 【17種のテキストで21例】
①예 길 양쪽에 상가 늘어서다.
〈道の両側に商店街が並ぶ。〉(76.2%)
②예 사람들이 양쪽으로 늘어서다.
〈人々が両側に並ぶ。〉(23.8%)

늘어지다 동 【25種のテキストで31例】
①예 [몸이/어깨가] 축 늘어지다.
〈体がぐったりする。／肩がだらりと垂れる。〉(38.7%)
②예 [그네가/그림자가] 늘어지다.
〈〔ぶらんこが／影が〕垂れる。〉(25.8%)
③관 <-고 늘어지다> 붙잡고 늘어지다.
〈つかんでぶら下がる。〉(22.6%)

늙다 동 ★★★ 【39種のテキストで79例】
①예 늙으면 새벽에 잠을 깨게 된다.
〈老けたら夜明けに目をさますことが増える。〉(84.8%)
②예 나이보다 더 늙고 초라하다.
〈年よりもっと老けてみすぼらしい。〉(15.2%)

늙은이 명 【13種のテキストで18例】
⓪예 늙은이라고 우습게 보다.
〈年寄りと見くびる。〉(100%)

능력 명 ★★★ 【68種のテキストで218例】
⓪예 능력(能力)을 발휘하다.
〈能力を発揮する。〉(100%)

늦다¹ 형 ★★★ 【93種のテキストで168例】
①예 천천히 찾아보아도 늦지 않다.
〈ゆっくり探しても遅くない。〉
늦은 아침밥을 먹다.
〈遅い朝ご飯を食べる。〉(60.7%)
②예 늦은 밤에 도착하다.
〈夜遅く到着する。〉(38.1%)

늦다² 동 ★★☆ 【47種のテキストで85例】
⓪예 [약속 시간에/학원에] 늦다.
〈〔約束時間に／塾に〕遅れる。〉(100%)

- 니¹ 끝 【163種のテキストで1,027例】
⓪예 바람이 부니 춥다..
〈風が吹いて、寒い。〉
알고 보니 오해다.
〈後で分かったんだけど、誤解だ。〉(100%)

- 니² 끝 【142種のテキストで961例】
⓪예 걔 생각나니?
〈あの子覚えてる？〉
아프니?
〈痛い？〉(100%)

니³ 대 【26種のテキストで123例】
⓪예 니가 먼저 말했니?
〈お前が先に言ったの？〉
니가 해.
〈あなたがやってね。〉(94.3%)

니⁴ 관 【20種のテキストで53例】
⓪예 내가 니 [마음을/속을] 안다.
〈私がお前の〔心を／心中を〕知っている。〉
니 에미가 고생이 많다.
〈お前の母親が苦労が多い。〉(100%)

니⁵ 토 【11種のテキストで15例】
⓪예 옥수수니 조니 온갖 곡식이 가득하다.
〈トウモロコシやら粟やら、あらゆる穀物がいっぱいある。〉(100%)

- 니까 끝 【138種のテキストで789例】
①예 위험하니까 조심해.
〈危険だから、気をつけて。〉
이제 보니까 다르구나.
〈今見ると違うね。〉
집을 나오니까 비가 내렸다.
〈家を出ると雨が降ってきた。〉(87.1%)
②예 나도 놀랐을 정도니까.
〈私も驚いたくらいだからね。〉
미래는 청소년의 것이니까.
〈未来は青少年のものだから。〉(12.9%)

- 니까요 끝 【27種のテキストで53例】
⓪예 저는 혼자니까요.
〈私はひとりですから。〉
진심으로 사랑하니까요.
〈心から愛してますから。〉(100%)

- 니깐 끝 【10種のテキストで25例】
⓪예 잘 보니깐 색이 다르다.
〈よく見たら、色が違う。〉(100%)

- 님 접 ★★☆ 【184種のテキストで2,564例】
⓪예 별님.〈お星様。〉/
해님.〈お日様。〉/
과장님.〈課長。〉/
교수님.〈教授。〉/
사장님.〈社長。〉/
홍 강욱님.〈ホン・カンウク様。〉(100%)

- 다¹ 끝 【206種のテキストで35,564例】
⓪예 잘 쉬었다.
〈よく休んだ。〉
기분이 좋다.
〈気持ちがいい。〉
월드컵 4강에 오르다.
〈ワールドカップ4位に上がる。〉(100%)

다² 児 ★★★【192種のテキストで1,260例】

①예 책에 있는 정도는 나도 다 알다.
〈本にある程度は私も全部知っている。〉(36.9%)

②예 목숨 가진 것은 다 죽게 마련이다.
〈命あるものはすべて死ぬものだ。〉(22.1%)

③예 작업이 다 끝나다.
〈作業が全部片付く。〉/
[공연을/준비를] 다 마치다.
〈[公演を/準備を]全部終える。〉(18.8%)

④예 몸은 거지반 다 낫다.
〈体はあらかた全部治る。〉/
엄마, 다 와 가?
〈母さん、もう着いた？〉(8.5%)

⑤예 시장하던 참이라 다라도 먹겠다.
〈お腹が空いていたところだから全部でも食べられる。〉/
너에게 다는 못 주겠다.
〈あなたに全部は上げられないよ。〉(3.2%)

─ 다³ 館【176種のテキストで828例】

⑩예 비가 오다 그쳤다.
〈雨が降って止んだ。〉/
가다 서다 하다.
〈進んだり止まったりする。〉/
일을 하다 보니 날이 저물었다.
〈仕事をしていると、日が暮れた。〉(100%)

다⁴ 土【100種のテキストで284例】

⑩예 소년에게다 대고 작은 소리로 말하다.
〈少年に当てて小さな声で話す。〉/
회초리로다 때리다.
〈ムチで打つ。〉(100%)

─ 다가¹ 館【187種のテキストで1,371例】

⑩예 회사에 가다가 돌아오다.
〈会社に行く途中に帰る。〉/
비가 오다가 그치다.
〈雨が降って止む。〉(100%)

다가² 土【54種のテキストで88例】

⑩예 강에다가 버리다.
〈川に捨てる。〉(100%)

다가가다 動【55種のテキストで107例】

⑩예 선생님께 다가가 인사를 하다.
〈先生に近づき挨拶をする。〉(94.4%)

─ 다가는 館【36種のテキストで49例】

⑩예 이렇게 하다가는 실패하겠다.
〈こんな風にしていては失敗する。〉(100%)

다가서다 動【17種のテキストで29例】

①예 [곁에/문 앞에/차도로] 다가서다.
〈[そばに/ドアの前に/車道に]近寄る。〉
(75.9%)

②예 [복지국가에/통일에] 다가서다.
〈[福祉国家に/統一に]近づく。〉(10.3%)

다가오다 動【76種のテキストで179例】

①예 [내 곁에/창가로] 다가오다.
〈[私のそばに/窓際に]近づく。〉(68.2%)

②예 [날짜가/위험이] 다가오다.
〈[日付が/危険が]迫ってくる。〉(21.8%)

─ 다거나 館【18種のテキストで25例】

⑩예 억울하다거나 기막히다거나 하는 느낌은 없다.
〈悔しいとか、呆れたりする感じはない。〉(100%)

─ 다고 館【199種のテキストで2,115例】

⑩예 곧 가겠다고 전하다.
〈すぐ行くと伝える。〉/
잔소리가 많다고 나무라다.
〈小言が多いとたしなめる。〉/
떠들었다고 혼나다.
〈うるさいと叱られる。〉(98.2%)

─ 다구 館【30種のテキストで66例】

①예 거의 다 했다구.
〈ほとんどやったよ。〉/
어디에 갔다구?
〈どこに行ったんだって？〉(59.1%)

②예 싫다구 전해 줘.
〈いやだって伝えてくれ。〉/
나 싫다구 약속을 안 지키면 어떡해?
〈自分がいやだからって、約束を守らなかったら困るよ。〉(40.9%)

─ 다구요 館【19種のテキストで31例】

⑩예 나는 가기 싫다구요.
〈私は行きたくないんですってば。〉(100%)

다급하다 形【11種のテキストで19例】

⑩예 다급한 [걸음/마음/목소리/상황/일].
〈緊迫した[歩み/心/声/状況/こと]。〉/
다급하게 뛰어가다.
〈急いで駆けて行く。〉(100%)

─ 다네 館【10種のテキストで17例】

⑩예 둘이는 행복하게 살았다네.
〈ふたりは幸せに暮らしたとさ。〉/
아이가 병이 났다네.
〈子供が病気になったんだって。〉(100%)

다녀가다 動【10種のテキストで16例】

⑩예 친구가 우리 집에 다녀가다.
〈友達が我が家に寄って行く。〉(100%)

다녀오다 動 ★★★【81種のテキストで167例】

①예 [미국에/전주를] 다녀오다.
〈[アメリカに/全州(チョンジュ)に]行って来る。〉
(50.9%)

②예 [학교에/화장실을] 다녀오다.
〈[学校に/トイレに]行って来る。〉(36.5%)

③예 [군대를/면회를/심부름을/연수를] 다녀오다.
〈[軍隊に/面会に/お使いに/研修に]行って来る。〉
(12%)

─ 다는 尾【181種のテキストで2,100例】

⑩예 가겠다는 사람.
〈行くという人。〉/

나라가 망했다는 소식.
〈国が滅びたというニュース。〉(100%)

– 다는데 〔준〕【24種のテキストで26例】
⑩⑨ 내가 싫다는데 왜 간섭이에요?
〈私がいやだというのに何故干渉するんですか?〉/
선약이 있다는데 어쩌지?
〈先約があるんだってどうしよう?〉(100%)

– 다니¹ 〔끝〕【58種のテキストで101例】
⑩⑨ 그 사람이 죽다니?
〈その人が死ぬなんて?〉/
혼자 가 버리다니!
〈一人で行ってしまうなんて!〉/
걔, 학교 안 갔다니?
〈あの子、学校行かなかったって?〉(100%)

– 다니² 〔끝〕【34種のテキストで50例】
⑩⑨ 정 가겠다니 할 수 없군.
〈本当に行くっていうんだから仕方ないね。〉(100%)

– 다니까 〔끝〕【19種のテキストで24例】
⑩⑨ 이러면 곤란하다니까.
〈これじゃ困るんだよね。〉(100%)

다니다 〔동〕 ★★★【171種のテキストで649例】
①⑨ [유치원에/회사를] 다니다.
〈[幼稚園に/会社に]通う。〉(39.9%)
②⑨ [낯을 들고/절룩거리며] 다니다.
〈[顔を上げて/びっこをひきながら]行く。〉(19.6%)
③ <-아/-어 다니다> ⑨ [따라/뛰어] 다니다.
〈つきまとう。/走り回る。〉(13.6%)
④⑨ [사람들이/짐승이/자동차가] 다니는 길.
〈[人たちが/動物が/自動車が]通う道。〉(7.2%)

– 다든가 〔끝〕【10種のテキストで17例】
⑩⑨ 옳다든가 그르다든가 판단을 하다.
〈正しいとか間違っているとか判断をする。〉(100%)

다듬다 〔동〕【29種のテキストで45例】
①⑨ [나무토막을/배추를] 다듬다.
〈[木ぎれを整頓する。/白菜を汚い部分を捨ててきれいにする。〉(44.4%)
②⑨ [계획을/이론을] 다듬다.
〈[計画を/理論を]練る。〉(26.7%)
③⑨ [문장을/원고를] 다듬다.
〈[文章を/原稿を]練って直す。〉(13.3%)
④⑨ [매무새를/머리를] 다듬다.
〈[みなりを/髪を]整える。〉(11.1%)

다람쥐 〔명〕 ★☆☆【14種のテキストで38例】
⑩⑨ 다람쥐가 도토리를 먹다.
〈リスがドングリを食べる。〉(100%)

다루다 〔동〕 ★☆★【62種のテキストで144例】
①⑨ 글에서 시사 문제를 다루다.
〈文で時事問題を扱う。〉(56.9%)
②⑨ 국회에서 이 문제를 다루다.
〈国会でこの問題を扱う。〉(19.4%)

③⑨ 기계를 다루다.
〈機械を扱う。〉(16%)

다르다 〔형〕 ★★★【204種のテキストで2,251例】
①⑨ 회사의 다른 사람들에게 알리다.
〈会社の他の人々に知らせる。〉(51.4%)
②⑨ 그와는 [식성이/학년이/환경이] 다르다.
〈彼とは[食べ物の嗜好が/学年が/環境が]違う。〉(41%)

다름없다 〔형〕【20種のテキストで25例】
①⑨ [새 것이나/죽음이나] 다름없다.
〈[新しいものと/死と]違いはない。〉(88%)
②⑨ [새 것과/여느 때와] 다름없다.
〈[新しいものと/いつもと]違いがない。〉(12%)

다리¹ 〔명〕 ★★★【77種のテキストで204例】
⑩⑨ 다리가 쑤시다.
〈足が痛む。〉/
다리를 못 쓰다.
〈足がきかない。〉(100%)

다리² 〔명〕 ★★★【34種のテキストで113例】
⑩⑨ 다리를 건너다.
〈橋を渡る。〉(92.9%)

다만 〔부〕 ☆☆★【67種のテキストで153例】
①⑨ 큰 변화는 없다. 다만 약간의 첨삭이 있을 뿐이다. 〈大きな変化はない。ただ、若干の添削があるだけだ。〉(66.7%)
②⑨ 떠나도 좋다. 다만, 빚은 갚고 가라.
〈ここを去ってもいい。ただし、借金は返して行け。〉(20.9%)
③⑨ 다만 얼마라도 좋으니 돈 좀 꾸어 줘.
〈ただ、いくらでもいいからお金ちょっと貸してくれ。〉(11.8%)

– 다며 〔끝〕【19種のテキストで28例】
⑩⑨ 몸이 아프다며 자리에 눕다.
〈体の具合が悪いといって床につく。〉(100%)

– 다면 〔끝〕【134種のテキストで422例】
⑩⑨ 날이 춥다면 가지 맙시다.
〈寒いなら、行くのはやめよう。〉/
미안하다면 다냐?
〈ごめんで済んだら警察はいらない。〉(100%)

– 다면서 〔준〕【25種のテキストで30例】
⑩⑨ 기분이 좋다면서 웃다.
〈気分がいいと、笑う。〉(100%)

– 다면서요 〔준〕【10種のテキストで10例】
⑩⑨ 취직을 했다면서요?
〈就職をしたんですって?〉(100%)

다물다 〔동〕 ☆☆★【28種のテキストで37例】
⑩⑨ 입을 굳게 다물다.
〈口を堅くつぐむ。〉(100%)

다발 〔명〕【10種のテキストで15例】
①⑨ 꽃 한 다발.

〈花一束。〉(66.7%)

②예 돈을 다발로 묶다.
〈お金を束にする。〉(33.3%)

다방 몡 ★★★【24種のテキストで46例】
⓪예 다방(茶房)서 차를 마시다.
〈喫茶店で茶を飲む。〉(100%)

다분히 튀【11種のテキストで18例】
⓪예 그럴 가능성이 다분(多分)히 있다.
〈その可能性が多分にある。〉/
다분히 주관적이다.
〈多分に主観的だ。〉(100%)

다섯 관 ★★★【101種のテキストで242例】
①예 다섯 [개/명/사람/식구].
〈五[個/名/人]。/五人家族。〉(81%)
②예 가족이 모두 다섯이다.
〈家族が全部で五人だ。〉(19%)

다소¹ 튀【25種のテキストで43例】
⓪예 학교가 다소(多少) 멀다.
〈学校がちょっと遠い。〉(100%)

다소² 몡【5種のテキストで8例】
⓪예 다소(多少)의 차이가 있다.
〈多少の違いがある。〉(100%)

다수 몡【11種のテキストで31例】
⓪예 다수(多數)의 평범한 사람.
〈多数の平凡な人。〉(100%)

다스리다 동 ★☆☆【35種のテキストで54例】
①예 [나라를/천하를] 다스리다.
〈[国を/天下を]治める。〉(72.2%)
②예 천둥과 번개를 다스리는 신.
〈雷と稲妻を治める神。〉(9.3%)

다시 튀 ★★★【198種のテキストで1,448例】
①예 꺼진 불도 다시 보다.
〈消えた火も再度見直す。〉/
며칠 괜찮다가 다시 열이 오르다.
〈数日平気だったがまた熱が上がる。〉(27.7%)
②예 잠시 말을 끊었다가 다시 잇다.
〈しばらく言葉を切ってから再び継ぐ。〉/
하던 일을 다시 계속하다.
〈していた仕事をまた続ける。〉(11.4%)
③예 그 뒤 놈들이 다시 나타나다.
〈その後、やつらが再び現れる。〉(10.3%)
④예 다시 [돌아가다/돌려주다].
〈再び[帰る/返す]。〉(9.2%)
⑤예 그림을 다시 그리다.
〈絵を描き直す。〉(8.6%)
⑥예 물건을 꺼내고 문을 다시 닫다.
〈物を取り出して再び戸を閉める。〉/
위를 쳐다보고 다시 눈을 내리깔다.
〈上を見つめてまた視線を落とす。〉(8.2%)
⑦예 다시 생각을 고쳐먹다.
〈もう一度考え直す。〉(7%)

다시금 튀【14種のテキストで15例】
⓪예 서로의 사랑을 다시금 [느끼다/확인하다].
〈お互いの愛を改めて[感じる/確認する]。〉(100%)

－다시피 끝【39種のテキストで53例】
⓪예 잘 알다시피 내가 좀 바쁘다.
〈よくご存知の通り、私がちょっと忙しい。〉(100%)

다양하다 톙 ★★☆【58種のテキストで126例】
⓪예 [분야가/종류가] 다양(多樣)하다.
〈[分野が/種類が]多様だ。〉(100%)

다음 몡 ★★★【196種のテキストで1,314例】
①예 기준은 다음과 같다.
〈基準は、以下のようだ。〉(49.3%)
②예 다음 [날/버스/역/해].
〈次の[日/バス/駅/年]。〉(22.8%)
③예 잘 겨냥한 다음에 공을 던지다.
〈よく狙った後にボールを投げる。〉(17%)

다음날 몡 ☆★★【43種のテキストで73例】
⓪예 다음날 아침.
〈翌朝。〉/
그가 떠난 다음날.
〈彼が去った翌日。〉(97.3%)

다이어트 몡 ☆★☆【1種のテキストで1例】
⓪예 다이어트를 하다.
〈ダイエットをする。〉(100%)

다정하다 톙 ☆☆★【32種のテキストで55例】
⓪예 다정(多情)한 [목소리/이웃/친구].
〈優しい[声/隣人/友達]。〉(100%)

다짐 몡【27種のテキストで49例】
①예 새 학기의 다짐.
〈新学期の決心。〉/
다짐을 지키다.
〈誓いを守る。〉(79.6%)
②예 약속을 꼭 지킨다고 다짐을 [드리다/받다/하다].〈約束を必ず守ると確約を[差し上げる/もらう/する]。〉(20.4%)

다짐하다 동 ★☆☆【32種のテキストで52例】
①예 [각오를/투쟁을] 다짐하다.
〈[覚悟を/闘いを]誓う。〉(84.6%)
②예 [약속을/틀림없겠냐고] 다짐하다.
〈[約束を/間違いないかと]念を押す。〉(15.4%)

다치다 동 ★★★【41種のテキストで85例】
⓪예 [몸을/뼈를/팔을] 다치다.
〈[体を/骨を/腕を]痛める。〉(90.6%)

다투다 동 ★★★【43種のテキストで78例】
①예 오빠와 다투고 싸우다.
〈兄と喧嘩して争う。〉(71.8%)
②예 [왕권을/우승을] 다투다.
〈[王権を/優勝を]争う。〉(21.8%)

다툼 몡【13種のテキストで17例】

①예 [부부/형제] 간에 다툼이 잦다.
〈［夫婦/兄弟］の間に争いが頻繁だ。〉(64.7%)

②예 [권력/선두/세력] 다툼을 벌이다.
〈［権力/トップ/勢力］争いを繰り広げる。〉(35.3%)

다하다 图 ★★☆【66種のテキストで122例】

①예 [정성을/최선을/힘을] 다하다.
〈［真心を/最善を/力を］尽くす。〉(64.8%)

②예 [의무를/충성을] 다하다.
〈［義務を/忠誠を］尽くす。〉(21.3%)

다행 图 ☆★☆【36種のテキストで43例】

⓪예 일이 잘 돼 다행(多幸)이다.
〈仕事がうまくいって幸いだ。〉(100%)

다행히 图【29種のテキストで38例】

⓪예 다행(多幸)히 모두 무사하다.
〈幸い、全員無事だ。〉(100%)

닥치다 图【28種のテキストで33例】

①예 [겨울이/고난이] 닥쳐 오다.
〈［冬が/苦難が］迫ってくる。〉(41.9%)

②관 <닥치는 대로> 예 닥치는 대로 먹다.
〈手当たり次第に食べる。〉(34.9%)

닦다 图 ★★★【76種のテキストで187例】

①예 [구두를/몸을] 닦다.
〈［靴を/体を］ふく。〉(39%)

②예 [눈물을/때를/피를] 닦다.
〈［涙を/汚れを/血を］ぬぐう。〉(34.8%)

③예 가죽을 수건으로 닦다.
〈皮をタオルでふく。〉(12.3%)

– 단¹ 图【68種のテキストで132例】

⓪예 그랬단 봐라.
〈もしそうだったら見ていろ。〉/
배가 고프단 말을 하다.
〈お腹がすいたという。〉(100%)

단² 관 ★★☆【55種のテキストで84例】

⓪예 단(單) [하루/한 가지].
〈ただ［一日/一つ］。〉(100%)

단계 图 ★☆☆【38種のテキストで83例】

⓪예 인생의 한 단계(段階).
〈人生の一段階。〉/
아직 결론을 말할 단계가 아니다.
〈まだ結論を話す段階ではない。〉(100%)

– 단다 图【65種のテキストで267例】

⓪예 날이 춥단다.
〈寒いってさ。〉/
아이는 의사가 되겠단다.
〈子供は医者になりたいってさ。〉(100%)

단단하다 图 ☆☆★【21種のテキストで28例】

①예 단단한 [땅/몽둥이].
〈かたい［土地/棒］。〉(46.4%)

②예 단단한 [몸집/어깨].
〈頑丈な［体つき/肩］。〉(21.4%)

③예 단단하게 [묶다/잡아매다].
〈堅く［縛る/結わえ付ける］。〉(17.9%)

단단히 图【22種のテキストで32例】

①예 단단히 [속이다/화가 나다].
〈すっかり［だます/腹が立つ］。〉(43.8%)

②예 단단히 [각오하다/이르다].
〈しっかり［覚悟する/言い聞かせる］。〉(34.4%)

③예 단단히 [묶다/쥐다].
〈しっかり［縛る/握る］。〉/
본드가 단단히 굳다.
〈ボンドがしっかりと固まる。〉/
흙을 단단히 다지다.
〈土をしっかり固める。〉(21.9%)

단순 图【10種のテキストで19例】

⓪예 단순(單純) [노동/논리].
〈単純［労働/論理］。〉(100%)

단순하다 图 ☆★☆【46種のテキストで81例】

①예 게임은 단순(單純)한 흥밋거리이다.
〈ゲームは単なる遊び道具だ。〉(43.2%)

②예 짜임새가 단순하다.
〈仕組みが単純だ。〉(40.7%)

③예 성격이 단순하다.
〈性格が単純だ。〉(16%)

단순히 图【34種のテキストで51例】

①예 단순(單純)히 구경만 하다.
〈単に見物だけをする。〉(52.9%)

②예 단순히 처리하다.
〈単純に処理する。〉(45.1%)

단숨에 图【20種のテキストで23例】

⓪예 단(單)숨에 그릇을 비우다.
〈一気に器を空ける。〉(100%)

단어 图 ★★★【32種のテキストで58例】

⓪예 단어(單語)를 외우다.
〈単語を暗記する。〉(100%)

단위 图 ★☆☆【25種のテキストで57例】

①예 센티미터 단위(單位)로 재다.
〈センチ単位で測る。〉(71.9%)

②예 사회 구성의 기본 단위.
〈社会構成の基本単位。〉(28.1%)

단정하다 图【24種のテキストで47例】

⓪예 거동이 단정(端整)하다.
〈挙動が端整だ。〉/
단정한 [모습/옷].
〈端整な［姿/服］。〉(100%)

단지¹ 图【50種のテキストで87例】

⓪예 단지(但只) 같이 있고 싶을 뿐이다.
〈ただ一緒にいたいだけだ。〉(100%)

단지² 图【17種のテキストで59例】

⓪예 [공업/아파트] 단지(團地).
〈［工業/マンション］団地。〉(100%)

단체 图 ★★★【36種のテキストで82例】

①예 [사회/정치/종교] 단체(團體).
〈[社会/政治/宗教]団体。〉(84.1%)

②예 [단체 행동을/단체로] 하다.
〈[団体行動を/団体で]する。〉(15.9%)

단추 명 ☆☆★【10種のテキストで16例】

①예 옷에 단추를 [달다/채우다].
〈服にボタンを[つける/かける]。〉(68.8%)

②예 기계 조작을 단추로 하다.
〈機械の操作をボタンでする。〉(25%)

단풍 명 ☆★★【13種のテキストで18例】

⓪예 온 산에 단풍(丹楓)이 물들다.
〈全山に紅葉が色づく。〉(83.3%)

단호하다 형【15種のテキストで16例】

⓪예 [결심이/태도가] 단호(斷乎)하다.
〈[決心が/態度が]断固としている。〉/
단호하게 말하다.
〈断固として言う。〉(100%)

닫다 동 ★★★【63種のテキストで122例】

①예 [뚜껑을/문을] 닫다.
〈[ふたを/ドアを]閉める。〉(68%)

②예 [공장이/상점이] 문을 닫다.
〈[工場が/商店が]廃業する。〉(27%)

닫히다 동【26種のテキストで44例】

①예 창문이 닫히다.
〈窓が閉まる。〉(65.9%)

②예 [마음이/시야가] 닫히다.
〈[心が/視野が]閉じる。〉(31.8%)

달¹ 명 ★★☆【102種のテキストで250例】

⓪예 [몇/서너/한] 달.
〈[何ヶ/三、四ヶ/一ヶ]月。〉(100%)

달² 명 ★★★【38種のテキストで138例】

⓪예 달이 뜨다.
〈月が出る。〉/
달이 밝은 밤.
〈月が明るい夜。〉(100%)

달³ 명【24種のテキストで30例】

①예 [이번/지난] 달.
〈[今/先]月。〉/
어느 달에.
〈何月に。〉(90%)

②예 [시월/유월/일월]달.
〈[十月/六月/一月]の月。〉(10%)

달걀 명 ☆☆★【10種のテキストで15例】

⓪예 달걀을 삶다.
〈卵をゆでる。〉(100%)

달다¹ 동보 ★★☆【105種のテキストで210例】

⓪예 도와 달라고 부탁하다.
〈助けてほしいと頼む。〉/
나, 불고기 좀 사 다오.
〈私、プルゴギおごってちょうだい。〉(100%)

달다² 동 ★★★【52種のテキストで85例】

①예 국기를 달다.
〈国旗を掲げる。〉/
[단추를/배지를] 달다.
〈ボタンを/バッチを]つける。〉(78.8%)

②예 [설명을/조건을/주를] 달다.
〈[説明を/条件を/注を]つける。〉(11.8%)

달다³ 형 ☆★★【21種のテキストで32例】

⓪예 과일이 달다.
〈果物が甘い。〉/
단 음식을 먹다.
〈甘い食べ物を食べる。〉(87.5%)

달라붙다 동【13種のテキストで16例】

①예 껌이 신발에 달라붙다.
〈ガムが靴の底にくっつく。〉(43.8%)

②예 옷이 몸에 착 달라붙다.
〈服がからだにぴったりとくっつく。〉(18.8%)

③예 방들이 다닥다닥 달라붙다.
〈部屋がぎっしりとくっついている。〉(12.5%)

달라지다 동【68種のテキストで191例】

⓪예 도시가 나날이 달라지다.
〈都市が日ごとに変わる。〉(90.1%)

달래다 동【30種のテキストで40例】

①예 [보채는/우는] 아이를 달래다.
〈[ぐずる/泣く]子供をあやす。〉(52.5%)

②예 [슬픈 마음을/외로움을] 달래다.
〈[悲しい心を/寂しさを]慰める。〉(35%)

③예 고픈 [배를/속을] 달래다.
〈空いた[腹を/おなかを]慰める。〉(10%)

달러 명【14種のテキストで48例】

①예 백 달러.
〈百ドル。〉(89.6%)

②예 달러로 물건을 사다.
〈ドルで物を買う。〉(10.4%)

달려가다 동 ★☆☆【61種のテキストで105例】

⓪예 시간에 도착하려고 달려가다.
〈時間内に到着しようと駆けつける。〉(98.1%)

달려들다 동【31種のテキストで41例】

①예 표범처럼 사납게 달려들다.
〈ヒョウのように猛々しく飛びかかる。〉(87.8%)

②예 입찰에 여러 업체들이 달려들다.
〈入札に複数の企業がとびつく。〉(12.2%)

달려오다 동【40種のテキストで82例】

①예 사내가 헐레벌떡 달려오다.
〈男が息を切らして駆けつける。〉(72%)

②예 학부모가 학교로 달려오다.
〈保護者が学校にかけつける。〉(18.3%)

달력 명 ☆★★【12種のテキストで17例】

⓪예 달력(-曆)을 넘기다.
〈カレンダーをめくる。〉(100%)

달리 뿐 ★★☆【72種のテキストで128例】
- ⓪예 생각과는 달리 밖이 밝다.
  〈思いのほか外が明るい。〉(85.2%)

달리기 몡【20種のテキストで48例】
- ⓪예 달리기를 잘하다.
  〈ランニングが得意だ。〉(100%)

달리다¹ 동 ★★★【69種のテキストで202例】
- ①예 아이가 운동장에서 달리다.
  〈子供が運動場で走る。〉(49%)
- ②예 [기차가/트럭이] 달리다.
  〈[汽車が/トラックが]走る。〉(35.6%)
- ③예 [도로를/트랙을] 달리다.
  〈[道路を/トラックを]走る。〉(10.9%)

달리다² 동【49種のテキストで85例】
- ①예 호박단추가 달린 마고자.
  〈琥珀のボタンがついたマゴジャ⁵⁾。〉/
  앞주머니에 달린 배지.
  〈前ポケットについたバッジ。〉(27.1%)
- ②예 턱에 달린 수염.
  〈あごに垂れたひげ。〉/
  발이 많이 달린 벌레.
  〈足がたくさんついた虫。〉(25.9%)
- ③예 나라 운명이 달린 중대사.
  〈国の運命がかかった重大事。〉/
  마음먹기에 달리다.
  〈決心次第だ。〉(25.9%)
- ④예 카메라가 달린 노트북.
  〈カメラがついたノートブック〉(17.6%)

달빛 몡【12種のテキストで19例】
- ⓪예 달빛이 [비치다/훤하다].
  〈月光が[さす/明るい]。〉(100%)

달아나다 동 ☆☆★【31種のテキストで53例】
- ①예 개구리들이 놀라 달아나다.
  〈カエルが驚いて逃げ去る。〉(79.2%)
- ②예 옷의 단추가 달아나다.
  〈服のボタンが無くなる。〉/
  [식욕이/잠이] 달아나다.
  〈[食欲が/眠気が]無くなる。〉(11.3%)

달아오르다 동【14種のテキストで18例】
- ①예 [몸이/얼굴이] 달아오르다.
  〈[体が/顔が]ほてる。〉(72.2%)
- ②예 [마음이/열정으로] 달아오르다.
  〈[心が/情熱で]ほてる。〉(16.7%)
- ③예 난로가 벌겋게 달아오르다.
  〈ストーブが赤く燃え上がる。〉(11.1%)

달콤하다 혱【13種のテキストで16例】
- ①예 달콤한 [꿈/말/사랑/잠].
  〈甘い[夢/言葉/恋/睡眠]。〉(62.5%)
- ②예 참외 맛이 달콤하다.

〈マクワウリの味が甘い。〉(31.3%)

달하다 동【15種のテキストで17例】
- ①예 세력이 절정에 달(達)하다.
  〈勢力が絶頂に達する。〉(52.9%)
- ②예 약 3,000개에 달하다.
  〈約3000個に達する。〉(47.1%)

닭 몡 ★★★【33種のテキストで64例】
- ⓪예 닭을 치다.
  〈鶏を飼う。〉(93.8%)

닮다 동 ★★★【50種のテキストで91例】
- ①예 부모를 닮아 책을 가까이하다.
  〈親に似て本に親しむ。〉/
  체구나 성격이 어머니를 닮다.
  〈体格や性格が母に似ている。〉(63.7%)
- ②예 쌍둥이처럼 닮다.
  〈双子のように似ている。〉(36.3%)

닳다 동【15種のテキストで19例】
- ①예 [구두굽이/운동화가] 닳다.
  〈[靴のかかとが/運動靴が]すり減る。〉(84.2%)
- ②예 닳고 닳은 사람.
  〈世間擦れした人。〉(10.5%)

담¹ 몡 ☆☆★【17種のテキストで26例】
- ①예 저택의 높은 담을 넘다.
  〈邸宅の高い塀を越える。〉(80.8%)
- ②관 <담(을) 쌓다> 예 공부와는 담을 쌓다.
  〈勉強とは距離を置く。〉(19.2%)

담² 몡【5種のテキストで11例】
- ⓪예 담부터는 조심하다.
  〈次からは気をつける。〉(100%)

담그다 동 ☆★☆【22種のテキストで34例】
- ①예 [김장을/장을] 담그다.
  〈[キムジャンを漬ける。/醤油を仕込む。]〉(50%)
- ②예 물에 [발을/손을] 담그다.
  〈水に[足を/手を]漬ける。〉(47.1%)

담기다 동 ★★☆【77種のテキストで122例】
- ①예 [내용이/암시가] 담겨 있다.
  〈[内容が/暗示が]盛り込まれている。〉(67.2%)
- ②예 [그릇에/병에/컵에] 담긴 물.
  〈[器に/瓶に/カップに]入った水。〉(24.6%)

담다 동 ★★★【100種のテキストで176例】
- ①예 음식을 담은 [접시/함지].
  〈食べ物を盛った[皿/木の器]。〉(51.7%)
- ②예 자연의 아름다움을 [글에/노래에/사진에/화폭에] 담다〈自然の美しさを[文に/歌に/写真に/画幅に]盛る。〉(20.5%)
- ③예 해로운 내용을 담은 책.
  〈有害な内容を盛り込んだ本。〉/
  사냥 모습을 담은 수렵도.
  〈狩猟の姿を盛り込んだ狩猟図。〉(14.8%)

---

5) チョゴリの上に着る防寒チョゴリ。

담당 명【15種のテキストで47例】
①예 [계약/면회] 담당(擔當)이 오다.
〈[契約/面会]担当が来る。〉(70.2%)
②예 담당 과목.
〈担当科目。〉(19.1%)
③예 그 환자는 내 담당이다.
〈その患者は私の担当だ。〉(10.6%)

담당하다 동 ★☆☆【22種のテキストで41例】
⓪예 [업무를/역할을] 담당(擔當)하다.
〈[業務を/役割を]担当する。〉(100%)

담배 명 ★★★【52種のテキストで184例】
①예 담배에 불을 붙이다.
〈タバコに火をつける。〉(66.9%)
②관 <담배를 피우다>.
〈タバコを吸う。〉(29.4%)

담벼락 명【10種のテキストで23例】
①예 담벼락에 포스터를 붙이다.
〈壁にポスターを張る。〉(78.3%)
②예 물 담벼락이 배를 덮치다.
〈水の塀が船を襲う。〉(17.4%)

담임 명【21種のテキストで64例】
①관 <담임(擔任) 선생>.
〈担任の先生。〉(71.9%)
②예 1학년 담임을 맡다.
〈1年生の担任を務める。〉(26.6%)

담장 명【16種のテキストで27例】
⓪예 저택의 높은 담장을 넘다.
〈邸宅の高いフェンスを越える。〉(100%)

답 명【19種のテキストで26例】
①예 이 문제의 답(答)은 간단하다.
〈この問題の答は簡単だ。〉(50%)
②예 [제안에/편지에] 답을 하다.
〈[提案に/手紙に]答える。〉(46.2%)

- 답니다 끝【36種のテキストで93例】
⓪예 제가 1등을 했답니다.
〈私が1番になったんです。〉/
그 날 남편이 안 들어왔답니다.
〈その日、主人が帰ってこなかったんです。〉(100%)

- 답다 접 ★★☆【55種のテキストで109例】
①예 [사람/어른/여성]답다.
〈[人間/大人/女性]らしい。〉(73.4%)
②예 [동물의 왕/미래의 주인공]답다.
〈[動物の王/未来の主人公]らしい。〉(13.8%)
③예 겨울다운 겨울.
〈冬らしい冬。〉/
꽃다운 나이.
〈花の年ごろ。〉/
시골다운 풍경.
〈田舎らしい風景。〉(12.8%)

답답하다 형 ★★★【48種のテキストで66例】
①예 답답하고 힘든 [마음/일].
〈息苦しくて大変な[心/こと]。〉(51.5%)
②예 답답한 [말씀/인상].
〈もどかしい[言葉/印象]。〉(21.2%)
③예 넥타이 때문에 목이 답답하다.
〈ネクタイのせいで喉が苦しい。〉(12.1%)

답장 명【13種のテキストで22例】
⓪예 답장(答狀)을 쓰다.
〈返事を書く。〉(100%)

답하다 동 ★★☆【40種のテキストで346例】
⓪예 질문에 답(答)하다.
〈質問に答える。〉(100%)

당 명의【24種のテキストで54例】
⓪예 국민 1인당(當) 소득.
〈国民一人当たりの所得。〉(100%)

당국 명【10種のテキストで19例】
⓪예 [수사/정부] 당국(當局).
〈[捜査/政府]当局。〉(100%)

당기다 동 ★☆★【30種のテキストで39例】
①예 [줄을/팔을] 당기다.
〈[ひもを/腕を]引っ張る。〉(59%)
②예 [담배에/등잔에] 불을 당기다.
〈[タバコに/灯台に]火をつける。〉(10.3%)
③예 다리가 당겨 아프다.
〈足がつって痛い。〉(10.3%)

당당하다 형【30種のテキストで48例】
⓪예 [기세가/위엄이] 당당(堂堂)하다.
〈[気勢が/威厳が]堂々としている。〉(97.9%)

당대 명【12種のテキストで19例】
①예 작가가 살던 당대(當代)의 사회.
〈作家が生きていた当時の社会。〉(84.2%)
②예 오늘날 당대 최고의 배우.
〈今日、当代最高の俳優。〉(15.8%)

당번 명【12種のテキストで18例】
⓪예 [식사/청소] 당번(當番)을 맡다.
〈[食事/掃除]当番を務める。〉(100%)

당부하다 동【13種のテキストで15例】
⓪예 시민들에게 협조를 당부(當付)하다.
〈市民たちに協力を要請する。〉(100%)

당분간 부【13種のテキストで17例】
⓪예 당분간(當分間) 호텔에 머물다.
〈当分の間、ホテルに滞在する。〉(100%)

당시 명 ★★☆【77種のテキストで287例】
①예 전쟁 당시(當時)에 헤어지다.
〈戦争当時に分かれる。〉(67.6%)
②예 사건이 당시 널리 알려지다.
〈事件が当時広く知られる。〉(32.4%)

당신 대 ★★★【86種のテキストで410例】
①예 여보, 당신은 좋은 사람이야.
〈あなた、あなたはいい人よ。〉(37.6%)

②예 당신 말을 그대로 보고하지요.
〈あなたの言葉をそのまま報告します。〉(27.6%)

③예 어머니, 당신은 제게 소중합니다.
〈母さん、あなたは私にとって大事な人です。〉
(19.3%)

당연하다 형 ☆★☆【51種のテキストで83例】

⓪예 당연(當然)한 [이야기/이치/일].
〈当然の〔話/位置/こと〕。〉(100%)

당연히 부【38種のテキストで50例】

⓪예 일이 많으니 당연(當然)히 피곤하지.
〈仕事が多いので当然疲れる。〉(100%)

당장[1] 부 ☆★☆【61種のテキストで99例】

⓪예 당장(當場) [만나다/해결하다].
〈すぐに〔会う/解決する〕。〉(100%)

당장[2] 명【16種のテキストで22例】

⓪예 당장(當場)에라도 떠날 수 있다.
〈すぐにでも発つことができる。〉(100%)

당하다 동 ★★★【98種のテキストで219例】

①예 [부상을/사고를/어려움] 당(當)하다.
〈ケガをする。/事故に遭う。/困難にぶつかる。〉
(26.5%)

②예 [고문을/구타를/협박을] 당하다.
〈〔拷問を/殴打を/脅迫を〕される。〉(22.4%)

③예 [망신을/피해를/화를] 당하다.
〈恥をかく。〔被害を/災いを〕うける。〉(16.4%)

④예 [정학을/퇴학] 당하다.
〈〔停学を/退学を〕くらう。〉(11.4%)

⑤예 교장에게 호되게 당하다.
〈校長にひどい目にあう。〉/
나쁜 사람들에게 당하고만 살다.
〈悪い奴らにやられてばかりの生活をする。〉(11%)

당황하다[1] 동 ☆★☆【34種のテキストで50例】

⓪예 그녀의 대답에 크게 당황(唐慌)하다.
〈彼女の答えに大いにろうばいする。〉(100%)

당황하다[2] 형【15種のテキストで20例】

⓪예 당황(唐慌)한 [걸음걸이/태도/표정].
〈当惑した〔歩き方/態度/表情〕。〉(100%)

닿다 동 ★☆★【57種のテキストで92例】

①예 여인의 손이 내 팔에 닿다.
〈女性の手が私の腕に触れる。〉(50%)

②예 [나루터에/서울역에] 닿다.
〈〔渡し場に/ソウル駅に〕着く。〉(23.9%)

③예 찬 기운이 살갗에 닿다.
〈冷たい空気が肌に触れる。〉/
갯내음이 코에 닿다.
〈干潟のにおいが鼻につく。〉(9.8%)

대[1] 명 ☆☆★【58種のテキストで132例】

①예 40대(代) 후반의 나이.
〈40代後半の年齢。〉(73.5%)

②예 신라 31대 왕.
〈新羅31代王。〉/

15대 국회.
〈15代国会。〉(13.6%)

— 대[2] 준【42種のテキストで94例】

⓪예 그 사람, 어디 갔대?
〈その人、どこに行ったって?〉(100%)

대[3] 명 ★★★【40種のテキストで83例】

⓪예 택시 한 대(臺).
〈タクシー一台。〉/
재봉틀 몇 대.
〈ミシン何台。〉(100%)

대[4] 명【26種のテキストで59例】

①예 삼 대(對) 일의 비율.
〈三対一の割合。〉(79.7%)

②예 한국 대 중국의 경기.
〈韓国対中国の競技。〉(20.3%)

대[5] 명【22種のテキストで29例】

①예 한 대 쥐어박다.
〈一発殴る。〉/
곤장 넉 대.
〈尻叩き四回。〉(62.1%)

②예 담배 한 대 피우다.
〈タバコを一服すう。〉(17.2%)

③예 주사를 한 대 놓다.
〈注射を一本打つ。〉(10.3%)

④예 화살 다섯 대.
〈矢5本。〉(10.3%)

대가[1] 명【18種のテキストで24例】

①예 일한 대가(代價)로 돈을 받다.
〈働いた代価としてお金を受けとる。〉(70.8%)

②예 [죄의/패배의] 대가를 치르다.
〈〔罪の/敗北の〕代償を払う。〉(29.2%)

대가[2] 명【6種のテキストで12例】

⓪예 창의 대가(大家).
〈歌唱の大家。〉/
대가들의 작품.
〈大家の作品。〉(91.7%)

대강[1] 명【6種のテキストで21例】

⓪예 대강(大綱)의 [눈가늠/요지].
〈大体の〔目測/要旨〕。〉(100%)

대강[2] 부【18種のテキストで20例】

⓪예 대강(大綱) [살펴보다/짐작하다].
〈大体〔窺う/推測する〕。〉(100%)

대개[1] 부 ★★★【57種のテキストで105例】

⓪예 대개(大概) 몇 시쯤 일어나세요?
〈大体何時ごろ起きますか?〉(100%)

대개[2] 명【15種のテキストで16例】

⓪예 대개(大概)의 경우.
〈大抵の場合。〉(100%)

대규모 명【12種のテキストで17例】

⓪예 아파트를 대규모(大規模)로 짓다.

〈マンションを大規模に建てる。〉/
대규모 [사업/시위].
〈大規模な〔事業/デモ〕。〉(100%)

대꾸 명【13種のテキストで22例】
⓪예 [말에/물음에] 대꾸를 하다.
〈〔言葉に/質問に〕返事をする。〉(100%)

대꾸하다 동【18種のテキストで26例】
⓪예 [말에/물음에] 대꾸하다.
〈〔言葉に/質問に〕返事する。〉(100%)

대나무 명【15種のテキストで42例】
⓪예 대나무 숲.
〈竹林。〉(100%)

대낮 명【17種のテキストで20例】
⓪예 밤에도 거리가 대낮처럼 환하다.
〈夜にも街が真昼のように明るい。〉(100%)

대다¹ 동보 ★★☆【75種のテキストで209例】
⓪예 아이가 졸라 대다.
〈子供がせがむ。〉/
부리로 쪼아 대다.
〈クチバシでつつきまくる。〉/
거짓말을 해 대다.
〈嘘を言い散らす。〉(100%)

대다² 동 ★★★【86種のテキストで165例】
①예 술잔을 입에 대다.
〈杯を口につける。〉(33.9%)
②예 [밖에/벽에] 대고 소리 지르다.
〈〔外に/壁に〕向かって叫ぶ。〉(18.8%)
③예 단골집에 물건을 대다.
〈得意先に品物を供給する。〉/
논에 물을 대다.
〈田に水を引く。〉/
사업에 돈을 대다.
〈事業に金を投資する。〉(14.5%)
④예 [이름을/이유를/핑계를] 대다.
〈名を名乗る。/理由をつける。/言い訳をする。〉
(9.7%)
⑤관 <손을 대다> 예 안주에 손을 대다.
〈つまみに手をつける。〉(9.1%)

대단하다 형 ★★★【58種のテキストで94例】
①예 솜씨가 대단하다.
〈手並みがすごい。〉/
대단한 미인.
〈すごい美人。〉(50%)
②예 걱정이 대단하다.
〈心配がすごい。〉/
대단한 성공.
〈すごい成功。〉(20.2%)
③예 대단한 [일이/지위가] 아니다.
〈大した〔こと/地位〕ではない。〉(19.1%)
④예 병이 대단치 않다.
〈病気がたいしたことない。〉(10.6%)

대단히 부 ☆☆★【32種のテキストで60例】
⓪예 대단히 훌륭하다.
〈非常に立派だ。〉(100%)

대답 명 ★★★【73種のテキストで143例】
①예 질문에 대답(對答)을 하다.
〈質問に返事をする。〉(83.2%)
②예 현실 모순에 대한 대답을 찾다.
〈現実の矛盾に対する答を探す。〉(16.8%)

대답하다 동 ★★☆【86種のテキストで193例】
⓪예 질문에 대답(對答)하다.
〈質問に答える。〉/
싫다고 대답하다.
〈嫌だと答える。〉(99.5%)

대뜸 부【14種のテキストで17例】
⓪예 나를 보자 마자 대뜸 화를 내다.
〈わたしを見るやいなや、直ちに腹を立てる。〉
(100%)

대량 명【10種のテキストで21例】
①예 쌀을 대량(大量)으로 생산하다.
〈米を大量に生産する。〉(57.1%)
②관 <대량 ~> 예 대량 [생산/소비].
〈大量〔生産/消費〕。〉(42.9%)

대로¹ 토【128種のテキストで341例】
⓪예 사실대로 말하다.
〈事実通り言う。〉/
자기 방식대로 살아가다.
〈マイペースで生きていく。〉(100%)

대로² 명의 ★★☆【124種のテキストで277例】
①예 느낀 대로 말하다.
〈感じたとおりに言う。〉/
명령하는 대로 하다.
〈命令するとおりにする。〉(53.8%)
②예 급한 대로 대충 훑어 보다.
〈急なりにざっと目を通す。〉/
손쉬운 대로 만들다.
〈易しく作る。〉(16.6%)
③예 도착하는 대로 연락을 하다.
〈到着次第連絡をする。〉(13.4%)

대륙 명 ☆☆★【17種のテキストで36例】
①예 중국 대륙(大陸)과 교역을 하다.
〈中国大陸と交易をする。〉(72.2%)
②예 아시아 대륙.
〈アジア大陸。〉(13.9%)
③예 일본이 대륙으로 세력을 뻗치다.
〈日本が大陸に勢力を伸ばす。〉(11.1%)

대립 명【10種のテキストで21例】
⓪예 두 마을의 대립(對立)이 심하다.
〈二つの村の対立が激しい。〉(100%)

대목 명【14種のテキストで21例】
①예 [글의/노래의/책의] 한 대목.
〈〔文の/歌の/本の〕一部分。〉(61.9%)
②예 이번 사건에서 유의해야 할 대목.

〈今回の事件で留意しなければならない部分。〉
(38.1%)

대문 명 ☆☆★【44種のテキストで100例】

⓪예 대문(大門)을 [들어서다/열다].
〈門を〔入る/開く〕。〉(94%)

대부분 명 ★★★【89種のテキストで185例】

①예 하루의 대부분(大部分)을 집에서 지내다.
〈1日のほとんどを家で過ごす。〉(66.5%)

②예 사람들이 대부분 돌아가다.
〈人がほとんど帰る。〉(33.5%)

대비하다 동 ☆★☆【26種のテキストで40例】

⓪예 만일의 사태에 대비(對備)하다.
〈万一の事態に備える。〉(100%)

대사¹ 명【13種のテキストで24例】

⓪예 연극 대사(臺詞)를 연습하다.
〈演劇のセリフを練習する。〉(100%)

대사² 명【4種のテキストで21例】

⓪예 프랑스 대사(大使).
〈フランス大使。〉(100%)

대사관 명 ☆★☆【6種のテキストで19例】

⓪예 주중 한국 대사관(大使館).
〈駐中韓国大使館〉(100%)

대상 명 ★★☆【66種のテキストで215例】

⓪예 관심의 대상(對象)이 되다.
〈関心の対象になる。〉/
청소년을 대상으로 하다.
〈青少年を対象とする。〉(100%)

대신 명 ★★★【106種のテキストで225例】

①예 대답 대신에 고개를 끄덕이다.
〈返事の代わりにうなずく。〉/
보리차 대신으로 녹차를 마시다.
〈麦茶の代わりに緑茶を飲む。〉(53.8%)

②예 시간이 적게 걸리는 대신 돈이 많이 들다.
〈時間が少なくかかる代わりに、お金がたくさんかかる。〉(23.1%)

③예 편지를 대신 써 주다.
〈手紙を代わりに書いてやる。〉(13.3%)

대신하다 동【25種のテキストで31例】

①예 그가 나의 일을 대신(代身)하다.
〈彼が私の仕事を代わりにする。〉(71%)

②예 목례로 인사를 대신하다.
〈目礼であいさつに代える。〉(29%)

대여섯 관【16種のテキストで17例】

⓪예 대여섯 발자국.
〈五つか六つぐらいの足跡。〉(94.1%)

대열 명【13種のテキストで16例】

①예 군인들이 대열(隊列)을 [맞추다/이루다].
〈軍人たちが隊列を〔合わせる/なす〕。〉/
[데모/행진] 대열.
〈〔デモ/行進〕の隊列。〉(56.3%)

②예 [선진국/작가] 대열에 들다.
〈〔先進国/作家〕の隊列に入る。〉(43.8%)

대왕 명 ☆★★【18種のテキストで97例】

⓪예 세종 대왕(大王).
〈世宗(セジョン)大王。〉(100%)

– 대요 준【32種のテキストで63例】

⓪예 살림이 힘들대요.
〈暮らしが難しいそうです。〉/
그 사람은 언제 가겠대요?
〈その人はいつ行くんですって?〉(100%)

대우 명【12種のテキストで22例】

①예 사회적 대우(待遇)가 낮다.
〈社会的待遇が低い。〉(54.5%)

②예 대우가 좋은 회사.
〈待遇が良い会社。〉(31.8%)

③예 영웅의 대우를 받다.
〈英雄の待遇を受ける。〉(13.6%)

대응하다 동【12種のテキストで20例】

⓪예 [변화에/시장의 추세에/적의 도발에] 대응(對應)하다.〈〔変化に/市場の趨勢に/敵の挑発に〕対応する。〉(90%)

대접 명 ☆☆★【22種のテキストで28例】

①예 사람 대접(待接)을 받다.
〈人間扱いを受ける。〉(46.4%)

②예 나이 대접을 받다.
〈年相応のもてなしを受ける。〉(32.1%)

③예 자식들에게 대접을 받다.
〈子供たちにもてなしを受ける。〉(14.3%)

대접하다 동【16種のテキストで21例】

①예 그에게 약주를 대접(待接)하다.
〈彼にお酒をもてなす。〉(66.7%)

②예 남을 깍듯이 대접하다.
〈人を丁重にもてなす。〉(23.8%)

대중 명 ★☆☆【22種のテキストで75例】

①예 대중(大衆)과 함께 하는 정치.
〈大衆と共に行う政治。〉(57.3%)

②예 대중 [소설/음악/잡지].
〈大衆〔小説/音楽/雑誌〕。〉(38.7%)

대지 명【12種のテキストで14例】

⓪예 봄비가 드넓은 대지(大地)를 적시다.
〈春雨が広々とした大地を濡らす。〉(100%)

대책 명【16種のテキストで24例】

⓪예 홍수 대책(對策)을 세우다.
〈洪水対策を立てる。〉(100%)

대처하다 동【13種のテキストで18例】

⓪예 위기에 대처(對處)하다.
〈危機に対処する。〉(100%)

대체 부【16種のテキストで32例】

⓪예 그게 대체(大體) 무슨 말이야?
〈それは一体何のことだ?〉(100%)

대체로 🔤 【26種のテキストで38例】
①📍 품목에 따라 다르지만 물가가 대체(大體)로 5%쯤 오르다.〈品目によって異なるが、物価がおおむね5%ほど上がる。〉(50%)
②📍 임신하면 대체로 마음의 여유가 없어지다.〈妊娠すると多くの場合心の余裕がなくなる。〉(50%)

대충 🔤 【25種のテキストで33例】
①📍 구급약을 대충 갖추다.〈救急薬を大かた備える。〉/
약속 시간에 늦어서 대충 챙겨 나가다.〈約束の時間に遅れてざっと取りそろえて出かける。〉(63.6%)
②📍 대충 [짐작이 되다/헤아리다].〈大体〔見当がつく/察する〕。〉(36.4%)

대통령 📖 ★★★【32種のテキストで143例】
⓪📍 대통령(大統領)을 뽑다.〈大統領を選ぶ。〉(100%)

대표 📖 ★★★【30種のテキストで64例】
⓪📍 학생 대표(代表)로 뽑히다.〈学生代表に選ばれる。〉(84.4%)

대표적 📖 【28種のテキストで43例】
⓪📍 국화는 대표적(代表的)인 가을꽃이다.〈菊は代表的な秋の花だ。〉(100%)

대표하다 📖 【18種のテキストで23例】
①📍 1920년대의 시를 대표(代表)하다.〈1920年代の詩を代表する。〉(52.2%)
②📍 각 단체를 대표하다.〈各団体を代表する。〉(47.8%)

대하다 📖 ★★★【187種のテキストで2,444例】
①📍 거짓에 대(對)한 분노.〈偽りに対する怒り。〉/
역사에 대해 관심을 갖다.〈歴史について関心を持つ。〉(45.3%)
②📍 건강에 대한 이야기.〈健康に対する話。〉(31.3%)
③📍 자식에 대한 사랑.〈子に対する愛。〉/
농민에 대한 지원.〈農民に対する支援。〉(14.9%)

대학 📖 ★★★【96種のテキストで409例】
⓪📍 대학(大學)에 진학하다.〈大学に進学する。〉(95.1%)

대학교 📖 ☆★★【33種のテキストで77例】
⓪📍 대학교(大學校)에 입학하다.〈大学に入学する。〉(100%)

대학생 📖 ★★★【36種のテキストで102例】
⓪📍 대학생(大學生)이 되다.〈大学生になる。〉(100%)

대학원 📖 【17種のテキストで51例】
⓪📍 대학원(大學院)에 다니다.〈大学院に通う。〉(100%)

대한민국 📖 (固有) ★☆☆【25種のテキストで67例】
⓪📍 대한민국(大韓民國)의 국민.〈大韓民国の国民。〉(100%)

대형 📖 【17種のテキストで30例】
⓪📍 대형(大型) [냉장고/아파트].〈大型〔冷蔵庫/マンション〕。〉(100%)

대화 📖 ★★★【50種のテキストで144例】
⓪📍 대화(對話)를 나누다.〈対話を交わす。〉(100%)

대회 📖 ★★☆【33種のテキストで91例】
①📍 [올림픽/체육] 대회(大會).〈〔五輪/体育〕大会。〉(89%)
②📍 [전당/학술] 대회.〈〔政党/学術〕大会。〉(11%)

댁 📖 ★★★【53種のテキストで121例】
⓪📍 선생님께서 댁(宅)에 계시다.〈先生がお宅にいらっしゃる。〉(99.2%)

댐 📖 【11種のテキストで66例】
⓪📍 댐을 건설하다.〈ダムを建設する。〉(100%)

더[1] 🔤 ★★★【204種のテキストで1,821例】
①📍 눈이 더 내리겠다.〈雪がさらに降るだろう。〉/
조금 더 가다.〈もう少し行く。〉(52.6%)
②📍 버스보다 기차가 더 빠르다.〈バスより列車の方がもっと早い。〉(47.3%)

- 더 -[2] 🔤 【23種のテキストで28例】
⓪📍 일이 힘들더군요.〈仕事が大変でしたね。〉/
아이가 공부를 잘 하더라.〈子供が勉強なかなかよくできてたね。〉(100%)

더구나[1] 🔤 ☆☆★【49種のテキストで82例】
①📍 나는 더위를 많이 탄다. 더구나 땀도 많이 흘린다.〈私は暑さに弱い。しかも、汗もたくさん流す。〉(78%)
②📍 음식을 흘리고, 더구나 쩝쩝 소리까지 내면서 밥을 먹다.〈食べ物をこぼし、さらに、クチャクチャという音まで出しながらご飯を食べる。〉(12.2%)

- 더구나[2] 🔤 【12種のテキストで14例】
⓪📍 맛이 좋더구나.〈おいしかったね。〉/
친구가 많이 왔더구나.〈友達がたくさん来てたな。〉(100%)

- 더군 🔤 【9種のテキストで19例】
⓪📍 경치가 아름답더군.〈景色が美しかったね。〉/
비가 오더군.〈雨が降ってたね。〉(100%)

– 더군요　閉【21種のテキストで44例】
　⓪⑩ 경치가 아름답더군요.
　　〈景色が美しかったですね。〉/
　　비가 오더군요.
　　〈雨が降ってましたね。〉(100%)

– 더니　閉【145種のテキストで562例】
　⓪⑩ 날이 흐리더니 비가 내리다.
　　〈曇っていたが、雨が降る。〉/
　　껄껄 웃더니 방을 나가다.
　　〈からからと笑っていたが部屋から出て行く。〉
　　(100%)

– 더니만　閉【10種のテキストで14例】
　⓪⑩ 일을 했더니만 배가 고프군.
　　〈仕事をしたら、腹がへったな。〉(100%)

더듬다　動【22種のテキストで37例】
　①⑩ 손으로 얼굴을 더듬다.
　　〈手で顔をなでる。〉(35.1%)
　②⑩ 말을 더듬다.
　　〈どもる。〉(24.3%)
　③⑩ 지난 세월을 더듬어 보다.
　　〈過ぎた歳月をたどってみる。〉(21.6%)
　④⑩ 진리에 이르는 길을 더듬어 가다.
　　〈真理に至る道をたどる。〉(18.9%)

– 더라　閉【53種のテキストで111例】
　⓪⑩ 눈이 오더라.
　　〈雪が降ってたな。〉/
　　어디서 보았더라?
　　〈どこで会ったっけ?〉/
　　기분이 좋더라.
　　〈気分が良かったな。〉(100%)

– 더라고　閉【15種のテキストで22例】
　⓪⑩ 기분이 나쁘더라고 말했다.
　　〈気分が悪かったと話した。〉/
　　생각이 변하더라고.
　　〈考えが変わったよ。〉(100%)

– 더라구　閉【11種のテキストで22例】
　⓪⑩ 기분이 나쁘더라구 말했다.
　　〈気分が悪かったと話した。〉/
　　생각이 변하더라구.
　　〈考えが変わったよ。〉(100%)

– 더라는　閉【10種のテキストで15例】
　⓪⑩ [살림이 어렵더라는/잘 살더라는] 말을
　　듣다.〈[暮らしが大変だったという/幸せに暮らし
　　ていたという]話を聞く。〉(100%)

– 더라도　閉【107種のテキストで261例】
　⓪⑩ 화가 나더라도 참으세요.
　　〈腹が立っても我慢してください。〉(100%)

– 더라면　閉【38種のテキストで50例】
　⓪⑩ 조금만 더 일찍 갔더라면 만났을 거예요.
　　〈もう少しだけ早く行っていたら会えたでしょうに。〉
　　(100%)

더러¹　副【22種のテキストで29例】
　①⑩ 동창들과 더러 만나다.
　　〈同級生たちとたまに会う。〉(58.6%)
　②⑩ [빈 자리가/손님이] 더러 있다.
　　〈空席がたまにある。/お客さんがたまにいる。〉
　　(41.4%)

더러²　代【16種のテキストで27例】
　⓪⑩ 더러는 우리를 비난하다.
　　〈ときには私たちを非難する。〉(100%)

더러³　토【39種のテキストで48例】
　①⑩ 형더러 오라 그래라.
　　〈兄に来いと伝えてくれ。〉(64.6%)
　②⑩ 일이 힘들 뿐더러 월급도 적다.
　　〈仕事が大変なだけでなく給料も少ない。〉
　　(35.4%)

더럽다　形　★★★【51種のテキストで122例】
　①⑩ 더러운 [걸레/그릇/손/옷].
　　〈汚い[雑巾/皿/手/服]。〉/
　　[공기가/물이] 더럽다.
　　〈[空気が/水が]汚い。〉(46.7%)
　②⑩ [방이/부엌이] 더럽다.
　　〈[部屋が/台所が]汚い。〉(32.8%)
　③⑩ 더러운 위선자.
　　〈汚い偽善者。〉/
　　행실이 더럽다.
　　〈行いが汚い。〉(9%)

더럽히다　動【16種のテキストで27例】
　①⑩ 폐수가 바다를 더럽히다.
　　〈廃水が海を汚す。〉(77.8%)
　②⑩ [가문을/명예를/이름을] 더럽히다.
　　〈[家門を/名誉を/名前を]汚す。〉(22.2%)

더불어　副【45種のテキストで81例】
　① <~와 더불어> ⑩ 욕설과 더불어 싸움이 일
　　어나다.〈ののしりとともに、けんかが起こる。〉/
　　광복과 더불어 귀국하다.
　　〈光復とともに帰国する。〉(53.1%)
　②⑩ (이웃과) 더불어 살다.
　　〈(お隣と)ともに暮らす。〉(46.9%)

더욱　副　★★★【144種のテキストで457例】
　⓪⑩ 욕을 듣고 더욱 화나다.
　　〈罵詈雑言を聞いてもっと腹が立つ。〉(100%)

더욱더　副【10種のテキストで15例】
　⓪⑩ 날이 더욱더 추워지다.
　　〈日がもっと寒くなる。〉(100%)

더욱이　副【24種のテキストで34例】
　⓪⑩ 경험도 없고 더욱이 전문 지식도 없다.
　　〈経験もなく、さらに専門知識もない。〉(100%)

더위　名　☆★★【19種のテキストで34例】
　⓪⑩ 찌는 듯한 더위.
　　〈うだるような暑さ。〉(82.4%)

더이상　副【20種のテキストで26例】

①예 더이상(-以上) [말을 못 잇다/모습이 보이지 않다].〈これ以上[言葉を続けられない/姿が見えない]。〉(65.4%)

②예 더이상 [기다리지/도움을 받지] 않겠다.〈これ以上[待たない/助けてもらわない]。〉(34.6%)

더하다¹ 동 ★☆☆【37種のテキストで50例】

①예 [긴장감을/깊이를/충격을/힘을] 더하다.〈[緊張感を/深みを/衝撃を/力を]増す。〉(48%)

②예 수를 더하고 빼다.〈数を足し引きする。〉(36.7%)

더하다² 형【31種のテキストで38例】

①예 갈수록 고통이 더하다.〈ますます苦痛が増す。〉/
이보다 더한 일도 경험하다.〈これよりもっとひどいことも経験する。〉(60.5%)

②관 <더할 [나위/데/수] 없다>.〈非の打ちどころが無い。/この上ない。/申し分ない。〉(39.5%)

덕¹ 명 ★☆☆【15種のテキストで31例】

⓪예 덕(德)을 쌓다.〈德を積む〉(100%)

덕² 명의【13種のテキストで19例】

①예 조상들 덕(德)으로 잘살다.〈先祖たちのおかげで豊かに暮らす。〉(78.9%)

②관 <덕을 [보다/입다]>.〈おかげでもうかる。/恩恵をこうむる。〉(21.1%)

덕분 명 ★★☆【43種のテキストで62例】

①예 그분 덕분(德分)에 잘 지내다.〈その方のおかげで元気だ。〉(48.4%)

②예 달빛 덕분에 어둡지 않다.〈月の光のおかげで暗くない。〉(43.5%)

- 던 끝【205種のテキストで4,318例】

⓪예 그가 떠나던 날 비가 왔다.〈彼が逝った日雨が降った。〉/
내가 만났던 사람들.〈私が会った人たち。〉(100%)

- 던가 끝【49種のテキストで120例】

⓪예 기분이 어떻던가?〈気分はどうだったかね?〉/
10년 전이던가, 내가 서울에 있을 때.〈10年前だったろうか、私がソウルにいる時。〉(100%)

- 던가요 끝【13種のテキストで19例】

⓪예 가족들은 건강하던가요?〈家族たちは元気に暮らしていましたか?〉(100%)

- 던데 끝【22種のテキストで37例】

①예 아까 비가 오던데 지금은 어때?〈さっき雨が降ってたけど、今はどう?〉(62.2%)

②예 날씨가 꽤 춥던데.〈結構寒かったけど。〉(37.8%)

- 던데요 끝【19種のテキストで35例】

⓪예 키가 크던데요.〈背が高かったですよ。〉/
한식을 잘 먹던데요.〈韓国料理をよく食べてましたよ。〉(100%)

- 던지 끝【28種のテキストで42例】

⓪예 얼마나 무서웠던지 제정신이 아니었다.〈どれほど怖かったか、生きた心地がしなかった。〉(100%)

던지다 동 ★★★【100種のテキストで187例】

①예 [공을/돌을] 던지다.〈[ボールを/石を]投げる。〉(49.2%)

②예 [교훈을/충격을] 던지다.〈[教訓を/衝撃を]投げかける。〉(12.8%)

③예 가방을 책상 위에 던져 놓다.〈カバンを机の上に投げておく。〉(12.3%)

④예 [눈웃음을/미소를] 던지다.〈目笑を交わす。/微笑をなげる〉(10.2%)

덜 부 ☆★★【48種のテキストで64例】

①예 아직 잠에서 덜 깨다.〈まだ覚めやらない。〉(68.8%)

②예 코트를 입으면 덜 춥다.〈コートを着るとあまり寒くない。〉(26.6%)

덜다 동 ☆☆★【16種のテキストで20例】

①예 [고생을/아픔을] 덜어 주다.〈[苦労を/痛みを]やわらげてやる。〉(80%)

②예 그릇에서 밥을 덜다.〈お茶碗からご飯を減らす。〉(20%)

덤벼들다 동【15種のテキストで17例】

①예 개가 사람에게 덤벼들다.〈犬が人に飛びかかる。〉(64.7%)

②예 여럿이 덤벼들어 짐을 옮기다.〈大勢の人たちがよってたかって荷物を運ぶ。〉(35.3%)

덥다 형 ★★★【47種のテキストで74例】

⓪예 더운 [여름/지방].〈暑い[夏/地方]。〉/
날이 덥다.〈日が暑い。〉(90.5%)

덧붙이다 동【31種のテキストで40例】

①예 [말씀을/한 마디] 덧붙이다.〈[言葉を/一言]付け加える。〉(67.5%)

②예 [바지에 주머니를/서류에 의견서를] 덧붙이다.〈[ズボンにポケットを/書類に意見書を]付け加える。〉(32.5%)

덩어리 명【19種のテキストで22例】

①예 [돌/땅/바위] 덩어리.〈[石/土/岩]の塊。〉(40.9%)

②예 [떡/밥] 한 덩어리 덜다.〈[餅/ご飯]一つ減らす。〉(27.3%)

③예 가루가 굳어 덩어리가 되다.〈粉が固まって塊になる。〉(18.2%)

덮다 동 ★★★【43種のテキストで56例】
①예 긴 머리가 귀를 덮다.
〈長い髪が耳を覆う。〉(23.2%)
②예 [담요를/이불을] 덮다.
〈[毛布を/布団を]かける。〉(21.4%)
③예 읽던 책을 덮다.
〈読んでいた本を伏せる。〉(19.6%)
④예 밥상을 보자기로 덮다.
〈食膳をふろしきで覆う。〉/
바닥에 가마니를 덮다.
〈下にかますを敷く。〉(14.3%)
⑤예 냄비 뚜껑으로 덮다.
〈鍋の蓋で覆う。〉/
솥에 뚜껑을 덮다.
〈釜に蓋をする。〉(8.9%)

덮이다 동 【26種のテキストで35例】
①예 [눈으로/얼음으로] 덮인 산.
〈[雪で/氷で]覆われた山。〉(57.1%)
②예 [나무로/안개로] 덮인 골짜기.
〈[木で/霧で]覆われた谷間。〉(20.0%)
③예 밥상이 보자기로 덮이다.
〈食膳が風呂敷で覆われる。〉(14.3%)

데 명의 ★★★【184種のテキストで1,095例】
①예 기술 익히는 데에 힘쏟다.
〈技術を習うことに力を入れる。〉(31.1%)
②예 아는 데까지 이야기하다.
〈知っているところまで話す。〉/
이곳에 오게 된 데에는 사연이 있다.
〈ここに来るようになったのには事情がある。〉
(23.6%)
③예 잠깐 들를 데가 있다.
〈ちょっと寄るところがある。〉(20.9%)
④예 물은 사람이 살아가는 데 중요하다.
〈水は人が生きていくのに大切である。〉(15.7%)

데려가다 동 【17種のテキストで21例】
⓪예 아이를 병원에 데려가다.
〈子供を病院に連れて行く。〉(100%)

데려오다 동 【19種のテキストで22例】
⓪예 친구를 집으로 데려오다.
〈友達を家に連れてくる。〉(100%)

데리다 동 ★★★【86種のテキストで179例】
①예 아이를 외가로 데리고 가다.
〈子供を母親の実家に連れて行く。〉(83.2%)
②예 조카를 데리고 [살다/있다].
〈甥を連れて[暮らす/いる]。〉(14.5%)

데이트 명 ☆★★【8種のテキストで10例】
⓪예 애인과 데이트를 하다.
〈恋人とデートをする。〉(100%)

도¹ 토 【218種のテキストで16,406例】

⓪예 친구도 만나다.
〈友達も会う。〉/
돈도 명예도 싫다.
〈お金も名誉も嫌だ。〉/
울지도 못한다.
〈泣くこともできない。〉(100%)

도² 명의 ★★☆【22種のテキストで61例】
①예 영하 15도(度)의 추위.
〈零下15度の寒さ。〉(73.8%)
②예 90도 각도.
〈90度の角度。〉(19.7%)

도³ 명 ★☆☆【9種のテキストで32例】
⓪예 각 도(道)의 쌀 생산량 비교.
〈各道6)のコメ生産量の比較。〉(100%)

도⁴ 명 【8種のテキストで25例】
①예 중국인의 도(道)를 이해하다.
〈中国人の生き方を理解する。〉(44%)
②예 교는 달라도 도는 하나이다.
〈教えは違っても道は一つだ。〉(40%)
③관 <도를 닦다>.〈道を修める。〉(16%)

도구 명 ★☆☆【37種のテキストで68例】
①예 [낚시/청소/필기] 도구(道具).
〈[釣り/掃除/筆記]道具。〉(67.6%)
②예 출세의 도구.
〈出世の道具。〉(32.4%)

도깨비 명 【14種のテキストで64例】
⓪예 도깨비가 나오는 집.
〈鬼の出る屋敷。〉(100%)

도달하다 동 【26種のテキストで47例】
①예 [높은 수준에/단계에/위험 수위에] 도달(到達)하다.〈[高い水準に/段階に/危険水位に]到達する。〉(70.2%)
②예 목적지에 도달하다.
〈目的地に到達する。〉(29.8%)

도대체 부 ★★★【75種のテキストで141例】
①예 도대체 [뭐가 문제죠?/지금 몇 시지?]
〈一体[何が問題?/今何時?]〉(75.9%)
②예 도대체 [만날 수가 없다.
〈一体全体[会うことができない。〉/
말도 안 되다.]
〈お話にならない。〉](13.5%)
③예 그 사람 도대체 능력이 의심스럽다.
〈その人、まったく能力が疑わしい。〉(10.6%)

도덕 명 ★☆☆【23種のテキストで41例】
①예 돈 때문에 도덕(道德)도 양심도 다 버리다.
〈金のために道徳も良心も全部捨てる。〉(82.9%)
②예 도덕 [시간/시험/점수].
〈道徳の[時間/試験/点数]。〉(17.1%)

도둑 명 ★★★【25種のテキストで60例】

---

6) 韓国の行政区域の一つ。

⓪예 도둑을 잡다.
〈どろぼうを捕まえる。〉(93.3%)

도로¹ 명 ★☆☆【42種のテキストで93例】
⓪예 도로(道路)를 건설하다.
〈道路を建設する。〉(100%)

도로² 閂【22種のテキストで31例】
⓪예 올라갔다가 도로 내려오다.
〈上がってから引き返して下りてくる。〉(100%)

－도록 閂【166種のテキストで913例】
⓪예 사고가 없도록 조심해라.
〈事故がないように気をつけろ。〉/
앞으로 열심히 하도록.
〈これから一生懸命にするように。〉(100%)

도리 명 ★☆☆【40種のテキストで66例】
①예 가장으로서의 도리(道理)를 다하다.
〈家長としての道理を尽くす。〉(54.5%)
②예 어찌할 도리가 없다.
〈どうしようもない。〉(45.5%)

도리어 閂 ☆☆★【14種のテキストで21例】
①예 바쁠 때 도리어 여유를 갖다.
〈忙しい時むしろ余裕を持つ。〉(57.1%)
②예 약을 잘못 먹으면 도리어 해롭다.
〈薬の飲み方を間違えると、かえって害になる。〉
(42.9%)

도망 명【11種のテキストで18例】
⓪예 도망(逃亡)을 [가다/치다].
〈逃げる。/逃亡する。〉(100%)

도망가다 동【23種のテキストで41例】
⓪예 범인이 외국으로 도망(逃亡)가다.
〈犯人が外国に逃げる。〉(100%)

도망치다 동【35種のテキストで46例】
⓪예 도둑이 담을 넘어 도망(逃亡)치다.
〈泥棒が塀を越えて逃げる。〉(100%)

도무지 閂【22種のテキストで32例】
①예 도무지 [알/이유를 알] 수 없다.
〈まったくわからない。/まったく理由がわからない。〉(46.9%)
②예 도무지 밖으로 나오지 않다.
〈まったく外に出ない。〉/
바람이 도무지 그칠 줄 모르다.
〈風がまったく止むことを知らない。〉(31.3%)
③예 도무지 [글이 안 써지다/못 먹겠다/실감이 안 나다].〈まったく[文が書けない/食べられない/実感がわかない]。〉(21.9%)

도사리다 동【13種のテキストで15例】
①예 [마음에/방에] 가만히 도사리다.
〈[心の中に/部屋に]じっと潜む。〉(46.7%)
②예 [병이/살기가/음모가] 도사리다.
〈[病気が/殺気が/陰謀が]潜む。〉(40%)

도서관 명 ★★★【36種のテキストで109例】
⓪예 도서관(圖書館)에서 공부하다.
〈図書館で勉強する。〉(100%)

도시 명 ★★★【71種のテキストで261例】
⓪예 국제적인 도시(都市).
〈国際的な都市。〉(99.6%)

도시락 명 ☆★★【24種のテキストで55例】
⓪예 도시락을 [먹다/싸다].
〈弁当を[食べる/詰める]。〉(100%)

도움 명 ★★☆【113種のテキストで291例】
⓪예 문제 해결에 도움이 되다.
〈問題解決に役立つ。〉/
도움을 받다.
〈支援を受ける。〉(100%)

도자기 명【16種のテキストで71例】
⓪예 도자기(陶瓷器)를 굽다.
〈陶磁器を焼く。〉(100%)

도장¹ 명 ☆☆★【12種のテキストで22例】
①예 도장(圖章)을 [새기다/파다].
〈判子を[刻む/掘る]。〉(81.8%)
②관 <도장을 박다>.
〈判子を押す。〉(13.6%)

도장² 명【3種のテキストで4例】
⓪예 태권도 도장(道場)에 다니다.
〈テコンドー[7]道場に通う。〉(100%)

도저히 閂【33種のテキストで48例】
⓪예 도저(到底)히 참을 수가 없다.
〈とうてい我慢できない。〉/
사흘 내에 일을 마치기란 도저히 불가능하다.〈三日以内に仕事を終えるというのはとうてい不可能だ。〉(100%)

도전 명【21種のテキストで43例】
①예 [챔피언이/기존 제도가] 도전(挑戰)을 받다.〈[チャンピオンが/既存の制度が]挑戦を受ける。〉(62.8%)
②예 어려운 일에 도전을 하다.
〈難しいことに挑戦をする。〉(37.2%)

도전하다 동【20種のテキストで27例】
①예 역경에 도전(挑戰)하다.
〈逆境に挑戦する。〉(66.7%)
②예 보수 독점 체제에 도전하다.
〈保守の独占体制に挑戦する。〉(18.5%)
③예 챔피언에게 도전하다.
〈チャンピオンに挑戦する。〉(14.8%)

도중 명【26種のテキストで31例】
①예 공연 도중(途中)에 휴식을 하다.
〈公演途中に休息をする。〉(64.5%)
②예 회사로 가던 도중에 사고를 만나다.

---

7) 韓国の格闘技

〈会社に向かう途中に事故に遭遇する。〉(35.5%)

도착하다 動 ★★★【78種のテキストで150例】
① 例 친구가 역에 도착(到着)하다.
〈友達が駅に到着する。〉(78%)
② 例 [배가/차가] 서울에 도착하다.
〈[船が/車が]ソウルに到着する。〉(12%)
③ 例 [돈이/물건이/편지가] 도착하다.
〈[お金が/物が/手紙が]到着する。〉(10%)

독¹ 名 ☆☆★【7種のテキストで22例】
⓪ 例 독에 간장을 채우다.
〈甕に醤油を満たす。〉(90.9%)

독² 名 【3種のテキストで3例】
① 例 간에서 체내의 독(毒)을 없애다.
〈肝で体内の毒をなくす。〉(66.7%)
② 慣 <독(이) 오르다> 例 그가 독이 오른 표정을
짓다.〈彼が殺気だった表情をする。〉(33.3%)

독립 名 ★☆★【26種のテキストで102例】
① 例 우리 민족의 독립(獨立) 의지.
〈我が民族の独立への意志。〉(74.5%)
② 慣 <독립 운동>.
〈独立運動。〉(17.6%)

독서 名 ★★★【24種のテキストで71例】
⓪ 例 독서(讀書)를 하다.
〈読書をする。〉(100%)

독일 名 (固有) ★★☆【23種のテキストで51例】
⓪ 例 독일(獨逸)로 유학을 가다.
〈ドイツに留学に行く。〉(100%)

독자 名 【19種のテキストで97例】
⓪ 例 문학 작품의 독자(讀者).
〈文学作品の読者。〉(100%)

독재 名 【11種のテキストで28例】
① 例 군부가 독재(獨裁)를 하다.
〈軍部が独裁をする。〉(53.6%)
② 慣 <독재 정치>.
〈独裁政治。〉(25%)
③ 慣 <독재 정권>.
〈独裁政権。〉(21.4%)

독특하다 形 ★★☆【28種のテキストで53例】
⓪ 例 [관점이/모양이] 독특(獨特)하다.
〈[観点が/形が]独特だ。〉(100%)

독하다 形 【12種のテキストで19例】
① 例 독(毒)한 [담배/술/연기].
〈きつい[タバコ/お酒/煙]。〉(42.1%)
② 例 독한 [세제/약].
〈強い[洗剤/薬]。〉(36.8%)
③ 例 독한 사람.
〈きつい人。〉/
마음이 독하다.
〈心がきつい。〉(21.1%)

돈 名 ★★★【141種のテキストで753例】
① 例 한국 돈을 [내다/받다/쓰다].
〈韓国のお金を[出す/もらう/使う]。〉(48.2%)
② 例 돈이 [많다/없다/있다].
〈お金が[多い/ない/ある]。〉/
돈을 모으다.
〈お金を集める。〉(27.6%)
③ 慣 <돈을 벌다>.
〈金を稼ぐ。〉(12.0%)

돋다 動 【19種のテキストで22例】
① 例 [싹이/움이/잎이] 돋다.
〈[芽が/新芽が/葉が]出る。〉(54.5%)
② 例 [소름이/여드름이] 돋다.
〈鳥肌がたつ。/にきびができる。〉(27.3%)

돋아나다 動 【19種のテキストで38例】
① 例 [싹이/움이/잎이] 돋아나다.
〈[芽が/新芽が/葉が]出る。〉(52.6%)
② 例 [달이/별이/해가] 돋아나다.
〈[月が/星が/日が]出る。〉(15.8%)
③ 例 [뿔이/털이] 돋아나다.
〈[角が/毛が]はえる。〉(15.8%)
④ 例 [생기가/역정이] 돋아나다.
〈[生気が/怒りが]吹き出る。〉(10.5%)

돌 名 ★★★【52種のテキストで165例】
⓪ 例 돌을 던지다.
〈石を投げる。〉(100%)

돌다 動 ★★★【83種のテキストで171例】
① 例 [물레방아가/선풍기가/팽이가] 돌다.
〈[水車が/扇風機が/こまが]回る。〉(18.7%)
② 例 골짜기 오른쪽을 돌다.
〈谷間の右側を回る。〉/
우체국을 끼고 도는 길.
〈郵便局に沿って回った道。〉(12.3%)
③ 例 탑을 돌다.
〈塔を回る。〉(11.1%)
④ 例 전국의 장터를 돌며 장사하다.
〈全国の市場を回りながら商売する。〉(9.4%)
⑤ 例 사거리에서 왼쪽으로 돌아서 가다.
〈交差点で左に回って行く。〉/
뒤로 돌아!
〈回れ一右!〉(7%)
⑥ 例 [마당을/주차장을] 돌다.
〈[庭を/駐車場を]回る。〉(6.4%)
⑦ 例 스케이트를 타고 빙판을 돌다.
〈スケートに乗って凍ったスケート場を回る。〉
(5.8%)
⑧ 例 정신이 돈 사람.
〈狂った人。〉/
머리가 돌다.
〈頭がくらくらする。〉(5.8%)
⑨ 例 [군침이/눈물이] 돌다.
〈[よだれが/涙が]出る。〉(5.8%)

돌려주다 動 【14種のテキストで20例】
⓪ 例 빌렸던 [돈을/물건을] 주인에게 돌려주다.

〈[借りていたお金を/物を]主人に返す。〉(100%)

돌리다 图 ★★★【110種のテキストで257例】

①예 [몸을/시선을] 돌리다.
〈[体を/視線を]回す。〉(39.3%)

②예 맷돌을 돌리다.
〈ひきうすを回す。〉(12.5%)

③예 [다이얼을/손잡이를] 돌리다.
〈[ダイヤルを/取っ手を]回す。〉(8.9%)

④예 제자리로 돌리다.
〈元の場所に戻す。〉(7%)

⑤예 [잔을/쪽지를/패를] 돌리다.
〈[杯を/メモを/札を]回す。〉(6.6%)

⑥예 책임을 남에게 돌리다.
〈責任を他人に転嫁する。〉(5.4%)

⑦예 오른쪽으로 망원경을 돌리다.
〈右に望遠鏡を回す。〉(3.5%)

돌멩이 图【16種のテキストで27例】

⓪예 돌멩이를 던지다.
〈石を投げる。〉(100%)

돌보다 图 ★★☆【42種のテキストで76例】

①예 [가축을/병자를/아기를] 돌보다.
〈[家畜を/病人を/赤ちゃんを]世話をする。〉
(78.9%)

②예 [가사를/농사일을] 돌보다.
〈[家事を/農作業を]手伝う。〉(21.1%)

돌아가다 图 ★★★【130種のテキストで285例】

①예 [고향으로/조국으로] 돌아가다.
〈[故郷に/祖国に]帰る。〉/
본론으로 돌아가다.
〈本論にもどる。〉(65.3%)

②예 돌아가는 형편을 알아보다.
〈なりゆきを調べる。〉(8.1%)

③예 포장을 들치고 뒤로 돌아가다.
〈幌を持ち上げ後ろに回る。〉(7%)

돌아가시다 图 ★★☆【45種のテキストで91例】

⓪예 아버지가 돌아가시다.
〈お父さんが亡くなる。〉(100%)

돌아다니다 图 ★★☆【42種のテキストで61例】

①예 객지로 돌아다니다.
〈客地でさまよう。〉(59%)

②예 사고 현장을 돌아다니다.
〈事故現場を歩き回る。〉(21.3%)

③예 마을을 돌아다니다.
〈村を歩き回る。〉(16.4%)

돌아다보다 图【17種のテキストで33例】

①예 [뒤를/옆을] 돌아다보다.
〈[後を/そばを]振り返ってみる。〉(81.8%)

②예 [과거를/지나온 삶을] 돌아다보다.
〈[過去を/通ってきた人生を]振り返ってみる。〉
(18.2%)

돌아보다 图 ☆☆★【49種のテキストで112例】

①예 [뒤를/옆을] 돌아보다.
〈[後を/横を]向く。〉(62.5%)

②예 [과거를/지나온 삶을] 돌아보다.
〈[過去を/通ってきた人生を]振り返る。〉
(17.9%)

③예 [남부 지역을/북경을] 돌아보다.
〈[南部地域を/北京を]回ってみる。〉(17.9%)

돌아서다 图【42種のテキストで77例】

①예 [나가려다/등을 보이고] 돌아서다.
〈[出ようとして/背中を見せて]後ろ向きになる。〉
(76.6%)

②예 [눈물을 머금고/포기하고] 돌아서다.
〈[涙をのんで/放棄して]背を向ける。〉(10.4%)

돌아오다 图 ★★★【141種のテキストで532例】

⓪예 학교에서 집에 돌아오다.
〈学校から家に帰ってくる。〉(92.1%)

돌이켜보다 图【12種のテキストで20例】

⓪예 [과거를/삶을] 돌이켜보다.
〈[過去を/人生を]顧みる。〉(100%)

돌이키다 图【17種のテキストで22例】

①예 과거를 돌이켜 보다.
〈過去を振り返って見る。〉/
돌이켜 생각해 보다.
〈思い返して見る。〉(45.5%)

②예 분위기를 돌이키다.
〈雰囲気を取り戻す。〉(40.9%)

돕다 图 ★★★【129種のテキストで411例】

①예 [아버지의 일을/친구를] 돕다.
〈[父の仕事を/友達を]助ける。〉(84.2%)

②예 [수재민을/이웃을] 돕다.
〈[水害に遭った人を/隣人を]助ける。〉(13.4%)

동갑 图【10種のテキストで15例】

⓪예 두 사람은 동갑(同甲)이다.
〈二人は同い年だ。〉(100%)

동굴 图【18種のテキストで56例】

⓪예 동굴(洞窟)에 들어가다.
〈洞窟に入る。〉(100%)

동그라미 图【10種のテキストで24例】

①예 손으로 동그라미를 그리다.
〈手で円を描く。〉(83.3%)

②예 맞는 답에 동그라미를 치다.
〈合っている答えに丸をつける。〉(16.7%)

동그랗다 形【16種のテキストで19例】

⓪예 눈을 동그랗게 뜨다.
〈目を丸くする。〉(100%)

동기¹ 图【24種のテキストで38例】

⓪예 [범행의/자살의] 동기(動機).
〈[犯行の/自殺の]動機。〉(100%)

동기² 图【4種のテキストで6例】

⓪예 [입사/입학] 동기(同期).

〈〔入社の/入学の〕同期。〉(100%)

동네 명 ★★★【92種のテキストで308例】
①예 우리 동네(洞-).
〈うちの町。〉/
동네 아주머니.
〈町のおばさん。〉(64%)
②예 동네 [밖/한복판].
〈町の〔外/真ん中〕。〉(35.7%)

동대문 固有 ☆★☆【9種のテキストで11例】
⓪예 동대문(東大門)을 구경하다.
〈東大門を見物する。〉(100%)

동떨어지다 動【15種のテキストで21例】
⓪예 현실과 동떨어진 정책.
〈現実とかけ離れた政策。〉(95.2%)

동료 명 ★★☆【44種のテキストで78例】
⓪예 직장 동료(同僚).
〈職場の同僚。〉(100%)

동무 명 ☆☆★【21種のテキストで44例】
⓪예 동무를 사귀다.
〈友達とつきあう。〉(90.9%)

동물 명 ★★★【69種のテキストで290例】
①예 식물과 동물(動物).
〈植物と動物。〉(88.3%)
②예 인간과 동물의 차이.
〈人間と動物の違い。〉(10.3%)

동물원 명 ☆☆★【11種のテキストで21例】
⓪예 동물원(動物園) 구경.
〈動物園見物。〉(100%)

동산【18種のテキストで38例】
①예 고향 마을의 동산에 오르다.
〈故郷の村の裏山に登る。〉(63.2%)
②예 대공원의 무지개 동산.
〈大公園の虹の園。〉(36.8%)

동생 명 ★★★【90種のテキストで358例】
⓪예 형과 동생(同生).
〈兄と弟。〉(87.7%)

동시[1] 명 ★☆☆【76種のテキストで188例】
① <동시에> 예 선과 악 양면을 동시(同時)에 지니다.〈善と悪、両面を同時に持つ。〉(48.5%)
②예 동시에 출발하다.
〈同時に出発する。〉(19.7%)
③ <ㄴ 동시에> 예 한 자식인 동시에 가장이기도 하다.〈一人の子どもであると同時に家長でもある。〉(16.5%)
④ <~와 동시에> 예 사회가 발달함과 동시에….
〈社会が発達するとともに…。〉(15.4%)

동시[2] 명【8種のテキストで62例】
⓪예 동시(童詩)를 읽다.
〈童詩を読む。〉(100%)

동안 명의 ★★★【171種のテキストで797例】

⓪예 집으로 가는 동안 내내 말이 없었다.
〈家に行く間ずっと語らなかった。〉/
[40일/이틀] 동안.
〈〔40日/二日〕の間。〉(100%)

동양 명 ☆☆★【21種のテキストで45例】
⓪예 동양(東洋)과 서양.
〈東洋と西洋。〉(100%)

동요 명 ☆☆★【10種のテキストで52例】
⓪예 동요(童謡)를 부르다.
〈童謡を歌う。〉(100%)

동원하다 動【20種のテキストで25例】
⓪예 [사람들을/수단을/장비를/지혜를] 동원(動員)하다.〈〔人々を/手段を/装備を/知恵を〕動員する。〉(100%)

동의하다 動【17種のテキストで19例】
⓪예 남의 [말에/생각에/의견에/제의에] 동의(同意)하다.〈人の〔言葉に/考えに/意見に/提案に〕同意する。〉(100%)

동일하다 形【11種のテキストで16例】
①예 [성격이/원리가] 동일(同一)하다.
〈〔性格が/原理が〕同一である。〉(75%)
②예 모두가 동일한 사람에게 속다.
〈みんなが同一の人にだまされる。〉(25%)

동작 명 ★★☆【26種のテキストで44例】
⓪예 요가 동작(動作)을 배우다.
〈ヨガの動作を学ぶ。〉(93.2%)

동전 명 ☆★★【22種のテキストで58例】
⓪예 지폐를 동전(銅錢)으로 바꾸다.
〈紙幣を小銭に替える。〉(100%)

동지 명【12種のテキストで27例】
⓪예 적과 동지(同志).
〈敵と同志。〉(96.3%)

동쪽 명 ★☆★【20種のテキストで33例】
⓪예 해가 동(東)쪽에서 뜨다.
〈日が東から昇る。〉(100%)

동창 명 ☆★★【18種のテキストで29例】
⓪예 학교 동창(同窓)을 만나다.
〈学校の同級生に会う。〉(100%)

동포 명 ★☆☆【13種のテキストで40例】
⓪예 해외 동포(同胞).
〈海外同胞。〉(100%)

동해 명 固有 ★★☆【14種のテキストで22例】
⓪예 동해(東海) 앞 바다.
〈東海沖の海。〉(100%)

동화 명 ☆☆★【13種のテキストで21例】
⓪예 어린이 동화(童話).
〈子ども童話。〉(100%)

동화책 명【15種のテキストで20例】
⓪예 동화책(童話冊)을 읽다.

〈童話の本を読む。〉(100%)

돼지 명 ★★★【37種のテキストで92例】

⓪예 돼지를 키우다.

〈豚を飼う。〉(95.7%)

－되 끝【17種のテキストで25例】

⓪예 일을 하되 최선을 다하세요.

〈仕事をするにしても、最善をつくしてください。〉
(100%)

되게 부【20種のテキストで168例】

⓪예 되게 [재미있다/힘들다].

〈すごく[おもしろい/大変だ]。〉(100%)

되다 동 ★★★【214種のテキストで8,631例】

①예 아이를 갖게 되다.

〈妊娠する。〉/

학원에 나가게 되다.

〈塾で教えることになる。〉(14.6%)

②예 잎이 하얗게 되다.

〈葉が白くなる。〉/

세상이 이상하게 되다.

〈世界が変になる。〉(14.2%)

③예 [끝내기가/떠나기가] 힘들게 되다.

〈[終えるのが/別れるのが]難しくなる。〉(9.5%)

④예 그녀가 [친구가/화가가] 되다.

〈彼女が[友達に/画家に]なる。〉(7.8%)

⑤예 걱정이 되다.

〈心配になる。〉/

당선이 되다.

〈当選する。〉/

진행이 되다.

〈進行する。〉(6.4%)

⑥예 또 걸리게 되면 퇴학이다.

〈また、ひっかかれば、退学だ。〉/

과로로 자리에 눕게 되다.

〈過労で病気になる。〉(6%)

⑦예 기초를 잘 알아야 되다.

〈基礎をよく知らなければならない。〉(4.6%)

⑧예 구름이 물이 되다.

〈雲が水になる。〉(4.5%)

⑨예 [가을이/때가/오후가] 되다.

〈[秋に/時期に/午後に]なる。〉(3.9%)

⑩예 [도움이/모범이/문제가/예가/중심이] 되다.

〈[助けに/模範に/問題に/例に/中心に]なる。〉
(3.7%)

⑪예 햇볕은 없어서는 안 된다.

〈日の光はなくてはならない。〉(3.7%)

⑫예 틀린 것은 고치면 되지.

〈間違ったのは直せばよい。〉(3%)

되도록 부【12種のテキストで19例】

⓪예 음식을 되도록 골고루 먹다.

〈食べ物をなるべく万遍に食べる。〉(100%)

되돌아가다 동【12種のテキストで16例】

①예 [고향으로/오던 길로] 되돌아가다.

〈[故郷に/きた道に]戻る。〉(50%)

②예 소년 시절로 되돌아가다.

〈少年時代に戻る。〉(50%)

되돌아보다 동【15種のテキストで19例】

⓪예 지난 세월을 되돌아보다.

〈過ぎた歳月を振り返る。〉(94.7%)

되돌아오다 동【15種のテキストで19例】

①예 회사에 가다가 집으로 되돌아오다.

〈会社に行く途中、家に戻る。〉(73.7%)

②예 [원상으로/정상으로] 되돌아오다.

〈[原状に/正常に]戻る。〉(26.3%)

되묻다 동【14種のテキストで18例】

⓪예 이름을 왜 묻느냐고 되묻다.

〈名前をどうして聞くのかと問い返す。〉(100%)

되살리다 동【20種のテキストで25例】

①예 [불길을/전통을] 되살리다.

〈[火を/伝統を]よみがえらせる。〉(68%)

②예 기억을 되살리다.

〈記憶をよみがえらせる。〉(32%)

되살아나다 동【16種のテキストで17例】

①예 [기억이/향수가] 되살아나다.

〈[記憶が/ノスタルジアが]よみがえる。〉(64.7%)

②예 [나무가/의식이] 되살아나다.

〈[木が/意識が]よみがえる。〉(23.5%)

③예 [경기가/경제가] 되살아나다.

〈[景気が/経済が]よみがえる。〉(11.8%)

되찾다 동【23種のテキストで41例】

⓪예 빼앗긴 [돈을/조국을] 되찾다.

〈奪われた[お金を/祖国を]取り戻す。〉(100%)

되풀이되다 동【10種のテキストで15例】

⓪예 같은 일이 되풀이되다.

〈同じことが繰り返される。〉(100%)

되풀이하다 동【29種のテキストで36例】

⓪예 같은 [실수를/이야기를/연습을] 되풀이하다.

〈同じ[ミスを/話を/練習を]繰り返す。〉(100%)

된장 명 ☆☆★【9種のテキストで24例】

⓪예 고추를 된장(-醬)에 찍어 먹다.

〈唐辛子を味噌に付けて食べる。〉(100%)

두¹ 관 ★★★【200種のテキストで1,534例】

⓪예 두 [달/사람/시간/장].

〈ふた月。/ふたり。/ 2 [時間/枚]。〉(100%)

두² 토【33種のテキストで316例】

⓪예 저두 갈게요.

〈私も行きます。〉/

돈두 시간두 없다.

〈金も時間もない。〉(100%)

두근거리다 동【15種のテキストで19例】

①예 [가슴이/심장이] 두근거리다.

〈[胸が/心臓が]どきどきする。〉(89.5%)

②예 불안으로 가슴을 두근거리다.

〈不安で胸をどきどきさせる。〉(10.5%)

두꺼비 圄【10種のテキストで23例】
⓪⑩ 두꺼비가 파리를 잡아먹다.
〈ガマがハエをとって食べる。〉(95.7%)

두껍다 । ☆★★【30種のテキストで40例】
⓪⑩ 두꺼운 [옷/얼음/이불/종이/책].
〈厚い[服/氷/布団/紙/本]。〉(100%)

두뇌 圄【10種のテキストで20例】
①⑩ 언어와 두뇌(頭腦)의 관계.
〈言語と頭脳の関係。〉(90%)
②⑩ 연상력 같은 두뇌 작용.
〈連想力のような頭の作用。〉(10%)

두다¹ 동回 ★★☆【140種のテキストで390例】
⓪⑩ [문을 열어/짐을 맡겨] 두다.
〈[戸を開けて/荷物を預けて]置く。〉(100%)

두다² 동 ★★★【147種のテキストで378例】
①⑩ 가방을 책상 밑에 두다.
〈カバンを机の下に置く。〉(17.5%)
②⑩ 이 판단에 근거를 두다.
〈この判断に基づく。〉(13.2%)
③⑩ 텔레비전을 켜 놓은 채 두다.
〈テレビをつけたままにする。〉/
아이를 혼자 두다.
〈子を一人にしておく。〉(6.6%)
④⑩ 어불성설이란 이런 때를 두고 하는 말이다.
〈語不成説というのは、このような時をさして言う言葉だ。〉(6.6%)
⑤⑩ 꼬마를 집에 두고 오다.
〈子供を家に置いて来る。〉(6.1%)
⑥⑩ [거리를/사이를] 두다.
〈[距離を/間を]置く。〉(5.6%)
⑦⑩ 그를 [마음에/염두에] 두다.
〈彼を[心に/念頭に]置く。〉(3.4%)
⑧⑩ 그 일을 두고 고심하다.
〈そのことをめぐり、苦心する。〉(3.2%)
⑨⑩ 몇 년을 두고 이루다.
〈数年を置いて達成する。〉(2.9%)
⑩⑩ 슬하에 3남매를 두다.
〈ひざもとに3人の兄と妹を置く。〉(2.6%)
⑪⑩ 그 일에 [미련을/흥미를] 두다.
〈その仕事に[未練を/興味を]残す。〉(2.4%)
⑫⑩ [병든 형을/좋은 벗을] 두다.
〈[病気の兄を/良い友を]もつ。〉(2.4%)
⑬⑩ 책상을 옆에 두고도 바닥에 엎드려 책을 읽다.〈机が横にあるのに床に腹ばいになって本を読む。〉(2.6%)
⑭⑩ 가방을 택시에 두고 내리다.
〈カバンをタクシーに置いて下りる。〉(2.4%)
⑮㉞ <그만 두다> ⑩ 학교를 그만 두다.
〈学校を辞める。〉(2.4%)
⑯㉞ <두고 보다> ⑩ 누가 더 잘 사는가 두고 보자.〈誰がより幸せに生きているか、今に見てい

ろ。〉(2.4%)
⑰㉞ <두고 보다> ⑩ 두고 보면 알게 됩니다.
〈見ていればわかります。〉(2.4%)

두드러지다¹ । 【14種のテキストで18例】
⓪⑩ [경향이/특징이] 두드러지다.
〈[傾向が/特徴が]はっきりしている。〉(100%)

두드러지다² 동【4種のテキストで4例】
⓪⑩ 뚜렷이 두드러지는 [색/잘못].
〈明らかに目立つ[色/過ち]。〉(100%)

두드리다 동 ★☆☆【39種のテキストで62例】
①⑩ [돌다리를/방문을] 두드리다.
〈[石の橋を/部屋の戸を]叩く。〉(58.1%)
②⑩ 어깨를 탁탁 두드리다.
〈肩をトントンと叩く。〉(17.7%)
③⑩ 약국을 두드리다.
〈薬局を訪ねる。〉(17.7%)

두들기다 동【21種のテキストで28例】
①⑩ [문을/북을] 두들기다.
〈[門を/太鼓を]叩く。〉(50%)
②⑩ [사람을/산돼지를] 두들기다.
〈[人を/猪を]殴る。〉(21.4%)
③㉞ <두들겨 맞다>.
〈ぶたれる。〉(17.9%)
④㉞ <두들겨 패다>.
〈ぶんなぐる。〉((10.7%)

두려움 圄【29種のテキストで43例】
⓪⑩ 두려움을 느끼다.
〈恐怖を感じる。〉(100%)

두려워하다 동【29種のテキストで39例】
①⑩ [병을/적을] 두려워하다.
〈[病気を/敵を]恐れる。〉(51.3%)
②⑩ [내일을/미래를] 두려워하다.
〈[あしたを/未来を]恐れる。〉(48.7%)

두렵다 । ★☆☆【39種のテキストで58例】
①⑩ 혼자 간다는 게 두렵다.
〈一人行くのが怖い。〉(58.6%)
②⑩ 아버지가 두렵다.
〈父が怖い。〉(41.4%)

두루 囝【12種のテキストで16例】
⓪⑩ 두루 [갖추다/둘러보다].
〈もれなく[取りそろえる/見回す]。〉(100%)

두르다 동 ☆☆★【17種のテキストで20例】
①⑩ 띠를 두르다.
〈帯を巻く。〉/
앞치마를 두르다.
〈エプロンをかける。〉(55%)
②⑩ [울타리를/철조망을] 두르다.
〈[垣根を/鉄条網を]めぐらす。〉(15%)
③⑩ 주위를 둘러 보다.
〈周囲を見回す。〉/
쭉 둘러 앉다.

〈ずらりと囲んで座る。〉(15%)

두리번거리다 동【20種のテキストで34例】
　⓪예 사방을 두리번거리다.
　　〈四方をきょろきょろする。〉(100%)

두세 관【19種のテキストで22例】
　⓪예 두세 [달/마리/사람].
　　〈二三ヶ月。二三〔匹/人〕。〉(100%)

두어 관【30種のテキストで43例】
　⓪예 두어 개(個).
　　〈二個ぐらい。〉/
　　두어 달.
　　〈二ヶ月ぐらい。〉(100%)

두텁다 형【18種のテキストで23例】
　①예 우의가 두텁다.
　　〈友誼に厚い。〉/
　　정이 두텁다.
　　〈情が深い。〉(56.5%)
　②예 두터운 [벽/얼음].
　　〈厚い〔壁/氷〕。〉(43.5%)

둑 명【13種のテキストで20例】
　⓪예 강에 둑을 쌓다.
　　〈川に堤防を築く。〉(95%)

둘 주 ★★★【123種のテキストで320例】
　①예 비빔밥 둘, 곰탕 셋.
　　〈ビビンバ8)ふたつ、コムタン9)みっつ。〉(46.6%)
　②예 그 둘은 연인 사이이다.
　　〈その二人は恋人だ。〉(44.4%)

둘러보다 동【49種のテキストで80例】
　⓪예 [사방을/주위를] 둘러보다.
　　〈〔四方を/あたりを〕見回す。〉(100%)

둘러서다 동【11種のテキストで15例】
　①예 아이들이 내 주위에 둘러서다.
　　〈子供達が私のまわりを取り囲む。〉(80%)
　②예 사방으로 산이 둘러서다.
　　〈四方を山が取り囲む。〉(20%)

둘러싸다 동【28種のテキストで37例】
　①예 안개가 배를 둘러싸다.
　　〈霧が船をつつむ。〉(32.4%)
　②예 그를 둘러싼 주변 인물들.
　　〈彼を取り巻く周辺人物。〉(29.7%)
　③예 요금을 둘러싼 시비.
　　〈料金をめぐるいさかい。〉(24.3%)
　④예 직원들이 손님을 둘러싸다.
　　〈職員たちが客を取り囲む。〉(13.5%)

둘러싸이다 동【14種のテキストで19例】
　①예 높은 벽으로 둘러싸인 방.
　　〈高い壁に囲まれた部屋。〉(84.2%)

②예 가족에게 둘러싸이다.
　　〈家族に囲まれる。〉(15.8%)

둘러앉다 동【20種のテキストで28例】
　⓪예 [난로에/모닥불에/밥상에] 둘러앉다.
　　〈〔ストーブに/たき火に/お膳に〕円座する。〉
　　(100%)

둘레 명 ☆☆★【15種のテキストで17例】
　⓪예 둘레를 살펴보다.
　　〈周囲を見回す。〉(94.1%)

둘이 명 ☆★☆【20種のテキストで28例】
　⓪예 둘이서 함께 가다.
　　〈二人で一緒に行く。〉(100%)

둘째 주 ★★☆【63種のテキストで163例】
　①예 둘째로는, 자신감이 필요하다.
　　〈二番目には、自信が必要である。〉(59.5%)
　②예 둘째 딸.
　　〈次女。〉(38.7%)

둥글다 형 ★☆☆【26種のテキストで42例】
　①예 둥근 [달/얼굴/원].
　　〈丸い〔月/顔/円〕。〉/
　　둥글게 돌다.
　　〈丸く回る。〉(64.3%)
　②예 호박 모양이 둥글다.
　　〈カボチャの形が丸い。〉(16.7%)

뒤 명 ★★★【166種のテキストで880例】
　①예 [보름/잠시] 뒤.
　　〈〔半月/しばらく〕後。〉/
　　일을 뒤로 미루다.
　　〈仕事を後回しにする。〉/
　　일이 끝난 뒤에 만나다.
　　〈仕事が終わった後に会う。〉(53.9%)
　②예 뒤로 물러나다.
　　〈後ろにしりぞく。〉/
　　뒤로 자빠지다.
　　〈後ろ向けに倒れる。〉/
　　고개를 뒤로 돌리다.
　　〈後ろを振り向く。〉(15.1%)
　③예 [나무/차] 뒤로 숨다.
　　〈〔木の/車の〕かげに隠れる。〉/
　　카드 뒤에 서명하다.
　　〈カードの裏に署名する。〉(9.8%)
　④예 그의 뒤를 [놓치다/따르다/쫓다].
　　〈彼の後を〔見失う/つける/追う〕。〉(8.4%)

뒤돌아보다 동【19種のテキストで37例】
　①예 [마을을/산을] 뒤돌아보다.
　　〈〔村を/山を〕振り返る。〉(81.1%)
　②예 [과거를/자신을] 뒤돌아보다.
　　〈〔過去を/自分自身を〕振り返る。〉(18.9%)

뒤따르다 동【23種のテキストで41例】

───────────────

8) 混ぜご飯
9) 牛肉・内臓スープ

①예 [그를/차를] 뒤따라 쫓아가다.
〈彼を/車を〕後をつけて、おいかける。〉(85.4%)
②예 사랑에는 책임이 뒤따르다.
〈愛には責任が伴う。〉(14.6%)

뒤떨어지다 동【13種のテキストで19例】
⓪예 친구에 비해 능력이 뒤떨어지다.
〈友達に比べて能力が劣る。〉(100%)

뒤뜰 명【11種のテキストで17例】
⓪예 뒤뜰에 나무를 심다.
〈裏庭に木を植える。〉(100%)

뒤적이다 동【15種のテキストで20例】
①예 [신문을/책을] 뒤적이다.
〈[新聞を/本を〕かき回してさがす。〉(70%)
②예 [옷을/장독을/풀섶을] 뒤적이다.
〈[服を/かめを/草むらを〕かき回してさがす。〉
(30%)

뒤지다¹ 동【32種のテキストで42例】
①예 [방을/책상을] 뒤지다.
〈[部屋を/机を〕くまなくさがす。〉(61.9%)
②예 [동네를/집 안을] 샅샅이 뒤지다.
〈[町を/家の中を〕くまなく調べる。〉(19%)
③예 [기록을/문헌을] 뒤지다.
〈[記録を/文献を〕くまなくさがす。〉(19%)

뒤지다² 동【12種のテキストで14例】
①예 [기술이/실력이] 남에게 뒤지다.
〈[技術が/実力が〕人に劣る。〉(50%)
②예 [시대에/유행에] 뒤지다.
〈[時代に/流行に〕遅れる。〉(42.9%)

뒤집다 동【29種のテキストで36例】
①예 뒤집어(서) 생각하다.
〈ひっくり返し(て)考える。〉(25%)
②예 [봉지를/치마를] 뒤집다.
〈[袋を/スカートを〕裏返す。〉(19.4%)
③예 [고기를/레코드를] 뒤집다.
〈[肉を/レコードを〕ひっくり返す。〉(19.4%)
④예 [관념을/이론을] 뒤집다.
〈[観念を/理論を〕くつがえす。〉(16.7%)

뒤집어쓰다 동【16種のテキストで22例】
①예 [먼지를/물을] 뒤집어쓰다.
〈[ほこりを/水を〕かぶる。〉(54.5%)
②예 [담요을/이불을] 뒤집어쓰다.
〈[毛布に/布団に〕くるまる。〉(31.8%)

뒤쪽 명【26種のテキストで30例】
①예 누가 뒤쪽에서 부르다.
〈誰かが後ろから呼ぶ。〉(73.3%)
②예 장난감 뒤쪽에 있는 스위치.
〈おもちゃの裏側にあるスイッチ。〉(26.7%)

뒤통수 명【13種のテキストで18例】
①예 뒤통수를 긁적이다.
〈後頭部を掻く。〉(83.3%)
②관 <뒤통수(를)(얻어)맞다>.

〈後頭部を殴られる。〉(16.7%)

뒷모습 명【23種のテキストで38例】
⓪예 뒷모습을 지켜보다.
〈後ろ姿を見まもる。〉(100%)

뒷부분 명【10種のテキストで16例】
⓪예 영화의 뒷부분(部分)이 궁금하다.
〈映画の後半が気になる。〉(100%)

뒷산 명【15種のテキストで28例】
⓪예 마을 뒷산(一山)에 오르다.
〈村の裏山に登る。〉(100%)

뒹굴다 동【17種のテキストで29例】
①예 [땅에/방바닥을] 뒹굴다.
〈[地面に/部屋の床に〕寝っ転がる。〉(58.6%)
②예 길에 [낙엽이/쓰레기가] 뒹굴다.
〈道に[落ち葉が/ごみが〕転がっている。〉(20.7%)
③예 어릴 적 함께 뒹굴던 친구들.
〈幼い頃一緒にぶらぶら遊んでいた友達。〉(13.8%)

드나들다 동 ★☆☆【33種のテキストで44例】
⓪예 [술집을/화장실을] 드나들다.
〈[飲み屋に/トイレに〕頻繁に出入りする。〉(97.7%)

드디어 부 ★☆★【54種のテキストで91例】
⓪예 긴 회의 끝에 드디어 결론이 나다.
〈長い会議の末にようやく結論が出る。〉(100%)

드라마 명【13種のテキストで161例】
⓪예 드라마에 출연하다.
〈ドラマに出演する。〉(95%)

드러나다 동 ★☆☆【69種のテキストで244例】
①예 [비밀이/정체가] 드러나다.
〈[秘密が/正体が〕明らかになる。〉(48.8%)
②예 [감정이/성향이] 드러나다.
〈[感情が/性向が〕あらわになる。〉(34.8%)
③예 입술 사이로 흰 이가 드러나다.
〈くちびるの間から白い歯が見える。〉(16.4%)

드러내다 동 ★☆☆【45種のテキストで84例】
①예 [감정을/성향을] 드러내다.
〈[感情を/性向を〕あらわにする。〉(44%)
②예 하얀 이를 드러내며 웃다.
〈白い歯をむき出して笑う。〉(33.3%)
③예 [본색을/비밀을/정체를] 드러내다.
〈[本性を/秘密を/正体を〕あらわす。〉(21.4%)

드러눕다 동【11種のテキストで19例】
①예 마루에 드러눕다.
〈板の間に寝そべる。〉(78.9%)
②예 [병상에/자리에] 드러눕다.
〈病床にふす。/寝床に寝る。〉(21.1%)

드리다¹ 동보 ★☆☆【103種のテキストで319例】
⓪예 [부모를 기쁘게 해/그 분의 오해를 풀어]
드리다.〈[親を喜ばせて/その方の誤解を解いて〕
あげる。〉(100%)

드리다² 동 ★★★【90種のテキストで214例】

① 예 [도움을/선물을] 드리다.
〈お助けする。/プレゼントを差し上げる。〉(45.8%)

② 예 [말씀을/부탁을] 드리다.
〈申し上げる。/おねがいをする。〉(25.2%)

③ 예 [인사를/절을] 드리다.
〈挨拶をする。/お辞儀をする。〉(24.3%)

드리우다 동【16種のテキストで19例】

① 예 [넥타이를 가슴에/호수에 낚싯대를] 드리우다.
〈[ネクタイを胸に/湖に釣り竿を]垂らす。〉(63.2%)

② 예 [그늘을/그림자를] 드리우다.
〈[陰を/影を]おとす。〉(26.3%)

드물다 형 ☆☆★【29種のテキストで35例】

① 예 다니는 사람이 드문 골목.
〈あまり人の通わない路地。〉(77.1%)

② 예 밖에 나오는 일이 드물다.
〈外に出ることも少ない。〉(14.3%)

-든¹ 끝【71種のテキストで198例】

⓪ 예 무엇을 하든 열심히 하다.
〈何をしても熱心にする。〉/
좋든 싫든 같이 가야 한다.
〈好きであれ嫌いであれ、一緒に行かなければならない。〉(100%)

든² 토【33種のテキストで48例】

⓪ 예 어디든 데려가 주세요.
〈どこにでも連れて行ってください。〉(100%)

든지¹ 토【45種のテキストで69例】

⓪ 예 홍차든지 커피든지 마음대로 마셔도 돼요.
〈紅茶でもコーヒーでも勝手に飲んでいいです。〉/
뭐든지 다 있다.
〈何でもある。〉(100%)

-든지² 끝【43種のテキストで79例】

⓪ 예 직접 오시든지 아니면 전화를 해 주세요.
〈直接いらっしゃるか、それとも電話をしてください。〉/
가든지 오든지 하겠지.
〈行くか来るかするだろう。〉(100%)

듣다 동 ★★★【204種のテキストで2,181例】

① 예 [설명을/이야기를] 듣다.
〈[説明を/話を]聞く。〉(70.5%)

② 예 소리를 듣다.
〈音を聞く。〉(21.1%)

-들¹ 접 ★★★【216種のテキストで14,597例】

⓪ 예 사람들.〈人々。〉/
할 일들.〈すること。〉(93.8%)

들² 명 ★☆☆【46種のテキストで87例】

① 예 산과 들.
〈山と野原。〉/
넓은 들.
〈広い野原。〉(85.1%)

② 예 들에 일하러 나가다.

〈田畑に働きに出る。〉(14.9%)

들다¹ 동 ★★★【196種のテキストで1,130例】

① 예 이상한 느낌이 들다.
〈変な感じがする。〉(29.6%)

② 예 보석이 든 가방.
〈宝石の入ったカバン。〉/
이름이 명단에 들다.
〈名前が名簿に入る。〉(16.6%)

③ 예 [눈에/마음에] 들다.
〈目に入る。/気に入る。〉(8.7%)

④ 예 [노력이/돈이/힘이] 들다.
〈手がかかる。/お金がかかる。/大変だ。〉(5.8%)

⑤ 예 [나이가/연세가] 들다.
〈[年を/お年を]とる。〉(5%)

⑥ 예 잠이 들다.
〈寝入る。〉(4.3%)

⑦ 예 [겨울에/최근] 들다.
〈[冬に/最近に]入る。〉(3.4%)

⑧ 예 [쫓아내려/화해하자고] 들다.
〈[追い出そうと/和解しようと]する。〉(2.6%)

⑨ 예 [여관에/호텔에] 들다.
〈[旅館に/ホテルに]入る。〉/
[이불 속에/자리에] 들다.
〈[布団の中に/寝床に]入る。〉(2.5%)

⑩ 예 [방으로/안으로] 들다.
〈[部屋/中に]入る。〉/
[고갯길로/옆길로] 들다.
〈[峠道に/横道に]入る。〉(2.1%)

⑪ 예 [장마가/흉년이] 들다.
〈[梅雨に/凶年に]なる。〉(2%)

들다² 동 ★★★【175種のテキストで948例】

① 예 짐을 들다.
〈荷物を持つ。〉/
손에 편지를 들다.
〈手に手紙を持つ。〉(48%)

② 예 예를 들다.
〈例をあげる。〉(29%)

③ 예 [고개를/손을/얼굴을] 들다.
〈[頭を/手を/顔を]あげる。〉(11.9%)

들뜨다 동【24種のテキストで32例】

⓪ 예 [마음이/분위기가] 들뜨다.
〈[心が/雰囲気が]弾む。〉(90.6%)

들려오다 동【31種のテキストで71例】

① 예 뒤에서 작은 소리가 들려오다.
〈後から小さい音が聞こえてくる。〉(88.7%)

② 예 소문이 들려오다.
〈うわさが聞こえてくる。〉(11.3%)

들려주다 동【28種のテキストで83例】

⓪ 예 [비밀을/음악을/이야기를] 들려주다.
〈[秘密を/音楽を/話を]聞かせる。〉(100%)

들르다 동 ★★★【40種のテキストで55例】

⓪⑩ 퇴근길에 술집에 들르다.
〈会社帰りに飲み屋に立ち寄る。〉(98.2%)

들리다 동 ★★★【114種のテキストで315例】

①⑩ [소리가/인기척이] 들리다.
〈音がする。/人の気配がする。〉(84.8%)

②⑩ [변명이 구차하게/이야기가 이상하게] 들리다.〈[言い訳が苦しく/話がおかしく]聞こえる。〉(15.2%)

들어가다 동 ★★★【176種のテキストで826例】

①⑩ [건물로/문으로/방으로/집 안으로/호텔로] 들어가다.〈[建物へ/部屋へ/家の中へ/ホテルへ]入る。〉(24.1%)

②⑩ [건물에/방에/집에/호텔에] 들어가다.
〈[建物に/部屋に/家に/ホテルに]入る。〉(22.4%)

③⑩ [대학에/직장에] 들어가다.
〈[大学に/職場に]入る。〉(8%)

④⑩ [길로/논에/밭에/물에/숲에] 들어가다.
〈[道へ/田に/畑に/水に/森に]入る。〉(4.8%)

⑤⑩ [골목으로/섬으로] 들어가다.
〈[路地へ/島へ]入る。〉(3.9%)

⑥⑩ 음식에 [양념이/정성이] 들어가다.
〈食べ物に[調味料が入る/真心がこもる]。〉(3.4%)

⑦⑩ 문을 (열고) 들어가다.
〈門を(開けて)入る。〉(2.9%)

⑧⑩ [별거에/비상 체제에] 들어가다.
〈[別居に/非常体制に]入る。〉(2.4%)

⑨⑩ [치료에/표결에] 들어가다.
〈[治療に/票(評)決に]入る。〉(2.3%)

⑩⑩ [단체에/조직에] 들어가다.
〈[団体に/組織に]入る。〉(1.9%)

⑪⑩ [사인이/신호가] 들어가다.
〈[サインが/信号が]入る。〉(1.8%)

⑫⑩ [돈이/재료가] 들어가다.
〈[お金が/材料が]かかる。〉(1.7%)

⑬⑩ [기계에/눈에] [먼지가/물이/흙이] 들어가다.
〈[機械に/目に][ほこりが/水が/土が]入る。〉
(1.6%)

들어서다 동 ★★☆【98種のテキストで253例】

①⑩ [도로로/방송국에] 들어서다.
〈[道路に/放送局に]入る。〉(67.2%)

②⑩ [도시가/아파트가] 들어서다.
〈[都市が/マンションが]できる。〉(17.4%)

③⑩ [새 시대에/50 줄에] 들어서다.
〈[新しい時代に/歳が50代に]入る。〉(12.6%)

들어앉다 동 【16種のテキストで18例】

①⑩ [방에/집에] 모두 들어앉다.
〈[部屋に/家に]皆ひきこもる。〉(66.7%)

②⑩ 실직하고 집안에 들어앉다.
〈失業して家の中に閉じこもる。〉(22.2%)

들어오다 동 ★★★【174種のテキストで658例】

①⑩ 방으로 들어오다.
〈部屋に入る。〉(66%)

②⑩ [귀에/눈에] 들어오다.
〈[耳に/目に]入る。〉(9%)

③⑩ [국문과에/회사에] 들어오다.
〈[国文科に/会社に]入る。〉(7%)

들어주다 동 【12種のテキストで15例】

⓪⑩ [소원을/청을] 들어주다.
〈[願いを/頼みを]聞き入れる。〉(90.6%)

들여놓다 동 【13種のテキストで15例】

①⑩ 새 [가구를/전화를] 들여놓다.
〈新しい[家具を/電話を]入れる。〉(26.7%)

②관 <발을 들여놓다> ⑩ 강물에 발을 들여놓다.
〈川の水に足をつける。〉(26.7%)

③관 <발을 들여놓다> ⑩ 도박판에 발을 들여놓다.〈賭博に足を踏み入れる。〉(20%)

④⑩ 화분을 실내에 들여놓다.
〈植木鉢を室内に置く。〉(20%)

들여다보다 동 ☆☆★【54種のテキストで101例】

①⑩ 지도를 들여다보다.
〈地図をのぞきみる。〉(67.3%)

②⑩ [구멍을/사무실을] 들여다보다.
〈[穴を/事務室を]のぞく。〉(21.8%)

들이다 동 ★☆☆【48種のテキストで67例】

①⑩ [비용을/정성을/힘을] 들이다.
〈費用をかける。/真心を込める。/力を入れる。〉
(32.8%)

②⑩ 손님을 집 안에 들이다.
〈客を家の中に入れる。〉(17.9%)

③⑩ 자동차를 월부로 들이다.
〈自動車を月賦で買い入れる。〉(13.4%)

④관 <뜸을 들이다> ⑩ 잔뜩 뜸을 들이다 입을 열다.〈じらしたまじらして、口を開く。〉(10.4%)

⑤⑩ [재미를/정을] 들이다.
〈興味を感じる。/情をかける。〉(9%)

들추다 동 【14種のテキストで17例】

①⑩ [과거를/약점을] 들추다.
〈[過去を/弱点を]あばく。〉(35.3%)

②⑩ [거적을/바위를] 들추다.
〈[むしろを/岩を]ひっくり返してかき回す。〉(29.4%)

③⑩ [이불을/휘장을] 들추다.
〈[布団を/カーテンを]まくる。〉(29.4%)

들키다 동 【13種のテキストで15例】

①⑩ [마음을/사실을/현장을] 들키다.
〈[心の内を/事実を/現場を]見られる。〉(86.7%)

②⑩ [비상금이/처소가] 들키다.
〈[へそくりが/居所が]ばれる。〉(13.3%)

들판 명 【36種のテキストで59例】

⓪⑩ 넓은 들판.
〈広い野原。〉(90.6%)

듯¹ 명의 ★★☆【99種のテキストで359例】

①⑩ 어깨가 떨어질 듯 아프다.
〈肩がもげるように痛い。〉(66%)

②예 어렴풋이 알 듯 [싶다/하다].
〈薄々知っている[みたいだ/様だ]。〉(26.7%)

ㅡ듯² [끝] 【95種のテキストで282例】

⓪예 일리가 있는 듯도 하다.
〈一理あるようでもある。〉/
아무렇지도 않은 듯 말하다.
〈何でもないように言う。〉/
보일 듯 말 듯 하다.
〈見えるような見えないような、はっきりしない。〉
(100%)

듯싶다 [동][보] 【12種のテキストで23例】

⓪예 [건강이 나쁜/잘 한] 듯싶다.
〈[健康が悪い/うまくやった]ようだ。〉(100%)

ㅡ듯이¹ [끝] 【109種のテキストで269例】

⓪예 구름이 흘러가듯이 우리 인생도 흘러가다.
〈雲が流れて行くように、私たちの人生も流れて行く。〉
(100%)

듯이² [명][의] ★★☆【67種のテキストで151例】

①예 죽은 듯이 지내다.
〈死んだように暮らす。〉/
뛸 듯이 기뻐하다.
〈飛び上がるように喜ぶ。〉(60.9%)

②예 소낙비를 맞은 듯이 젖다.
〈にわか雨に降られたように濡れている。〉
(31.8%)

듯하다 [동][보] ★★☆【112種のテキストで341例】

⓪예 냄새 나는 듯하다.
〈臭いがするようだ。〉/
어디서 본 듯한 얼굴.
〈どこかで見たような顔。〉(100%)

등¹ [명][의] ★★☆【137種のテキストで1,177例】

①예 김치, 젓갈 등(等)의 반찬.
〈キムチ、塩辛などのおかず。〉(75.7%)

②예 매를 든다거나 손찌검을 하는 등의 체벌.
〈ムチで打つとか手で殴るなどの体罰。〉(24.3%)

등² [명] ★★★【72種のテキストで133例】

⓪예 엄마의 등에 업히다.
〈母の背に負ぶさる。〉/
낙타의 등에 타다.
〈ラクダの背中に乗る。〉(85%)

등기 [명] ☆☆☆【3種のテキストで6例】

⓪예 편지를 등기로 부치다.
〈手紙を書留で送る。〉(83.3%)

등등 [명][의] 【24種のテキストで33例】

⓪예 밀가루, 라면, 김치 등등(等等) 식료품이
쌓여 있다.〈小麦粉、ラーメン、キムチなど食料
品が積まれている。〉(100%)

등불 [명] 【13種のテキストで16例】

①예 등(燈)불을 켜다.
〈明かりをともす。〉/
자동차의 등불.

〈自動車の灯。〉(56.2%)

②예 시대의 등불이 되다.
〈時代の灯になる。〉(25%)

③관 <바람 앞의 등불>.
〈風前の灯。〉(18.8%)

등산 [명] ☆★★【22種のテキストで28例】

⓪예 등산(登山)을 하다.
〈登山をする。〉(100%)

등장 [명] 【19種のテキストで53例】

①관 <등장(登場) 인물>.
〈登場人物。〉(54.7%)

②예 [왕의/컴퓨터의] 등장과 함께 변화가 시
작되다.〈[王の/コンピューターの]登場とともに
変化が始まる。〉(39.6%)

등장하다 [동] ☆★☆【34種のテキストで83例】

①예 [단상에/무대에] 등장(登場)하다.
〈[壇上に/舞台に]登場する。〉(41%)

②예 봄 상품이 백화점에 등장하다.
〈春商品がデパートに登場する。〉(32.5%)

③예 소설에 등장하는 인물.
〈小説に登場する人物。〉(26.5%)

디자인 [명] ☆★☆【13種のテキストで22例】

⓪예 옷의 디자인이 좋다.
〈服のデザインがいい。〉(100%)

ㄸ

따다 [동] ★★★【57種のテキストで123例】

①예 [열매를/잎을] 따다.
〈[実を/葉を]摘取る。〉(65.9%)

②예 내기에서 돈을 따다.
〈賭けでお金をもうける。〉(13.8%)

③예 작품의 일부를 따서 가져오다.
〈作品の一部を引用して持ってくる。〉(11.4%)

따뜻하다 [형] ★★★【86種のテキストで172例】

①예 따뜻한 [공기/날씨/아랫목].
〈暖かい[空気/天気/オンドルの焚き口に近いと
ころ]。〉(57.6%)

②예 따뜻한 [가슴/마음].
〈暖かい[胸/心]。〉(42.4%)

따라가다 [동] ☆★☆【58種のテキストで83例】

①예 [사람을/차를] 따라가다.
〈[人に/車に]ついて行く。〉(61.4%)

②예 [개울을/길을] 따라가다.
〈[小川に/道に]沿って行く。〉(13.3%)

③예 이 나라 제도가 미국을 따라가다.
〈この国の制度が米国について行く。〉(9.6%)

따라다니다 [동] 【31種のテキストで37例】

①예 [어미를/차를] 졸졸 따라다니다.

〈[母親に/車に]ちょろちょろつきまとう。〉(64.9%)

②예 [낙인이/불안이] 따라다니다.
　〈[烙印が/不安が]つきまとう。〉(21.6%)

③예 [남자들이/여자들이] 줄줄 따라다니다.
　〈[男たちが/女たちが]追い回す。〉(13.5%)

따라서 〔부〕★★★【71種のテキストで310例】

①예 간은 큰 장기이다. 따라서 스스로 회복
　할 수 있다.〈肝は大きな臓器だ。したがって、自
　ら回復することができる。〉(53.5%)

②예 그 약은 가짜가 많다. 따라서 안 먹는 것
　이 좋다.〈その薬は偽物が多い。したがって、飲
　まない方が良い。〉(46.5%)

따라오다 〔동〕【31種のテキストで39例】

⓪예 아이가 뒤에서 따라오다.
　〈子供が後ろからついてくる。〉(94.9%)

따로 〔부〕★★★【64種のテキストで98例】

①예 고추와 콩은 따로 말리다.
　〈唐辛子と豆は別に乾かす。〉(54.1%)

②예 휴일이 따로 없는 생활.
　〈休みが別にない生活。〉(33.7%)

③예 머리와 마음이 따로 놀다.
　〈頭と心が別に遊ぶ。〉(12.2%)

따르다 〔동〕★★★【188種のテキストで1,064例】

①예 [업체에/장소에/철에] 따라 다르다.
　〈[業種に/場所に/季節に]によって違う。〉(41.5%)

②예 안내자 (뒤를) 따르다.
　〈案内者(の後)についていく。〉(12.4%)

③예 언니를 따라 일어서다.
　〈お姉さんを追っかけて立ち上がる。〉(9.6%)

④예 [길을/복도를] 따라 뛰다.
　〈[道に/廊下に]沿って走る。〉(8.3%)

⑤예 국력의 성장에 따라 국제적 위치가 달라
　지다.〈国力の成長に伴い国際的な位置が変
　わる。〉(7.5%)

⑥예 [뜻을/지침을] 따르다.
　〈[意に/ガイドラインに]従う。〉(3.5%)

따름 〔명의〕【22種のテキストで40例】

⓪예 결과를 기다릴 따름이다.
　〈結果を待つのみだ。〉(100%)

따스하다 〔형〕【16種のテキストで18例】

⓪예 햇볕이 따스하다.
　〈日差しが暖かい。〉/
　따스한 [분위기/사랑/손길].
　〈暖かい[ムード/愛/救いの手]。〉(100%)

따위 〔명의〕★★☆【52種のテキストで172例】

①예 허위, 과장, 술수 따위.
　〈虚偽、誇張、策略など。〉/
　닭, 미꾸라지, 뱀장어 따위.
　〈鶏、ドジョウ、ウナギなど。〉(62.8%)

②예 이름 따위에는 관심이 없다.
　〈名前なんかに関心はない。〉(37.2%)

따지다 〔동〕★★☆【74種のテキストで146例】

①예 왜 늦었냐고 따지다.
　〈なぜ遅れたのかとなじる。〉(30.8%)

②예 [농촌 실정을/이용 가치를] 따져 보다.
　〈[農村の事情を/利用価値を]よく調べてみる。〉
　(17.8%)

③예 [격식을/잘잘못을] 따지다.
　〈[格式を/是非を]問い正す。〉(13.7%)

④관 <따지고 보면>.
　〈考えてみれば。〉(13.7%)

⑤예 [가문을/날짜를/촌수를/학력을] 따지다.
　〈[家門を/日付を/寸法を/学力を]合うかどうか
　ただす。〉(11.6%)

⑥예 매출액으로 따지다.
　〈売上高で計算する。〉/
　그런 식으로 따진다면.
　〈そんなふうに考えるなら。〉(10.3%)

딱 〔부〕☆★☆【55種のテキストで230例】

①예 병원에 딱 갔는데 의사가 없지 뭐예요.
　〈病院にきっかり行ったんだけどさぁ、医者がいな
　いんだよ、ったく何だよ。〉(45.7%)

②예 딱 세 개.
　〈ちょうど三つ。〉/
　술 딱 한 잔.
　〈お酒ただ一杯。〉(14.8%)

③예 담배를 딱 끊다.
　〈タバコをすっぱりやめる。〉(8.7%)

④예 두 가게의 딱 가운데 지점.
　〈二つの店のちょうど真ん中の地点。〉(7%)

⑤예 딱 [맞다/알맞다].
　〈ぴったり合う。/ちょうどふさわしい。〉(5.7%)

딱딱하다 〔형〕☆☆★【13種のテキストで17例】

①예 점토가 딱딱하게 굳다.
　〈粘土がかちかちに固まる。〉(52.9%)

②예 표정이 딱딱하게 굳다.
　〈表情がかちかちに固まる。〉/
　딱딱하게 대꾸하다.
　〈ぎこちなく返事する。〉(35.3%)

③예 딱딱한 [글/문체].
　〈硬い[文/文体]。〉(11.8%)

딱하다 〔형〕【17種のテキストで18例】

①예 그가 딱해 보이다.
　〈彼が気の毒に見える。〉/
　딱한 사람들.
　〈気の毒な人たち。〉(72.2%)

②예 그의 [사정이/처지가] 딱하다.
　〈彼の[事情が/境遇が]気の毒だ。〉(27.8%)

딴 〔관〕【44種のテキストで77例】

⓪예 딴 [걱정/사람/일].
　〈他の[心配/人/こと]。〉(100%)

딸 〔명〕★★★【60種のテキストで192例】

⓪예 딸을 시집 보내다.
　〈娘を嫁がせる。〉(100%)

딸기 명 ☆☆★ 【5種のテキストで9例】
  ⓪예 딸기를 먹다.〈イチゴを食べる。〉(100%)

땀 명 ★★★ 【62種のテキストで100例】
  ⓪예 땀이 [나다/흐르다].
  〈汗が[出る/流れる]。〉(87%)

땅 명 ★★★ 【129種のテキストで469例】
  ①예 가방이 땅에 떨어지다.
  〈カバンが地面に落ちる。〉(49%)
  ②예 세 나라가 땅을 뺏고 빼앗다.
  〈三国が土地を奪いあった。〉(21.3%)
  ③예 집과 땅을 사고팔다.
  〈家と土地を売り買いする。〉(10.7%)

땅바닥 명 【16種のテキストで26例】
  ⓪예 땅바닥에 주저앉다.
  〈地べたに座り込む。〉(100%)

때 명 ★★★ 【213種のテキストで5,067例】
  ①예 절후로 볼 때 경칩은 2월이다.
  〈二十四節気で見るとき、啓蟄は2月だ。〉
  (34.8%)
  ②예 공부하고 있을 때 전화가 오다.
  〈勉強しているとき、電話が来る。〉/
  고향을 떠날 때 가지고 온 물건.
  〈故郷を離れるとき持ってきた品物。〉(33.6%)
  ③예 [어렸을/자유당] 때의 일.
  〈[幼い/自由党の]ときのこと。〉(26.2%)

때다 동 【13種のテキストで18例】
  ⓪예 아궁이에 [불을/장작을] 때다.
  〈かまどに[火を/薪を]焚く。〉(100%)

때때로 부 ☆☆★ 【14種のテキストで17例】
  ⓪예 때때로 갈등을 겪다.
  〈折々葛藤を経る。〉(100%)

때로 부 ☆★☆ 【65種のテキストで120例】
  ①예 이 이야기가 때로 우리를 우울하게 하다.
  〈この話が時折我々を憂欝にする。〉(68.3%)
  ②예 때로 시내에 외출도 했으나, 요즘엔 발을
  끊었다.〈時には市内に外出もしたが、最近は足
  を絶った。〉(31.7%)

때리다 동 ★★★ 【52種のテキストで142例】
  ⓪예 [매로/손으로] [개를/아이를] 때리다.
  〈[ムチで/手で][犬を/子供を]殴る。〉(83.1%)

때문 명의 ★★★ 【196種のテキストで2,286例】
  ① <-기 때문> 예 사랑하기 때문에 그만큼 알
  고 싶다.〈愛するためにそれほど知りたい。〉
  (70.6%)
  ② <~ 때문> 예 다 [너/돈] 때문에 그러다.
  〈すべて[お前/金]のためにそうだ。〉(28.6%)

때우다 동 【17種のテキストで21例】
  ①예 라면으로 끼니를 때우다.
  〈ラーメンで食事を済ます。〉(52.4%)
  ②예 시간을 때우다.

〈時間をつぶす。〉(14.3%)
  ③㉑ <몸으로 때우다>.
  〈身体で償う。〉(14.3%)

땜 명의 【12種のテキストで23例】
  ① <~ 땜> 예 너 땜에 화가 나다.
  〈お前のせいで腹が立つ。〉(69.6%)
  ② <-기 땜> 예 사랑하기 땜에 더 알고 싶다.
  〈愛するんでもっと知りたい。〉(30.4%)

떠나가다¹ 동 【13種のテキストで17例】
  ⓪예 [그 자리에서/전쟁터로/집을] 떠나가다.
  〈[その場から/戦場へ/家を]立ち去る。〉(100%)

떠나가다² 동 【6種のテキストで6例】
  ⓪예 [교실이/마당이/집이] 떠나갈 만큼 큰 소리.
  〈[教室が/庭が/家が]吹き飛びそうな大きな
  音。〉(100%)

떠나다 동 ★★★ 【127種のテキストで404例】
  ①예 [동네에서/서울을] 떠나다.
  〈[町から/ソウルを]去る。〉(31.9%)
  ②예 [고향을/집을/회사를] 떠나다.
  〈[故郷を/家を/会社を]去る。〉(18.8%)
  ③㉑ <(세상) 떠나다>.
  〈死ぬ。〉(11.4%)
  ④예 [서울로/어디론가] 떠나다.
  〈[ソウルへ/どこかに]発つ。〉(7.4%)
  ⑤예 길을 떠나다.
  〈旅立つ。〉(7.2%)
  ⑥예 [여행을/유학을] 떠나다.
  〈[旅行に/留学に]発つ。〉(5.9%)

떠돌다 동 【26種のテキストで39例】
  ①예 여기저기를 떠돌다.
  〈あちこち、さまよう。〉(69.2%)
  ②예 세상에 떠도는 [소문/얘기].
  〈世の中に出回っている[うわさ/話]。〉(23.1%)

떠들다 동 ☆★★ 【46種のテキストで89例】
  ①예 시끄럽게 떠드는 소리.
  〈うるさく騒ぐ声。〉(68.5%)
  ②예 지어낸 얘기를 떠들어 대다.
  〈作り話を騒ぎ立てる。〉(23.6%)

떠들썩하다 형 【16種のテキストで16例】
  ①예 운동장이 떠들썩하다.
  〈運動場が騒がしい。〉(50%)
  ②예 사고 때문에 세상이 떠들썩하다.
  〈事故のために世の中が騒々しい。〉(31.3%)
  ③예 회사 안에 소문이 떠들썩하다.
  〈会社内でうわさが騒がしい。〉(18.8%)

떠오르다 동 ★★☆ 【90種のテキストで220例】
  ①예 [기억이/생각이] 떠오르다.
  〈[記憶が/思いが]浮かぶ。〉(80%)
  ②예 [달이/별이/해가] 떠오르다.
  〈[月が/星が/日が]浮かぶ。〉(10%)

떠올리다 동 【49種のテキストで78例】

⓪에 [기억을/생각을] 떠올리다.
〈[記憶を/思いを]浮かべる。〉(96.2%)

떡 명 ★★★【35種のテキストで113例】
⓪에 떡을 [먹다/빚다].
〈餅を[食べる/こしらえる]。〉(80.5%)

떡국 명 ☆★☆【5種のテキストで6例】
⓪에 떡국을 [끓이다/먹다].
〈お雑煮を[わかす/食べる]。〉(100%)

떨구다 동【12種のテキストで17例】
①에 [고개를/어깨를] 떨구다.
〈[頭を/肩を]うなだれる。〉(58.8%)
②에 [눈물을/잎을/칼을] 떨구다.
〈[涙を/葉を/刀を]落とす。〉(29.4%)
③에 [눈을/시선을] 떨구다.
〈[目を/視線を]落とす。〉(11.8%)

떨다¹ 동 ★★★【55種のテキストで81例】
①에 [공포로/추위에] 몸을 떨다.
〈[恐怖で/寒さに]身震いする。〉(44.4%)
②에 [나뭇가지가/아이가/종아리가] 부르르 떨다.〈[木の枝が/子供が/ふくらはぎが]ぶるぶる震える。〉(21%)
③에 [공포에/두려워] 떨다.
〈[恐怖に/怖くて]震える。〉(16%)

떨다² 동【34種のテキストで54例】
①관 <수다를 떨다>.
〈おしゃべりをする。〉(24.1%)
②관 <법석을 떨다>.
〈大騒ぎをする。〉(9.3%)
③관 <수선을 떨다>.
〈さわがしくしゃべる。〉(7.4%)
④관 <호들갑을 떨다>.
〈軽はずみにふるまう。〉(7.4%)
⑤관 <엄살을 떨다>.
〈大げさに訴える。〉(5.6%)
⑥관 <극성을 떨다>.
〈過激にふるまう。〉(3.7%)
⑦관 <내숭을 떨다>.
〈猫をかぶる。〉(3.7%)
⑧관 <너스레를 떨다>.
〈だじゃれを飛ばす。〉(3.7%)
⑨관 <부지런을 떨다>.
〈精をだす。〉(3.7%)
⑩관 <익살을 떨다>.
〈洒落を飛ばす。〉(3.7%)

떨리다 동 ☆★☆【37種のテキストで65例】
①에 [무서워/추위] 몸이 떨리다.
〈[怖くて/寒くて]体が震える。〉(64.6%)
②에 [무서워/창피해] 가슴이 떨리다.
〈[怖くて/恥ずかくて]震える。〉(15.4%)
③에 목소리가 떨리다.
〈声が震える。〉(12.3%)

떨어뜨리다 동 ☆★★【32種のテキストで44例】
①에 그릇을 바닥에 떨어뜨리다.
〈器を床に落とす。〉(61.4%)
②에 [동전을/지갑을] 떨어뜨리다.
〈[コインを/財布を]落とす。〉(11.4%)
③에 [감을/나뭇잎을] 떨어뜨리다.
〈[柿を/木の葉を]落とす。〉(6.8%)
④에 [눈물을/코를] 떨어뜨리다.
〈[涙を/鼻水を]落とす。〉(6.8%)

떨어지다 동 ★★★【144種のテキストで455例】
①에 물건이 땅에 떨어지다.
〈品物が地面に落ちる。〉(29.5%)
②에 교실에서 조금 떨어진 곳.
〈教室から少し離れたところ。〉/
엄마에게서 좀 떨어져 앉다.
〈お母さんから少し離れて座る。〉(16.3%)
③에 [기력이/신용이] 떨어지다.
〈[気力が/信用が]落ちる。〉(9.9%)
④에 나무에서 열매가 떨어지다.
〈木から実が落ちる。〉(8.4%)
⑤에 [딱지가/쇠붙이가] 떨어지다.
〈[かさぶたが/金具が]落ちる。〉(7.3%)
⑥에 [돈이/식량이] 떨어지다.
〈[お金が/食糧が]無くなる。〉(5.3%)
⑦에 [가격이/체온이/혈압이] 떨어지다.
〈[価格が/体温が/血圧が]落ちる。〉(3.7%)

떨치다¹ 동【10種のテキストで14例】
⓪에 [기세를/명성을/세력을] 떨치다.
〈[勢いを/名声を/勢力を]落とす。〉(92.9%)

떨치다² 동【11種のテキストで13例】
①에 [느낌을/생각을/예감을] 떨치다.
〈[感じを/思いを/予感を]ふるい落とす。〉
(69.2%)
②에 [그녀를/나뭇잎을] 떨쳐 내다.
〈[彼女を/木の葉を]はらい落とす。〉(23.1%)

떳떳하다 형【11種のテキストで18例】
⓪에 떳떳한 태도로 처신하다.
〈堂々とした態度で行動する。〉(100%)

떼¹ 명 ☆☆★【25種のテキストで38例】
①에 [비둘기/양] 떼.
〈[鳩/羊]の群れ。〉(60.5%)
②에 사람들이 떼를 [이루다/짓다].
〈人々が群れを[なす/作る]。〉(28.9%)
③에 한 떼의 청년들이 몰려 오다.
〈一群の青年たちが押しかけて来る。〉(10.5%)

떼² 명【9種のテキストで11例】
⓪<떼를 쓰다> 에 아이가 엄마에게 떼를 쓰다.
〈子供が母親に駄々をこねる。〉(100%)

떼다 동 ★☆★【66種のテキストで125例】
①에 포도 한 알을 떼어 먹다.
〈ブドウ一粒をむしって食べる。〉(33.6%)

②慣 <시치미(를) 떼다>.
〈知らぬふりをする。〉(12.8%)

③예 잔을 입에서 떼지 않고 마시다.
〈杯を口から離さずに飲む。〉(11.2%)

④예 생활비 일부를 떼어 저축하다.
〈生活費の一部を取り、貯蓄する。〉(7.2%)

⑤예 아이에게서 눈을 떼지 못하다.
〈子供から目を離せない。〉(6.4%)

⑥예 걸음을 떼다.
〈歩み始める。〉(5.6%)

⑦예 [애를/자식을] 떼고 돌아서다.
〈[子と/息子と]関係を絶って背を向ける。〉
(3.2%)

또　副　★★★【200種のテキストで2,030例】

①예 이제 또 어떤 일이 벌어질까?
〈これからまた、どんな事が起こるだろうか。〉/
또 한편으론 어이없다.
〈また一方では呆れる。〉(60.2%)

②예 인내하고 또 인내하다.
〈耐えてまた、耐える。〉/
이런 일이 또 있을까.
〈こんなことがまたとあるだろうか。〉(20.3%)

또는　副　★★☆【78種のテキストで336例】

⓪예 중형 또는 대형 자동차.
〈中型または大型自動車。〉(100%)

또다시　副　【30種のテキストで48例】

⓪예 또다시 전화벨이 울리다.
〈再び電話のベルが鳴る。〉(100%)

또래　名　【20種のテキストで25例】

①예 [내/아이들] 또래의 학생.
〈[私/子供たち]と同年代の学生。〉(68%)

②예 또래들과 어울리다.
〈同年配たちと交わる。〉/
또래 집단.
〈同い年の集団。〉(32%)

또한　副　★★☆【87種のテキストで320例】

①예 음악이 듣기 쉽다. 또한 따라 부르기도
간단하다.〈音楽が聞きやすい。また、ついて歌
うのも簡単だ。〉(67.8%)

②예 주민들의 요구 또한 다양하다.
〈住民たちの要求も多様だ。〉(32.2%)

똑같다　形　★★☆【87種のテキストで172例】

⓪예 모습이 엄마와 똑같다.
〈姿が母親と同じだ。〉(100%)

똑같이　副　★☆☆【43種のテキストで62例】

①예 똑같이 [나누다/반복되다].
〈全く同じく[分ける/繰り返される]。〉(74.2%)

②예 몸도 정신과 똑같이 중요하다.
〈体も精神と同様に重要である。〉(25.8%)

똑똑하다　形　☆☆★【26種のテキストで43例】

①예 [기원이/발음이] 똑똑하지 않다.

〈[起源が/発音が]はっきりしない。〉(51.2%)

②예 똑똑한 생각.
〈利口な考え。〉/
아이가 똑똑하다.
〈子供が利口だ。〉(48.8%)

똑바로　副　☆★★【26種のテキストで27例】

⓪예 똑바로 [바라보다/서다].
〈まっすぐに[見つめる/立つ]。〉(92.6%)

똥　名　☆★★【12種のテキストで26例】

⓪예 똥을 누다.〈糞をする。〉(100%)

뚜껑　名　☆★★【18種のテキストで24例】

⓪예 냄비의 뚜껑을 [닫다/덮다].
〈なべのふたを[する/かぶせる]。〉(95.8%)

뚜렷하다　形　★★★【40種のテキストで56例】

⓪예 뚜렷하게 차이가 나다.
〈はっきり違いが出る。〉/
뚜렷한 근거.
〈はっきりした根拠。〉(100%)

뚝¹　副　【12種のテキストで17例】

①예 떡 한 덩어리를 뚝 떼어 주다.
〈餅、ひと塊をばっさりと分けてやる。〉(58.8%)

②예 나무 가지를 뚝 꺾다.
〈木の枝をぽきんと折る。〉(17.6%)

③예 눈에서 눈물이 뚝 떨어지다.
〈目から涙がポロリと落ちる。〉(11.8%)

④예 꽃송이가 뚝 떨어지다.
〈花房がポトンと落ちる。〉(11.8%)

뚝²　副　【7種のテキストで8例】

⓪예 말소리들이 뚝 멎다.
〈話し声がぱたりとやむ。〉(100%)

뚝³　副　【4種のテキストで4例】

①예 성적이 뚝 떨어지다.
〈成績がガクンと落ちる。〉(75%)

②예 시내에서 뚝 떨어진 곳.
〈市内からポツンと離れたところ。〉(25%)

뚫다　動　☆☆★【30種のテキストで39例】

①예 구멍을 뚫다.
〈穴をあける。〉(48.7%)

②예 어려움을 뚫다.
〈困難を切り抜ける。〉(23.1%)

③예 막힌 하수구를 뚫다.
〈詰まった下水溝の詰まりをとる。〉(10.3%)

뚱뚱하다　形　☆☆★【12種のテキストで24例】

⓪예 뚱뚱하게 살이 찌다.
〈ぶくぶくと太る。〉(100%)

뛰놀다　動　【12種のテキストで22例】

①예 아이들이 운동장에서 뛰놀다.
〈子供たちが運動場で遊ぶ。〉(59.1%)

②예 [가슴이/마음이] 뛰놀며 설레다.
〈[胸が/心が]どきどきしてときめく。〉(40.9%)

뛰다 動 ★★★【94種のテキストで229例】

①예 현장으로 죽어라고 뛰다.
〈現場に向かって死に物狂いで走る。〉(47.6%)

②예 폴짝폴짝 뛰어 오르다.
〈ぴょんぴょん跳ね上がる。〉(19.2%)

③예 [가슴이/맥박이] 뛰다.
〈胸が高鳴る。/脈が打つ。〉(7.4%)

④예 [게임을/공사판을] 뛰다.
〈ゲームをする。/工事現場を渡り歩く。〉(5.2%)

⑤예 [강사로/코치로/현역으로] 뛰다.
〈[講師として/コーチとして/現役として]活躍する。〉(5.2%)

⑥예 멀리뛰기에서 7m를 뛰다.
〈走り幅跳びで7m跳ぶ。〉(4.8%)

뛰어가다 動 ☆☆☆【28種のテキストで43例】

⓪예 [약국으로/저만큼] 뛰어가다.
〈[薬局へ/少し離れたところに]駆けて行く。〉(95.3%)

뛰어나가다 動【15種のテキストで16例】

⓪예 [마당으로/바깥으로/시내로/큰길로] 뛰어나가다.〈[庭へ/外へ/市内へ/大通りへ]飛び出す。〉(100%)

뛰어나다 形 ★★☆【41種のテキストで80例】

⓪예 솜씨가 뛰어나다.
〈腕前が優れている。〉/
뛰어난 학자.
〈優れた学者。〉(92.5%)

뛰어나오다 動【13種のテキストで16例】

①예 문밖으로 뛰어나오다.
〈ドアの外に飛び出す。〉(87.5%)

②예 [부엌에서/현장을] 뛰어나오다.
〈[台所から/現場を]飛び出す。〉(12.5%)

뛰어넘다 動【15種のテキストで25例】

①예 [담을/지붕을] 뛰어넘다.
〈[塀を/屋根を]飛び越える。〉(40%)

②예 게임의 10단계를 뛰어넘다.
〈ゲームの10段階を飛び越える。〉(24%)

③예 [세월을/시간의 벽을] 뛰어넘다.
〈[歳月を/時間の壁を]飛び越える。〉(20%)

④예 [수준을/예상을] 뛰어넘다.
〈[レベルを/予想を]飛び越える。〉(16%)

뛰어다니다 動【24種のテキストで27例】

①예 [마당을/운동장을] 뛰어다니다.
〈[庭を/運動場を]走り回る。〉(77.8%)

②예 돈 구하러 백방으로 뛰어다니다.
〈お金を借りようと考えられる限りあちこちを飛び回る。〉(14.8%)

뛰어들다 動【29種のテキストで42例】

①예 [방으로/집안으로] 뛰어들다.
〈[部屋へ/家の中へ]飛び込む。〉(33.3%)

②예 물에 뛰어들다.
〈水に飛び込む。〉(26.2%)

③예 [위험한 일에/정계로] 뛰어들다.
〈[危険なことに/政界に]飛び込む。〉(21.4%)

④예 [철길에/품으로] 뛰어들다.
〈[線路に/ふところへ]飛び込む。〉(19%)

뛰어오다 動【16種のテキストで20例】

⓪예 아이가 내게로 뛰어오다.
〈子供が私の方に走って来る。〉(95%)

뛰어오르다 動【10種のテキストで17例】

①예 [높이/자전거에] 뛰어오르다.
〈高く飛び上がる。/自転車に飛び乗る。〉(58.8%)

②예 [순위가/1위로] 뛰어오르다.
〈[順位が/1位に]飛び上がる。〉(23.5%)

③예 [계단을/산길을] 뛰어오르다.
〈[階段を/山道を]駆け上る。〉(11.8%)

뜨겁다 形 ★★★【57種のテキストで84例】

①예 국이 뜨겁다.
〈スープが熱い。〉/
뜨거운 [물/밥].
〈熱い[湯/ご飯]。〉(47.6%)

②예 뜨거운 [박수/사랑/호응].
〈熱い[拍手/恋/反応]。〉(32.1%)

③慣 <뜨거운 눈물>.〈熱い涙。〉(6%)

뜨다¹ 動 ★★★【76種のテキストで126例】

①예 눈을 감았다가 뜨다.
〈目を閉じてから開く。〉(78.6%)

②예 [도끼눈을/실눈을] 뜨다.
〈目にかどを立てる(憎らしそうににらみつける)。/薄目をあける〉(10.3%)

뜨다² 動【66種のテキストで117例】

①예 [달이/무지개가/해가] 뜨다.
〈月が出る。/虹がかかる。/日が昇る。〉(42.7%)

②예 몸이 허공에 뜨다.
〈体が宙に浮く。〉(23.9%)

③예 나무 조각들이 물에 둥둥 뜨다.
〈木片が水にぷかぷかと浮かぶ。〉/
얼음이 둥둥 뜬 동치미.
〈氷がぷかぷか浮いているトンチミ[10]。〉(22.2%)

뜨다³ 動【27種のテキストで34例】

①예 그릇에 [물을/흙을] 뜨다.
〈器に[水を/土を]すくう。〉(50%)

②예 밥을 떠 먹다.
〈ご飯をよそって食べる。〉/
몇 숟갈 뜨다.
〈何匙かすくう。〉(32.4%)

뜯다 動 ☆☆★【32種のテキストで59例】

①예 [갈비를/풀을] 뜯다.

---

10) 韓国料理：大根の水キムチ；汁まで食べる。

〈カルビをかじる。/草むしりをする。〉(25.4%)

②예 [나물을/시침질된 실을] 뜯다.
〈山菜をつむ。/仮縫いの糸を引き抜く。〉(20.3%)

③예 [봉투를/포장을] 뜯다.
〈封筒を[包みを]あける。〉(16.9%)

④예 [마개를/벽지를] 뜯다.
〈栓をあける。/壁紙を剥がす。〉(13.6%)

⑤예 [옷을/저금통을/천막을] 뜯다.
〈服を縫い目をほどいて仕立て直す。/貯金箱を壊して開ける。/テントを切ってばらす。〉(6.8%)

⑥관 <[물어/쥐어] 뜯다>.
〈噛みちぎる。/むしり取る。〉(6.8%)

뜰 〔명〕【18種のテキストで34例】
⓪예 집 뜰에 나무를 심다.
〈家の庭に木を植える。〉(100%)

뜻 〔명〕★★★【138種のテキストで635例】
①예 [글의/말의/속담의/행동의] 뜻을 알다.
〈[文の/言葉の/諺の/行動の]意味を知っている。〉(71.8%)

②예 [주신 분의/하늘의] 뜻을 따르다.
〈[くださった方の/天の]意思に従う。〉(12%)

③예 생각과 뜻을 표현하다.
〈考えと意思を表現する。〉(11.5%)

뜻밖 〔명〕★★☆【38種のテキストで58例】
⓪예 뜻밖의 일을 당하다.
〈思いがけない事をされる。〉(100%)

뜻있다 〔형〕【11種のテキストで15例】
⓪예 돈을 뜻있는 일에 쓰다.
〈お金を有意義なことに使う。〉/
뜻있는 사람들이 모이다.
〈志を同じくする人たちが集まる。〉(100%)

뜻하다 〔동〕★☆☆【46種のテキストで85例】
①예 이 말은 무엇을 뜻하는가?
〈この言葉は何を意味するのか?〉(85.9%)

②예 뜻하지 않게 남편을 여의다.
〈思いもかけず、夫と死に別れる。〉(11.8%)

띄다¹ 〔동〕★☆☆【52種のテキストで68例】
①예 키가 커서 금방 눈에 띄다.
〈背が高くてすぐに目につく。〉(89.7%)

②예 눈에 띄게 [수척하다/악화하다].
〈目に見えて[やつれる/悪化する]。〉(10.3%)

띄다² 〔동〕【7種のテキストで28例】
⓪예 [거리를/한 줄을] 띄다.
〈[距離を/一行を]空ける。〉(100%)

띄우다¹ 〔동〕【10種のテキストで17例】
①예 나뭇잎을 물에 띄우다.
〈木の葉を水に浮かべる。〉(76.5%)

②예 [연을/위성을] 띄우다.
〈[凧を/衛星を]あげる。〉(11.8%)

띄우다² 〔동〕【2種のテキストで5例】
①예 입가에 미소를 띄우다.

〈口元に微笑を浮かべる。〉(80%)

②예 강경 기조를 띄우다.
〈強硬な基調を漂わせる。〉(20%)

띠¹ 〔명〕☆☆★【6種のテキストで11例】
⓪예 머리에 흰 띠를 하다.
〈頭に白いハチマキをする。〉(100%)

띠² 〔명〕【1種のテキストで8例】
⓪예 띠가 맞아서 궁합이 좋다.
〈エト(干支)が合っていて相性(宮合)が良い。〉/
돼지 띠.〈イノシシ年。〉(100%)

띠다 〔동〕★☆☆【44種のテキストで73例】
①예 [진취적 성격을/활기를] 띠다.
〈[進取的性格を/活気を]おびる。〉(54.8%)

②예 [근심의 빛을/웃음을] 띠다.
〈憂色をおびる。/笑みをたたえる。〉(32.9%)

ㄹ

-ㄹ¹ 〔끝〕【216種のテキストで15,306例】
⓪예 내일 갈 사람.
〈明日行く人。〉/
곧 추워질 것이다.
〈すぐ寒くなるだろう。〉/
출발할 시간이다.
〈出発する時間だ。〉/
죽을 힘을 다하다.
〈死力を尽くす。〉(100%)

ㄹ² 〔토〕【145種のテキストで1,255例】
⓪예 날 믿어.
〈私を信じろ。〉/
어딜 가?
〈どこに行くの?〉/
뭘 먹어?
〈何を食べる?〉/
이상한 소릴 하네.
〈変なことを言うね。〉(100%)

ㄹ³ 〔토〕【38種のテキストで60例】
⓪예 웃길 왜 웃어.
〈笑うもんか。〉/
기쁘질 않다.
〈うれしくない。〉(100%)

-ㄹ걸 〔끝〕【14種のテキストで15例】
⓪예 날씨가 따뜻할걸.
〈暖かいだろう。〉/
너는 상상도 못할걸.
〈君は想像もできないだろう。〉/
더 기다려 볼걸.
〈もっと待ってみればよかった。〉(100%)

-ㄹ게 〔끝〕【51種のテキストで91例】
⓪예 내가 전화할게.

〈私が電話するよ。〉/
나 잠깐 나갔다 올게.
〈私ちょっと出かけてくるね。〉(100%)

― ㄹ게요 끝【29種のテキストで49例】

⓪㋐ 제가 돈을 꼭 돌려드릴게요.
〈私がお金を必ずお返ししますから。〉/
저 친구 좀 만나고 올게요.
〈私の友達にちょっと会ってきますね。〉(100%)

― ㄹ까 끝【187種のテキストで1,114例】

⓪㋐ 이것은 무엇일까?
〈これは何だろうか。〉/
우리 그만 갈까?
〈私たちもう行こうか？〉/
회사를 그만둘까 해요.
〈会社を辞めてしまおうかと思ってます。〉(100%)

― ㄹ까요 끝【109種のテキストで591例】

⓪㋐ 이것은 무엇일까요?
〈これはなんでしょうか？〉/
어떻게 할까요?
〈どうしましょうか？〉(100%)

― ㄹ께 끝【15種のテキストで27例】

⓪㋐ 먼저 갈께.
〈先に行くよ。〉/
약속을 꼭 지킬께.
〈約束は必ず守るよ。〉(100%)

― ㄹ께요 끝【13種のテキストで33例】

⓪㋐ 꼭 갈께요.
〈必ず行きますね。〉/
잠깐 쉴께요.
〈ちょっと休みますね。〉(100%)

― ㄹ는지 끝【15種のテキストで22例】

⓪㋐ 그가 올는지 모르겠다.
〈彼が来るかどうかまだ分からない。〉(100%)

― ㄹ라 끝【10種のテキストで12例】

⓪㋐ 이러다 넘어질라.
〈こんなことしてると倒れるよ。〉(100%)

― ㄹ라고 끝【10種のテキストで18例】

⓪㋐ 설마 나를 좋아할라고?
〈まさか私を好きだっていうの？〉(100%)

― ㄹ래 끝【36種のテキストで60例】

⓪㋐ 나 안 갈래.
〈私行かないよ。〉/
도와 줄래?
〈助けてくれるか？〉(100%)

― ㄹ래요 끝【15種のテキストで22例】

⓪㋐ 같이 갈래요?
〈一緒に行きますか？〉/
나 안 갈래요.
〈私は行きませんよ。〉(100%)

― ㄹ려고 끝【15種のテキストで35例】

⓪㋐ 뭐 할려고 그래요?

〈何しようとしてるんですか？〉/
나중에 갈려고 합니다.
〈後で行こうと思います。〉/
이거 너 줄려고 샀어.
〈これ君にあげようと買ったんだ。〉(100%)

― ㄹ려구 끝【13種のテキストで34例】

①㋐ 어떻게 할려구 그래요?
〈どうするつもりなんですか？〉(67.6%)

②㋐ 어디 갈려구?
〈どこ行くつもり？〉/
시내 나갈려구.
〈市内に出ようと思って。〉(32.4%)

ㄹ로 토【35種のテキストで69例】

⓪㋐ 뭘로 만들지?
〈なにで作ろう？〉(100%)

― ㄹ세 끝【19種のテキストで43例】

⓪㋐ 바로 날세.
〈間違いなく私じゃ。〉/
진심일세.
〈本当じゃ。〉/
아닐세, 아니야.
〈違うんじゃ、違う。〉(100%)

― ㄹ수록 끝【101種のテキストで202例】

⓪㋐ 세월이 갈수록 더 새롭다.
〈年月が経つにつれてさらに新しい。〉(100%)

― ㄹ지 끝【149種のテキストで486例】

⓪㋐ 그가 올지 안 올지 모르겠다.
〈彼が来るか来ないか分からない。〉(100%)

― ㄹ지라도 끝【34種のテキストで54例】

⓪㋐ 어떤 어려움이 올지라도 이겨내다.
〈どんな困難が降りかかっても打ち勝つ。〉(100%)

― ㄹ테니 끝【10種のテキストで10例】

⓪㋐ 내가 꼭 갈테니 기다려 주세요.
〈私が必ず行くので待ってください。〉/
비가 올테니 우산을 가져가라.
〈雨が降るので傘を持って行け。〉(100%)

― ㄹ텐데 끝【19種のテキストで26例】

⓪㋐ 곧 손님이 올텐데 얼른 준비해라.
〈すぐお客さんが来るだろうに、早く準備しなさい。〉/
비가 올텐데 창문을 닫고 가자.
〈雨が降るだろうから、窓を閉めて行こう。〉(100%)

― 라¹ 끝【180種のテキストで1,462例】

⓪㋐ 빵이 아니라 밥을 먹다.
〈パンではなくご飯を食べる。〉/
갑작스런 일이라 당황하다.
〈突然のことであわてる。〉(100%)

― 라² 끝【128種のテキストで435例】

⓪㋐ 기뻐하라.
〈喜べ。〉/
나를 따르라.
〈私に従え。〉/

이는 곧 선비의 도리라.
〈これは即ち儒者の道理なり。〉(100%)

－라고¹ 끝 【201種のテキストで2,273例】
⓪예 도리가 아니라고 생각하다.
〈道理ではないと考える。〉(100%)

라고² 토 【120種のテキストで406例】
⓪예 나를 "바보"라고 놀리다.
〈私を「バカ」だとからかう。〉(100%)

－라고³ 끝 【27種のテキストで45例】
⓪예 그만 돌아가라고.
〈もう帰りなさい。〉/
나더러 가라고?
〈私に行けって?〉(100%)

－라고요 끝 【16種のテキストで22例】
⓪예 뭐라고요?
〈何ですって?〉/
제발 그만하라고요.
〈お願いだからやめて下さいってば。〉(100%)

－라구¹ 끝 【34種のテキストで85例】
⓪예 이제 그만 가라구.
〈もう行きなさい。〉/
나더러 오라구?
〈私に来いって?〉(100%)

－라구² 끝 【19種のテキストで34例】
⓪예 거짓말이라구 생각하다.
〈嘘だと思う。〉(100%)

－라구요 끝 【17種のテキストで37例】
⓪예 그만 하라구요.
〈もうやめなさい。〉/
뭐라구요?
〈何ですって?〉(100%)

－라기보다 준 【29種のテキストで34例】
⓪예 그것은 산이라기보다 작은 언덕이다.
〈それは山というより小さな丘陵だ。〉(100%)

－라는 준 【179種のテキストで2,177例】
⓪예 부경이라는 사람.
〈プギョンという人。〉/
가난이라는 것.
〈貧乏というもの。〉/
도와 달라는 부탁.
〈助けてほしいというお願い。〉/
돌아오라는 연락.
〈帰って来いとの連絡。〉(100%)

－라는데 준 【10種のテキストで11例】
⓪예 수입품이라는데 값이 싸다.
〈輸入品だというが、値段が安い。〉/
얼른 오라는데 가 보자.
〈早く来いというが、行ってみよう。〉(100%)

－라니¹ 끝 【35種のテキストで58例】
⓪예 형도 가라니?
〈兄も行けなんて?〉/

감히 누가 반대라니?
〈恐れげもなく、誰が反対だって?〉(100%)

－라니² 준 【14種のテキストで15例】
⓪예 나오라니 나갔지.
〈出てこいっていうので出かけた。〉/
그 말이 사실이라니 믿어져요.
〈その話が事実だというんだから信じなければならないだろう。〉(100%)

－라니까 끝 【17種のテキストで21例】
⓪예 내가 최고라니까.
〈私が最高だってば。〉/
어허, 그만두라니까.
〈ははあ、やめろったら。〉(100%)

라도¹ 토 【124種のテキストで368例】
⓪예 그 사람을 한번 만나라도 보자.
〈その人に一度会うだけでも会ってみよう。〉(100%)

－라도² 끝 【28種のテキストで40例】
⓪예 구슬이 서 말이라도 꿰어야 보배다.
〈珠が三斗でもつないでこそ宝（宝の持ち腐れ）。〉(100%)

라든가 토 【19種のテキストで24例】
⓪예 말투라든가 성격은 좋다.
〈しゃべり方とか性格はいい。〉(100%)

라든지 토 【10種のテキストで20例】
⓪예 몸매라든지 키라든지 외모가 좋다.
〈体つきとか背の高さとか外見がいい。〉(100%)

라디오 명 ★★★ 【33種のテキストで103例】
①예 라디오가 고장 나다.
〈ラジオが故障する。〉(54.4%)
②예 라디오에 귀를 기울이다.
〈ラジオに耳を傾ける。〉(45.6%)

－라며 준 【18種のテキストで21例】
⓪예 선물이라며 내게 구두를 주다.
〈贈り物だと私に靴をくれる。〉/
어서 아이를 데려오라며 손짓하다.
〈早く子供を連れて来いと手招きする。〉(100%)

－라면¹ 끝 【135種のテキストで341例】 -라면
⓪예 오후라면 시간이 있다.
〈午後なら時間がある。〉/
내 부탁이라면 꼭 들어 주다.
〈私の頼みならば、必ず聞いてくれる。〉/
돈을 달라면 주다.
〈お金をくれというならやる。〉(100%)

라면² 명 ☆★★ 【17種のテキストで26例】
⓪예 라면을 끓이다.
〈ラーメンをつくる。〉(100%)

－라면서 준 【10種のテキストで12例】
⓪예 술 대신이라면서 담배를 피우다.
〈酒の代わりだと、タバコを吸う。〉/
마시라면서 술병을 내밀다.

〈飲めと、酒のビンを突き出す。〉(100%)

― 라서 ⟨끝⟩【45種のテキストで75例】
⑩⟨예⟩ 출퇴근 시간이라서 버스가 만원이다.
〈通勤時間なのでバスが満員だ。〉(100%)

― 라야 ⟨끝⟩【15種のテキストで17例】
⑩⟨예⟩ 내년이라야 졸업하다.
〈来年になってこそ卒業する。〉(100%)

― 란¹ ⟨준⟩【117種のテキストで458例】
⑩⟨예⟩ 감정이란 단어.
〈感情という単語。〉/
이웃을 사랑하란 말을 하다.
〈隣人を愛せよということを言う。〉(100%)

란² ⟨토⟩【90種のテキストで214例】
⑩⟨예⟩ 배란 배는 다 모이다.
〈船という船はすべて集まる。〉(100%)

― 란다 ⟨끝⟩【46種のテキストで96例】
⑩⟨예⟩ 내가 이 집 주인이란다.
〈私がこの家の主人だ。〉/
날더러 돈을 내란다.
〈私にお金を出せってさ。〉(100%)

― 랄 ⟨준⟩【15種のテキストで17例】
⑩⟨예⟩ 더 기다리랄 수가 없다.
〈もっと待てとは言えない。〉/
감동이랄 수는 없지만 느낌이 좋았다.
〈感動とは言えないが、感じが良かった。〉(100%)

― 랄까 ⟨끝⟩【15種のテキストで22例】
⑩⟨예⟩ 뭐랄까?
〈何というか?〉/
행운 같은 것이랄까.
〈幸運のようなものというか。〉(100%)

― 랍니다 ⟨끝⟩ ⟨圏⟩【18種のテキストで35例】
⑩⟨예⟩ 저는 주부랍니다.
〈私は主婦です。〉/
모두들 그게 아니랍니다.
〈皆さんがそうじゃないといっています。〉/
어서들 나오시랍니다.
〈どうぞ出てきて下さいということです。〉(100%)

랑 ⟨토⟩【50種のテキストで168例】
①⟨예⟩ 오빠랑 나랑 놀다.
〈お兄さんと私と遊ぶ。〉(55.4%)
②⟨예⟩ 친구랑 [만나다/이야기하다].
〈友達と[会う/話する]。〉(44.6%)

― 래 ⟨준⟩【30種のテキストで44例】
⑩⟨예⟩ 오늘은 휴일이래.
〈今日は休日だそうだ。〉/
형이 나한테 여기서 기다리래.
〈お兄さんが私にここで待って。〉(100%)

― 래요 ⟨준⟩【20種のテキストで32例】
⑩⟨예⟩ 오늘은 휴일이래요.
〈今日は休日だそうです。〉/
형이 나한테 조금만 기다리래요.

〈お兄さんが私に少しだけ待ちなさいって。〉
(100%)

― 랬 ― ⟨준⟩【13種のテキストで14例】
⑩⟨예⟩ 혼자 가랬다.
〈一人で行けといった。〉/
내가 뭐랬니?
〈私が何といった?〉(100%)

― 랴 ⟨끝⟩【18種のテキストで26例】
⑩⟨예⟩ 그 슬픔을 어찌 말로 다 하랴.
〈その悲しみをどのように言葉で全部話さん。〉
(100%)

― 러 ⟨끝⟩【142種のテキストで420例】
⑩⟨예⟩ 운동을 하러 체육관에 다니다.
〈運動をしに体育館に通う。〉(100%)

러시아 ⟨명⟩(固有) ★☆☆【13種のテキストで31例】
⑩⟨예⟩ 러시아의 역사.
〈ロシアの歴史。〉(100%)

렌즈 ⟨명⟩【3種のテキストで67例】
⑩⟨예⟩ [광각/망원/어안] 렌즈.
〈[広角/望遠/魚眼]レンズ。〉(100%)

― 려 ⟨끝⟩【85種のテキストで207例】
⑩⟨예⟩ 그 사람을 만나려 하다.
〈その人に会おうとする。〉(100%)

― 려고 ⟨끝⟩【172種のテキストで714例】
⑩⟨예⟩ [비가 오려고/취직을 하려고] 하다.
〈[雨が降ろうと/就職しようと]する。〉(100%)

― 려는 ⟨준⟩【121種のテキストで298例】
⑩⟨예⟩ 행복하게 살려는 의지를 갖다.
〈幸せに生きようという意志を持つ。〉/
막 피려는 꽃.
〈ちょうど咲こうとしている花。〉(100%)

― 려는데 ⟨준⟩【21種のテキストで26例】
⑩⟨예⟩ [막 잠이 들려는데/집을 나서려는데] 전화가 오다.〈[ちょうど眠ろうとしているところに/家を出ようとしているところに]電話が来る。〉(100%)

― 려니 ⟨끝⟩ ⟨圏⟩【12種のテキストで17例】
⑩⟨예⟩ 아이를 키우려니 별 일이 다 있다.
〈子供を育てていると、とんでもないことがいろいろある。〉/
혼자 떠나려니 서운하다.
〈一人で去ろうとするとなにか寂しい。〉(100%)

― 려다 ⟨준⟩【16種のテキストで18例】
⑩⟨예⟩ 문을 나가려다 다시 들어오다.
〈門を出ようとして、また入ってくる。〉(100%)

― 려다가 ⟨준⟩【19種のテキストで22例】
⑩⟨예⟩ [비가 오려다가/회사를 그만두려다가] 말다.〈雨が降りかけて止む。/会社を辞めようとして思いとどまる。〉(100%)

― 려던 ⟨준⟩【17種のテキストで18例】
⑩⟨예⟩ 집으로 가려던 발길을 돌리다.〉

〈家に帰ろうと歩いていて引き返す。〉(100%)

－려면 〖끝〗【129種のテキストで343例】

⓪㉑ 어른이 되려면 성년식을 거쳐야 한다.
〈大人になるには成人式を経なければならない。〉/
차를 타려면 길을 건너라.
〈車に乗るなら道を渡れ。〉(100%)

－렴 〖끝〗【36種のテキストで64例】

⓪㉑ 마음대로 하렴.
〈勝手にしなさい。〉/
잠깐 기다리렴.
〈ちょっと待ってね。〉(100%)

로 〖토〗【217種のテキストで7,918例】

⓪㉑ 산 위로 올라가다.
〈山の上に上がる。〉/
골목길로 가다.
〈路地をとおって行く。〉/
궁지로 빠지다.
〈窮地に陥る。〉/
반말로 하다.
〈ぞんざいな言い方で話す。〉/
물로 씻다.
〈水で洗う。〉(100%)

－로구나 〖끝〗【19種のテキストで25例】

⓪㉑ 이제 봄이로구나.
〈もう春だなあ。〉(100%)

로봇 〖명〗【12種のテキストで61例】

⓪㉑ [산업용/장난감] 로봇.
〈[産業用/おもちゃの]ロボット。〉(96.7%)

로부터 〖토〗【114種のテキストで297例】

⓪㉑ 강화로부터 서울로 올라오다.
〈江華からソウルに上京する。〉/
그로부터 사흘동안 비가 내렸다.
〈それから三日間雨が降った。〉(100%)

로서 〖토〗【110種のテキストで424例】

⓪㉑ 어머니로서 충실하다.
〈母親として忠実だ。〉/
독립 국가로서 인정을 받다.
〈独立国家として認定を受ける。〉(100%)

로써 〖토〗【44種のテキストで81例】

⓪㉑ 글로써 사상을 표현하다.
〈文章で思想を表現する。〉/
이로써 모든 것이 끝나다.
〈これで全てが終わる。〉(100%)

루 〖토〗【13種のテキストで28例】

⓪㉑ [그리루/서울루] 달려가다.
〈[そちらに/ソウルに]駆けつける。〉/
만나기루 하다.
〈会うことにする。〉(100%)

－류 〖접〗【14種のテキストで26例】

⓪㉑ [식기/야채/포유]류(類).
〈[食器/野菜/哺乳]類。〉(92.3%)

를 〖토〗【217種のテキストで27,108例】

⓪㉑ 친구를 만나다.
〈友達に会う。〉/
차를 몰다.
〈車を駆る。〉/
추위를 느끼다.
〈寒さを感じる。〉(98.5%)

－리－¹ 〖끝〗【81種のテキストで194例】

⓪㉑ 꿈이 곧 이루어지리라.
〈夢がすぐにかないましょう。〉/
내가 다시 전화하리다.
〈私がまた電話しましょう。〉(100%)

리² 〖명〗〖의〗 ★★☆【55種のテキストで86例】

⓪㉑ 마음이 편할 리(理)가 없다.
〈心が安らかなはずが無い。〉(100%)

리³ 〖명〗〖의〗【27種のテキストで60例】

⓪㉑ 몇 십 리(里).
〈何十里。〉(100%)

리듬 〖명〗【13種のテキストで16例】

①㉑ [빠른/흥겨운] 리듬의 노래.
〈[早い/うきうきする]リズムの曲。〉(56.3%)

②㉑ 주기적인 [변화의/생활의] 리듬.
〈周期的な[変化の/生活の]リズム。〉(37.5%)

리어카 〖명〗【6種のテキストで64例】

⓪㉑ 리어카를 끌다.
〈リヤカーを引く。〉(100%)

－ㅁ 〖끝〗【168種のテキストで1,520例】

⓪㉑ 마음이 편안함을 느끼다.
〈心が安らぎを覚える。〉/
출입을 금함.
〈出入りを禁ず。〉(100%)

－마 〖끝〗【15種のテキストで16例】

⓪㉑ 내가 곧 [편지 보내마/연락하마].
〈私がすぐ[手紙を送るよ/連絡するよ]。〉(100%)

마구 〖부〗【50種のテキストで88例】

①㉑ 비가 마구 쏟아지다.
〈雨がやたら降る。〉/
가슴이 마구 뛰다.
〈胸がやたらドキドキする。〉(43.2%)

②㉑ 마구 [떠들다/욕을 하다].
〈やたらに[騒ぐ/悪態をつく]。〉(33%)

③㉑ 정처 없이 마구 걷다.
〈当てもなくどんどん歩く。〉/
아이를 마구 키우다.
〈子供を無責任に育てる。〉(23.9%)

마냥¹ 〖토〗【14種のテキストで36例】

⓪㉑ 솜털마냥 가볍다.

〈綿毛のように軽い。〉/
연이 매마냥 하늘을 날다.
〈たこが鷹のように空を飛ぶ。〉(100%)

마냥² 〔旦〕【15種のテキストで17例】
① 예 마냥 [부럽다/즐겁기만 하다].
〈ただ[うらやましい/とても楽しい]。〉(58.8%)
② 예 마냥 [기다릴/기뻐할/집을 비울] 수 없다.
〈ただ[待つ/喜ぶ/家を空ける]ことはできない。〉
(35.3%)

마누라 〔名〕【21種のテキストで46例】
① 예 [내/우리] 마누라.
〈[私の/私たちの]妻。〉(82.6%)
② 예 [사장/주인] 마누라.
〈[社長の/主人の]妻。〉(17.4%)

마늘 〔名〕☆☆★【9種のテキストで16例】
⓪ 예 파와 마늘로 양념을 하다.
〈ネギとにんにくで味付けをする。〉(100%)

마다 〔助〕【167種のテキストで597例】
⓪ 예 5일마다 장이 서다.
〈5日ごとに市が立つ。〉/
집집마다 찾아다니다.
〈家ごとに探し回る。〉(100%)

마당 〔名〕★★★【72種のテキストで195例】
⓪ 예 마당에 나무를 심다.
〈庭に木を植える。〉(84.6%)

마디 〔名〕★★☆【62種のテキストで122例】
① 예 한 마디 [거들다/하다].
〈一言[口添えする/言う]。〉/
한 마디로 말하자면….
〈一言で言えば…。〉(51.6%)
② 예 [노래/말] 한 마디 하다.
〈歌を一節歌う。/言葉を一言言う。〉(40.2%)

마땅하다 〔形〕【26種のテキストで34例】
① 예 사과하는 것이 마땅하다.
〈謝罪するのが当然だ。〉(61.8%)
② 예 쉬려는데 마땅한 곳이 없다.
〈休みたいが、適当な場所がない。〉(38.2%)

마땅히 〔旦〕【17種のテキストで23例】
⓪ 예 마땅히 해야 할 일이다.
〈当然すべきことだ。〉(87%)

마련 〔名依〕☆★☆【52種のテキストで107例】
⓪ 예 누구나 쓰게 마련인 비누.
〈誰でも使うものである石鹸。〉/
명절은 바쁘기 마련이다.
〈名節[11)]は忙しいものだ。〉(89.9%)

마련되다 〔動〕【17種のテキストで23例】
① 예 [시설이/자리가] 마련되다.
〈[施設が/席が]できる。〉(60.9%)
② 예 [기회가/돈이/여건이] 마련되다.

〈[機会が/お金が/環境が]できる。〉(39.1%)

마련하다 〔動〕★★☆【70種のテキストで120例】
⓪ 예 [계기를/돈을/음식을/전략을] 마련하다.
〈[きっかけを/お金を/料理を/戦略を]準備する。〉
(100%)

마루 〔名〕☆☆★【29種のテキストで73例】
① 예 널을 깐 대청 마루.
〈板張りの板の間。〉(84.9%)
② 예 마당으로 난 좁은 마루에 앉다.
〈庭に面した狭い床に座る。〉(15.1%)

마르다¹ 〔動〕★★★【43種のテキストで63例】
① 예 [눈물이/땀이/방이/침이/페인트가] 마르다.
〈[涙が/汗が/部屋が/唾が/ペンキが]乾く。〉
(58.7%)
② 예 목이 마르다.
〈喉が渇く。〉(19%)
③ 예 [물이/우물이] 마르다.
〈[水が/井戸が]かれる。〉(6.3%)
④ 예 마른 안주.
〈おつまみ。〉(6.3%)

마르다² 〔動〕【15種のテキストで16例】
⓪ 예 얼굴이 꺼칠하게 마르다.
〈顔がやつれて皮膚がざらざらする。〉/
비쩍 마른 노인.
〈がりがりに痩せた老人。〉(100%)

마리 〔名依〕★★★【72種のテキストで177例】
⓪ 예 [개/벌레/생선] 한 마리.
〈[犬/虫/魚]一匹。〉(100%)

마시다 〔動〕★★★【110種のテキストで409例】
⓪ 예 [물을/술을] 마시다.
〈[水を/お酒を]飲む。〉(97.6%)

마을 〔名〕★★★【95種のテキストで606例】
⓪ 예 시골 마을.
〈田舎町。〉/
마을 회관.
〈町の会館。〉(99.8%)

마음 〔名〕★★★【181種のテキストで1,347例】
① 예 마음의 안정을 찾다.
〈心の安定を探す。〉/
마음이 뒤숭숭하다.
〈心が落ち着かない。〉(35.7%)
② 예 마음이 착하다.
〈心が善良だ。〉/
마음의 병.
〈心の病。〉(30.2%)
③ 예 서로 마음이 [돌아서다/맞다].
〈お互いの気持ちが[行き違う/合っている]。〉
(22.8%)

마음가짐 〔名〕【28種のテキストで51例】
⓪ 예 겸손한 마음가짐이 필요하다.

---

11) 韓国の伝統的な節日

〈謙虚な心構えが必要である。〉(100%)

마음껏 튀 【22種のテキストで26例】
⓪예 마음껏 [놀다/먹다/쉬다/울다].
　〈思う存分〔遊ぶ/食べる/休む/泣く〕。〉(100%)

마음먹다 동 【33種のテキストで38例】
①예 [참겠다고/참기로] 마음먹다.
　〈〔我慢しようと/耐えることに〕決心する。〉(50%)
②예 [느긋하게/단단히] 마음먹다.
　〈〔ゆったり/しっかり〕しようと思う。〉(47.4%)

마음속 명 【15種のテキストで19例】
⓪예 마음속으로 [다짐하다/생각하다].
　〈心の中で〔確認する/考える〕。〉(100%)

마음씨 명 【27種のテキストで51例】
⓪예 마음씨가 곱다.
　〈気立てがやさしい。〉(100%)

마이크 명 【10種のテキストで40例】
⓪예 마이크 앞에 서다.
　〈マイクの前に立つ。〉(100%)

마저 토 【66種のテキストで131例】
⓪예 날도 추운데 바람마저 불어대다.
　〈寒いのに風まで吹きまくる。〉/
　아내마저 곁을 떠나다.
　〈妻まで我が元を離れる。〉(100%)

마주 튀 ★☆☆ 【36種のテキストで68例】
①예 두 사람이 마주 [보다/앉다].
　〈二人が向かい合って〔見る/座る〕。〉(85.3%)
②예 양쪽 상가가 마주 보다.
　〈両方の商店街が向かい合う。〉(10.3%)

마주치다 동 【38種のテキストで57例】
①예 [눈길이/자동차가] 마주치다.
　〈〔目が/自動車が〕かちあう。〉(45.6%)
②예 길에서 친구와 마주치다.
　〈道で友達とばったり会う。〉(22.8%)
③예 거리에서 친구를 마주치다.
　〈街で友達にばったり会う。〉(17.5%)

마지막 명 ★★★ 【98種のテキストで218例】
①예 마지막 [숨/월급].
　〈最後の〔息/給料〕。〉(55.5%)
②예 처음과 마지막이 중요하다.
　〈最初と最後が大事だ。〉(44%)

마찬가지 명 ★★★ 【98種のテキストで201例】
⓪예 이와 마찬가지로….
　〈これと同様に…。〉/
　너희도 우리와 마찬가지구나.
　〈あなたたちも私たちと同じなんだな。〉(100%)

마치 튀 ★★★ 【107種のテキストで272例】
⓪예 동상이 마치 움직이는 것 같다.
　〈銅像がまるで動いているようだ。〉(100%)

마치다 동 ★★★ 【86種のテキストで173例】
⓪예 [이야기를/준비를/학기를] 마치다.
　〈〔話を/準備を/学期を〕終える。〉(100%)

마침 튀 ★★★ 【61種のテキストで88例】
①예 마침 좋은 방이 나오다.
　〈ちょうどいい部屋が空く。〉/
　마침 잘 오다.
　〈ちょうど良いところに来る。〉(47.7%)
②예 [그때/사고가 났을 때] 마침 지나가다가
　보다.〈〔その時/事故が起きた時〕ちょうど前を通
　りがかって目撃する。〉(39.8%)
③예 커피가 마침 바닥이 나다.
　〈コーヒーがちょうど切れる。〉(12.5%)

마침내 튀 ★☆★ 【73種のテキストで138例】
①예 며칠을 곰곰 생각한 끝에 마침내 결심하다.
　〈何日かじっくり考えた末についに決心する。〉
　(55.8%)
②예 문제가 쌓이고 쌓여 마침내 불만이 터지다.
　〈問題が積もりに積もってついに不満が爆発す
　る。〉(44.2%)

마흔 수 ☆☆★ 【20種のテキストで26例】
①예 마흔 [명/살].
　〈四十〔名/歳〕。〉(57.7%)
②예 나이가 마흔이다.
　〈歳が四十だ。〉(42.3%)

막¹ 튀 ☆★★ 【37種のテキストで241例】
①예 그때 막 실망해 갖고, 막….
　〈その時すんごく失望しちゃって、すんごく…。〉
　(77.6%)
②예 막 [달리다/먹다/웃다].
　〈わぁーと〔走る/食べる/笑う〕。〉(21.6%)

막² 튀 ☆★★ 【49種のテキストで83例】
⓪예 이제 막 개학을 하다.
　〈今ちょうど学期が始まる。〉/
　식사를 막 끝내려 하다.
　〈食事をちょうど終えようとする。〉(100%)

막걸리 명 ☆☆★ 【10種のテキストで18例】
⓪예 막걸리를 마시다.
　〈マッコリ12)を飲む。〉(100%)

막내 명 【15種のテキストで22例】
⓪예 다섯 형제 중의 막내.
　〈五人兄弟の末っ子。〉(100%)

막다 동 ★★★ 【74種のテキストで163例】
①예 유혈 사태를 막다.
　〈流血事態を防ぐ。〉(23.3%)
②예 [귀를/출입구를] 막다.
　〈〔耳を/出入り口を〕ふさぐ。〉(22.1%)
③예 앞을 막다.
　〈行く手を遮る。〉(19%)

---

12) 濁酒

④예 [적을/침공을] 막다.
〈[敵を/侵攻を]防ぐ。〉(12.9%)

⑤예 [비를/햇살을] 막다.
〈[雨を/日差しを]防ぐ。〉(9.8%)

막대기 명 ☆☆★【7種のテキストで8例】

⓪예 막대기로 지게를 받치다.
〈棒でしょいこを支える。〉(100%)

막무가내 명【13種のテキストで15例】

⓪예 막무가내(莫無可奈)로 우기다.
〈頑なに言い張る。〉/
말려도 그는 막무가내이다.
〈止めても彼は言うことなんか聞く人では無い。〉
(100%)

막상 부【22種のテキストで26例】

⓪예 막상 직접 보면 상상과 다르다.
〈実際に直接見ると、想像とは違う。〉(100%)

막연하다 형【17種のテキストで30例】

⓪예 막연(漠然)한 [계획/말/생각].
〈漠然とした[計画/言葉/考え]。〉(100%)

막히다 동 ★★★【61種のテキストで104例】

①예 [숨이/숨통이] 막히다.
〈息がつまる。/息の根がとまる。〉(26%)

②관 <기(가) 막히다> 예 어이없어 기가 막히다.
〈呆れてあいた口が塞がらない。〉(25%)

③예 [길이/차가] 막히다.
〈[道が/車が]塞がる。〉(17.3%)

④예 [대화가/언로가] 막히다.
〈[会話が/言路が]塞がる。〉(9.6%)

⑤관 <기(가) 막히다> 예 기가 막히게 좋은 일.
〈呆れるほどいいこと。〉(5.8%)

만¹ 토【207種のテキストで3,937例】

⓪예 술만 마시다.
〈酒ばかり飲む。〉/
예전만 못하다.
〈以前には及ばない。〉/
자꾸만 찾아오다.
〈しきりに訪ねて来る。〉/
웃고만 있다.
〈笑ってばかりいる。〉(100%)

만² 주 ★★★【86種のテキストで332例】

⓪예 만(萬) [명/원/톤].
〈一万[名/ウォン/トン]。〉(93.7%)

만³ 명의 ★★☆【77種のテキストで127例】

⓪예 10년 만에 돌아오다.
〈10年ぶりに帰ってくる。〉(88.2%)

만나다 동 ★★★【173種のテキストで889例】

①예 회사에서 형을 만나다.
〈会社で兄に会う。〉(61.3%)

②예 뜻밖에 친구를 만나다.

〈予期せぬ友達に会う。〉/
산에서 노루를 만나다.
〈山でノロジカ13)に会う。〉(14.1%)

③예 [대표들이/환자들과] 만나다.
〈[代表らが/患者たちと]会う。〉(9.7%)

만남 명【30種のテキストで37例】

①예 사람들의 만남과 이별.
〈人の出会いと別れ。〉(81.1%)

②예 문학과 의학의 만남.
〈文学と医学の出会い。〉(18.9%)

만년필 명 ☆☆★【5種のテキストで10例】

⓪예 만년필(萬年筆)로 쓰다.
〈万年筆で書く。〉(100%)

만들다 동 ★★★【194種のテキストで1,871例】

①예 청동으로 만든 조각품.
〈青銅で作った彫刻品。〉(60.2%)

②예 [생활을 즐겁게/어려운 일로/일을 서두르도록] 만들다.〈[生活を楽しく/ことを難しく/仕事を急ぐように]する。〉(9.7%)

③예 [노래를/책을] 만들다.
〈[歌を/本を]作る。〉(8.3%)

④예 [좋은 분위기를/활기찬 학교를] 만들다.
〈[いい雰囲気を/活気に満ちた学校を]作る。〉
(6.1%)

만세¹ 감 ★☆☆【8種のテキストで16例】

⓪예 대한 독립, 만세(萬歲)!
〈大韓独立、万歳!〉(100%)

만세² 명【9種のテキストで21例】

⓪예 만세(萬歲)를 부르다.
〈万歳を叫ぶ。〉(100%)

만약¹ 부 ★★★【65種のテキストで119例】

①예 만약(萬若) 그것이 사실이라면?
〈もし、それが事実なら?〉(81.5%)

②예 내가 만약 여자였다면 어쩔까.
〈私がもし女性だったらどうだろうか。〉(18.5%)

만약² 명【23種のテキストで37例】

⓪예 [만약(萬若)에/만약의 경우를/만약을] 대비하다.〈[万一に/万一の場合に/万一に]備える。〉(100%)

만원 명 ☆☆★【6種のテキストで6例】

⓪예 버스는 만원(滿員)이다.
〈バスは満員だ。〉(100%)

만일 부 ☆☆★【46種のテキストで79例】

⓪예 내가 만일(萬一) 주인공이라면 어떻게 할까?〈もし僕が主人公だったらどうするかな?〉(100%)

만족 명【14種のテキストで33例】

⓪예 고객들에게 만족(滿足)을 주다.

---

13) 韓国の小型の鹿。

〈顧客に満足を与える。〉(100%)

만족하다 動【36種のテキストで51例】
⓪㋔ 결과에 만족(滿足)하다.
〈結果に満足する。〉(100%)

만지다 動 ☆★★【57種のテキストで88例】
①㋔ 얼음을 만지는 느낌.
〈氷に触る感じ。〉(76.1%)
②㋔ 기계를 만질 줄 아는 기술.
〈機械を扱える技術。〉(20.5%)

만큼¹ 名依 ★★☆【118種のテキストで289例】
⓪ 주는 만큼 받고 받다.
〈与えるのに応じて受け取り貰う。〉/
한강이 얼 만큼 추운 날씨.
〈漢江が凍るほど寒い天気。〉(99.7%)

만큼² 吐【93種のテキストで176例】
⓪ 나무가 창 높이만큼 자라다.
〈木が窓の高さほどに育つ。〉/
당신만큼 나도 힘들어.
〈そなたと同じくらい私も大変だ。〉(100%)

만하다¹ 動補 ★★☆【112種のテキストで246例】
⓪㋔ 눈이 녹을 만하면 다시 내리곤 하다.
〈雪が解けるかと思うと、また降ったりする。〉
(100%)

− 만하다² 接【35種のテキストで46例】
⓪㋔ [머리통/손바닥/집채]만하다.
〈〔頭の大きさ/手の平の大きさ/家一棟の大きさ〕
〈らいだ。〉(100%)

만화 名【16種のテキストで37例】
①㋔ 만화(漫畵)를 그리다.
〈漫画を描く。〉(59.5%)
②冠 <만화 영화>.
〈アニメーション。〉(40.5%)

많다 形 ★★★【199種のテキストで2,118例】
①㋔ 오가는 사람이 많다.
〈往来する人が多い。〉/
책상 위에 잡동사니가 많다.
〈机の上にガラクタが多い。〉(63.1%)
②㋔ 가장으로서 할 일이 많다.
〈家長としてやるべきことが多い。〉(23.7%)
③㋔ 호기심이 많다.
〈好奇心が強い。〉/
사람에 따라 차이가 많다.
〈人によって差が多い。〉(13.2%)

많이 副 ★★★【186種のテキストで1,329例】
①㋔ 거리에 외국인이 많이 보이다.
〈街に外国人がたくさん見える。〉/
책을 많이 읽다.
〈本をたくさん読む。〉(71.9%)
②㋔ 날이 많이 추워지다.
〈天候が随分寒くなる。〉/
형이 많이 늙었다.
〈兄がとても老けた。〉(27.8%)

말¹ 名 ★★★【196種のテキストで4,133例】
①㋔ 사랑이라는 말.
〈愛という言葉。〉(24.7%)
②㋔ 뭐라고 말을 천천히 하다.
〈なんとかと言葉をゆっくり言う。〉(24.2%)
③㋔ 돈을 싫어하는 사람이 있다는 말을 못
듣다.〈お金が嫌いな人がいるという話を聞いた
ことが無い。〉(13.4%)
④㋖ <말이다>
㋔ 내 말은, 약속을 꼭 지키란 말이다.
〈私の話は、約束は必ず守れということだ。〉(10.6%)
⑤㋔ 우리가 오늘날 쓰고 있는 말.
〈私たちが今日使っている言葉。〉/
바른 말 고운 말.
〈正しい言葉、美しい言葉。〉(7.6%)

말² 名依 ★☆☆【31種のテキストで48例】
⓪㋔ 2010년 말(末).
〈2010年末。〉(100%)

말기 名【13種のテキストで20例】
⓪㋔ 조선 시대 말기(末期).
〈朝鮮時代末期。〉/
말기 암.
〈末期ガン。〉(100%)

말끔히 副【13種のテキストで15例】
⓪ 피로가 말끔히 가시다.
〈疲れがすっかり取れる。〉/
슬픔을 말끔히 잊다.
〈悲しみをきれいに忘れる。〉(86.7%)

말끝 名【12種のテキストで18例】
①㋔ 말끝을 높여 대답하다.
〈尻上がりに答える。〉(50%)
②冠 <말끝(을) 흐리다>.
〈言葉じりを濁す。〉(50%)

말다¹ 動補 ★★★【188種のテキストで1,106例】
①㋔ 가지 [마십시오/말아라].
〈行かないで下さい。/行くな。〉(43.3%)
②㋔ 수술을 받았지만 결국 죽고 말았다.
〈手術は受けたが結局死んでしまった。〉(32.9%)
③㋔ [참견/부끄러워] 마세요.
〈口出ししないで下さい。/恥ずかしがらないで下
さい。〉(9.9%)

말다² 動 ★★★【77種のテキストで147例】
①㋔ 가든지 말든지.
〈行こうが行くまいが。〉/
가건 말건.
〈行こうと行くまいと。〉/
갈까 말까.
〈行こうか行くまいか。〉/
가느니 마느니.
〈行くだ行かないだ。〉/
가거나 말거나.
〈行っても行かなくても。〉/
가나 마나.

〈行っても無駄だ。〉(46.3%)

②예 말을 꺼내다가 말다.
〈何か言おうとしてやめる。〉/
익다 만 떫은 감.
〈完全に熟してはいない渋柿。〉(20.4%)

③예 형에게 말고는 얘기한 적 없다.
〈兄に以外は話したことない。〉/
더도 말고 딱 일주일.
〈もっととは言わないから、ただ1週間だけ。〉
(20.4%)

말리다¹ 동 ★★★【27種のテキストで41例】
⓪예 [고추를/빨래를] 말리다.
〈[唐辛子を/洗濯物を]干す。〉(92.7%)

말리다² 동【30種のテキストで36例】
⓪예 [싸움을/아버지를] 말리다.
〈[喧嘩を/父を]止める。〉(100%)

말미암다 동【14種のテキストで24例】
⓪예 지진으로 말미암아 정전이 되다.
〈地震によって停電になる。〉(100%)

말소리 명【16種のテキストで28例】
①예 말소리 규칙.
〈音声規則。〉(64.3%)
②예 말소리가 들리다.
〈話し声が聞こえる。〉(35.7%)

말씀 명 ★★★【110種のテキストで425例】
①예 스님의 말씀을 듣다.
〈お坊さんの言葉を聞く。〉(87.8%)
②예 제가 말씀을 올리겠습니다.
〈私が申し上げます。〉(11.8%)

말씀드리다 동 ★★☆【52種のテキストで109例】
⓪예 아이가 어머니께 말씀드리다.
〈子供が母親に言う。〉(100%)

말씀하다 동 ★★☆【75種のテキストで296例】
⓪예 선생님께서 말씀하시다.
〈先生がおっしゃる。〉(100%)

말씨 명【15種のテキストで25例】
①예 말씨가 다정다감하다.
〈言葉遣いが多情多感だ。〉(84%)
②예 서울 말씨를 쓰다.
〈ソウル方言を使う。〉(16%)

말없이 부【20種のテキストで23例】
⓪예 말없이 바라보다.
〈黙って見つめる。〉(87%)

말투 명【18種のテキストで25例】
①예 기뻐 어쩔 줄 모르는 말투.
〈嬉しくてたまらない口調。〉(80%)
②예 말투가 바뀌다.
〈口調が変わる。〉(20%)

말하다 동 ★★★【196種のテキストで3,013例】
⓪예 [견해를/좋다고] 말하다.

〈見解を述べる。/良いと言う。〉(90.5%)

말하자면 부【39種のテキストで79例】
⓪예 빨래방은 말하자면 현대적인 우물터이다.
〈コインランドリーは言わば現代的な井戸端だ。〉
(100%)

맑다 형 ★★★【82種のテキストで212例】
①예 맑은 [공기/유리창].
〈澄んだ[空気/ガラス窓]。〉(57.1%)
②예 날씨가 맑다.
〈天気がいい。〉(21.2%)
③예 맑은 덕을 기리다.
〈清い徳を称える。〉(8.5%)

맘 명【31種のテキストで43例】
①관 <맘에 [들다/맞다]>.
〈気に入る。〉(39.5%)
②예 맘이 [돌아서다/맞다].
〈気持ちが[行き違う/合っている]。〉(25.6%)
③예 맘이 착하다.
〈心が善良だ。〉/
마음의 병.
〈心の病。〉(14%)
④예 맘이 [뒤숭숭하다/안정되다].
〈心が[落ち着かない/安定する]。〉(11.6%)

맛 명 ★★★【77種のテキストで182例】
①예 김치의 맛.
〈キムチの味。〉(53.3%)
②관 <맛(이) 있다>.
〈おいしい。〉(14.3%)
③관 <맛(이) 없다>.
〈まずい。〉(7.1%)
④예 함께 살아가는 맛.
〈一緒に暮らしている面白さ。〉(6%)

맛보다 동【29種のテキストで35例】
①예 [감동을/감회를] 맛보다.
〈[感動を/感懐を]味わう。〉(80%)
②예 갖가지 열매를 맛보다.
〈さまざまな果実を味わう。〉(11.4%)

맛있다 형 ★★★【69種のテキストで157例】
⓪예 맛있는 음식.
〈おいしい食べ物。〉(100%)

망가지다 동【13種のテキストで15例】
①예 장난감이 망가지다.
〈おもちゃが壊れる。〉(73.3%)
②예 몸이 망가지다.
〈身体が壊れる。〉(26.7%)

망설이다 동【37種のテキストで55例】
⓪예 결심을 못하고 망설이다.
〈決心できずに迷う。〉(100%)

망치 명 ☆☆★【9種のテキストで16例】
⓪예 망치로 못을 박다.
〈かなづちで釘を打つ。〉(100%)

망치다 〚동〛【15種のテキストで21例】

⓪⑩ [농사를/장래를] 망치다.
〈[農業を/将来を]台無しにする。〉(100%)

망하다 〚동〛★☆★【22種のテキストで31例】

①⑩ [사업이/회사가] 망(亡)하다.
〈[事業が/会社が]つぶれる。〉(67.7%)

②⑩ 망할 [것/놈/자식].
〈けしからん[奴/奴//野郎]。〉(29%)

맞다¹ 〚동〛★★★【136種のテキストで436例】

①⑩ 맞아, 이유가 있겠지.
〈そうだ、理由があるだろう。〉(22%)

②⑩ [나에게/분수에] 맞는 일.
〈[私に/分際に]合う仕事。〉(21.6%)

③⑩ [말이/이야기가] 맞다.
〈正しい。/話が合っている。〉(16.5%)

④⑩ 내게 맞는 여자.
〈私に合う女の人。〉(11.5%)

⑤⑩ [내게/손가락에] 꼭 맞다.
〈[私に/指に]ぴったり合う。〉(5.7%)

⑥⑩ 사람들이 [이야기가/이해관계가] 맞다.
〈人々の[話が/利害関係が]合う。〉/
말이 앞뒤가 맞다.
〈言葉がつじつまが合う。〉(5.3%)

맞다² 〚동〛★★★【89種のテキストで164例】

①⑩ 아이가 친구에게 맞다.
〈子供が友達に合う。〉(36%)

②⑩ [눈을/벼락을/비를] 맞다.
〈雪に降られる。/雷に打たれる。/雨に降られる。〉
(22%)

③⑩ [공에/매를/총알을] 맞다.
〈ボールに当たる。/鞭で打たれる。/弾に当たる。〉
(17.1%)

④⑩ [주사를/침을] 맞다.
〈[注射を/鍼を]打ってもらう。〉(7.9%)

맞다³ 〚동〛【55種のテキストで94例】

①⑩ 손님을 맞다.
〈客を迎える。〉(38.3%)

②⑩ 90년대를 맞다.
〈90年代を迎える。〉(38.3%)

③⑩ [어려움을/호황을] 맞다.
〈[困難を/好況を]迎える。〉(14.9%)

맞서다 〚동〛【21種のテキストで27例】

①⑩ 두 [사람이/세력이/주장이] 맞서다.
〈[ふたりが/ふたつの勢力が/ふたつの主張が]
対立する。〉(70.4%)

②⑩ <맞서 싸우다>.
〈立ち向かって闘う。〉(18.5%)

③⑩ [죽음에/현실에] 맞서는 태도.
〈[死に/現実に]立ち向かう態度。〉(11.1%)

맞은편 〚명〛☆☆★【16種のテキストで23例】

⓪⑩ 길 건너 맞은 편으로 가다.
〈道の向かい側に行く。〉(100%)

맞이하다 〚동〛★☆☆【45種のテキストで72例】

①⑩ 그녀를 [식구로/아내로] 맞다.
〈彼女を[家族として/妻として]迎える。〉(54.2%)

②⑩ [손님을/앞날을] 맞이하다.
〈[客を/将来を]迎える。〉(45.8%)

맞추다 〚동〛★★★【93種のテキストで180例】

①⑩ [기준에/시간에/입맛에/취향에] 맞추다.
〈[基準に/時間に/口に/好みに]合わせる。〉(39.4%)

②⑩ [눈길을/초점을] 꽃에 맞추다.
〈[視線を/焦点を]花に合わせる。〉/
시계 바늘을 5시에 맞추다.
〈時計の針を5時に合わせる。〉(13.9%)

③⑩ 그들에게 [보조를/장단을/호흡을] 맞추다.
〈彼らに[歩調を/リズムを/呼吸を]合わせる。〉
(11.7%)

④⑩ [복권을/정답을] 맞추어 보다.
〈[宝くじを/正解を]合わせてみる。〉(4.4%)

⑤⑩ 구색을 맞추다.
〈品物を取りそろえる。〉/
[인원을/짝을] 맞추다.
〈[人員を/ペアを]合わせる。〉(4.4%)

⑥⑩ [구두를/안경을/양복을] 맞추다.
〈[靴を/眼鏡を/洋服を]合わせる。〉(3.9%)

⑦⑩ [번호를 순서대로/줄을] 맞추다.
〈[番号を順に/列を]合わせる。〉(3.9%)

⑧⑩ [기한을/약속 시간을] 맞추다.
〈[期限を/約束時間を]合わせる。〉(3.3%)

⑨⑩ [모양을/크기를] 구멍에 맞추다.
〈[形を/サイズを]穴に合わせる。〉(3.3%)

⑩⑭ <입을 맞추다>.
〈口裏を合わせる。〉(3.3%)

⑪⑩ [꽃에/뺨에] 입을 맞추다.
〈[花に/頬に]キスする。〉(3.3%)

맡기다 〚동〛★★★【51種のテキストで77例】

①⑩ [빨래를/일감을] 맡기다.
〈[洗濯物を/仕事を]任せる。〉(27.3%)

②⑩ [생산을 기업에/입시 제도를 대학에] 맡기다.〈[生産を企業に/入試制度を大学に]任せる。〉(19.5%)

③⑩ [반장을/수사를/일을] 맡기다.
〈[班長を/捜査を/仕事を]任せる。〉(15.6%)

④⑩ [노모를/아이를] 맡기다.
〈[老母を/子供を]任せる。〉(14.3%)

⑤⑩ [가방을/열쇠를/짐을] 맡기다.
〈[カバンを/鍵を/荷物を]預ける。〉(13%)

맡다¹ 〚동〛★★★【80種のテキストで199例】

①⑩ [설계를/일을] 맡다.
〈[設計を/仕事を]引き受ける。〉(50.8%)

②⑩ [역할을/직책을] 맡다.
〈[役割を/職責を]引き受ける。〉(40.2%)

맡다² 〚동〛【31種のテキストで42例】

①⑩ 쑥잎 냄새를 맡다.

〈ヨモギの葉のにおいを嗅ぐ。〉(78.6%)

②관 <냄새를 맡다> 예 기자들이 냄새를 맡다.
〈記者たちがにおいを嗅ぎつける。〉(21.4%)

매 〔명〕 ☆☆★ 【11種のテキストで119例】
① 예 매를 손에 들고 때리다.
〈ムチを手に持ってなぐる。〉(81.5%)

② 예 모두에게 매가 돌아오다.
〈みんなにムチが回ってくる。〉(16%)

매기다 〔동〕 【15種のテキストで16例】
⓪ 예 [값을/번호를/세금을/순위를/점수를] 매기다.
〈[値を/番号を/税金を/順位を/点数を]つける。〉
(100%)

매년 〔부〕 【21種のテキストで27例】
① 예 매년(每年) 관광객이 늘다.
〈毎年観光客が増える。〉(66.7%)

② 예 매년의 계획.
〈毎年の計画。〉(33.3%)

매다¹ 〔동〕 ★★★ 【35種のテキストで47例】
① 예 [넥타이를/허리띠를] 매다.
〈[ネクタイを/帯を]結ぶ。〉(51.1%)

② 예 말뚝에 소를 매다.
〈杭に牛をつなぐ。〉(19.1%)

③ 예 운동화 끈을 매다.
〈運動靴のひもを結ぶ。〉(17%)

매다² 〔동〕 【10種のテキストで18例】
⓪ 예 [김을/논밭을] 매다.
〈草取りをする。/田畑の草取りをする。〉(100%)

매달다 〔동〕 【17種のテキストで20例】
① 예 나무에 [전구를/종을] 매달다.
〈木に[電球を/ベルを]つるす。〉(70%)

② 예 귀걸이를 귀에 매달다.
〈イヤリングを耳につける。〉(20%)

③관 <목을 매달다>.
〈首をつる。〉(10%)

매달리다 〔동〕 ★☆☆ 【60種のテキストで96例】
① 예 그네에 매달리다.
〈ぶらんこにぶら下がる。〉(28.1%)

② 예 신제품 개발에 매달리다.
〈新製品開発に没頭する。〉(24%)

③ 예 천정에 전구가 매달리다.
〈天井に電球がぶら下がる。〉(21.9%)

④ 예 만나자고 매달리다.
〈デートしようと哀願する。〉(14.6%)

매력 〔명〕 【26種のテキストで33例】
⓪ 예 그에게 매력(魅力)을 느끼다.
〈彼に魅力を感じる。〉(100%)

매미 〔명〕 ☆☆★ 【5種のテキストで42例】
⓪ 예 매미 우는 소리.
〈セミの鳴き声。〉(100%)

매번 〔부〕 【12種のテキストで15例】

⓪ 예 하는 말이 매번(每番) 다르다.
〈いうことが毎回違う。〉(100%)

매우 〔부〕 ★★★ 【91種のテキストで298例】
⓪ 예 날씨가 매우 좋다.
〈とてもいい天気だ。〉(100%)

매일 〔부〕 ★★☆ 【75種のテキストで151例】
① 예 매일(每日) 일기를 쓰다.
〈毎日日記を書く。〉(68.2%)

② 예 매일의 동향을 살피다.
〈毎日の動向をさぐる。〉(31.8%)

매체 〔명〕 【12種のテキストで43例】
⓪ 예 [광고/방송/언론] 매체(媒體).
〈[広告/放送/言論]媒体。〉(100%)

맥 〔명〕 【16種のテキストで27例】
① 예 통일의 맥(脈)을 잇다.
〈統一の流れを継ぐ。〉(29.6%)

②관 <맥이 빠지다>
예 불합격 소식에 맥이 빠지다.
〈不合格の知らせにがっかりする。〉(22.2%)

③ 예 맥이 뛰다.
〈脈を打つ。〉(14.8%)

④ 예 병에 걸려 맥을 못 추다.
〈病気になってすっかりまいる。〉(11.1%)

⑤ 예 이야기의 맥을 잃다.
〈話の流れを失う。〉(7.4%)

⑥관 <맥이 풀리다>.
〈拍子抜けする。〉(7.4%)

맥락 〔명〕 【11種のテキストで23例】
① 예 정치적 맥락(脈絡) 속에서 이해하다.
〈政治的脈絡の中で理解する。〉(82.6%)

② 예 글의 맥락이 통하다.
〈文章の脈絡が通じる。〉(17.4%)

맥주 〔명〕 ★★★ 【18種のテキストで88例】
⓪ 예 맥주(麥酒)를 마시다.
〈ビールを飲む。〉(100%)

맨 〔관〕 ★☆☆ 【44種のテキストで76例】
⓪ 예 맨 [구석/마지막].
〈一番[隅/最後]。〉(100%)

맨날 〔부〕 【23種のテキストで47例】
⓪ 예 맨날 [똑같다/만나다/싸우다].
〈毎日[同じだ/会う/ケンカする]。〉(100%)

맨발 〔명〕 【10種のテキストで15例】
① 예 맨발로 걷다.
〈はだしで歩く。〉(86.7%)

②관 <맨발로 뛰어나가다>
예 전장으로 맨발로 뛰어나가다.
〈戦場にはだしで飛び出す。〉(13.3%)

맴돌다 〔동〕 【23種のテキストで28例】
① 예 [정원을/집 주변을] 맴돌다.
〈[庭園を/家の周辺を]うろつく。〉(35.7%)

②예 [기억이/생각이] 머릿속을 맴돌다.
〈[記憶が/考えが]頭の中に浮かんだり消えたりする。〉/
귓가에 맴도는 말.
〈耳元から離れない言葉。〉(28.6%)

③예 [그의/그녀의] 주변을 맴돌다.
〈[彼の/彼女の]周りをうろつく。〉(17.9%)

④예 기온이 10도 내외를 맴돌다.
〈気温が10度前後を上がったり下がったりする。〉/
성적이 꼴찌를 맴돌다.
〈成績が最下位をうろつく。〉(10.7%)

맵다 형 ☆★★【23種のテキストで35例】

①예 매운 [고추/국물].
〈辛い[唐辛子/スープ]。〉(65.7%)

②예 매운 연기를 피우다.
〈鼻を突く異臭の出る煙をゆらせる。〉(31.4%)

맺다 동 ★★★【49種のテキストで73例】

①예 [관계를/인연을] 맺다.
〈[関係を/縁を]結ぶ。〉(37%)

②예 [계약을/협정을] 맺다.
〈[契約を/協定を]結ぶ。〉(16.4%)

③예 [꽃망울을/열매를] 맺다.
〈[花のつぼみを/実を]結ぶ。〉(15.1%)

④예 [끝을/얘기를] 맺다.
〈[最後を/話を]結ぶ。〉(13.7%)

맺히다 동【20種のテキストで25例】

①예 [눈물이/땀이/이슬이] 맺히다.
〈[涙が/汗が/露が]雫になる。〉(64%)

②예 [골수에/마음에] 한이 맺히다.
〈[骨髄に/心に]恨みがしこりになって残っている。〉(16%)

③예 [꽃망울이/열매가] 맺히다.
〈[花のつぼみが/実が]結ぶ。〉(12%)

머금다 동【13種のテキストで16例】

①예 입가에 [미소를/웃음을] 머금다.
〈口元に[微笑を/笑みを]含む。〉(50%)

②예 이슬을 머금은 숲.
〈露で潤った森。〉(18.8%)

③예 물을 입에 머금다.
〈水を口に含む。〉(12.5%)

④예 눈물을 머금다.
〈涙を呑む。〉(12.5%)

머리 명 ★★★【164種のテキストで606例】

①예 머리를 [감다/깎다].
〈髪を[洗う/切る]。〉/
머리가 빠지다.
〈髪が抜ける。〉(26.6%)

②예 머리를 아래로 숙이다.
〈頭を下に下げる。〉(24.9%)

③예 머리에 모자를 쓰다.
〈頭に帽子をかぶる。〉/
머리를 긁다.
〈髪を掻く。〉(12.9%)

④예 머리가 [나쁘다/잘 돌아가다/좋다].
〈頭が[悪い/よく回る/良い]。〉/
머리를 [굴리다/쓰다/쥐어짜다].
〈頭を[ひねる/使う/絞る]。〉(8.1%)

⑤예 좋은 방도가 머리에 떠오르다.
〈いい方法が頭に浮かぶ。〉(7.4%)

⑥예 [물고기의/소의] 머리.
〈[魚の/牛の]頭。〉(6.8%)

머리카락 명 ★☆★【28種のテキストで48例】

⓪예 머리카락을 쓸어 올리다.
〈髪の毛を掻き上げる。〉(100%)

머리칼 명【10種のテキストで16例】

⓪예 흰 머리칼을 뽑다.
〈しらがを抜く。〉(100%)

머릿속 명【28種のテキストで47例】

⓪예 기억이 머릿속에 남아 있다.
〈記憶が頭の中に残っている。〉(100%)

머무르다 동 ★☆☆【41種のテキストで57例】

①예 [병원에/여관에서] 머무르다.
〈[病院に/旅館に]泊まる。〉(22.8%)

②예 기차가 역에 잠시 머무르다.
〈汽車が駅にちょっと止まる。〉(22.8%)

③예 현재 상태에 머무르다.
〈現在の状態にとどまる。〉(22.8%)

④예 [곁에/미국에] 머무르다.
〈[そばに/米国に]とどまる。〉(21.1%)

머물다 동【22種のテキストで32例】

①예 현재 상태에 머물다.
〈現在の状態にとどまる。〉(34.4%)

②예 [곁에/미국에] 머물다.
〈[そばに/米国に]とどまる。〉(28.1%)

③예 [병원에/여관에서] 머물다.
〈[病院に/旅館で]泊まる。〉(25%)

머뭇거리다 동【15種のテキストで17例】

⓪예 선뜻 [떠나지/말을] 못하고 머뭇거리다.
〈さっと[発つことが/話をすることが]できずにもたもたする。〉(100%)

먹다 동 ★★★【190種のテキストで1,749例】

①예 [과자를/밥을] 먹다.
〈[お菓子を/ご飯を]食べる。〉(82.3%)

②예 [물을/커피를] 먹다.
〈[水を/コーヒーを]飲む。〉(5.1%)

③예 약을 먹다.
〈薬を飲む。〉(3.3%)

먹이 명 ★☆★【30種のテキストで47例】

⓪예 호랑이가 먹이를 찾다.
〈虎が餌を探す。〉(97.9%)

먹이다 동 ☆★★【37種のテキストで60例】

①예 아이에게 [고기를/밥을/젖을] 먹이다.
〈子供に[肉を/ご飯を]食べさせる。/子供に乳を飲ませる。〉(51.7%)

②괜 <먹여 [살리다/주다]>.
〈養う。/食べさせてやる。〉(25%)

③예 [가축을/소를] 먹이다.
〈[家畜を/牛を]飼う。〉(10%)

먼저 분 ★★★【162種のテキストで535例】

⓪예 가장 먼저 도착하다.
〈一番先に到着する。〉(99.8%)

먼지 명 ★☆☆【28種のテキストで38例】

⓪예 먼지가 날리다.
〈ほこりが飛ぶ。〉(100%)

멀다 형 ★★★【130種のテキストで352例】

①예 회사가 집에서 멀다.
〈会社が家から遠い。〉(67.9%)

②괜 <먼 옛날>.
〈遠い昔。〉(7.1%)

③괜 <먼 [미래/후일/훗날]>.
〈遠い[未来/またの日/後日]。〉(4.5%)

④ <멀었다> 예 방학이 되려면 멀었다.
〈夏休みになるにはまだまだである。〉(3.7%)

멀리¹ 분 ★★☆【85種のテキストで146例】

⓪예 여기서 멀리 떨어지다.
〈ここから遠く離れる。〉(95.9%)

멀리² 명 【39種のテキストで55例】

⓪예 타향 멀리에 [가/살고] 있다.
〈他郷の遠いところに[行って/住んで]いる。〉
(100%)

멀쩡하다 형 【19種のテキストで24例】

①예 [물건이/몸이] 멀쩡하다.
〈[物は/身体は]大丈夫だ。〉(75%)

②예 정신이 멀쩡하다.
〈精神に異常はない。〉(20.8%)

멈추다 동 ★★★【67種のテキストで146例】

①예 [걸음을/울음을] 멈추다.
〈足をとめる。/泣くのをやめる〉(38.4%)

②예 [버스가/차가] 멈추다.
〈[バスが/車が]止まる。〉(25.3%)

③예 [시선이/코피가] 멈추다.
〈[視線が/鼻血が]止まる。〉(20.5%)

④예 앞 사람이 멈춰 서다.
〈前の人が立ち止まる。〉(11.6%)

멋 명 ★★★【32種のテキストで48例】

①예 고유의 멋을 지닌 도자기.
〈固有の趣を持った陶磁器。〉(64.6%)

②예 예쁜 옷으로 멋을 내다.
〈きれいな服でおしゃれをする。〉(29.2%)

멋있다 형 ☆★☆【27種のテキストで38例】

⓪예 정장 모습이 멋있다.
〈スーツ姿がすてきだ。〉(100%)

멋지다 형 【35種のテキストで45例】

⓪예 새 옷이 멋지다.

〈新しい服がかっこいい。〉/
멋진 생각이 떠오르다.
〈すてきな考えが浮かぶ。〉(100%)

멍하니 분 【27種のテキストで39例】

⓪예 멍하니 앞을 바라보다.
〈ぼうっと前を眺める。〉(100%)

멎다 동 【18種のテキストで26例】

①예 [소리가/시계가] 멎다.
〈[音が/時計が]止まる。〉(53.8%)

②예 승강기가 2층에서 멎다.
〈エレベーターが2階で止まる。〉(42.3%)

메다¹ 동 【24種のテキストで30例】

⓪예 [가방을/카메라를] 어깨에 메다.
〈[カバンを/カメラを]肩に担ぐ。〉(100%)

메다² 동 【7種のテキストで7例】

⓪예 [감격에/마른 밥에] 목이 메다.
〈[感激に/握り飯に]むせぶ。〉(100%)

메우다 동 【25種のテキストで40例】

①예 정치 기사로 지면을 메우다.
〈政治記事で紙面を埋める。〉(35%)

②예 [구덩이를/구멍을] 메우다.
〈[地面の凹んだところを/穴を]埋める。〉(20%)

③예 차가 도로를 가득 메우다.
〈車が道路を埋め尽くす。〉(17.5%)

④예 독서로 시간을 메우다.
〈読書で時間をつぶす。〉(10%)

며느리 명 ☆★★【17種のテキストで51例】

⓪예 며느리를 맞이하다.
〈嫁を迎える。〉(100%)

며칠 명 ★★★【105種のテキストで226例】

⓪예 끝나려면 며칠 걸리다.
〈終わるには数日かかる。〉(95.1%)

– 며¹ 끝 【186種のテキストで4,516例】

⓪예 얼굴을 보며 이야기하다.
〈顔を見ながら話す。〉/
오며 가며 만나다.
〈行くとき来るときに会う。〉(100%)

며² 토 【15種のテキストで29例】

⓪예 남자며 여자며 모두 바쁘게 오가다.
〈男も女もみな忙しく行き来する。〉(100%)

– 면¹ 끝 【211種のテキストで5,143例】

⓪예 비가 그치면 떠나다.
〈雨が止んだら出発する。〉/
표정을 보면 기분을 알 수 있다.
〈顔を見ると、気分を知ることができる。〉(100%)

면² 명 ★★★【64種のテキストで236例】

①예 여러 면(面)에서 [보다/생각하다].
〈様々な面から[見る/考える]。〉(81.4%)

②예 신문의 첫 면.
〈新聞の一面。〉(14.8%)

— 면서 ⟨끝⟩【196種のテキストで2,418例】
⓪⟨예⟩ TV를 보면서 이야기하다.
〈TVを見ながら話する。〉(100%)

— 면서부터 ⟨끝⟩【22種のテキストで30例】
⓪⟨예⟩ 대학에 입학하면서부터 사회에 눈을 뜨다.
〈大学に入学してから、社会に目覚める。〉(100%)

— 면은 ⟨끝⟩【16種のテキストで168例】
⓪⟨예⟩ 고향에 가면은 마음이 편하다.
〈故郷に行くと気が楽だ。〉(100%)

면회 ⟨명⟩【13種のテキストで46例】
⓪⟨예⟩ 부대로 면회(面會)를 가다.
〈部隊に面会に行く。〉(100%)

명¹ ⟨명⟩ ☆☆★【6種のテキストで6例】
①⟨예⟩ 명(命)이 〔길다/짧다〕.
〈命が〔長い/短い〕。〉(66.7%)
②⟨예⟩ 이러다 내 명에 못 죽겠다.
〈こんなことでは自分の寿命を全うできないで死にそうだ。〉(33.3%)

명² ⟨명의⟩ ★★☆【129種のテキストで543例】
⓪⟨예⟩ 가족은 모두 4(네)명(名)이다.
〈家族は全部で4名だ。〉(100%)

명랑하다 ⟨형⟩【22種のテキストで33例】
⓪⟨예⟩ 명랑(明朗)한 성격.
〈明朗な性格。〉(100%)

명령 ⟨명⟩【25種のテキストで34例】
①⟨예⟩ 왕의 명령(命令)을 받다.
〈王の命令を受ける。〉(78.1%)
②⟨예⟩ 컴퓨터에 명령을 입력하다.
〈コンピューターに命令を入力する。〉(21.9%)

명백하다 ⟨형⟩【11種のテキストで21例】
⓪⟨예⟩ 명백(明白)한 실수.
〈明白なミス。〉(100%)

명사¹ ⟨명⟩【2種のテキストで4例】
⓪⟨예⟩ 여류 명사(名士).
〈女流名士。〉(100%)

명사² ⟨명⟩ ☆★☆【1種のテキストで1例】
⓪⟨예⟩ 명사(名詞)의 복수형.
〈名詞の複数形。〉(100%)

명예 ⟨명⟩【15種のテキストで26例】
①⟨예⟩ 권력과 명예(名譽).
〈権力と名誉。〉(80.8%)
②⟨예⟩ 팀의 명예.
〈チームの名誉。〉(11.5%)

명절 ⟨명⟩ ★★★【26種のテキストで68例】
⓪⟨예⟩ 명절(名節)을 쇠다.
〈名節¹⁴⁾を祝って過ごす。〉(100%)

명제 ⟨명⟩【12種のテキストで42例】
①⟨예⟩ 과학과 철학의 명제(命題).
〈科学と哲学の命題。〉(73.8%)
②⟨예⟩ 달성해야 할 명제를 안다.
〈達成すべき命題を知っている。〉(26.2%)

몇 ⟨수⟩ ★☆☆【189種のテキストで931例】
①⟨예⟩ 몇 군데 가게를 보다.
〈何カ所か店を見る。〉(28.7%)
②⟨예⟩ 몇 시까지 있어?
〈何時までいるの?〉(23.2%)
③⟨예⟩ 인원을 어디에 몇 명씩 배치하라는 명령.
〈人員をどこに何名ずつ配置せよという命令。〉(20.9%)
④⟨예⟩ 몇 번이고 나가려고 하다.
〈何度も出ようとする。〉(18.6%)

몇몇 ⟨수⟩【40種のテキストで61例】
⓪⟨예⟩ 몇몇 친구들과 연락하다.
〈何人かの友達と連絡する。〉(95.1%)

모¹ ⟨대⟩【5種のテキストで29例】
⓪⟨예⟩ 안 모(某) 씨.
〈アン某氏。〉(100%)

모² ⟨관⟩【16種のテキストで28例】
⓪⟨예⟩ 모(某) 〔그룹/대학〕.
〈某〔グループ/大学〕。〉(100%)

모³ ⟨명⟩【14種のテキストで16例】
①⟨예⟩ 어느 모로 보나 비슷하다.
〈どこから見ても似ている。〉/
여러 모로 애쓰다.
〈色々と気をつかう。〉(75%)
②⟨예⟩ 모로 〔가다/꼬다/눕다〕.
〈横に〔はって行く/ねじる/寝る〕。〉(25%)

모⁴ ⟨명⟩【4種のテキストで14例】
⓪⟨예⟩ 순이 모(母).
〈スニ母さん。〉(92.9%)

모⁵ ⟨명의⟩【3種のテキストで12例】
⓪⟨예⟩ 〔두부/묵〕 한 모.
〈〔豆腐/トリムク¹⁵⁾〕一丁。〉(100%)

모금 ⟨명의⟩【18種のテキストで22例】
⓪⟨예⟩ 〔물/담배〕 한 모금.
〈水一杯。/タバコ一服。〉(100%)

모기 ⟨명⟩ ☆☆★【8種のテキストで19例】
⓪⟨예⟩ 모기에게 물리다.
〈蚊に刺される。〉(100%)

모델 ⟨명⟩【14種のテキストで58例】
①⟨예⟩ 패션 모델.
〈ファッションモデル。〉(56.9%)
②⟨예⟩ 이상적인 신랑감의 모델.

---

14) 韓国の伝統的な節日。
15) ドングリで作ったコンニャク。

〈理想的な花婿のモデル。〉(27.6%)

③예 새 컴퓨터 모델.
〈新しいコンピューターモデル。〉/
기후 예측 모델.
〈気候予測モデル。〉(10.3%)

모두¹ 명 ★★☆【106種のテキストで289例】
⓪예 모두가 함께 노래를 부르다.
〈みんなが一緒に歌を歌う。〉/
그의 말 모두가 진실이다.
〈彼の言葉すべてが真実だ。〉(100%)

모두² 부 ★★★【163種のテキストで817例】
①예 관중이 모두 일어나다.
〈観衆がみんな立ち上がる。〉(92%)

모든 관 ★★★【140種のテキストで730例】
⓪예 모든 [방법/사람/종류].
〈すべての〔方法/人/種類〕。〉(100%)

모래 명 ★☆★【18種のテキストで28例】
⓪예 바닷가의 모래.
〈海辺の砂。〉(100%)

모레 명 ☆★★【19種のテキストで27例】
①예 모레가 월급날이다.
〈あさってが給料日だ。〉(66.7%)
②예 모레 떠날 예정이다.
〈あさって出発する予定だ。〉(29.6%)

모르다 동 ★★★【196種のテキストで1,779例】
①예 [까닭을/무슨 일이 있었는지] 모르다.
〈〔理由が/何があったのか〕わからない。〉
(50.5%)
②예 큰일을 당할지도 모르다.
〈大変なことになるかもしれない。〉(16.6%)
③예 [가혹한 말일지/내가 바보일지/힘이 들지]
모르겠다.〈〔過酷な話かも/私が馬鹿なのかも/
大変かも〕しれない。〉(11.2%)
④예 [어쩔 줄/술 마실 줄/불어를] 모르다.
〈〔どうしたらいいのか/お酒の飲み方が/フランス
語が〕わからない。〉(4.3%)

모범 명 【16種のテキストで19例】
⓪예 모범(模範)을 보이다.
〈模範を示す。〉(100%)

모순 명 【22種のテキストで47例】
①예 사회에 나타나는 모순(矛盾).
〈社会に現れる矛盾。〉(57.4%)
②예 논리에 모순이 있다.
〈論理に矛盾がある。〉(42.6%)

모습 명 ★★★【165種のテキストで1,295例】
①예 얼굴 모습이 아버지를 닮다.
〈顔の様子が父に似る。〉(67.3%)
②예 마을의 옛 모습을 사진에 담다.
〈村の昔の様子を写真に収める。〉/
새가 날아가는 모습.
〈鳥が飛んでいく様子。〉(32.7%)

모시다 동 ★★★【60種のテキストで127例】
①예 손님을 사랑으로 모시다.
〈客を愛情をもって接待する。〉(40.2%)
②예 부모를 모시고 살다.
〈両親と一緒に住む。〉(38.6%)
③예 그분을 상관으로 모시다.
〈その方を上司として仕える。〉(11.8%)

모양 명 ★★★【138種のテキストで539例】
①예 사물의 모양(模様・貌様)을 본뜨다.
〈物の形を象る。〉(54.5%)
②예 [바쁜/비가 올] 모양이다.
〈〔忙しい/雨が降る〕ようだ。〉(36.5%)

모여들다 동 【30種のテキストで40例】
⓪예 군중이 광장에 모여들다.
〈群衆が広場に押しよせる。〉(100%)

모으다 동 ★★★【120種のテキストで349例】
①예 낙엽을 주워 모으다.
〈落ち葉を拾って集める。〉/
빨랫감을 모아 세탁기에 넣다.
〈洗濯物を集めて洗濯機に入れる。〉(33%)
②예 [수석을/재산을] 모으다.
〈〔観賞用の自然石を/財産を〕集める。〉(29.2%)
③예 [온 신경을/의견을] 모으다.
〈〔全神経を/意見を〕集める。〉(19.8%)

모음 명 ☆☆☆【5種のテキストで10例】
⓪예 모음(母音)과 자음.
〈母音と子音。〉(100%)

모이다 동 ★★★【120種のテキストで313例】
①예 사람들이 공원에 모이다.
〈人々が公園に集まる。〉(84.7%)
②예 초가집들이 옹기종기 모여 있다.
〈わら葺屋根の家々が群がって集まっている。〉/
개울이 모여 강을 이루다.
〈小川が集まって川をなす。〉(12.5%)

모임 명 ★★☆【38種のテキストで78例】
①예 오후에 친구들 모임이 있다.
〈午後に友達の集まりがある。〉(66.7%)
②예 장애인을 돕는 모임에 들다.
〈障害者を助ける会に入る。〉(32.1%)

모자 명 ★★★【31種のテキストで84例】
⓪예 모자(帽子)를 쓰다.
〈帽子をかぶる。〉(100%)

모자라다 동 ★★★【39種のテキストで60例】
①예 [돈이/재료가/잠이] 모자라다.
〈〔お金が/材料が/睡眠が〕足りない。〉(60%)
②예 [지식이/힘이] 모자라다.
〈〔知識が/力が〕足りない。〉(23.3%)

모조리 부 【16種のテキストで22例】
⓪예 상자 속의 사과가 모조리 썩다.
〈箱の中のリンゴがすべて腐っている。〉(100%)

모처럼 뮈 【26種のテキストで38例】
①예 동생이 모처럼 찾아오다.
〈弟がせっかくやってくる。〉(57.9%)
②예 모처럼 장만한 코트.
〈せっかく準備したコート。〉(21.1%)
③예 모처럼의 만남.
〈せっかくの出会い。〉(21.1%)

모퉁이 명 ☆☆★【16種のテキストで29例】
⓪예 [골목/산길] 모퉁이를 돌다.
〈角を曲がる。〉(93.1%)

모험 명 【12種のテキストで25例】
⓪예 모험(冒險)을 즐기다.
〈冒険を楽しむ。〉(100%)

목 명 ★★★【70種のテキストで139例】
①예 화환을 목에 걸다.
〈花輪を首にかける。〉(47.5%)
②예 목이 칼칼하다.
〈のどがカラカラだ。〉(19.4%)
③관 <목이 [막히다/메다/메이다]>.
〈のどが[つまる/ふさがれる/つかえる]。〉(9.4%)
④관 <목이 마르다> 예 목이 말라서 물을 찾다.
〈のどが渇いて水を探す。〉(6.5%)

목걸이 명 ☆☆★【11種のテキストで14例】
⓪예 목걸이를 목에 걸다.
〈ネックレスを首にかける。〉(100%)

목격하다 동 【18種のテキストで25例】
⓪예 사고를 목격(目撃)하다.
〈事故を目撃する。〉(100%)

목구멍 명 【20種のテキストで27例】
⓪예 목구멍에 가시가 걸리다.
〈のどに小骨が刺さる。〉(100%)

목사 명 ☆☆★【10種のテキストで15例】
⓪예 목사(牧師)가 설교를 하다.
〈牧師が説教をする。〉(100%)

목소리 명 ★★★【109種のテキストで321例】
⓪예 낮은 목소리로 말하다.
〈低い声で話す。〉(94.1%)

목숨 명 ★☆★【50種のテキストで85例】
①예 나라를 위해 목숨을 [바치다/잃다].
〈国のために命を[捧げる/失う]。〉(78.8%)
②관 <목숨을 [걸다/내걸다]>.
〈命を[かける/掲げる]。〉(10.6%)

목요일 명 ☆★★【9種のテキストで13例】
⓪예 목요일(木曜日).〈木曜日。〉(100%)

목욕 명 ☆☆★【18種のテキストで37例】
⓪예 목욕(沐浴)을 하다.
〈風呂に入る。〉(100%)

목욕탕 명 ☆★☆【20種のテキストで44例】
①예 집 근처 목욕탕(沐浴湯)에 가다.

〈家の近くの風呂屋に行く。〉(70.5%)
②예 목욕탕이 없는 집.
〈バスルームがない家。〉(27.3%)

목장 명 【10種のテキストで30例】
⓪예 목장(牧場)에서 기르는 가축.
〈牧場で飼う家畜。〉(96.7%)

목적 명 ★★★【65種のテキストで180例】
⓪예 목적(目的)을 이루다.
〈目的を遂げる。〉(99.4%)

목적지 명 【14種のテキストで17例】
⓪예 목적지(目的地)에 도착하다.
〈目的地に到着する。〉(100%)

목표 명 ★★☆【30種のテキストで64例】
⓪예 삶의 목표(目標)를 세우다.
〈人生の目標を立てる。〉(92.2%)

몫 명 ★☆★【38種のテキストで50例】
①예 두 사람 몫의 밥을 퍼 담다.
〈二人分のご飯をよそって食べる。〉(46%)
②예 형이 아버지의 몫을 하다.
〈兄がお父さんの仕事をする。〉(36%)
③예 연예 기사가 큰 몫을 차지하다.
〈芸能記事が大きな役割を占める。〉(16%)

몰다 동 ☆☆★【56種のテキストで86例】
①예 [차를/트럭을] 몰다.
〈[車を/トラックを]運転する。〉(41.9%)
②예 돼지를 우리로 몰다.
〈豚を小屋に駆る。〉(12.8%)
③예 가난을 몰아 내다.
〈貧困を無くする。〉(10.5%)
④관 <몰고 오다> 예 위기를 몰고 오다.
〈危機を駆って来る。〉(9.3%)
⑤관 <[몰고/몰아] 가다> 예 공포로 몰고 가다.
〈恐怖に駆り立てる。〉(8.1%)

몰두하다 동 【28種のテキストで40例】
⓪예 [눈앞의 이익에/책 읽기에] 몰두(沒頭)하다.〈[目の前の利益に/本を読むのに]没頭する。〉(100%)

몰래 뮈 ★☆★【40種のテキストで57例】
①예 몰래 도망치다.
〈こっそり逃げる。〉(73.7%)
②관 <~ 몰래> 예 아버지 몰래 가출하다.
〈父親に内緒で家出する。〉(24.6%)

몰려들다 동 【20種のテキストで24例】
⓪예 촬영장에 팬들이 몰려들다.
〈撮影現場にファンが押しよせる。〉(91.7%)

몰려오다 동 【24種のテキストで29例】
①예 집에 빚쟁이들이 몰려오다.
〈家に借金取りたちが押しかけてくる。〉(79.3%)
②예 [시장기가/잠이/피로가] 몰려오다.
〈[空腹が/睡魔が/疲労が]押しよせる。〉(10.3%)

몰리다 图 ★☆☆【29種のテキストで35例】
　①예 범인이 막다른 길에 몰리다.
　　〈犯人が袋小路に追い込まれる。〉(37.1%)
　②예 [일이/자금이] 몰리다.
　　〈[仕事が/資金が]不足して困る。〉(37.1%)
　③예 [도둑으로/역적으로] 몰리다.
　　〈[泥棒として/逆賊として]追い込まれる。〉(11.4%)

몸 图 ★★★【160種のテキストで758例】
　①예 몸을 [돌리다/씻다/움직이다/흔들다].
　　〈体を[回す/洗う/動かす/揺さぶる]。〉(75.6%)
　②예 몸이 안 좋아서 푹 쉬다.
　　〈体の調子が悪くてゆっくり休む。〉(16.4%)

몸가짐 图【16種のテキストで32例】
　⓪예 단정한 몸가짐.
　　〈端正な身だしなみ。〉(100%)

몸매 图【13種のテキストで28例】
　⓪예 깡마른 몸매.
　　〈やせこけた体つき。〉(100%)

몸집 图【12種のテキストで17例】
　⓪예 몸집이 [작다/크다].
　　〈体つきが[小さい/大きい]。〉(100%)

몸짓 图【22種のテキストで61例】
　⓪예 모르겠다는 몸짓을 하다.
　　〈分からないという身振りをする。〉(100%)

몹시 图 ★★★【80種のテキストで145例】
　⓪예 가슴이 몹시 아프다.
　　〈胸がとても痛い。〉(100%)

못[1] 图 ☆☆★【11種のテキストで13例】
　①예 벽에 못을 박다.
　　〈壁に釘を打つ。〉(61.5%)
　②꽌 <못을 박다> 예 분명하게 못을 박아 말하다.
　　〈はっきりと釘を刺して言う。〉(30.8%)

못[2] 图 ★★★【171種のテキストで794例】
　①예 밥을 못 먹다.
　　〈ご飯を食べられない。〉(81%)
　②예 반도 못 되다.
　　〈半分にもならない。〉/
　　못 된 놈.
　　〈悪いやつ。〉/
　　못 사는 집.
　　〈貧乏な家。〉/
　　못 생겨 보이다.
　　〈ブスに見える。〉/
　　실력이 너보다 못 하다.
　　〈実力が君よりない。〉(16.2%)

못되다 图【21種のテキストで28例】
　⓪예 못된 [심술/아이/장난].
　　〈悪い[意地悪/子供/いたずら]。〉(100%)

못마땅하다 图【14種のテキストで18例】
　⓪예 아내의 태도가 못마땅하다.
　　〈妻の態度が気にくわない。〉(100%)

못지않다 图【22種のテキストで29例】
　⓪예 너 못지않게 나도 힘들다.
　　〈君に劣らず私も大変だ。〉(100%)

못하다[1] 图图 ★★☆【184種のテキストで1,328例】
　⓪예 [눈치채지/일어나지] 못하다.
　　〈[気づくことが/おきることが]できない。〉(98%)

못하다[2] 图 ★★★【98種のテキストで257例】
　①예 거짓말을 못하다.
　　〈嘘が言えない。〉(76.3%)
　②예 [공부를/살림을/수학] 못하다.
　　〈[勉強が/生活が/数学が]できない。〉(20.2%)

못하다[3] 图图 ★★☆【104種のテキストで238例】
　⓪예 마음이 편하지 못하다.
　　〈心が安らかでない。〉(98.7%)

못하다[4] 图 ★★☆【20種のテキストで25例】
　①예 내 솜씨는 오빠보다 못하다.
　　〈私の腕前は兄ほどではない。〉(88%)
　②꽌 <못지 않다> ☞ 못지않다.
　　〈劣らない。〉(12%)

몽땅 图【14種のテキストで18例】
　⓪예 돈을 몽땅 잃다.
　　〈お金を全部失う。〉(100%)

묘사 图【13種のテキストで25例】
　⓪예 거리 풍경의 묘사(描寫).
　　〈街の風景の描写。〉(100%)

묘사하다 图【19種のテキストで64例】
　⓪예 개인의 삶을 묘사(描寫)하다.
　　〈個人の生活を描写する。〉(100%)

묘하다 图【23種のテキストで36例】
　①예 꿈자리가 묘(妙)하다.
　　〈夢見が妙だ。〉(77.8%)
　②예 묘하게 생긴 옷.
　　〈奇妙な形の服。〉/
　　기분이 묘하다.
　　〈気持ちが妙だ。〉(11.1%)
　③예 일이 묘하게 되다.
　　〈事が妙なことになる。〉(11.1%)

무[1] 图【11種のテキストで15例】
　⓪예 무, 배추로 김치를 담그다.
　　〈大根、ハクサイでキムチを漬ける。〉(100%)

무[2] 图【5種のテキストで9例】
　⓪예 무(無)로 돌아갈 인생.
　　〈無に帰る人生。〉(100%)

무겁다 图 ★★★【67種のテキストで113例】
　①예 [가방이/무게가] 무겁다.
　　〈[カバンが/重さが]重い。〉(55.8%)
　②예 [마음이/목소리가] 무겁다.
　　〈[心が/声が]重い。〉(11.5%)
　③예 [다리가/몸이] 무겁다.

〈[足が/身体が]重い。〉(10.6%)

④예 무거운 [기분/분위기/음악].
〈重い[気分/雰囲気/音楽]。〉(8%)

무게 몡 ★☆☆【25種のテキストで45例】

①예 [돌의/몸의] 무게를 달다.
〈[石の/体の]重さを計る。〉(73.3%)

②예 운명의 무게를 느끼다.
〈運命の重さを感じる。〉(22.2%)

무관심하다 혱 【12種のテキストで22例】

⓪예 [음악에/집안일에] 무관심(無關心)하다.
〈[音楽に/家の事に]無関心だ。〉(95.5%)

무관하다 혱 【22種のテキストで33例】

⓪예 그는 사건과 무관(無關)하다.
〈彼は事件と無関係だ。〉(100%)

무기 몡 ★☆☆【23種のテキストで42例】

①예 손에 무기(武器)를 들다.
〈手に武器を持つ。〉(71.4%)

②예 정직함을 무기로 삼다.
〈正直さを武器とする。〉(28.6%)

무너지다 동 ☆☆★【45種のテキストで85例】

①예 [건물이/탑이] 무너지다.
〈[建物が/塔が]崩れる。〉(45.9%)

②예 사회의 기틀이 무너지다.
〈社会の基盤が崩れる。〉(27.1%)

③예 맥이 풀린 듯 아내가 힘없이 무너져 내리다.
〈気力がなくなったように妻が崩れ落ちる。〉(21.2%)

무늬 몡 ★☆☆【28種のテキストで37例】

①예 공작이 화려한 무늬의 날개를 펼치다.
〈孔雀が華麗な模様の翼を広げる。〉(75.7%)

②예 물방울 무늬의 원피스를 입다.
〈水玉模様のワンピースを着る。〉(21.6%)

무당 몡 ☆☆★【4種のテキストで9例】

⓪예 무(巫)당이 굿을 하다.
〈巫女が厄払いをする。〉(100%)

무대 몡 ★☆☆【34種のテキストで111例】

⓪예 배우가 무대(舞臺)에 오르다.
〈俳優が舞台に上がる。〉(86.5%)

무덤 몡 ★☆☆【32種のテキストで84例】

⓪예 양지 바른 곳에 무덤을 쓰다.
〈日当たりのよい所に墓をもうける。〉(100%)

무덥다 혱 ☆☆★【18種のテキストで23例】

⓪예 무더운 여름날.
〈暑苦しい夏の日。〉/
[날씨가/방 안이] 찜통처럼 무덥다.
〈[気候が/部屋の中が]蒸し風呂のように蒸し暑い。〉(100%)

무려 뿐 【22種のテキストで32例】

⓪예 무려(無慮) 두 시간이나 그를 기다리다.
〈なんと二時間も彼を待つ。〉(100%)

무렵 몡의 ★☆☆【78種のテキストで156例】

⓪예 [결혼할/저녁] 무렵.
〈[結婚する/夕方]頃。〉(100%)

무릎 몡 ★★★【55種のテキストで115例】

⓪예 무릎을 [굽히다/펴다].
〈膝を[曲げる/伸ばす]。〉(100%)

무리¹ 몡 ★☆☆【30種のテキストで38例】

⓪예 한 무리의 까마귀 떼.
〈一群のカラスの群れ。〉/
학생들이 무리를 짓다.
〈学生たちが群れを作る。〉(100%)

무리² 몡 【25種のテキストで25例】

①예 화난 것도 무리(無理)가 아니다.
〈怒るのも無理がない。〉(84%)

②예 엔진에 무리가 가다.
〈エンジンに無理がいく。〉(16%)

무사히 뿐 【14種のテキストで17例】

⓪예 무사(無事)히 도착하다.
〈無事に到着する。〉(100%)

무서움 몡 【12種のテキストで15例】

⓪예 무서움을 [느끼다/참다].
〈怖さを[感じる/耐える]。〉(100%)

무섭다 혱 ★★★【88種のテキストで200例】

①예 무서운 폭력배.
〈怖い暴力団。〉/
호랑이는 성질이 무섭다.
〈虎は性質が怖い。〉(28.5%)

②예 나는 [물이/사람이] 무섭다.
〈私は[水が/人が]怖い。〉(19.5%)

③예 암은 무서운 병이다.
〈癌は怖い病気である。〉(17.5%)

④예 나 무서워요. 손 좀 잡아 줘요.
〈私怖い。ちょっと手を握って。〉(13%)

⑤예 무서운 [고집/의지/힘].
〈恐ろしい[固執/意志/力]。〉(8%)

무수하다 혱 【16種のテキストで22例】

⓪예 밤하늘에 무수(無數)한 별.
〈夜空に無数の星。〉(100%)

무슨 관 ★★★【180種のテキストで946例】

①예 요즘 무슨 생각을 하면서 살아요?
〈最近何を考えながら生きていますか?〉(52.5%)

②예 그에게 무슨 일이 일어났음이 틀림없다.
〈彼に何かあったに違いない。〉(20.4%)

③예 그에게는 무슨 마력 같은 게 있다.
〈彼には何か魔力のようなものがある。〉/
무슨 급한 용무라도 생긴 모양이다.
〈何か急ぎの用でもできたようだ。〉(13.7%)

④예 나하고 무슨 원수가 졌다고 거짓말을 해?
〈敵同士でもあるまいに、どうして嘘を言うのだ?〉(10%)

무시하다 동 ★☆☆【43種のテキストで81例】

①예 상대의 의견을 무시(無視)하다.

〈相手の意見を無視する。〉(63%)

②예 노골적으로 나를 무시하다.
〈露骨に私を無視する。〉(37%)

무심코 튀 【16種のテキストで18例】

⓪예 무심(無心)코 [말하다/보다/지나치다].
〈何の考えもなく[言う/見る/通り過ぎる]。〉(100%)

무심하다 형 【13種のテキストで20例】

①예 무심(無心)한 세월.
〈無情な歳月。〉/
무심한 표정을 하다.
〈無心な表情をする。〉(70%)

②예 가족에게 무심하다.
〈家族に無頓着だ。〉(30%)

무어 대 ☆★☆ 【56種のテキストで103例】

①예 집에 가면 무어고 먹을 게 있을 거다.
〈家に行くと何か食べる物があるだろう。〉/
무어라 단정하기 어렵다.
〈何とかと断定し難い。〉(59.2%)

②예 그가 물으면 무어라고 대답하겠어?
〈彼が聞いたら何と答えよう?〉(35%)

무엇 대 ★★★ 【188種のテキストで1,780例】

①예 먹은 것도 없는데 무엇에 체했을까?
〈食べた物もないのに何にあたったんだろうか。〉
(77.5%)

②예 무엇 때문인지 그는 잠시 말을 끊었다.
〈何のためか彼はしばらく言葉を切った。〉/
무엇에 쫓기듯 급히 뛰어가다.
〈何かに追われるように急いで駆けて行く。〉
(16.6%)

무엇무엇 대 【23種のテキストで61例】

⓪예 무엇무엇을 사야 할지 메모하다.
〈何々を買わなければならないかメモする。〉(100%)

무역 명 ★★★ 【20種のテキストで86例】

①예 외국과 무역(貿易)을 하다.
〈外国と貿易をする。〉(90.7%)

②예 지방끼리의 국내 무역.
〈地方同士の国内貿易。〉(12.5%)

무용 명 【13種のテキストで34例】

⓪예 무용(舞踊)을 배우다.
〈舞踊を学ぶ。〉(100%)

무의미하다 형 【12種のテキストで16例】

①예 무의미(無意味)하게 되풀이되는 생활.
〈無意味に繰り返される生活。〉(87.5%)

②예 무의미한 [말/표현].
〈無意味な[言葉/表現]。〉(12.5%)

무조건 명 【39種のテキストで50例】

⓪예 남의 의견에 무조건(無條件) 따르다.
〈人の意見に無条件従う。〉(96%)

무지개 명 【14種のテキストで62例】

⓪예 하늘에 무지개가 걸리다.
〈空に虹がかかる。〉(100%)

무찌르다 동 【10種のテキストで18例】

⓪예 적을 크게 무찌르다.
〈敵を大破する。〉(100%)

무척 튀 ★★★ 【81種のテキストで180例】

⓪예 허리가 무척 아프다.
〈腰がとても痛い。〉(100%)

무한하다 형 【16種のテキストで25例】

⓪예 가능성은 무한(無限)하다.
〈可能性は限りがない。〉(100%)

묵다¹ 동 ★★★ 【19種のテキストで23例】

⓪예 [여관에/호텔에] 묵다.
〈[旅館に/ホテルに]泊まる。〉(100%)

묵다² 동 【6種のテキストで17例】

⓪예 밥을 묵다(=먹다).
〈ご飯を食べる。〉(方言)(100%)

묵다³ 동 【13種のテキストで16例】

①예 백 년 묵은 [나무/책].
〈百年経った[木/本]。〉(81.3%)

②예 묵은 빨래를 하다.
〈たまった洗濯物を洗う。〉(12.5%)

묵묵히 튀 【17種のテキストで29例】

⓪예 묵묵(默默)히 일만 하다.
〈黙々と仕事だけする。〉(100%)

묶다 동 ★☆☆ 【55種のテキストで94例】

①예 관계있는 것을 하나로 묶다.
〈関係ある物を一つに束ねる。〉(37.2%)

②예 두 손을 밧줄로 꽁꽁 묶다.
〈両手を縄でガチガチに縛る。〉(27.7%)

③예 끈으로 상자를 묶다.
〈紐で箱を束ねる。〉(20.2%)

묶이다 동 【24種のテキストで31例】

①예 두 손이 밧줄로 꽁꽁 묶이다.
〈両手が縄でガチガチに縛られる。〉(45.2%)

②예 끈으로 묶인 상자.
〈ひもで縛られた箱。〉(16.1%)

③예 무엇에도 묶이지 않는 자유로움.
〈何にも縛られない自由さ。〉/
관습에 묶여 살다.
〈慣習に縛られて生きる。〉(12.9%)

④예 여러 글들이 한 권으로 묶이다.
〈いくつかの文章が一冊にまとめられる。〉(12.9%)

문 명 ★★★ 【124種のテキストで458例】

⓪예 문(門)을 [닫다/두드리다/열다/잠그다].
〈ドアを[閉じる/たたく/開く/閉める]。〉(89.3%)

문득 튀 【55種のテキストで120例】

⓪예 문득 떠오르는 [기억이/얼굴이] 있다.
〈ふと思い出す[記憶が/顔が]ある。〉/
그가 문득 돌아서다.
〈彼がふと振り返る。〉(100%)

문명 명 【25種のテキストで81例】

문명 〈〈0例〉 문명(文明)이 고도로 발전하다.
〈文明が高度に発展する。〉/
이집트 문명.
〈エジプト文明。〉(100%)

문방구 명 ☆☆★【5種のテキストで10例】
①例 문방구(文房具)에서 볼펜을 사다.
〈文房具屋でボールペンを買う。〉(80%)
②例 연필, 지우개 같은 문방구들.
〈鉛筆、消しゴムのような文房具。〉(20%)

문법 명 ☆★★【9種のテキストで13例】
①例 언어 연구의 핵심 분야인 문법(文法)을
연구하다.〈言語研究の核心分野である文法を
研究する。〉(53.8%)
②例 학교 문법.
〈学校文法。〉/
규범적인 문법.〈規範的な文法。〉(30.8%)
③例 소설의 기본 문법.
〈小説の基本文法。〉(15.4%)

문자 명 ☆☆★【18種のテキストで26例】
①例 소리를 문자(文字)로 표기하다.
〈音を文字で表記する。〉(73.1%)
②관 <문자 그대로>.
〈文字通り。〉(15.4%)

문장 명 ★★★【39種のテキストで127例】
①例 앞 문장(文章)의 주어.
〈前文の主語。〉(92.1%)

문제 명 ★★★【141種のテキストで1,046例】
①例 [공해/남북/노사/물가] 문제(問題).
〈〔公害/南北/労使/物価〕問題。〉(47%)
②例 많은 문제를 안고 있는 가정.
〈多くの問題を抱えている家庭。〉(12.7%)
③例 학벌이 아니라 사람됨이 문제다.
〈学閥ではなく、人となりが問題だ。〉(8.7%)
④例 수험생들이 문제를 풀다.
〈受験生たちが問題を解く。〉(8.4%)

문제점 명 ★☆☆【21種のテキストで47例】
①例 실행 과정의 여러 문제점(問題點)을 해결하
다.〈実行過程の諸問題を解決する。〉(100%)

문지르다 동【15種のテキストで23例】
①例 젖은 손을 바지에 문지르다.
〈ぬれた手をズボンにこする。〉(100%)

문학 명 ★☆★【39種のテキストで617例】
①例 문학(文學) 작품.〈文学作品。〉(97.4%)

문화 명 ★★★【71種のテキストで553例】
①例 민족의 문화(文化)와 역사를 이해하다.
〈民族の文化と歴史を理解する。〉(72%)
②例 한국의 인쇄 문화.
〈韓国の印刷文化。〉(13.7%)

문화재 명【19種のテキストで247例】
①例 문화재(文化財) 보호.
〈文化財保護。〉(100%)

문화적¹ 관【17種のテキストで29例】
①例 문화적(文化的) 특성.
〈文化的特性。〉(96.6%)

문화적² 명【9種のテキストで12例】
①例 양국은 문화적(文化的)으로 밀접한 관계이
다.〈両国は文化的に密接な関係だ。〉(100%)

묻다¹ 동 ★★★【154種のテキストで599例】
①例 [길을/까닭을/안부를/어디 가느냐고] 묻다.
〈[道を/訳を/安否を/どこへ行くのか]聞く。〉
(99.5%)

묻다² 동【46種のテキストで69例】
①例 옷에 [피가/흙이] 묻다.
〈服に[血が/土が]つく。〉(81.2%)
②例 빌린 책에 쪽지가 묻어 오다.
〈借りた本にメモがついてくる。〉(13%)

묻다³ 동【32種のテキストで50例】
①例 [김칫독을/시신을] 땅에 묻다.
〈[キムチの甕を/遺体を]土に埋める。〉(78%)
②例 남편 품에 얼굴을 묻고 울다.
〈夫の胸に顔をうずめて泣く。〉(16%)

묻히다¹ 동 ★☆☆【30種のテキストで38例】
①例 땅속에 묻힌 자원.
〈地中に埋もれた資源。〉(47.4%)
②例 고향에 묻혀 살다.
〈故郷に埋もれて暮らす。〉(21.1%)
③例 [어둠에/파도 소리에] 묻히다.
〈[暗闇に/波の音に]埋もれる。〉(18.4%)

묻히다² 동【14種のテキストで15例】
①例 손에 흙을 묻히다.
〈手に土をつける。〉/
콩고물을 묻힌 인절미.
〈きな粉をつけたおはぎ。〉(100%)

물 명 ★★★【146種のテキストで833例】
①例 화분에 물을 주다.
〈植木鉢に水をやる。〉(71.8%)
②例 물을 떠난 고기.
〈水を離れた魚。〉(27.3%)

물가¹ 명 ★★★【12種のテキストで21例】
①例 물가(物價)가 [비싸다/오르다].
〈物価が[高い/上がる]。〉(100%)

물가² 명【6種のテキストで9例】
①例 물가에서 놀다.
〈水辺で遊ぶ。〉(100%)

물감 명【12種のテキストで22例】
①例 물감으로 그리다.
〈絵の具で描く。〉(100%)

물건 명 ★★★【118種のテキストで739例】
①例 공공장소에서 쓰는 물건(物件)을 아껴

쓰다.〈公共の場所で使う物を大切に使う。〉
(55.5%)

②예 매장에 싼 물건이 많다.
〈売り場に安い品物が多い。〉(44.1%)

물결 명 ☆☆★ 【24種のテキストで33例】

①예 뱃전을 때리는 물결 소리.
〈船べりを打つ波の音。〉(57.6%)

②예 역사의 물결이 도도히 흐르다.
〈歴史の波が滔滔と流れる。〉(39.4%)

물고기 명 ★☆☆ 【33種のテキストで75例】

⓪예 물고기를 낚다.
〈魚を釣る。〉(100%)

물기 명 【14種のテキストで18例】

⓪예 수건으로 물기를 닦다.
〈タオルで水気をぬぐう。〉(100%)

물끄러미 閠 【14種のテキストで20例】

⓪예 물끄러미 바라보다.
〈ぼんやりと眺める。〉(100%)

물다 동 ★☆☆ 【45種のテキストで88例】

①예 담배를 입에 물다.
〈タバコを口にくわえる。〉(63.6%)

②예 개가 사람을 물다.
〈犬が人をかむ。〉(11.4%)

③예 [물 한 모금을/사탕을] 입에 물다.
〈水一口を口に含む。/飴を口にほおばる。〉(8%)

물들다 동 【14種のテキストで22例】

①예 [단풍이/석양에 창이/술기운에 얼굴이]
붉게 물들다.〈[紅葉が/夕日に窓が/酒の勢い
に顔が]赤く染まる。〉(86.4%)

②예 그릇된 [관념에/풍조에] 물들다.
〈[誤った観念に/風潮に]染まる。〉(13.6%)

물러가다 동 【17種のテキストで41例】

①예 물러갈 정치가는 물러가야 하다.
〈辞めるべき政治家は辞めなければならない。〉
(78%)

②예 오늘은 이만 물러가겠습니다.
〈今日はこれでおいとま申し上げます。〉(12.2%)

물러나다 동 ★☆☆ 【32種のテキストで46例】

①예 공직에서 물러나다.
〈公職から退く。〉(45.7%)

②예 한 걸음 뒤로 물러나다.
〈一歩後ろへさがる。〉(43.5%)

물러서다 동 【19種のテキストで24例】

①예 당황하여 뒤로 물러서다.
〈あわてて後ろへ下がる。〉(58.3%)

②예 책임을 지고 물러서다.
〈責任を負って退く。〉(41.7%)

물려받다 동 【14種のテキストで20例】

⓪예 부모에게 [가난을/성격을/재산을] 물려받다.
〈親に[貧乏を/性格を/財産を]譲り受ける。〉

(100%)

물려주다 동 【15種のテキストで23例】

⓪예 자식에게 [가난을/성격을/재산을] 물려주다.
〈子に[貧乏を/性格を/財産を]譲り渡す。〉
(100%)

물론¹ 閠 ★★★ 【129種のテキストで447例】

⓪예 물론(勿論) 나는 찬성한다.
〈もちろん私は賛成する。〉/
학생은 물론 교수들도 참가하다.
〈学生はもちろん教授たちも参加する。〉(100%)

물론² 명 ★★☆ 【50種のテキストで75例】

⓪예 국내는 물론(勿論)이고 해외에도 알려
지다.
〈国内はもちろん海外にも知られる。〉(100%)

물리치다 동 【23種のテキストで43例】

⓪예 [귀신을/적을/침략을] 물리치다.
〈[鬼を/敵を/侵略を]退ける。〉(83.7%)

물음 명 ★☆☆ 【54種のテキストで385例】

①예 선생님의 물음에 대답하다.
〈先生の問いかけに答える。〉(87.8%)

②예 인간 본질에 대한 물음.
〈人間の本質に対する問い。〉(12.2%)

물자 명 【14種のテキストで26例】

⓪예 물자(物資)가 풍부하다.
〈物資が豊富だ。〉(100%)

물줄기 명 【11種のテキストで20例】

①예 한강의 물줄기를 따라 여행하다.
〈漢江の流れにそって旅行する。〉(55%)

②예 분수에서 물줄기가 솟구치다.
〈噴水から水がわき出る。〉(45%)

물질 명 ★☆☆ 【16種のテキストで64例】

①예 [공해/화학] 물질(物質).
〈[公害/科学]物質。〉(75%)

②예 정신과 물질.
〈精神と物質。〉/
물질 문명.
〈物質文明。〉(23.4%)

물질적¹ 명 【10種のテキストで17例】

①예 물질적(物質的)으로 돕다.
〈物質的に助ける。〉(64.7%)

②예 물질적인 풍요를 추구하다.
〈物質的な豊かさを追求する。〉(35.3%)

물질적² 관 【11種のテキストで14例】

①예 물질적(物質的) 측면을 강조하다.
〈物質的側面を強調する。〉(57.1%)

②예 물질적 이익에 눈이 멀다.
〈物質的利益に目がくらむ。〉(42.9%)

물체 명 ★☆☆ 【16種のテキストで47例】

⓪예 물체(物體)의 모양.
〈物体の形。〉(100%)

뭉치다 동【21種のテキストで25例】
①예 [친구들이/팀이] 뭉쳐 다니다.
〈[友達が/チームが]固まって通う。〉(52%)
②예 스웨터의 털이 뭉치다.
〈セーターの毛が玉になる。〉(36%)

뭐¹ 대 ★★★【162種のテキストで1,244例】
①예 가게에서 뭐 사 올까?
〈店で何か買ってこようか?〉/
제목이 뭐지?
〈タイトルは何?〉(55.2%)
②예 술이고 뭐고 다 싫다.
〈酒も何もかも嫌だ。〉/
뭐라고 말하지만 안 들리다.
〈何とか言っているが、聞こえない。〉(27.5%)

뭐² 감 ★★☆【98種のテキストで815例】
⓪예 그건 어쩔 수 없는 일이지 뭐.
〈それは仕方のないことだよ。〉(94.2%)

뭐하다 동 ☆★☆【19種のテキストで47例】
⓪예 그걸 뭐하러 찾아?
〈それを何できがすんだ?〉/
뭐하러 그 사람을 만나?
〈何でその人に会うんだ?〉(100%)

뭣 대【18種のテキストで45例】
①예 먹은 것도 없는데 뭣에 체했지?
〈食べた物もないのに何にあたったんだろうか。〉
(62.2%)
②예 A:그렇지 않습니다. B:뭣이 그렇지 않아요
〈A:そうではありません。B:何がそうではないん
だ。〉(20%)
③예 [뭣 때문인지/뭣에 쫓기듯] 급히 뛰어가다.
〈[なぜか/なんかに追われるように]急いで走って
いく。〉(13.3%)

－므로 끝【66種のテキストで164例】
⓪예 생각이 서로 다르므로 다툼이 잦다.
〈考えが互いに異なるので争いが多い。〉(100%)

－믄 끝【10種のテキストで19例】 ☞면²
⓪예 내가 그리 가믄 안 돼?
〈私がそちらに行っちゃだめ?〉(100%)

미¹ 명【12種のテキストで23例】
⓪예 [겸손의/육체의] 미(美).
〈[謙遜の/肉体の]美。〉(100%)

미² 명 (固有)【8種のテキストで17例】
⓪예 미(美) 군정 당국.
〈米軍政当局。〉(100%)

미국 명 (固有) ★★★【73種のテキストで516例】
⓪예 미국(美國)에 가다.
〈アメリカに行く。〉(100%)

미국인 명【13種のテキストで29例】
⓪예 미국인(美國人)의 사고 방식을 이해하다.
〈アメリカ人の考え方を理解する。〉(100%)

미군 명【10種のテキストで24例】
⓪예 미군(美軍) 부대.
〈米軍部隊。〉(100%)

미끄러지다 동【18種のテキストで20例】
⓪예 얼음판에서 미끄러지다.
〈アイスバーンで滑って転ぶ。〉(100%)

미끄럽다 형 ☆★★【9種のテキストで10例】
⓪예 [길이/눈이] 미끄럽다.
〈[道が/雪が]つるつるして滑る。〉(100%)

미덕 명【13種のテキストで15例】
⓪예 겸손의 미덕(美德)을 가지다.
〈謙遜の美徳を持つ。〉(100%)

미래 명 ★★☆【47種のテキストで143例】
⓪예 인류의 미래(未來).
〈人類の未来。〉(94.4%)

미루다 동 ★☆☆【33種のテキストで41例】
①예 [수술을/약속을/일을] 미루다.
〈[手術を/約束を/仕事を]延ばす。〉(51.2%)
②관 <미루어 보다>.
〈推測してみる。〉(34.1%)
③예 [잘못을/책임을] 남에게 미루다.
〈[過ちを/責任を]人に押しつける。〉(14.6%)

미리 부 ★★★【82種のテキストで119例】
⓪예 가기 전에 미리 연락하다.
〈行く前に前もって連絡する。〉(100%)

미소 명 ☆★★【50種のテキストで105例】
⓪예 얼굴에 미소(微笑)를 띠다.
〈顔に笑みを浮かべる。〉(100%)

미술 명 ★★★【35種のテキストで162例】
⓪예 미술(美術).
〈美術。〉(100%)

미스 명【10種のテキストで86例】
⓪예 미스 박.
〈ミスパク。〉(95.3%)

미안하다 형 ★★★【84種のテキストで205例】
①예 미안(未安)해! 용서해 줘.
〈ごめん!許して。〉(48.3%)
②예 약속을 어겨 미안하다.
〈約束を破ってすまない。〉(26.8%)
③예 자신의 못난 모습이 미안하다.
〈自分の愚かさがすまない。〉(9.3%)

미워하다 동【21種のテキストで29例】
⓪예 [사람을/세상을] 미워하다.
〈[人を/世界を]憎む。〉(100%)

미지근하다 형 ☆☆★【1種のテキストで1例】
⓪예 물이 미지근하다.
〈湯がぬるい。〉(100%)

미처 부【37種のテキストで47例】
⓪예 미처 [모르다/준비를 못하다].

〈全然知らない。/まだ準備ができない。〉(100%)

미치다¹ 동 ★★★【44種のテキストで99例】

①예 너무 큰 충격으로 미친 사람.
〈あまりのショックに発狂した人。〉(47.5%)

②예 너 미쳤니? 그 놈을 왜 만나?
〈あんた正気なの? あんなやつにどうして会うの?〉
(35.4%)

미치다² 동 ★★★【45種のテキストで77例】

①예 땅에 [작용을/영향을] 미치다.
〈土地に[作用を/影響を]及ぼす。〉(42.9%)

②예 [영향이/피해가/힘이] 모두에게 미치다.
〈[影響が/被害が/力が]みんなに及ぶ。〉(28.6%)

③예 [사고가/생각이] 미치다.
〈[思考が/考えが]及ぶ。〉(11.7%)

④예 [눈길이/발길이/손이] 미치다.
〈[目が/足が/手が]とどく。〉(10.4%)

미터 명의 ★★☆【36種のテキストで65例】

⓪예 20미터 거리.
〈20メーターの距離。〉(100%)

민간 명【10種のテキストで23例】

①예 정부와 민간(民間)의 협력.
〈政府と民間の協力。〉(43.5%)

②예 민간에서 널리 행해지는 풍습.
〈民間で広く行われる風習。〉(43.5%)

민감하다 형【16種のテキストで25例】

⓪예 열에 민감(敏感)하다.
〈熱に敏感だ。〉(100%)

민속 명 ★★☆【19種のテキストで45例】

①예 민속(民俗)과 문화.
〈民俗と文化。〉(80%)

②관 <민속 놀이>.
〈民俗遊戯。〉(20%)

민요 명 ☆☆★【14種のテキストで51例】

⓪예 민요(民謠)를 부르다.
〈民謡を歌う。〉(100%)

민족 명 ★★★【60種のテキストで335例】

⓪예 나라와 민족(民族)을 위하다.
〈国と民族のためだ。〉(97.3%)

민주 명【12種のテキストで55例】

①관 <민주(民主) 정치>.
〈民主政治。〉(43.6%)

②예 자유와 민주를 이룩하다.
〈自由と民主化を遂げる。〉(18.2%)

③예 민주 [정부/학생].
〈民主政府。/民主的学生。〉(14.5%)

④관 <민주 국가>.
〈民主国家。〉(14.5%)

민주주의 명【21種のテキストで89例】

⓪예 민주주의(民主主義).
〈民主主義。〉(100%)

민주화 명【19種のテキストで37例】

①예 민주화(民主化)를 이루다.
〈民主化を達成する。〉(86.5%)

②관 <민주화 운동>.
〈民主化運動。〉(13.5%)

민중 명【19種のテキストで108例】

⓪예 민중(民衆)들의 삶.
〈民衆の人生。〉(98.1%)

믿다 동 ★★★【122種のテキストで380例】

①예 [사실을/이야기를] 믿다.
〈[事実を/話を]信じる。〉(72.4%)

②예 [사람을/친구를] 믿다.
〈[人を/友達を]信じる。〉(21.3%)

믿음 명【25種のテキストで68例】

①예 그녀에 대한 믿음.
〈彼女に対する信頼。〉(88.2%)

②예 종교적 믿음.
〈宗教的信頼。〉(10.3%)

밀 명 ☆☆★【4種のテキストで6例】

⓪예 밀을 재배하다.
〈小麦を栽培する。〉(100%)

밀가루 명 ☆☆★【12種のテキストで20例】

⓪예 밀가루 음식.
〈小麦粉の食べ物。〉(100%)

밀다 동 ★☆★【56種のテキストで90例】

⓪예 유모차를 밀다.
〈乳母車を押す。〉(82.2%)

밀려오다 동【12種のテキストで15例】

①예 [슬픔이/피로가] 밀려오다.
〈[悲しみが/疲労が]押し寄せる。〉(46.7%)

②예 밀려오고 밀려가는 차량들.
〈押し寄せては散っていく車両。〉(33.3%)

③예 [물결이/파도에 배가] 밀려오다.
〈波が押しよせる。/波に船が打ち寄せられる。〉
(13.3%)

밀리다 동 ★★★【32種のテキストで47例】

①예 문이 뒤로 밀리다.
〈ドアが後ろに押される。〉/
상대에게 밀리다.
〈相手に押される。〉(27.7%)

②예 [빨래가/일이] 밀리다.
〈[洗濯物が/仕事が]滞る。〉(23.4%)

③예 아카시아에 밀려 소나무가 사라지다.
〈アカシアに押され、松の木が消える。〉(19.1%)

④예 차가 밀리다.
〈車が渋滞する。〉(12.8%)

⑤예 [순서가/일정이] 밀리다.
〈[手順が/日程が]滞る。〉(10.6%)

밀접하다 형【13種のテキストで15例】

⓪예 민족과 종교가 밀접(密接)하게 연관되다.
〈民族と宗教が密接に関連する。〉/

밀접한 [관계/관련]이 있다.
〈密接な[関係/関連]がある。〉(100%)

밉다 형 ☆★★【29種のテキストで48例】
①예 나는 그 사람이 밉다.
〈私はその人が憎い。〉(81.3%)
②예 [생김새가/얼굴이] 밉다.
〈[顔付きが/顔が]憎い。〉(14.6%)

및 부 ★★★【39種のテキストで129例】
⓪예 지역적 환경 및 사회적 환경.
〈地域的環境や社会的環境。〉(99.2%)

밑 명 ★★★【102種のテキストで232例】
①예 책상 밑에 상자가 있다.
〈机の下に箱がある。〉(77.6%)
②예 가방 밑에 손을 넣다.
〈カバンの下に手を入れる。〉(10.3%)

밑바닥 명 【13種のテキストで17例】
①예 [강/구두] 밑바닥.
〈[河/靴]底〉(35.3%)
②예 마음의 밑바닥에 깔린 슬픔.
〈心の底に敷かれた悲しみ。〉(35.3%)
③예 사회의 밑바닥에서 출발하다.
〈社会のどん底から出発する。〉(29.4%)

－ㅂ니까 끝【117種のテキストで951例】
⓪예 어디로 갑니까?
〈どこへ行きますか？〉(100%)

－ㅂ니다 끝【172種のテキストで5,956例】
⓪예 날씨가 따뜻합니다.
〈今日は暖かいです。〉(100%)

－ㅂ시다 끝【111種のテキストで4,372例】
⓪예 같이 갑시다.
〈一緒に行きましょう。〉(100%)

－ㅂ시오 끝【22種のテキストで36例】
⓪예 안녕히 계십시오.
〈さようなら。〉/
편히 주무십시오.
〈お休みなさい。〉(100%)

바 명의 ★★☆【78種のテキストで179例】
①예 실내는 찜통과 다를 바 없다.
〈室内は蒸し風呂と大差ない。〉(48.6%)
②예 아직 소개된 바가 없다.
〈まだ紹介されたことがない。〉(19.6%)
③예 맡은 바 일에 충실하다.
〈任された仕事に忠実だ。〉(8.9%)
④예 그럴 바엔 차라리 그만두다.
〈そんなことならむしろ辞める。〉(6.7%)

바가지 명【16種のテキストで44例】
①예 바가지에 물을 뜨다.
〈ふくべに水をすくう。〉(52.3%)
②관 <바가지(를) 긁다>
〈愚痴をこぼす。〉(11.4%)
③관 <바가지(를) 쓰다>.
〈法外な料金を要求する。〉(6.8%)

바구니 명【16種のテキストで36例】
⓪예 바구니에 채소를 담다.
〈かごに野菜を盛る。〉(100%)

바깥 명 ★☆★【36種のテキストで49例】
①예 바깥이 [소란스럽다/춥다].
〈外が[騒がしい/寒い]。〉(55.1%)
②예 바깥 [세상/출입].
〈外[界/出]。〉(30.6%)
③예 [보자기/상자] 바깥으로 뭔가 비죽이 나오다.
〈[ふろしき/箱]の外に何かにょきっと出る。〉(14.3%)

바꾸다 동 ★★★【144種のテキストで381例】
①예 장래의 꿈을 다르게 바꾸다.
〈将来の夢をほかに変える。〉(37%)
②예 쌀을 그릇과 바꾸다.
〈コメを器と換える。〉(26.2%)
③예 가게 이름을 바꾸다.
〈店の名前を変える。〉(11.3%)
④예 [역할을/입장을/자리를] 바꾸다.
〈[役割を/立場を/席を]変える。〉(10.2%)

바뀌다 동 ★★☆【97種のテキストで243例】
①예 [구조가/태도가] 바뀌다.
〈[構造が/態度が]変わる。〉(50.2%)
②예 장관이 딴 사람으로 바뀌다.
〈長官が他の人に変わる。〉(42%)

바늘 명 ★☆★【23種のテキストで56例】
①예 [계기의/시계/습도계] 바늘.
〈[計器の/時計の/湿度計の]針。〉(48.2%)
②예 바늘 한 쌈지.
〈針一袋。〉(26.8%)
③예 [낚시/전축의/주사] 바늘.
〈[釣り/電蓄の/注射]針。〉(5.4%)
④관 <바늘 도둑이 소 도둑 된다>.
〈針とる者車をとる。〉(5.4%)

바다 명 ★★★【84種のテキストで351例】
⓪예 강이 바다로 흘러가다.
〈川が海に流れて行く。〉(97.4%)

바닥 명 ★☆★【54種のテキストで111例】
①예 [옷장/현관] 바닥.
〈たんすの底/玄関の床。〉(62.2%)
②예 이 바닥 사람들이 무섭다.
〈この界隈の人々が恐ろしい。〉(9%)
③예 [명동/종로] 바닥에서 유명하다.
〈[明洞(ミョンドン)/鍾路(チョンノ)]界隈で有名

だ。〉(5.4%)

④엔 <바닥을 내다> 예 술을 모두 바닥을 내다.
〈酒を全部売りつくす。〉(5.4%)

바닷가 명 ★★★【31種のテキストで49例】

⓪예 바닷가 마을.
〈海辺の町。〉(100%)

바닷물 명【15種のテキストで29例】

⓪예 바닷물에서 사는 물고기.
〈海水に住む魚。〉(100%)

바둑 명 ☆☆★【5種のテキストで8例】

⓪예 바둑을 두다.
〈碁を打つ。〉(100%)

바라다 동 ★★★【113種のテキストで229例】

⓪예 [도움을/성공을/요행을] 바라다.
〈[助けを/成功を/まぐれを]願う。〉/
합격하기를 바라다.
〈合格することを願う。〉(94.8%)

바라보다 동 ★★★【122種のテキストで470例】

①예 아이 얼굴을 바라보다.
〈子供の顔を眺める。〉(66.8%)

②예 하염없이 먼산을 바라보다.
〈ぼうぜんと遠い山を眺める。〉(20.2%)

바람[1] 명 ★★★【114種のテキストで340例】

⓪예 바람이 [불다/일다/자다].
〈風が[吹く/出る/凪ぐ]。〉(89.1%)

바람[2] 명의 ★★☆【53種のテキストで80例】

⓪ <-는/-ㄴ 바람에> 예 길을 잃는 바람에 고생
하다.〈道に迷って苦労する。〉(91.3%)

바람직하다 형 ★☆☆【25種のテキストで48例】

⓪예 공정하게 나누는 것이 바람직하다.
〈公正に分けることが望ましい。〉(100%)

바로 부 ★★★【171種のテキストで795例】

①예 우리가 찾던 바로 그 사람.
〈私たちが探していたまさにその人。〉(71.6%)

②예 바로 이 무렵.
〈まさにこの頃。〉/
식탁 바로 옆.
〈食卓のすぐ隣。〉(14.8%)

바로잡다 동【27種のテキストで50例】

⓪예 잘못된 일을 바로잡다.
〈間違ったことを正す。〉(94%)

바르다[1] 형 ★☆☆【74種のテキストで532例】

①예 결과를 바르게 파악하다.
〈結果を正しく把握する。〉/
바른 말 고운 말.
〈正しい言葉, 美しい言葉。〉(36.5%)

②예 한복을 바르게 입는 법.
〈韓服を正しく着る法。〉(27.6%)

③예 바르게 [세우다/앉다].
〈きちんと[立てる/座る]。〉(16.7%)

④예 바른 길로 인도하다.
〈正しい道へ導く。〉/
바른 말씀을 하다.
〈正しいことを言う。〉(13.2%)

바르다[2] 동 ☆★★【31種のテキストで50例】

①예 [가루를/기름을] 바르다.
〈[粉を/油を]塗る。〉(78%)

②예 벽에 [벽지를/한지를] 바르다.
〈[壁紙を/韓紙を]張る。〉(12%)

바보 명 ☆★★【36種のテキストで67例】

①예 바보, 내 마음도 모르고.
〈バカ, 私の心も知らないで。〉(65.7%)

②예 지능이 모자라는 바보이다.
〈知能が足りないバカだ。〉(34.3%)

바쁘다 형 ★★★【105種のテキストで273例】

①예 어머니는 늘 바쁘다.
〈母はいつも忙しい。〉(74%)

②예 일이 바쁘다.
〈仕事が忙しい。〉/
바쁜 일과.
〈忙しい日課。〉(16.5%)

바삐 부【10種のテキストで20例】

①예 바삐 [다니다/떠나다/오가다].
〈せわしく[通う/発つ/行き来する]。〉(80%)

②엔 <한시 바삐> 한시 바삐 만나고 싶다.
〈一刻も早く会いたい。〉(20%)

바싹 부【15種のテキストで20例】

①예 어머니 옆에 바싹 앉다.
〈母の横にぴったりと座る。〉(55%)

②예 입이 바싹 마르다.
〈口がカラカラに乾く。〉/
바싹 여위다.
〈すっかりやつれる。〉(25%)

③예 어깨를 바싹 움츠리다.
〈肩をぎゅっとすぼめる。〉/
바싹 정신을 차리다.
〈ぐっと心を引き締める。〉(15%)

바위 명 ★☆☆【43種のテキストで84例】

⓪예 바위에 걸터앉다.
〈岩に腰かける。〉(98.8%)

바지 명 ★★★【37種のテキストで116例】

⓪예 바지를 입다.
〈ズボンをはく。〉(100%)

바짝 부【16種のテキストで21例】

①예 바짝 [다가앉다/다가서다/쫓다].
〈ぴったりと[近寄って座る/迫る/追う]。〉(57.1%)

②예 바짝 [긴장하다/정신을 차리다/힘을 주다].
〈ぐっと[緊張する/気を取り戻す/力を入れる]。〉
(33.3%)

바치다 동 ★☆★【52種のテキストで78例】

①예 벗을 위해 목숨을 바치다.

〈友のために命を捧げる。〉(70.5%)

②예 무덤에 꽃을 바치다.
　〈墓に花を捧げる。〉(26.9%)

바퀴[1] 명 ☆☆★【17種のテキストで31例】

⓪예 [자동차/자전거]의 바퀴를 갈다.
　〈[自動車/自転車の]タイヤをかえる。〉(100%)

바퀴[2] 명의 【20種のテキストで22例】

⓪예 운동장을 한 바퀴 돌다.
　〈運動場を一周する。〉(100%)

바탕 명 ★★☆【69種のテキストで234例】

⓪예 유교에 바탕을 둔 문화.
　〈儒教に基づいた文化。〉(93.6%)

박[1] 명의 ☆★☆【8種のテキストで8例】

⓪예 2박(泊) 3일 동안의 여행.
　〈2泊3日間の旅行。〉(100%)

박[2] 명 【6種のテキストで20例】

⓪예 흥부와 아내가 박을 타다.
　〈フンブと妻がふくべを二つにひき割る。〉(100%)

박다 동 ☆☆★【30種のテキストで35例】

①예 [기둥을/말뚝을/못을] 박다.
　〈[柱を/杭を/釘を]打つ。〉(54.3%)

②예 커피 잔에 얼굴을 박고 있다.
　〈コーヒーカップに顔を印刷している。〉(8.6%)

③관 <못(을) 박다> 예 변명 못하게 못을 박다.
　〈言い訳できないように釘を打つ。〉(8.6%)

④관 <쐐기를 박다> 예 결승골로 쐐기를 박다.
　〈決勝ゴールでとどめを刺す。〉(8.6%)

박물관 명 ☆★★【24種のテキストで125例】

⓪예 박물관(博物館)을 관람하다.
　〈博物館を観覧する。〉(100%)

박사 명 ☆★★【32種のテキストで158例】

⓪예 박사(博士) 학위.
　〈博士の学位。〉(96.8%)

박수 명 ☆☆★【27種のテキストで41例】

⓪예 박수(拍手)를 [받다/치다].
　〈拍手を[される/する]。〉(97.6%)

박히다 동 ★☆☆【35種のテキストで45例】

①예 기둥에 못이 박히다.
　〈柱に釘が打ち込まれる。〉(40%)

②예 옷에 방울 무늬가 박히다.
　〈服に鈴模様がある。〉(11.1%)

③예 말이 가슴에 박히다.
　〈言葉が胸に刺さる。〉(11.1%)

④예 [방에/집에] 박혀 있다.
　〈[部屋に/家に]こもっている。〉(11.1%)

⑤관 <[틀에/판에] 박히다>.
　〈[型に/枠に]はまる。〉(8.9%)

밖 명 ★★★【156種のテキストで562例】

①예 창문 밖.
　〈窓の外。〉(59.8%)

②예 예상 밖의 일.
　〈予想外のこと。〉(17.8%)

③예 밖은 춥다./
　밖으로 나가다.
　〈外は寒い。〉/
　〈外に出る。〉(17.1%)

밖에 토 【149種のテキストで528例】

⓪예 밥이 조금밖에 없다.
　〈ご飯が少ししかない。〉/
　그렇게밖에 할 수 없다.
　〈そんな風にしかできない。〉(100%)

반[1] 명 ★★★【76種のテキストで319例】

⓪예 중학교 같은 반(班).
　〈中学校の同じクラス。〉(98.4%)

반[2] 명 ★★★【98種のテキストで149例】

①예 사과를 반(半)으로 쪼개다.
　〈リンゴを半分に分ける。〉(41.2%)

②예 여섯 시 반.
　〈6時半。〉/
　반 평짜리 방.
　〈半坪の部屋。〉(37.8%)

③예 종이를 반으로 접다.
　〈紙を半分に折る。〉(13.5%)

반갑다 형 ★★★【84種のテキストで155例】

⓪예 친구를 만나서 반갑다.
　〈友達に会って嬉しい。〉(100%)

반기다 동 【16種のテキストで17例】

⓪예 [소식을/손님을] 반기다.
　〈[消息を/客を]うれしがる。〉(100%)

반대 명 ★★★【57種のテキストで108例】

①예 부모의 반대(反對)에 부딪치다.
　〈親の反対にぶつかる。〉(50.9%)

②예 반대 방향으로 가다.
　〈反対方向に行く。〉(48.1%)

반대하다 동 ★☆★【35種のテキストで70例】

⓪예 의견에 반대(反對)하다.
　〈意見に反対する。〉(100%)

반도 명 ☆☆★【8種のテキストで11例】

⓪예 변산 반도(半島).
　〈辺山半島。〉(100%)

반드시 부 ★★★【78種のテキストで168例】

①예 약속을 반드시 지키다.
　〈約束を必ず守る。〉(71.4%)

②예 반드시 그런 것은 아니다.
　〈必ずしもそうではない。〉(28.6%)

반말 명 ☆★☆【4種のテキストで6例】

⓪예 반말을 하다.
　〈ため口でしゃべる。〉(100%)

반면 명 【34種のテキストで65例】

①예 약효는 빠른 반면(反面)에 부작용이 크다.

〈薬効は速い反面、副作用が大きい。〉(73.8%)

②㉥ 비는 잦아들었다. 반면, 바람이 세졌다.

〈雨は弱まった。反面、風が強くなった。〉(23.1%)

반문하다 〖동〗【14種のテキストで18例】

⓪㉥ [그에게/물음에] 반문(反問)하다.

〈〔彼に/質問に〕反問する。〉(100%)

반복 〖명〗【12種のテキストで18例】

⓪㉥ 같은 말의 반복(反復)을 피하다.

〈同じ言葉の反復を避ける。〉(100%)

반복되다 〖동〗【16種のテキストで24例】

⓪㉥ 같은 [과정이/말이/일이] 반복(反復)되다.

〈同じ〔過程が/言葉が/仕事が〕繰り返される。〉
(100%)

반복하다 〖동〗【11種のテキストで15例】

⓪㉥ 같은 실수를 반복(反復)하다.

〈同じ間違いを繰り返す。〉/

반복해서 말하다.

〈繰り返して言う。〉(100%)

반성하다 〖동〗【25種のテキストで52例】

①㉥ 자신의 행동을 반성(反省)하다.

〈自分の行動を反省する。〉(71.2%)

②㉥ 자신의 악함을 반성하다.

〈自分の弱さを反省する。〉(28.8%)

반영하다 〖동〗【19種のテキストで34例】

①㉥ 작품에 사회의 모습을 반영(反映)하다.

〈作品に社会の姿を反映する。〉(85.3%)

②㉥ 학교 성적을 입시에 반영하다.

〈学校の成績を入試に反映する。〉(14.7%)

반응 〖명〗★☆☆【33種のテキストで60例】

⓪㉥ [그녀의/독자의] 반응(反應)이 차갑다.

〈〔彼女の/読者の〕反応が冷たい。〉(83.3%)

반장 〖명〗【15種のテキストで49例】

⓪㉥ [동네/학급/형사] 반장(班長).

〈〔村の/クラス/刑事・16)〕班長。〉(100%)

반지 〖명〗☆☆★【8種のテキストで22例】

⓪㉥ 반지(斑指)를 끼다.

〈指輪をはめる。〉(100%)

반짝이다 〖동〗【33種のテキストで51例】

①㉥ [별이/햇살이] 반짝이다.

〈〔星が/陽光が〕きらきらする。〉(52.9%)

②㉥ 아이들이 눈을 반짝이다.

〈子供たちが目をきらきらさせる。〉(45.1%)

반찬 〖명〗☆☆★【33種のテキストで71例】

⓪㉥ 반찬(飯饌)을 하다.

〈おかずを作る。〉(100%)

반하다¹ 〖동〗【14種のテキストで18例】

①㉥ 농업 인구는 주는 데 반(反)해 서비스업은
늘다.〈農業人口は減るのに反してサービス業

は増える。〉(66.7%)

②㉥ [생각에/의사에] 반하는 행동.

〈〔考えに/意志に〕反する行動。〉(33.3%)

반하다² 〖동〗【10種のテキストで13例】

⓪㉥ [남자에게/투우에] 반하다.

〈〔男に/闘牛に〕惚れる。〉(92.3%)

받다 〖동〗★★★【204種のテキストで1,509例】

①㉥ 시계를 선물로 받다.

〈時計をプレゼントとしてもらう。〉(9.7%)

②㉥ [요금을/월급을] 받다.

〈〔料金を/給料を〕受け取る。〉(7.8%)

③㉥ 전화를 받다.

〈電話を受ける。〉(7.6%)

④㉥ [감동을/느낌을/영향을] 받다.

〈〔感動を/感じを/影響を〕受ける。〉(7.4%)

⑤㉥ [도전을/비판을/요구를/지지를] 받다.

〈〔挑戦を/批判を/要求を/支持を〕受ける。〉
(6.8%)

⑥㉥ [부축을/안내를] 받다.

〈〔夫扶(ふえき)を/案内を〕受ける。〉(5.8%)

⑦㉥ [벌을/상을] 받다.

〈〔罰を/賞を〕受ける。〉(5.6%)

⑧㉥ [가르침을/교육을] 받다.

〈〔教えを/教育を〕受ける。〉(4.5%)

⑨㉥ [검사를/수술을/진료를] 받다.

〈〔検査を/手術を/診療を〕受ける。〉(4%)

⑩㉥ [연락을/쪽지를/초대를/편지를] 받다.

〈〔連絡を/メモを/招待を/手紙を〕受け取る。〉
(3.9%)

⑪㉥ [발령을/처분을] 받다.

〈〔発令を/処分を〕受ける。〉(3.8%)

⑫㉥ [명령을/신호를/지시를] 받다.

〈〔命令を/信号を/指示を〕受ける。〉(2.5%)

⑬㉥ [박해를/침략을] 받다.

〈〔迫害を/侵略を〕受ける。〉(2.5%)

⑭㉥ [결재를/도장을/허락을] 받다.

〈〔決裁を/印を/許可を〕貰う。〉(2.2%)

⑮㉥ [박수를/환영을/환호를] 받다.

〈〔拍手を/歓迎を/歓呼を〕受ける。〉(2.1%)

⑯㉥ [따돌림을/오해를] 받다.

〈〔いじめを/誤解を〕受ける。〉(1.9%)

⑰㉥ [칭찬을/평가를] 받다.

〈〔称賛を/評価を〕受ける。〉(1.7%)

⑱㉥ [위로를/위문을] 받다.

〈〔慰労を/慰問を〕受ける。〉(1.2%)

받들다 〖동〗【18種のテキストで28例】

①㉥ [가르침을/뜻을] 받들다.

〈〔教えを/意志を〕尊ぶ。〉(39.3%)

②㉥ 윗사람을 받들다.

〈目上の人を敬う。〉(25%)

③㉥ [신을/조상을] 받들다.

---

16) 〈刑事・班長〉はあるが〈刑事班長〉という日本語はない。

〈[神を/先祖を]敬う。〉(10.7%)

④예 [분부를/어명을] 받들다.
〈[仰せを/命令を]奉ずる。〉(10.7%)

⑤예 [스승으로/형님으로] 받들다.
〈[師として/兄貴として]敬う。〉(10.7%)

받아들다 [동] 【14種のテキストで18例】
⓪예 [가방을/잔을] 받아들다.
〈[カバンを/グラスを]受け取る。〉(100%)

받아들이다 [동] ★★☆ 【78種のテキストで171例】
①예 [가르침을/뜻을] 받아들이다.
〈[教えを/意志を]受け入れる。〉(32.2%)

②예 서구 양식을 받아들이다.
〈西欧の様式を受け入れる。〉(27.5%)

③예 변명을 애교로 받아들이다.
〈言い訳を愛嬌として受け入れる。〉/
그 일을 사실로 받아들이다.
〈そのことを事実として受け入れる。〉(22.2%)

④예 [사과를/요구를/제안을] 받아들이다.
〈[謝罪を/要求を/提案を]受け入れる。〉(12.3%)

받침 [명] 【8種のテキストで21例】
⓪예 받침이 있는 글자.
〈パッチム17)がある文字。〉(100%)

발 [명] ★★★ 【95種のテキストで235例】
①예 발에 맞는 구두.
〈足に合う靴。〉(78.7%)

②예 발이 빠른 선수.
〈足が速い選手。〉(3.4%)

발가락 [명] 【8種のテキストで17例】
⓪예 발가락을 씻다.
〈足の指を洗う。〉/
새끼 발가락.
〈足の小指。〉(100%)

발걸음 [명] 【26種のテキストで44例】
⓪예 문득 발걸음을 멈추다.
〈ふと足を止める。〉(93.2%)

발견 [명] ☆☆★ 【18種のテキストで30例】
⓪예 새로운 발견(發見)을 하다.
〈新しい発見をする。〉(100%)

발견되다 [동] 【28種のテキストで41例】
⓪예 [공통점이/유적이] 발견(發見)되다.
〈[共通点が/遺跡が]発見される。〉(100%)

발견하다 [동] ★☆☆ 【87種のテキストで162例】
⓪예 [길을/약국을] 발견(發見)하다.
〈[道を/薬局を]発見する。〉(100%)

발길 [명] 【19種のテキストで28例】
①예 시내 쪽으로 발길을 옮기다.
〈市内の方へ足を運ぶ。〉(82.1%)

②예 발길로 차다.
〈足で蹴る。〉(14.3%)

발달 [명] ★☆★ 【31種のテキストで90例】
⓪예 신체의 발달(發達)이 빠르다.
〈身体の発達が早い。〉(100%)

발달되다 [동] 【15種のテキストで24例】
⓪예 [과학이/기술이] 발달(發達)되다.
〈[科学が/技術が]発達する。〉(100%)

발달하다 [동] ★★☆ 【35種のテキストで134例】
⓪예 [매체가/신체가] 발달(發達)하다.
〈[メディアが/身体が]発達する。〉(100%)

발명하다 [동] 【21種のテキストで41例】
⓪예 [글자를/기계를/전화를] 발명(發明)하다.
〈[文字を/機械を/電話を]発明する。〉(100%)

발상 [명] 【15種のテキストで39例】
⓪예 [기발한/위험한] 발상(發想).
〈[奇抜な/危険な]発想。〉(100%)

발생 [명] 【10種のテキストで17例】
⓪예 [사고/화재] 발생(發生) 신고.
〈[事故/火災]発生通報。〉(100%)

발생하다 [동] ★☆☆ 【29種のテキストで45例】
⓪예 [눈사태가/사고가] 발생(發生)하다.
〈[雪崩が/事故が]発生する。〉(100%)

발소리 [명] 【11種のテキストで18例】
⓪예 발소리를 [내다/죽이다].
〈足音を[出す/殺す]。〉(100%)

발언 [명] 【17種のテキストで35例】
⓪예 회의에서 발언(發言)을 하다.
〈会議で発言をする。〉(100%)

발음 [명] ★★★ 【26種のテキストで105例】
①예 자음의 발음(發音)이 어렵다.
〈子音の発音が難しい。〉(69.5%)

②예 영어 발음이 [이상하다/좋다].
〈英語の発音が[変だ/好きだ]。〉(29.5%)

발음하다 [동] ★☆☆ 【18種のテキストで165例】
⓪예 낱말을 정확히 발음(發音)하다.
〈単語を正確に発音する。〉(100%)

발자국 [명] 【21種のテキストで40例】
①예 바닥에 구두 발자국이 남다.
〈床に靴の足跡が残る。〉(87.5%)

②예 다섯 발자국 걸음을 떼다.
〈5歩間合いを取る。〉(12.5%)

발전1 [명] ★★★ 【63種のテキストで223例】
①예 [사회의/인격의] 발전(發展).
〈[社会の/人格の]発展。〉(84.8%)

②예 소문이 사실로 발전이 되다.
〈うわさが事実へと発展する。〉/
동맥 경화의 발전.

---

17) 終声になる子音。

〈動脈硬化の発展。〉(15.2%)

발전² 명 【5種のテキストで27例】
⓪예 댐의 발전(發電) 능력.
〈ダムの発電能力。〉원자력 발전.
〈原子力発電。〉(100%)

발전되다 동 【15種のテキストで26例】
①예 [과학이/나라가/농업이] 발전(發展)되다.
〈[科学が/国が/農業が]発展する。〉(80.8%)
②예 [관계가/일이] 이상한 쪽으로 발전되다.
〈[関係が/仕事が]変な方向へ発展する。〉
(19.2%)

발전시키다 동 ★☆☆【31種のテキストで59例】
⓪예 [국가를/산업을] 발전(發展)시키다.
〈[国家を/産業を]発展させる。〉(93.2%)

발전하다 동 ★★☆【58種のテキストで144例】
①예 나라가 발전(發展)하다.
〈国が発展する。〉(77.1%)
②예 둘 사이가 애정으로 발전하다.
〈二人の間柄が愛情へと発展する。〉(22.9%)

발표 명 ☆☆★【27種のテキストで53例】
⓪예 [결과의/학술] 발표(發表).
〈[結果の/学術]発表。〉(100%)

발표하다 동 ★☆☆【63種のテキストで167例】
⓪예 [결과를/성명을] 발표(發表)하다.
〈[結果を/声明を]発表する。〉(100%)

발휘하다 동 【35種のテキストで53例】
⓪예 [영향력을/진가를/창의력을] 발휘(發揮)
하다.
〈[影響力を/真価を/創意力を]発揮する。〉(100%)

밝다¹ 형 ★★★【91種のテキストで168例】
①예 [달이/불빛이/햇살이] 밝다.
〈[月が/光が/日差しが]明るい。〉(28%)
②예 [목소리가/얼굴이/표정이] 밝다.
〈[声が/顔が/表情が]明るい。〉(27.4%)
③예 [방 안이/집 주위가] 밝다.
〈[部屋の中が/家の周りが]明るい。〉(11.9%)
④예 [사람이/성격이] 밝다.
〈[人が/性格が]明るい。〉(7.7%)
⑤예 [미래가/장래가/전망이] 밝다.
〈[未来が/将来が/展望が]明るい。〉(5.4%)

밝다² 동 【16種のテキストで20例】
①예 [날이/새벽이/아침이] 밝다.
〈[夜が明ける。/夜明けが明るい。/朝が明ける。〉
(75%)
②예 어느덧 밖이 밝아 있다.
〈いつの間にか夜が明けている。〉(20%)

밝히다 동 ★★★【80種のテキストで150例】
①예 [본질을/사실을] 밝히다.
〈[本質を/事実を]明らかにする。〉(42%)
②예 [진실을/취재원을] 밝히다.

〈[真実を/取材源を]明らかにする。〉(37.3%)
③예 [등을/불을] 밝히다.
〈[ともしびを/明かりを]つける。〉(6%)
④예 [불빛이/조명이] 방 안을 밝히다.
〈[光が/照明が]部屋の中を照らす。〉(6%)

밟다 동 ★☆☆【52種のテキストで86例】
①예 담뱃불을 밟아 끄다.
〈タバコの火を踏んで消す。〉/
옆 사람의 발을 밟다.
〈隣の人の足を踏む。〉(53.5%)
②예 [낙엽을/모랫길을/얼음판을] 밟으며 걷다.
〈[落ち葉を/砂道を/アイスバーンを]踏みながら
行く。〉(23.3%)
③예 [과정을/수속을] 밟다.
〈[課程を/手続きを]踏む。〉(11.6%)

밤 명 ★★★【134種のテキストで535例】
⓪예 낮과 밤.
〈昼と夜。〉/
밤이 깊다.
〈夜が深い。〉(99.4%)

밤낮 부 【16種のテキストで21例】
①예 밤낮 일만 하다.
〈日夜仕事ばかりする。〉(57.1%)
②예 밤낮으로 일을 하다.
〈昼夜仕事をする。〉(42.9%)

밤늦다 형 【18種のテキストで20例】
⓪예 밤늦도록 돌아다니다.
〈夜遅くまでほっつき回る。〉/
밤늦게까지 놀다.
〈夜遅くまで遊ぶ。〉(100%)

밤새 부 【19種のテキストで22例】
⓪예 밤새 한 잠도 못 자다.
〈一晩中一睡もできない。〉(100%)

밤하늘 명 【13種のテキストで31例】
⓪예 밤하늘에 별이 총총하다.
〈夜空に星がきらきら光っている。〉(100%)

밥 명 ★★★【101種のテキストで348例】
①예 쌀로 밥을 짓다.
〈米でご飯を炊く。〉/
밥을 비비다.
〈ご飯をかき混ぜる。〉(66.1%)
②예 빵 한 쪽으로 밥이 되겠어?
〈パン一切れで食事になる?〉(30.2%)

밥상 명 【11種のテキストで22例】
⓪예 밥상(一床)을 [닦다/차리다].
〈お膳を[拭く/準備する]。〉(100%)

밧줄 명 【10種のテキストで18例】
⓪예 밧줄로 묶다.
〈綱で縛る。〉(100%)

방 명 ★★★【130種のテキストで579例】
⓪예 방(房) 두 개짜리 아파트.

〈部屋がふたつのアパート〉(98.6%)

방금 閏 ☆★★【36種のテキストで63例】
　⓪圀 방금(方今) 도착하다.
　　〈今しがた到着する。〉(90.5%)

방문¹ 名 ☆★★【17種のテキストで23例】
　⓪圀 댁으로 방문(訪問)을 하다.
　　〈お宅を訪問をする。〉(100%)

방문² 名【22種のテキストで37例】
　⓪圀 방문(房門)을 열다.
　　〈部屋の戸を開ける。〉(100%)

방문하다 動 ★★☆【36種のテキストで66例】
　⓪圀 [댁을/사무실로] 방문(訪問)하다.
　　〈[お宅を/事務室を]訪問する。〉(100%)

방바닥 名【23種のテキストで34例】
　⓪圀 방(房)바닥에 [눕다/앉다].
　　〈床に[寝そべる/座る]。〉(100%)

방법 名 ★★★【144種のテキストで727例】
　⓪圀 김장 담그는 방법(方法)이 다르다.
　　〈キムジャン[18)]を仕込む方法が違う。〉(100%)

방송 名 ★★★【49種のテキストで263例】
　①圀 라디오 방송(放送)을 듣다.
　　〈ラジオ放送を聞く。〉(70.7%)
　②圀 신문이나 방송에 광고를 하다.
　　〈新聞や放送に広告をする。〉(29.3%)

방송국 名【21種のテキストで71例】
　⓪圀 방송국(放送局)에 취직하다.
　　〈放送局に就職する。〉(100%)

방식 名 ★★☆【52種のテキストで131例】
　⓪圀 [생활/사고] 방식(方式).
　　〈[生活/思考]方式。〉(100%)

방안¹ 名【28種のテキストで42例】
　⓪圀 방(房)안에 틀어박히다.
　　〈部屋に閉じこもる。〉(100%)

방안² 名【17種のテキストで31例】
　⓪圀 좋은 방안(方案)을 찾다.
　　〈良い案をさがす。〉(100%)

방울¹ 名【23種のテキストで30例】
　①圀 이슬 몇 방울.
　　〈露数滴。〉(83.3%)
　②圀 [눈물/이슬] 방울.
　　〈[涙の/露の]玉。〉(16.7%)

방울² 名【6種のテキストで21例】
　⓪圀 방울을 흔들다.
　　〈鈴を振る。〉(90.5%)

방지하다 動【14種のテキストで16例】
　⓪圀 사고를 방지(防止)하다.
　　〈事故を防止する。〉(100%)

방학 名 ★★★【47種のテキストで150例】
　⓪圀 [겨울/여름] 방학(放學).
　　〈[冬/夏]休み。〉(100%)

방향 名 ★★★【70種のテキストで152例】
　①圀 진행 방향(方向)을 바꾸다.
　　〈進行方向を変える。〉(52.6%)
　②圀 앞으로 민족이 나아갈 방향.
　　〈今後、民族が進むべき方向。〉(47.4%)

방해 名【27種のテキストで30例】
　⓪圀 일하는 데 방해(妨害)가 되다.
　　〈仕事をするのに邪魔になる。〉(100%)

방해하다 動【19種のテキストで24例】
　⓪圀 [길을/일을] 방해(妨害)하다.
　　〈[道を/仕事を]妨害する。〉(100%)

밭 名 ★★★【35種のテキストで70例】
　⓪圀 밭을 갈다.
　　〈畑を耕す。〉/
　　밭에서 일하다.
　　〈畑で働く。〉(91.4%)

배¹ 名 ★★★【63種のテキストで185例】
　⓪圀 항구로 배가 들어오다.
　　〈港に船が入る。〉(100%)

배² 名 ★★★【79種のテキストで180例】
　①圀 배가 [고프다/부르다].
　　〈腹が[すく/一杯だ]。〉(51.7%)
　②圀 배가 불룩하게 나오다.
　　〈腹がぷっくりと出ている。〉(39.9%)

배³ 名 ★★★【41種のテキストで80例】
　①圀 재산이 두 배(倍)로 늘다.
　　〈財産が倍に増える。〉(73.8%)
　②圀 기쁨을 나누면 배로 늘다.
　　〈喜びを分けると倍に増える。〉(26.2%)

배⁴ 名 ★★★【7種のテキストで17例】
　⓪圀 배를 깎아 먹다.
　　〈梨をむいて食べる。〉(100%)

배경 名【36種のテキストで79例】
　①圀 조선을 배경(背景)으로 한 소설.
　　〈朝鮮を背景にした小説。〉(67.1%)
　②圀 무대의 배경.
　　〈舞台の背景。〉(8.9%)
　③圀 숲을 배경으로 하다.
　　〈森を背景とする。〉(8.9%)
　④圀 <배경 음악>.
　　〈背景音楽。〉(7.6%)

배고프다 形 ☆★★【22種のテキストで39例】
　⓪圀 춥고 배고프던 시절.
　　〈寒くてお腹が空いていた時代。〉(100%)

배꼽 名 ☆☆★【7種のテキストで9例】

---

18) キムチを漬けること。

① 손으로 배꼽을 가리다.
〈手でへそを隠す。〉(55.6%)

②慣 <배꼽(을) [잡다/쥐다]>.
〈腹を抱えて大笑いする。〉(22.2%)

③慣 <배보다 배꼽이 (더) 크다>.
〈提灯より柄が太い。〉(22.2%)

배다 動 ★☆☆【29種のテキストで36例】

① [기름이/냄새가] 배다.
〈〔油が/臭いが〕染みこむ。〉(72.2%)

② [사투리가/친절이] 몸에 배다.
〈〔方言が/親切が〕身に染みつく。〉(27.8%)

배달 名 ☆☆★【11種のテキストで13例】

⓪ [신문/우유] 배달(配達)을 하다.
〈〔新聞/牛乳〕配達をする。〉(100%)

배달하다 動【15種のテキストで21例】

⓪ 물건을 배달(配達)하다.
〈品物を配達する。〉(100%)

배부르다 形 ☆☆★【9種のテキストで9例】

① 밥을 배부르게 먹다.
〈ご飯を腹一杯食べる。〉(55.6%)

② 배부른 투정을 하다.
〈贅沢なだだをこねる。〉(33.3%)

배우 名 ☆★★【16種のテキストで35例】

⓪ 주연 배우(俳優).
〈主演俳優。〉(100%)

배우다 動 ★★★【146種のテキストで523例】

① [글을/기술을] 배우다.
〈〔文字を/技術を〕習う。〉(82.2%)

② 겸손을 배우다.
〈謙遜を学ぶ。〉(11.5%)

배추 名 ☆☆★【15種のテキストで50例】

⓪ 배추로 김치를 담그다.
〈白菜でキムチを漬ける。〉(100%)

백 数 ★★★【161種のテキストで1,508例】

⓪ 백(百) [개/살].
〈百〔個/歳〕。〉(97.1%)

백만 数【18種のテキストで25例】

① 희생자가 백만(百萬) 명에 이르다.
〈犠牲者が百万人に達する。〉(84%)

② 백만이 넘는 병사.
〈百万を超える兵士。〉(16%)

백성 名 ★☆☆【33種のテキストで112例】

⓪ 백성(百姓)들을 위하다.
〈民たちのためだ。〉(100%)

백제 名 (固有) ★☆☆【17種のテキストで138例】

⓪ 신라와 백제(百濟)가 전쟁을 하다.
〈新羅と百済が戦争をする。〉(100%)

백화점 名 ☆★★【31種のテキストで78例】

⓪ 백화점(百貨店)에서 쇼핑을 하다.
〈デパートでショッピングをする。〉(100%)

뱀 名 ☆☆★【10種のテキストで26例】

⓪ 뱀에게 다리를 물리다.
〈蛇に足を嚙まれる。〉(100%)

뱃속 名【17種のテキストで33例】

⓪ 뱃속에서 꼬르륵 소리가 나다.
〈お腹がぐうぐういう。〉(100%)

뱉다 動【31種のテキストで50例】

① [껌을/침을] 뱉다.
〈〔ガムを/唾を〕吐く。〉(74%)

② [욕설을/엉뚱한 말을] 뱉다.
〈〔悪態を/突拍子もない言葉を〕吐く。〉(18%)

버드나무 名【12種のテキストで21例】

⓪ 강가에 버드나무가 늘어서다.
〈川辺に柳の木が立ち並ぶ。〉(100%)

버릇 名 ★★★【43種のテキストで80例】

① 초조하면 코를 긁는 버릇이 있다.
〈あせると鼻を掻く癖がある。〉(85%)

②慣 <세 살 버릇 여든 가다>.
〈三つ子の魂百まで。〉(11.3%)

버리다[1] 動補 ★★☆【162種のテキストで977例】

⓪ [손이 마비되어/얼음이 녹아/지갑을 잃어] 버리다.〈〔手が麻痺して/氷が溶けて/財布を落として〕しまう。〉(100%)

버리다[2] 動 ★★★【105種のテキストで273例】

① 쓰레기를 버리다.
〈ゴミを捨てる。〉(63.7%)

② 아이에 대한 기대를 버리다.
〈子供に対する期待を捨てる。〉(11%)

③ [벼슬을/재산을] 버리다.
〈〔官職を/財産を〕捨てる。〉(8.8%)

버섯 名 ☆☆★【2種のテキストで2例】

⓪ 버섯을 따다.
〈きのこを採る〉(100%)

버스 名 ★★★【81種のテキストで280例】

⓪ 버스를 타다.
〈バスに乗る。〉(100%)

버티다 動【27種のテキストで49例】

① [아르바이트로/차 없이] 버티다.
〈〔アルバイトで/車なしで〕がんばる。〉(30.6%)

② 아무리 달래도 아이가 막무가내로 버티다.
〈いくらあやしても、子供が頑固にぐずる。〉(26.5%)

③ 사장이 버티고 있어서 퇴근을 못하다.
〈社長が頑張っていて退勤できない。〉(20.4%)

④ 앞에 [고층 건물이/높은 재개] 버티고 있다.
〈前に〔高層ビルが/峠が〕でんと構えている。〉(10.2%)

벅차다 形【17種のテキストで21例】

① 내게는 [운동장을 뛰는 것도/자식들을 키우기도] 벅차다.

〈私には〔運動場をかけることも/子供を育てることも〕手に余る。〉(52.4%)

②例 벅찬 경험.
〈溢れんばかりの経験。〉/
벅찬 기쁨을 느끼다.
〈気絶そうな喜びを感じる。〉(33.3%)

③例 숨이 벅차게 차오르다.
〈息が一杯に満ちてくる。〉(14.3%)

번 名의 ★★★【194種のテキストで1,214例】

①例 두 번(番) 실수하다.
〈二度ミスする。〉(69.9%)

②例 [몇/첫]번째.
〈〔何/一〕回目。〉(17.1%)

③例 13번 버스.
〈13番バス。〉/
5번 선수.
〈5番選手。〉(8.1%)

번갈다 動【30種のテキストで34例】

①例 두 사람을 번갈아 쳐다보다.
〈二人を代わり番こに眺める。〉(47.1%)

②例 둘이 번갈아 3시간씩 근무하다.
〈二人交代で3時間ずつ勤務する。〉(29.4%)

③例 둘이 번갈아 들락거리다.
〈二人が入れ替わり立ち替わり出入りする。〉
(23.5%)

번개 名 ☆☆★【11種のテキストで14例】

①例 번개가 치다.
〈稲妻が走る。〉(64.3%)

②慣 <번개처럼>.
〈稲妻みたいに。〉(21.4%)

③慣 <번개(와) 같이>.
〈稲妻のように。〉(14.3%)

번거롭다 形【12種のテキストで15例】

①例 [일이/자취하기가] 번거롭다.
〈〔仕事が/自炊するのが〕面倒くさい。〉(73.3%)

②例 절차가 너무 번거롭다.
〈手続きが余りに煩わしい。〉(26.7%)

번지다 動【20種のテキストで28例】

①例 꽃내음이 번져 흘러오다.
〈花の香りが広がって流れてくる。〉(35.7%)

②例 농담이 싸움으로 번지다.
〈冗談が喧嘩へと拡大する。〉(25%)

③例 눈물이 번져 흐르다.
〈涙が溢れてきて流れる。〉(17.9%)

④例 온몸에 환희가 번져 오다.
〈全身に歓喜が広がってくる。〉(7.1%)

⑤例 소문이 번져 나가다.
〈うわさが広がっていく。〉(7.1%)

번쩍 副【30種のテキストで38例】

①例 [고개를/손을] 번쩍 들다.
〈〔頭を/手を〕ぱっと上げる〉(57.9%)

②例 번쩍 눈을 뜨다.

〈ぱっと目を開ける。〉(13.2%)

③例 전구에 번쩍 불이 들어오다.
〈電球にぱっと灯がつく。〉(7.9%)

④例 번쩍 제 정신이 들다.
〈はっと気がつく。〉(7.9%)

⑤慣 <귀가 번쩍 [뜨이다/띄다]>
〈うまい話にはっとして耳をそばだてる。〉(7.9%)

번호 名 ★★★【31種のテキストで65例】

①例 금고의 번호(番號)를 찾다.
〈金庫の番号を調べる。〉(84.6%)

②例 시험관에 1번부터 번호를 매기다.
〈試験官に1番から番号をつける。〉(15.4%)

벌¹ 名 ★☆★【13種のテキストで33例】

⓪例 나비와 벌이 날아들다.
〈蝶と蜂が舞い込む。〉(100%)

벌² 名의 ☆★★【18種のテキストで29例】

①例 옷 한 벌.
〈服一着。〉/
젓가락 세 벌.
〈箸三膳。〉(89.7%)

②例 논에서 두 벌 김을 매다.
〈畑で二反、草取りをする。〉(10.3%)

벌겋다 形【19種のテキストで22例】

①例 [얼굴이/하늘이] 벌겋게 물들다.
〈〔顔が/空が〕赤く染まる。〉(86.4%)

②慣 <눈이 벌겋다> 재물에 눈이 벌겋다.
〈財物に目がくらむ。〉(13.6%)

벌다 動 ★★★【54種のテキストで113例】

⓪例 [돈을/생활비를/용돈을] 벌다.
〈〔お金を/生活費を/お小遣いを〕稼ぐ。〉
(98.2%)

벌떡 副【37種のテキストで51例】

⓪例 벌떡 [일어나다/일어서다].
〈すっくと〔起きあがる/立ちあがる〕。〉(98%)

벌레 名 ☆☆★【20種のテキストで26例】

⓪例 벌레에게 물리다.
〈虫に刺される。〉(100%)

벌리다 動 ★☆★【30種のテキストで45例】

①例 [눈을/입을] 크게 벌리다.
〈〔目を/口を〕大きく開く。〉(51.1%)

②例 다리를 벌리다.
〈足を広げる。〉/
두 사람의 사이를 벌려 놓다.
〈二人の仲を離しておく。〉(15.6%)

③例 [날개를/팔을] 벌리다.
〈〔翼を/腕を〕広げる。〉(15.6%)

벌써 副 ★★★【115種のテキストで263例】

①例 그가 떠난 지 벌써 2년이 된다.
〈彼が去ってもう2年になる。〉/
벌써 일곱 시 반이다.
〈もう七時半だ。〉(65%)

②예 기차는 벌써 떠났다.
〈汽車はすでに出発した。〉(34.2%)

벌어지다¹ 동 ★☆☆【53種のテキストで96例】

①예 [싸움이/총격전이] 벌어지다.
〈[戦いが/銃撃戦が]繰り広げられる。〉(68.8%)

②예 [술판이/잔치가] 벌어지다.
〈[酒盛りが/宴会が]開かれる。〉(24%)

벌어지다² 동【15種のテキストで17例】

①예 [틈이/판자가] 벌어지다.
〈[割れ目が/板が]すき間ができる。〉(41.2%)

②예 [기골이/체격이] 딱 벌어지다.
〈[骨格が/体格が]がっしりしている。〉(29.4%)

③예 [거리가/격차가/차이가] 벌어지다.
〈[距離が/格差が/差異が]開く。〉(11.8%)

벌이다 동 ★☆☆【57種のテキストで96例】

①예 [논쟁을/전투를] 벌이다.
〈[論争を/戦闘を]繰り広げる。〉(34.4%)

②예 [소동을/일을] 벌이다.
〈[騒動を/ことを]繰り広げる。〉(33.3%)

③예 [굿판을/술판을] 벌이다.
〈[厄払いの儀式を/酒宴を]繰り広げる。〉(25%)

범위 명【14種のテキストで28例】

⓪예 조사 범위(範圍)를 넓히다.
〈調査範囲を広げる。〉(100%)

범인 명【11種のテキストで39例】

⓪예 사건의 범인(犯人)을 잡다.
〈事件の犯人を捕まえる。〉(100%)

범죄 명【10種のテキストで18例】

①예 [강력/지능] 범죄(犯罪).
〈[凶悪/知能]犯罪。〉(72.2%)

②예 범죄를 저지르다.
〈犯罪を犯す。〉(22.2%)

범주 명【13種のテキストで23例】

⓪예 선악의 범주(範疇)로 나누다.
〈善悪の範疇に分ける。〉(100%)

법¹ 명의 ☆★☆【74種のテキストで169例】

①예 글 쓰는 법(法)을 배우다.
〈文章の書き方を学ぶ。〉(37.9%)

②예 기대가 크면 실망도 큰 법이다.
〈期待が大きければ失望も大きいものだ。〉
(36.1%)

③예 그는 약속을 지키는 법이 없다.
〈彼は約束を守るということがない。〉(11.2%)

법² 명 ★★★【38種のテキストで147例】

⓪예 국회에서 법(法)을 개정하다.
〈国会で法を改正する。〉(98.6%)

법률 명 ☆☆★【7種のテキストで9例】

⓪예 법률(法律)을 제정하다.
〈法律を制定する。〉(100%)

법칙 명【13種のテキストで30例】

①예 중력의 법칙(法則).
〈重力の法則。〉(40%)

②예 역사의 내재적 법칙을 발견하다.
〈歴史の内在的法則を発見する。〉(33.3%)

③예 이집트 화가들이 따르던 법칙.
〈エジプトの画家が従っていた法則。〉(20%)

벗 명 ☆☆★【19種のテキストで43例】

⓪예 좋은 벗을 사귀다.
〈いい友と交わる。〉(100%)

벗기다 동 ★☆★【30種のテキストで45例】

①예 [가죽을/껍질을] 벗기다.
〈皮をはぐ。/皮をむく。〉(33.3%)

②예 아이의 옷을 벗기다.
〈子供の服を脱がせる。〉(31.1%)

③예 [거적을/식탁보를] 벗기다.
〈[むしろを/テーブルクロスを]まくる。〉(15.6%)

벗다 동 ★★★【63種のテキストで133例】

⓪예 [구두를/모자를/옷을] 벗다.
〈[靴を/帽子を/服を]脱ぐ。〉(88.7%)

벗어나다 동 ★★☆【74種のテキストで142例】

①예 [고독에서/일상을] 벗어나다.
〈[孤独から/日常を]抜け出す。〉(46.5%)

②예 [도심을/시내를] 벗어나다.
〈[都心を/市内を]離れる。〉(21.8%)

③예 [원칙에서/이치에] 벗어나다.
〈原則から外れる。/理に反する。〉(16.9%)

④예 식민지 사관에서 벗어나다.
〈植民地史観から自由になる。〉(12.7%)

벚꽃 명 ☆☆★【6種のテキストで10例】

⓪예 벚꽃이 피다.
〈桜が咲く。〉(100%)

베개 명 ☆☆★【9種のテキストで16例】

⓪예 베개를 베고 자다.
〈枕をして寝る。〉(100%)

베다 동 ★☆★【34種のテキストで49例】

①예 벼를 베다.
〈稲を刈る。〉(67.3%)

②관 <베어 먹다>.
〈かじる。〉(16.3%)

베풀다 동 ★☆☆【30種のテキストで45例】

⓪예 [사랑을/선정을] 베풀다.
〈[愛を/善政を]施す。〉(88.9%)

벤치 명【12種のテキストで45例】

⓪예 벤치에 앉다.
〈ベンチに座る。〉(100%)

벨 명【16種のテキストで24例】

⓪예 벨을 누르다.
〈ベルを押す。〉/
벨이 울리다.
〈ベルが鳴る。〉(100%)

벨트 명 【10種のテキストで15例】
①예 바퀴들이 벨트에 걸려 돌아가다.
〈車輪がベルトにかかって回転する。〉(53.3%)
②예 벨트를 매다.
〈ベルトを締める。〉(46.7%)

벼 명 ☆☆★【15種のテキストで22例】
⓪예 논에서 벼를 베다.
〈田で稲を刈る。〉(100%)

벼락 명 ☆☆★【7種のテキストで9例】
①예 나무가 벼락을 맞다.
〈木が雷に打たれる。〉(44.4%)
②예 아버지의 벼락이 떨어지다.
〈父の雷が落ちる。〉(44.4%)
③예 벼락 공부를 하다.
〈一夜漬けで勉強する。〉/
벼락 감투.
〈にわかに得た高位の官位。〉(11.1%)

벼슬 명 【17種のテキストで46例】
⓪예 벼슬을 하다.
〈官職につく。〉(100%)

벽 명 ★☆★【72種のテキストで146例】
⓪예 벽(壁)에 걸린 옷.
〈壁に掛かった服。〉(90.4%)

변동 명 【12種のテキストで17例】
⓪예 가격의 변동(變動)이 심하다.
〈価格の変動が激しい。〉(100%)

변명 명 【22種のテキストで33例】
⓪예 변명(辨明)을 늘어놓다.
〈言い訳を並べたてる。〉(100%)

변소 명 ☆☆★【7種のテキストで14例】
⓪예 변소(便所)에 다녀오다.
〈トイレに行ってくる。〉(100%)

변신하다 동 【15種のテキストで18例】
⓪예 [배우가 정치인으로/여우가 사람으로]
변신(變身)하다.〈[俳優が政治家に/狐が人
間に]変身する。〉(100%)

변하다 동 ★★★【104種のテキストで258例】
①예 [태도가/표정이] 변(變)하다.
〈[態度が/表情が]変わる。〉(62.8%)
②예 나뭇잎이 황갈색으로 변하다.
〈木の葉が黄褐色に変わる。〉/
그의 생가가 여인숙으로 변하다.
〈彼の実家が旅館に変わる。〉(15.5%)
③예 눈이 빗물로 변하다.
〈雪が雨になる。〉/
얼굴색이 하얗게 변하다.
〈顔色が白くなる。〉(7.4%)

변호사 명 ☆☆★【14種のテキストで32例】
⓪예 변호사(辯護士)를 부르다.
〈弁護士を呼ぶ。〉(100%)

변화 명 ★★★【67種のテキストで267例】
⓪예 [사회적/신체적] 변화(變化)가 일어나다.
〈[社会的/身体的]変化が起こる。〉(100%)

변화되다 동 【13種のテキストで18例】
⓪예 포도당이 지방으로 변화(變化)되다.
〈ぶどう糖が脂肪に変化する。〉/
태도가 크게 변화되다.
〈態度が大きく変化する。〉(100%)

변화하다 동 【25種のテキストで38例】
⓪예 변화(變化)하는 시대.
〈変化する時代。〉(100%)

별¹ 명 ★★★【55種のテキストで215例】
①예 밤하늘의 달과 별.
〈夜空の月と星。〉(84.7%)
②예 먼 하늘에 빛나는 별들.
〈遠い空に輝く星。〉(11.2%)

별² 관 ★★☆【64種のテキストで90例】
①예 별(別) 관심이 없다.
〈別に関心がない〉(71.1%)
②예 별 생각이 다 들다.
〈あれこれ考え心配する。〉/
별 사람을 다 만나다.
〈おかしな人に出会う。〉(26.7%)

ー별³ 접 ★☆☆【45種のテキストで109例】
⓪예 [개인/성/연령]별(別).
〈[個人/性/年齢]別。〉(100%)

별개 명 【16種のテキストで20例】
①예 말을 잘하는 것과 화술은 별개(別個)이다.
〈言葉をうまく言うことと話術は別物である。〉(80%)
②관 <별개의 문제>.
〈別の問題。〉(20%)

별다르다 형 【13種のテキストで18例】
⓪예 별(別)다른 [기술이/생각이/일이] 없다.
〈これといった[技術が/考えが/ことが]ない。〉
(100%)

별로 부 ★★★【102種のテキストで214例】
⓪예 별(別)로 중요하지 않다.
〈別に重要でない。〉(100%)

별명 명 【22種のテキストで53例】
⓪예 친구의 별명(別名)을 부르다.
〈友達のあだ名を呼ぶ。〉(100%)

별안간 부 ☆☆★【6種のテキストで9例】
⓪예 별안간(瞥眼間) 큰 소리가 나다.
〈突然大きな音がする。〉(100%)

별일 명 【16種のテキストで22例】
⓪예 별(別)일 없이 잘 지내다.
〈格別に変わったことなく、無事に暮らしている。〉
(95.5%)

병¹ 명 ★★★【64種のテキストで153例】
⓪예 병(病)에 걸리다.

〈病気にかかる。〉(96.7%)

병² 명 ☆★☆ 【45種のテキストで95例】

① 예 병(瓶)이 깨지다.
〈瓶が割れる。〉(57.9%)

② 예 소주를 두 병 마시다.
〈焼酎を二本飲む。〉(34.7%)

병들다 동 【20種のテキストで36例】

① 예 병(病)들고 굶주린 사람들.
〈病んで飢えた人たち。〉(72.2%)

② 예 [마음이/사회가] 병들다.
〈[心が/社会が]病む。〉(27.8%)

병아리 명 ☆☆★ 【14種のテキストで62例】

⓪ 예 병아리가 알에서 깨다.
〈ひよこが卵から孵化する。〉(95.2%)

병원 명 ★★★ 【66種のテキストで247例】

⓪ 예 병원(病院)에 입원하다.
〈病院に入院する。〉(100%)

보고¹ 명 ☆☆★ 【12種のテキストで20例】

⓪ 예 업무 보고(報告)를 하다.
〈業務報告をする。〉(100%)

보고² 토 【17種のテキストで20例】

⓪ 예 나보고 화내지 마세요.
〈私に腹を立てないでください。〉(100%)

보고서 명 【21種のテキストで38例】

⓪ 예 보고서(報告書)를 작성하다.
〈報告書を作成する。〉(100%)

보고하다 동 【12種のテキストで19例】

⓪ 예 결과를 보고(報告)하다.
〈結果を報告する。〉(100%)

보관하다 동 【21種のテキストで30例】

⓪ 예 물건을 잘 보관(保管)하다.
〈品物をちゃんと保管する。〉(100%)

보기 명 ★★★ 【18種のテキストで128例】

⓪ 예 보기와 같이 답하시오.
〈例のように答えなさい。〉(100%)

보내다 동 ★★★ 【158種のテキストで564例】

① 예 [나날을/방학을] 보내다.
〈[日々を/夏休みを]過ごす。〉(30.3%)

② 예 책을 우편으로 보내다.
〈本を郵便で送る。〉(29.4%)

③ 예 [소식을/전보를] 보내다.
〈[消息を/電報を]送る。〉(16.5%)

④ 예 친구들을 잘 대접해 보내다.
〈友達をよくもてなして送る。〉(9.8%)

보다¹ 동 ★★★ 【217種のテキストで5,869例】

① 예 아이가 엄마를 보며 웃다.
〈子供が母親を見て笑う。〉(39.4%)

② 예 [신문을/책을] 보다.
〈[新聞を/本を]読む。〉(8.3%)

③ 예 현실을 바로 보다.
〈現実を正しく見る。〉(8%)

④ 예 [영화를/인형극을] 보다.
〈[映画を/人形劇を]見る。〉(6.3%)

⑤ 예 사건을 남의 일로 보아 넘기다.
〈事件を他人事と見てやり過ごす。〉(5.1%)

⑥ 예 아이들도 학교에 가기 싫은가 보다.
〈子供たちも学校に行きたくないようだ。〉(4.6%)

⑦ 예 몸이 떨리는 것으로 보아 울고 있는 것 같다.〈体が震えていることから見て、泣いているようだ。〉(3.9%)

⑧ 예 걷다 보면 휴게소가 나오다.
〈歩いて行けば、休憩所に出る。〉(3%)

⑨ 예 친구가 보고 싶다.
〈友達に会いたい。〉/
서로 보기가 힘들어지다.
〈お互いに会うことが難しくなる。〉(2.9%)

보다² 동 보 ★★★ 【214種のテキストで8,093例】

⓪ 예 하나 골라 보세요.
〈一つ選んでみてください。〉(99.7%)

보다³ 토 【185種のテキストで1,365例】

⓪ 예 사과보다 배가 맛있다.
〈リンゴより梨がおいしい。〉(100%)

보다⁴ 부 ☆★☆ 【42種のテキストで107例】

⓪ 예 보다 살기 좋은 사회로 만들다.
〈より住み良い社会にする。〉(100%)

보답하다 동 【11種のテキストで15例】

⓪ 예 [사랑에/선생님께/은혜에] 보답(報答)하다.
〈[愛に/先生に/恩に]報いる。〉(100%)

보도¹ 명 ☆☆★ 【17種のテキストで42例】

⓪ 예 횡단 보도(步道)를 건너다.
〈横断歩道を渡る。〉(100%)

보도² 명 【10種のテキストで28例】

⓪ 예 신문에 보도(報道)가 되다.
〈新聞に報道される。〉(100%)

보람 명 ★★☆ 【38種のテキストで91例】

① 예 삶에 보람을 느끼다.
〈人生に生きがいを感じる。〉(65.9%)

② 예 노력한 보람으로 성공하다.
〈努力のおかげで成功する。〉(34.1%)

보름 명 ☆☆★ 【16種のテキストで20例】

① 예 보름 뒤에 도착하다.
〈半月後に到着する。〉(90%)

② 예 보름이 되자 둥근 달이 뜨다.
〈15日になると丸い月が出る。〉(10%)

보리 명 ☆☆★ 【10種のテキストで18例】

① 예 밭에 보리가 잘 자라다.
〈畑に麦がよく育つ。〉(83.3%)

② 예 보리를 섞어 밥을 짓다.
〈麦を混ぜてご飯を炊く。〉(16.7%)

보물 명【13種のテキストで40例】
① ⑨ 보물(寶物)을 발견하다.
〈宝物を発見する。〉(100%)

보살피다 동【34種のテキストで45例】
① ⑨ [가족을/새끼를] 보살피다.
〈[家族を/子どもを]世話する。〉(80%)
② ⑨ [살림을/생활을] 보살피다.
〈[暮らしを/生活を]面倒見る。〉(17.8%)

보상 명【10種のテキストで25例】
① ⑨ 보험사로부터 보상(補償)을 받다.
〈保険会社から補償を受ける。〉(56%)
② ⑨ 보상을 바라고 봉사를 하는 것이 아니다.
〈補償を望んで奉仕をするのではない。〉(44%)

보수¹ 명 ☆★☆【4種のテキストで6例】
① ⑨ 보수(報酬)가 많은 직업.
〈報酬が多い職業。〉(100%)

보수² 명【3種のテキストで3例】
① ⑨ 보수(保守)와 진보.
〈保守と進歩。〉(100%)

보수³ 명【2種のテキストで2例】
① ⑨ [교량의/도로의] 보수(補修).
〈[橋梁の/道路の]補修。〉(100%)

보이다¹ 동 ★★★【175種のテキストで1,014例】
① ⑨ 건너편에 교회가 보이다.
〈向かい側に教会が見える。〉(50.6%)
② ⑨ 꽤 값나가 보이는 시계.
〈かなり高そうに見える時計。〉/
[나쁜 사람으로/마흔이 훨씬 넘게/조금 못 생계] 보이다.〈[悪い人に/四十をはるかに超えて/すこし不細工に]見える。〉(25%)
③ ⑨ 얼굴이 [얌전해/좋아] 보이다.
〈顔が[おとなしそうに/健康そうに]見える。〉(18.3%)

보이다² 동【142種のテキストで458例】
① ⑨ 남에게 [신분증을/우는 모습을] 보이다.
〈人に[身分証を/泣く姿を]見せる。〉(42.8%)
② ⑨ [인기를/좋은 효과를] 보이다.
〈[人気を/良い効果を]見せる。〉/
이 기록은 그들의 삶이 창조적임을 보여 주다.〈この記録は彼らの人生が創造的であることを見せてくれる。〉(23.1%)
③ ⑨ 아이에게 [모범을/애정을] 보이다.
〈子供に[模範を/愛情を]見せる。〉(20.3%)
④ ⑨ [손을 움직여/웃어] 보이다.
〈[手を動かして/笑って]見せる。〉(10.7%)

보존하다 동【13種のテキストで31例】
① ⑨ [깨끗한 물을/전통 춤을] 보존(保存)하다.
〈[きれいな水を/伝統舞踊を]保存する。〉(100%)

보태다 동【14種のテキストで17例】
① ⑨ [설명을/힘을] 보태다.
〈[説明を/力を]添える。〉(52.9%)

② ⑨ 살림에 보태라고 돈을 주다.
〈暮らしの足しにと、お金をやる。〉(41.2%)

보통¹ 명 ★★★【63種のテキストで112例】
① ⑨ 재주가 보통(普通)을 넘다.
〈才能が普通を越える。〉(37.5%)
② ⑨ 보통 [사람/키/휘발유].
〈普通の[人/身長/ガソリン]。〉(32.1%)
③ ⑨ 보통 [날/때/일].
〈普通の[日/時/こと]。〉(23.2%)

보통² 부 ★★☆【44種のテキストで79例】
① ⑨ 처음 만나면 보통(普通) 날씨 이야기로 대화를 시작하다.〈初めて会ったら大概天候の話で対話を始める。〉(93.7%)

보험 명 ☆☆★【6種のテキストで20例】
① ⑨ 보험(保險)에 들다.
〈保険に入る。〉(70%)
② ⑪ <보험 회사>.
〈保険会社。〉(30%)

보호 명 ★☆☆【35種のテキストで77例】
① ⑨ [부모의/법의] 보호(保護)를 받다.
〈[親の/法の]保護を受ける。〉(100%)

보호하다 동 ★☆☆【47種のテキストで82例】
① ⑨ [몸을/문화재를/아이들을/재산을] 보호(保護)하다.〈[体を/文化財を/子供たちを/財産を]保護する。〉(100%)

복 명 ☆★★【21種のテキストで38例】
① ⑨ 복(福)을 받다.
〈福を受ける。〉(86.8%)
② ⑨ [남편/자식] 복이 있다.
〈[良い夫に/良い子に]恵まれる。〉(13.2%)

복도 명 ☆☆★【37種のテキストで88例】
① ⑨ 문을 열고 복도(複道)로 나가다.
〈ドアを開けて廊下に出る。〉(100%)

복사 명 ☆☆★【4種のテキストで4例】
① ⑨ 자료를 복사(複寫)를 하다.
〈資料をコピーをする。〉(50%)
② ⑨ 작품의 모방이나 복사.
〈作品の模倣とかコピー。〉(25%)

복숭아 명 ☆☆★【3種のテキストで5例】
① ⑨ 복숭아를 먹다.
〈モモを食べる。〉(100%)

복습 명 ☆☆★【5種のテキストで11例】
① ⑨ 예습과 복습(復習)을 하다.
〈予習と復習をする。〉(100%)

복잡하다 형 ★★★【64種のテキストで126例】
① ⑨ [문제가/상황이/양상이] 복잡(複雜)하다.
〈[問題が/状況が/様相が]複雑だ。〉(67.5%)
② ⑨ [거리가/대합실이] 복잡하다.
〈[街が/待合室が]混み合っている。〉(22.2%)
③ ⑨ [마음이/생각이] 복잡하다.

〈[心が/考えが]複雑だ。〉(10.3%)

복장 명 【11種のテキストで18例】
①예 가벼운 복장(服裝).
〈身軽な服装。〉/
복장을 갖추다.
〈身支度を整える。〉(100%)

복지 명 【10種のテキストで17例】
①예 시민의 복지(福祉)를 향상하다.
〈市民の福祉を向上させる。〉(70.6%)
②관 <복지 국가>.
〈福祉国家。〉(17.6%)
③관 <복지 사회>.
〈福祉社会。〉(11.8%)

볶다 동 ☆☆★ 【7種のテキストで9例】
①예 깨를 볶다.
〈ごまを煎る。〉(55.6%)
②예 [고기를/닭을] 볶다.
〈[肉を/鶏を]炒める。〉(22.2%)
③예 사람을 달달 볶다.
〈人をいびる。〉(22.2%)

본격적 명 【31種のテキストで45例】
①예 [본격적(本格的)으로/본격적인] 활동을
시작하다.〈[本格的に/本格的な]活動を開始
する。〉(80%)
②예 본격적인 근대 소설의 형태.
〈本格的な近代小説の形。〉(20%)

본능 명 【11種のテキストで16例】
①예 살고 싶어하는 본능(本能)을 느끼다.
〈生きたい本能を感じる。〉(68.8%)
②예 종족 보존의 본능.
〈種族保存の本能。〉(31.3%)

본뜨다 동 【10種のテキストで20例】
①예 [모양을/소리를] 본뜨다.
〈[形を/音を]象る。〉(100%)

본래¹ 명 【23種のテキストで38例】
①예 화장을 지우자 본래(本來)의 얼굴이 드러
나다.〈化粧を落とすと、本来の顔が現れる。〉
(65.8%)
②예 그 사람은 본래 악하지는 않다.
〈その人は本来凶悪ではない。〉(34.2%)

본래² 부 【20種のテキストで28例】
①예 냉면은 본래(本來) 겨울철 음식이다.
〈冷麺は本来冬の食べ物だ。〉(50%)
②예 그는 본래 성격이 거칠다.
〈彼は本来性格が荒々しい。〉(39.3%)
③예 본래 1주일 예정의 공사.
〈本来、1週間の予定の工事。〉(10.7%)

본받다 동 【33種のテキストで65例】
①예 [부모를/정신을] 본(本)받다.
〈[父母を/精神を]見習う。〉(100%)

본성 명 【10種のテキストで38例】
①예 사람의 본성(本性)은 선하다.
〈人の性は善だ。〉(97.4%)

본인¹ 명 【15種のテキストで17例】
①예 환자 본인(本人)이 치료비를 부담하다.
〈患者本人が治療費を負担する。〉(100%)

본인² 대 【2種のテキストで10例】
①예 본인(本人)은 오늘 책임을 지고 사임하
고자 합니다.〈本人は今日責任をとって辞任し
ようと思います。〉(100%)

본질 명 ★☆☆ 【23種のテキストで69例】
①예 학문의 본질(本質)은 진리 탐구이다.
〈学問の本質は真理探求である。〉(100%)

본질적¹ 명 【13種のテキストで23例】
①예 문제를 본질적(本質的)으로 해결하다.
〈問題を本質的に解決する。〉/
본질적인 요소.
〈本質的な要素。〉(100%)

본질적² 관 【4種のテキストで8例】
①예 본질적(本質的) [가치를/특성을] 알아내다.
〈本質的[価値を/特性を]突き止める。〉(100%)

볼¹ 명 ☆☆★ 【22種のテキストで22例】
①예 볼이 발갛게 상기되다.
〈頬が赤く上気する。〉(81.8%)
②예 볼을 실룩이며 화를 내다.
〈頬をぴくぴくさせて怒る。〉/
나이가 들어 볼이 처지다.
〈年をとって頬が垂れ下がる。〉(18.2%)

볼² 명 【2種のテキストで5例】
①예 투 스트라이크 투 볼.
〈ツーストライク、ツーボール。〉(60%)
②예 운동장에서 볼을 차다.
〈運動場でボールを蹴る。〉(40%)

볼일 명 【15種のテキストで21例】
①예 시내에 볼일을 보러 가다.
〈市内に用足しに行く。〉(85.7%)

볼펜 명 ☆★★ 【10種のテキストで14例】
①예 볼펜으로 메모를 하다.
〈ボールペンでメモをする。〉(100%)

봄 명 ★★★ 【86種のテキストで275例】
①예 꽃 피는 봄이 되다.
〈花咲く春になる。〉(98.9%)

봄날 명 【12種のテキストで21例】
①예 [꽃 피는/따뜻한/화창한] 봄날.
〈[花咲く/暖かい/のどかな]春の日。〉(100%)

봄비 명 【10種のテキストで24例】
①예 봄비가 촉촉이 내리다.
〈春雨がしとしと降る。〉(100%)

봉사 명 ★☆☆ 【18種のテキストで47例】

⓪예 남을 위해 봉사(奉仕)를 하다.
〈人のために奉仕をする。〉(100%)

봉사하다¹ 동 【15種のテキストで23例】
①예 [나라에/남을 위해] 봉사(奉仕)하다.
〈[国に/人のために]奉仕する。〉(73.9%)
②예 [공익에/목적에] 봉사하다.
〈[公益に/目的に]奉仕する。〉(26.1%)

봉사하다² 동 【4種のテキストで4例】
⓪예 [시녀로/저택에 하인들이] 주인에게 봉사
(奉事)하다.〈[侍女として/お屋敷で奉公人たち
が]主人に仕える。〉(100%)

봉지 명 【21種のテキストで44例】
①예 [비닐/사탕] 봉지(封紙).
〈[ビニール/あめ]袋。〉(81.8%)
②예 [과자/군밤] 한 봉지.
〈[お菓子/焼き栗]一袋。〉(18.2%)

봉투 명 ☆☆★ 【26種のテキストで48例】
①예 편지를 봉투(封套)에 넣다.
〈手紙を封筒に入れる。〉(66.7%)
②예 비닐 봉투에 쓰레기를 담다.
〈ビニール袋にごみを詰める。〉(33.3%)

뵈다¹ 동 ★★☆ 【26種のテキストで36例】
⓪예 선생님을 뵌 적이 있다.
〈先生にお会いしたことがある。〉(100%)

뵈다² 동 【11種のテキストで21例】
⓪예 내 눈에는 아무것도 뵈지 않다.
〈私には何も見えない。〉(100%)

뵙다 동 ☆★★ 【33種のテキストで58例】
⓪예 선생님을 뵙다.
〈先生にお目にかかる。〉(100%)

부¹ 의 【28種のテキストで53例】
①예 소설의 제3부(部)가 나오다.
〈小説の第3部が出る。〉(86.8%)
②예 3부 공연이 시작되다.
〈第3幕の公演が始まる。〉(13.2%)

부² 명 【12種のテキストで28例】
①예 명예와 부(富)를 얻다.
〈名誉と富を得る。〉(78.6%)
②예 부의 공평한 분배.
〈富の公平な分配。〉(21.4%)

부³ 명 【4種のテキストで18例】
⓪예 철수의 부(父)가 흠칫 놀라다.
〈チョルスの父がびくっと驚く。〉(100%)

부근 명 ☆☆★ 【20種のテキストで40例】
⓪예 역 부근(附近)으로 가다.
〈駅付近へ行く。〉(100%)

부끄러움 명 【14種のテキストで20例】
⓪예 부끄러움을 느끼다.
〈恥を感じる。〉(100%)

부끄럽다 형 ★☆★ 【62種のテキストで102例】
①예 거짓말을 한 것이 부끄럽다.
〈嘘をついたことが恥ずかしい。〉(87.3%)
②예 낯선 사람들 앞이라 부끄러운 듯 아이가
고개를 숙이다.〈見知らぬ人の前なので、恥ず
かしそうに子供がうつむく。〉(12.7%)

부담 명 ☆★☆ 【31種のテキストで44例】
①예 읽기에 부담(負擔)이 없는 책.
〈読むのに負担がない本。〉/
업무에 부담을 느끼다.
〈業務に負担を感じる。〉(50%)
②예 국민의 세금 부담이 크다.
〈国民の税金負担が大きい。〉(25%)
③예 그 일에 한 푼도 부담을 안 하다.
〈そのことに一銭も負担をしない。〉(13.6%)
④예 위에 부담을 주는 음식을 피하다.
〈胃に負担を与える食べ物を避ける。〉(11.4%)

부대 명 【17種のテキストで27例】
⓪예 부대(部隊) 주변의 술집.
〈部隊周辺の飲み屋。〉(96.3%)

부드럽다 형 ★★★ 【47種のテキストで83例】
①예 [말투가/행동이] 부드럽다.
〈[話し方が/行動が]柔らかい。〉(36.1%)
②예 [손이/피부가] 부드럽다.
〈[手が/皮膚が]柔らかい。〉(27.7%)
③예 [마음이/성격이] 부드럽다.
〈[心が/性格が]柔らかい。〉(13.3%)
④예 색깔이 부드럽다.
〈色が柔らかい。〉(8.4%)

부딪치다 동 ★☆☆ 【50種のテキストで78例】
①예 자전거가 가로수에 부딪치다.
〈自転車が街路樹にぶつかる。〉(56.4%)
②예 [반대에/사태에] 부딪치다.
〈[反対に/事態に]ぶつかる。〉(19.2%)
③예 [그와 이 문제를 놓고/적군과 정면으로]
부딪치다.〈[彼とこの問題をめぐって/敵とまっこ
うから]ぶつかる。〉(14.1%)

부딪히다 동 【17種のテキストで23例】
①예 뗏목이 바위에 부딪히다.
〈いかだが岩にぶつかる。〉(65.2%)
②예 문제에 부딪혀 당황하다.
〈問題にぶつかって、困惑する。〉(30.4%)

부러워하다 동 【24種のテキストで29例】
⓪예 남을 부러워하다.
〈人を羨ましがる。〉(100%)

부러지다 동 【18種のテキストで27例】
⓪예 [가지가/뼈가] 부러지다.
〈[枝が/骨が]折れる。〉(100%)

부럽다 형 ☆★★ 【35種のテキストで46例】
⓪예 나는 부자가 부럽지 않다.
〈私は金持ちが羨ましくない。〉(100%)

부르다¹ 〔동〕 ★★★【169種のテキストで741例】

①예 전통 가옥을 한옥이라 부르다.
〈伝統家屋を韓屋と呼ぶ。〉/
그를 형으로 부르다.
〈彼を兄と呼ぶ。〉(35.1%)

②예 [노래를/타령을] 부르다.
〈[歌を/打令(ターリョン)¹⁹⁾を]歌う。〉(28.1%)

③예 [사람을/점원을] 부르다.
〈[人を/店員を]呼ぶ。〉(16.3%)

④예 [사람을/택시를] 부르다.
〈[人を/タクシーを]呼ぶ。〉(10.4%)

부르다² 〔형〕 ☆☆☆【12種のテキストで13例】

①예 밥을 배가 부르도록 먹다.
〈ご飯を腹がふくれるまで食べる。〉(69.2%)

②예 배가 부른지, 일감을 귀찮아하다.
〈腹が一杯なのか、仕事の種を嫌がる。〉(15.4%)

부리다¹ 〔동〕 ★★★【54種のテキストで81例】

①관 <고집을 부리다>.
〈意地を張る。〉(14.8%)

②관 <억지를 부리다>.
〈無理をとおす。〉(8.6%)

③관 <말썽을 부리다>.
〈悶着を起こす。〉(6.2%)

④관 <욕심을 부리다>.
〈欲を張る。〉(6.2%)

⑤관 <응석을 부리다>.
〈甘える。〉(6.2%)

⑥관 <앙탈을 부리다>.
〈わがままを言う。〉(4.9%)

⑦관 <투정을 부리다>.
〈ねだる。〉(4.9%)

⑧관 <익살을 부리다>.
〈洒落を飛ばす。〉(3.7%)

⑨관 <행패를 부리다>.
〈狼藉を働く。〉(3.7%)

부리다² 〔동〕【12種のテキストで18例】

①예 [교태를/재주를] 부리다.
〈嬌態を見せる。/芸をこなす。〉(55.6%)

②예 배를 부리다.
〈船を使う。〉(16.7%)

③예 [글자를/컴퓨터를] 부려 쓰다.
〈[文字を/コンピューターを]駆使する。〉(16.7%)

④예 [노비를/사람을] 부리다.
〈[奴婢を/人を]働かせる。〉(11.1%)

부모 〔명〕 ★★★【119種のテキストで533例】

⓪예 아이의 부모(父母)를 만나다.
〈子供の親に会う。〉(99.1%)

부문 〔명〕【18種のテキストで45例】

⓪예 [농업/서비스] 부문(部門).
〈[農業/サービス]部門。〉(100%)

부부 〔명〕 ★★☆【40種のテキストで112例】

⓪예 부부(夫婦)가 함께 외출하다.
〈夫婦が一緒に外出する。〉(100%)

부분 〔명〕 ★★★【97種のテキストで378例】

①예 배운 부분(部分)은 이해가 되다.
〈教わった部分は理解できる。〉/
불이 비친 부분.
〈光が差した部分。〉(47.6%)

②예 부분과 전체.
〈部分と全体。〉(33.3%)

③예 그 부분에 대해서는 내가 잘못하다.
〈その部分については私が間違っている。〉
(19%)

부산 〔명〕 (固有) ★★☆【32種のテキストで89例】

⓪예 부산(釜山)에 살다.
〈釜山に住む。〉(100%)

부상 〔명〕 ☆☆☆【7種のテキストで9例】

⓪예 사고로 부상(負傷)을 입다.
〈事故で負傷を負う。〉(100%)

부서지다 〔동〕 ★☆☆【30種のテキストで40例】

①예 [과자가/뼈가] 부서지다.
〈[お菓子が/骨が]砕ける。〉(42.5%)

②예 부서진 건물.
〈壊れた建物。〉/
차가 부서지다.
〈車が壊れる。〉(32.5%)

③예 [달빛이/햇빛이] 부서지다.
〈[月の光が/日の光が]砕ける。〉(12.5%)

부수다 〔동〕 ☆☆★【19種のテキストで23例】

①예 [살림살이를/흙덩이를] 부수다.
〈所帯道具を壊す。/土塊を砕く。〉(65.2%)

②예 실수로 실험 기구들을 부수다.
〈ミスで実験器具を壊す。〉(21.7%)

③예 옛 것을 무조건 부수고 없애다.
〈昔のものを無条件に壊してなくす。〉(13%)

부엌 〔명〕 ★★★【44種のテキストで82例】

⓪예 부엌에서 밥상을 차리다.
〈台所で食膳を準備する。〉(100%)

부여하다 〔동〕【19種のテキストで24例】

⓪예 삶에 [가치를/생기를/의미를] 부여(附與)
하다.〈人生に[価値を/生気を/意味を]与える。〉
(91.7%)

부인¹ 〔명〕 ★★★【26種のテキストで60例】

⓪예 김 부장 부인(夫人)의 음식 솜씨.
〈金部長夫人の料理の腕前。〉(100%)

부인² 〔명〕【19種のテキストで53例】

⓪예 나이가 들어 보이는 부인(婦人)이 찾아
오다.〈歳がいって見える婦人が訪ねてくる。〉
(100%)

---

19) 韓国民族音楽の一つ：〜節。

부인하다 동【16種のテキストで19例】

⓪예 [범행을/사실을/죄를] 부인(否認)하다.
〈〔犯行を/事実を/罪を〕否認する。〉(100%)

부자 명 ★★★【33種のテキストで82例】

⓪예 재산을 모아 부자(富者)가 되다.
〈財産を蓄えて金持ちになる。〉(100%)

부장 명 ☆★☆【12種のテキストで41例】

⓪예 차장에서 부장(部長)으로 승진하다.
〈次長から部長に昇進する。〉(100%)

부정¹ 명 ★★☆【11種のテキストで22例】

⓪예 선거 부정(不正).
〈選挙不正。〉(100%)

부정² 명【10種のテキストで17例】

①예 현실 부정(否定)에 빠지다.
〈現実否定に陥る。〉(64.7%)

②예 모든 말에 부정을 하다.
〈すべての言葉に否定をする。〉(35.3%)

부정적¹ 명【12種のテキストで17例】

⓪예 부정적(否定的)으로 생각하다.
〈否定的に考える。〉/
부정적인 견해.
〈否定的な見解。〉(100%)

부정적² 관【3種のテキストで3例】

⓪예 부정적(否定的) 영향을 끼치다.
〈否定的な影響を及ぼす。〉(100%)

부정하다 동【17種のテキストで20例】

①예 [가치를/진리를] 부정(否定)하다.
〈〔価値を/真理を〕否定する。〉(75%)

②예 [사실을/혐의를] 부정하다.
〈〔事実を/嫌疑を〕否定する。〉(20%)

부족¹ 명 ☆☆★【17種のテキストで21例】

⓪예 [능력/수면/운동/자금/훈련] 부족(不足).
〈〔能力/睡眠/運動/資金/訓練〕不足。〉(100%)

부족² 명【7種のテキストで7例】

⓪예 고대 부족(部族) 국가.
〈古代部族国家。〉(100%)

부족하다 형 ★★★【61種のテキストで90例】

⓪예 [경험이/성의가/일손이/자원이]] 부족(不足)
하다.〈〔経験が/誠意が/仕事が/資源が〕不足
する。〉(96.7%)

부지런하다 형 ☆☆★【22種のテキストで30例】

⓪예 부지런한 사람.
〈勤勉な人。〉(100%)

부지런히 부【34種のテキストで50例】

①예 논으로 밭으로 부지런히 뛰어다니다.
〈田に畑に勤勉に飛び回る。〉(62%)

②예 부지런히 서둘러야 끝낼 수 있다.
〈こまめに急がなければ終わらせることができな
い。〉(38%)

부채 명 ☆☆★【11種のテキストで18例】

⓪예 부채를 활활 부치다.
〈うちわをひらひらとあおぐ。〉(100%)

부처 명【18種のテキストで39例】

⓪예 부처가 깨달음을 얻다.
〈仏陀が悟りを得る。〉(94.9%)

부축하다 동【16種のテキストで19例】

⓪예 [노인을/팔을] 부축하다.
〈〔老人を/腕を〕支える。〉(100%)

부치다¹ 동 ☆★★【8種のテキストで15例】

⓪예 [소포를/편지를] 부치다.
〈〔小包を/手紙を〕送る。〉(100%)

부치다² 동【2種のテキストで2例】

⓪예 [산적을/전을] 부치다.
〈〔串焼きを/天ぷらを〕フライパンで炒める。〉
(100%)

부치다³ 동【2種のテキストで2例】

⓪예 소매를 걷어 부치다.
〈袖をまくる。〉(100%)

부탁 명 ★★★【33種のテキストで60例】

⓪예 부탁(付託)을 [받다/하다].
〈依頼を〔受ける/する〕。〉(100%)

부탁하다 동 ★★★【50種のテキストで66例】

⓪예 친구에게 도와 달라고 부탁(付託)하다.
〈友達に助けてくれと頼む。〉(100%)

부터 토【192種のテキストで1,349例】

⓪예 이 일부터 합시다.
〈この仕事からしましょう。〉/
이제부터 시작하다.
〈これから始める。〉(100%)

부풀다 동【23種のテキストで28例】

①예 [기대에/희망에] 부풀다.
〈〔期待に/希望に〕膨らむ。〉(64.3%)

②예 물집이 잡혀 빨갛게 부풀다.
〈水ぶくれができて赤く膨らむ。〉(17.9%)

③예 빵이 둥글게 부풀다.
〈パンが丸く膨らむ。〉(10.7%)

부품 명【10種のテキストで30例】

⓪예 자동차 부품(部品).
〈自動車部品。〉(100%)

부피 명 ☆☆★【10種のテキストで22例】

⓪예 물건의 부피가 크다.
〈品物のかさが大きい。〉(100%)

부호 명【10種のテキストで25例】

⓪예 문자와 부호(符號).
〈文字と符号。〉(100%)

북¹ 명 ★☆☆【9種のテキストで26例】

①예 북(北)에 두고 온 가족.
〈北に置いてきた家族。〉(84.6%)

②예 북으로 향하다.
〈北に向かう。〉(15.4%)

북² 명【15種のテキストで23例】
◎예 북을 치다.
〈太鼓を打つ。〉(100%)

북쪽 명 ★☆★【30種のテキストで63例】
①예 북(北)쪽에서 찬바람이 불다.
〈北から冷たい風が吹く。〉(84.1%)
②예 북쪽 식구들을 그리워하다.
〈北の家族をなつかしむ。〉(15.9%)

북한 명 (固有) ★☆☆【23種のテキストで207例】
◎예 남한과 북한(北韓).
〈韓国と北朝鮮。〉(100%)

분¹ 명의 ★★★【124種のテキストで529例】
①예 아는 분의 중매로 만나다.
〈知り合いの仲立ちで会う。〉(83.4%)
②예 선생님 한 분.
〈先生お一人。〉(16.6%)

분² 명의 ★★★【106種のテキストで311例】
①예 시간이 30분(分) 걸리다.
〈時間が30分かかる。〉/
오후 7시 20분.
〈午後7時20分。〉(79.1%)
②예 3분의 2.
〈3分の2。〉(15.8%)

분노 명【23種のテキストで49例】
◎예 분노(憤怒・忿怒)가 끓어오르다.
〈怒りが沸きあがる。〉(100%)

분단¹ 명【16種のテキストで115例】
◎예 분단(分團)별로 청소를 하다.
〈グループ別に掃除をする。〉(100%)

분단² 명 ★☆☆【10種のテキストで32例】
◎예 분단(分斷) 국가.
〈分断国家。〉(100%)

분량 명【12種のテキストで17例】
◎예 책 한 권 분량(分量).
〈本一冊の分量。〉(100%)

분리 명【12種のテキストで16例】
◎예 정치와 종교의 분리(分離).
〈政治と宗教の分離。〉(100%)

분리하다 동【10種のテキストで19例】
◎예 물과 기름을 분리(分離)하다.
〈水と油を分離する。〉(100%)

분명 부【31種のテキストで52例】
◎예 분명(分明) 무슨 사정이 있다.
〈明らかに何らかの事情がある。〉(100%)

분명하다 형 ★☆★【77種のテキストで154例】
①예 [목적이/사실이] 분명(分明)하다.
〈[目的が/事実が]明らかだ。〉(42.9%)

②예 그가 알고 있음이 분명하다.
〈彼が知っていることは明らかだ。〉(34.4%)
③예 분명한 어조로 말하다.
〈明確な口調で話す。〉(19.5%)

분명히 부【69種のテキストで112例】
①예 분명(分明)히 그를 봤다.
〈明らかに彼を見た。〉(61.6%)
②예 의견을 분명히 표현하다.
〈意見を明確に表現する。〉(38.4%)

분석 명【21種のテキストで35例】
①예 [자료/작품/정신/통계] 분석(分析).
〈[資料/作品/精神/統計]分析。〉(80%)
②관 <분석 판단>.
〈分析判断。〉(20%)

분석하다 동【20種のテキストで36例】
◎예 작가의 작품을 시기별로 나누어 분석(分析)하다.〈作家の作品を時期別に分けて分析する。〉(100%)

분야 명 ★☆☆【38種のテキストで108例】
◎예 여러 분야(分野)의 지식.
〈色々な分野の知識。〉(100%)

분위기 명 ★★☆【72種のテキストで178例】
①예 실내 분위기(雰圍氣)를 바꾸다.
〈室内の雰囲気を変える。〉/
가정의 화목한 분위기.
〈家庭の和やかな雰囲気。〉(83.1%)
②예 전쟁의 분위기가 감돌다.
〈戦争の雰囲気が漂う。〉(14%)

분주하다 형【13種のテキストで16例】
◎예 직장인들이 분주(奔走)하게 오고가다.
〈サラリーマンたちが忙しく行き来する。〉(100%)

분필 명 ☆☆★【3種のテキストで7例】
◎예 분필(粉筆)로 낙서를 하다.
〈チョークで落書きをする。〉(100%)

불 명 ★★★【94種のテキストで242例】
①예 고기를 불에 익혀 먹다.
〈肉を火で焼いて食べる。〉(42.6%)
②예 불을 끄다.
〈電気を消す。〉/
형광등 불을 켜다.
〈蛍光灯を消す。〉(28.9%)
③예 담배에 불을 붙이다.
〈タバコに火をつける。〉(14%)

불가능하다 형【43種のテキストで59例】
◎예 [복원이/실현이/회복이] 불가능(不可能)하다.〈[復元が/実現が/回復が]不可能だ。〉(100%)

불가피하다 형【10種のテキストで19例】
◎예 [갈등이/희생이] 불가피(不可避)하다.
〈[葛藤が/犠牲が]不可避だ。〉(100%)

불고기 명 ☆★☆【9種のテキストで19例】

ㅂ

⓪예 불고기를 먹다.
〈焼き肉を食べる。〉(100%)

불과 〖부〗【21種のテキストで29例】
⓪예 집에서 불과(不過) 5분 거리에 학교가 있다.〈家からわずか5分のところに学校がある。〉(100%)

불과하다 〖형〗【46種のテキストで83例】
⓪예 [나이가 스물에/어린 학생에] 불과(不過)하다.〈[年が二十歳に/幼い学生に]過ぎない。〉(100%)

불교 〖명〗★☆★【16種のテキストで95例】
⓪예 불교(佛教)의 가르침.
〈仏教の教え。〉(100%)

불구하다 〖동〗【42種のテキストで88例】
⓪ 〈~에도 불구하고〉예 노력을 했음에도 불구(不拘)하고 실패하다.
〈努力をしたにも関わらず失敗する。〉(98.9%)

불길 〖명〗【10種のテキストで17例】
①예 불길이 [번지다/솟구치다].
〈火の手が[広がる/噴き上がる]。〉(70.6%)
②예 눈에 증오의 불길이 타오르다.
〈目に憎悪の炎が燃え上がる。〉(23.5%)

불꽃 〖명〗【19種のテキストで54例】
①예 장작불의 불꽃이 타오르다.
〈焚き火の炎が燃え上がる。〉(46.3%)
②예 변압기에서 불꽃이 튀어 오르다.
〈変圧器から火花が散って上がる。〉(29.6%)
③예 사랑의 불꽃이 타오르다.
〈恋の炎が燃え上がる。〉(22.2%)

불다¹ 〖동〗★★★【50種のテキストで99例】
⓪예 [찬바람이/태풍이] 불다.
〈[冷たい風が/台風が]吹く。〉(94.9%)

불다² 〖동〗【24種のテキストで43例】
①예 [나팔을/피리를] 불다.
〈[ラッパを/笛を]吹く。〉(30.2%)
②예 풍선을 불다.
〈風船を膨らます。〉(20.9%)
③관 〈휘파람을 불다〉.
〈口笛を吹く。〉(20.9%)
④예 [손발을/입김을] 호호 불다.
〈[手足を/息を]ふーふーと吹く。〉(11.6%)

불러일으키다 〖동〗【15種のテキストで18例】
①예 [감정을/긴장감을/분노를/애국심을] 불러일으키다.〈[感情を/緊張感を/怒りを/愛国心を]呼び起こす。〉(61.1%)
②예 [논란을/사고를/싸움을/오해를] 불러일으키다.〈[議論を/事故を/けんかを/誤解を]呼び起こす。〉(38.9%)

불리다 〖동〗★★☆【58種のテキストで116例】
①예 홍콩은 동양의 진주로 불리다.
〈香港は東洋の真珠と呼ばれる。〉(81.9%)
②예 경찰에 불려 나와 조사 받다.
〈警察に呼び出され調査を受ける。〉(14.7%)

불만 〖명〗【40種のテキストで64例】
⓪예 표정에 불만(不滿)이 가득하다.
〈表情に不満が充満している。〉/
불만에 차다.
〈不満に満ちている。〉(100%)

불빛 〖명〗【32種のテキストで99例】
⓪예 창틈으로 불빛이 새어 나오다.
〈窓のすき間から明かりがもれる。〉(100%)

불쌍하다 〖형〗☆☆★【39種のテキストで62例】
⓪예 고생하는 동생들이 불쌍하다.
〈苦労している弟たちが哀れだ。〉(100%)

불쑥 〖부〗【24種のテキストで35例】
①예 문을 열고 사람이 불쑥 들어서다.
〈ドアを開けて人が突然入ってくる。〉(40%)
②예 불쑥 한 마디를 하다.
〈ぽつりと一言う。〉(31.4%)
③예 불쑥 [나오다/손을 내밀다].
〈突然[出てくる/手をさし出す]。〉(25.7%)

불안 〖명〗【18種のテキストで30例】
①예 시험에 불안(不安)을 느끼다.
〈試験に不安を感じる。〉(76.7%)
②예 [국제 정세의/주가의] 불안.
〈[国際情勢の/株価の]不安。〉(23.3%)

불안하다 〖형〗★★☆【51種のテキストで91例】
⓪예 [마음이/생활이/정신이] 불안(不安)하다.
〈[心が/生活が/精神が]不安だ。〉(91.2%)

불쾌하다 〖형〗【16種のテキストで26例】
⓪예 [기분이/느낌이] 불쾌(不快)하다.
〈[気分が/感じが]不愉快だ。〉(100%)

불타다 〖동〗【13種のテキストで18例】
①예 집이 화재로 불타다.
〈家が火事で燃える。〉(55.6%)
②예 [전의가/정의감에] 불타다.
〈[戦意が/正義感に]燃える。〉(33.3%)

불편 〖명〗【24種のテキストで38例】
①예 신호등이 없어서 불편(不便)을 겪다.
〈信号がなくて不便を強いられる。〉(68.4%)
②예 [거동에/마음에/몸에] 불편을 느끼다.
〈[挙動に/心に/体に]不便を感じる。〉(31.6%)

불편하다 〖형〗★★☆【59種のテキストで131例】
①예 [사람이/생활이/온돌방이] 불편(不便)하다.
〈[人が/生活が/オンドル部屋が]不便だ。〉(31.3%)
②예 [교통이/왕래가/통행이] 불편하다.
〈[交通が/往来が/行き来が]不便だ。〉/
불편한 점이 많다.
〈不便な点が多い。〉(29.8%)
③예 [다리가/마음이] 불편하다.

〈[足が/心が]不便だ。〉(27.5%)

④ <[~에/-기(에/가)/데] 불편하다>

ⓔ 옷이 활동하기에 불편하다.

〈服が動くのに不便だ。〉(10.7%)

불평 몡 【20種のテキストで28例】

⓪ⓔ 불평(不平)을 하다.

〈文句を言う。〉(100%)

불행 몡 【22種のテキストで36例】

①ⓔ 가정의 불행(不幸)을 겪다.

〈家庭の不幸を経験する。〉(55.6%)

②ⓔ 잠깐의 실수가 불행을 부르다.

〈一瞬の過ちが不幸を呼ぶ。〉(41.7%)

불행하다 혱 【36種のテキストで63例】

①ⓔ 불행(不幸)하게 살다.

〈不幸に暮らす。〉(87.3%)

②ⓡ <불행하게도>

〈不幸にも。〉(12.7%)

불현듯 閉 【11種のテキストで19例】

⓪ⓔ 불현듯 그 때 일이 생각나다.

〈突然その時のことを思い出す。〉(100%)

불확실하다 혱 【12種のテキストで16例】

⓪ⓔ [소리가/장래가] 불확실(不確實)하다.

〈[音が/将来が]不確実だ。〉(100%)

붉다 혱 ★★★ 【53種のテキストで83例】

⓪ⓔ 붉은 [노을/빛/색/피].

〈赤い[夕焼け/光/色/血]。〉(100%)

붉히다 튕 【18種のテキストで26例】

⓪ⓔ [부끄러워서/화가 나서] 얼굴을 붉히다.

〈[恥ずかしくて/腹が立って]顔を赤らめる。〉
(92.3%)

붐비다 튕 【16種のテキストで26例】

①ⓔ 대합실이 인파로 붐비다.

〈待合室が人で込み合う。〉(76.9%)

②ⓔ 길에 [사람들이/차들이] 붐비다.

〈道に[人々が/車が]込み合う。〉(23.1%)

붓 몡 ☆☆★ 【17種のテキストで20例】

①ⓔ 붓으로 [그림을 그리다/글씨를 쓰다].

〈筆で[絵を描く/字を書く]。〉(70%)

②ⓔ 현실 문제에 대해 붓을 놀리다.

〈現実問題について筆を走らす。〉(20%)

③ⓔ 붓을 꺾고 작품 활동을 그만두다.

〈筆を折って作品活動をやめる。〉(10%)

붓다¹ 튕 ★★★ 【21種のテキストで22例】

①ⓔ [가루를/물을] 붓다.

〈[粉を/水を]ふる。〉(68.2%)

②ⓔ [곗돈을/이자를/적금을] 붓다.

〈[頼母子の金を/利子を/積立金を]払いこむ。〉
(22.7%)

붓다² 튕 【14種のテキストで22例】

⓪ⓔ [눈이/목이/임파선이] 붓다.

〈[目が/喉が/リンパ腺が]腫れる。〉(95.5%)

붙다 튕 ★★★ 【106種のテキストで219例】

①ⓔ [나뭇잎이 창에/이마에 반창고가] 붙다.

〈[木の葉が窓に/額に絆創膏が]つく。〉(38.4%)

②ⓔ 앞사람 뒤에 바싹 붙어 가다.

〈前の人の後ろにぴったりとくっついて行く。〉(12.8%)

③ⓔ [대학에/시험에] 붙다.

〈[大学に/試験に]受かる。〉(8.7%)

④ⓔ [별명이/제목이] 붙다.

〈[ニックネームが/タイトルが]つく。〉(8.2%)

⑤ⓔ 사랑채와 서재가 붙은 집.

〈サランチェ²⁰⁾や書斎がついた家。〉/

집들이 다닥다닥 붙다.

〈家がびっしりくっつく。〉(8.2%)

⑥ⓔ [경쟁이/시비가] 붙다.

〈競争になる。/文句がつく。〉(3.7%)

붙들다 튕 【25種のテキストで36例】

①ⓔ [소매를/손잡이를] 붙들고 서다.

〈[袖を/取っ手を]つかんで立つ。〉(27.8%)

②ⓔ 사람들을 붙들어다 가두다.

〈人をつかまえて閉じ込める。〉(27.8%)

③ⓔ 혼자 어려운 일을 붙들고 있다.

〈一人で難しい仕事をかかえている。〉(19.4%)

④ⓔ 사람들을 붙들고 길을 묻다.

〈人をつかまえて道を聞く。〉(13.9%)

붙이다 튕 ★★★ 【121種のテキストで262例】

①ⓔ [얼굴에 반창고를/종이를 풀로] 붙이다.

〈[顔に絆創膏を/紙をのりで]つける。〉(34%)

②ⓔ [이름을/제목을] 붙이다.

〈[名前を/題目を]つける。〉(27.9%)

③ⓔ 불을 붙이다.

〈灯をつける。〉(14.5%)

④ⓔ [구실을/단서를] 붙이다.

〈[口実を/但し書きを]つける。〉(4.6%)

붙잡다 튕 ☆☆★ 【26種のテキストで43例】

①ⓔ [손을/줄을] 단단히 붙잡다.

〈[手を/ひもを]しっかりつかむ。〉(44.2%)

②ⓔ 달아나는 도둑을 붙잡다.

〈逃げる泥棒をつかまえる。〉(23.3%)

③ⓔ 떠나려는 사람을 붙잡다.

〈行こうとする人をつかまえる。〉(18.6%)

붙잡히다 튕 【18種のテキストで23例】

⓪ⓔ [경찰에/적에게] 붙잡히다.

〈[警察に/敵に]捕まる。〉(95.7%)

비 몡 ★★★ 【89種のテキストで355例】

⓪ⓔ 비가 [내리다/오다].

〈雨が降る。/雨になる。〉(99.4%)

---

20) 客の接待や子供の教育部屋。

비교 명 ★☆★【20種のテキストで30例】

⓪例 [문화의/역사적] 비교(比較)를 하다.
〈〔文化の/歴史的〕比較をする。〉(100%)

비교적 冠【39種のテキストで48例】

⓪例 값이 비교적(比較的) 싸다.
〈値段が比較的安い。〉(100%)

비교하다 動 ★★☆【81種のテキストで237例】

⓪例 [모양을/특징을] 비교(比較)하다.
〈〔形を/特徴を〕比較する。〉(100%)

비극 명【23種のテキストで37例】

①例 이런 현실은 비극(悲劇)이다.
〈このような現実は悲劇だ。〉(70.3%)

②例 셰익스피어의 비극 햄릿.
〈シェイクスピアの悲劇ハムレット。〉(29.7%)

비난 명【15種のテキストで16例】

⓪例 비난(非難)을 [듣다/받다]하다.
〈非難を〔聞く/受ける/する〕。〉(100%)

비난하다 動【14種のテキストで16例】

⓪例 [남을/상대를/정부를] 비난(非難)하다.
〈〔人を/相手を/政府を〕非難する。〉(100%)

비누 명 ☆★★【19種のテキストで34例】

⓪例 옷을 비누로 빨다.
〈服を石けんで洗う。〉(100%)

비닐 명 ★☆★【26種のテキストで51例】

①例 물에 젖지 않게 비닐로 싸다.
〈水に濡れないようにビニールでつつむ。〉(80.4%)

②関 <비닐 봉지>.
〈ビニール袋。〉(19.6%)

비다 動 ★★★【91種のテキストで208例】

①例 속이 텅 비다.
〈中ががらんと空く。〉/
빈 컵.
〈空コップ。〉(53.4%)

②例 빈 사무실이 많다.
〈空き事務室が多い。〉(18.3%)

③例 텅 빈 바닷가를 거닐다.
〈がらんとした海辺をぶらつく。〉(15.9%)

비단¹ 명 ☆☆★【13種のテキストで15例】

⓪例 비단(緋緞)으로 옷을 짓다.
〈絹で着物をつくる。〉(100%)

비단² 副【9種のテキストで12例】

⓪例 비단(非但) 우리만의 문제가 아니다.
〈単に我々だけの問題ではない。〉(100%)

비둘기 명 ☆☆★【7種のテキストで12例】

⓪例 비둘기들이 날아들다.
〈鳩たちが飛んでくる。〉(100%)

비디오 명 ☆★☆【23種のテキストで48例】

①例 비디오 가게.
〈ビデオ屋。〉/

비디오를 빌리다.
〈ビデオを借りる。〉(41.7%)

②例 비디오 [가수/모니터].
〈ビデオ〔歌手/モニター〕。〉(20.8%)

③例 비디오를 켜다.
〈ビデオをつける。〉(18.8%)

④例 잔치를 비디오로 찍다.
〈宴会をビデオで撮る。〉(12.5%)

비로소 副 ☆☆★【64種のテキストで97例】

⓪例 집을 떠나 보아야 비로소 가정의 고마움을 알다.〈家を出てみて初めて家庭のありがたみを知る。〉(100%)

비록 副 ☆☆★【64種のテキストで117例】

⓪例 비록 배는 고프지만 음식에 손대지 않다.
〈たとえお腹が空いていようが食べ物には手をつけない。〉(100%)

비롯되다 動【33種のテキストで46例】

①例 모든 병은 무지에서 비롯되다.
〈すべての病気は無知から始まる。〉(84.8%)

②例 신라 때부터 비롯된 풍속.
〈新羅の時代から始まった風俗。〉(15.2%)

비롯하다 動 ★★☆【65種のテキストで107例】

⓪例 할머니를 비롯해 가족 모두가 모이다.
〈祖母をはじめ、家族皆が集まる。〉(94.4%)

비명 명【19種のテキストで33例】

⓪例 놀라서 비명(悲鳴)을 지르다.
〈驚いて悲鳴を上げる。〉(100%)

비바람 명【12種のテキストで16例】

①例 비바람이 [몰아치다/불다].
〈雨風が〔吹きつける/吹く〕。〉(87.5%)

②例 세월의 비바람에 빛이 바래다.
〈歳月の雨風に色があせる。〉(12.5%)

비밀 명 ★★★【45種のテキストで94例】

①例 사람들에게 비밀(秘密)로 하다.
〈皆には秘密にする。〉(43.6%)

②例 그것은 내게 은밀한 비밀이다.
〈それは私に内々の秘密だ。〉(36.2%)

③例 우주 탄생의 비밀을 풀다.
〈宇宙誕生の秘密を解く。〉(20.2%)

비비다 動 ☆☆★【18種のテキストで20例】

①例 담뱃불을 재떨이에 비벼 끄다.
〈タバコの火を灰皿にこすって消す。〉/
[눈꺼풀을/두 손을] 비비다.
〈〔まぶたを/両手を〕こする。〉(90%)

②例 보리밥을 고추장으로 비비다.
〈麦飯を唐辛子味噌で混ぜる。〉(10%)

비빔밥 명 ☆★☆【5種のテキストで5例】

⓪例 비빔밥을 먹다.
〈ビビンパ21)を食べる。〉(100%)

비석 명【11種のテキストで20例】

⓪예 비석(碑石)을 세우다.
〈碑石を立てる。〉(100%)

비슷하다 형 ★★★【101種のテキストで222例】
⓪예 [나이가/외모가/특징이] 비슷하다.
〈[年が/外見が/特徴が]似ている。〉(92.8%)

비싸다 형 ★★★【53種のテキストで100例】
⓪예 값이 비싸다.
〈値がはる。〉(99%)

비용 명 ★★★【31種のテキストで66例】
⓪예 [결혼/여행] 비용(費用).
〈[結婚/旅行]費用。〉(100%)

비우다 동【27種のテキストで37例】
①예 냉면 한 그릇을 깨끗이 비우다.
〈ネンミョン一杯を平らげる。〉(35.1%)
②예 [가게를/집을] 비우고 외출하다.
〈[店を/家を]空け、外出する。〉(24.3%)
③예 쓰레기통을 비우다.
〈ゴミ箱を空にする。〉(13.5%)
④예 내달까지 셋방을 비워 주다.
〈来月までに部屋を明け渡す。〉(10.8%)

비웃다 동【30種のテキストで45例】
⓪예 남의 실수를 비웃다.
〈人の失敗をあざ笑う。〉(100%)

비유하다 동【14種のテキストで18例】
⓪예 인생을 [구름에/나무에] 비유(比喩)하다.
〈人生を[雲に/木に]比喩する。〉(100%)

비율 명 ★☆☆【12種のテキストで26例】
⓪예 남녀 학생의 비율(比率).
〈男女学生の比率。〉(100%)

비중 명【14種のテキストで37例】
⓪예 생활비에서 교육비가 큰 비중을 차지하다.
〈生活費の中で教育費が大きい比重を占める。〉
(100%)

비참하다 형 ☆☆★【18種のテキストで24例】
⓪예 비참(悲惨)하게 살다.
〈悲惨に暮らす。〉/
비참한 [기분/꼴]이 되다.
〈悲惨な[気持ち/さま]になる。〉(100%)

비추다 동 ★☆☆【41種のテキストで69例】
①예 [달이/햇살이/형광등이] 방을 비추다.
〈[月が/日差しが/蛍光灯が]部屋を照らす。〉
(42%)
②예 경험에 비추어 판단하다.
〈経験に照らしてみる。〉(18.8%)
③예 [강물에/거울에] 몸을 비춰 보다.
〈[川の水に/鏡に]体を映して見る。〉(13%)
④예 카메라가 마을을 멀리 비추다.
〈カメラが村を遠く映している。〉(10.1%)
⑤예 [손전등을/조명을] 비추다.

〈[懐中電灯を/照明を]照らす。〉(10.1%)

비치다 동 ★☆★【38種のテキストで67例】
①예 강물 위에 산이 비치다.
〈川に山が映る。〉(53.7%)
②예 호수에 차의 불빛이 비치다.
〈湖に車の灯が映る。〉(20.9%)
③예 내 눈에 [바보로/아이로] 비치다.
〈私の目には[バカに/子供に]映る。〉(11.9%)

비키다 동【21種のテキストで29例】
①예 사람들이 슬금슬금 비키다.
〈人々がこそこそ避ける。〉/
저리 비키세요.
〈どいてください。〉(55.2%)
②예 [길을/찻길을] 비켜 주다.
〈[道を/車道を]譲る。〉(27.6%)
③예 차가 교회를 비켜 동네 쪽으로 꺾어 들다.
〈車が教会を避けて、町内の方に曲がって入る。〉
(13.8%)

비틀거리다 동【16種のテキストで20例】
⓪예 술에 취해 비틀거리다.
〈酒に酔ってふらつく。〉(100%)

비판 명【23種のテキストで74例】
⓪예 정부에 대해 비판(批判)을 하다.
〈政府に対して批判をする。〉(100%)

비판하다 동【19種のテキストで50例】
①예 [무관심을/오류를] 비판(批判)하다.
〈[無関心を/誤謬を]批判する。〉(64%)
②예 언론이 정부를 비판하다.
〈マスコミが政府を批判する。〉(36%)

비하다 동 ★★☆【80種のテキストで156例】
①예 다른 사람들에 비(比)해 젊다.
〈他の人に比べ若い。〉(82.7%)
②예 형은 성격이 강한 데 비해 아우는 순하다.
〈兄は性格が荒々しいのに対し、弟は穏やかだ。〉
(13.5%)

비행기 명 ★★★【44種のテキストで98例】
⓪예 비행기(飛行機)를 타다.
〈飛行機に乗る。〉(98%)

비행기표 명 ☆★★【2種のテキストで3例】
⓪예 비행기표(飛行機票)를 예약하다.
〈飛行機のチケットを予約する。〉(100%)

빈곤 명【11種のテキストで21例】
①예 기아와 빈곤(貧困)에 시달리다.
〈飢餓と貧困に苦しめられる。〉(71.4%)
②예 [소재의/외교의/철학의] 빈곤을 드러내다.
〈[素材の/外交の/哲学の]貧困を露わにしている。〉
(28.6%)

빌다¹ 동 ★★★【45種のテキストで74例】
①예 [건강을/합격을/뜻대로 되길/어머니를 살

려 달라고] 신에게 빌다.
〈[健康を/合格を/思い通りになることを/母を助けてほしいと]神に祈る。〉(77%)

②예 친구에게 용서를 빌다.
〈友だちに許しを乞う。〉/

[잘못을/잘못했다고] 빌다.
〈[過ちを/悪かったと]詫びる。〉(23%)

빌다² 〖동〗【15種のテキストで19例】

①예 중국 고사를 빌어 비유하다.
〈中国の故事を借りて比喩する。〉(42.1%)

②예 술기운을 빌어 고백하다.
〈酒の勢いを借りて告白する。〉(21.1%)

③예 거지가 밥을 빌어 먹다.
〈乞食がご飯を物乞いして食べる。〉(21.1%)

④예 이 기회를 빌어 고마움을 전하다.
〈この機会を借りて感謝の気持ちを伝える。〉(15.8%)

빌딩 〖명〗☆★☆【19種のテキストで29例】

⓪예 빌딩을 세우다.
〈ビルを建てる。〉(100%)

빌려주다 〖동〗☆☆☆【7種のテキストで8例】

①예 친구에게 물건을 빌려주다.
〈友だちに物を貸す。〉(62.5%)

②예 [이름을/지혜를] 빌려주다.
〈[名前を/知恵を]貸す。〉(25%)

③예 사람들에게 [방을/집을] 빌려주다.
〈人たちに[部屋を/家を]貸す。〉(12.5%)

빌리다 〖동〗★★★【60種のテキストで98例】

①예 [담뱃불을/차를] 빌리다.
〈[タバコの火を/車を]借りる。〉(46.9%)

②관 <빌려 [주다/달라다/드리다]>.
〈貸して[やる/くれという/差し上げる]。〉(31.6%)

③예 돈을 빌리다.
〈金を借りる。〉(7.1%)

④예 [관계자 말을/시의 형식을] 빌리다.
〈[関係者の言葉を/詩の形式を]借りる。〉(7.1%)

빗 〖명〗☆☆★【5種のテキストで6例】

⓪예 빗으로 머리를 빗다.
〈櫛で髪の毛をすく。〉(100%)

빗다 〖동〗【10種のテキストで20例】

⓪예 머리를 빗다.
〈髪をすく。〉(100%)

빗물 〖명〗【13種のテキストで19例】

⓪예 마당에 빗물이 고이다.
〈庭に雨水がたまる。〉(100%)

빗방울 〖명〗【13種のテキストで19例】

⓪예 빗방울이 떨어지다.
〈雨粒が落ちる。〉(100%)

빙그레 〖부〗【22種のテキストで30例】

⓪예 빙그레 [웃다/웃음을 짓다].
〈にっこり[笑う/笑みをたたえる]。〉(100%)

빚 〖명〗☆☆★【18種のテキストで21例】

⓪예 빚을 [갚다/내다/얻다].
〈借金を[返す/する/する]。〉(90.5%)

빚다 〖동〗【27種のテキストで39例】

①예 [물의를/혼선을] 빚다.
〈[物議を/混乱を]醸す。〉(38.5%)

②예 떡을 빚다.
〈餅を作る。〉(35.9%)

③예 도자기를 빚다.
〈陶磁器を作る。〉(15.4%)

빛 〖명〗★★★【62種のテキストで165例】

①예 아침 해가 빛을 뿜어내다.
〈朝日が光を噴き出す。〉/
가로등 빛이 비치다.
〈街灯の光がさす。〉(40%)

②예 빛이 바랜 바지.
〈色褪せたズボン。〉/
흰 빛의 옷.
〈白い色の服。〉(28.5%)

③예 얼굴에 [낭패의/우울한] 빛이 서리다.
〈顔に[狼狽の/憂鬱な]顔色がたちこめる。〉/
억울하다는 빛이 뚜렷하다.
〈悔しいという顔色がはっきりしている。〉(13.3%)

빛깔 〖명〗★☆★【27種のテキストで40例】

⓪예 옷 빛깔이 화려하다.
〈衣服の色が派手だ。〉(100%)

빛나다 〖동〗☆☆★【49種のテキストで83例】

①예 햇빛을 받은 모래밭이 눈부시게 빛나다.
〈日差しを受けた砂浜が眩しく輝く。〉(31.3%)

②예 빛나는 [미래/승리].
〈輝く[未来/勝利]。〉(30.1%)

③예 밤하늘에 별이 빛나다.
〈夜空に星が輝く。〉(22.9%)

④예 얼굴이 환히 빛나다.
〈顔がパッと輝く。〉(12%)

빛내다 〖동〗【20種のテキストで30例】

⓪예 [나라를/역사를/이름을] 빛내다.
〈[国を/歴史を/名前を]輝かす。〉(90%)

ㅃ

빠뜨리다 〖동〗【22種のテキストで28例】

①예 빠뜨린 [내용/말/이야기].
〈落とした[内容/言葉/話]。〉(42.9%)

②예 [가방을/발을] 물에 빠뜨리다.
〈[カバンを/足を]水に落とす。〉(25%)

③예 그를 [곤경에/절망에] 빠뜨리다.
〈彼を[苦境に/絶望に]陥れる。〉(25%)

빠르다 〖형〗★★★【90種のテキストで192例】

①예 비행기가 기차보다 빠르다.
〈飛行機が汽車よりも速い。〉/
공이 빠르게 튀어 오르다.
〈ボールが速くはね上がる。〉(57.3%)

②예 효과가 빠른 약.
〈効果が早い薬。〉/
빠른 시일 안에 마치다.
〈早期に終える。〉(32.3%)

빠져나가다 동【24種のテキストで30例】
①예 [강의실을/집을] 빠져나가다.
〈[講義室を/家を]抜け出す。〉(53%)
②예 [공기가/피가/혼이] 빠져나가다.
〈[空気が/血が/魂が]抜ける。〉(30%)
③예 [곤경을/함정에서] 빠져나가다.
〈[苦境から/罠から]抜け出す。〉(16.7%)

빠져나오다 동【11種のテキストで16例】
①예 [강의실을/집을] 빠져나오다.
〈[講義室を/家を]抜けて来る。〉(81.3%)
②예 [곤경을/손아귀에서] 빠져나오다.
〈[苦境を/手の中から]抜け出る。〉(12.5%)

빠져들다 동【20種のテキストで31例】
①예 절망의 [상태에/수렁에] 빠져들다.
〈絶望の[状態に/泥沼に]陥る。〉/
충격에 빠져들다.
〈衝撃に陥る。〉(45.2%)
②예 [생각에/일에] 빠져들다.
〈[考えに/仕事に]陥る。〉(29%)
③예 [경치에/매력에/유혹에] 빠져들다.
〈[景色に/魅力に/誘惑に]陥る。〉(16.1%)

빠지다¹ 동 ★★★【88種のテキストで198例】
①관 <빠져 [나가다/나오다].
〈抜け[出る/出てくる]。〉(27.3%)
②예 [몸무게가/체중이] 빠지다.
〈体重が落ちる。〉(15.2%)
③예 [머리가/이빨이] 빠지다.
〈[髪が/歯が]抜ける。〉(9.1%)
④예 바람이 빠진 공.
〈空気の抜けたボール。〉/
물이 빠지다.
〈水が抜ける。〉(8.6%)
⑤예 다리에 [기운이/힘이] 빠지다.
〈足に力が抜ける〉(6.1%)
⑥예 [모임에서/일에서] 빠지다.
〈[会合から/仕事から]抜ける。〉(6.1%)
⑦예 [공연을/수업을] 빠지다.
〈[公演を/授業を]抜ける。〉(4.6%)
⑧예 [명단에서 이름이/중요한 것이] 빠지다.
〈[名簿から名前が/重要なことが]抜ける。〉(4.5%)

빠지다² 동 ★★★【80種のテキストで153例】
①예 물에 빠지다.
〈溺れる。〉(24.2%)
②예 [생각에/허탈감에] 빠지다.
〈[考えに/虚脱感に]陥る。〉(24.2%)

③예 [궁지로/빈곤에] 빠지다.
〈[窮地に/貧困に]陥る。〉(19.6%)
④예 [도박에/사랑에/취미에] 빠지다.
〈[賭博に/恋に/趣味に]溺れる。〉(17%)

빤히 동【12種のテキストで16例】
0예 빤히 [보다/쳐다보다].
〈じっと[見る/見つめる]。〉(93.3%)

빨갛다 형 ★★★【55種のテキストで105例】
0예 빨간 꽃.
〈赤い花。〉/
코끝이 빨갛게 얼다.
〈鼻先が真っ赤に凍る。〉(100%)

빨다¹ 동 ☆☆★【19種のテキストで23例】
0예 [양말을/옷을] 빨다.
〈[靴下を/服を]洗濯する。〉(100%)

빨다² 동【14種のテキストで17例】
①예 아기가 젖을 빨다.
〈赤ん坊が乳を吸う。〉/
담배를 빨다.
〈タバコを吸う。〉(88.2%)
②예 사탕을 쪽쪽 빨다.
〈飴をぺちゃぺちゃなめる。〉(11.8%)

빨래 명 ★★★【33種のテキストで66例】
①예 세탁기로 빨래를 하다.
〈洗濯機で洗濯をする。〉(77.3%)
②예 빨래를 [개다/널다].
〈洗濯物を[たたむ/干す]。〉/
빨래가 많다.
〈洗濯物が多い。〉(22.7%)

빨리 부 ★★★【138種のテキストで356例】
0예 빨리 달리다.
〈速く走る。〉/
말을 빨리 알아듣다.
〈言葉を早く理解する。〉(100%)

빨리빨리 부【10種のテキストで15例】
0예 빨리빨리 일을 [서두르다/해치우다].
〈早く早く仕事を[急ぐ/やってしまう]。〉(100%)

빵 명 ★★★【34種のテキストで66例】
①예 빵을 굽다.
〈パンを焼く。〉(86.4%)
②예 빵보다 자유가 더 소중하다.
〈パンより自由がもっと大事だ。〉(10.6%)

빼놓다 동【20種のテキストで23例】
0예 책만 빼놓고 다 버리다.
〈本だけ除いて、全部捨てる。〉(91.3%)

빼다 동 ★★★【56種のテキストで99例】
①예 주머니에서 손을 빼다.
〈ポケットから手を出す。〉/
칼을 칼집에서 빼다.
〈刀を鞘から抜く。〉(21.2%)
②예 [살을/체중을] 빼다.

〈ダイエットする。〉(11.1%)

③예 발언을 회의록에서 빼다.
〈発言を会議録から外す。〉/
자기 얘기를 빼고 말하다.
〈自分の話を除いて言う。〉(10.1%)

④예 오후 몇 시간 빼고는 종일 흐리다.
〈午後、数時間を除いては一日中曇っている。〉/
그 사건을 빼곤 모두 순조롭다.
〈その事件を除いてはいずれも順調だ。〉(9.1%)

⑤예 목을 길게 빼다.
〈首を長くする。〉(7.1%)

⑥예 숫자를 빼다.
〈数を引く。〉(5.1%)

⑦예 몸을 뒤로 빼다.
〈体を後ろへ引く。〉(5.1%)

⑧예 [의자를/자동차를] 뒤로 빼다.
〈椅子を後ろへ引く。/車を後ろへバックする。〉
(5.1%)

⑨예 [대답을/소리를] 길게 빼다.
〈[答えを/音を]長く引っ張る。〉(4%)

⑩예 [바쁘다고/식에 안 가려고] 빼다.
〈[忙しいと/式に行くまいと]抜け出る。〉(4%)

빼앗기다 동 【33種のテキストで45例】

①예 [나라를/돈을/물건을] 빼앗기다.
〈[国を/金を/品物を]奪われる。〉(68.9%)

②예 [선두를/주도권을] 빼앗기다.
〈[先頭を/主導権を]奪われる。〉(20%)

빼앗다 동 ★☆☆【38種のテキストで60例】

①예 [그에게서/손에서] [돈을/서류를] 빼앗다.
〈[彼から/手から][お金を/書類を]奪う。〉(48.3%)

②예 [권력을/재산을] 빼앗다.
〈[権力を/財産を]奪う。〉(45%)

뺏다 동 【16種のテキストで24例】

①예 [그에게서/손에서] [돈을/서류를] 뺏다.
〈[彼から/手から][お金を/書類を]奪う。〉(75%)

②예 [권력을/재산을] 뺏다.
〈[権力を/財産を]奪う。〉(12.5%)

뺨 명 ☆☆★【20種のテキストで27例】

⓪예 뺨 위로 눈물이 흐르다.
〈頬を涙が流れる。〉(100%)

뻔하다¹ 동보 ☆★☆【44種のテキストで59例】

⓪예 하마트면 [넘어질/실수할/죽을] 뻔하다.
〈危うく[倒れる/ミスする/死ぬ]ところだ。〉(100%)

뻔하다² 형 【20種のテキストで26例】

①예 뻔한 이야기.
〈決まりきった話。〉/
사고가 날 것은 뻔하다.
〈事故が起こることは明白だ。〉(57.7%)

②예 장래가 뻔하다.
〈将来が見えている。〉(42.3%)

뻗다 동 ★☆☆【35種のテキストで48例】

①예 [다리를/두 발을] 뻗다.

〈[足を/両足を]伸ばす。〉(43.8%)

②예 [골목이/길이/산맥이] 남북으로 뻗다.
〈[路地が/道が/山脈が]南北に伸びる。〉
(29.2%)

③예 [가지가/덩굴이/뿌리가] 뻗다.
〈[枝が/つるが/根が]伸びる。〉(16.7%)

뼈 명 ★☆☆【30種のテキストで50例】

⓪예 동물의 뼈.
〈動物の骨。〉/
넘어져서 뼈가 부러지다.
〈転んで骨が折れる。〉(80%)

뽑다 동 ★★★【62種のテキストで130例】

①예 [대표를/회장으로] 뽑다.
〈[代表を/会長として]選ぶ。〉(43.1%)

②예 못을 뽑다.
〈釘を抜く。〉/
밭에서 무를 뽑다.
〈畑で大根を引き抜く。〉(26.9%)

③예 [당선작을/요점을] 뽑다.
〈[当選作を/要点を]選ぶ。〉(13.1%)

뽑히다 동 【18種のテキストで26例】

①예 [대표로/회장으로] 뽑히다.
〈[代表に/会長に]選ばれる。〉(50%)

②예 당선작으로 뽑히다.
〈当選作に選ばれる。〉(26.9%)

③예 나무가 뿌리째 뽑히다.
〈木が根こそぎ抜ける。〉(19.2%)

뾰족하다 형 【14種のテキストで20例】

①예 [잎이/지붕이] 뾰족하다.
〈[葉が/屋根が]とがっている。〉(80%)

②예 뾰족한 [방법이/수가] 없다.
〈これといった[方法が/手段が]ない。〉(20%)

뿌듯하다 형 【18種のテキストで19例】

⓪예 가슴이 뿌듯한 보람을 느끼다.
〈胸が一杯になるようなやりがいを感じる。〉
(94.7%)

뿌리 명 ★☆☆【58種のテキストで98例】

①예 예술에도 뿌리가 있다.
〈芸術にも根がある。〉(58.2%)

②예 식물이 뿌리를 내리다.
〈植物が根を下ろす。〉(29.6%)

뿌리다 동 ★★☆【51種のテキストで86例】

①예 강물에 꽃송이를 뿌리다.
〈川に花をまく。〉(46.5%)

②예 꽃씨를 뿌리다.
〈花の種をまく。〉(34.9%)

뿌리치다 동 【16種のテキストで19例】

①예 [도움을/생각을] 뿌리치다.
〈[助けを/思いを]振り切る。〉(52.6%)

②예 [손길을/손을] 뿌리치다.
〈[救いの手を/手を]振り切る。〉(47.4%)

뿐¹ 명의 ★★☆【141種のテキストで515例】
①예 빙긋이 웃기만 할 뿐이다.
〈にっこりと笑ってばかりいるだけだ。〉(73.8%)
②관 <-ㄹ/-을 [뿐더러/뿐(만) 아니라]>
예 성품이 곧을 뿐더러, 효성도 지극하다.
〈気性がまがっていないばかりか、孝行心もこの上ない。〉(26.2%)

뿐² 토【140種のテキストで438例】
⓪예 집안에는 여자뿐이다.
〈家には女だけだ。〉(100%)

뿔 명 ☆☆★【8種のテキストで16例】
⓪예 사슴의 뿔.
〈鹿の角。〉(100%)

뿔뿔이 부【13種のテキストで15例】
⓪예 뿔뿔이 [헤어지다/흩어지다].
〈ばらばらに〔別れる/散らばる〕。〉(100%)

뿜다 동【17種のテキストで20例】
①예 [분수에서 물줄기를/총구에서 불을] 뿜다.
〈〔噴水から水を/銃口が火を〕噴く。〉(60%)
②예 조명등이 빛을 뿜어 내다.
〈照明灯が光を噴き出す。〉(25%)
③예 얼굴에 독기를 뿜다.
〈顔に毒気を吹きかける。〉(15%)

ㅅ

사 주 ★★★【141種のテキストで614例】
⓪예 4(사)(四) 년.
〈4年。〉(91.9%)

사건 명 ★★★【67種のテキストで327例】
①예 살인 사건(事件)이 일어나다.
〈殺人事件が起こる。〉(62.1%)
②예 사건 중심으로 서술한 작품.
〈事件中心に記述した作品。〉(26.3%)
③예 그들과 김 씨와의 사건을 알다.
〈彼らと金氏との事件を知っている。〉(10.4%)

사고¹ 명 ★★☆【47種のテキストで96例】
⓪예 교통 사고(事故)가 나다.
〈交通事故が起こる。〉(100%)

사고² 명【31種のテキストで92例】
①예 사고(思考)의 틀을 바꾸다.
〈思考の枠組みを変える。〉(83.7%)
②관 <사고 방식>.
〈思考方式。〉(16.3%)

사과¹ 명 ★★★【33種のテキストで80例】
⓪예 사과(沙果)를 깎아 먹다.
〈リンゴをむいて食べる。〉(100%)

사과² 명 ★★★【15種のテキストで25例】

사 ⓪예 진심으로 사과(謝過)를 하다.
〈心からお詫びをする。〉(100%)

사과하다 동【20種のテキストで37例】
⓪예 아내에게 사과(謝過)하다.
〈妻に謝る。〉(100%)

사귀다 동 ★★★【34種のテキストで82例】
⓪예 친구를 사귀다.
〈友達とつきあう。〉(100%)

사나이 명【12種のテキストで23例】
⓪예 낯선 사나이가 다가오다.
〈見知らぬ男が近づいてくる。〉(100%)

사납다 형 ★☆★【27種のテキストで46例】
①예 사나운 [동물/손길].
〈荒っぽい〔動物/手〕。〉(63%)
②예 [꿈자리가/팔자가] 사납다.
〈〔夢見が/星回りが〕悪い。〉(19.6%)

사내 명 ★☆★【34種のテキストで328例】
①예 사내 동생.
〈弟。〉(88.4%)
②예 사내 대장부가 되다.
〈男として産まれる。〉(11.6%)

사내아이 명【10種のテキストで17例】
⓪예 사내아이와 계집아이.
〈男の子と女の子。〉(100%)

사냥 명【16種のテキストで40例】
⓪예 사냥을 나가다.
〈狩りに出かける。〉(100%)

사다 동 ★★★【158種のテキストで992例】
⓪예 물건을 싸게 사다.
〈品物を安く買う。〉(94.2%)

사들이다 동【12種のテキストで19例】
①예 [그림을/땅을/식기를] 사들이다.
〈〔絵を/土地を/食器を〕買い入れる。〉(89.5%)
②예 외국에서 농산물을 사들이다.
〈外国から農産物を買い入れる。〉(10.5%)

사라지다 동 ★★★【88種のテキストで211例】
①예 [모기가/자취가] 사라지다.
〈〔蚊が/跡が〕消える。〉(79.1%)
②예 [슬픔이/희망이] 다 사라지다.
〈〔悲しみが/希望が〕すべて消える。〉(20.4%)

사람 명 ★★★【213種のテキストで6,975例】
①예 사람들이 둘의 사이를 오해하다.
〈人たちが二人の仲を誤解する。〉(55.9%)
②예 어제 시장에서 만난 사람은 누구입니까?
〈昨日市場で会った人は誰ですか？〉(17.3%)
③예 동물과 사람의 차이.
〈動物と人の差異。〉(10.4%)

사랑 명 ★★★【91種のテキストで435例】
①예 사랑은 우정보다 뜨겁다.

〈愛は友情より熱い。〉(51.5%)

②예 행복과 사랑이 넘치는 가정.
〈幸福と愛情あふれる家庭。〉(38.6%)

사랑하다 〖동〗★★★【93種のテキストで323例】

①예 [개를/아들을] 사랑하다.
〈[犬を/息子を]愛する。〉(52.6%)

②예 그녀와 사랑하는 사이가 되다.
〈彼女と愛し合う間柄になる。〉(33.4%)

③예 [글을/항구를] 사랑하다.
〈[文を/港を]愛する。〉(13.9%)

사례 〖명〗★☆☆【27種のテキストで45例】

◎예 좋은 사례(事例)를 찾다.
〈良い例を探す。〉(100%)

사로잡다 〖동〗【14種のテキストで17例】

①예 [마음을/시선을] 사로잡다.
〈[心を/視線を]捕らえる。〉(47.1%)

②예 [생각이/허탈감이] 나를 사로잡다.
〈[考えが/虚脱感が]私を虜にする。〉(29.4%)

③예 [멧돼지를/적군을] 사로잡다.
〈[イノシシを/敵軍を]捕らえる。〉(23.5%)

사로잡히다 〖동〗【21種のテキストで27例】

◎예 [욕심에/편견에] 사로잡히다.
〈[欲に/偏見に]とらわれる。〉(92.6%)

사막 〖명〗【14種のテキストで31例】

◎예 메마른 사막(沙漠·砂漠).
〈乾いた砂漠。〉(100%)

사무실 〖명〗★★☆【32種のテキストで107例】

◎예 회사의 사무실(事務室).
〈会社の事務室。〉(100%)

사물 〖명〗★☆☆【34種のテキストで108例】

◎예 사물(事物)을 보는 관점.
〈事物を見る観点。〉(100%)

사뭇 〖부〗【13種のテキストで19例】

①예 사뭇 [엄하게 묻다/표정이 밝아지다].
〈すごく[厳しく問う/表情が明るくなる]。〉(84.2%)

②예 어제부터 사뭇 빈속으로 있다.
〈昨日からずっと何も食べていない。〉(15.8%)

사방 〖명〗【38種のテキストで55例】

①예 책이 사방(四方)에 흩어지다.
〈本があちこちに散らばる。〉(61.8%)

②예 사방에서 공격하다.
〈四方から攻撃する。〉(38.2%)

사상 〖명〗★☆★【35種のテキストで189例】

①예 [좌익/평등] 사상(思想).
〈[左翼/平等]思想。〉(82.5%)

②예 작가의 사상.
〈作家の思想。〉(17.5%)

사소하다 〖형〗【15種のテキストで21例】

◎예 사소(些少)한 [일/잘못].
〈些細な[こと/過ち]。〉(100%)

사슴 〖명〗★☆★【12種のテキストで123例】

◎예 사슴의 뿔.
〈鹿の角。〉(100%)

사실¹ 〖명〗★★★【137種のテキストで625例】

①예 사실(事實)을 있는 그대로 알려 주다.
〈事実をありままに教えてやる。〉(57.1%)

②예 결과가 나쁘다는 사실을 알다.
〈結果が悪いという事実を知る。〉(42.9%)

사실² 〖부〗★★☆【85種のテキストで224例】

◎예 태연한 척하지만 사실(事實), 초조하다.
〈平気なふりをしているが実は、いらいらしている。〉(100%)

사십 〖수〗【83種のテキストで278例】

①예 사십(四十) [년/분].
〈四十[年/分]。〉(89.6%)

②예 나이 사십이 넘다.
〈歳が四十を越える。〉(10.4%)

사업 〖명〗★★★【39種のテキストで74例】

①예 사업(事業)을 하다.
〈事業を営む。〉/
사업 수완이 좋다.
〈事業手腕がいい。〉(62.2%)

②예 [복지/선교] 사업.
〈[福祉/宣教]事業。〉(37.8%)

사연 〖명〗【20種のテキストで33例】

◎예 슬픈 사연(事緣)이 많다.
〈悲しいいきさつが多い。〉(100%)

사용 〖명〗★☆★【23種のテキストで70例】

◎예 토지 사용(使用)을 허가하다.
〈土地使用を許可する。〉(100%)

사용되다 〖동〗★☆☆【21種のテキストで56例】

①예 건물이 사무실로 사용(使用)되다.
〈建物が事務室として使用される。〉(53.6%)

②관 <[~에/~에서]-는 데] 사용되다>
예 간을 맞추는 데 간장이 사용되다.
〈味付けに醤油が使用される。〉(46.4%)

사용하다 〖동〗★★☆【104種のテキストで437例】

①예 [신용카드를/열쇠를] 사용(使用)하다.
〈[信用カードを/カギを]使用する。〉(64.3%)

②예 [건물을 사무실로/자동차를 업무용으로] 사용하다.〈[建物を事務室に/自動車を業務用で]使用する。〉(35.7%)

사원¹ 〖명〗☆★☆【13種のテキストで25例】

◎예 회사에서 사원(社員)을 모집하다.
〈会社で社員を募集する。〉(100%)

사원² 〖명〗【2種のテキストで3例】

◎예 사원(寺院)에서 생활하는 스님들.
〈寺院で生活する僧たち。〉(100%)

사월 〖명〗☆★☆【36種のテキストで60例】

◎예 사월(四月).

〈四月。〉(100%)

사위[1] 圀 ☆☆★【5種のテキストで5例】
⓪예 청년을 사위로 삼다.
〈青年を婿にする。〉(100%)

사위[2] 圀【4種のテキストで4例】
⓪예 사위(四圍)가 고요하다.
〈周囲が静かだ。〉(100%)

사이 圀 ★★★【156種のテキストで635例】
①예 사귀는 사이에 정이 들다.
〈付き合っている間に情が移る。〉/
하룻밤 사이에 값이 오르다.
〈一晩で値が上がる。〉(26.1%)
②예 기둥과 벽 사이.
〈柱と壁の間。〉(22.5%)
③예 [모르는/아는/친한] 사이.
〈[知らない/知っている/親しい]間柄。〉(16.4%)
④예 [두 나라/우리들] 사이에 갈등이 생기다.
〈[両国の/私たちの]間に葛藤が生じる。〉(11.7%)
⑤예 도망칠 사이도 없다.
〈逃げる間もない。〉(10.4%)

사이좋다 圈【31種のテキストで54例】
⓪예 [동생과/친구들과] 사이좋다.
〈[弟たちと/友達と]仲が良い。〉/
사이좋은 부부.
〈仲むつまじい夫婦。〉(100%)

사자 圀 ☆☆★【11種のテキストで105例】
⓪예 사자(獅子)는 동물의 왕으로 불리다.
〈ライオンは動物の王と呼ばれる。〉(100%)

사장 圀 ★★★【25種のテキストで90例】
⓪예 회사의 사장(社長)으로 취임하다.
〈会社の社長に就任する。〉/
박 사장.
〈朴社長。〉(100%)

사적[1] 圀【11種のテキストで17例】
⓪예 사적(私的)으로 부탁하다.
〈私的に頼む。〉/
사적인 일.
〈私的なこと。〉(100%)

사적[2] 圄【2種のテキストで7例】
⓪예 사적(私的) 생활을 보호하다.
〈私的生活を保護する。〉(100%)

사적[3] 圀【2種のテキストで9例】
⓪예 사적(史蹟)을 답사하다.
〈史跡を踏査する。〉(100%)

사전[1] 圀 ★★★【24種のテキストで100例】
⓪예 [국어/영어] 사전(辭典).
〈[国語/英語]辞典。〉(100%)

사전[2] 圀【15種のテキストで26例】
⓪예 사전(事前)에 [알다/알리다].
〈事前に[知る/知らせる]。〉(100%)

사전[3] 圀【7種のテキストで14例】
⓪예 [백과/인명] 사전(事典).
〈[百科/人名]事典。〉(100%)

사정 圀 ★★☆【67種のテキストで114例】
①예 그간의 사정(事情)을 설명하다.
〈その間の事情を説明する。〉(78.1%)
②예 [자금/집안] 사정이 나쁘다.
〈[資金/家の]事情が悪い。〉(16.7%)

사진 圀 ★★★【96種のテキストで368例】
⓪예 사진(寫眞)을 찍다.
〈写真を撮る。〉(94%)

사촌 圀 ☆☆★【30種のテキストで66例】
⓪예 사촌(四寸) [동생/언니/형].
〈いとこの[弟さん/姉さん/兄さん]。〉(92.4%)

사춘기 圀【12種のテキストで27例】
⓪예 사춘기(思春期)를 겪다.
〈思春期を経験する。〉(100%)

사탕 圀 ☆☆★【10種のテキストで19例】
⓪예 사탕을 [먹다/씹다].
〈飴を[食べる/かむ]。〉(100%)

사태 圀 ★☆☆【30種のテキストで64例】
①예 사태(事態)가 급변하다.
〈事態が急変する。〉(65.6%)
② 〈~ 사태〉 예 [10·26/천안문] 사태.
〈[10·26/天安門]事件。〉(34.4%)

사항 圀 ★★☆【37種のテキストで68例】
⓪예 인적 사항(事項)을 적다.
〈人的事項を記す。〉/
검토할 사항을 정리하다.
〈検討する事項を整理する。〉(100%)

사회 圀 ★★★【111種のテキストで862例】
①예 이웃과 사회(社會)에 대한 봉사에 힘쓰다.
〈隣人と社会に対する奉仕に励む。〉(76.9%)
②예 [귀족/양반] 사회.
〈[貴族/両班]社会。〉(11.3%)

사회적[1] 圐【31種のテキストで78例】
⓪예 사회적(社會的) 위기의 원인.
〈社会的危機の原因。〉(100%)

사회적[2] 圀【20種のテキストで40例】
⓪예 [사회적(社會的)으로/사회적인] 문제가 되다〈[社会的に/社会的な]問題になる。〉(100%)

사회주의 圀【10種のテキストで22例】
⓪예 사회주의(社會主義) [경제/국가/사상/혁명].
〈社会主義[経済/国家/思想/革命]。〉(100%)

사흘 圀 ☆☆★【24種のテキストで36例】
⓪예 사흘이 지나다.
〈三日が過ぎる。〉(100%)

산 圀 ★★★【121種のテキストで500例】
⓪예 산(山)이 높다.

〈山が高い。〉(100%)

산골 몡 【13種のテキストで23例】
　⓪몌 경치가 좋은 산(山)골에 살다.
　　〈景色が良い山奥に住まう。〉(100%)

산길 몡 【16種のテキストで23例】
　⓪몌 가파른 산(山)길로 가다.
　　〈急な山道に沿って行く。〉(100%)

산맥 몡 ☆☆★ 【5種のテキストで9例】
　⓪몌 [알프스/태백] 산맥(山脈).
　　〈[アルプス/太白]山脈。〉(100%)

산문 몡 【10種のテキストで15例】
　⓪몌 시와 산문(散文)의 형식.
　　〈詩と散文の形式。〉(100%)

산물 몡 【17種のテキストで20例】
　①몌 [과학의/냉전의/환경의] 산물(産物).
　　〈[科学の/冷戦の/環境の]産物。〉(65%)
　②몌 각 [나라의/지방의] 산물.
　　〈各[国の/地方の]産物。〉(35%)

산소 몡 ☆☆★ 【6種のテキストで22例】
　①몌 조상들의 산소(山所)를 돌보다.
　　〈先祖たちのお墓の世話をする。〉(63.6%)
　②몌 명절에 산소에 다녀오다.
　　〈名節22)にお墓に行って来る。〉(36.4%)

산업 몡 ★★★ 【33種のテキストで264例】
　①몌 산업(産業)이 발달하다.
　　〈産業が発達する。〉(72%)
　②관 〜 산업
　　몌 [관광/광고/생명23)/서비스/컴퓨터] 산업.
　　〈[観光/広告/生命23)/サービス/コンピュータ]
　　産業。〉(17.4%)

산책 몡 ☆★☆ 【8種のテキストで13例】
　⓪몌 공원에서 산책(散策)을 하다.
　　〈公園で散歩をする。〉(100%)

살¹ 몡의 ★★★ 【92種のテキストで298例】
　⓪몌 나이 스무 살이 되다.
　　〈もう二十歳(はたち)になる。〉(100%)

살² 몡 ★★★ 【38種のテキストで87例】
　①몌 살이 찌다.
　　〈太る。〉/
　　운동으로 살을 빼다.
　　〈運動で減量する。〉(81.6%)
　②몌 해변에서 살을 태우다.
　　〈海辺で日光浴をする。〉(11.5%)

살갗 몡 【11種のテキストで16例】
　⓪몌 찬 기운이 살갗에 닿다.
　　〈冷気が肌に触れる。〉(100%)

살금살금 뿐 【13種のテキストで20例】
　⓪몌 몰래 살금살금 [다가가다/들어가다].
　　〈密かにこそこそ[近づく/入る]。〉(100%)

살다 동 ★★★ 【201種のテキストで2,267例】
　①몌 농사를 지으며 살다.
　　〈農業をしながら暮らす。〉/
　　커피 없이는 하루도 못 살다.
　　〈コーヒーなしには一日も生きられない。〉
　　(27.6%)
　②몌 [서울에/아파트에서] 살다.
　　〈[ソウルで/マンションで]暮らす。〉(25.2%)
　③몌 선친이 살았을 때는 잘살다.
　　〈父親が生きていた時は良い生活をする。〉
　　(10.4%)
　④몌 [동물이/식물이/인간이] 살 수 있는 환경.
　　〈[動物が/植物が/人間が]住める環境。〉
　　(9.6%)
　⑤관 <-고/-며/-아 살다> 몌 속고만 살다.
　　〈だまされてばかりで生きる。〉(9.2%)

살리다 동 ★★★ 【59種のテキストで131例】
　①몌 가족을 먹여 살리다.
　　〈家族を食わせる。〉/
　　생명을 주어서라도 아이를 살리다.
　　〈生命を与えてでも子どもを生かす。〉(32.1%)
　②몌 [기억을/특성을] 살리다.
　　〈[記憶を/特性を]生かす。〉(28.2%)
　③몌 여백을 살리다.
　　〈余白を生かす。〉(12.2%)
　④몌 [경험을/전공을] 살리다.
　　〈[経験を/専攻を]生かす。〉(10.7%)

살림 몡 ★☆☆ 【36種のテキストで55例】
　①몌 살림을 [꾸리다/하다].
　　〈暮らしを[立てる/する]。〉(43.6%)
　②몌 살림이 나아지다.
　　〈暮らしがよくなる。〉(41.8%)

살림살이 몡 【14種のテキストで21例】
　①몌 어려운 살림살이에도 꿋꿋하다.
　　〈厳しい暮らしにも屈しない。〉(71.4%)
　②몌 살림살이를 장만하다.
　　〈所帯道具を買い入れる。〉(28.6%)

살며시 뿐 【15種のテキストで19例】
　⓪몌 살며시 [나오다/다가가다/문을 닫다/손을
　　대다]. 〈そっと[出る/近づく/ドアを閉める/手を
　　触れる]。〉(100%)

살아가다 동 ★★☆ 【70種のテキストで258例】
　①몌 고생을 참고 살아가다.
　　〈辛労に耐えて生きる。〉(63.6%)
　②몌 동물과 사람들이 살아가다.
　　〈動物と人々が暮らす。〉(25.2%)

살아나다 동 【21種のテキストで38例】

---

22) 韓国の伝統的な節日。
23) 生命産業：バイオインダストリ。

①예 죽어가던 환자가 살아나다.
〈死にそうだった患者が生き返る。〉(52.6%)

②예 필사적으로 버텨 살아나자.
〈必死に堪えて苦境を切り抜けよう。〉(13.2%)

③예 [개성이/색채가] 살아나다.
〈[個性が/色彩が]蘇生する。〉(13.2%)

④예 [기억이/통증이] 살아나다.
〈[記憶が/痛みが]よみがえる。〉(7.9%)

살아남다 동【13種のテキストで21例】

①예 전쟁에서 살아남다.
〈戦争で生き残る。〉(66.7%)

②예 경쟁에서 살아남다.
〈競争で生き残る。〉(28.6%)

살아오다 동【26種のテキストで61例】

①예 아파트에서 살아오다.
〈マンションで暮らしてくる。〉(55.7%)

②예 [삶을/인생을] 살아오다.
〈[生を/人生を]生きてくる。〉(26.2%)

③예 끼니를 거르며 살아오다.
〈食うにこと欠きながら暮らしてくる。〉(18%)

살인 명【14種のテキストで45例】

⓪예 살인(殺人)을 저지르다.
〈殺人を犯す。〉(100%)

살짝 부【25種のテキストで33例】

①예 살짝 [건드리다/데치다/때리다].
〈ちょっと触れる。/さっとゆでる。/そっと殴る。〉
(54.5%)

②예 살짝 [나가다/엿듣다].
〈そっと[出る/立ち聞きする]。〉(27.3%)

③예 바위를 살짝 들어올리다.
〈岩をやすやすと持ち上げる。〉(18.2%)

살찌다 동【12種のテキストで17例】

①예 몸이 살찌다.
〈体が太る。〉(82.4%)

②예 삶을 살찌게 하다.
〈人生を豊穣にする。〉(11.8%)

살펴보다 동 ★☆☆【96種のテキストで358例】

①예 [방 안을/집을] 살펴보다.
〈[部屋の中を/家を]見回す。〉(69.8%)

②예 [문제를/주제를] 살펴보다.
〈[問題を/テーマを]見回す。〉(30.2%)

살피다 동 ★☆★【74種のテキストで141例】

①예 [문제를/상황을] 살피다.
〈[問題を/状況を]探る。〉(28.4%)

②예 [눈치를/표정을] 살피다.
〈[顔色を/表情を]探る。〉(27.7%)

③예 [꽃을/내면을] 꼼꼼히 살피다.
〈[花を/内面を]入念に調べる。〉(24.1%)

④예 [논밭을/주위를] 살피다.
〈[田畑を/周りを]調べる。〉(18.4%)

삶 명 ★★☆【89種のテキストで586例】

⓪예 끈기 있게 삶을 이어가다.
〈根気よく人生を生きていく。〉(97.3%)

삶다 동 ☆☆★【10種のテキストで12例】

⓪예 [국수를/달걀을/빨래를] 삶다.
〈[麺を/卵を/洗濯物を]煮る。〉(83.3%)

삼 수 ★★★【178種のテキストで892例】

⓪예 삼(三)[년/학년].
〈三[年/年生]。〉(86.4%)

삼국 명【15種のテキストで66例】

①예 신라가 삼국(三國)을 통일하다.
〈新羅が三国を統一する。〉(42.4%)

②관 <삼국 시대>.
〈三国時代。〉(40.9%)

③관 <삼국 통일>.
〈三国統一。〉(16.7%)

삼다 동 ★★☆【69種のテキストで131例】

①예 불교를 국교로 삼다.
〈仏教を国教とする。〉/
회사 얘기로 술안주를 삼다.
〈会社の話を酒のつまみとする。〉(36.6%)

②예 학교 가는 것을 [낙으로/위안을] 삼다.
〈学校に行くのを[楽しみに/慰みに]する。〉
(34.4%)

③예 그를 [말벗을/사위로] 삼다.
〈彼を[話し相手に/婿に]する。〉(13%)

④예 책을 베개로 삼다.
〈本をまくらにする。〉/
아버지를 핑계 삼다.
〈お父さんを口実にする。〉/
밤을 낮 삼아 살다.
〈昼も夜も区別なしに生きる。〉(10.7%)

삼십 수 ★★☆【118種のテキストで365例】

⓪예 삼십(三十) [년/분].
〈三十[年/分]。〉(98.1%)

삼월 명 ☆★☆【32種のテキストで52例】

⓪예 삼월(三月) 일일.
〈三月一日。〉(100%)

삼촌 명 ★★★【31種のテキストで131例】

⓪예 삼촌(三寸)에게 인사하다.
〈おじに挨拶する。〉(100%)

삼키다 동 ☆☆★【23種のテキストで33例】

①예 음식을 삼키다.
〈食べ物を飲み込む。〉(63.6%)

②예 파도가 해안을 삼켜 버리다.
〈波が海岸を飲みこんでしまう。〉(21.2%)

삽 명 ☆☆★【6種のテキストで9例】

①예 삽으로 땅을 파다.
〈シャベルで土を掘る。〉(88.9%)

②예 대여섯 삽을 파다.
〈シャベルで五、六杯分を掘る。〉(11.1%)

-상¹ 접 ☆★☆【54種のテキストで139例】

⓪ 예 [법률/역사/이론/절차]상(上).
〈[法律/歴史/理論/手続]上。〉(100%)

상² 명 ★★★【31種のテキストで48例】
⓪ 예 상(賞)을 [받다/주다/타다].
〈賞を[もらう/やる/とる]。〉(100%)

상³ 명 ☆★☆【25種のテキストで27例】
⓪ 예 지구 상(上)의 생물.
〈地球上の生物。〉/
도로 상에서 생긴 사고.
〈道路上で生じた事故。〉(92.6%)

상⁴ 명【16種のテキストで40例】
① 예 상(床)에 술과 음식을 차리다.
〈お膳に酒と食べ物をのせる。〉(60%)
② 예 [손님/차례] 상에 고기를 올리다.
〈[客/祭祀]のお膳に肉をのせる。〉(35%)

상가 명【13種のテキストで21例】
⓪ 예 아파트 근처에 상가(商街)가 있다.
〈マンションの近くに商店街がある。〉(100%)

상관 명【36種のテキストで43例】
⓪ 예 두 사건은 상관(相關)이 없다.
〈二つの事件は関連性がない。〉(97.7%)

상관없다 형【17種のテキストで23例】
① 예 잠깐 쉬어도 상관(相關)없다.
〈ちょっと休んでもかまわない。〉(56.5%)
② 예 나와 상관없는 일이다.
〈私とは関係ないことだ。〉(43.5%)

상냥하다 형【11種のテキストで17例】
⓪ 예 사람들에게 상냥하게 미소 짓다.
〈人々に優しく微笑む。〉/
상냥한 [말씨/인상].
〈優しい[言葉/印象]。〉(100%)

상당하다 형【27種のテキストで39例】
⓪ 예 [솜씨가/실력이] 상당(相當)하다.
〈[腕前が/実力が]かなりのものだ。〉(100%)

상당히 부【36種のテキストで108例】
⓪ 예 외출이 상당(相當)히 잦다.
〈外出がかなり多い。〉/
콜레스테롤 량이 상당히 증가하다.
〈コレステロール量が大幅に増加する。〉(100%)

상대 명 ★★☆【46種のテキストで110例】
① 예 대화의 상대(相對)를 편하게 하다.
〈対話の相手を楽にする。〉(34.5%)
② 예 슛이 상대의 수비에 막다.
〈シュートが相手の守備に防がれる。〉(33.6%)
③ 예 직원을 상대로 설득을 하다.
〈職員を相手に説得をする。〉(13.6%)

상대방 명 ★★☆【54種のテキストで118例】
⓪ 예 상대방(相對方)을 노려보다.
〈相手を睨む。〉(100%)

상대적¹ 명【11種のテキストで20例】

① 예 인구에 비해 상대적(相對的)으로 토지가
부족하다.〈人口に比べて相対的に土地が不足
する。〉(65%)
② 예 윤리적 선은 상대적일 수밖에 없다.
〈倫理的な善は相対的にならざるを得ない。〉
(35%)

상대적² 관【3種のテキストで3例】
① 예 원자들의 상대적(相對的) 위치.
〈原子の相対的位置。〉(66.7%)
② 예 근로 시간에 비한 여가의 상대적 증가.
〈労働時間に比べた余暇の相対的増加。〉
(33.3%)

상대편 명【12種のテキストで26例】
⓪ 예 상대편(相對便)의 입장을 듣다.
〈相手の立場を聞く。〉(92.3%)

상상 명【33種のテキストで43例】
⓪ 예 상상(想像)으로 그림을 그리다.
〈想像で絵を描く。〉/
상상을 뛰어넘다.
〈想像を飛び越える。〉/
상상도 못할 일.
〈想像もできないこと。〉(90.7%)

상상력 명【16種のテキストで45例】
⓪ 예 상상력(想像力)이 풍부하다.
〈想像力が豊かだ。〉(100%)

상상하다 동 ★☆☆【59種のテキストで153例】
⓪ 예 미래를 상상(想像)하다.
〈未来を想像する。〉(100%)

상업 명 ☆☆★【10種のテキストで22例】
① 예 상업(商業)을 목적으로 하다.
〈商業を目的とする。〉(77.3%)
② 예 상업 [작가/출판].
〈商業[作家/出版]。〉(18.2%)

상식 명【19種のテキストで22例】
① 예 사회에는 그 사회의 상식(常識)이 있다.
〈社会にはその社会の常識がある。〉(81.8%)
② 예 누구나 지켜야 할 상식이 바로 교통 질서
이다.〈誰もが守らなければならない常識が正に
交通秩序だ。〉(18.2%)

상실하다 동【15種のテキストで20例】
⓪ 예 [개성을/신뢰를/의욕을] 상실(喪失)하다.
〈[個性を/信頼を/意欲を]失する。〉(100%)

상인 명 ★☆☆【19種のテキストで53例】
⓪ 예 시장 상인(商人).
〈市場の商人。〉(100%)

상자 명 ★☆★【34種のテキストで62例】
⓪ 예 상자(箱子)를 열다.
〈箱を開ける。〉(98.3%)

상점 명 ☆☆★【23種のテキストで31例】
⓪ 예 상점(商店)이 문을 닫다.

〈商店が門を閉じる。〉(100%)

상징 　명 【15種のテキストで21例】
⓪예 [부의/청춘의] 상징(象徵).
〈[富の/青春の]象徵。〉(100%)

상처 　명 ★☆★【38種のテキストで69例】
①예 마음의 상처(傷處)를 입다.
〈心の傷を負う。〉(47.8%)
②예 손에 상처가 나다.
〈手に傷がつく。〉(34.8%)
③예 전쟁의 상처에서 벗어나다.
〈戦争の傷口から脱する。〉(15.9%)

상쾌하다 　형 ☆★★【30種のテキストで35例】
⓪예 기분이 상쾌(爽快)하다.
〈気分が爽快だ。〉(100%)

상태 　명 ★★☆【79種のテキストで223例】
①예 경제 상태(状態).
〈経済状態。〉/
지친 상태.
〈疲れた状態。〉(66.4%)
②예 식민지 상태.
〈植民地状態。〉(33.6%)

상품 　명 ★★☆【36種のテキストで110例】
⓪예 상품(商品)을 판매하다.
〈商品を販売する。〉(100%)

상하다 　동 ★★☆【48種のテキストで75例】
①예 [기분이/자존심이] 상(傷)하다.
〈[気持ちが/自尊心が]傷つく。〉(78.7%)
②예 [밥이/생선이] 상하다.
〈[ご飯が/魚が]いたむ。〉(13.3%)

상황 　명 ★★☆【85種のテキストで293例】
①예 상황(状況)이 변하다.
〈状況が変わる。〉/
학생들이 처한 상황.
〈学生らが直面している状況。〉(59.7%)
②예 [일이 끝난/전시] 상황이다.
〈[仕事が終わった/戦時]状況だ。〉(39.9%)

새¹ 　관 ★★★【96種のテキストで212例】
①예 새 희망이 돋는 새날.
〈新しい希望が芽生える新しい日。〉(49.1%)
②예 말짱한 새 옷.
〈きれいな新しい服。〉(43.4%)

새² 　명 ★★★【63種のテキストで172例】
⓪예 새가 [날아가다/지저귀다].
〈鳥が[飛んで行く/さえずる]。〉(98.3%)

새³ 　명 【34種のテキストで60例】
⓪예 잠든 새 비가 그치다.
〈眠っている間に雨がやむ。〉(98.3%)

새기다 　동 ★☆☆【29種のテキストで59例】
①예 나무에 글씨를 새기다.
〈木に字を彫る。〉(69.5%)
②예 가르침을 마음에 새기다.
〈教えを心に刻む。〉(25.4%)

새까맣다 　형 【12種のテキストで16例】
①예 옷이 새까맣게 더럽혀지다.
〈服が真っ黒に汚れる。〉/
새까만 눈동자.
〈真っ黒な瞳。〉(68.8%)
②예 구경꾼들이 새까맣게 모여들다.
〈見物人が黒山のように集まる。〉(12.5%)

새끼 　명 ★☆★【41種のテキストで212例】
①예 난 그 새끼 싫다.
〈私はそいつ嫌いだ。〉/
이 새끼야.
〈このやろう。〉(50%)
②예 새끼를 낳다.
〈子を産む。〉(47.2%)

새다¹ 　동 ☆★★【18種のテキストで34例】
①예 [가스가/물이/불빛이/비가/지붕이] 새다.
〈[ガスが/水が/灯りが/雨が]漏れる。/雨漏りがする。〉(79.4%)
②예 [소리가/울음이/웃음이] 새다.
〈[声が/泣き声が/笑い声が]漏れる。〉(14.7%)

새다² 　동 【5種のテキストで8例】
⓪예 [날이/밤이] 새다.
〈夜が明ける。〉(100%)

새다³ 　동 【3種のテキストで5例】
⓪예 밤을 새다(=새우다).
〈夜を明かす。〉(100%)

새로 　부 ★★☆【95種のテキストで162例】
①예 새로 [사다/설치하다].
〈新しく[買う/設置する]。〉(40.1%)
②예 고향으로 돌아와 새로 시작하다.
〈故郷に戻り、新たに始める。〉/
국을 새로 끓이다.
〈スープを新たに煮る。〉(35.2%)
③예 법이 새로 시행되다.
〈法が新たに施行される。〉/
구두가 새로 나오다.
〈靴が新たに出る。〉(24.1%)

새로이 　부 【12種のテキストで15例】
①예 사용법을 새로이 익히다.
〈使用法を新たに覚える。〉/
평가를 새로이 하다.
〈評価を新たにする。〉(53.3%)
②예 신인 가수가 새로이 등장하다.
〈新人歌手が新たに登場する。〉(46.7%)

새롭다 　형 ★★★【119種のテキストで575例】
①예 차창으로 새로운 경치가 스쳐가다.
〈車窓に新たな景色がかすめ去って行く。〉(51%)
②예 새로운 버릇이 생기다.
〈新たな癖がつく。〉(42.4%)

새벽 명 ★★★【63種のテキストで150例】

ⓞ예 새벽에 일어나다.
〈明け方に起きる。〉(98.7%)

새삼 부【23種のテキストで38例】

ⓞ예 새삼 고마움을 느끼다.
〈改めて感謝の気持ちを感じる。〉/
긴장 때문에 새삼 가슴이 두근거리다.
〈緊張のために、今更ながら胸がどきどきする。〉
(100%)

새삼스럽다 형【20種のテキストで31例】

①예 새삼스럽게 아내에게 고마움을 느끼다.
〈今更ながら妻に感謝の気持ちを感じる。〉(41.9%)

②예 처음 듣는 새삼스러운 그의 질문에 놀라다.
〈初めて聞く今更のような彼の質問に驚く。〉(29%)

③예 다 아는 것을 새삼스럽게 다시 말하다.
〈みんな知っていることを今更言う。〉(25.8%)

새싹 명【14種のテキストで34例】

ⓞ예 산에 들에 새싹이 돋다.
〈山に野に新芽が芽生える。〉(100%)

새우 명 ☆☆★【4種のテキストで5例】

ⓞ예 새우로 젓을 담다.
〈えびで塩辛を漬ける。〉(100%)

새우다 동 ☆★☆【12種のテキストで15例】

ⓞ예 [날밤을/날을/밤을] 새우다.
〈夜明かしをする。〉(100%)

새해 명 ☆★☆【9種のテキストで23例】

ⓞ예 새해를 맞다.
〈新年を迎える。〉(100%)

색 명 ★★★【37種のテキストで70例】

ⓞ예 나뭇잎의 색(色)이 푸르다.
〈木の葉の色が青い。〉(100%)

색깔 명 ★★★【51種のテキストで108例】

ⓞ예 피부의 색(色)깔.
〈皮膚の色。〉(95.4%)

색종이 명【14種のテキストで23例】

ⓞ예 색(色)종이를 접다.
〈色紙を折る。〉(100%)

샘¹ 명【10種のテキストで15例】

①예 [믿음의/지혜의] 샘.
〈[信仰の/知恵の]泉。〉(53.3%)

②예 [마을의/집 앞의] 샘에 아낙들이 모이다.
〈[村の/家の前の]泉に女たちが集まる。〉(33.3%)

③예 산 속의 샘에서 물이 솟다.
〈山の中の泉から水がわく。〉(13.3%)

샘² 명【5種のテキストで6例】

ⓞ예 샘이 나다.
〈うらやましい。〉/
샘을 내다.
〈うらやむ。〉(100%)

생¹ 명【18種のテキストで27例】

ⓞ예 생(生)과 사의 갈림길에 서다.
〈生と死の岐路に立つ。〉(94.1%)

─ 생² 접【11種のテキストで17例】

ⓞ예 1994년 5월 13일생(生).
〈1994年5月13日生まれ。〉(94.1%)

생각 명 ★★★【192種のテキストで1,831例】

①예 자신의 생각을 설명하다.
〈自分の考えを説明する。〉(31.4%)

②예 깊은 생각에 잠기다.
〈深い思いにふける。〉(23.6%)

③예 포기하면 안 된다는 생각에, 다시 결심을
다지다.〈放棄してはいけないという考えに、再び
決心を固める。〉(20%)

④관 <-다고/-는 생각(이) [되다/들다]> 예 결
과적으로 잘된 일이었대고/는] 생각이
들다.〈結果的にはうまくいった[と/という]気が
する。〉(12.4%)

생각나다 동 ★★★【59種のテキストで86例】

①예 갑자기 [어머니가/좋은 방도가/놀러 오라
고 한 것이] 생각나다.
〈急に[お母さんが/いい方法が/遊びに来てほし
いと言ったのが]思い浮かぶ。〉(52.3%)

②예 [이름이/주소가/무슨 꿈이었는지] 생각나
지 않다.〈[名前が/住所が/何の夢だったのか]
思い出せない。〉(45.3%)

생각되다 동 ★☆☆【53種のテキストで97例】

ⓞ예 [내 잘못으로/너무 늦었다고/안타깝게]
생각되다.〈[私の過ちだと/あまりにも遅くなって
しまったと/残念に]思われる。〉(100%)

생각하다 동 ★★★【199種のテキストで2,854例】

①예 나이들어 죽음을 생각하다.
〈年取って死を考える。〉(32.2%)

②예 부장이 나를 모범 사원으로 생각하다.
〈部長が私を模範社員と考える。〉/
안에 있을지 모른다고 생각하다.
〈中にいるかもしれないと考える。〉(30%)

③예 [방법을/방안을] 생각하다.
〈[方法を/方案を]考える。〉(8.3%)

④예 인간은 생각하는 능력이 있다.
〈人間は考える能力がある。〉(8.1%)

⑤예 그 다음을 생각하다.
〈その次を考える。〉(7%)

생겨나다 동 ★☆☆【43種のテキストで67例】

ⓞ예 [실업자가/유대감이] 생겨나다.
〈[失業者が/絆が]生じる。〉(100%)

생계 명【11種のテキストで18例】

ⓞ예 생계(生計)를 [꾸리다/위협하다/잇다].
〈生計を[立てる/脅かす/つなぐ]。〉/
생계가 막막하다.
〈生活が漠然としている。〉(100%)

생기다 〔동〕★★★【174種のテキストで625例】

①例 [말썽이/문제가/사고가/일이] 생기다.
〈[トラブルが/問題が/事故が/事が]生じる。〉
(25.3%)

②例 네모로 생긴 상자.
〈四角形の箱。〉/
무섭게 생긴 사내.
〈怖そうな男。〉/
깔끔하게 생긴 찻집.
〈こざっぱりした作りの茶店。〉(19.5%)

③例 태초에 빛과 질서가 생기다.
〈太初に光と秩序が生じる。〉(16.2%)

④例 마을에 초등학교가 생기다.
〈村に小学校ができる。〉(8.8%)

⑤例 하는 일에 [자신이/회의가] 생기다.
〈することに[自信が/懐疑が]生じる。〉(6.2%)

⑥例 [꾀가/버릇이] 생기다.
〈[知恵が/癖が]生じる。〉(5%)

생김새 〔명〕★☆☆【28種のテキストで39例】

⓪例 그는 생김새가 [무섭다/우락부락하다].
〈彼は見かけが[怖い/荒々しい]。〉(100%)

생명 〔명〕★★★【57種のテキストで147例】

①例 사고로 생명(生命)을 잃다.
〈事故で命を落とす。〉(63.3%)

②例 세상의 한 생명으로 태어나다.
〈世の中の一生命として生まれる。〉(25.9%)

③例 군대는 위계질서가 생명이다.
〈軍隊は位階秩序が生命だ。〉(10.9%)

생명력 〔명〕【12種のテキストで16例】

⓪例 생명력(生命力)이 강하다.
〈生命力が強い。〉(100%)

생물 〔명〕★☆☆【18種のテキストで32例】

⓪例 산과 들에 사는 생물(生物).
〈山と野に住む生物。〉(100%)

생산 〔명〕★☆☆【26種のテキストで97例】

⓪例 식량 생산(生産)을 늘리다.
〈食糧生産をふやす。〉(100%)

생산되다 〔동〕【11種のテキストで28例】

⓪例 [제품이/철이] 생산(生産)되다.
〈[製品が/鉄が]生産される。〉(100%)

생산하다 〔동〕★☆☆【25種のテキストで64例】

⓪例 농산물을 생산(生産)하다.
〈農産物を生産する。〉(98.4%)

생생하다 〔형〕【27種のテキストで38例】

⓪例 기억이 아직도 생생하다.
〈記憶がまだ生々しい。〉(94.7%)

생선 〔명〕☆★★【32種のテキストで80例】

⓪例 갓 잡은 싱싱한 생선(生鮮).
〈今しがたとれた新鮮な魚。〉(100%)

생신 〔명〕【15種のテキストで22例】

⓪例 할아버지 생신(生辰)을 맞다.
〈祖父の誕生日を迎える。〉(100%)

생애 〔명〕【23種のテキストで46例】

⓪例 짧은 생애(生涯)를 마치다.
〈短い生涯を終える。〉(100%)

생일 〔명〕★★★【44種のテキストで112例】

⓪例 생일(生日)을 맞다.
〈誕生日を迎える。〉(100%)

생전¹ 〔부〕【15種のテキストで15例】

①慣 <생전 처음> 例 생전(生前) 처음 보다.
〈生まれて初めて見る。〉(80%)

②例 생전 그런 일 한 적이 없다.
〈生前そんなことしたことがない。〉(20%)

생전² 〔명〕【7種のテキストで9例】

①例 고인이 생전(生前)에 살던 집.
〈故人が生前に住んでいた家。〉(77.8%)

②慣 <살아 생전에>.
〈ありし日に。〉(22.2%)

생존 〔명〕【13種のテキストで32例】

⓪例 생존(生存)에 위기를 느끼다.
〈生存に危機を感じる。〉(100%)

생활 〔명〕★★★【161種のテキストで1,195例】

①例 [자기에게 충실한/행복한] 생활(生活)을 하
다.〈[自分に忠実な/幸せな]生活をする。〉(60.6%)

②例 [직장/학교] 생활.
〈[職場/学校]生活。〉(15.6%)

③例 [농경/목축/수렵] 생활.
〈[農耕/牧畜/狩猟]生活。〉(12.7%)

④例 실직으로 생활이 어려워지다.
〈失業で生活が苦しくなる。〉(10.8%)

생활하다 〔동〕★★☆【49種のテキストで121例】

⓪例 하루의 대부분을 집 밖에서 생활(生活)
하다.〈一日のほとんどを家の外で生活する。〉
(100%)

서 〔토〕【184種のテキストで848例】

⓪例 [가운데/거기/여기]서 보다.
〈[真ん中/そこ/こちら]で会う。〉(100%)

서구 〔명〕【17種のテキストで102例】

⓪例 서구(西歐) 문물이 밀려들다.
〈西欧の文物が押しよせてくる。〉(94.1%)

서글프다 〔형〕【15種のテキストで25例】

⓪例 인생이 서글프다.
〈人生が切ない。〉/
서글픈 마음이 들다.
〈切ない気がする。〉(92%)

서너 〔관〕☆★☆【33種のテキストで49例】

⓪例 서너 [명/시간/차례].
〈三四[名/時間/回]。〉(100%)

서늘하다 〔형〕☆☆★【13種のテキストで15例】

①예 사람의 간담을 서늘케 하다.
〈人の度肝を抜く。〉(53.3%)

②예 서늘한 가을 기운이 돌다.
〈涼しい秋の気配がめぐる。〉(46.7%)

서다 동 ★★★【155種のテキストで763例】

①예 사람이 똑바로 서 있다.
〈人がまっすぐに立っている。〉(36.4%)

②예 [개울가에/맨 뒷줄에/세면대 앞에] 서다.
〈[小川のほとりに/最後の列に/洗面台の前に] 立つ。〉(26.1%)

③예 달리던 차가 갑자기 서다.
〈走っていた車が急に止まる。〉(8%)

④예 도로가에 건물 한 채가 서 있다.
〈道路脇に建物一棟が建っている。〉/
섬에 등대가 서 있다.
〈島に灯台が立っている。〉(6.2%)

⑤예 [열병을/줄을] 서다.
〈閲兵をする。/並ぶ。〉(5.9%)

서당 명 【16種のテキストで68例】

⓪예 서당(書堂)에서 글을 배우다.
〈書堂で読み書きを習う。〉(100%)

서두르다 동 ★★★【59種のテキストで85例】

①예 너무 서두르지 말아라.
〈あまり急ぐな。〉(38.8%)

② <서둘러 ~> 예 서둘러 [돌아가다/출발하다].
〈急いで[帰る/出発する]。〉(30%)

③예 [결혼을/출근을] 서두르다.
〈[結婚を/出勤を]急ぐ。〉(21.2%)

서랍 명 ☆★☆【26種のテキストで48例】

⓪예 서랍을 열다.
〈引き出しをあける。〉(100%)

서럽다 형 【16種のテキストで25例】

⓪예 헤어지는 것이 서러워 울다.
〈別れるのが悲しくて泣く。〉(100%)

서로¹ 부 ★★★【161種のテキストで766例】

①예 둘이는 서로 모르는 사이다.
〈ふたりはお互い知らない間柄だ。〉(48.8%)

②예 사람과 개가 서로 사귄 역사.
〈人と犬がお互いに付き合った歴史。〉(33.8%)

③예 '에'와 '애'의 음이 서로 비슷하다.
〈「에」と「애」の音がお互いに似ている。〉(17.2%)

서로² 명 ★★☆【73種のテキストで116例】

⓪예 서로가 서로를 이해하는 사회.
〈お互いがお互いを理解する社会。〉(100%)

서류 명 ★★★【24種のテキストで35例】

⓪예 서류(書類)를 정리하다.
〈書類を整理する。〉(100%)

서른 수 ★★★【44種のテキストで82例】

①예 서른 [명/살].
〈三十名。/三十歳。〉(64.6%)

②예 나이 서른을 넘기다.
〈歳が、三十を越す。〉(28%)

서리¹ 명 ☆☆★【5種のテキストで7例】

⓪예 서리가 내리다.
〈霜が降りる。〉(100%)

서리² 명 【1種のテキストで2例】

⓪예 바위 서리에 걸터앉다.
〈岩山に腰掛ける。〉(100%)

서리다 동 【14種のテキストで22例】

①예 [김이/안개가] 서리다.
〈[水蒸気が/霧が]立ちこめる。〉(22.7%)

②예 눈에 독기가 서리다.
〈目に毒気が漂う。〉/
목소리에 원한이 서리다.
〈声に恨みがこもる。〉(22.7%)

③예 마음에 추억이 서리다.
〈心に思い出がこもる。〉(13.6%)

④예 눈에 [물기가/핏발이] 서리다.
〈目に涙がたまる。/目が血走る。〉(9.1%)

서민 명 【13種のテキストで19例】

①예 서민(庶民)들이 즐겨 찾는 시장.
〈庶民がよく訪れる市場。〉(68.4%)

②예 하층의 서민들을 위한 생계 보조.
〈下層の庶民たちのための生計補助。〉(31.6%)

서방¹ 명 【16種のテキストで49例】

①예 머슴 장 서방(書房).
〈使用人のチャンさん。〉(67.3%)

②예 서방한테 소박맞다.
〈夫に冷遇される。〉(16.3%)

③예 사위 김 서방.
〈婿のキンさん。〉(16.3%)

서방² 명 【7種のテキストで15例】

⓪예 서방(西方) 사회.
〈西欧社会。〉(93.3%)

서부터 토 【21種のテキストで25例】

⓪예 여기서부터 거기까지.
〈ここからそこまで。〉/
작년쯤서부터.
〈去年辺りから。〉(100%)

서비스 명 ☆★☆【15種のテキストで37例】

①예 아내는 서비스가 만점이다.
〈妻はサービスが満点だ。〉(54.1%)

②예 금융과 유통 서비스 활동.
〈金融と流通サービス活動。〉(43.2%)

서서히 부 【37種のテキストで52例】

⓪예 증세가 서서(徐徐)히 나타나다.
〈症状が徐々にあらわれる。〉(100%)

서성거리다 동 【15種のテキストで19例】

⓪예 길에서 서성거리다.
〈道でうろうろする。〉(100%)

서양 명 ★★★【26種のテキストで92例】

⓪예 서양(西洋) 문화.
〈西洋文化。〉(100%)

서운하다 형 【14種のテキストで23例】
⓪예 친구를 보내기가 서운하다.
〈友達を送るのが名残惜しい。〉(100%)

서울 명 ★★☆ 【122種のテキストで773例】
⓪예 어릴 때 서울로 올라오다.
〈幼い時ソウルに上京する。〉(99.6%)

서재 명 【10種のテキストで18例】
⓪예 서재(書齋)에서 글을 쓰다.
〈書斎でものを書く。〉(100%)

서적 명 【11種のテキストで15例】
⓪예 [문학/전공/철학] 서적(書籍).
〈[文学/専門/哲学]書。〉(100%)

서점 명 ☆★★ 【11種のテキストで17例】
⓪예 서점(書店)에서 책을 사다.
〈書店で本を買う。〉(100%)

서쪽 명 ★☆★ 【18種のテキストで31例】
⓪예 서(西)쪽으로 해가 지다.
〈西に日が沈む。〉(100%)

서투르다 형 ☆☆★ 【12種のテキストで13例】
⓪예 솜씨가 서투르다.
〈不器用だ。〉(100%)

석 관 ☆★☆ 【26種のテキストで41例】
⓪예 석 [냥/되/섬/자].
〈三[両/升/俵/尺]。〉(100%)

석유 명 ★☆★ 【18種のテキストで58例】
①예 석탄과 석유(石油)를 소비하다.
〈石炭と石油を消費する。〉(65.5%)
②예 사막에서 석유가 나다.
〈砂漠から石油が出る。〉(25.9%)

섞다 동 ★☆☆ 【28種のテキストで33例】
①예 쌀에 보리를 섞은 밥.
〈米に麦を混ぜたご飯。〉/
뜨거운 물에 찬물을 섞다.
〈湯に冷たい水を混ぜる。〉(39.4%)
②예 술을 이것저것 섞어 마시다.
〈酒をあれこれ混ぜて飲む。〉(30.3%)
③예 [콧소리를/한숨] 섞어 말하다.
〈[鼻声を/ため息]を織り交ぜて話す。〉(27.3%)

섞이다 동 ★☆☆ 【46種のテキストで60例】
①예 자갈과 흙이 섞이다.
〈砂利と土が混じる。〉/
여러 색깔이 한데 섞여 어울리다.
〈色々な色が入り交じって調和する。〉(75%)
②예 [불만이/애교가] 섞인 말투.
〈[不満が/愛嬌が]混じった口ぶり。〉(25%)

선¹ 명 ★★★ 【35種のテキストで55例】

①예 종이에 선(線)을 [그리다/긋다].
〈紙に線を[描く/引く]。〉(60%)
②예 한복의 부드러운 선.
〈韓服の柔らかい線。〉(21.8%)

선² 명 【9種のテキストで11例】
⓪예 선(善)을 권하고 악을 벌하다.
〈善を勧めて悪を罰する。〉(90.9%)

선거 명 ★☆☆ 【22種のテキストで85例】
⓪예 대통령 선거(選擧).
〈大統領選挙。〉(100%)

선두 명 【9種のテキストで20例】
①예 행렬의 선두(先頭)에 서다.
〈行列の先頭に立つ。〉(90%)
②관 <~를 선두로>
예 한국을 선두로 10개국이 참가하다.
〈韓国を先頭に、10カ国が参加する。〉(10%)

선뜻 부 【22種のテキストで23例】
①예 선뜻 [나서다/내키지 않다].
〈快く出る。/乗り気がしない。〉(73.9%)
②예 누구나 선뜻 느낄 수 있는 느낌.
〈誰でも気軽に感じられる感じ。〉(26.1%)

선명하다 형 【22種のテキストで27例】
⓪예 자국이 선명(鮮明)하다.
〈跡形が鮮明だ。〉/
선명하게 보이다.
〈鮮明に見える。〉(100%)

선물 명 ★★★ 【59種のテキストで188例】
⓪예 생일 선물(膳物)을 주다.
〈誕生プレゼントをやる。〉(100%)

선물하다 동 ☆★☆ 【8種のテキストで10例】
⓪예 친구에게 책을 선물(膳物)하다.
〈友だちに本をプレゼントする。〉(100%)

선배 명 ★★★ 【34種のテキストで146例】
①예 같은 분야에서 오래 일해 온 선배(先輩)들.
〈同じ分野で長い間働いてきた先輩たち。〉
(52.1%)
②예 학교 선배.
〈学校の先輩。〉(47.3%)

선비 명 ★☆☆ 【24種のテキストで144例】
⓪예 학식이 깊은 선비.
〈学識が深いソンビ24)。〉(100%)

선생 명 ★★★ 【164種のテキストで1,805例】
①예 학교 선생(先生).
〈学校の先生。〉(76.7%)
② <~ 선생> 예 [약사/의사] 선생.
〈[薬剤師/お医者]さん。〉(13.1%)

선수 명 ★★★ 【37種のテキストで115例】
⓪예 배구 선수(選手).

24) 昔、学識はあるが官職につかなかった人：学徳を兼ねた人に対する古風な敬称。

〈バレーボール選手。〉(100%)

선언하다 동【10種のテキストで15例】
　⓪예 [독립을/혼인을/휴전을] 선언(宣言)하다.
　　〈[独立を/婚姻を/休戦を]宣言する。〉(100%)

선진 명【10種のテキストで23例】
　①관 <선진(先進) 공업(제)국>
　　〈先進工業(諸)国。〉(60.9%)
　②예 문화의 선진을 이룩하다.
　　〈文化の先進化をなしとげる。〉/
　　선진 기술.
　　〈先進技術。〉(39.1%)

선진국 명【17種のテキストで70例】
　⓪예 선진국(先進國)과 후진국.
　　〈先進国と後進国。〉(100%)

선택 명 ☆★★【43種のテキストで100例】
　⓪예 다른 선택(選擇)의 길이 없다.
　　〈他の選択の道がない。〉(100%)

선택하다 동 ★★★【59種のテキストで130例】
　⓪예 둘 중의 하나를 선택(選擇)하다.
　　〈二つのうちの一つを選択する。〉(100%)

설거지 명【13種のテキストで15例】
　⓪예 설거지를 하다.
　　〈後片付けをする。〉(100%)

설날 명 ☆★★【17種のテキストで44例】
　⓪예 설날에 떡국을 먹다.
　　〈正月25)に雑煮を食べる。〉(100%)

설득력 명【14種のテキストで23例】
　⓪예 주장에 설득력(說得力)이 있다.
　　〈主張に説得力がある。〉(100%)

설득하다 동【20種のテキストで36例】
　⓪예 [가자고/남편을] 설득(說得)하다.
　　〈[行こうと/夫を]説得する。〉(100%)

설레다 동【17種のテキストで19例】
　⓪예 [가슴이/마음이] 설레다.
　　〈[胸が/心が]ときめく。〉(100%)

설령 부【13種のテキストで19例】
　⓪예 설령(設令) 거짓말이라 [하여도/할지라도]
　　나는 그를 믿겠다.〈たとえ嘘だと[しても/言えど
　　も]私は彼を信じたい。〉(100%)

설마 부【15種のテキストで18例】
　⓪예 설마 그럴 리가 있어?
　　〈まさかそんなはずが?〉(100%)

설명 명 ★★★【61種のテキストで117例】
　⓪예 설명(說明)을 [듣다/하다].
　　〈説明を[聞く/する]。〉(100%)

설명하다 동 ★★☆【87種のテキストで215例】
　⓪예 상황을 자세히 설명(說明)하다.

────────────
25) 韓国の正月は旧正月であることに注意。

〈状況を詳しく説明する。〉(100%)

설사¹ 부【12種のテキストで16例】
　⓪예 설사(設使) 실패한다 하더라도 노력하다.
　　〈たとえ失敗するとしても努力する。〉(100%)

설사² 명【5種のテキストで6例】
　⓪예 설사(泄瀉)가 나다.
　　〈下痢をする。〉(100%)

설악산 명 (固有) ★★☆【11種のテキストで24例】
　⓪예 설악산(雪嶽山)에 오르다.
　　〈雪嶽山に登る。〉(100%)

설치하다 동 ★☆☆【20種のテキストで27例】
　①예 [기계를/에어컨을] 설치(設置)하다.
　　〈[機械を/エアコンを]設置する。〉(66.7%)
　②예 [본부를/연구소를] 설치하다.
　　〈[本部を/研究所を]設置する。〉(33.3%)

설탕 명 ☆★★【13種のテキストで18例】
　⓪예 커피에 설탕을 넣다.
　　〈コーヒーに砂糖を入れる。〉(100%)

섬 명 ★☆☆【22種のテキストで58例】
　⓪예 뭍에서 섬으로 가는 다리.
　　〈本土から島へ行く橋。〉(100%)

섬세하다 형【16種のテキストで22例】
　①예 섬세(纖細)하게 조각된 난간.
　　〈繊細に彫刻された欄干。〉(50%)
　②예 성격이 섬세하다.
　　〈性格が繊細だ。〉(31.8%)
　③예 얇고 섬세하게 짠 옷감.
　　〈薄く繊細に織った布。〉(18.2%)

섭섭하다 형 ☆★★【32種のテキストで37例】
　①예 그는 나에게 섭섭한 눈치이다.
　　〈彼は私に恨めしい様子だ。〉(56.8%)
　②예 헤어지기가 섭섭하다.
　　〈別れるのが名残惜しい。〉(21.6%)
　③예 기회를 놓쳐 매우 섭섭하다.
　　〈機会を逃して非常に残念だ。〉(16.2%)

성¹ 명 ★☆☆【16種のテキストで89例】
　⓪예 성(城)을 쌓다.
　　〈城を築く。〉(100%)

성² 명 ★☆☆【16種のテキストで23例】
　⓪예 김씨 성(姓)을 가진 사람들.
　　〈金氏の姓を持った人たち。〉(100%)

성³ 명【9種のテキストで13例】
　①예 성(性)에 눈을 뜨다.
　　〈性に目覚める。〉(76.9%)
　②예 남녀의 성의 특성.
　　〈男女の性の特性。〉(23.1%)

성격 명 ★★★【72種のテキストで297例】

성격
①예 신중한 성격(性格)을 지니다.
〈慎重な性格を持つ。〉(80.1%)
②예 두 사건은 성격이 다르다.
〈二つの事件は性格が違う。〉(19.9%)

성공 명【27種のテキストで61例】
⓪예 계획이 성공(成功)을 거두다.
〈計画が成功を収める。〉(98.4%)

성공하다 동 ☆★☆【44種のテキストで67例】
①예 [사랑에/인공위성 발사가/혁명이] 성공(成功)하다.〈〔恋愛に/人工衛星の打ち上げが/革命が〕成功する。〉(61.2%)
②예 주식 투자로 성공하다.
〈株式投資で成功する。〉(38.8%)

성과 명【22種のテキストで44例】
⓪예 [좋은/큰] 성과(成果)를 올리다.
〈〔良い/大きい〕成果を上げる。〉(100%)

성급하다 형【13種のテキストで21例】
⓪예 성급(性急)하게 판단하다.
〈性急に判断する。〉(95.2%)

성냥 명 ☆☆★【10種のテキストで10例】
⓪예 성냥으로 불을 붙이다.
〈マッチで火をつける。〉(100%)

성립되다 동【12種のテキストで17例】
①예 [논리가/주장이] 성립(成立)되다.
〈〔論理が/主張が〕成立する。〉(58.8%)
②예 [불교가/사상이/왕조가] 성립되다.
〈〔仏教が/思想が/王朝が〕成立する。〉(29.4%)
③예 [계약이/약속이] 성립되다.
〈〔契約が/約束が〕成立する。〉(11.8%)

성명[1] 명 ☆☆★【5種のテキストで11例】
⓪예 정부가 성명(聲明)을 발표하다.
〈政府が声明を発表する。〉(100%)

성명[2] 명【2種のテキストで2例】
⓪예 주소와 성명(姓名)을 쓰다.
〈住所と氏名を書く。〉(100%)

성숙하다 형【16種のテキストで19例】
①예 성숙(成熟)한 [모습/여인].
〈成熟した〔姿/女性〕。〉(52.6%)
②예 성숙한 사회를 만들다.
〈成熟した社会を作る。〉(47.4%)

성실하다 형【22種のテキストで30例】
⓪예 성실(誠實)하게 일하다.
〈誠実に働く。〉/
성실한 [사람/태도].
〈誠実な〔人/態度〕。〉(100%)

성의 명【12種のテキストで16例】
⓪예 성의(誠意)를 보이다.
〈誠意を見せる。〉(100%)

성장 명【25種のテキストで58例】

①예 아이의 성장(成長)이 빠르다.
〈子供の成長が早い。〉(44.8%)
②예 눈부신 성장을 이루다.
〈目覚ましい成長を遂げる。〉(31%)
③관 <경제 성장>.
〈経済成長。〉(24.1%)

성장하다 동【21種のテキストで36例】
①예 [경제가/문명이] 성장(成長)하다.
〈〔経済が/文明が〕成長する。〉(63.9%)
②예 자녀들이 잘 성장하다.
〈子どもたちが立派に成長する。〉(36.1%)

성적[1] 명 ★★★【21種のテキストで100例】
⓪예 시험 성적(成績)이 좋다.
〈試験の成績が良い。〉(93%)

성적[2] 명【6種のテキストで13例】
①예 성적(性的)으로 문란하다.
〈性的に乱れている。〉(76.9%)
②예 남녀의 성적인 구별.
〈男女の性的な区別。〉(23.1%)

성질 명 ★☆★【40種のテキストで80例】
①예 [광물의/자석의] 성질(性質).
〈〔鉱物の/磁石の〕性質。〉(63.8%)
②예 오빠는 성질이 사납다.
〈兄は気性が荒い。〉(32.5%)

성취 명【12種のテキストで17例】
⓪예 학문적인 성취(成就)를 이루다.
〈学問的な成就を遂げる。〉(94.1%)

성취하다 동【13種のテキストで15例】
⓪예 [목표를/소원을] 성취(成就)하다.
〈〔目標を/願いを〕成就する。〉(100%)

성함 명 ☆☆★【8種のテキストで8例】
⓪예 성함(姓銜)이 어떻게 되세요?
〈お名前は何とおっしゃいますか?〉(100%)

세[1] 관 ★★★【154種のテキストで510例】
⓪예 세 [사람/정거장].
〈三〔人/駅〕。〉(100%)

세[2] 명의 ★★☆【36種のテキストで88例】
예 이십 세(歲)의 꽃다운 나이.
〈二十歳の花の年ごろ。〉(100%)

-세[3] 끝【18種のテキストで39例】
⓪예 내일 만나세.
〈明日会いましょう。〉/
우리 침착하세.
〈みんな冷静になりなさい。〉(100%)

세계 명 ★★★【100種のテキストで663例】
①예 세계(世界)에서 가장 높은 산.
〈世界で一番高い山。〉(49.3%)
②예 영혼의 세계로 들어가다.
〈霊魂の世界に入る。〉(24.6%)
③예 세계의 모든 사물은 상대적인 것이다.

〈世界のすべてのものは相対的なものだ。〉
(23.8%)

세계적¹ 몡【30種のテキストで45例】
①예 세계적(世界的)으로 유명하다.
〈世界的に有名だ。〉(100%)

세계적² 관【4種のテキストで5例】
①예 세계적(世界的) 문제.
〈世界的問題。〉(100%)

세금 몡 ☆☆★【15種のテキストで21例】
①예 세금(税金)을 내다.
〈税金を出す。〉(100%)

세기 몡 ★★☆【38種のテキストで160例】
①예 21세기(世紀).
〈21世紀。〉(89.4%)
②예 독립한 지 한 세기가 지나다.
〈独立してから一世紀が過ぎる。〉(10.6%)

세다¹ 혱 ★★★【38種のテキストで60例】
①예 [기운이/힘이] 세다.
〈力が強い。〉(58.3%)
②예 가속 페달을 세게 밟다.
〈加速ペダルを強く踏む。〉(18.3%)
③예 [강단이/고집이/성질이] 세다.
〈決断力がある。/強情だ。/気性が激しい。〉
(10%)

세다² 동 ★☆★【26種のテキストで45例】
①예 [물건의 개수를/표를] 세다.
〈[品物の個数を/チケットを]数える。〉(53.3%)
②예 삼백까지 수를 세다.
〈三百まで数を数える。〉(17.8%)
③예 거스름돈을 세다.
〈おつりを数える。〉(15.6%)
④관 <셀 수 [없으리만큼/없을 만큼/없이]>.
〈数えることが[できないだろうほど/できないほど/
できず]。〉(13.3%)

세대 몡 ★☆☆【33種のテキストで135例】
①예 전후 세대(世代).
〈戦後世代。〉(71.1%)
②예 여러 세대가 한 집에 살다.
〈様々な世代が一つ家に暮らす。〉(23.7%)

세력 몡 ★☆☆【28種のテキストで94例】
①예 보수 세력(勢力)의 반대.
〈保守勢力の反対。〉(58.5%)
②예 고구려가 한강 남쪽으로 세력을 확장하다.
〈高句麗が漢江(ハンガン)南方に勢力を拡張
する。〉(41.5%)

세련되다 혱【21種のテキストで26例】
①예 옷차림이 세련(洗練)되다.
〈身なりが洗練される。〉(65.4%)
②예 세련된 [기술/매너].
〈洗練された[技術/マナー]。〉(26.9%)

세로 몡 ☆☆★【10種のテキストで12例】
①예 상자를 세로로 세우다.
〈箱を縦に立てる。〉(100%)

세배 몡 ☆★★【7種のテキストで14例】
①예 세배(歳拝)를 [받다/하다].
〈新年の挨拶を[受ける/する]。〉(100%)

세상 몡 ★★★【136種のテキストで650例】
①예 세상(世上)에 태어나다.
〈世の中に生まれる。〉/
그런 것은 이 세상 아무데도 없다.
〈そのようなことはこの世の中のどこにもない。〉
(48.6%)
②예 세상 여론.
〈巷の声。〉(34%)

세수 몡 ☆★★【18種のテキストで26例】
①예 찬물로 세수(洗手)를 하다.
〈冷水で顔を洗う。〉(100%)

− 세요 끝【140種のテキストで1,235例】
①예 아버지는 술을 좋아하세요.
〈父はお酒が好きです。〉/
언제 집에 가세요?
〈いつ家に帰りますか?〉/
한국에 꼭 오세요.
〈韓国に必ず来てください。〉(100%)

세우다 동 ★★★【126種のテキストで477例】
①예 [학교를/회사를] 세우다.
〈[学校を/会社を]立てる。〉(23.5%)
②예 [계획을/목표를] 세우다.
〈[計画を/目標を]立てる。〉(16.6%)
③예 [국가를/정부를] 세우다.
〈[国家を/政府を]立てる。〉(15.5%)
④예 문을 나서려는 아들을 세우다.
〈ドアを出ようとする息子を止める。〉/
[버스를/차를] 세우다.
〈[バスを/車を]止める。〉(10.9%)
⑤예 [기둥을/비석을] 세우다.
〈[柱を/碑石を]立てる。〉(9.6%)
⑥예 [무릎을/허리를] 세우고 앉다.
〈[膝を/腰を]立てて座る。〉(5.5%)

세월 몡 ★★☆【74種のテキストで149例】
①예 긴 세월(歳月)이 흐르다.
〈長い歳月が流れる。〉(91.9%)

세제 몡【10種のテキストで23例】
①관 <합성 세제(洗剤)>.
〈合成洗剤。〉(60.9%)
②예 빨래나 설거지할 때 세제를 쓰다.
〈洗濯や食後の後片付けをするとき、洗剤を使う。〉
(39.1%)

세차다 혱【14種のテキストで21例】
①예 세차게 흐르는 물.
〈激しく流れる水。〉/
세찬 파도.
〈激しい波。〉(66.7%)

②예 어깨를 세차게 치다.
〈肩を強くたたく。〉/
세찬 반응.
〈強い反応。〉(33.3%)

세탁기 명 ☆★☆ 【10種のテキストで24例】
⓪예 세탁기(洗濯機)를 돌리다.
〈洗濯機を回す。〉(100%)

세포 명 ☆☆★ 【4種のテキストで5例】
⓪예 생물의 세포(細胞).
〈生物の細胞。〉(80%)

센티미터 명의 ☆☆★ 【15種のテキストで45例】
⓪예 키 170센티미터.
〈身長170センチ。〉(100%)

셈 명 ★★★ 【87種のテキストで168例】
⓪ <-ㄴ 셈> 예 큰 손해를 입은 셈이다.
〈大きな損害を被ったわけだ。〉(85.1%)

셋 주 ★★★ 【42種のテキストで77例】
⓪예 여자가 둘, 남자가 셋이다.
〈女が二人、男が三人だ。〉(100%)

셋째 주 ☆★☆ 【46種のテキストで103例】
①예 네 가지 중 셋째가 중요하다.
〈四つのうち三つ目が重要だ。〉(54.4%)
②예 셋째 [딸/아들/이유].
〈三番目の〔娘/息子/理由〕。〉(28.2%)
③예 옆집 셋째는 회사에 다니다.
〈隣の三番目の子は会社に勤めている。〉(17.5%)

-소¹ 끝 【56種のテキストで248例】
⓪예 나는 이만 가겠소.
〈私はもう行きます。〉/
무슨 일이 있소?
〈何かあったんですか？〉(100%)

소² 명 ★★★ 【33種のテキストで137例】
⓪예 소가 쟁기를 끌다.
〈牛が犁を引く。〉(98.6%)

소개 명 ☆★★ 【22種のテキストで28例】
①예 세계 문학의 소개(紹介).
〈世界文学の紹介。〉(89.3%)
②예 그를 친구에게 소개를 하다.
〈彼を友達に紹介する。〉/
안내원에게 소개를 받다.
〈案内員に紹介を受ける。〉(10.7%)

소개되다 동 【11種のテキストで16例】
⓪예 작품이 외국에 소개(紹介)되다.
〈作品が外国に紹介される。〉(100%)

소개하다 동 ★★☆ 【49種のテキストで129例】
①예 [사례를/한국의 문화를] 소개(紹介)하다.
〈〔事例を/韓国の文化を〕紹介する。〉(86.8%)
②예 그가 그녀를 나한테 소개하다.
〈彼が彼女を私に紹介する。〉(13.2%)

소금 명 ★★★ 【19種のテキストで34例】
⓪예 배추를 소금에 절이다.
〈白菜を塩に漬ける。〉(100%)

소나기 명 ☆☆★ 【16種のテキストで28例】
⓪예 소나기가 내리다.
〈にわか雨が降る。〉(96.4%)

소나무 명 ☆☆★ 【29種のテキストで59例】
⓪예 소나무 한 그루.
〈松一本。〉(100%)

소녀 명 ★★★ 【29種のテキストで171例】
⓪예 한 소녀(少女)가 다가오다.
〈一人の少女が近づいてくる。〉(100%)

소년 명 ★★★ 【43種のテキストで267例】
⓪예 소년(少年)이 환히 웃다.
〈少年が明るく笑う。〉(98.5%)

소동 명 【14種のテキストで17例】
⓪예 마을에 소동(騒動)이 일어나다.
〈村に騒動が起こる。〉(100%)

소득 명 【18種のテキストで71例】
①예 근로자의 소득(所得)이 줄다.
〈労働者の所得が減る。〉(83.1%)
②예 평화를 위해 노력을 했지만 아무 소득도
없다.〈平和のために努力をしたが、何の所得も
ない。〉(12.7%)

소란 명 【13種のテキストで15例】
⓪예 소란(騒乱)을 피우다.
〈騒ぎ立てる。〉(100%)

소리 명 ★★★ 【173種のテキストで1,666例】
①예 [개구리/바람/잔기침] 소리.
〈カエルの鳴き声。/〔風の/軽い咳の〕音。〉
(48.9%)
②예 아이들이 떠드는 소리.
〈子供たちが騒ぐ声。〉(24.2%)
③예 말도 안 되는 소리.
〈話にならないこと。〉/
쓸데없는 소리 말아라!
〈つまらないこと言うな！〉(13.5%)

소리나다 동 【24種のテキストで44例】
⓪예 소리나는 장난감.
〈音の出るおもちゃ。〉(100%)

소리내다 동 【27種のテキストで104例】
⓪예 책을 소리내어 읽다.
〈本を声を出して読む。〉(100%)

소리치다 동 【39種のテキストで70例】
⓪예 꼼짝 말라고 소리치다.
〈動くなと叫ぶ。〉(100%)

소망 명 【27種のテキストで39例】
⓪예 소망(所望)을 [갖다/이루다].
〈望みを〔持つ/なす〕。〉(100%)

소매¹ 명 ☆☆★ 【17種のテキストで19例】

①예 짧은 소매의 옷을 입다.
〈短い袖の服を着る。〉(89.5%)
②관 <소매를 걷어붙이다>.
〈袖をたくし上げる。〉(10.5%)

소매² 명【2種のテキストで6例】
⓪예 소매(小賣)로 팔다.
〈小売りで売る。〉(100%)

소문 명 ★★☆【46種のテキストで85例】
⓪예 소문(所聞)이 퍼지다.
〈うわさが広まる。〉(100%)

소박하다 형【18種のテキストで24例】
⓪예 검소하고 소박(素朴)하게 살다.
〈質素で素朴に暮らす。〉(100%)

소비 명 ☆☆★【17種のテキストで45例】
⓪예 생산과 소비(消費).
〈生産と消費。〉(100%)

소비자 명【22種のテキストで62例】
⓪예 생산자와 소비자(消費者).
〈生産者と消費者。〉(93.5%)

소설 명 ★★★【41種のテキストで337例】
①예 소설(小說)의 형식과 특징.
〈小説の形式と特徴。〉(75.7%)
②예 소설을 읽다.
〈小説を読む。〉(24.3%)

소설가 명【17種のテキストで45例】
⓪예 소설가(小說家)의 작품.
〈小説家の作品。〉(100%)

소수 명【15種のテキストで28例】
①예 소수(少數)의 의견을 존중하다.
〈少数の意見を尊重する。〉(89.3%)
②관 <소수 민족>.
〈少数民族。〉(10.7%)

소식 명 ★★★【85種のテキストで215例】
①예 소식(消息)이 없다.
〈便りがない。〉/
소식을 전하다.
〈お知らせを伝える。〉(64.7%)
②예 잘 있다는 소식을 듣다.
〈元気だという話を聞く。〉(35.3%)

소외되다 동【12種のテキストで20例】
⓪예 사회에서 소외(疏外)된 [계층/사람].
〈社会から疎外された〔階層/人〕。〉(100%)

소용 명 ☆★☆【33種のテキストで36例】
⓪예 아무 소용(所用)이 없다.
〈何の意味も無い。〉(100%)

소용돌이 명【10種のテキストで17例】
①예 전쟁의 소용돌이에 휘말리다.
〈戦争の渦に巻き込まれる。〉(64.7%)
②예 우주의 소용돌이가 일다.

〈宇宙の渦が膨張する。〉(35.3%)

소원 명 ★★☆【24種のテキストで38例】
⓪예 소원(所願)을 빌다.
〈願いを祈る。〉(100%)

소위 명【22種のテキストで69例】
⓪예 소위(所謂) 우정이라는 이름으로 사귀다.
〈いわゆる友情という名前で付き合う。〉(100%)

소유 명【11種のテキストで16例】
⓪예 부모 소유(所有)의 집.
〈親の所有の家。〉(100%)

소유하다 동【14種のテキストで18例】
⓪예 [권리를/집을/행복을] 소유(所有)하다.
〈〔権利を/家を/幸せを〕所有する。〉(100%)

소음 명【12種のテキストで22例】
⓪예 자동차 소음(騒音)이 심하다.
〈自動車の騒音がひどい。〉(100%)

소재 명【16種のテキストで48例】
⓪예 [기사의/소설의] 소재(素材).
〈〔記事の/小説の〕素材。〉(100%)

소주 명 ☆★☆【20種のテキストで42例】
⓪예 소주(燒酒)를 마시다.
〈焼酎を飲む。〉(100%)

소중하다 형 ★☆★【66種のテキストで174例】
⓪예 약속을 소중(所重)하게 여기다.
〈約束を大事に思う。〉(100%)

소중히 부【27種のテキストで43例】
⓪예 물건을 소중(所重)히 [다루다/보관하다].
〈物を大切に〔扱う/保管する〕。〉(100%)

소질 명【21種のテキストで43例】
⓪예 미술에 소질(素質)이 있다.
〈美術に素質がある。〉(100%)

소파 명 ☆★☆【17種のテキストで47例】
⓪예 소파에 앉다.
〈ソファーに座る。〉(100%)

소포 명 ☆☆★【5種のテキストで7例】
⓪예 우체국에서 소포(小包)를 부치다.
〈郵便局で小包を送る。〉(100%)

소풍 명 ☆★★【29種のテキストで62例】
⓪예 소풍(消風)을 가다.
〈遠足に行く。〉(100%)

소홀히 명【17種のテキストで20例】
⓪예 [가족을/일을] 소홀(疏忽)히 여기다.
〈〔家族を/仕事を〕なおざりにする。〉(100%)

소화 명 ☆★☆【8種のテキストで18例】
⓪예 소화(消化)가 잘 되는 음식.
〈消化の良い食べ物。〉(88.9%)

속 명 ★★★【189種のテキストで1,787例】
①예 갱 속.

〈坑道の中。〉/
땅 속 깊이 묻다.
〈地中深く埋める。〉(26.9%)

②예 [먼지/바람/안개] 속을 헤치며 나아가다.
〈[ほこり/風/霧]の中を搔き分けながら進む。〉
(17.3%)

③예 [꿈이나 이야기/오랜 역사] 속에 나타난
모습.〈[夢や物語/長い歴史]の中に現れた
姿。〉(16%)

④예 [가슴/마음] 속에서 우러나는 감동.
〈[胸/心]の中からにじみ出る感動。〉(10.1%)

⑤예 [공포/불안/어둠] 속에 떨다.
〈[恐怖/不安/闇]の中に震える。〉(9.1%)

⑥예 [사회/세상/시대] 속에서 생활하다.
〈[社会/世界/時代]の中で生活する。〉(6.2%)

속다 동 ☆☆★ 【15種のテキストで23例】
⓪예 [거짓말에/친구에게] 속다.
〈[嘘に/友達に]だまされる。〉(100%)

속담 명 ★★★ 【28種のテキストで121例】
⓪예 속담(俗談) 가운데에 재미있는 것이 많다.
〈ことわざの中に面白いものが多い。〉(100%)

속도 명 ★☆★ 【28種のテキストで60例】
⓪예 열차의 속도(速度)가 빠르다.
〈列車の速度が速い。〉(100%)

속삭이다 동 【21種のテキストで24例】
⓪예 귀에 입을 대고 속삭이다.
〈耳に口を当ててささやく。〉(100%)

속상하다 형 【14種のテキストで24例】
⓪예 일이 뜻대로 안 돼 속상(傷)하다.
〈仕事が思ったようにいかなくて悔しい。〉(100%)

속성 명 【19種のテキストで41例】
⓪예 [사물의/인간의/일의] 속성(屬性).
〈[事物の/人間の/仕事の]属性。〉(100%)

속옷 명 【16種のテキストで28例】
⓪예 속옷을 갈아입다.
〈下着を着がえる。〉(100%)

속이다 동 ★☆★ 【29種のテキストで42例】
⓪예 [남을/눈을/하늘을] 속이다.
〈[人を/目を/天を]欺く。〉(90.5%)

속하다 동 ★☆★ 【48種のテキストで91例】
①예 까마귀과에 속(屬)한 새들·
〈カラス科に属する鳥。〉/
금산은 충청남도에 속하다.
〈クムサンは、忠清南道に属する。〉(63.7%)

②예 방송부에 속한 학생들·
〈放送部に属する生徒たち。〉(20.9%)

③예 내게 속해 있는 것들을 치우다.
〈私に属しているものを片付ける。〉(14.3%)

손 명 ★★★ 【169種のテキストで964例】
⓪예 나를 향해 손을 흔들다.
〈私に向かって手を振る。〉(83.3%)

손가락 명 ★☆★ 【52種のテキストで102例】
⓪예 손가락에 반지를 끼다.
〈指に指輪をはめる。〉(99%)

손길 명 【18種のテキストで21例】
①예 주부들의 손길에 가족의 건강이 달리다.
〈主婦たちの手に家族の健康がかかっている。〉
(52.4%)

②예 부드러운 손길로 배를 쓰다듬다.
〈柔らかい手で腹をなでる。〉(33.3%)

손님 명 ★★★ 【93種のテキストで288例】
①예 가게에 손님이 많다.
〈店に客が多い。〉(58%)

②예 집들이에 손님을 청하다.
〈引っ越し祝いに客を招待する。〉(42%)

손등 명 【10種のテキストで20例】
⓪예 흐르는 눈물을 손등으로 닦다.
〈流れる涙を手の甲で拭う。〉(100%)

손목 명 ☆☆★ 【14種のテキストで22例】
⓪예 손목을 잡다.
〈手首をつかむ。〉(100%)

손바닥 명 【34種のテキストで63例】
⓪예 손바닥에 땀이 나다.
〈手のひらに汗が出る。〉(95.2%)

손발 명 【12種のテキストで15例】
①예 손발을 깨끗이 씻다.
〈手足をきれいに洗う。〉(60%)

②관 <손발(이) 맞다>.
〈息が合う。〉(33.3%)

손뼉 명 【22種のテキストで36例】
⓪예 손뼉을 치다.
〈手を叩く。〉(100%)

손수 명 【11種のテキストで16例】
①예 주부들이 손수 옷을 만들다.
〈主婦たちが手作りで服を作る。〉(68.8%)

②예 할아버지께서 손수 밥을 짓다.
〈お爺さんが自分でご飯を炊く。〉(31.3%)

손수건 명 ☆☆★ 【19種のテキストで21例】
⓪예 손수건(-手巾)으로 눈물을 닦다.
〈ハンカチで涙をぬぐう。〉(100%)

손쉽다 형 【17種のテキストで22例】
⓪예 서민들이 손쉽게 이용할 수 있는 금융
기관.〈庶民が簡単に利用できる金融機関。〉/
손쉬운 일.
〈ちょろい仕事。〉(100%)

손자 명 ☆☆★ 【23種のテキストで52例】
⓪예 아들이 손자(孫子)를 낳다.
〈息子が孫を産む。〉(96.2%)

손잡이 명 【15種のテキストで20例】
⓪예 냄비의 손잡이를 잡다.

〈鍋の取っ手をつかむ。〉(100%)

손톱 명 ☆☆★【21種のテキストで35例】
⓪예 손톱을 깎다.
〈爪を切る。〉(94.3%)

손해 명 ★☆★【27種のテキストで43例】
⓪예 손해(損害)를 보다.
〈損害をこうむる。〉(95.3%)

솔직하다 형 ☆☆★【36種のテキストで52例】
⓪예 하고 싶은 말을 솔직(率直)하게 털어놓다.
〈言いたいことを率直に打ち明ける。〉/
솔직한 심정.
〈正直な気持ち。〉(100%)

솔직히 부 【32種のテキストで45例】
⓪예 솔직(率直)히 말하다.
〈率直に言う。〉/
잘못을 솔직히 인정하다.
〈過ちを率直に認める。〉(100%)

솜 명 ☆☆★【9種のテキストで10例】
⓪예 솜을 타서 이불을 만들다.
〈綿を打って布団を作る。〉(100%)

솜씨 명 ★★★【55種のテキストで100例】
⓪예 음식 솜씨가 좋다.
〈料理の腕がいい。〉(100%)

솟구치다 동 【15種のテキストで18例】
①예 [물줄기가/새가] 솟구치다.
〈[水が/鳥が]跳ね上がる。〉(44.4%)
②예 [분노가/힘이] 솟구치다.
〈[怒りが/力が]湧き上がる。〉(44.4%)
③예 몸을 솟구치다.
〈体を跳ね上げる。〉(11.1%)

솟다 동 ☆☆★【32種のテキストで38例】
①예 [건물이/누각이] 우뚝 솟다.
〈[建物が/楼閣が]そびえる。〉(42.1%)
②예 [분노가/용기가/힘이] 솟다.
〈[怒りが/勇気が/力が]湧く。〉(34.2%)
③예 [두드러기가/힘줄이] 솟다.
〈[ジンマシンが/筋が]出る。〉(10.5%)

솟아오르다 동 【14種のテキストで16例】
①예 연기가 하늘로 솟아오르다.
〈煙が空に舞い上がる。〉(37.5%)
②예 [땀이/샘이] 솟아오르다.
〈[汗が/泉が]勢いよく出る。〉(18.8%)
③예 [건물이/땅이] 솟아오르다.
〈建物がそびえ立つ。/地が盛り上がる。〉
(18.8%)
④예 [분노가/용기가/힘이] 솟아오르다.
〈[怒りが/勇気が/力が]湧き上がる。〉(12.5%)

송아지 명 【10種のテキストで22例】
⓪예 송아지가 어미소의 젖을 빨다.

〈子牛が母親の牛の乳を吸う。〉(100%)

송이 명 【21種のテキストで34例】
⓪예 꽃 한 송이.
〈花一輪。〉(85.3%)

송편 명 ☆★★【13種のテキストで27例】
⓪예 송(松)편을 먹다.
〈ソンピョン(松餅)26)を食べる。〉(100%)

솥 명 ☆☆★【10種のテキストで15例】
⓪예 쌀을 씻어 솥에 안치다.
〈米をといで釜にしかける。〉(100%)

쇠 명 ☆☆★【10種のテキストで22例】
①예 용광로에선 단단한 쇠도 녹는다.
〈溶鉱炉では丈夫な鉄も溶ける。〉(63.6%)
②예 쇠로 만든 그릇.
〈鉄で作った器。〉(36.4%)

쇼핑 명 ☆★☆【3種のテキストで3例】
⓪예 백화점에서 쇼핑을 하다.
〈デパートでショッピングする。〉(100%)

수[1] 명의 ★★★【213種のテキストで6,957例】
⓪ <-ㄹ/-을 수(가) [있다/없다]>
예 다시 만들 수 있다.
〈また作ることができる。〉(97.1%)

수[2] 명 ★★★【61種のテキストで163例】
①예 [돼지/사람/물건의] 수(數).
〈[豚の/人の/物の]数。〉(81%)
②예 수에는 홀수와 짝수가 있다.
〈数には奇数と偶数がある。〉(12.9%)

수건 명 ☆☆★【21種のテキストで31例】
⓪예 수건(手巾)으로 몸을 닦다.
〈タオルで体をふく。〉(100%)

수고 명 ☆☆★【13種のテキストで17例】
⓪예 수고가 많다.
〈ご苦労だ。〉/
수고를 하다.
〈労を取る。〉(100%)

수고하다 동 ☆★☆【24種のテキストで34例】
⓪예 준비하느라 수고하다.
〈準備するために骨をおる。〉(100%)

수다 명 【13種のテキストで19例】
⓪예 수다를 [떨다/피우다].
〈おしゃべりをする。/おしゃべりに花を咲かせる。〉
(100%)

수단 명 ★★☆【39種のテキストで87例】
⓪예 [표현의/출세의] 수단(手段).
〈[表現の/出世の]手段。〉(98.9%)

수도[1] 명 ☆☆★【10種のテキストで19例】
⓪예 수도(水道)가 얼다.

---
26) ソンピョン(松餅)：韓国のあんこ餅。

〈水道が凍る。〉(100%)

수도² 명【7種のテキストで15例】
◎예 한국의 수도(首都)인 서울.
〈韓国の首都であるソウル。〉(100%)

수도꼭지 명【14種のテキストで28例】
◎예 수도(水道)꼭지를 틀다.
〈蛇口をひねる。〉(100%)

수돗물 명【11種のテキストで36例】
◎예 대야에 수돗물(水道-)을 받다.
〈たらいに水道水を受ける。〉(100%)

수립하다 동【14種のテキストで20例】
◎예 [계획을/국가를/전략을] 수립(樹立)하다.
〈[計画を/国家を/戦略を]樹立する。〉(100%)

수많다 형 ★☆☆【62種のテキストで112例】
◎예 수(數)많은 [말/학생들].
〈数多くの[言葉/学生ら]。〉(100%)

수명 명 ☆★☆【10種のテキストで21例】
①예 남성의 평균 수명(壽命).
〈男性の平均寿命。〉(85.7%)
②예 건물의 수명.
〈建物の寿命。〉(14.3%)

수박 명 ☆★★【16種のテキストで25例】
◎예 수박을 먹다.
〈スイカを食べる。〉(96%)

수백 수【26種のテキストで30例】
①예 수백(數百) 명의 시민.
〈数百名の市民。〉(90%)
②예 수백의 사람들이 몰려들다.
〈数百の人たちが詰めかける。〉(10%)

수법 명【12種のテキストで31例】
①예 소설의 묘사 수법(手法).
〈小説の描写の手法。〉/
석기를 만드는 수법.
〈石器を作る手法。〉(67.7%)
②예 [사람을 속이는/일 처리] 수법.
〈[人を欺く/仕事の処理の]手法。〉(32.3%)

수상 명 ☆☆★【7種のテキストで17例】
◎예 영국 수상(首相).
〈英国の首相。〉(100%)

수수께끼 명【13種のテキストで24例】
①예 수수께끼를 맞히다.
〈謎を解き明かす。〉(62.5%)
②예 사건의 수수께끼가 풀리다.
〈事件の謎が解ける。〉(37.5%)

수술 명 ☆★★【18種のテキストで65例】
◎예 병원에서 수술(手術)을 받다.
〈病院で手術を受ける。〉(98.5%)

수시로 부【14種のテキストで15例】
◎예 수시(隨時)로 나를 찾아오다.

〈隨時私を訪ねて来る。〉(100%)

수십 수【32種のテキストで46例】
◎예 수십(數十) 개의 북을 치다.
〈数十個の太鼓をたたく。〉(100%)

수업 명 ★★★【51種のテキストで144例】
◎예 선생님은 수업(授業)을 세미나 식으로 하다.〈先生は授業をセミナー式でする。〉(100%)

수없이 부【25種のテキストで40例】
◎예 확실해질 때까지 수(數)없이 검토하다.
〈確実になるまで数限りなく検討する。〉(100%)

수염 명 ☆☆★【22種のテキストで34例】
①예 수염(鬚髥)이 [길다/나다].
〈ひげが[長い/生える]。〉(76.5%)
②예 고양이의 수염.
〈猫のひげ。〉(20.6%)

수영 명 ☆★★【28種のテキストで48例】
◎예 바다에서 수영(水泳)을 하다.
〈海で泳ぐ。〉(100%)

수영장 명 ☆★☆【14種のテキストで26例】
◎예 실내 수영장(水泳場).
〈室内水泳場。〉(100%)

수영하다 동 ☆★☆【4種のテキストで6例】
◎예 수영(水泳)할 줄 알다.
〈泳げる。〉(100%)

수요 명 ☆☆★【12種のテキストで33例】
◎예 수요(需要)와 공급.
〈需要と供給。〉(100%)

수요일 명 ☆★★【9種のテキストで12例】
◎예 수요일(水曜日).
〈水曜日。〉(100%)

수용하다¹ 동【11種のテキストで23例】
◎예 [비판을/여론을/의견을] 수용(受容)하다.
〈[批判を/世論を/意見を]受容する。〉(100%)

수용하다² 동【3種のテキストで3例】
◎예 [고아를/포로를] 수용(收容)하다.
〈[孤児を/捕虜を]収容する。〉(100%)

수입¹ 명 ★☆☆【16種のテキストで40例】
◎예 근로자들의 수입(收入)이 줄다.
〈労働者たちの収入が減る。〉(92.5%)

수입² 명【15種のテキストで79例】
①예 원자재 수입(輸入)이 늘어나다.
〈原材料輸入が増える。〉(81%)
②관 <수입 개방>.
〈輸入開放。〉(13.9%)

수입하다 동【14種のテキストで53例】
◎예 [쌀을/원료를] 수입(輸入)하다.
〈[米を/原料を]輸入する。〉(98.1%)

수저 명【15種のテキストで23例】

①㉠ 아버지가 먼저 수저를 들다.
〈父が先ず箸を手にする。〉(56.5%)

②㉠ 상에 수저를 나란히 놓다.
〈お膳に匙と箸を並べて置く。〉(43.5%)

수정 명 ☆☆★【14種のテキストで19例】

⓪㉠ 문건의 수정(修正)이 필요하다.
〈書類の修正が必要である。〉(100%)

수준 명 ★★☆【47種のテキストで120例】

⓪㉠ 수준(水準) 높은 인적 자원.
〈レベルの高い人的資源。〉(93.3%)

수천 주【17種のテキストで22例】

⓪㉠ 수천(數千) 년의 세월이 흐르다.
〈数千年の歳月が流れる。〉(95.5%)

수출 명 ★☆☆【12種のテキストで68例】

⓪㉠ 수출(輸出)을 하다.
〈輸出をする。〉(98.5%)

수출하다 동【12種のテキストで41例】

⓪㉠ [쌀을/원유를] 수출(輸出)하다.
〈[米を/原油を]輸出する。〉(97.6%)

수표 명 ☆☆★【4種のテキストで5例】

⓪㉠ 수표(手票)를 발행하다.
〈小切手を発行する。〉(100%)

수학 명 ★★☆【24種のテキストで48例】

⓪㉠ 수학(數學) [교사/성적].
〈数学[教師。/成績]。〉(100%)

수행하다 동 ★☆☆【17種のテキストで48例】

⓪㉠ [역할을/의무를/작업을] 수행(遂行)하다.
〈[役割を/義務を/作業を]遂行する。〉(100%)

수화기 명【20種のテキストで53例】

⓪㉠ 전화 수화기(受話器)를 들다.
〈電話の受話器を取る。〉(100%)

숙소 명【13種のテキストで18例】

⓪㉠ 숙소(宿所)에 머무르다.
〈宿舎に泊まる。〉(100%)

숙이다 동【51種のテキストで85例】

⓪㉠ [머리를/몸을] 낮게 숙이다.
〈[頭を/体を]低く下げる。〉(96.5%)

숙제 명 ★★★【35種のテキストで91例】

⓪㉠ 아이들이 숙제(宿題)를 하다.
〈子供たちが宿題をする。〉(95.6%)

순간¹ 명 ★★★【88種のテキストで271例】

①㉠ 그를 보는 순간(瞬間) 깜짝 놀라다.
〈彼を見た瞬間、びっくりする。〉(76%)

②㉠ 한 순간의 동작.
〈一瞬の動作。〉(24%)

순간² 부【29種のテキストで47例】

⓪㉠ 순간(瞬間) 숨이 막히다.
〈瞬間息が詰まる。〉(100%)

순간적 명【14種のテキストで16例】

⓪㉠ 순간적(瞬間的)으로 판단하다.
〈瞬間的に判断する。〉/
순간적인 일.
〈瞬間的なこと。〉(100%)

순경 명 ☆☆★【8種のテキストで18例】

⓪㉠ 순경(巡警)이 순찰을 하다.
〈巡査が見回りをする。〉(100%)

순서 명 ★★☆【51種のテキストで121例】

①㉠ 발표할 순서(順序)를 기다리다.
〈発表する順番を待つ。〉(50.4%)

②㉠ [도착한/키] 순서대로 앉다.
〈[到着した/身長]順に座る。〉(49.6%)

순수 명【11種のテキストで41例】

①㉠ 어린이의 순수(純粹)를 지키다.
〈子供の純粋を守る。〉(85.4%)

②㉡ <순수 이성>.
〈純粋理性。〉(12.2%)

순수하다 형 ★☆☆【35種のテキストで61例】

①㉠ 순수(純粹)한 우리말을 찾다.
〈純粋な国語を探す。〉(57.4%)

②㉠ 젊은이들의 순수한 열정.
〈若者たちの純粋な情熱。〉(42.6%)

순식간 명【16種のテキストで16例】

⓪㉠ 순식간(瞬息間)에 사고가 나다.
〈またたく間に事故が起こる。〉(100%)

순진하다 형【15種のテキストで19例】

⓪㉠ [생각이/아이가] 순진(純眞)하다.
〈[考えが/子供が]純真だ。〉(100%)

숟가락 명 ☆★★【20種のテキストで26例】

⓪㉠ 숟가락으로 밥을 먹다.
〈匙でご飯を食べる。〉(96.2%)

술 명 ★★★【73種のテキストで343例】

⓪㉠ 술을 마시다.
〈酒を飲む。〉/
술에 취하다.
〈酒に酔う。〉(100%)

술잔 명【12種のテキストで24例】

①㉠ 술잔(-盞)에 술을 따르다.
〈杯に酒を注ぐ。〉(87.5%)

②㉡ <술잔을 기울이다>.
〈杯を傾ける。〉(12.5%)

술집 명 ☆☆★【22種のテキストで35例】

⓪㉠ 술집에서 술을 마시다.
〈飲み屋で酒を飲む。〉(100%)

숨 명 ★★★【70種のテキストで119例】

①㉠ 숨을 들이쉬다.
〈息を吸う。〉(70.6%)

②㉡ <숨(이) 차다>.
〈息が切れる。〉(8.4%)

③관 <숨(이) 막히다> 예 숨 막히는 접전.
〈息の詰まるような接戦。〉(6.7%)

숨기다 동 ★★☆【50種のテキストで73例】
①예 친구에게 사실을 숨기다.
〈友人に事実を隠す。〉(43.8%)
②예 돈을 꼭꼭 숨기다.
〈お金をしっかり隠す。〉/
원고를 안주머니에 숨기다.
〈原稿を内ポケットに隠す。〉(37%)
③예 숲으로 몸을 숨기다.
〈森に身を潜める。〉(19.2%)

숨다 동 ★☆★【53種のテキストで105例】
①예 아이가 [뒤에/집으로] 숨다.
〈子供が〔後に/家に〕隠れる。〉(43.8%)
②예 이 글에는 비난이 숨어 있다.
〈この文には非難が隠れている。〉(30.5%)
③예 숨어 [생활하다/지내다].
〈隠れて〔生活する/暮らす〕。〉(18.1%)

숨바꼭질 명【11種のテキストで15例】
①예 시위대가 경찰과 숨바꼭질을 되풀이하다.
〈デモ隊が警察とかくれんぼうを繰り返す。〉
(66.7%)
②예 아이들이 숨바꼭질 놀이를 하다.
〈子供たちがかくれんぼうをする。〉(33.3%)

숫자 명 ★☆☆【35種のテキストで85例】
①예 6보다 더 큰 숫자(數字).
〈六よりもっと大きい数。〉(74.1%)
②예 상당한 숫자의 희생자가 발생하다.
〈相当な数の犠牲者が発生する。〉(25.9%)

숱하다 형【19種のテキストで28例】
①예 개울가에 숱한 산딸기나무.
〈小川のほとりに多いクマイチゴ。〉(78.6%)
②예 숱하게 고생을 하다.
〈数え切れないほど苦労をする。〉(10.7%)
③예 그런 사고를 숱하게 보다.
〈そんな事故を数多く見る。〉(10.7%)

숲 명 ★★★【57種のテキストで165例】
⓪예 숲이 울창하다.
〈森がうっそうとする。〉(100%)

쉬다¹ 동 ★★★【98種のテキストで219例】
①예 피곤해서 쉬다.
〈疲れて休む。〉/
뛰다가 지치면 쉬고, 쉬었다가 다시 뛰다.
〈走って疲れたら休んで、休んでからまた走る。〉
(65.8%)
②예 [가게가/학교가] 쉬다.
〈〔お店が/学校が〕休む。〉(11.4%)
③예 감기로 학교를 쉬다.
〈風邪で学校を休む。〉/
겨울철에 농사를 쉬다.
〈冬に農作業を休む。〉(8.2%)

쉬다² 동【38種のテキストで50例】

①예 숨을 쉬다.
〈息をする。〉(46%)
②예 길게 한숨을 쉬다.
〈長くため息をつく。〉(44%)

쉰 주 ☆★★【13種のテキストで21例】
①예 쉰 [명/사람/살].
〈五十〔名/人/歳〕。〉(61.9%)
②예 나이가 올해 쉰이 되다.
〈歳が今年五十になる。〉(38.1%)

쉽다 형 ★★★【148種のテキストで492例】
①예 모습을 쉽게 알아보다.
〈姿を簡単に見分ける。〉/
쉽게 물러서지 않다.
〈簡単に退かない。〉(45.7%)
②예 [단어가/문제가/시험이] 쉽다.
〈〔単語が/問題が/試験が〕易しい。〉/
하기 쉬운 일.
〈容易い仕事。〉(29.5%)
③ <-기(가) 쉽다> 예 인쇄가 잘못 되었기 쉽다.
〈印刷が間違っていた可能性が多い。〉/
아마, 안 돌아오기 쉽다.
〈多分、戻って来ない可能性が多い。〉(12.8%)

쉽사리 부【11種のテキストで16例】
⓪예 어려운 일인데 쉽사리 [해결하다/해내다].
〈難しいことなのに、簡単に〔解決する/やっての
ける〕。〉(100%)

슈퍼마켓 명【11種のテキストで16例】
⓪예 슈퍼마켓에서 물건을 사다.
〈スーパーで買物をする。〉(100%)

스님 명 ☆☆★【20種のテキストで97例】
①예 스님이 불공을 드리다.
〈僧侶が仏を供養する。〉(80.4%)
②예 [법정/원효] 스님.
〈〔法頂(ポップチョン)/元暁(ウォニョ)〕僧侶。〉
(19.6%)

스며들다 동【15種のテキストで19例】
①예 [물이/빛이/바람이/향기가] 방으로 스며들
다.〈〔水が/光が/風が/香りが〕部屋に染みこむ。〉
(68.4%)
②예 [예감이/한기가] 몸으로 스며들다.
〈〔予感が/寒気が〕体に染みこむ。〉(21.1%)
③예 외국의 문화가 삶에 스며들다.
〈外国の文化が生活に染みこむ。〉(10.5%)

스무 관 ☆★☆【29種のテキストで46例】
⓪예 스무 [개/살/해].
〈二十個。/はたち。/二十年。〉(100%)

스물 주 ★★★【49種のテキストで113例】
①예 스물 한 살.
〈二十一歳。〉/
스물 댓 걸음.
〈二十五歩ぐらい。〉(68.1%)
②예 나이가 스물이다.

〈年がはたち(二十歳)だ。〉(31.9%)

스스로¹ 🔠 ★☆☆【98種のテキストで250例】
① 例 아동 스스로 반성하다.
〈児童自ら反省する。〉(40.4%)
② 例 친구를 얻으려 스스로 남의 친구가 되다.
〈友達を得ようと自ら人の友達になる。〉(28.8%)
③ 例 스스로 빛을 내는 별.
〈自ら光を出す星。〉(24.8%)

스스로² 몡 ★☆☆【57種のテキストで102例】
⓪ 例 자기 일을 스스로가 알아서 해결하다.
〈自分のことを自分で適当に解決する。〉(100%)

스승 몡【27種のテキストで60例】
⓪ 例 스승의 은혜.
〈師の恩。〉(100%)

스위치 몡【10種のテキストで22例】
⓪ 例 스위치를 [내리다/켜다].
〈スイッチを[おろす/つける]。〉(100%)

스치다 동 ★☆☆【33種のテキストで50例】
① 例 머리칼이 얼굴에 스치다.
〈髪が顔に触れる。〉/
그가 내 옆을 스쳐 뛰어가다.
〈彼が私のそばをかすめて走って行く。〉(40%)
② 例 기억이 머리를 빠르게 스치다.
〈記憶が頭を素早くかすめる。〉/
얼굴에 실망의 빛이 스치고 지나가다.
〈顔に失望の色がよぎる。〉(38%)
③ 例 바람이 얼굴을 스치다.
〈風が顔をかすめる。〉/
코끝을 스치는 냄새.
〈鼻先をかすめるにおい。〉(18%)

스키 몡 ☆★☆【3種のテキストで4例】
① 例 골프와 스키를 즐기다.
〈ゴルフとスキーを楽しむ。〉(75%)
② 例 스키를 타다.
〈スキーをする。〉(25%)

스타일 몡【13種のテキストで32例】
① 例 자기 스타일대로 살다.
〈自分のスタイルどおりに生きる。〉(46.9%)
② 例 작가의 글 스타일.
〈作家の文章スタイル。〉(21.9%)
③ 例 유럽 스타일의 축구.
〈ヨーロッパスタイルのサッカー。〉(15.6%)

스트레스 몡 ☆★☆【14種のテキストで37例】
⓪ 例 스트레스를 [받다/풀다].
〈ストレスを[受ける/解く]。〉(100%)

스포츠 몡【14種のテキストで20例】
⓪ 例 스포츠 [선수/정신].
〈スポーツ[選手/精神]。〉(100%)

슬그머니 🔠【21種のテキストで27例】
① 例 슬그머니 집을 빠져나오다.
〈こっそり家を抜け出す。〉(88.9%)

② 例 슬그머니 [걱정되다/화가 나다].
〈何気に[心配になる/腹が立つ]。〉(11.1%)

슬기 몡【12種のテキストで35例】
⓪ 例 지혜와 슬기를 모으다.
〈知恵と英知を集める。〉(100%)

슬기롭다 혱【16種のテキストで27例】
⓪ 例 어려움에 슬기롭게 대처하다.
〈困難に賢明に対処する。〉(100%)

슬쩍 🔠【16種のテキストで20例】
① 例 슬쩍 [떠보다/물어 보다].
〈こっそり[探る/聞いてみる]。〉(40%)
② 例 슬쩍 [끼어들다/빠져나오다].
〈こっそり[割り込む/抜け出す]。〉(35%)
③ 例 슬쩍 [밀어올리다/치다].
〈そっと[押し上げる/たたく]。〉(20%)

슬퍼하다 동【13種のテキストで21例】
⓪ 例 가족을 잃고 슬퍼하다.
〈家族を失って悲しむ。〉(100%)

슬프다 혱 ★★★【55種のテキストで114例】
① 例 퇴직한 아버지의 모습이 안쓰럽고 슬프다.
〈退職した父の姿が痛ましく悲しい。〉(49.1%)
② 例 슬픈 광경에 눈물을 흘리다.
〈悲しい光景に涙を流す。〉/
슬픈 일을 당하다.
〈悲しい目にあう。〉(48.2%)

슬픔 몡【39種のテキストで59例】
⓪ 例 슬픔 속에서 헤어 나오다.
〈悲しみの中からはい上がる。〉(100%)

습관 몡 ★★☆【40種のテキストで97例】
⓪ 例 습관(習慣)이 되다.
〈習慣になる。〉(100%)

습기 몡 ☆☆★【6種のテキストで9例】
⓪ 例 습기(濕氣)가 차다.
〈じめじめする。〉(100%)

습니까 🔠【112種のテキストで874例】
⓪ 例 무엇을 먹습니까?
〈何を食べますか?〉(100%)

습니다 🔠【169種のテキストで9,506例】
⓪ 例 날씨가 덥습니다.
〈暑いです。〉(100%)

승려 몡【11種のテキストで21例】
⓪ 例 절에서 수행하는 승려(僧侶)들.
〈寺で修行するお坊さんたち。〉(100%)

승리 몡【21種のテキストで32例】
⓪ 例 [경기에서/전투에서] 승리(勝利)를 거두
다.〈[試合で/戦闘で]勝利を収める。〉(100%)

승용차 몡【25種のテキストで41例】
⓪ 例 승용차(乘用車)를 이용하다.
〈乗用車を利用する。〉(100%)

─ 시 ─¹ 끝 【195種のテキストで4,635例】

⓪예 일하시다.
〈仕事をなさる。〉/
키가 크시다.
〈背がお高い。〉(100%)

시² 명 ★★★ 【109種のテキストで520例】

⓪예 여덟 시(時)까지 일을 하다.
〈八時まで仕事をする。〉(99.6%)

시³ 명 【64種のテキストで439例】

⓪예 김소월의 시(詩)를 읽다.
〈金素月の詩を読む。〉(100%)

시각¹ 명 【23種のテキストで56例】

⓪예 사회를 보는 작가의 시각(視角).
〈社会を見る作家の視角。〉(100%)

시각² 명 ★☆☆ 【30種のテキストで44例】

⓪예 해가 뜨는 시각(時刻).
〈日が昇る時刻。〉(95.5%)

시간 명 ★★★ 【194種のテキストで1,533例】

①예 시간(時間)이 [지나다/흐르다].
〈時間が〔過ぎる/流れる〕。〉(38.2%)

②예 [근무/수업/휴식] 시간.
〈〔勤務/授業/休息〕時間。〉(21.1%)

③예 다섯 시간.
〈五時間。〉(13.6%)

④예 같은 날 같은 시간에 동시에 출발하다.
〈同じ日、同じ時間に同時に出発する。〉(12.2%)

시계 명 ★★★ 【49種のテキストで119例】

⓪예 시계(時計)를 [보다/차다].
〈時計を〔見る/はめる〕。〉(100%)

시골 명 ★★★ 【62種のテキストで134例】

①예 도시를 떠나 시골로 가다.
〈都市を離れて田舎に行く。〉(57.5%)

②예 서울보다 시골에 살고 싶다.
〈ソウルより田舎に住んでみたい。〉(22.4%)

③예 추석에 시골에 다녀오다.
〈秋夕(チュソク)27)に田舎に行って来る。〉(20.1%)

시기 명 ★☆☆ 【55種のテキストで115例】

⓪예 청소년기는 중요한 시기(時期)이다.
〈青少年期は重要な時期だ。〉(100%)

시끄럽다 형 ★★★ 【44種のテキストで63例】

①예 [교실이/사무실이] 시끄럽다.
〈〔教室が/事務室が〕うるさい。〉(85.7%)

②예 일이 두고두고 시끄럽게 생기다.
〈ことがいつまでも騒がしくなりそうだ。〉(11.1%)

시내 명 ★★★ 【43種のテキストで77例】

⓪예 시내(市內)로 나오다.
〈市内に出てくる。〉(90.9%)

시냇물 명 【15種のテキストで20例】

⓪예 시냇물이 흐르다.
〈小川が流れる。〉(100%)

시늉 명 【21種のテキストで28例】

⓪예 알았다는 시늉을 하다.
〈分かったという仕草をする。〉(100%)。

시다¹ 형 ☆☆★ 【6種のテキストで7例】

①예 레몬의 신 맛.
〈レモンの酸っぱい味。〉(85.7%)

②예 김치가 시어 터지다.
〈キムチが酸っぱくて歯にしみる。〉(14.3%)

시다² 형 【1種のテキストで1例】

⓪예 발목이 시다.
〈足首がずきずきする。〉(100%)

시달리다 동 【36種のテキストで45例】

⓪예 [소음에/아이에게] 시달리다.
〈〔騒音に/子供に〕悩まされる。〉(100%)

시대 명 ★★★ 【102種のテキストで746例】

①예 [로마/삼국] 시대(時代).
〈〔ローマ/三国〕時代。〉(69.6%)

②예 [개성/개인주의/과학 만능/자아 상실/정보화] 시대.〈〔個性/個人主義/科学万能/自我の喪失/情報化〕時代。〉(27.1%)

시대적¹ 관 【13種のテキストで20例】

⓪예 시대적(時代的) [상황/흐름].
〈時代的〔状況/流れ〕。〉(100%)

시대적² 명 【4種のテキストで7例】

⓪예 시대적(時代的)인 [경향/배경].
〈時代的な〔傾向/背景〕。〉/
시대적으로 구분하다.
〈時代的に区分する。〉(100%)

시도 명 【13種のテキストで15例】

⓪예 새로운 시도(試圖)를 하다.
〈新たな試みをする。〉(100%)

시도하다 동 【17種のテキストで22例】

⓪예 [가출을/침략을/탈출하려고] 시도(試圖)하다.〈〔家出を/侵略を/脱出しようと〕試みる。〉(100%)

시들다 동 【12種のテキストで19例】

①예 꽃이 시들다.
〈花がしおれる。〉(84.2%)

②예 시들어 가는 나의 젊음.
〈しおれて行く私の若さ。〉(10.5%)

시련 명 【14種のテキストで20例】

⓪예 큰 시련(試鍊)을 겪다.
〈大きな試練を経る。〉(100%)

시멘트 명 【18種のテキストで25例】

⓪예 시멘트를 자갈과 모래와 섞다.

---

27) 一番大きい満月の出る旧暦8月15日。祖先祭祀や墓参をはじめとする行事が行われる。

〈セメントを砂利や砂と混ぜる。〉(100%)

시민 명 ★★☆【30種のテキストで141例】
① 예 학생과 시민(市民)들이 시위에 나서다.
〈学生と市民たちがデモに乗り出す。〉/
영국 시민들.
〈英国の市民。〉(53.9%)
② 예 [서울/수원] 시민.
〈[ソウル/水原]市民。〉(46.1%)

시선 명【46種のテキストで106例】
① 예 둘의 시선(視線)이 마주치다.
〈二人の視線が合う。〉(78.3%)
② 예 외면의 시선으로 마다하다.
〈そっぽをむいて拒む。〉/
감시하는 어른들의 시선.
〈監視する大人たちの視線。〉(21.7%)

시설 명 ★★☆【43種のテキストで162例】
⓪ 예 [공장/복지/편의] 시설(施設)을 짓다.
〈[工場/福祉/便益]施設を建てる。〉(100%)

시시하다 형【13種のテキストで15例】
⓪ 예 [사는 게/일이] 시시하다.
〈[生きるのが/仕事が]つまらない。〉(93.3%)

시야 명【19種のテキストで25例】
① 예 시야(視野)가 확 트이다.
〈視野がぱっと開ける。〉/
시야를 가로막다.
〈視野を遮る。〉(60%)
② 예 사물을 보는 시야를 넓히다.
〈物事を見る視野を広げる。〉(40%)

시원하다 형 ★★★【65種のテキストで106例】
① 예 바람이 시원하다.
〈風が涼しい。〉(55.7%)
② 예 김치 국물이 시원하다.
〈キムチの汁がさっぱりしている。〉/
시원한 콩나물국.
〈あっさりした豆もやしスープ。〉(17.9%)
③ 예 마음이 시원하다.
〈心がさわやかだ。〉(11.3%)

시월 명 ☆★★【27種のテキストで50例】
⓪ 예 시월(十月)로 접어들다.
〈十月に差しかかる。〉(100%)

시위 명【19種のテキストで67例】
⓪ 예 [촛불/침묵] 시위(示威)를 하다.
〈[ろうそく/沈黙]デモをする。〉(97%)

시인 명 ☆☆★【39種のテキストで153例】
⓪ 예 시인(詩人)으로 데뷔하다.
〈詩人としてデビューする。〉(100%)

시작 명 ☆★★【58種のテキストで87例】
⓪ 예 수업 시작(始作)을 알리다.
〈授業の始まりを知らせる。〉(92%)

시작되다 동 ★★☆【98種のテキストで227例】

⓪ 예 9시에 [시험이/일과가] 시작(始作)되다.
〈9時に[試験が/日課が]始まる。〉(100%)

시작하다 동 ★★★【176種のテキストで964例】
① <-기 시작하다> 예 눈이 내리기 시작하다.
〈雪が降り始める。〉(71.4%)
② 예 [연극을/일을/집회를/회견을] 시작(始作)하다.〈[演劇を/仕事を/集会を/会見を]始める。〉
(24.9%)

시장 명 ★★★【78種のテキストで388例】
① 예 시장(市場)에서 장을 보다.
〈市場で買い物をする。〉(62.7%)
② 예 [곡물/수출/원자재] 시장.
〈[穀物/輸出/原材料]市場。〉(32.4%)

시절 명 ★★☆【91種のテキストで324例】
① 예 [신입/졸병] 시절(時節).
〈[新入/一兵卒]時代。〉(76.9%)
② 예 시절을 잘 만나다.
〈良い時代に巡り会う。〉/
호랑이 담배 피우던 시절.
〈虎がタバコを吸っていた時代。〉(18.8%)

시점¹ 명【12種のテキストで23例】
⓪ 예 과거의 어느 시점(時點)으로 돌아가다.
〈過去のある時点に帰る。〉(100%)

시점² 명【5種のテキストで13例】
① 예 [등장 인물의/주인공의] 시점(視點).
〈[登場人物の/主人公の]視点。〉(61.5%)
② 예 긍정적인 시점을 취하다.
〈肯定的な視点を容れる。〉(38.5%)

시집¹ 명 ☆★★【23種のテキストで49例】
① 관 <시집(을) [가다/보내다/오다]>.
〈嫁に行く。/嫁にやる。/嫁ぐ。〉(87.8%)
② 예 시집(媤-)의 식구들.
〈嫁ぎ先の家族。〉(12.2%)

시집² 명【12種のテキストで40例】
⓪ 예 시집(詩集)을 읽다.
〈詩集を読む。〉(100%)

시집가다 동【22種のテキストで32例】
⓪ 예 누나가 시(媤)집가다.
〈お姉さんが嫁に行く。〉(100%)

시청¹ 명 ★★☆【12種のテキストで21例】
⓪ 예 시청(市廳)에 근무하다.
〈市役所に勤務する。〉(100%)

시청² 명【2種のテキストで12例】
⓪ 예 텔레비전 시청(視聽) 시간.
〈テレビ視聴時間。〉(100%)

시체 명【14種のテキストで31例】
⓪ 예 시체(屍體)를 공동 묘지에 묻다.
〈死体を共同墓地に埋める。〉(100%)

시커멓다 형【16種のテキストで21例】

⓪예 시커멓게 때가 끼다.
〈真っ黒に垢がつく。〉/
얼굴이 시커멓다.
〈顔が真黒だ。〉(85.7%)

시키다 〔동〕 ★★★【107種のテキストで218例】
①예 아이에게 [공부를/자습을] 시키다.
〈子供に勉強を/自習を]させる。〉/
시키는 대로 하다.
〈言われたとおりにする。〉(50.5%)
②예 식당에서 [맥주를/짜장면을] 시키다.
〈食堂で[ビールを/ジャージャー麺を]注文する。〉
(12.4%)
③예 어머니를 병원에 입원을 시키다.
〈母を病院に入院をさせる。〉/
아이를 훈련을 시키다.
〈子供を訓練をさせる。〉(11.9%)
④예 [망신을/소화를] 시키다.
〈恥をかかせる。/消化をさせる。〉(7.8%)

시합 〔명〕 ☆★☆【13種のテキストで19例】
⓪예 축구 시합(試合)을 하다.
〈サッカーの試合をする。〉(100%)

시험 〔명〕 ★★★【58種のテキストで230例】
⓪예 운전 시험(試験)을 보다.
〈運転試験を受ける。〉(97%)

식¹ 〔명〕 ★☆☆【62種のテキストで150例】
⓪ <- [식의 ~/식으로]
예 그런 식(式)의 착각은 흔하다.
〈そういった風な錯覚は珍しくない。〉/
그런 식으로 하지 마.
〈そんな風にするな。〉(100%)

－식² 〔접〕【20種のテキストで29例】
⓪예 [재래/한국]식(式).
〈〔在来/韓国]式。〉(100%)

식구 〔명〕 ★★★【60種のテキストで129例】
⓪예 집의 온 식구(食口)가 다 모이다.
〈家の家族全員がそろう。〉(87.6%)

식다 〔동〕 ☆☆★【30種のテキストで33例】
①예 [국이/더위가/지열이] 식다.
〈汁が/暑さが/地熱が]冷める。〉(78.8%)
②예 [분위기가/사랑이] 식다.
〈雰囲気が/恋が]冷める。〉(21.2%)

식당 〔명〕 ★★★【34種のテキストで87例】
⓪예 식당(食堂)에서 점원으로 일하다.
〈食堂で店員として働く。〉(90.8%)

식량 〔명〕【14種のテキストで65例】
⓪예 식량(食糧)이 부족하다.
〈食糧が不足する。〉(100%)

식물 〔명〕 ★☆☆【25種のテキストで54例】
⓪예 정원에 식물(植物)을 가꾸다.
〈庭園に植物を育てる。〉(100%)

식민지 〔명〕【14種のテキストで68例】

⓪예 식민지(植民地) 시대.
〈植民地時代。〉(100%)

식사 〔명〕 ★★★【66種のテキストで164例】
⓪예 아침 식사(食事)를 하다.
〈朝食をとる。〉(100%)

식사하다 〔동〕 ☆★☆【20種のテキストで49例】
⓪예 신문을 보며 식사(食事)하다.
〈新聞を見ながら食事する。〉(100%)

식탁 〔명〕 ☆★☆【28種のテキストで55例】
①예 음식들을 식탁(食卓)에 놓다.
〈食べ物を食卓に並べる。〉(69.1%)
②예 아침 식탁을 거들다.
〈朝の食卓準備を手伝う。〉(30.9%)

식품 〔명〕 ★★☆【15種のテキストで37例】
⓪예 가공 식품(食品).
〈加工食品。〉(100%)

신¹ 〔명〕【35種のテキストで114例】
⓪예 신(神)을 믿다.
〈神を信じる。〉(100%)

신² 〔명〕 ★★★【32種のテキストで42例】
⓪예 신이 [나다/오르다].
〈浮かれる。/神がかりになる。〉(100%)

신³ 〔명〕【16種のテキストで29例】
⓪예 신을 신다.
〈履き物を履く。〉(100%)

신경 〔명〕 ★★☆【50種のテキストで93例】
①관 <신경(神經)(을) 쓰다>.
〈気を配る。〉(61.3%)
②예 대뇌의 중추 신경.
〈大脳の中枢神経。〉(24.7%)
③예 환자는 신경이 날카롭다.
〈患者は神経がぴりぴりしている。〉(14%)

신경쓰다 〔동〕【16種のテキストで18例】
⓪예 [건강에/아이한테] 신경(神經)쓰다.
〈〔健康に/子供に]気を配る。〉(100%)

신기하다 〔형〕【62種のテキストで115例】
⓪예 처음 간 곳이라 모든 게 낯설고 신기(新奇·神奇)하다.〈初めて行ったところだったので、すべてが不慣れで物珍しい。〉(100%)

신나다 〔동〕【39種のテキストで59例】
①예 함께 있는 게 신나다.
〈一緒にいてうきうきする。〉/
재미있고 신나는 놀이.
〈面白くてうきうきする遊び。〉(52.5%)
②예 축제가 신나게 벌어지다.
〈祭りがエキサイティングに繰り広げられる。〉(33.9%)
③예 사진을 신나게 찍다.
〈写真を楽しく撮る。〉/
눈이 신나게 내리다.
〈雪がポンポン降る。〉(13.6%)

신념 [명]【23種のテキストで45例】
⓪[예] 확고한 신념(信念)을 갖다.
〈確固たる信念を持つ。〉(100%)

신다 [동] ★★★【48種のテキストで107例】
⓪[예] [구두를/신발을] 신다.
〈〔靴を/履き物を〕履く。〉(100%)

신라 [명] (固有) ★★☆【24種のテキストで169例】
⓪[예] 신라(新羅) 시대.
〈新羅時代。〉(100%)

신랑 [명] ☆★☆【20種のテキストで111例】
⓪[예] 신랑(新郎)과 신부.
〈新郎と新婦。〉(100%)

신뢰 [명]【10種のテキストで15例】
⓪[예] 신뢰(信頼)를 [쌓다/잃다].
〈信頼を〔積む/失う〕。〉(100%)

신문 [명] ★★★【105種のテキストで369例】
⓪[예] 신문(新聞)을 구독하다.
〈新聞を購読する。〉(96.2%)

신문사 [명]【19種のテキストで40例】
⓪[예] 신문사(新聞社)에 근무하다.
〈新聞社に勤務する。〉(100%)

신발 [명] ★★★【38種のテキストで82例】
⓪[예] 신발 두 켤레.
〈靴二足。〉/
신발을 신다.
〈靴を履く。〉(100%)

신부 [명] ★★★【18種のテキストで66例】
⓪[예] 신랑과 신부(新婦).
〈新郎と新婦。〉(100%)

신분 [명]【17種のテキストで22例】
①[예] 태어나면서 주어진 신분(身分)에 매여 살다.〈生まれながらにして与えられた身分に縛られて暮らす。〉(54.5%)
②[예] 그 사람의 신분도 모르다.
〈その人の身分も知らない。〉(22.7%)
③[예] 복장에는 사람의 신분이 나타나다.
〈服装には人の身分が現れる。〉(13.6%)

신비하다 [형]【14種のテキストで18例】
⓪[예] 자연의 신비(神秘)한 조화.
〈自然の神秘な調和。〉(100%)

신사 [명]【12種のテキストで29例】
①[예] 중년 신사(紳士) 한 사람.
〈中年の紳士一人。〉(79.3%)
②[예] 예의바른 신사.
〈礼儀正しい紳士。〉(20.7%)

신선하다 [형]【19種のテキストで26例】
①[예] 신선(新鮮)한 [이미지/인상].
〈新鮮な〔イメージ/印象〕。〉(50%)
②[예] 신선한 [과일/채소].
〈新鮮な〔果物/野菜〕。〉(46.2%)

신성하다 [형]【12種のテキストで15例】
⓪[예] 신성(神聖)한 [장소/존재].
〈神聖な〔場所/存在〕。〉(100%)

신세 [명] ☆★☆【37種のテキストで51例】
①[예] 불운한 신세(身世)를 한탄하다.
〈不運な身の上を嘆く。〉(54.9%)
②[예] 신세를 [끼치다/지다].
〈面倒をかける。/世話になる。〉(35.3%)

신앙 [명] ☆☆★【14種のテキストで28例】
⓪[예] 신에 대한 신앙(信仰)을 갖다.
〈神に対する信仰を持つ。〉(92.9%)

신음 [명]【13種のテキストで18例】
⓪[예] 환자의 신음(呻吟) 소리가 나다.
〈患者のうめき声がする。〉(100%)

신중하다 [형]【18種のテキストで21例】
⓪[예] 신중(愼重)하게 [말하다/생각하다].
〈慎重に〔言う/考える〕。〉/
신중한 태도를 취하다.
〈慎重な態度を取る。〉(100%)

신체 [명] ★☆☆【19種のテキストで30例】
⓪[예] 신체(身體)가 허약하다.
〈身体が虚弱だ。〉(100%)

신하 [명] ★☆☆【19種のテキストで72例】
⓪[예] 임금의 신하(臣下)들.
〈王の臣下たち。〉(100%)

신호 [명] ★☆☆【28種のテキストで56例】
⓪[예] 전화기의 신호(信號)가 울리다.
〈電話機の信号が鳴る。〉(91.1%)

신호등 [명]【16種のテキストで41例】
⓪[예] 신호등(信號燈)이 바뀌다.
〈信号が変わる。〉(100%)

신화 [명]【19種のテキストで44例】
①[예] [건국/단군/천지개벽의] 신화(神話).
〈〔建国/檀君/天地開闢の〕神話。〉(54.5%)
②[예] [선배의/아버지의] 성공 신화.
〈〔先輩の/父の〕成功神話。〉(25%)
③[예] 로마 신화에 등장하는 신들.
〈ローマ神話に登場する神々。〉(20.5%)

싣다 [동] ★☆★【55種のテキストで87例】
①[예] 짐을 [나귀 등에/용달차에/지게에] 싣다.
〈荷物を〔ロバの背に/小型トラックに/背負子に〕積む。〉(67.8%)
②[예] 시집에 서문을 싣다.
〈詩集に序文を載せる。〉(28.7%)

실 [명] ★☆★【21種のテキストで36例】
⓪[예] 바늘에 실을 꿰다.
〈針に糸を通す。〉(100%)

실감나다 [동]【10種のテキストで27例】

0에 실감(實感)나게 표현하다.
〈リアルに表現する。〉(100%)

실내 명【15種のテキストで23例】
0에 실내(室內)에 들어가다.
〈室内に入る。〉/
실내 [수영장/온도].
〈室内〔プール/温度〕。〉(100%)

실력 명 ★★☆【32種のテキストで36例】
0에 컴퓨터 실력(實力)이 좋다.
〈パソコンの実力がすばらしい。〉(100%)

실례 명 ☆★☆【15種のテキストで31例】
0에 실례(失禮)를 무릅쓰고 부탁하다.
〈失礼を冒してお願いする。〉/
실례가 되다.
〈失礼になる。〉(100%)

실례하다 동 ☆★☆【14種のテキストで25例】
0에 일이 있어 이만 실례(失禮)하다.
〈用事があり、これで失礼する。〉(96%)

실로 부【23種のテキストで34例】
①에 실(實)로 [5년 만에 만나다/유치하기 짝이
없다]. 〈実に〔5年ぶりに会う/幼稚極まりな
い〕。〉(76.5%)
②에 실로 [놀랄 만하다/엄청나다].
〈実に〔驚嘆に値する/莫大だ〕。〉(23.5%)

실리다 동【55種のテキストで90例】
①에 작품이 잡지에 실리다.
〈作品が雑誌に掲載される。〉(68.9%)
②에 환자가 [들것에/자전거에] 실려 병원으로
옮겨지다.〈患者が〔担架に/自転車に〕乗せら
れ、病院に移される。〉(24.4%)

실망 명【21種のテキストで26例】
0에 실망(失望)에 빠지다.
〈失望に陥る。〉(100%)

실망하다 동【21種のテキストで28例】
0에 시험에 떨어져서 실망(失望)하다.
〈試験に落ちてがっかりする。〉(100%)

실수 명 ★★☆【40種のテキストで116例】
0에 실수(失手)를 [저지르다/하다].
〈ミスを〔犯す/する〕。〉(100%)

실수하다 동 ☆★☆【9種のテキストで11例】
0에 실수(失手)해서 컵을 떨어뜨리다.
〈うっかりしてコップを落とす。〉(100%)

실시하다 동【14種のテキストで32例】
0에 [교육을/무상급식을/제도를/총선거를]
실시(實施)하다.〈〔教育を/無償給食を/制度
を/総選挙を〕実施する。〉(100%)

실은 부【18種のテキストで31例】
0에 소문은 나쁘게 났지만 실(實)은 그렇지
않다.〈悪く噂されたが、実はそうではない。〉
(100%)

실정 명【19種のテキストで33例】
① <-ㄴ/-는 실정이다> 에 이 문제를 바로 해결
하기 어려운 실정(實情)이다.〈この問題をす
ぐに解決し難い実情だ。〉(72.7%)
②에 외국 이론은 우리 실정에 맞지 않다.
〈外国理論は我々の実情に合わない。〉(27.3%)

실제¹ 명 ★☆☆【37種のテキストで89例】
①에 실제(實際) 나이를 숨기다.
〈本当の年齢を隠す。〉(62.9%)
②에 기록이 실제와 같다.
〈記録が本当のようだ。〉(37.1%)

실제² 부【12種のテキストで15例】
0에 실제(實際) 그 문제에는 관심이 없다.
〈実際、その問題には関心がない。〉(100%)

실제적 명【12種のテキストで18例】
0에 현실적이고 실제적(實際的)으로 생각하다.
〈現実的で実際的に考える。〉(100%)

실제로 부 ★☆☆【70種のテキストで168例】
①에 영화 속의 기술은 실제(實際)로 가능하다.
〈映画の中の技術は実際に可能だ。〉(72.6%)
②에 실제로 이런 일도 있었다.
〈実際にこのようなこともあった。〉(27.4%)

실천 명 ★☆☆【29種のテキストで56例】
0에 계획을 실천(實踐)에 옮기다.
〈計画を実践に移す。〉(100%)

실천하다 동 ★☆☆【40種のテキストで147例】
0에 [계획을/사랑을] 실천(實踐)하다.
〈〔計画を/愛を〕実践する。〉(100%)

실체 명【16種のテキストで27例】
①에 [사랑의/언어의] 실체(實體).
〈〔愛の/言語の〕実体。〉(74.1%)
②에 모양과 부피를 가진 실체.
〈形と質量を持った実体。〉(25.9%)

실컷 부【30種のテキストで39例】
①에 잠을 실컷 자고 일어나다.
〈たっぷり寝て起きる。〉(79.5%)
②에 실컷 맞고 돌아오다.
〈たっぷりやられて帰ってくる。〉(20.5%)

실패 명【20種のテキストで36例】
0에 실패(失敗)는 성공의 어머니.
〈失敗は成功の母。〉(100%)

실패하다 동 ☆★☆【28種のテキストで41例】
①에 농사를 실패(失敗)하다.
〈農業に失敗する。〉(61%)
②에 [등반에/초혼에] 실패하다.
〈〔登山に/初婚に〕失敗する。〉(39%)

실험 명 ★☆★【18種のテキストで38例】
①에 화학 실험(實驗)을 하다.
〈化学実験をする。〉(78.9%)

②예 현대 예술에서의 각종 실험.
〈現代芸術における各種実験。〉(21.1%)

실현 명【12種のテキストで18例】
⓪예 꿈의 실현(實現)을 바라다.
〈夢の実現を願う。〉(100%)

실현하다 동【18種のテキストで22例】
⓪예 [꿈을/이상을] 실현(實現)하다.
〈[夢を/理想を]実現する。〉(100%)

싫다 형 ★★★【103種のテキストで297例】
①예 [별명이/부모의 간섭이] 싫다.
〈[あだ名が/親の干渉が]嫌だ。〉(57.9%)
②예 집에 돌아가기 싫다.
〈家に帰りたくない。〉/
사람들이 나를 측은히 바라보는 것이 싫다.
〈人々が私を哀れそうに眺めるのが嫌だ。〉(39.4%)

싫어하다 동 ★★★【56種のテキストで86例】
①예 [육식을/폭력을] 싫어하다.
〈[肉食を/暴力を]嫌う。〉(65.1%)
②예 [남 앞에 서는 것을/밖에 나가기를] 싫어하다.〈[人の前に立つことを/外に出て行くことを]嫌う。〉(34.9%)

심각하다 형 ★★☆【45種のテキストで73例】
①예 [상황이/증상이] 심각(深刻)하다.
〈[状況が/症状が]深刻だ。〉(50.7%)
②예 [문제를/해결책을] 심각하게 생각하다.
〈[問題を/解決策を]深刻に考える。〉(49.3%)

심다 동 ★★★【49種のテキストで120例】
①예 밭에 [꽃을/나무를/파를] 심다.
〈畑に[花を/木を/ネギを]植える。〉(84.2%)
②예 마음에 희망을 심다.
〈心に希望を植える。〉(15.8%)

심리 명 ★☆☆【15種のテキストで32例】
⓪예 [공포/방어] 심리(心理).
〈[恐怖/防御]心理。〉(96.9%)

심부름 명【23種のテキストで50例】
⓪예 아이에게 심부름을 시키다.
〈子供に使いをさせる。〉(100%)

심심하다 형 ☆★★【19種のテキストで26例】
⓪예 심심하면 책을 읽다.
〈退屈ならば本を読む。〉(96.2%)

심장 명 ★☆★【29種のテキストで63例】
⓪예 심장(心臓)이 [두근거리다/뛰다/멎다].
〈心臓が[どきどきする/脈打つ/止まる]。〉
(88.9%)

심정 명【32種のテキストで48例】
⓪예 [괴로운/그의] 심정(心情)을 이해하다.
〈[つらい/彼の]心情を理解する。〉(100%)

심지어 부【47種のテキストで65例】
⓪예 부하들이나 심지어(甚至於) 아이에게도 존댓말을 쓰다.〈部下たちや、はなはだしくは子

供にも敬語を使う。〉(100%)

심하다 형 ★★★【96種のテキストで155例】
①예 [마모가/바람이] 심(甚)하다.
〈[磨耗が/風が]激しい。〉(66.5%)
②예 심한 독감.
〈ひどい悪性風邪。〉/
심하게 아프다.
〈ひどく痛い。〉(33.5%)

십 수 ★★★【154種のテキストで902例】
⓪예 십(十) [년/도/분].
〈十[年/度/分]。〉(92.9%)

십상 명【15種のテキストで23例】
⓪예 자칫하면 실패하기 십상(十常)이다.
〈とかく失敗しがちだ。〉(100%)

십이월 명 ☆★☆【20種のテキストで38例】
⓪예 십이월(十二月).
〈十二月。〉(100%)

십일월 명 ☆★☆【20種のテキストで40例】
⓪예 십일월(十一月).
〈十一月。〉(100%)

싱겁다 형 ☆☆★【14種のテキストで20例】
①예 싱겁게 씩 웃다.
〈意味なくにっと笑う。〉(45%)
②예 내기에 돈을 안 걸면 싱겁다.
〈賭けにお金をかけないとつまらない。〉(30%)
③예 국물이 싱겁다.
〈味噌汁が薄い。〉(25%)

싱싱하다 형 ☆★★【24種のテキストで39例】
①예 싱싱한 [꽃/물고기].
〈新鮮な[花/魚]。〉(69.2%)
②예 싱싱한 [생명력/젊음].
〈新鮮な[生命力/若さ]。〉(20.5%)
③예 싱싱하고 신선한 아침 기운
〈みずみずしくて、新鮮な朝の息吹き。〉(10.3%)

싶다 형보 ★★★【194種のテキストで1,351例】
⓪예 [가고/먹고/울고] 싶다.
〈[行き/食べ/泣き]たい。〉(100%)

싸늘하다 형【13種のテキストで19例】
①예 시선이 얼음처럼 싸늘하다.
〈視線が氷のように冷ややかだ。〉(68.4%)
②예 [공기가/바람이] 싸늘하다.
〈[空気が/風が]冷たい。〉(26.3%)

싸다¹ 동 ★★★【41種のテキストで65例】
①예 [도시락을/점심을] 싸다.
〈[お弁当を/おひるを]包む。〉(30.8%)

②㉠ [물건을/짐을] 싸다.
〈[物を/荷物を]包む。〉(29.2%)

③㉠ 선물을 [보자기에/포장지로] 싸다.
〈プレゼントを[風呂敷に/包装紙で]包む。〉
(20%)

④㉠ [고기를/김밥을/쌈을] 싸 먹다.
〈[肉を/のり巻きを/サム[28]を]包んで食べる。〉
(12.3%)

싸다² 형 ★★★【35種のテキストで80例】

⓪㉠ 채소가 싱싱하고 값이 싸다.
〈野菜が新鮮で、値段が安い。〉(100%)

싸우다 동 ★★★【78種のテキストで187例】

①㉠ 친구와 싸우다.
〈友達とケンカする。〉(73.8%)

②㉠ 자유를 위하여 피 흘려 싸우다.
〈自由のために血を流して戦う。〉(16%)

③㉠ [고독과/추위와] 싸우다.
〈[孤独と/寒さと]戦う。〉(10.2%)

싸움 명 ★★★【56種のテキストで125例】

①㉠ 취객들 사이에 싸움이 나다.
〈酔った客同士でケンカになる。〉(52%)

②㉠ 안시성 싸움.
〈安市城の戦い[29]。〉(24%)

③㉠ 당파 싸움.
〈党派争い。〉(21.6%)

싸이다 동 【16種のテキストで18例】

①㉠ [보자기에/신문지에] 싸인 물건.
〈[風呂敷に/新聞紙に]包まれた物。〉(33.3%)

②㉠ [바다로/숲에] 싸인 마을.
〈[海に/森に]囲まれた村。〉(22.2%)

③㉠ [어둠에/화염에] 싸이다.
〈暗闇に/炎に]包まれる。〉(22.2%)

④㉠ [감정에/불안에] 싸이다.
〈[感情に/不安に]包まれる。〉(16.7%)

싹¹ 명 ☆☆★【19種のテキストで33例】

⓪㉠ 씨앗에서 싹이 돋다.
〈種から芽が出る。〉(87.9%)

싹² 부 【9種のテキストで10例】

①㉠ 피로감이 싹 날아가다.
〈疲労感がすぱっと消し飛ぶ。〉(90%)

②㉠ 생각이 싹 달라지다.
〈考えががらりと変わる。〉(10%)

쌀 명 ★★★【37種のテキストで123例】

⓪㉠ 쌀 세 가마니.
〈米三俵。〉(99.2%)

쌀쌀하다 형 【14種のテキストで21例】

①㉠ 바람이 쌀쌀하다.
〈風が肌寒い。〉/

쌀쌀한 날씨.
〈肌寒い天気。〉(57.1%)

②㉠ 쌀쌀한 표정을 짓다.
〈よそよそしい表情を浮かべる。〉(38.1%)

쌍 명【16種のテキストで22例】

⓪㉠ 은가락지 한 쌍(雙).
〈銀の指輪一組。〉(90.9%)

쌓다 동 ★★★【52種のテキストで126例】

①㉠ 돌로 [둑을/축대를] 쌓다.
〈石で[堤防を/石垣を]積む。〉(54%)

②㉠ [상자를/장작을] 쌓다.
〈[箱を/薪を]積む。〉(19.8%)

③㉠ [경력을/경험을/덕을] 쌓다.
〈[経歴を/経験を/徳を]積む。〉(19.8%)

쌓이다 동 ★★★【65種のテキストで106例】

①㉠ 마당에 장작이 쌓여 있다.
〈庭に薪が積まれている。〉(37.7%)

②㉠ 뜰에 낙엽이 쌓이다.
〈庭に落ち葉が積もる。〉(34.9%)

③㉠ [스트레스가/피로가] 쌓이다.
〈[ストレスが/疲労が]積もる。〉(20.8%)

썩 부【20種のテキストで29例】

①㉠ 맛이 썩 괜찮다.
〈味が非常にいい。〉(75.9%)

②㉠ 내 앞에서 썩 나가!
〈私の前からとっとと出て行け!〉(24.1%)

썩다 동 ☆☆★【36種のテキストで59例】

①㉠ [과일이/물이/이가] 썩다.
〈[果物が/水が/歯が]腐る。〉(67.8%)

②㉠ [사상이/사회가/제도가] 썩다.
〈[思想が/社会が/制度が]腐る。〉(23.7%)

썰렁하다 형【14種のテキストで15例】

①㉠ 난방이 안 돼서 방안이 썰렁하다.
〈暖房が無くて部屋の中が冷え冷えとしている。〉
(33.3%)

②㉠ 분위기가 썰렁하다.
〈雰囲気が閑散としている。〉(33.3%)

③㉠ 빈 방이 썰렁하게 느껴지다.
〈空き部屋が寂しく感じられる。〉(26.7%)

쏘다 동 ☆☆★【33種のテキストで53例】

①㉠ [총을/슛을/인공위성을] 쏘다.
〈銃を撃つ。/シュートを放つ。/人工衛星を打ち上げる。〉(73.6%)

②㉠ [모기가/벌이] 정강이를 쏘다.
〈[蚊が/蜂が]向こうずねを刺す。〉(9.4%)

쏘다니다 동【14種のテキストで18例】

⓪㉠ [거리를/동네를] 쏘다니다.
〈[街を/隣近所を]ほっつき歩く。〉(100%)

---

28) 野菜巻きご飯。

29) 645年、高句麗と唐の戦闘。

쏟다 [동] ★☆★【42種のテキストで59例】
① [예] [일에/발표회에] 마음을 쏟다.
〈[仕事に/発表会に]心を注ぐ。〉(44.1%)
② [예] [물을/그릇을/콩을] 쏟다.
〈[水を/器を/豆を]ぶちまける。〉(22%)
③ [예] [눈물을/피를] 쏟다.
〈[涙を/血を]注ぐ。〉(22%)

쑤시다¹ [동] ☆☆★【9種のテキストで14例】
① [예] 이쑤시개로 이를 쑤시다.
〈つまようじで歯をほじくる。〉/
가지로 흙을 쑤시다.
〈枝で土をつつく。〉(64.3%)
② [예] 가방에 돈다발을 쑤셔 넣다.
〈かばんに札束を押し込む。〉(14.3%)
③ [예] 건물 구석구석을 쑤시고 뒤지다.
〈建物の隅々をつつくように捜す。〉(14.3%)

쑤시다² [동]【5種のテキストで7例】
① [예] [골치가/몸이/뼛골이] 쑤시다.
〈[頭が/体が/骨の髄が]うずく。〉(85.7%)
② [관] <좀이 쑤시다>.
〈うずうずする。〉(14.3%)

쑥스럽다 [형]【20種のテキストで26例】
① [예] 얼굴을 마주하기 쑥스럽다.
〈顔を合わせるのがちょっと照れる。〉(100%)

쓰다¹ [동] ★★★【170種のテキストで1,454例】
① [예] [글을/소설을/시를] 쓰다.
〈[文章を/小説を/詩を]書く。〉(44.8%)
② [예] [주소를/합의서를] 쓰다.
〈[住所を/合意書を]書く。〉(35.4%)
③ [예] 칠판에 이름을 쓰다.
〈黒板に名前を書く。〉/
글씨를 쓰다.
〈字を書く。〉/
이름을 한자로 쓰다.
〈名前を漢字で書く。〉(19.7%)

쓰다² [동] ★★★【168種のテキストで1,042例】
① [예] [기계를/컴퓨터를] 쓰다.
〈[機械を/コンピューターを]使う。〉/
지하를 창고로 쓰다.
〈地下を倉庫として使う。〉(33.2%)
② [예] [고운 말씨를/사투리를] 쓰다.
〈[きれいな言葉づかいを/方言を]使う。〉(18%)
③ [예] [여비를/필름을] 다 쓰다.
〈[旅費を/フィルムを]全部使う。〉(14.7%)
④ [예] 가명을 쓰다.
〈偽名を使う。〉/
오늘날 우리가 쓰는 한글.
〈今日、私たちが使っているハングル。〉(7.5%)
⑤ [예] [기운을/신경을/힘을] 쓰다.
〈[精気を/気を/力を]使う。〉(6.5%)
⑥ [예] 소쿠리를 만들 때 쓰는 싸리나무.
〈ざるを作るときに使われる萩の木。〉/
좋은 재료만 써서 제품을 만들다.

〈良い材料を使って製品を作る。〉(4.3%)

쓰다³ [동] ★★★【68種のテキストで126例】
① [예] 머리에 [모자를/수건을] 쓰다.
〈頭に帽子をかぶる。/頭にタオルをひっかぶる。〉(59.5%)
② [예] [마스크를/탈을] 쓰다.
〈[マスクを/仮面を]かぶる。〉(11.1%)
③ [예] [돋보기를/안경을] 쓰다.
〈[老眼鏡を/メガネを]かける。〉(10.3%)
④ [예] [양산을/우산을] 쓰다.
〈[日傘を/傘を]さす。〉(6.3%)

쓰다⁴ [형] ☆☆★【13種のテキストで21例】
① [예] 맛이 쓰다.
〈味が苦い。〉/
쓴 소주.
〈苦い焼酎。〉/
입에 쓴 약이 몸에 좋다.
〈口に苦い薬が体にいい。〉(90.5%)

쓰다듬다 [동]【26種のテキストで33例】
① [예] 아버지가 [긴 머리칼을/아이 머리를] 쓰다듬다.〈父が[長い髪を/子供の頭を]なでる。〉(100%)

쓰러지다 [동] ★☆★【51種のテキストで89例】
① [예] [고혈압으로/기절하여/배가 고파서] 쓰러지다.〈[高血圧で/気絶して/お腹が空いて]倒れる。〉(83.1%)
② [예] 쓰러질 듯한 [비석/초가].
〈倒れそうな[碑石/小さな藁葺きの家]。〉(13.5%)

쓰레기 [명] ★★★【48種のテキストで202例】
① [예] 쓰레기를 치우다.
〈ごみを捨てる。〉(100%)

쓰레기통 [명]【20種のテキストで35例】
① [예] 휴지를 쓰레기통(桶)에 넣다.
〈紙くずをごみ箱に入れる。〉(100%)

쓰이다¹ [동] ★★☆【65種のテキストで134例】
① [예] 논문에 영어가 많이 쓰이다.
〈論文に英語が多く使われる。〉/
광고에 쓰이는 음악.
〈広告に使われる音楽。〉(94.8%)

쓰이다² [동]【35種のテキストで63例】
① [예] 설명서에 먹지 말라고 쓰여 있다.
〈説明書に食べるなと書かれている。〉(60.3%)
② [예] 붉은 글씨가 쓰인 현수막.
〈赤い字が書かれた垂れ幕。〉(22.2%)
③ [예] 한글로 쓰인 소설.
〈ハングルで書かれた小説。〉(15.9%)

쓰임 [명]【12種のテキストで20例】
① [예] 쓰임에 따라 물건을 나누다.
〈使い方に従ってものを分ける。〉(65%)
② [예] 말의 쓰임이 다르다.
〈言葉の使い方が違う。〉(35%)

쓸다 동 ☆☆★【21種のテキストで36例】

①예 [마당을/쓰레기를] 쓸다.
〈[庭を/ごみを]掃く。〉(50%)

②예 아이의 배를 쓸어 주다.
〈子供の腹をなでてやる。〉(36.1%)

쓸데없다 형【23種のテキストで31例】

⓪예 후회도 쓸데없다.
〈後悔もむだだ。〉/

쓸데없는 말을 하다.
〈むだ口をきく。〉(100%)

쓸모 명【18種のテキストで22例】

⓪예 이것은 내게 쓸모가 없다.
〈これは私には役に立たない。〉/

쓸모가 있게 꾸며지다.
〈役に立つように備え付けられている。〉(100%)

쓸쓸하다 형 ★☆☆【33種のテキストで47例】

⓪예 가족이 없어 쓸쓸하게 살다.
〈家族がいなくて寂しく暮らす。〉(100%)

씌다 동【27種のテキストで47例】

⓪예 벽에 큰 글씨가 씌어 있다.
〈壁に大きな文字が書かれている。〉(100%)

씌우다 동【19種のテキストで20例】

①예 [갓을/보를] 씌우다.
〈[笠を/風呂敷を]かぶせる。〉(75%)

②예 [누명을/올가미를] 씌우다.
〈ぬれぎぬを着せる。/罠にかける。〉(15%)

씨¹ 명의 ★★☆【88種のテキストで1,448例】

⓪예 김 씨(氏).
〈キム氏。〉/

철수 씨.
〈チョルスさん。〉/

김철수 씨.
〈キムチョルスさん。〉(100%)

씨² 명 ☆★★【24種のテキストで37例】

①예 봄에 씨를 뿌리다.
〈春に種をまく。〉(67.6%)

②예 포도의 씨를 뱉다.
〈ブドウの種を吐く。〉(13.5%)

씨름 명 ☆★★【12種のテキストで26例】

⓪예 씨름을 하다.〈相撲をとる。〉(100%)

씨앗 명【18種のテキストで33例】

①예 [곡식의/식물의] 씨앗을 심다.
〈[穀物の/植物の]種を植える。〉(78.8%)

②예 [불신의/의심의] 씨앗을 뿌리다.
〈[不信の/疑いの]種をまく。〉(21.2%)

−씩 접 ★★☆【163種のテキストで597例】

①예 매일 100원씩 모으다.
〈毎日百ウォンずつ集める。〉(54.6%)

②예 각자 회비로 천 원씩 내다.
〈各自、会費として千ウォンずつ出す。〉(32.7%)

씩씩하다 형 ☆☆★【18種のテキストで23例】

①예 씩씩하게 대답하다.
〈ハキハキと答える。〉(65.2%)

②예 씩씩한 청년.
〈りりしい青年。〉/

아이가 씩씩하다.
〈子供が勇ましい。〉(34.8%)

씹다 동 ☆☆★【30種のテキストで46例】

⓪예 [고기를/껌을/사과를] 씹다.
〈[肉を/ガムを/リンゴを]かむ。〉(89.1%)

씻다 동 ★★★【61種のテキストで122例】

①예 물에 [얼굴을/몸을] 씻다.
〈水で[顔を/体を]洗う。〉/

김치를 물에 씻어 먹다.
〈キムチを水で洗って食べる。〉(77.9%)

②예 [과오를/오해를] 씻다.
〈[過ちを/誤解を]ぬぐう。〉(11.5%)

−아¹ 끝【213種のテキストで8,267例】

⓪예 의자에 앉아 책을 읽다.
〈椅子に座って本を読む。〉/

친구를 찾아 서울로 오다.
〈友達を訪ねてソウルに来る。〉(100%)

−아² 끝【136種のテキストで1,613例】

⓪예 나도 알아.
〈私も知ってる。〉/

돈이 많아.
〈お金が多い。〉/

여기 앉아!
〈ここに座って!〉/

같이 가.
〈一緒に行こう。〉(100%)

아³ 감 ★★★【123種のテキストで668例】

①예 아, 아까운 시간이 다 흘러갔다.
〈ああ、大切な時間が過ぎちゃった。〉/

아, 이거?
〈あ、これか?〉/

아, 저 말이에요.
〈あ、私ね。〉(26.6%)

②예 아, 그래, 딸이 하나 있지.
〈あ、そうだ、娘が一人いるな。〉/

아, 이제야 생각난다.
〈あ、ようやく思い出した。〉(19.3%)

③예 아, 어떻게 이런 일이….
〈あ、どうしてこんなことが…。〉/

아, 벌써 그렇게 되었군.
〈あ、もうそんなになったんだ。〉(11.7%)

④예 법명은 법륜입니다. 아, 예. 법륜 스님요.
〈法名は法輪です。あ、はい。法輪僧侶です

ね。〉(10.6%)

⑤에 아, 우울하구나!
〈あ、憂鬱だなぁ!〉/
아 모두 쓸데없다.
〈あ、みんなダメだ。〉(9.1%)

⑥에 아, 강 선생, 나 여기 있어.
〈あ、カンさん、私ここ、ここ。〉(8.7%)

아⁴ 토【104種のテキストで430例】
⓪에 금순아, 놀자.
〈クムスンちゃん、遊ぼうよ。〉/
바람아 불어라.
〈風よ吹け!〉(100%)

아가씨 명 ★★★【33種のテキストで86例】
⓪에 경아는 착한 아가씨이다.
〈キョンアは素直でいいことをよくきくお嬢さんだ。〉
(100%)

아기 명 ★★★【55種のテキストで287例】
①에 아기가 엄마 품에서 잠들다.
〈赤ん坊が母のふところで眠る。〉(55.7%)
②에 아기 [나무/다람쥐].
〈幼木。/子リス。〉(43.9%)

아까¹ 부 ★★★【57種のテキストで122例】
⓪에 아까 뭐라고 했지?
〈さっき何と言ったっけ?〉/
아까 도착했다.
〈さっき到着した。〉(100%)

아까² 명【31種のテキストで37例】
⓪에 아까와 같이 하다.
〈さっきのようにする。〉/
아까의 약속을 잊다.
〈さっきの約束を忘れる。〉(100%)

아깝다 형 ☆☆★【32種のテキストで40例】
①에 [돈이/목숨이] 귀중하고 아깝다.
〈〔お金が/命が〕貴重でもったいない。〉(60%)
②에 기회를 놓치기 아깝다.
〈機会を逃したくない。〉(17.5%)
③관 <아깝게(도)> 에 아깝게도 실패하다.
〈惜しくも失敗する。〉(12.5%)
④에 아까운 재능을 낭비하다.
〈すぐれた才能を浪費する。〉(10%)

아끼다 동 ★★★【69種のテキストで191例】
①에 [돈을/물을/시간을] 아껴 쓰다.
〈〔お金を/水を/時間を〕大事に使う。〉(55%)
②에 [문화재를/이웃을] 아끼다.
〈〔文化財を/隣人を〕大事にする。〉(43.5%)

아나운서 명【10種のテキストで151例】
⓪에 라디오 아나운서.
〈ラジオアナウンサー。〉(100%)

아낙네 명【11種のテキストで28例】
⓪에 마을 아낙네들이 모이다.
〈村の女たちが集まる。〉(100%)

아내 명 ★★★【64種のテキストで412例】
⓪에 아내와 외출하다.
〈妻と外出する。〉(100%)

아냐 감【20種のテキストで42例】
⓪에 A:어디 아파요? B:아냐, 괜찮아.
〈A:どこか具合が悪いんですか。B:いや、大丈夫。〉/
A:다 왔어요? B:아냐, 한참 더 가야 한다.
〈A:着いたの? B:いや、もっともっと行かなきゃあ。〉
(100%)

아뇨 감 ☆☆☆【21種のテキストで39例】
⓪에 A:지금 바쁘세요? B:아뇨, 괜찮아요.
〈A:今忙しいですか? B:いいえ、大丈夫です。〉
(100%)

아니¹ 감 ★★☆【122種のテキストで498例】
①에 아니, 얘들아, 정신 차려라, 응?
〈いや、お前ら、しっかりしなさい、おい?〉/
아니, 이게 무슨 일이지?
〈いや、これはどういうことなんだ?〉(43%)
②에 A:네가 그랬니? B:아니. 안 그랬어.
〈A:お前がやったのか? B:いや、やってない。〉
(30.7%)
③에 한 시간, 하루, 아니 한 달쯤.
〈一時間、一日、いや一ヶ月位。〉(26.3%)

아니² 부 ☆☆★【14種のテキストで24例】
①에 까마귀 검어도 살은 아니 검다.
〈人は見かけによらぬもの。〉(75%)
②관 <아니 땐 굴뚝에 연기 나다>
에 아니 땐 굴뚝에 연기 날까?
〈火のないところに煙は立たぬ。〉(25%)

아니다 형 ★★★【202種のテキストで3,940例】
①에 그는 바보가 아니다.
〈彼はばかではない。〉/
이 정도면 더운 날씨는 아니다.
〈この程度なら、暑い天気ではない。〉(70.7%)
②에 집을 나서자 갑자기 비가 내리는 게 아닌가.
〈家を出ると急に雨が降るではないか。〉(10.9%)

아니오 감 ☆☆☆【15種のテキストで47例】
⓪에 A:좀 더우세요? B:아니오. 괜찮습니다.
〈A:ちょっと暑いですか? B:いいえ。大丈夫です。〉
(100%)

아동 명【11種のテキストで17例】
①에 취학 전 아동(兒童)들의 양육.
〈就学前の児童の養育。〉(70.6%)
②에 아동의 순수한 마음.
〈児童の純粋な心。〉(17.6%)
③관 <아동 문학>.
〈児童文学。〉(11.8%)

아득하다 형【28種のテキストで40例】
①에 아득한 옛날의 일이다.
〈遥か昔のことだ。〉(55%)
②에 아득한 저편.
〈遥か彼方。〉/

올라온 길이 아득해 보이다.
〈上ってきた道が遥か遠く見える。〉(20%)

③예 언제 성공할지 아득하기만 하다.
〈いつ成功するか、めどがつかない。〉(20%)

아들 명 ★★★【105種のテキストで407例】

⓪예 아들을 낳다.
〈息子を産む。〉(100%)

─ 아라 끝【86種のテキストで214例】

⓪예 의자에 앉아라!
〈椅子に座りなさい！〉/
아이구 좋아라.
〈アイグ、うれしいね。〉(100%)

아래 명 ★★★【123種のテキストで313例】

①예 산 아래에 자리잡은 집.
〈山の下に位置する家。〉/
감나무 아래의 땅을 파다.
〈柿の木の下の土を掘る。〉(39.6%)

②예 다리 위에서 아래를 내려보다.
〈橋の上から下を見おろす。〉(20.4%)

③예 원인은 아래의 두 가지이다.
〈原因は以下の二つだ。〉(18.5%)

④예 과학의 발전이라는 이름 아래 자연을 파
괴하다.〈科学の発展という名の下、自然を破
壊する。〉(12.8%)

아랫사람 명【11種のテキストで20例】

①예 집안의 윗사람과 아랫사람.
〈家族の中の上の人と下の人。〉(60%)

②예 직장의 아랫사람들.
〈職場の部下たち。〉(40%)

아르바이트 명 ☆★☆【9種のテキストで21例】

⓪예 아르바이트를 하다.
〈アルバイトをする。〉(100%)

아름다움 명 ★☆☆【35種のテキストで101例】

①예 [밤하늘의/외모의] 아름다움.
〈〔夜空の/外見の〕美しさ。〉(62.4%)

②예 청춘의 아름다움을 간직하다.
〈青春の美しさを大事にとっておく。〉(35.6%)

아름답다 형 ★★★【126種のテキストで460例】

①예 [경치가/산이] 참 아름답다.
〈〔景色が/山が〕本当に美しい。〉(78.5%)

②예 아름다운 [마음씨/이야기].
〈美しい〔心/話〕。〉(21.5%)

아마 부 ★★★【112種のテキストで279例】

⓪예 아마 틀림없을 것이다.
〈多分間違いあるまい。〉(100%)

아무¹ 관 ★★☆【118種のテキストで283例】

①예 아무 [대답도/말도] 없다.
〈何の返事も無い。/何も言わない。〉(86.9%)

②예 아무 책이나 좋다.
〈どんな本でも良い。〉(13.1%)

아무² 대 ★★★【101種のテキストで201例】

⓪예 아무도 오지 않다.
〈誰も来ない。〉/
아무나 해도 괜찮다.
〈誰でもしていい。〉(100%)

아무개 대【12種のテキストで18例】

⓪예 황 아무개 씨.
〈黄某さん。〉/
아무개 박사.
〈某博士。〉(100%)

아무것 대 ★★☆【45種のテキストで84例】

①예 아무것도 [모르다/없다].
〈何も〔知らない/ない〕。〉(73.8%)

②예 아무것이나 좋다.
〈何でも良い。〉(15.5%)

③관 <아무것도 아니다>.
〈何でもない。〉(10.7%)

아무래도 부 ★★☆【42種のテキストで74例】

①예 아직도 연락이 없는 것을 보니 아무래도
뭔가 이상하다.〈まだ連絡がないのを見ると、
どうも何か変だ。〉(81.1%)

②예 햇볕을 못 받으면 아무래도 과일이 안
맺다.〈日の光を受けられなかったら、いくらやっ
ても果物が実を結ばない。〉(18.9%)

아무렇게나 부【17種のテキストで27例】

⓪예 옷을 아무렇게나 벗어 두다.
〈服を無造作に脱いでおく。〉/
생각하지 않고 아무렇게나 말하다.
〈考えずに出まかせを言う。〉(100%)

아무렇다 형 ☆★☆【80種のテキストで160例】

①예 아무런 [대답도/소식도/연락도] 없다.
〈何の〔答えも/知らせも/連絡も〕ない。〉(82.5%)

②관 <아무렇지 않다> 예 아무렇지 않은 듯 웃다.
〈何でもないように笑う。〉(11.9%)

아무리 부 ★★★【111種のテキストで252例】

예 아무리 누워 있어도 잠이 안 오다.
〈いくら横になっていても眠れない。〉(100%)

아무튼 부 ☆★☆【34種のテキストで50例】

⓪예 아무튼 시작해 보자.
〈とにかく始めてみよう。〉(100%)

아버님 명 ☆★☆【18種のテキストで71例】

⓪예 저희 아버님께서 오셨습니다.
〈私の父が参りました。〉(88.7%)

아버지 명 ★★★【147種のテキストで1,430例】

①예 아버지를 둘러싸고 온 가족이 둘러앉다.
〈父を囲んで家族全員がぐるりと座る。〉(85.4%)

②예 재경이 아버지, 웬일이세요?
〈チェギョンイのお父さん、どうかしましたか？〉
(11.4%)

아빠 명 ★★★【43種のテキストで325例】

①예 아빠, 안녕히 다녀오세요.
〈お父さん、いってらっしゃい。〉(67.1%)

②예 아이가 제 아빠 얼굴을 바라보다.
〈子供が自分のお父さんの顔を眺める。〉/
명희가 아빠에게 떼를 쓰다.
〈ミョンヒがパパに駄々をこねる。〉(21.8%)

– 아서 끝【212種のテキストで2,961例】

⓪예 앉아서 쉬다.
〈座って休む。〉/
그릇이 작아서 모자라다.
〈器が小さくて足りない。〉(100%)

아쉬움 명【17種のテキストで18例】

⓪예 결과에 아쉬움이 남다.
〈結果に不満が残る。〉/
아쉬움을 느끼다.
〈不満を感じる。〉(100%)

아쉽다 형【30種のテキストで39例】

①예 경기에서 아쉽게 지다.
〈試合で惜しいことに負ける。〉(74.4%)

②예 돈 몇 푼이 아쉽다.
〈お金何銭かが惜しい。〉(25.6%)

아아 감【16種のテキストで27例】

①예 아아, 슬프게도 님은 떠났다.
〈ああ、悲しいことに貴方様は行ってしまわれた。〉
(70.4%)

②예 아아, 알겠어요.
〈ええ、分かりました。〉(29.6%)

– 아야 끝【190種のテキストで972例】

⓪예 일찍 가야 한다.
〈早く行かなければならない。〉/
품질이 좋아야 잘 팔리다.
〈品質が良くてこそよく売れる。〉(100%)

– 아야지 끝【48種のテキストで79例】

⓪예 빚을 갚아야지.
〈借金を返さなくちゃ。〉/
품질이 좋아야지.
〈品質が良くなくちゃ。〉(100%)

– 아야지요 끝【10種のテキストで12例】

⓪예 빚을 꼭 갚아야지요.
〈借金は必ず返さなくちゃいけません。〉/
품질이 좋아야지요.
〈品質が良くなくちゃいけません。〉(100%)

아예 부【58種のテキストで91例】

①예 제대로 할 수 없으면 아예 시작하지 [말
아라/말자].〈まともにできないのなら、あえて始
める[な/のは止めよう]。〉(48.4%)

②예 성적이 나빠서 장학금은 아예 꿈도 못 꾸
다.〈成績が悪くて奨学金はあえて夢にも見られ
ない。〉(37.4%)

③예 모자랄까 봐 아예 음식을 많이 준비하다.
〈足りはしないだろうかと、あえて食べ物をたくさん
準備する。〉(14.3%)

– 아요 끝【125種のテキストで1,305例】

⓪예 나도 알아요.
〈私も知っています。〉/
기분이 나빠요.
〈気分が悪いです。〉/
도서관에 책이 많아요.
〈図書館に本が多いです。〉/
여기 앉아요!
〈ここに座ってください!〉/
같이 가요.
〈一緒に行きましょう。〉(100%)

아우¹ 명【11種のテキストで34例】

①예 그는 친구의 아우이다.
〈彼は友人の弟だ。〉(88.2%)

②예 형님 아우로 지내는 회사 동료.
〈兄と弟として付き合っている会社の同僚。〉
(11.8%)

아우² 감【9種のテキストで12例】

⓪예 아우, [난 싫어/안 되겠네].
〈わぁ～、[私はいやだ。/だめだね。]〉/
아우, 왜 그래요?
〈わぁ～、どうしたの?〉(100%)

아울러 부【21種のテキストで34例】

① 《～과 아울러》 예 생활이 규칙적이 됨과 아
울러 건강도 회복되다.〈生活が規則的にな
ると共に健康も回復する。〉(73.5%)

②예 예술 작품이 눈과 가슴을 아울러 뜨겁게
하다.〈芸術作品が目を高め心を熱くする。〉
(26.5%)

아유 감【17種のテキストで29例】

①예 아유, 예쁘기도 하지.
〈まあ、かわいいわね。〉(41.4%)

②예 아유, 이것들을 그냥….
〈わぁ～、こいつらどうしてくれよう…。〉(24.1%)

③예 아유 참, 답답하네.
〈わぁ～、本当にじれったいなぁ～〉(17.2%)

④예 아유, 정말 이 짓도 못 해 먹겠어.
〈ああ、本当にこんな事やってらんないな。〉(10.3%)

아이 명 ★★★【149種のテキストで1,400例】

①예 운동장에서 아이들이 뛰놀다.
〈運動場で子供たちが飛び回って遊ぶ。〉/
아이에게 심부름을 시키다.
〈子供におつかいをさせる。〉(76.1%)

②예 아버지가 아이를 안아 주다.
〈父が子供を抱いてやる。〉(23.9%)

아이고 감 ☆★☆【25種のテキストで42例】 ☞아이구.

①예 아이고, 학생 큰일났어.
〈アイゴ、学生さん、やばいよ。〉/
아이고, 이 일을 어쩔까.
〈アイゴ、困った困ったどうしよう?〉(42.9%)

②예 허리가 아픈지 아이고 소리를 내다.
〈腰が痛いのかアイゴとめく。〉/
아이고 내 팔자야.
〈アイゴ、私の糞みたいな運命。〉(28.6%)

③예 아이고, 예쁜 내 새끼.

〈アイゴ、愛しい子たち。〉/
아이고, 이렇게 고마울 데가 있나?
〈アイゴ、ありがたいありがたい。〉(16.7%)
④[예] 아이고 세상이 어떻게 되려고….
〈アイゴ、世の中どうなるんだ…。〉(11.9%)

아이구 [감] ☆★☆【37種のテキストで66例】☞아이고
①[예] 아이구, 학생 큰일났어.
〈アイグ、学生さん、やばいよ。〉/
아이구, 이 일을 어쩔까.
〈アイグ、困った困ったどうしよう?〉(31.8%)
②[예] 아이구, 예쁜 내 새끼.
〈アイグ[30]、愛しい子たち。〉/
아이구, 이렇게 고마울 데가 있나?
〈アイグ、ありがたいありがたい。〉(25.8%)
③[예] 허리가 아픈지 아이구 소리를 내다.
〈腰が痛いのかアイグとうめく。〉/
아이구 내 팔자야.
〈アイグ、私の糞みたいな運命。〉(13.6%)
④[예] 아이구 세상이 어떻게 되려고….
〈アイグ,世の中どうなるんだろう…。〉(12.1%)

아이디어 [명]【13種のテキストで29例】
⓪[예] 아이디어를 짜내다.
〈アイデアを絞り出す。〉(100%)

아이스크림 [명] ☆★☆【7種のテキストで24例】
⓪[예] 아이스크림을 먹다.
〈アイスクリームを食べる。〉(100%)

아저씨 [명] ★★★【87種のテキストで370例】
①[예] 동네 아저씨들.
〈町のおじさんたち。〉(84.3%)
②[예] 뒤에 서 계신 아저씨, 앞으로 나오세요.
〈後ろに立っている方、前に来てください。〉(13%)

아주 [부] ★★★【153種のテキストで576例】
①[예] 아주 [귀엽다/맛이 있다/춥다].
〈とても〔かわいい/おいしい/寒い〕。〉(65.3%)
②[예] 아주 오래 전.
〈ずっとずっと前。〉/
아주 빨리 뛰다.
〈とても速く走る。〉(10.6%)
③[예] 아주 잊고 살다.
〈すっかり忘れて暮らす。〉/
쉰다고 아주 놀면 안 되다.
〈お休みだからと言って遊んでばかりいてはいけない。〉(8%)
④[예] 아주 [걱정/미인/부자/안성마춤/인상적/잠깐]이다.
〈とても〔心配/美人/お金持ち/おあつらえ向き/印象的〕だ。/ほんのちょっとだ。〉(7.1%)

아주머니 [명] ★★★【60種のテキストで139例】☞아줌마.
⓪[예] [파출부/하숙집] 아주머니.
〈〔家政婦の/下宿の〕おばさん。〉(97.1%)

아줌마 [명] ☆★☆【23種のテキストで100例】☞아주머니.
⓪[예] [파출부/하숙집] 아줌마.
〈〔家政婦の/下宿の〕おばさん。〉(100%)

아직 [부] ★★★【170種のテキストで681例】
① <아직(도)> [예] 그는 아직 서울에 있다.
〈彼はまだソウルにいる。〉/
그는 아직도 자고 있다.
〈彼はいまだに寝ている。〉(47%)
②[예] 아직 비법을 못 배우다.
〈まだ秘法を学んでいない。〉/
아직 정신을 차리지 못하다.
〈まだ気が転倒している。〉(43.5%)

아침 [명] ★★★【149種のテキストで619例】
⓪[예] 아침부터 외출을 서두르다.
〈朝から外出を急ぐ。〉(93.4%)

아파트 [명] ★★★【51種のテキストで175例】
①[예] 아파트에 살다.
〈マンションに住む。〉(87.4%)
②[관] <아파트 단지>.
〈マンション団地。〉(12.6%)

아프다 [형] ★★★【130種のテキストで372例】
①[예] [머리가/몸이] 아프다.
〈〔頭が/体が〕痛い。〉(79.8%)
②[예] 마음이 아프다.
〈心が痛い。〉(16.7%)

아픔 [명]【29種のテキストで47例】
①[예] [마음의/분단의] 아픔을 씻다.
〈〔心の/分断の〕痛みを洗い流す。〉(72.3%)
②[예] 허리의 아픔을 참다.
〈腰の痛みをこらえる。〉(27.7%)

아홉 [수] ★★★【71種のテキストで133例】
①[예] 사과 아홉 개.
〈リンゴ九個。〉(64.7%)
②[예] 식구가 모두 아홉이다.
〈家族が全員で九人だ。〉(35.3%)

아휴 [감]【14種のテキストで35例】
①[예] 아휴 [기가 막혀/속상해/힘들다].
〈あぁ〔呆れた/くやしい/大変だ〕。〉(51.4%)
②[예] 아휴 [어떡하지?/참 곤란하네.].
〈あぁ〔どうしよう?/本当に困ったね。〕〉(42.9%)

악기 [명] ★☆★【15種のテキストで20例】
⓪[예] 악기(樂器)를 연주하다.
〈楽器を演奏する。〉(100%)

악수 [명]【12種のテキストで22例】
⓪[예] 손을 내밀어 악수(握手)를 하다.
〈手を差し延べて握手をする。〉(100%)

안[1] [부] ★★★【188種のテキストで1,946例】
⓪[예] 과자를 안 먹다.
〈お菓子を食べない。〉/
비가 안 오다.

30)「アイゴ」のソウル方言

〈雨が降らない。〉/
키가 안 크다.
〈背が高くならない。〉(100%)

안² 명 ★★★【175種のテキストで782例】
⓪예 대합실 안이 인파로 붐비다.
〈待合室の中が人で込み合う。〉(93.1%)

안개 명 ☆★★【23種のテキストで31例】
⓪예 안개가 자욱하게 끼다.
〈霧が立ち込める。〉(100%)

안경 명 ★★★【21種のテキストで48例】
⓪예 안경(眼鏡)을 [끼다/벗다/쓰다].
〈眼鏡を[かける/はずす/使う]。〉(97.9%)

안기다¹ 동【21種のテキストで27例】
①예 아이들에게 희망을 안겨 주다.
〈子供たちに希望を持たせる。〉(55.6%)
②예 남편에게 [선물을/아기를] 안겨 주다.
〈夫に[贈り物を/赤ちゃんを]プレゼントする。〉
(22.2%)
③예 자랑스러운 승리를 안겨 주다.
〈誇らしい勝利をもたらす。〉(18.5%)

안기다² 동【18種のテキストで21例】
⓪예 아기가 엄마 품에 안기다.
〈赤ちゃんが母親のふところにだかれる。〉(100%)

안내 명 ☆★☆【23種のテキストで34例】
①예 점원의 안내(案內)를 받다.
〈店員の案内をうける。〉(64.7%)
②예 [관광/길] 안내를 하다.
〈[観光/道]案内をする。〉(35.3%)

안내하다 동 ☆★☆【27種のテキストで37例】
①예 손님을 사장실로 안내(案內)하다.
〈客を社長室に案内する。〉(54.1%)
②예 [길을/장소를] 안내하다.
〈[道を/場所を]案内する。〉(43.2%)

안녕 감 ☆★☆【26種のテキストで50例】
⓪예 안녕(安寧), 내일 보자.
〈じゃね,またあした。〉(100%)

안녕하다 형 ★★★【70種のテキストで197例】
⓪관 <안녕(安寧)하세요>/<안녕하십니까>.
〈こんにちは。/お元気ですか。〉(92.9%)

안녕히 부 ☆★★【44種のテキストで96例】
①관 <안녕(安寧)히 [계세요/계십시오]>.
〈お元気で。/失礼致します。〉(50%)
②관 <안녕히 [가세요/가십시오]>.
〈気をつけて行って下さい。/お気をつけていらっしゃってください。〉(36.5%)

안다 동 ☆★★【57種のテキストで123例】
①예 [꽃다발을/아기를] 안다.
〈[花束を/赤ちゃんを]抱く。〉(78.9%)
⑤예 [슬픔을/절망감을] 안고 살다.
〈[悲しみを/絶望感を]抱えて暮らす。〉(8.9%)

안되다¹ 동【52種のテキストで146例】
①예 복도에서 뛰면 안돼.
〈廊下を走ったらだめ。〉(54.8%)
②예 천년 가도 민주주의 안돼요.
〈1000年経っても民主主義はだめね。〉(14.4%)
③예 [계획대로/생각대로] 잘 안되다.
〈[計画どおり/思い通り]うまく行かない。〉(11%)
④예 제대한 지 얼마 안돼.
〈除隊していくらにもならない。〉(11%)

안되다² 형【17種のテキストで19例】
①예 실직한 사람들이 안됐다.
〈失業した人がかわいそうだ。〉/
아이를 깨우기가 안됐다.
〈子供を起こすのがかわいそうだ。〉(57.9%)
②예 어서 파출부를 구해야지, 네가 고생이 돼서 안됐구나.〈早くお手伝いさんを探さなければ、君が大変でかわいそうだ。〉(42.1%)

안목 명【14種のテキストで24例】
⓪예 예술적 안목(眼目)이 높다.
〈芸術的な目が高い。〉/
긴 안목으로 보다.
〈長い目で見る。〉(100%)

안방 명 ☆☆★【32種のテキストで65例】
⓪예 안방(-房)으로 들어가다.
〈奥の間に入る。〉(93.8%)

안부 명【17種のテキストで20例】
⓪예 가족의 안부(安否)를 묻다.
〈家族の安否を尋ねる。〉(100%)

안심 명【11種のテキストで15例】
⓪예 남편을 보자 안심(安心)이 되다.
〈夫を見るやいなや安心する。〉(93.3%)

안심하다 동【16種のテキストで18例】
⓪예 안심(安心)하고 쉬다.
〈安心して休む。〉(100%)

안전 명 ☆☆★【13種のテキストで22例】
①예 시민들의 안전(安全)을 지키다.
〈市民の安全を守る。〉(81.8%)
②예 <안전 보장>.
〈安全保障。〉(13.6%)

안전하다 형【36種のテキストで71例】
⓪예 차를 안전(安全)하게 몰다.
〈車を安全に運転する。〉(100%)

안정¹ 명【10種のテキストで13例】
⓪예 사회가 안정(安定)을 얻다.
〈社会が安定を得る。〉(100%)

안정² 명【12種のテキストで13例】
⓪예 마음이 차츰 안정(安靜)을 되찾다.
〈心が徐々に安静を取り戻す。〉(100%)

안정되다¹ 동【17種のテキストで20例】
⓪예 [나라가/사회가/집안이] 안정(安定)되다.

〈[国が/社会が/家が]安定する。〉(100%)

안정되다² 동 【4種のテキストで4例】
⓪예 마음이 안정(安靜)되다.
〈気持ちが落ち着く。〉(100%)

안주 명 ☆★★【9種のテキストで12例】
⓪예 술과 안주(按酒)를 시키다.
〈酒とつまみを頼む。〉(100%)

안쪽 명 ★☆☆【15種のテキストで20例】
①예 안쪽에서 문을 열다.
〈内側からドアを開く。〉(90%)
②예 거리가 사오십 미터 안쪽이다.
〈距離が四五十メートル内だ。〉(10%)

안타깝다 형 ★☆☆【47種のテキストで58例】
⓪예 나의 마음을 몰라 주는 [그들이/상황이]
안타깝다.〈私の気持ちを分かってくれない[彼
らが/状況が]もどかしい。〉(100%)

안팎 명 【19種のテキストで22例】
①예 스무 살 안팎의 나이.
〈はたちそこそこの歳。〉(54.5%)
②예 식장 안팎에 손님들이 가득하다.
〈式場の内外に客が一杯だ。〉(45.5%)

앉다 동 ★★★【167種のテキストで992例】
⓪예 [의자에/자리에] 앉다.
〈椅子に/席に]座る。〉(96.7%)

앉히다 동 【28種のテキストで38例】
⓪예 나를 [사무실에/옆에] 앉히다.
〈私を[事務室に/そばに]座らせる。〉(86.8%)

않다¹ 동보 ★★☆【210種のテキストで4,245例】
⓪예 [말하지/음식을 가리지] 않다.
〈[話を/偏食を]しない。〉(100%)

않다² 형보 ★★☆【191種のテキストで1,261例】
⓪예 [아프지/춥지] 않다.
〈[痛く/寒く]ない。〉(100%)

않다³ 동보 ★★☆【159種のテキストで586例】
①예 불의를 보고만 있지 않는다.
〈不義を見てばかりいない。〉(57.2%)
②예 혼자 가고 싶지 않다.
〈一人で行きたくない。〉(42.8%)

않다⁴ 동 ☆☆★【35種のテキストで58例】
⓪예 공부 않는 놈.
〈勉強しない奴。〉/
꼼짝 않다.
〈微動だにしない。〉(100%)

알 명 ★☆★【29種のテキストで61例】
①예 [물고기가/벌레가/새가] 알을 까다.
〈[魚が/虫が/鳥が]卵をかえす。〉(47.5%)
②예 사탕 두 알.
〈飴玉二個。〉(27.9%)
③예 암탉이 알을 낳다.

〈めんどりが卵を産む。〉(8.2%)

알다 동 ★★★【203種のテキストで2,625例】
①예 [까닭을/사실을/그 말이 사실인 것을] 알다.
〈[理由を/事実を/その言葉が事実であることを]
知っている。〉(62.1%)
②예 고맙게 알다.
〈ありがたく思っている。〉/
누이를 어머니로 알고 자라다.
〈姉を母と思って育つ。〉/
끝난 걸로 알다.
〈終わったものと思っている。〉/
까불면 맞을 줄 알아.
〈生意気言うとぶんなぐってやる。〉(6.8%)
③예 [글자를/영어를/외국어를] 알다.
〈[文字を/英語を/外国語を]知っている。〉
(5.1%)
④예 유 선생을 잘 알다.
〈ユー先生をよく知っている。〉/
아는 체를 하다.
〈知ったかぶりをする。〉/
알고 지내는 사이.
〈親しい間柄。〉(4.6%)
⑤예 예, 알았습니다.(대답)
〈はい、分かりました。(返答)〉(4.4%)

알리다 동 ★★★【124種のテキストで330例】
①예 동료들에게 [상황을/소식을/외출한다는
것을] 알리다.〈同僚たちに[状況を/ニュースを
/外出するということを]知らせる。〉(28.2%)
②예 [문화를/스스로를/제품을] 널리 알리다.
〈[文化を/自分を/製品を]広く知らせる。〉(19.1%)
③피 <알려지다> 예 사고 소식이 알려지다.
〈事故のニュースが知れ渡る。〉(17.9%)
④예 다방 입구를 알리는 문.
〈喫茶店の入口を知らせる門。〉/
시계가 정오를 알리다.
〈時計が正午を知らせる。〉(16.4%)

알맞다 형 ★★★【74種のテキストで227例】
①예 [밤을 지내기에/소나무 생육에] 알맞다.
〈[夜を過ごすに/松の生育に]適している。〉
(73.6%)
②예 약을 알맞게 [섞다/쓰다].
〈薬をほどよく[混ぜる/使う]。〉(18.5%)

알아듣다 동 ★★☆【47種のテキストで88例】
⓪예 [말을/얘기를/용어를] 알아듣다.
〈[言葉を/話を/用語を]聞き分ける。〉(90.9%)

알아맞히다 동 【11種のテキストで26例】
①예 [답을/문제를] 알아맞히다.
〈[答を/問題を]言い当てる。〉(61.5%)
②예 [미래를/앞일을] 잘 알아맞히다.
〈[未来を/明日のことを]よく言い当てる。〉(38.5%)

알아보다 동 ★★☆【118種のテキストで1,137例】
⓪예 [경위를/결과를] 알아보다.
〈[経緯を/結果を]調べる。〉(94.9%)

알아주다 동【12種のテキストで15例】

① 예 동네에서 알아주는 멋쟁이.
〈隣近所で有名なおしゃれな人。〉(53.3%)

② 예 남의 [사정을/형편을] 알아주다.
〈人の〔事情を/状況を〕思いやる。〉(46.7%)

알아차리다 동【14種のテキストで18例】

① 예 위험하다는 사실을 알아차리다.
〈危険だという事実を見抜く。〉(66.7%)

② 예 돌아가는 낌새를 알아차리다.
〈何がどうなっているのか気配を感じる。〉(33.3%)

알아채다 동【15種のテキストで18例】

⓪ 예 [눈치를/정체를] 알아채다.
〈〔顔色に/正体に〕気づく。〉(100%)

앓다 동 ★★★【38種のテキストで56例】

⓪ 예 [감기를/병을] 앓다.
〈〔風邪を/病気を〕患う。〉(87.5%)

암¹ 명【12種のテキストで21例】

⓪ 예 암(癌)에 걸리다.
〈癌にかかる。〉(100%)

암² 감【6種のテキストで6例】

⓪ 예 암, 그렇고 말고요.
〈ああ、その通りです。〉(100%)

압력 명【15種のテキストで27例】

⓪ 예 신문사에 압력(壓力)을 넣다.
〈新聞社に圧力を加える。〉(96.3%)

－았－ 끝【218種のテキストで11,023例】

⓪ 예 기분이 좋았다.
〈気持ちがよかった。〉/
잃었던 지갑을 찾았다.
〈無くした財布をさがしだした。〉(100%)

－았었－ 끝【84種のテキストで168例】

⓪ 예 예전에 이 동네에 살았었다.
〈以前にこの町に住んでいた。〉/
어릴 때 키가 작았었다.
〈幼い時、背が低かった。〉(100%)

－았자 끝【16種のテキストで21例】

⓪ 예 지금 가 보았자 소용없다.
〈今行ったって仕様がない。〉(100%)

앞 명 ★★★【197種のテキストで1,474例】

① 예 안개로 앞이 안 보이다.
〈霧で前が見えない。〉(39%)

② 예 앞으로 [잘하다/전망이 좋다].
〈将来〔うまくやる/展望が良い〕。〉(18.5%)

③ 예 어른들 앞에서 조심하다.
〈目上の人たちの前で注意する。〉(14.4%)

④ 예 텔레비전 앞에 앉아 있다.
〈テレビの前に座っている。〉(11.3%)

앞날 명【18種のテキストで32例】

⓪ 예 아이들의 앞날이 밝다.
〈子供たちの前途が明るい。〉(100%)

앞두다 동【23種のテキストで33例】

⓪ 예 [선거를/큰일을] 앞두다.
〈〔選挙を/大事を〕控える。〉(100%)

앞뒤 명【28種のテキストで40例】

① 예 몸이 앞뒤로 흔들리다.
〈体が前後に揺れる。〉(52.5%)

② 예 글은 앞뒤의 연결이 중요하다.
〈文は前後の連結が重要である〉(32.5%)

앞바다 명【12種のテキストで18例】

⓪ 예 [마을/인천] 앞바다.
〈〔村の/仁川(インチョン)の〕沖合。〉(100%)

앞서다 동 ★★☆【50種のテキストで88例】

① 예 학문에 앞서 품격을 갖추다.
〈学問に先立ち、品格を備える。〉(21.6%)

② 예 형이 앞서서 걷다.
〈兄が先頭に立って歩く。〉(18.2%)

③ 예 앞서 언급한 사실.
〈先立って言及した事実。〉(17%)

④ 예 10년 이상 앞서다.
〈10年以上先を行く。〉(15.9%)

⑤ 예 감정이 이성보다 앞서다.
〈感情が理性より先立つ。〉(10.2%)

앞세우다 동【19種のテキストで23例】

① 예 딸을 앞세우고 집을 나서다.
〈娘を先頭にして家を出る。〉(47.8%)

② 예 [주장을/체면을] 앞세우다.
〈〔主張を/体面を〕前面に立てる。〉(21.7%)

③ 예 흥분해서 고함부터 앞세우다.
〈興奮して歓声から先立つ。〉(17.4%)

앞장¹ 명【14種のテキストで17例】

⓪ 예 모든 일에 앞장을 서다.
〈すべてのことに先頭に立つ。〉(100%)

앞장² 명【2種のテキストで2例】

⓪ 예 책의 앞장(張).
〈本の表紙。〉(100%)

앞장서다 동【14種のテキストで16例】

① 예 그가 앞장서서 안으로 들어가다.
〈彼が先頭に立って中に入る。〉(56.3%)

② 예 [개혁에/일에] 앞장서다.
〈改革に/ことに〕先頭に立つ。〉(43.8%)

애¹ 명 ★★★【63種のテキストで381例】

① 예 애를 보다.
〈子の面倒を見る。〉/
어린 애들.
〈小さな子供たち。〉(44.9%)

② 예 [같은 반/총무과/친구] 애들.
〈〔同じクラスの/総務課の/友達の〕子たち。〉
(23.6%)

③ 예 부모가 애의 기분을 살피다.
〈親が子の気持ちをうかがう。〉(22.3%)

－애² 끝【22種のテキストで108例】

⓪㉤ 날씨가 좋을 것 같애.
〈天気がいいみたい。〉(100%)

애³ 【24種のテキストで29例】
①㉦ <애를 쓰다>.
〈苦心する。〉(75.9%)
②㉦ <애를 먹다>.
〈苦労する。〉(6.9%)

애국자 图 【11種のテキストで17例】
⓪㉤ 애국자(愛國者)가 되다.
〈愛国者になる。〉(100%)

애기 图 【14種のテキストで50例】
⓪㉤ 애기를 낳다.
〈子を産む。〉(98%)

애쓰다 動 ★☆☆ 【66種のテキストで118例】
①㉤ 오해를 풀려고 애쓰다.
〈誤解を解こうと骨折る。〉(42.4%)
②㉤ 나라를 위해 애쓰다.
〈国のために努力する。〉(34.7%)
③㉤ 애써 태연하려고 노력하다.
〈努めて平然としようと努力する。〉(21.2%)

– 애요 尾 【12種のテキストで91例】
⓪㉤ 일이 잘 될 거 같애요.
〈仕事がうまく行きそうです。〉(100%)

애인 图 ☆★★ 【14種のテキストで42例】
⓪㉤ 애인(愛人)이 생기다.
〈恋人ができる。〉(100%)

애정 图 【29種のテキストで62例】
①㉤ 부모의 애정(愛情)을 느끼다.
〈父母の愛情を感じる。〉(62.9%)
②㉤ 그에 대한 애정이 남아 있다.
〈彼に対する愛情が残っている。〉(37.1%)

애초 图 【17種のテキストで27例】
①㉤ 애초의 계획대로 되다.
〈当初の計画通りになる。〉(81.5%)
②㉤ 애초 상대가 되지도 못 하다.
〈そもそも相手にもならない。〉(18.5%)

애타다 動 【11種のテキストで15例】
⓪㉤ 애타게 [기다리다/찾다].
〈今か今かと待つ。/苦労して探す。〉(100%)

– 야¹ 尾 【150種のテキストで2,099例】
⓪㉤ 모두 마찬가지야
〈みんな同じだよ。〉/
사실이 아니야
〈事実じゃないよ。〉(100%)

야² 토 【129種のテキストで332例】
⓪㉤ 너야 내가 믿지.
〈あんたなら、私は信じるよ。〉/
도착해서야 알다.
〈到着して初めて知る。〉(100%)

야³ 토 【92種のテキストで380例】

⓪㉤ 애기야, 이리 온.
〈いい子ね、こっちにおいで。〉(100%)

야⁴ 뎐 ★★☆ 【83種のテキストで262例】 ☞야아.
①㉤ 야, 빨리 와.
〈おい、早く来い。〉(54.6%)
②㉤ 야, 비가 금방 그치네.
〈お～、雨がすぐ上がったね。〉(19.8%)
③㉤ 야, 임마.
〈おい、この野郎。〉/
야, 너 이리 와.
〈おい、おまえこっちへ来い。〉(19.1%)

야구 图 ★★★ 【24種のテキストで45例】
⓪㉤ 야구(野球) 선수.
〈野球選手。〉(100%)

야단 图 ☆★☆ 【28種のテキストで38例】
①㉤ 주인에게 야단(惹端)을 맞다.
〈主人に叱られる。〉/
선생님이 아이에게 야단을 치다.
〈先生が子供を叱る。〉(50%)
② <야단이다> ㉤ 얼른 일어나라고 야단이다.
〈早く起きろとうるさい。〉(34.2%)
③㉤ 지갑이 없어졌다고 야단이 나다.
〈財布がなくなったと大騒ぎになる。〉(13.2%)

야말로 토 【33種のテキストで38例】
⓪㉤ 나야말로 할 말이 있다.
〈私の方こそ言いたいことがある。〉(100%)

야아¹ 뎐 【11種のテキストで15例】 ☞야⁴
①㉤ 야아, 비가 금방 그치네.
〈お～、雨がすぐ止んだ。〉(66.7%)
②㉤ 야아, 신난다. 이제 방학이다.
〈わあ、うれしい。もう冬休みだ。〉(13.3%)
③㉤ 야아, 빨리 와.
〈おい、早く来い。〉(13.3%)

야아² 토 【11種のテキストで14例】 ☞야³
⓪㉤ 자기야아, 어디 있어?.
〈お一い、どこにいるの？〉(100%)

야외 图 【11種のテキストで18例】
①㉤ 야외(野外) [무대/촬영].
〈野外〔舞台/撮影〕。〉(77.8%)
②㉤ 야외로 놀러 가다.
〈野外に遊びに行く。〉(22.2%)

야채 图 ☆★★ 【6種のテキストで7例】
⓪㉤ 야채(野菜)를 먹다.
〈野菜を食べる。〉(100%)

약¹ 图 ★★★ 【52種のテキストで148例】
⓪㉤ 혈압을 낮추는 약(藥)을 먹다.
〈血圧を下げる薬を飲む。〉(91.9%)

약² 관 ★★★ 【43種のテキストで102例】
⓪㉤ 약(約) 100년 동안.
〈約百年の間。〉(100%)

약³ 명 【11種のテキストで17例】

⓪예 약이 오르다.
〈腹が立つ。〉/
약을 올리다.
〈怒らせる。〉(100%)

약간¹ 부 ★★☆ 【67種のテキストで134例】

⓪예 다리를 약간(若干) 절다.
〈足をちょっとチンバを引く。〉/
약간 얼굴을 붉히다.
〈少し顔を赤らめる。〉(97%)

약간² 명 【25種のテキストで35例】

⓪예 밭뙈기 약간(若干).
〈猫の額ほどの畑、若干。〉/
약간의 통증.
〈若干の痛み。〉(100%)

약국 명 ☆★★ 【10種のテキストで14例】

⓪예 약국(藥局)에서 약을 사다.
〈薬局で薬を買う。〉(100%)

약속 명 ★★★ 【79種のテキストで211例】

⓪예 약속(約束)을 지키다.
〈約束を守る。〉(100%)

약속하다 동 ★★☆ 【39種のテキストで63例】

⓪예 담배를 끊기로 약속(約束)하다.
〈タバコを止めると約束する。〉(100%)

약수터 명 【10種のテキストで33例】

⓪예 약수(藥水)터에서 물을 마시다.
〈薬水の出るところで水を飲む。〉(100%)

약하다 형 ★★★ 【56種のテキストで89例】

①예 주먹이 약(弱)하다.
〈パンチが弱い。〉(51.7%)

②예 [기둥이/몸이] 약하다.
〈[支柱が/体が]弱い。〉(22.5%)

③예 [각오가/마음이/의지가] 약하다.
〈[覚悟が/心が/意志が]弱い。〉(10.1%)

얇다 형 ☆☆★ 【22種のテキストで36例】

①예 얇은 이불을 덮다.
〈薄い掛け布団をかける。〉(97.2%)

양¹ 명 ★★★ 【40種のテキストで71例】

①예 양(量)보다 질을 따지다.
〈量より質を問う。〉(88.7%)

②예 자기의 양만큼 밥을 먹다.
〈自分の分のご飯を食べる。〉(11.3%)

양² 명의 ☆☆★ 【28種のテキストで48例】

①예 둘이 서로 모르는 사이인 양 따로 떨어져
걷다.〈二人がお互いに知らない間柄のように離
れて歩く。〉(79.2%)

②예 형이 동생 하는 양을 바라보다.
〈兄が弟のする様子を眺める。〉(12.5%)

양³ 관 【15種のテキストで19例】

⓪예 양(兩) [극단/끝/어깨/옆].
〈両[極端/端/肩/側]。〉(100%)

양⁴ 명 【9種のテキストで18例】

⓪예 양(羊)을 기르다.
〈羊を飼う。〉(100%)

양념 명 ☆★☆ 【13種のテキストで16例】

①예 요리에 양념을 넣다.
〈料理に調味料を加える。〉(81.3%)

②예 불평을 양념 삼아 얘기를 나누다.
〈不平を材料にして話を交わす。〉(18.8%)

양말 명 ☆★★ 【20種のテキストで39例】

⓪예 양말(洋襪)을 [벗다/신다].
〈靴下を[脱ぐ/履く]。〉(100%)

양반 명 ★★☆ 【36種のテキストで82例】

①예 양반(兩班) 집안에서 자라다.
〈両班の家門で育つ。〉(53.7%)

②예 젊은 양반.
〈若い人。〉/
이 답답한 양반아.
〈このじれったい奴め。〉(36.6%)

양보하다 동 【22種のテキストで32例】

①예 노인에게 자리를 양보(讓步)하다.
〈老人に席を譲る。〉(75%)

②예 백보 양보해서 내가 잘못했다 치자.
〈百歩譲歩して私が悪かったとしよう。〉(25%)

양복 명 ☆★★ 【19種のテキストで35例】

①예 양복(洋服)을 입다.
〈洋服を着る。〉(80%)

②예 한복은 양복보다 편하다.
〈韓服は洋服より楽だ。〉(20%)

양산¹ 명 ☆☆★ 【2種のテキストで3例】

⓪예 햇볕을 가리려고 양산(陽傘)을 쓰다.
〈日の光をさえぎろうとパラソルをさす。〉(100%)

양산² 명 【1種のテキストで2例】

⓪예 제품의 양산(量産)에 들어가다.
〈製品の量産に入る。〉(100%)

양식¹ 명 ★☆★ 【14種のテキストで20例】

①예 일 년 먹을 양식(糧食).
〈一年食べる食糧。〉(75%)

②예 [마음의/정신의] 양식.
〈[心の/精神の]糧。〉(25%)

양식² 명 【12種のテキストで59例】

①예 서양의 건축 양식(樣式).
〈西洋の建築様式。〉(67.8%)

②예 표현 양식이 다르다.
〈表現様式が違う。〉(22%)

양심 명 【31種のテキストで53例】

⓪예 양심(良心)의 가책을 느끼다.
〈良心の呵責を感じる。〉(100%)

양쪽 명 ★☆★ 【38種のテキストで56例】

⓪예 양(兩)쪽에서 팔을 끼다.
〈両側から腕を抱える。〉(100%)

얕다 형 ☆☆★【13種のテキストで16例】
①예 [강물이/바다가] 얕다.
〈[川の水が/海が]浅い。〉(31.3%)
②예 얕은 잠에서 깨어나다.
〈浅い眠りから覚める。〉(31.3%)
③예 경험이 얕다.
〈経験が浅い。〉/
얕은 지식.
〈浅い知識。〉(31.3%)

얘¹ 대 ★★☆【55種のテキストで121例】
①예 얘, 싫다.
〈ちょっと、嫌だぁ。〉/
얘들아, 엄마 왔다.
〈みんな、母さんが来たぞ。〉(66.1%)
②예 얘, 네 수다는 여전하구나.
〈おい、君のおしゃべりは相変わらずだね。〉
(24.8%)

얘² 대【21種のテキストで80例】
⓪예 얘는 바나나를 제일 좋아해요.
〈この子はバナナが一番好きです。〉(100%)

얘기 명 ★★☆【105種のテキストで640例】 ☞이야기.
①예 만나서 서로 얘기를 하다.
〈会ってお互いに話をする。〉(60%)
②예 소녀가장 전나영 양의 얘기를 소개하다.
〈少女家長チョンナヨンさんの話を紹介する。〉
(24.2%)

얘기하다 동 ★★☆【72種のテキストで225例】 ☞이야기하다.
①예 [그 날 일을/사연을/사정을] 얘기하다.
〈[その日のことを/わけを/事情を]話す。〉(76.4%)
②예 선생님과 얘기하다.
〈先生と話す。〉(23.6%)

–어¹ 끝【176種のテキストで3,092例】
⓪예 알았어.
〈分かったよ。〉/
어디 살어?
〈どこに住んでる?〉/
가만 있어.
〈黙ってろ。〉(100%)

–어² 끝【216種のテキストで21,496例】
⓪예 바싹 붙어 걷다.
〈ぴったり寄り添って歩く。〉/
길에서 멀어지다.
〈道から遠ざかる。〉(100%)

어³ 감 ☆★☆【53種のテキストで912例】 ☞어.
①예 어… 그러니까 환불해 달라는 겁니까?
〈え…だから払い戻ししてほしいということですか?〉(45.3%)
②예 어, 이거? 내 가방이야.
〈え、これ?私のカバンだよ。〉
A:이거냐? B:어, 그거 맞아.

〈A:これか? B:あ、そうそれ。〉(41.8%)
③예 어, [넌 대체 뭐야?/가방 어디 갔지?].
〈え、[あんた一体何?/カバンどこ行った?]〉(9.6%)

어귀 명【14種のテキストで22例】
⓪예 [골목/다리/마을/산/시장] 어귀.
〈[路地の/橋の/村の/山の/市場の]入り口。〉
(100%)

어긋나다 동【24種のテキストで30例】
①예 [법에/양심에] 어긋나다.
〈[法に/良心に]反する。〉(50%)
②예 부모의 뜻에 어긋나다.
〈親の意に反する。〉(16.7%)
③예 톱니가 어긋나다.
〈のこぎりの歯がずれる。〉(6.7%)
④예 사진의 [구도가/초점이] 어긋나다.
〈写真の[構図が/焦点が]ずれる。〉(6.7%)
⑤예 [기대가/예상이] 어긋나다.
〈[期待が/予想が]外れる。〉(6.7%)
⑥예 [계획이/일이] 어긋나다.
〈[計画が/仕事が]食い違う。〉(6.7%)

어기다 동【19種のテキストで22例】
⓪예 [법을/약속을] 어기다.
〈[法を/約束を]破る。〉(100%)

어김없이 부【15種のテキストで24例】
⓪예 봄이 어김없이 찾아오다.
〈春が間違いなくやってくる。〉(100%)

어깨 명 ★★★【69種のテキストで129例】
⓪예 어깨를 [움츠리다/으쓱하다].
〈肩を[すくめる/そびやかす]。〉(89.9%)

어느 관 ★★★【188種のテキストで1,098例】
①예 비가 오는 어느 아침이었다.
〈雨が降っているある朝だった。〉(57.5%)
②예 어느 것이 제 것입니까?
〈どれが私のですか?〉(18.8%)
③예 어느 고을, 어느 마을치고 산이 없는 곳이 없다.〈どの郡どの村でも、山のない所はない。〉(10.5%)

어느날 명【11種のテキストで15例】
①예 어느날 우연히 만나다.
〈ある日偶然に会う。〉(80%)
②예 4월의 어느날 아침.
〈4月のある日の朝。〉(20%)

어느덧 부【25種のテキストで30例】
⓪예 어느덧 가을이 오다.
〈いつしか秋が来る。〉(100%)

어느새 부【35種のテキストで54例】
⓪예 책을 읽다가 어느새 잠이 들다.
〈本を読んでいて、いつの間にか寝入る。〉(100%)

–어다 끝【83種のテキストで164例】
⓪예 제비가 박씨를 물어다 주다.

〈ツバメがフクベの種をくわえてくる。〉(100%)

－어다가 끝【11種のテキストで14例】
　⓪예 나무를 베어다가 불을 때다.
　　〈木を切って火を焚く。〉(100%)

－어도 끝【165種のテキストで523例】
　⓪예 아무리 많이 먹어도 배고프다.
　　〈いくらたくさん食べてもお腹が空いている。〉(100%)

－어두 끝【12種のテキストで27例】
　⓪예 무슨 일이 있어두 가야 하다.
　　〈何があっても行かねばならない。〉(100%)

어둠 명【42種のテキストで118例】
　⓪예 칠흑 같은 어둠이 걷히다.
　　〈漆黒の闇がひらける。〉(92.4%)

어둡다 형 ★★★【69種のテキストで122例】
　①예 [방안이/하늘이] 어둡다.
　　〈[部屋の中が/空が]暗い。〉(51.6%)
　②예 [날이/조명이] 어둡다.
　　〈[日が/照明が]暗い。〉(16.4%)
　③예 [목소리가/표정이] 어둡다.
　　〈[声が/表情が]暗い。〉(9%)
　④예 어두운 시절을 보내다.
　　〈暗い時代を送る。〉(7.4%)

어디[1] 대 ★★★【200種のテキストで1,079例】
　①예 어디로 가야 하나?
　　〈どこへ行けばいいのか?〉/
　　기준을 어디에 둘까?
　　〈基準をどこに置こうか?〉(64.2%)
　②예 어디서 웃음소리가 나다.
　　〈どこかから笑い声が聞こえる。〉/
　　어디를 가도 재미있다.
　　〈どこへ行っても面白い。〉(32%)

어디[2] 부 ★★☆【88種のテキストで146例】
　①예 아무리 잘한다 해도 어디 부모와 같을까?
　　〈いくら立派にやったとしても、親と同じ程ちゃんとできるだろうか?〉/
　　그게 어디 마음대로 되는 일인가.
　　〈頑張ったからと言って思いどおりになるだろうか。〉(40.4%)
　②관 <어디 있다>
　　예 이런 어처구니없는 일이 어디 있어?
　　〈こんな呆れたことがあるんだろうか?〉(33.6%)
　③예 어디, 나도 한번 보자.
　　〈じゃ、一回見てみようか。〉(16.4%)

어디어디 대【10種のテキストで19例】
　⓪예 어디어디에 [다녀오다/들르다].
　　〈どこどこに[行って来る/立ち寄る]。〉(100%)

어딨다 형【10種のテキストで22例】
　⓪예 어딨다 이제 와?
　　〈今までどこにいたんだ?〉/
　　그런 게 어딨어?
　　〈そんなバカな?〉(100%)

어떠하다 형 ★☆☆【72種のテキストで204例】
　①예 생각이 어떠하냐.
　　〈考えがどうか。〉/
　　태도가 어떠하든 상관하지 않다.
　　〈態度がどうであれ、かまわない。〉(78.4%)
　②예 어떠한 시도도 하지 않다.
　　〈いかなる試みもしない。〉/
　　위로할 어떠한 말도 찾지 못하다.
　　〈慰めるどんな言葉も見つからない。〉(21.6%)

어떡하다 동 ☆★☆【27種のテキストで61例】
　⓪예 좋은 걸 어떡해요.
　　〈好きなんだから仕方ないでしょう。〉/
　　저녁 식사는 어떡하셨어요?
　　〈夕食はどうしましたか?〉(100%)

어떤 관 ★★★【191種のテキストで2,287例】
　①예 저 마을에는 어떤 사람들이 살까?
　　〈あの村にはどんな人たちが住んでいるんだろうか?〉(33.1%)
　②예 둘 중에 어떤 것입니까?
　　〈二つの中でどちらですか?〉(24%)
　③예 오늘 어떤 동창을 만났다.
　　〈今日、ある同級生に出会った。〉(22.8%)
　④예 어떤 사람이 위험한 처지에 있다고 하자.
　　〈ある人が危険な境遇にあるとしよう。〉(16.9%)

어떻게 부 ★★★【205種のテキストで2,009例】
　①예 어떻게 말을 꺼내야 할까?
　　〈どう話しを切り出したらいいんだろう?〉/
　　도서관을 어떻게 이용하는 것이 좋은가 알아보다.〈図書館をどのように利用するのがいいか調べる。〉(52.4%)
　②예 어떻게 [생각해요?/지내셨어요?].
　　〈どう[思いますか?/お過ごしでしたか?]。〉(32.2%)
　③예 어떻게 하면 나를 믿게 하지?
　　〈どうしたら私を信じさせられる?〉(11.7%)

어떻다 형 ★★★【137種のテキストで441例】
　①예 네 생각은 어때?
　　〈君の考えはどう?〉/
　　그의 태도가 어떻든 관계없다.
　　〈彼の態度がどうであれ関係ない。〉(49.2%)
　②예 멀미가 날 때 껌을 씹으면 어떻겠어?
　　〈船酔いしたらガムを噛むのはどう?〉/
　　이거 어때?
　　〈これどう?〉(32.4%)
　③예 어떤 시도도 하지 않다.
　　〈いかなる試みもしない。〉/
　　그를 위로할 어떤 말도 찾지 못하다.
　　〈彼を慰めるどんな言葉も見つからない。〉(17.7%)

－어라 끝【97種のテキストで246例】
　⓪예 밥 먹어라.
　　〈ご飯食べなさい。〉/
　　가고 싶어라.
　　〈行きたいな。〉(100%)

어려움 명 ★★☆【57種のテキストで95例】

◎예 목표 달성에 어려움이 많다.
〈目標達成に困難が多い。〉(93.7%)

어렵다 형 ★★★【159種のテキストで588例】

①예 결정을 [내리기가/내리는 것이] 어렵다.
〈決定を〔下すのが/下すことが〕難しい。〉(45.7%)

②예 죽음의 문제는 풀기 어렵다.
〈死の問題は解決できない。〉/
어려운 한자.
〈難しい漢字。〉(17.9%)

③예 만나기가 어려우면 헤어지기도 어려운
법이다.〈出会うのが難しければ別れることも難しいものだ。〉(13.3%)

④예 [경제가/재정이] 어렵다.
〈〔経済が/財政が〕難しい。〉(11.9%)

⑤예 [집안이/형편이] 어렵다.
〈〔家が/状況が〕難しい。〉(10.7%)

어른 명 ★★★【98種のテキストで368例】

①예 아들이 벌써 어른이 다 되었다.
〈息子がもうすっかり大人になった。〉/
어른 요금.
〈大人料金。〉(56.5%)

②예 [시댁/양가] 어른.
〈〔夫の実家の/両家の〕目上の人。〉(38.9%)

어리다 형 ★★★【133種のテキストで453例】

◎예 어렸을 때 살던 곳.
〈子供の頃住んでいたところ。〉/
어려서부터 키가 크다.
〈幼い頃から背が高い。〉(98%)

어리둥절하다 형【18種のテキストで23例】

◎예 무슨 영문인지 몰라 어리둥절하다.
〈どういうわけかわからなくて、おろおろする。〉
(100%)

어리석다 형 ★☆☆【31種のテキストで56例】

◎예 자신이 어리석게 느껴지다.
〈自分が愚かに感じられる。〉/
어리석은 짓을 저지르다.
〈愚かな事を仕出かす。〉(100%)

어린아이 명【29種のテキストで43例】

◎예 어린아이를 품에 안다.
〈幼子を胸に抱く。〉(100%)

어린애 명【21種のテキストで29例】

◎예 한두 살 먹은 어린애 같다.
〈一二歳の子供みたいだ。〉(100%)

어린이 명 ★★★【78種のテキストで453例】

◎예 어린이는 어른의 거울이다.
〈子供は大人の鏡である。〉/
어린이 여러분!
〈子供の皆さん！〉(100%)

어머 감 ☆★☆【37種のテキストで83例】

◎예 어머, 귀여워라.
〈あら、かわいい。〉/
어머, 깜짝이야.

〈あら、びっくりした。〉/
어머, 내 정신 좀 봐.
〈あら、私何やってるのかしら。〉(100%)

어머니 명 ★★★【155種のテキストで1,674例】☞어머님.

◎예 [과장님/우리] 어머니.
〈〔課長の/うちの〕母。〉(92.4%)

어머님 명 ☆★☆【22種のテキストで90例】☞어머니.

◎예 [과장님/우리] 어머님.
〈〔課長の/うちの〕お母さん。〉(87.8%)

어미 명【11種のテキストで29例】

①예 강아지와 어미 개.
〈子犬と親犬。〉(75.9%)

②예 네가 이 어미를 슬프게 하는구나.
〈お前のせいで母さん悲しいわ。〉(20.7%)

어색하다 형 ☆☆★【41種のテキストで54例】

①예 [자세가/표현이] 어색하다.
〈〔姿勢が/表現が〕ぎこちない。〉(51.9%)

②예 첫 만남의 자리가 어색하다.
〈初の出会いの場がぎこちない。〉/
어색한 감정을 느끼다.
〈不自然な感情を感じる。〉(48%)

- 어서¹ 끝【213種のテキストで3,300例】

◎예 1년도 못 되어서 일을 그만두다.
〈1年もしなくて仕事をやめる。〉/
월급이 적어서 살기 힘들다.
〈月給が少なくて生活が大変だ。〉(100%)

어서² 뿐 ★★★【82種のテキストで193例】

①예 꾸물대지 말고 어서 가자.
〈ぐずぐずしないで、早く行こう。〉(52.9%)

②예 어서 오세요.
〈いらっしゃいませ。〉/
어서들 들어와.
〈早く入って入って。〉(47.2%)

- 어야 끝【207種のテキストで2,018例】

◎예 재미있어야 잡지가 잘 팔린다.
〈面白くてこそ雑誌がよく売れる。〉(100%)

- 어야죠 끝【12種のテキストで19例】

◎예 밥을 얼른 먹어야죠.
〈ご飯をさっさと食べましょう。〉(100%)

- 어야지¹ 끝【68種のテキストで118例】

◎예 어디 빌려줄 돈이 있어야지.
〈どこかに貸せるお金がなけりゃね。〉(100%)

- 어야지² 끝【18種のテキストで20例】

◎예 자신이 있어야지 잘 할 수 있다.
〈自信があってこそ旨くできる。〉(100%)

- 어야지요 끝【18種のテキストで24例】

◎예 코트를 벗어야지요?
〈コートは脱がなきゃいけないんでしょう？〉/
교실에서는 실내화를 신어야지요.
〈教室では上履きを履かなきゃいけません。〉
(100%)

어어 〔감〕【10種のテキストで23例】 ☞어2.

①예 어어, 이거? 내 가방이야.
〈あれ、これ？私のカバンだよ。〉/
A:이거냐? B:어어, 그거 맞어.
〈A:これか？ B:うん、それだそれだ。〉(69.6%)

②예 어어, [넌 대체 뭐야?/가방 어디 갔지?].
〈あれ、〔お前は一体何だ？/カバンどこ行っ
た？〕。〉(17.4%)

-어요 〔끝〕【171種のテキストで3,993例】

⓪예 밥을 먹어요.
〈ご飯を食べます。〉/
아이 얼굴이 예뻐요.
〈子供の顔がかわいいですね。〉/
비가 왔어요.
〈雨が降ってきました。〉(100%)

어우러지다 〔동〕【17種のテキストで20例】

⓪예 남녀노소가 함께 어우러져 이야기꽃을 피
우다.〈老若男女が一緒になって話に花を咲かせ
る。〉(100%)

어울리다 〔동〕★★★【97種のテキストで269例】

①예 옷이 그녀에게 잘 어울리다.
〈服が彼女によく似合う。〉(65.4%)

②예 친구들과 어울려 다니다.
〈友達と一緒に通う。〉(26%)

어유 〔감〕【11種のテキストで18例】

①예 어유, 저 달 좀 봐. 보름달이네.
〈ああ、あの月を見てごらん。満月だね。〉(55.6%)

②예 어유, [머리 아파/짜증나].
〈ああ、〔頭が痛い/うぜえ〕。〉(44.4%)

어이없다 〔형〕【14種のテキストで15例】

⓪예 [결과가/대답이] 어이없다.
〈〔結果が/返事が〕呆れる。〉(100%)

어제 〔명〕★★★【113種のテキストで295例】

①예 어제 떠났다.
〈昨日出発した。〉(64.1%)

②예 [어제보다/어제에 비하면] 따뜻하다.
〈〔昨日より/昨日に比べれば〕暖かい。〉(29.8%)

어젯밤 〔명〕☆★★【25種のテキストで48例】

①예 어젯밤에 화재가 났다.
〈昨夜火災が発生した。〉(66.7%)

②예 어젯밤 큰 사고가 났다.
〈昨夜大きな事故が起きた。〉(33.3%)

어지간히 〔부〕【13種のテキストで15例】

①예 어지간히 참을 만큼 참다.
〈いい加減我慢するだけ我慢する。〉(66.7%)

②예 어지간히 춥겠다.
〈よほど寒いんだろう。〉(33.3%)

어지럽다 〔형〕★☆★【28種のテキストで40例】

①예 [세상이/정국이] 어지럽다.
〈〔世界が/政局が〕乱れている。〉(40%)

②예 [눈이/머리가] 어지럽다.

〈〔目が/頭が〕くらくらする。〉(25%)

③예 책걸상이 어지럽게 널려 있다.
〈机と椅子が散らばっている。〉(15%)

④예 차량의 불빛이 어지러웠다.
〈車両の明かりがまぶしかった。〉(12.5%)

어째서 〔부〕☆☆★【19種のテキストで31例】

⓪예 어째서 그렇게 생각하지?
〈どうしてそう思う？〉(100%)

어쨌든 〔부〕【48種のテキストで87例】

①예 일이 어렵긴 하지만, 어쨌든 보람이 있다.
〈仕事が難しいけど、とにかくやり甲斐がある。〉
(77%)

②예 벽에 낙서를 하지 않나 어쨌든 장난이 보
통이 아니다.〈壁に落書きはするは、とにかくいた
ずらが普通でない。〉(18.4%)

어쩌다¹ 〔동〕★★☆【110種のテキストで262例】

①예 어쩌다가 그렇게 됐을까?
〈どうしてそんな風になったのか？〉/
회사를 관두고 어쩌게?
〈会社を辞めて、どうするつもりだ？〉(50.4%)

②관 <어쩔 [도리가/수가] 없다>.
〈なすすべが無い。/仕方が無い。〉(26.3%)

③관 <어쩔 [바를/줄(을)] 모르다>.
〈なすすべを知らない。/どうしたらいいかわからな
い。〉(10.7%)

어쩌다² 〔부〕【26種のテキストで35例】

⓪예 어쩌다 [마주치면/만나면] 반가워하다.
〈偶然に〔出会ったら/会ったら〕うれしがる。〉
(100%)

어쩌면¹ 〔부〕【52種のテキストで116例】

⓪예 어쩌면 비가 올지도 몰라요.
〈ひょっとしたら雨が降るかもしれません。〉/
사실 어쩌면 잘된 일인지도 모른다.
〈事実ひょっとしたらこれでよかったのかもしれな
い。〉(100%)

어쩌면² 〔감〕【16種のテキストで21例】

⓪예 어쩌면 이렇게도 책이 많지?
〈どうして本がこんなにたくさんあるんだ？〉(100%)

어쩐지 〔부〕☆☆★【30種のテキストで42例】

⓪예 어쩐지 [눈이 올 것 같다/술이나 한잔하고
싶다].〈なんとなく〔雪が降りそうだ/お酒でも一
杯やりたい〕。〉(100%)

어찌 〔부〕☆★★【54種のテキストで89例】

①예 어찌 후회가 없을까?
〈どうして後悔しないでいられるだろうか？〉(36%)

②예 그간 어찌들 지냈나?
〈この間どう過ごしてきたんだ？〉/
장차 어찌 할 생각이니?
〈将来どうするつもりなの？〉(32.6%)

③예 정 장군은 어찌 생각하시오?
〈鄭将軍はどうお考えですか？〉(9%)

④예 형제간에 어찌 저리 다른지 원.

〈兄弟間でどうしてこう違うのか、まったく。〉(6.7%)

어찌나 🎌【15種のテキストで25例】
①⑩ 어찌나 추운지 모르겠다.
〈どれほど寒いか分からない。〉(72%)
②⑩ 어찌나 웃는지 어리둥절하다.
〈どれほど笑うのか、呆気に取られてしまう。〉(28%)

어찌하다 動【27種のテキストで33例】
①⑩ 집을 팔고 어찌하려고?
〈家を売ってどうしようと？〉(72.7%)
②⑩ 그는 어찌하여 날 좋아할까?
〈彼女は私のどこが好きなんだろうか。〉(27.3%)

어차피 🎌 ☆★☆【42種のテキストで56例】
⓪⑩ 지금은 비밀로 해도 어차피(於此彼) 알려
질 일이다.〈今は秘密にしたってどうせ知れること
だ。〉(100%)

어처구니 名【11種のテキストで15例】
⓪⑩ 어처구니가 없다는 표정.
〈開いた口がふさがらないという表情。〉(100%)

－어치 接 ☆☆★【9種のテキストで13例】
⓪⑩ [삼백 원/천 원]어치.
〈[三百ウォン/千ウォン]分。〉(100%)

어휘 名 ☆★★【5種のテキストで17例】
①⑩ 어휘(語彙)가 부족해서 표현을 못 하다.
〈語彙が不足して表現できない。〉/
교육용 어휘.
〈教育用語彙。〉(70.6%)
②⑩ 우리에게 사랑이라는 어휘는 무슨 의미
일까?〈私たちに愛という語彙はどういう意味だろ
うか？〉(29.4%)

억 数 ★★★【25種のテキストで70例】
①⑩ 10억(億) 불 수출을 하다.
〈10億ドル輸出をする。〉(70%)
②⑩ 연봉이 억을 넘다.
〈年俸が億を超える。〉(30%)

억세다 形【13種のテキストで18例】
①⑩ 팔을 억세게 잡아끌다.
〈腕を強く引っ張る。〉(44.4%)
②⑩ 가난을 억세게 참아내다.
〈貧乏をタフに堪える。〉(27.8%)
③⑩ 어금니가 억세고 강하다.
〈奥歯が強くて堅い。〉(16.7%)
④⑩ 억센 [바람/사투리].
〈強い[風/なまり]。〉(11.1%)

억압 名【12種のテキストで15例】
⓪⑩ 정치적인 억압(抑壓)을 받다.
〈政治的な抑圧を受ける。〉(100%)

억울하다 形 ★☆☆【31種のテキストで48例】
⓪⑩ 누명을 쓰고 억울(抑鬱)하게 죽다.
〈濡れ衣を着せられ、無念に死ぬ。〉(100%)

억제하다 動【12種のテキストで16例】

①⑩ [감정을/분노를/충동을] 억제(抑制)하다.
〈[感情を/怒りを/衝動を]抑制する。〉(37.5%)
②⑩ 불필요한 지출을 억제하다.
〈不要な支出を抑制する。〉(37.5%)
③⑩ [변화를/세력을] 억제하다.
〈[変化を/勢力を]抑制する。〉(12.5%)
④⑩ [본능을/자신을] 억제하다.
〈[本能を/自身を]抑制する。〉(12.5%)

억지로 🎌【24種のテキストで31例】
⓪⑩ 눈물을 억지로 참다.
〈涙を押し殺す。〉(100%)

언급하다 動【18種のテキストで26例】
⓪⑩ [문제를/이야기를/일을] 언급(言及)하다.
〈[問題に/話に/仕事に]言及する。〉(100%)

언니 名 ★★★【59種のテキストで204例】
①⑩ 언니가 동생을 돌보다.
〈姉が弟を世話する。〉(62.7%)
②⑩ [간호원/주인] 언니.
〈[看護員/主人]のお姉さん。〉(33.8%)

언덕 名 ★☆☆【35種のテキストで76例】
⓪⑩ 언덕에 올라가다.
〈丘に登る。〉(100%)

언론 名【15種のテキストで218例】
⓪⑩ 언론(言論)의 취재를 막다.
〈マスコミの取材を防ぐ。〉(87.2%)

언어 名 ★★★【38種のテキストで178例】
⓪⑩ 언어(言語)마다 문법 체계가 다르다.
〈言語ごとに文法体系が違う。〉/
광고에 쓰이는 언어.
〈広告に使われる言語。〉(100%)

언제 代 ★★★【156種のテキストで478例】
①⑩ 언제 도착했어요?
〈いつ到着しましたか。〉(45.2%)
②⑩ 집을 나간 때는 언제인가?
〈家を出た時はいつか？〉/
날짜를 언제로 정할까.
〈日付をいつに決めようか。〉(27.8%)
③⑩ [언제든/언제라도] 오세요.
〈[いつだって/いつでも]来てください。〉(12.3%)
④⑩ 언제 보아도 재미있다.
〈いつ見てもおもしろい。〉/
내가 언제 노래한 적 있어?
〈私がいつか歌ったことがある？〉(11.3%)

언제나 🎌 ★★★【101種のテキストで247例】
⓪⑩ 그녀는 언제나 즐거워 보인다.
〈彼女はいつも楽しそうに見える。〉(89.5%)

언젠가 🎌【44種のテキストで62例】
①⑩ 언젠가 진실을 알게 될 것이다.
〈いつか真実を知るようになるだろう。〉(61.3%)
②⑩ 언젠가 그를 만난 일이 있다.
〈いつか彼に会ったことがある。〉(38.7%)

얹다 〔동〕【29種のテキストで38例】

①예 책을 책상 위에 얹다.
〈本を机の上に乗せる。〉/
선반에 상자를 얹다.
〈棚に箱を乗せる。〉(50%)

②예 손을 이마에 얹다.
〈手を額に乗せる。〉(31.6%)

얻다 〔동〕★★★【129種のテキストで392例】

①예 [교훈을/지식을/지혜를] 얻다.
〈[教訓を/知識を/知恵を]得る。〉(20.7%)

②예 친구에게 담배 하나를 얻다.
〈友達にタバコを一本もらう。〉/
[쌀을/용돈을] 얻다.
〈[コメを/お小遣いを]もらう。〉(17.3%)

③예 [성과를/점수를/효과를] 얻다.
〈[成果を/点数を/効果を]得る。〉(15.1%)

④예 [권리를/부를/지위를] 얻다.
〈[権利を/富を/地位を]得る。〉(8.9%)

⑤예 산에서 목재를 얻는다.
〈山から木材を得る。〉(6.1%)

⑥예 [용기를/위안을/자신을] 얻다.
〈[勇気を/慰めを/自信を]得る。〉(5.6%)

⑦예 [공감을/신뢰를/인기를] 얻다.
〈[共感を/信頼を/人気を]得る。〉(4.8%)

⑧예 [기운을/힘을] 얻다.
〈[機運を/力を]得る。〉(4.8%)

⑨예 [방을/세를/아파트를] 얻다.
〈[部屋を/借家を/マンションを]借りる。〉(4.6%)

얻어맞다 〔동〕【14種のテキストで19例】

①예 불량배에게 [늘씬하게/따귀를] 얻어맞다.
〈ならず者に[てんてこまいに/横っ面を]殴られる。〉
(78.9%)

②예 매스컴에 한 방 얻어맞다.
〈マスコミに一発たたかれる。〉(21.1%)

얻어먹다 〔동〕【13種のテキストで17例】

①예 친구에게 밥을 얻어먹다.
〈友達にご飯をおごってもらう。〉(88.2%)

②예 거지가 동네를 돌아다니며 얻어먹다.
〈乞食が町を歩き回って物乞いをする。〉(11.8%)

얼 〔명〕【13種のテキストで18例】

⓪예 겨레의 얼을 지키다.
〈民族の精神を守る。〉/
조상의 얼.
〈祖先の魂。〉(94.4%)

얼굴 〔명〕★★★【150種のテキストで970例】

①예 손으로 얼굴을 가리다.
〈手で顔をかくす。〉/
얼굴이 잘 생기다.
〈顔がハンサムだ。〉(69.9%)

②예 피곤한 얼굴로 웃다.
〈疲れた顔で笑う。〉/
사실을 몰랐다는 얼굴을 하다.

〈事実を知らなかったという顔をする。〉(20.1%)

얼다 〔동〕☆☆★【21種のテキストで32例】

①예 [눈이/물이/수도가] 얼다.
〈[雪が/水が/水道が]凍る。〉(62.5%)

②예 손이 꽁꽁 얼다.
〈手がかちかちに凍る。〉(34.4%)

얼른 〔부〕★★★【75種のテキストで168例】

⓪예 깜짝 놀라 얼른 말이 안 나오다.
〈びっくりしてすぐに言葉が出ない。〉/
늦었으니 얼른 가자.
〈遅くなったから早く行こう。〉(100%)

얼마 〔명〕★★☆【147種のテキストで390例】

①관 <얼마 전>.
〈少し前。〉(29%)

②예 값이 얼마입니까?
〈値段はいくらですか?〉(24.6%)

③관 <얼마 [안 ~/-지 않다]>.
〈いくらも[~ない/~ない]。〉(23.6%)

④관 <얼마 동안>
예 얼마 동안 모습이 보이지 않다.
〈しばらく姿が見えない。〉/
얼마 동안이나 기다리죠?
〈どのくらい待てば良いんですか?〉(8.8%)

얼마나 〔부〕★★★【163種のテキストで523例】

①예 합격했으니 얼마나 좋을까?
〈合格して、どんなに嬉しいだろうか?〉(53.5%)

②예 시간이 얼마나 지났을까?
〈時間がどれくらい経ったんだろう?〉(33.7%)

③관 <얼마나 -는지 [모르다/알다]>
예 기분이 얼마나 좋은지 몰라.
〈気分がどんなにいいかわからない。〉(12.8%)

얼마든지 〔부〕【36種のテキストで50例】

⓪예 얼마든지 [기회가/도와 줄 수/할 수가]
있다.〈いくらでも[機会がある/助けられる/で
きる]。〉(100%)

얼음 〔명〕★☆★【26種のテキストで49例】

⓪예 얼음이 얼다.〈氷が凍る。〉(100%)

얼핏 〔부〕【26種のテキストで41例】

⓪예 얼핏 보고는 구별이 안 되다.
〈一見しただけでは区別がつかない。〉(100%)

얽히다 〔동〕【28種のテキストで42例】

①예 이 산에 얽힌 이야기가 많다.
〈この山にまつわる話が多い。〉(61.9%)

②예 안타까움에 애정이 얽힌 음성.
〈不憫さと愛情が絡み合った音声。〉(23.8%)

③예 전선이 가로 세로 얽히다.
〈電線が縦横に絡まる。〉(14.3%)

엄격하다 〔형〕【20種のテキストで31例】

①예 [격식이/규율이/기준이/단속이] 엄격(嚴
格)하다.〈[格式が/規律が/基準が/取り締まり
が]厳しい。〉(80.6%)

②예 엄격한 [선생님/아버지].
〈厳しい[先生/父]。〉(19.4%)

엄마 명 ★★★【94種のテキストで640例】

①예 엄마, 어디 가?
〈お母さん、どこいくの?〉/
우리 엄마는 바보야.
〈うちの母は馬鹿だわ。〉(48.6%)

②예 아이가 엄마 얼굴을 바라보다.
〈子供が母親の顔を見つめる。〉(26.3%)

③예 엄마의 모습을 보자 그녀는 가슴이 뭉클해지다.〈母の姿を見ると彼女は胸がじんとなる。〉(16.1%)

엄숙하다 형 【17種のテキストで19例】

①예 애국가가 엄숙(嚴肅)하게 울려 퍼지다.
〈愛国歌が厳かに響く。〉(63.2%)

②예 국민 앞에 엄숙하게 선서하다.
〈国民の前に厳粛に宣誓する。〉(21.1%)

③예 선생이 엄숙하게 말하다.
〈先生が厳粛に話す。〉(15.8%)

엄청나다 형 ☆★☆【60種のテキストで122例】

⓪예 피해가 엄청나다.
〈被害が莫大だ。〉/
엄청난 액수.
〈莫大な金額。〉(100%)

업다 동 ☆☆★【20種のテキストで42例】

⓪예 아이를 (등에) 업다.
〈子供を(背に)おんぶする。〉(92.9%)

업무 명 ★★☆【16種のテキストで83例】

⓪예 업무(業務)를 [맡다/처리하다].
〈業務を[引き受ける/処理する]。〉(100%)

업적 명 【22種のテキストで48例】

⓪예 위대한 업적(業績)을 남기다.
〈偉大な業績を残す。〉(100%)

없다 형 ★★★【213種のテキストで6,059例】

① <-ㄹ [길이/도리가/방도가/수가] 없다>
〈[すべが/仕様が/方法が/手段が]ない。〉
예 도와 줄 길이 없다.
〈助けられない。〉(35%)

②예 밤에도 문을 닫는 일이 없다.
〈夜にも休むことがない。〉/
아무 잘못이 없다.
〈何の罪もない。〉(21.6%)

③예 사람에게 [관심이/기운이/돈이/시간이/자신이] 없다.〈人に[関心が/元気が/お金が/時間が/自信が]ない。〉(11%)

④예 필요가 없다.
〈必要がない。〉/
전과 다름 없다.
〈以前と変わりがない。〉(5.1%)

⑤관 <~밖에 없다> 예 [기다릴 수/부모님]밖에 없다〈待つしかない。/父母しかいない。〉(4.9%)

⑥관 <-ㄴ/-은 [때가/일이/적이] 없다>

예 거짓말 한 적이 없다.
〈嘘をついたことがない。〉(3.9%)

⑦예 그에게는 아무 [권리도/물건도/자유도] 없다.
〈彼には何の[権利も/物品も/自由も]ない。〉(3.4%)

없애다 동 ★☆☆【28種のテキストで40例】

⓪예 [담장을/차별을] 없애다.
〈[垣根を/差別を]なくす。〉(100%)

없어지다 동 【79種のテキストで147例】

①예 내일이면 내가 없어진 걸 알게 되겠지.
〈明日になったら私がいなくなったことが分かるだろう。〉(81.6%)

②예 [물건이/지갑이] 없어지다.
〈[物が/財布が]なくなる。〉(11.6%)

없이 부 ★★☆【155種のテキストで720例】

①관 <아무 말 없이>.
〈何も言わないで。〉(21.1%)

②예 사고 없이 공사를 끝내다.
〈事故なしに工事を終える。〉/
증세도 없이 병들다.
〈症状もなく病気になる。〉(14%)

③관 [어쩔/하는/할] [도리/수] 없이.
〈[どうする/する/する][道理が/方法が]なく。〉(12.8%)

④예 실력도 없이 자랑만 하다.
〈実力もなく自慢ばかりする。〉/
버릇이 없이 굴다.
〈ぶしつけにふるまう。〉(11.3%)

⑤예 나는 너 없이 못 살겠다.
〈私はあなたなしでは生きていけない。〉/
먼지 하나 없이 깨끗하다.
〈チリ一つなくきれいだ。〉/
구름 한 점 없이 파란 하늘.
〈雲一片なく、青い空。〉(10.8%)

⑥예 아무 근거도 없이 남을 헐뜯다.
〈何の根拠もなく人をそしる。〉/
아무 이유도 없이 빠지다.
〈何の理由もなく来ない。〉(5.4%)

⑦관 <-ㄹ/-을 것도 없이>.
〈~するまでもなく。〉(4.9%)

- 었 - 끝【218種のテキストで27,810例】

⓪예 먹었다.
〈食べた。〉/
양이 적었다.
〈量が少なかった。〉(100%)

- 었었 - 끝【59種のテキストで165例】

⓪예 밥을 먹었었다.
〈ご飯を食べていた。〉/
힘들었었다.
〈大変だった。〉(100%)

엉덩이 명 ☆☆★【29種のテキストで53例】

⓪예 엉덩이에 주사를 맞다.
〈お尻に注射を打たれる。〉(96.2%)

엉뚱하다 형 【37種のテキストで63例】

①예 소식이 엉뚱한 데서 오다.
〈知らせがとんでもないところから来る。〉(60.3%)

②예 [말이/행동이] 엉뚱하다.
〈〔言葉が/行動が〕突飛だ。〉(39.7%)

엉망 명【16種のテキストで22例】

⓪예 태풍으로 농사가 엉망이 되다.
〈台風で畑作がめちゃくちゃになる。〉(100%)

엉엉 부【10種のテキストで15例】

⓪예 엉엉 [울다/울음을 터뜨리다].
〈わあわあ〔泣く/泣き出す〕。〉(100%)

엉터리 명【14種のテキストで17例】

①예 엉터리로 대답하다.
〈でたらめに答える。〉/
이런 엉터리!
〈このでたらめ野郎!〉(52.9%)

②예 엉터리 [계약서/식당].
〈でたらめな〔契約書/食堂〕。〉(47.1%)

엊그제 명【22種のテキストで24例】

①예 엊그제만 해도 추레하더니 이젠 어엿한 사장이다.〈わずか数日前までは頼りなかったのに、今は立派な社長だ。〉(58.3%)

②예 바로 엊그제 편지를 부쳤다.
〈つい先日手紙を出した。〉(25%)

③예 화요일인 엊그제 비가 내렸다.
〈火曜日のおととい、雨が降った。〉(16.7%)

엎드리다 동 ☆☆★【27種のテキストで31例】

⓪예 신하들이 왕 앞에 엎드리다.
〈臣下たちが王の前にひれ伏す。〉(87.1%)

에¹ 토【218種のテキストで36,127例】

⓪예 학교에 가다.
〈学校に行く。〉/
술에 취하다.
〈お酒に酔う。〉/
답안이 완벽에 가깝다.
〈答案が完璧に近い。〉/
장관에 임명하다.
〈長官に任命する。〉/
더위에 지치다.
〈暑さにへたばる。〉(100%)

에² 감【13種のテキストで151例】

⓪예 에, 우리도, 에, 잘해 봅시다.
〈えー、私たちも、えー、頑張りましょう。〉(95.4%)

에게 토【195種のテキストで3,615例】

⓪예 나에게 맞는 일.
〈私に向いていること。〉/
아이에게 밥을 먹이다.
〈子供にご飯を食べさせる。〉/
학생들에게 노래를 가르치다.
〈学生たちに歌を教える。〉(100%)

에게로 토【19種のテキストで26例】

⓪예 그녀에게로 다가가다.
〈彼女に近づく。〉/

그에게로 얼굴을 돌리다.
〈彼の方に顔を向ける。〉(100%)

에게서 토【74種のテキストで133例】

⓪예 친구에게서 편지가 오다.
〈友達から手紙が来る。〉(100%)

에너지 명 ★☆☆【21種のテキストで79例】

①예 에너지 [수급/자원].
〈エネルギー〔需給/資源〕。〉(84.8%)

②예 인간의 [삶의/창조적] 에너지.
〈人間の〔生の/創造的〕エネルギー。〉(13.9%)

에서 토【218種のテキストで11,170例】

⓪예 서울에서 살다.
〈ソウルで暮らす。〉/
학교에서 집까지 뛰다.
〈学校から家まで走る。〉/
정부에서 사업을 지원하다.
〈政府が事業を支援する。〉(100%)

에서부터 토【59種のテキストで85例】

⓪예 어디에서부터 어디까지 가세요?
〈どこからどこまで行きますか。〉(100%)

－에요 끝【108種のテキストで818例】

⓪예 그것은 무엇이에요?
〈それは何ですか。〉/
사실이 아니에요.
〈それは事実じゃありません。〉(100%)

에이 감【21種のテキストで32例】

①예 에이, 이놈의 직장 그만둬야지.
〈くそ、職場なんてやめなきゃ。〉(56.3%)

②예 에이, 그럴 리가 있습니까?
〈まさか、そんなはずが?〉(43.8%)

엘리베이터 명【14種のテキストで34例】

⓪예 엘리베이터를 타다.
〈エレベーターに乗る。〉(100%)

－여¹ 끝【213種のテキストで13,259例】

⓪예 나를 위하여 일하다.
〈私のために働く。〉(100%)

－여² 끝【115種のテキストで625例】

⓪예 공부해.
〈勉強しなさい。〉/
싫어해.
〈嫌いなんだよ。〉/
참말이여.
〈本当よ。〉/
내가 가잖여.
〈私が行くじゃない。〉(100%)

－여³ 접 ★★☆【74種のテキストで210例】

⓪예 십여(餘) 호.
〈十数号。〉/
백여 가구.
〈百余世帯。〉(99.1%)

－여⁴ 토【16種のテキストで39例】

⓪⑩ 주여.
〈主よ。〉/
형제여!
〈兄弟よ!〉/
광주여, 일어서라.
〈光州よ、立て。〉(100%)

여가 명 【15種のテキストで54例】
⓪⑩ 여가(餘暇)를 활용하다.
〈余暇を活用する。〉(100%)

여간 부 ★☆☆ 【23種のテキストで30例】
⓪⑩ 여간(如干) 추운 날씨가 아니다.
〈天候が並の寒さでは無い。〉(100%)

여건 명 【18種のテキストで38例】
⓪⑩ 경제적인 여건(與件).
〈経済的な環境。〉(100%)

여관 명 ☆☆★ 【14種のテキストで45例】04
⓪⑩ 여관(旅館)에서 묵다.
〈旅館に泊まる。〉(100%)

여권 명 ☆☆★ 【3種のテキストで6例】
⓪⑩ 여권(旅券)을 만들다.
〈旅券を作る。〉(100%)

여기¹ 대 ★★★ 【160種のテキストで628例】
①⑩ 여기가 제일 높다.
〈ここが一番高い。〉(52.1%)
②⑩ 여기까지가 내가 살아왔던 길이야.
〈ここまでが私が生きてきた道だ。〉/
생각이 여기에 미치자 가슴이 뛰었다.
〈思いがここに及ぶや、胸がはずんだ。〉(41.1%)

여기² 부 ★★☆ 【72種のテキストで184例】
①⑩ 언제 여기 내려왔어요?
〈いつここにおりて来ましたか。〉/
그 사람들이 여기 또 올까?
〈その人たちはここにまた来るだろうか?〉(63%)
②⑩ 자, 여기 네 몫이 있다.
〈さあ、ここに君の分がある。〉/
명단이 여기 다 적혀 있다.
〈リストがここに全部書かれている。〉(30.4%)

여기다 동 ★★★ 【95種のテキストで240例】
①⑩ 그 일을 [대수롭지 않게/심각하] 여기다.
〈そのことを[大したことないように/深刻に]思う。〉
(57.5%)
②관 <~[로/처럼] 여기다>〈~[と/のように]思う。〉
⑩ 우리는 그를 가족으로 여기다.
〈私たちは彼を家族と思う。〉(25.8%)
③관 <-다고 여기다>
⑩ 그는 내가 거짓말한다고 여기다.
〈彼は私がうそをついていると思う。〉(16.7%)

여기저기¹ 부 ☆★★ 【42種のテキストで51例】
⓪⑩ 여기저기 [기웃거리다/떠돌아다니다].
〈あちこち[のぞき込む/渡り歩く]。〉(100%)

여기저기² 명 【31種のテキストで37例】

⓪⑩ 여기저기를 두리번거리다.
〈あちこちをきょろきょろ見回す。〉/
밭 여기저기에 잡초가 나다.
〈畑のあちこちに雑草が生える。〉(100%)

여느 관 【27種のテキストで35例】
⓪⑩ 여느 때 같았으면 어림없는 얘기이다.
〈いつもだったら、とんでもない話だ。〉(91.4%)

여덟 수 ★★★ 【69種のテキストで120例】
⓪⑩ 여덟 형제의 장남.
〈八人兄弟の長男。〉(91.7%)

- 여도 끝 【153種のテキストで476例】
⓪⑩ 상상만 하여도 좋다.
〈想像だけしてもよい。〉/
아무리 생각해도 모르겠다.
〈いくら考えても分からない。〉(100%)

여동생 명 ☆★★ 【11種のテキストで13例】
⓪⑩ 시집 간 여동생(女同生).
〈嫁に行った妹。〉(100%)

여든 수 ☆★★ 【11種のテキストで19例】
①⑩ 여든 [명/살].
〈八十〔名/歳〕。〉(57.9%)
②⑩ 여든이 다가오는 나이.
〈八十が近づいて来る歳。〉(42.1%)

- 여라 끝 【53種のテキストで74例】
⓪⑩ 힘을 다하여라.
〈力を尽くしなさい。〉/
곱기도 해라.
〈きれいだこと。〉(100%)

여러 관 ★★★ 【170種のテキストで1,364例】
①⑩ 여러 선생님께 감사드리다.
〈諸先生方に感謝する。〉(54%)
②관 <여러 가지>
⑩ 여러 가지 종류.〈色々な種類。〉(39.4%)

여러분 대 ★★★ 【83種のテキストで256例】
⓪⑩ 여러분의 선택이 미래를 좌우합니다.
〈皆さんの選択が未来を左右します。〉/
[손님/시민] 여러분.
〈〔お客の/市民の〕皆さん。〉(100%)

여럿 명 【29種のテキストで44例】
①⑩ 얘기를 여럿에게서 듣다.
〈話を色んな人から聞く。〉(79.5%)
②⑩ 농사를 짓는 집도 여럿이다.
〈農業を営む家も多数ある。〉(20.5%)

여론 명 【20種のテキストで54例】
①⑩ 여론(輿論)이 나빠지다.
〈世論が悪くなる。〉(83.3%)
②관 <여론 조사>.
〈世論調査。〉(16.7%)

여름 명 ★★★ 【105種のテキストで310例】
①⑩ 여름에 비가 많이 오다.

〈夏に雨がたくさん降る。〉(81%)

②㲔 <여름 방학>.
〈夏休み。〉(19%)

여름철 명 【16種のテキストで30例】

⓪예 여름철에 걸리기 쉬운 병.
〈夏にかかりやすい病気。〉(100%)

여리다 형 【11種のテキストで15例】

①예 마음이 여리다.
〈心が弱い。〉(40%)

②예 여린 싹.
〈柔らかな芽。〉/
여리고 곱게 생긴 여인.
〈もろく柔らかで綺麗な女性。〉(33.3%)

③예 여린 [빛/색채].
〈柔らかな〔灯/色彩〕。〉(13.3%)

④예 여린 소리.
〈か細い声。〉/
소리를 여리게 내다.
〈声をか細く出す。〉(13.3%)

여보 감 ☆★☆ 【26種のテキストで64例】

⓪예 여보, 일찍 들어오세요.
〈あなた、早く帰って来てね。〉(93.8%)

여보세요 감 ☆★★ 【37種のテキストで83例】

①예 여보세요, 거기 119지요?(전화)
〈もしもし、119ですね?(電話)〉(81.9%)

②예 여보세요, 안에 계세요?
〈すみません、誰かいませんか?〉(18.1%)

여부 명 【19種のテキストで30例】

⓪예 그의 생사 여부(與否)를 모르다.
〈彼の生死が分からない。〉(100%)

여사 명 【13種のテキストで92例】

⓪예 김 여사(女史).
〈キム女史。〉(100%)

– 여서 끝 【205種のテキストで2,721例】

⓪예 조심해서 가세요.
〈気をつけて行ってください。〉/
너무 피곤하여서 쉬다.
〈あまりに疲れて休む。〉(100%)

– 여선 끝 【19種のテキストで24例】

⓪예 그에 대하여선 전혀 모르다.
〈彼については全く知らない。〉(100%)

여섯 주 ★★★ 【86種のテキストで174例】

⓪예 여섯 [가지/명/시].
〈六〔種類/名/時〕。〉(92%)

여성 명 ★★★ 【37種のテキストで153例】

①예 어머니를 통해 여성(女性)다움을 배우다.
〈母を通じて女性らしさを学ぶ。〉(52.9%)

②예 여성의 [사회 진출/취업난].
〈女性の〔社会進出/就職難〕。〉(47.1%)

– 여야 끝 【196種のテキストで1,468例】

⓪예 노력하여야 보람이 있다.
〈努力してこそ甲斐がある。〉(100%)

– 여야죠 준 【14種のテキストで16例】

⓪예 어서 취직을 하여야죠.
〈早く就職をしなければね。〉(100%)

– 여야지 끝 【42種のテキストで60例】

⓪예 어서 대답을 해야지.
〈早く返事をしなけりゃ。〉/
학생은 공부를 해야지.
〈学生は勉強をしなければ。〉(100%)

– 여요 끝 【104種のテキストで470例】

⓪예 생각해요.
〈思います。〉/
행복해요.
〈幸せです。〉/
고마운 친구여요.
〈ありがたい友達です。〉(100%)

여우 명 ☆☆★ 【16種のテキストで78例】

⓪예 여우와 늑대.
〈狐とオオカミ。〉(94.9%)

여유 명 ★★☆ 【55種のテキストで89例】

①예 시간 여유(餘裕)를 주다.
〈時間の余裕を与える。〉(55.1%)

②예 마음의 여유를 가지다.
〈心のゆとりを持つ。〉(42.7%)

여의도 명 (固有) ☆★☆ 【15種のテキストで32例】

⓪예 여의도(汝矣島)에 살다.
〈汝矣島(ヨイド)に住む。〉(100%)

여인 명 ★☆☆ 【33種のテキストで77例】

⓪예 사십대의 여인(女人).
〈四十代の女性。〉(100%)

여자 명 ★★★ 【133種のテキストで1,006例】

①예 여자(女子)와 남자는 다르다.
〈男と女は違う。〉(67.8%)

②예 이 여자 누구야?
〈この女、誰だ?〉(32.2%)

여전하다 형 【12種のテキストで15例】

⓪예 [무더위가/솜씨가] 여전(如前)하다.
〈〔暑さが/腕前が〕相変わらずだ。〉(100%)

여전히 부 ☆☆★ 【63種のテキストで145例】

⓪예 입춘이 지나도 여전(如前)히 춥다.
〈立春が過ぎても依然として寒い。〉(100%)

여지 명 【16種のテキストで16例】

①예 [논란의/변명의/재고의] 여지(餘地)가 없다.
〈〔議論の/弁解の/在庫の〕余地がない。〉(62.5%)

②예 선택의 여지를 주다.
〈選択の余地を与える。〉(25%)

여쭈다 동 【36種のテキストで80例】

⓪예 선생님께 답을 여쭈어 보다.
〈先生に答を伺ってみる。〉(96.3%)

여태 🛡 【22種のテキストで33例】

⓪例 여태 [모르고/일하고] 있다.
〈今まで[知らずに/働いて]いる。〉(100%)

여학생 몡 ★★☆【19種のテキストで39例】

⓪例 여학생(女學生)과 남학생.
〈女学生と男子学生。〉(100%)

여행 몡 ★★★【77種のテキストで172例】

⓪例 해외 여행(旅行)을 떠나다.
〈海外旅行に発つ。〉(98.8%)

여행사 몡 ☆★☆【5種のテキストで6例】

⓪例 여행사(旅行社)에서 항공권을 구입하다.
〈旅行社で航空券を買う。〉(100%)

여행하다 동 ☆★☆【20種のテキストで40例】

⓪例 동해안을 여행(旅行)하다.
〈東海岸を旅行する。〉(100%)

역 몡 ★★★【27種のテキストで61例】

⓪例 기차가 역(驛)에 도착하다.
〈汽車が駅に到着する。〉(100%)

역사 몡 ★★★【81種のテキストで398例】

①例 역사(歷史)를 뒤지다.
〈歴史をあさる。〉(59.8%)

②例 [국어의/인류] 역사를 밝히다.
〈[国語の/人類の]歴史を明らかにする。〉(27.9%)

역사적¹ 📖 【28種のテキストで81例】

①例 역사적(歷史的) 교훈으로 받아들이다.
〈歴史的教訓として受け入れる。〉(46.9%)

②例 역사적 인식이 부족하다.
〈歴史的認識が不足している。〉(33.3%)

③例 역사적 재판이 벌어지다.
〈歴史的裁判が繰り広げられる。〉(18.5%)

역사적² 📖 【19種のテキストで26例】

①例 큰 역사적(歷史的)인 의의를 가지다.
〈大きい歴史的意義を持つ。〉(42.3%)

②例 양국은 역사적으로 적대적 관계에 있다.
〈両国は歴史的に敵対関係にある。〉(38.5%)

③例 역사적인 자료를 모으다.
〈歴史的な資料を集める。〉(19.2%)

역시 🛡 ★★★【108種のテキストで372例】

① <~(도) 역시(도)>

例 나도 역시(亦是) 그렇게 생각하다.
〈私もやはりそう思う。〉(62.9%)

②例 자넨 역시 대단해.
〈君はやはりすごい。〉(23.9%)

③例 장사는 역시 먹는 장사가 낫다.
〈商売はやっぱり食べる商売が良い。〉(13.2%)

역할 몡 ★★☆【58種のテキストで141例】

①例 간은 독을 없애는 역할(役割)을 하다.
〈肝は毒を無くする働きをする。〉(48.9%)

②例 가정에서 어머니의 역할이 중요하다.
〈家庭で母の役割が重要だ。〉(47.5%)

엮다 동 ☆☆★【30種のテキストで56例】

①例 연구 결과를 책으로 엮다.
〈研究結果を本にまとめる。〉(41.1%)

②例 갈대로 자리를 엮다.
〈葦でむしろを編む。〉(39.3%)

③例 일정표에 맞춰 시간을 엮다.
〈日程表に合わせて時間を組む。〉(14.3%)

연 몡 ★☆☆【8種のテキストで19例】

⓪例 연(鳶)을 날리다.
〈凧を揚げる。〉(100%)

연결 몡 【12種のテキストで19例】

①例 사회 운동이 민주주의와 연결(連結)이 되다.〈社会運動が民主主義と連結する。〉(68.4%)

②例 싱크대의 연결이 안 좋다.
〈流し台の連結が悪い。〉(15.8%)

연결되다 동 ★☆☆【37種のテキストで46例】

①例 실용적 동기와 연결(連結)된 연구.
〈実用的動機と連結された研究。〉(43.5%)

②例 [선이/줄이] 연결되다.
〈[線が/列が]つながる。〉(30.4%)

③例 찬스가 골로 연결되다.
〈チャンスがゴールにつながる。〉(13%)

연결시키다 동 【13種のテキストで15例】

①例 결과를 원인과 연결(連結)시키다.
〈結果を原因と結びつける。〉(60%)

②例 [선을/줄을] 연결시키다.
〈[線を/列を]つなげる。〉(20%)

③例 생산자와 소비자를 연결시키다.
〈生産者と消費者を結びつける。〉(20%)

연결하다 동 ★★☆【18種のテキストで26例】

①例 [선을/줄을] 연결(連結)하다.
〈[線を/列を]つなげる。〉(57.7%)

②例 찬스를 골로 연결하다.
〈チャンスをゴールにつなげる。〉(11.5%)

③例 사람과 사람을 연결하는 매개.
〈人と人を繋ぐ媒介。〉(11.5%)

④例 생산자와 소비자를 연결하다.
〈生産者と消費者を結びつける。〉(11.5%)

연관 몡 【11種のテキストで15例】

⓪例 두 사건이 밀접한 연관(聯關)을 [갖다/맺다].〈二つの事件が密接な関係を[持つ/結ぶ]。〉(100%)

연구 몡 ★★★【54種のテキストで190例】

⓪例 연구(研究)를 하다.
〈研究をする。〉(96.8%)

연구소 몡 【16種のテキストで42例】

⓪例 연구소(研究所)에서 일하다.
〈研究所で働く。〉(100%)

연구실 몡 【13種のテキストで67例】

⓪例 연구실(研究室)에서 책을 쓰다.

〈研究室で本を書く。〉(100%)

연구하다 동 ★☆☆ 【46種のテキストで106例】
　⓪예 말을 연구(研究)하다.
　〈言葉を研究する。〉(100%)

연극 명 ★★★ 【31種のテキストで216例】
　⓪예 극장에서 연극(演劇)을 보다.
　〈劇場で演劇をみる。〉(95.4%)

연기¹ 명 ★★★ 【43種のテキストで65例】
　⓪예 굴뚝에서 연기(煙氣)가 나다.
　〈煙突から煙が出る。〉(100%)

연기² 명 【10種のテキストで16例】
　①예 배우가 연기(演技)를 잘하다.
　〈俳優が演技が上手だ。〉(81.3%)
　②예 감정을 숨기고 연기를 하다.
　〈感情を隠して演技をする。〉(18.8%)

연락 명 ★★☆ 【45種のテキストで70例】
　⓪예 그에게 연락(連絡)을 하다.
　〈彼に連絡をする。〉(100%)

연락하다 동 ☆★☆ 【30種のテキストで43例】
　⓪예 회사에 연락(連絡)하다.
　〈会社に連絡する。〉(100%)

연못 명 【15種のテキストで61例】
　⓪예 뜰에 작은 연(蓮)못을 파다.
　〈庭に小さな池を掘る。〉(100%)

연세 명 ☆☆★ 【8種のテキストで11例】
　⓪예 연세(年歲)가 많으시다.
　〈お年が多い。〉(100%)

연습¹ 명 ★★★ 【23種のテキストで61例】
　⓪예 [운전/피아노] 연습(練習·鍊習)을 하다.
　〈[運転/ピアノ]の練習をする。〉(100%)

연습² 명 【24種のテキストで43例】
　⓪예 한국군이 [도하/실전] 연습(演習)을 하다.
　〈韓国軍が[渡河/実戦]演習をする。〉(100%)

연습하다 동 ☆★☆ 【17種のテキストで33例】
　⓪예 [노래를/피아노를] 연습(練習·鍊習)하다.
　〈[歌を/ピアノを]練習する。〉(100%)

연신 명 【15種のテキストで20例】
　⓪예 연신 [손을 흔들다/웃다].
　〈しきりに[手を振る/笑う]。〉(100%)

연애 명 ☆★☆ 【16種のテキストで26例】
　⓪예 연애(戀愛) 결혼을 하다.
　〈恋愛結婚をする。〉(100%)

연인 명 【12種のテキストで19例】
　⓪예 연인(戀人) 사이로 발전하다.
　〈恋愛関係に発展する。〉(100%)

연장¹ 명 ☆☆★ 【2種のテキストで4例】
　⓪예 현재는 과거의 연장(延長)이다.
　〈現在は過去の延長だ。〉(100%)

연장² 명 【10種のテキストで16例】
　⓪예 삽과 낫 같은 연장을 쓰다.
　〈シャベルと鎌のような道具を使う。〉(100%)

연주 명 ☆☆★ 【9種のテキストで11例】
　⓪예 악단의 연주(演奏)를 듣다.
　〈楽団の演奏を聞く。〉(100%)

연주하다 동 【15種のテキストで24例】
　⓪예 악기를 연주(演奏)하다.
　〈楽器を演奏する。〉(100%)

연탄 명 ☆☆★ 【12種のテキストで27例】
　⓪예 연탄(煉炭)을 [갈다/때다].
　〈練炭を[取り替える/燃やす]。〉(92.6%)

연필 명 ★★★ 【37種のテキストで80例】
　⓪예 연필(鉛筆)로 쓰다.
　〈鉛筆で書く。〉(100%)

연하다 형 ☆☆★ 【5種のテキストで7例】
　①예 나물이 연(軟)하다.
　〈山菜が軟らかい。〉(57.1%)
　②예 연한 하늘색 옷.
　〈淡い空色の服。〉(42.9%)

열¹ 수 ★★★ 【121種のテキストで326例】
　①예 열 배 스무 배 어렵다.
　〈十倍二十倍難しい。〉(80.4%)
　②예 속으로 열을 세다.
　〈心の中で十を数える。〉(19%)

열² 명 ★★★ 【34種のテキストで45例】
　①예 몸에 열(熱)이 나다.
　〈体が熱が出る。〉(42.2%)
　②예 전열 기구들이 열을 내뿜다.
　〈電熱器が熱を放つ。〉(20%)
　③관 <열을 올리다> 예 공부에 열을 올리다.
　〈勉強に熱を上げる。〉(15.6%)
　④예 열에 받쳐 신경질을 부리다.
　〈頭にきてかんしゃくを起こす。〉(8.9%)

열다 동 ★★★ 【140種のテキストで394例】
　①예 [문을/커튼을] 열다.
　〈[ドアを/カーテンを]開く。〉(53.8%)
　②예 [송별연을/회의를] 열다.
　〈[送別の宴を/会議を]開く。〉(11.2%)
　③예 [말문을/입을] 열다.
　〈しゃべりだす。/口を開く。〉(10.4%)
　④예 [가방을/상자를] 열다.
　〈[カバンを/箱を]開く。〉(5.3%)

열리다 동 ★★★ 【92種のテキストで198例】
　①예 [문이/창이] 열리다.
　〈[門が/窓が]開く。〉(44.9%)
　②예 [대회가/전시회가] 열리다.
　〈[大会が/展示会が]開かれる。〉(35.4%)
　③관 <열린 [교육/마음/연극]>.
　〈開かれた[教育/心/演劇]。〉(11.1%)

열매 명 ★☆★【33種のテキストで65例】
①예 가지에 열매가 열리다.
〈枝に実がなる。〉(83.1%)
②예 경제 성장의 열매가 열리다.
〈経済成長の果実が実る。〉(16.9%)

열쇠 명 ☆☆★【21種のテキストで65例】
⓪예 문을 열쇠로 열다.
〈ドアを鍵であける。〉(90.8%)

열심히 부 ★★★【132種のテキストで397例】
⓪예 열심(熱心)히 일을 하다.
〈一生懸命仕事をする。〉(100%)

열정 명【21種のテキストで33例】
①예 [그녀에게/조국에] 뜨거운 열정(熱情)을
느끼다.〈〔彼女に/祖国に〕熱い情熱を感じ
る。〉(57.6%)
②예 열정을 [기울이다/다하다/쏟다].
〈情熱を〔傾ける/尽くす/注ぐ〕。〉(42.4%)

열중하다 동【23種のテキストで36例】
⓪예 공부에 열중(熱中)하다.
〈勉強に熱中する。〉(100%)

열차 명 ☆☆★【20種のテキストで45例】
⓪예 열차(列車)가 역에 서다.
〈列車が駅に止まる。〉(100%)

열흘 명 ☆☆★【18種のテキストで24例】
⓪예 열흘이 지나다.
〈十日が過ぎる。〉(100%)

엷다 형 ☆☆★【5種のテキストで5例】
①예 엷은 초록색.
〈薄い緑色。〉(60%)
②예 엷은 [안개/향기].
〈薄い〔霧/香り〕。〉(20%)
③예 엷은 [미소/한숨].
〈軽い〔微笑/ため息〕。〉(20%)

염려 명【30種のテキストで37例】
⓪예 염려(念慮)를 하다.
〈懸念をする。〉(100%)

염소 명 ☆☆★【10種のテキストで21例】
⓪예 염소를 기르다.
〈ヤギを飼う。〉(100%)

엽서 명【11種のテキストで21例】
⓪예 엽서(葉書)를 보내다.
〈葉書を送る。〉(100%)

엿보다 동 ☆☆★【16種のテキストで28例】
①예 속담에서 선조들의 지혜를 엿보다.
〈ことわざで先祖たちの知恵をうかがう。〉
(78.6%)
②예 숨어서 그들의 행동을 엿보다.
〈隠れて彼らの行動をうかがう。〉(17.9%)

― 였 ― 끝【213種のテキストで10,382例】

⓪예 생각하였다.
〈思った。〉/
일을 하였다.
〈仕事をした。〉(100%)

― 였었 ― 끝【82種のテキストで244例】
⓪예 생각했었다.
〈考えていた。〉/
하였었다.
〈していた。〉(100%)

영¹ 명 ☆☆★【15種のテキストで27例】
⓪예 기온이 영(零) 도에 가깝다.
〈気温が零度に近い。〉(100%)

영² 부【16種のテキストで22例】
①예 모임에 영 나오지 못하다.
〈集まりに全く出られない。〉/
공부에 영 취미가 없다.
〈勉強に全く興味がない。〉(59.1%)
②예 일이 영 뒤죽박죽이 되다.
〈仕事が全くめちゃくちゃになる。〉(40.9%)

영³ 명【4種のテキストで9例】
⓪예 영(英), 수, 국.
〈英、数、国。〉(100%)

영감 명【17種のテキストで67例】
①예 복덕방 영감(令監).
〈不動産屋のおじさん。〉(52.2%)
②예 이 주사 영감은 말이 없다.
〈イーチュサ爺さんは黙っている。〉(43.3%)

영광 명【16種のテキストで18例】
⓪예 수석의 영광(榮光)을 차지하다.
〈首席の光栄を手に入れる。〉(100%)

영국 명 (固有) ★★☆【35種のテキストで73例】
⓪예 영국(英國)으로 유학을 가다.
〈イギリスに留学する。〉(100%)

영문 명【19種のテキストで22例】
⓪예 영문도 모르고 병원으로 끌려가다.
〈わけも分からず病院に引っぱって行かれる。〉
(100%)

영상 명【14種のテキストで43例】
①예 텔레비전의 영상(映像).
〈テレビの映像。〉(74.4%)
②예 거울에 비친 자기의 영상.
〈鏡に映った自分の映像。〉(14%)
③예 뇌리에 떠오르는 영상.
〈脳裏に浮かんでくる映像。〉(11.6%)

영양 명 ☆☆★【11種のテキストで23例】
⓪예 영양(營養)을 섭취하다.
〈栄養を摂取する。〉(100%)

영어 명 ☆★☆【43種のテキストで150例】
⓪예 영어(英語)를 배우다.
〈英語を学ぶ。〉(100%)

영업 몡【10種のテキストで18例】

⓪옌 24시간 영업(營業)을 하다.
〈二十四時間営業をする。〉(100%)

영역 ★☆☆【30種のテキストで72例】

①옌 금융 기관의 업무 영역(領域).
〈金融機関の業務領域。〉(59.7%)

②옌 개인의 생활 영역이 넓어지다.
〈個人の生活領域が広がる。〉(40.3%)

영영 뮌【17種のテキストで22例】

①옌 영영(永永) [돌아오지 않다/잊지 못하다].
〈永遠に[戻ってこない/忘れられない]。〉(54.5%)

②옌 영영 [기회가 사라지다/세상을 떠나다].
〈永遠に[機会が消える/世を去る]。〉(45.5%)

영웅 몡【11種のテキストで25例】

⓪옌 나라를 구한 영웅(英雄).
〈国を救った英雄。〉(100%)

영원하다 혱【23種のテキストで49例】

①옌 우주와 진리는 영원(永遠)하다.
〈宇宙と真理は永遠である。〉(55.1%)

②옌 우리의 사랑은 영원할 것이다.
〈私たちの愛は永遠だろう。〉(44.9%)

영원히 뮌【34種のテキストで52例】

①옌 영원(永遠)히 변치 않는 진리.
〈永遠に変わらぬ真理。〉(69.2%)

②옌 통일은 영원히 불가능하다.
〈統一は永遠に不可能だ。〉(30.8%)

영토 몡【13種のテキストで25例】

⓪옌 나라의 영토(領土)가 넓다.
〈国の領土が広い。〉(100%)

영하 몡 ☆★☆【8種のテキストで9例】

⓪옌 기온이 영하(零下)로 내려가다.
〈気温が零下に下がる。〉(100%)

영향 몡 ★★☆【50種のテキストで152例】

⓪옌 여론에 영향(影響)을 미치다.
〈世論に影響を及ぼす。〉(100%)

영향력 몡【13種のテキストで20例】

⓪옌 부모의 영향력(影響力)이 크다.
〈父母の影響力が大きい。〉(100%)

영혼 몡【29種のテキストで75例】

①옌 시인의 영혼(靈魂)이 깃든 시.
〈詩人の魂が込められた詩。〉(82.7%)

②옌 죽은 사람의 영혼을 위로하다.
〈死んだ人の魂を慰める。〉(16%)

영화 몡 ★★★【65種のテキストで469例】

⓪옌 극장에서 영화(映畵)를 보다.
〈劇場で映画を観る。〉(99.8%)

영화관 몡 ☆★☆【7種のテキストで17例】

⓪옌 영화관(映畵館)에서 영화를 보다.
〈映画館で映画を観る。〉(100%)

옆 몡 ★★★【134種のテキストで405例】

①옌 차를 길 옆에 세우다.
〈車を道端に止める。〉(66.9%)

②옌 엄마가 늘 아기 옆에 있다.
〈母親が常に赤ちゃんのそばにいる。〉(33.1%)

옆구리 몡【13種のテキストで18例】

①옌 옆구리가 아프다.
〈横腹が痛む。〉(88.9%)

②옌 편지 옆구리를 뜯다.
〈手紙の脇腹を切る。〉(11.1%)

옆집 몡 ☆★☆【28種のテキストで50例】

⓪옌 옆집에 외국인이 살다.
〈隣に外国人が住む。〉(100%)

예¹ 깸 ★★☆【53種のテキストで463例】

①옌 예, 선생님 말씀이 옳습니다.
〈はい、先生の話が正しいです。〉/
예, 알겠습니다.
〈はい、かしこまりました。〉(75.2%)

②옌 예, 오늘 개학이라서요, 저도 학생이거
든요.〈はい、今日始業式ですから、私も学生な
んです。〉(14.9%)

예² 몡 ★★☆【88種のテキストで288例】

①옌 예(例)를 들다.
〈例を挙げる。〉(81.6%)

②옌 방심하다 실수하는 예를 보다.
〈油断してミスする例を見る。〉(14.6%)

예감 몡【15種のテキストで23例】

⓪옌 예감(豫感)이 들어맞다.
〈予感が的中する。〉(100%)

예매하다 돔 ☆★★【4種のテキストで6例】

⓪옌 떠나기 전에 표를 예매(豫買)하다.
〈発つ前にチケットを前もって買う。〉(100%)

예민하다 혱【16種のテキストで23例】

①옌 신경이 예민(銳敏)하다.
〈神経が鋭い。〉(69.6%)

②옌 예민한 관찰력을 지니다.
〈鋭い観察力を持つ。〉(30.4%)

예방 몡【9種のテキストで18例】

①옌 [오염/재해/질병] 예방(豫防)이 중요하다.
〈[汚染/災害/疾病]予防が重要である。〉(61.1%)

②팸 <예방 접종>.
〈予防接種。〉(33.3%)

예쁘다 혱 ★★★【86種のテキストで224例】

⓪옌 [반지가/얼굴이] 예쁘다.
〈[指輪が/顔が]きれいだ。〉(91.1%)

예산 몡 ☆☆★【7種のテキストで9例】

⓪옌 국회에서 새해 예산(豫算)을 심의하다.
〈国会で新年の予算を審議する。〉(100%)

예상 몡【19種のテキストで20例】

①⑩ 독일이 예상(豫想)대로 우승하다.
〈ドイツが予想通りに優勝する。〉(85%)

②⑩ <예상 외로>.
〈予想外に。〉(15%)

예상하다 동 【19種のテキストで23例】
⓪⑩ [비가 올 거라고/중국의 우승을] 예상(豫想)하다.〈[雨が降ると/中国の優勝を]予想する。〉(100%)

예순 주 ☆☆★ 【3種のテキストで5例】
①⑩ 신청자가 예순 명을 넘다.
〈申請者が六十名を越える。〉(60%)

②⑩ 나이가 예순을 넘기다.
〈年が六十を越す。〉(40%)

예술 명 ★★★ 【44種のテキストで386例】
①⑩ 예술(藝術)에 종사하다.
〈芸術に従事する。〉(81.3%)

②⑩ [민속/영화/전통] 예술.
〈[民俗/映画/伝統]芸術。〉(13.9%)

예술가 명 【17種のテキストで41例】
⓪⑩ 예술가(藝術家)가 되다.
〈芸術家になる。〉(100%)

예술적[1] 관 【10種のテキストで28例】
⓪⑩ 예술적(藝術的) [가치가/감각이] 뛰어나다.
〈芸術的[価値が/感覚が]優れている。〉(100%)

예술적[2] 명 【7種のテキストで12例】
⓪⑩ [예술적(藝術的)으로/예술적인] 건물을 짓다.〈[芸術的に/芸術的な]建物を建てる。〉(100%)

예약 명 ☆★☆ 【9種のテキストで11例】
⓪⑩ 승차권 예약(豫約)을 하다.
〈乗車券の予約をする。〉(100%)

예약하다 동 ☆★☆ 【8種のテキストで9例】
⓪⑩ 호텔을 예약(豫約)하다.
〈ホテルを予約する。〉(100%)

예외 명 【23種のテキストで33例】
⓪⑩ 예외(例外)로 인정하다.
〈例外と認める。〉(100%)

- 예요 끝 【28種のテキストで83例】
⓪⑩ 사실이에요.
〈事実です。〉/
아니에요.
〈違います。〉(100%)

예의 명 ★★☆ 【24種のテキストで42例】
⓪⑩ 예의(禮儀)가 바르다.
〈礼儀が正しい。〉/
예의를 지키다.
〈礼儀を守る。〉(100%)

예의바르다 형 【12種のテキストで17例】
⓪⑩ 예의(禮儀)바른 [말씨/사람].

〈礼儀正しい[言葉/人]。〉(100%)

예전 명 ★☆☆ 【46種のテキストで76例】
⓪⑩ 예전에 있었던 일.
〈以前にあった出来事。〉/
몸이 예전 같지 않다.
〈体が以前のようではない。〉(100%)

예절 명 ☆★☆ 【31種のテキストで150例】
⓪⑩ 예절(禮節)을 지키다.
〈礼節を守る。〉(100%)

예정 명 ☆★☆ 【24種のテキストで42例】
①끝 <-ㄹ/-을 예정> 곧 떠날 예정(豫定)이다.
〈すぐ出かける予定だ。〉(73.8%)

②⑩ 예정을 앞당기다.
〈予定を繰り上げる。〉(26.2%)

예측하다 동 【12種のテキストで18例】
⓪⑩ [결과를/미래를] 예측(豫測)하다.
〈[結果を/未来を]予測する。〉(100%)

예컨대 부 【15種のテキストで30例】
⓪⑩ 사회에 필요한 가치, 예(例)컨대 자유,
평등, 정의를 중요하게 생각하다.
〈社会に必要な価値、例えば、自由、平等、正義を重要に思う。〉(100%)

옛 관 ★★☆ 【41種のテキストで116例】
①⑩ 고구려의 옛 영토를 되찾다.
〈高句麗の昔の領土を取り戻す。〉(71.6%)

②⑩ 아버지가 옛 시절을 떠올리다.
〈父が古の時代を思い浮かべる。〉(28.4%)

옛날 명 ★★★ 【128種のテキストで604例】
①⑩ 옛날에 선비들이 공부하던 곳.
〈昔ソンビ[31]たちが勉強していた場所。〉(70.5%)

②⑩ 집안 형편이 옛날하고 다르다.
〈家の状況が昔と違う。〉(29.5%)

오[1] 주 ★★★ 【170種のテキストで853例】
⓪⑩ 9시 5(五) 분.
〈9時5分。〉(94.3%)

- 오[2] 끝 【71種のテキストで320例】
⓪⑩ 집에 가오.
〈家に帰ります。〉/
값이 얼마나 하오?
〈値段はいくらですか?〉/
날이 따뜻하오.
〈今日は暖かいです。〉(100%)

- 오 -[3] 끝 【10種のテキストで19例】
⓪⑩ 제가 비오니 용서해 주소서.
〈私が謝りますのでお許しください。〉(100%)

- 오[4] 끝 【8種のテキストで17例】
⓪⑩ 이것이 참된 길이오, 자세이다.
〈これが真の道で、姿勢だ。〉(100%)

---

31) 昔, 学識はあるが官職につかなかった人：学徳を兼ねた人に対する古風な敬称。

오가다 〔동〕【34種のテキストで46例】

① 예 집과 학교를 오가다.
〈家と学校を行き来する。〉(41.3%)

② 예 [사람들이/차들이] 바삐 오가다.
〈[人々が/車が]せわしく往来する。〉(26.1%)

③ 예 [돈이/편지가] 오가다.
〈[お金が/手紙が]行き交う。〉(17.4%)

오늘 〔명〕★★★【186種のテキストで1,105例】

① 예 오늘 출발하다.
〈今日出発する。〉(53.7%)

② 예 오늘은 공휴일이다.
〈今日は公休日だ。〉(35.6%)

오늘날 〔명〕★★☆【71種のテキストで299例】

① 예 오늘날의 발전.
〈今日の発展。〉/
오늘날에 와서.
〈今日に至って。〉(60.5%)

② 예 오늘날 환경 오염이 큰 문제가 되다.
〈今日環境汚染が大きな問題となる。〉(39.5%)

오다¹ 〔동〕★★★【214種のテキストで3,213例】

① 예 [서울을/창가로/터미널에] 오다.
〈[ソウルに/窓際に/ターミナルに]来る。〉(45.8%)

② 예 각자 [써/해] 온 숙제를 [내다/읽다].
〈各自[書いて/して]来た宿題を[出す/読む]。〉
(17.1%)

③ 예 [눈이/비가/소나기가] 오다.
〈[雪が/雨が/夕立が]ふる。〉(6.4%)

④ 예 [병원에/학교를] 오다.
〈[病院に/学校に]来る。〉(4.5%)

⑤ 예 [소포가/신호가/전화가] 오다.
〈[小包が/合図が/電話が]来る。〉(3.3%)

⑥ 예 [이제/최근에] 와서 달라지다.
〈[今に/最近に]なって変わる。〉(2.3%)

⑦ 예 [봄이/일요일이] 오다.
〈[春が/日曜日が]来る。〉(2.3%)

⑧ 예 [도망을/전근을/출장을] 오다.
〈逃亡して来る。/出勤で来る。/出張で来る。〉
(2.2%)

오다² 〔동보〕★★☆【158種のテキストで926例】

① 예 오래 전부터 [사귀어/일해/준비해] 오다.
〈ずいぶん前から[付き合って/働いて/準備して]
くる。〉(72.7%)

② 예 그가 매일 전화를 걸어 오다.
〈彼が毎日電話を掛けてくる。〉(15.9%)

③ 예 [새 날이 밝아/손이 시려] 오다.
〈[新しい日が明けて/手が冷えて]くる。〉(10.7%)

오락 〔명〕☆☆★【22種のテキストで45例】

① 예 연예와 오락(娛樂)에 관한 기사.
〈芸能と娯楽に関する記事。〉(62.2%)

② 예 컴퓨터로 오락을 하다.
〈コンピューターで娯楽を楽しむ。〉(37.8%)

오래¹ 〔부〕★★★【100種のテキストで208例】

① 예 오래 [기다리다/살다/참다].
〈長らく[待つ/暮らす/こらえる]。〉(100%)

오래² 〔명〕【27種のテキストで44例】

① 예 그를 잊은 지 이미 오래이다.
〈彼を忘れて、もう随分になる。〉(100%)

오래간만 〔명〕☆★☆【18種のテキストで34例】

① 예 오래간만에 만나다.
〈久しぶりに会う。〉(100%)

오래다 〔형〕【36種のテキストで56例】

① 예 [불 꺼진/차가 끊긴] 지 오래다.
〈[火が消えて/車が途絶えて]から久しい。〉
(62.5%)

② 예 오랜 역사를 자랑하다.
〈長い歴史を誇る。〉(37.5%)

오래도록 〔부〕【12種のテキストで18例】

① 예 오래도록 [기다리다/참다].
〈長い間[待つ/こらえる]。〉(100%)

오래되다 〔형〕☆★☆【28種のテキストで35例】

① 예 약이 오래돼 약효가 없어지다.
〈薬が古くなって効き目がなくなる。〉(48.6%)

② 예 일을 그만둔 지 오래되다.
〈仕事を辞めてから随分になる。〉(25.7%)

③ 예 역사가 오래되다.
〈歴史が長くなる。〉/
오래된 친구.
〈古い友達。〉(25.7%)

오랜 〔관〕★★☆【57種のテキストで106例】

① 예 오랜 [시간/역사].
〈長い[時間/歴史]。〉/
오랜 생각 끝에 결심하다.
〈長いこと考えた末に決心する。〉(62.3%)

② 예 오랜 [단골/동무].
〈古い[常連/友]。〉(37.7%)

오랜만 〔명〕★★☆【40種のテキストで69例】

① 예 오랜만에 형제를 만나다.
〈久しぶりに兄弟に会う。〉(100%)

오랫동안 〔명〕★★☆【63種のテキストで100例】

① 예 오랫동안 [기다리다/참다].
〈長い間[待つ/こらえる]。〉(100%)

오로지 〔부〕【21種のテキストで28例】

① 예 오로지 한 가지 길밖에 없었다.
〈たった一つの方法しかなかった。〉(100%)

오르내리다 〔동〕【20種のテキストで26例】

① 예 [차에/층계를] 오르내리다.
〈車に乗ったり降りたりする。/階段を昇ったり降り
たりする。〉(46.2%)

② 관 <입에 오르내리다>.
〈噂に上る。〉(23.1%)

③ 예 영하 20도를 오르내리다.
〈氷点下20度を上下する。〉(11.5%)

오르다 동 ★★★【117種のテキストで313例】

① 예 [밭길로/산에] 오르다.
〈[畑仕事の途につく。/山に登る。〉(34.2%)

② 예 [발목이 부어/얼굴이 달아/연기가 피어] 오르다.〈足首が腫れ上がる。/顔がほてる。/煙が立ち上る。〉(9.3%)

③ 예 [물가가/임대료가] 오르다.
〈[物価が/賃貸料が]上がる。〉(8.3%)

④ 예 [김이/불길이] 오르다.
〈[湯気が/炎が]上がる。〉(6.7%)

⑤ 예 [왕위에/황제에] 오르다.
〈[王位に/皇帝の座に]つく。〉(6.1%)

⑥ 예 [배에/차에] 오르다.
〈[船に/車に]乗り込む。〉(5.1%)

⑦ 예 [산을/층계를] 오르다.
〈[山を/階段を]上がる。〉(4.5%)

⑧ 관 <약(이) 오르다>
〈腹が立つ。〉(3.2%)

⑨ 예 [열이/혈압이] 오르다.
〈[熱が/血圧が]上がる。〉(2.9%)

오른손 명 【16種のテキストで21例】

⓪ 예 오른손으로 공을 잡다.
〈右手でボールをつかむ。〉(100%)

오른쪽 명 ★★★【46種のテキストで85例】

⓪ 예 오른쪽으로 돌아서다.
〈右に振り返る。〉(100%)

오리 명 【13種のテキストで28例】

⓪ 예 오리가 뒤뚱뒤뚱 걷다.
〈アヒルがひょこひょこ歩く。〉(100%)

오빠 명 ★★★【56種のテキストで310例】

① 예 가족은 부모와 오빠가 있다.
〈家族は両親と兄がいる。〉(56.8%)

② 예 오빠들, 취하셨나 봐요.
〈あなたたち、酔ってるようですね。〉/
나, 오빠랑 사귀고 싶어.
〈私、あなたと付き合いたい。〉(42.6%)

오십 수 【89種のテキストで275例】

⓪ 예 오십(五十) [권/퍼센트].
〈五十[冊/パーセント]。〉(96%)

오염 명 ★★☆【23種のテキストで72例】

⓪ 예 강물의 오염(汚染)을 막다.
〈川の汚染を防ぐ。〉(97.2%)

오염되다 동 【14種のテキストで28例】

① 예 [물이/환경이] 오염(汚染)되다.
〈[水が/環境が]汚染される。〉(82.1%)

② 예 양심이 오염되다.
〈良心が汚染される。〉(17.9%)

오월 명 ★★☆【42種のテキストで76例】

⓪ 예 오월(五月).
〈五月。〉(100%)

오전 명 ★★★【30種のテキストで47例】

① 예 모레 오전(午前)에 만나다.
〈明後日午前に会う。〉(68.1%)

② 예 오전 10시.
〈午前十時。〉(31.9%)

오줌 명 【17種のテキストで32例】

⓪ 예 오줌을 누다.
〈おしっこをする。〉/
오줌이 마렵다.
〈おしっこがしたい。〉(100%)

오직 부 【39種のテキストで66例】

① 예 오직 물만 마시며 단식을 하다.
〈ただ水だけ飲んで断食をする。〉(59.1%)

② 예 일의 성패가 오직 나에게 달리다.
〈事の成否がひとえに私にかかっている。〉(40.9%)

오징어 명 【14種のテキストで26例】

⓪ 예 오징어를 잡다.
〈イカを釣る。〉(100%)

오토바이 명 【12種のテキストで24例】

⓪ 예 오토바이를 타다.
〈オートバイに乗る。〉(100%)

오해 명 ☆☆☆【24種のテキストで36例】

⓪ 예 오해(誤解)를 풀다.
〈誤解を解く。〉(100%)

오후 명 ★★★【90種のテキストで181例】

① 예 일요일 오후(午後)에 만나다.
〈日曜日午後に会う。〉(68%)

② 예 오후 9시.
〈午後9時。〉(32%)

오히려 부 ★★★【105種のテキストで276例】

⓪ 예 자기가 잘못하고 오히려 큰소리를 치다.
〈自分が間違っているのにかえって大きな口をたたく。〉(97.5%)

옥상 명 【11種のテキストで31例】

① 예 옥상(屋上)에 올라가 빨래를 널다.
〈屋上に上って洗濯物を干す。〉(87.1%)

② 예 교회 옥상의 십자가.
〈教会屋上の十字架。〉(12.9%)

옥수수 명 ☆☆★【7種のテキストで9例】

⓪ 예 옥수수를 삶아 먹다.
〈トウモロコシをゆでて食べる。〉(100%)

온 관 ★★☆【83種のテキストで158例】

① 예 온 [나라/동네/산/세상/천하].
〈全国。/村中。/全山。/全世界。/一天四海。〉
(39.2%)

② 예 온 [가족/국민/민족].
〈全[家族/国民/民族]。〉(39.2%)

③ 예 온 [몸/신경/정성/정신/힘].
〈全[身/神経/心/精神/力]。〉(19%)

온 223

온갖 관 ★☆☆ 【65種のテキストで98例】
①예 온갖 잡동사니를 가방에 넣다.
〈あらゆるがらくたをカバンに入れる。〉(59.2%)
②예 아이에게 온갖 정성을 다하다.
〈子供にありとあらゆる誠意を尽くす。〉(40.8%)

온도 명 ★☆★ 【14種のテキストで50例】
⓪예 실내 온도(溫度)가 낮다.
〈室内の温度が低い。〉(100%)

온돌 명 ☆☆★ 【5種のテキストで14例】
⓪예 온돌(溫突)로 난방을 하다.
〈オンドル32)で暖房をする。〉(100%)

온몸 명 【43種のテキストで78例】
⓪예 온몸이 쑤시다.
〈全身がうずく。〉(100%)

온통 부 ★☆☆ 【46種のテキストで76例】
①예 옷이 온통 땀으로 젖다.
〈服がみな汗でぐっしょりになる。〉(77.6%)
②예 온통 가슴이 뿌듯하다.
〈すっかり胸が一杯になる。〉/
풍경에 온통 정신이 팔리다.
〈風景にすっかり夢中になる。〉(22.4%)

올라가다 동 ★★★ 【110種のテキストで301例】
①예 [계단을/산에/2층으로] 올라가다.
〈[階段を/山に/2階に]上がる。〉(67.8%)
②예 연기가 하늘로 올라가다.
〈煙が空に昇る。〉(6%)
③예 [산길을/숲길을] 올라가다.
〈[山道を/森の道を]登る。〉(4.3%)
④예 [기온이/혈압이] 올라가다.
〈[気温が/血圧が]上がる。〉(4%)

올라서다 동 【20種のテキストで25例】
⓪예 [계단을/교단에/도로 위로/마루에] 올라
서다.〈[階段を/教壇に/道路の上に/縁側に]
上がる。〉(92%)

올라오다 동 ☆★☆ 【51種のテキストで82例】
①예 산에 올라오다.
〈山に登って来る。〉/
방석 위로 올라와 앉다.
〈座布団に上がって座る。〉(36.6%)
②예 [서울로/서울에] 올라오다.
〈[ソウルへ/ソウルに]上京する。〉(19.5%)
③예 [복도를/언덕길을] 올라오다.
〈[廊下を/坂を]上がってくる。〉(13.4%)
④예 물이 허리까지 올라오다.
〈水が腰まで上がってくる。〉(7.3%)
⑤예 [본사로/서울 학교로] 올라오다.
〈[本社に/ソウルの学校に]上京する。〉(6.1%)

올라타다 동 【14種のテキストで21例】
⓪예 [버스에/차에/택시를] 올라타다.

〈[バスに/車に/タクシーに]乗り込む。〉(100%)

올려놓다 동 【24種のテキストで32例】
⓪예 난로 위에 주전자를 올려놓다.
〈ストーブの上にやかんをかけておく。〉/
무릎 위에 손을 올려놓다.
〈膝の上に手を乗せる。〉(93.8%)

올려다보다 동 【16種のテキストで21例】
⓪예 [위를/하늘을] 올려다보다.
〈[上を/空を]見上げる。〉(100%)

올리다 동 ★★★ 【106種のテキストで237例】
①예 [식사를/편지를] 올리다.
〈[食事を/手紙を]差し上げる。〉(11.4%)
②예 [닻을/안경다리를] 올리다.
〈[錨を/眼鏡のつるを]上げる。〉(11%)
③예 발을 무릎 위에 올리다.
〈足を膝の上に乗せる。〉/
손자를 무릎 위에 올려 앉히다.
〈孫を膝に乗せて座らせる。〉/
브레이크에 발을 올리다.
〈ブレーキに足を乗せる。〉(10.5%)
④예 [옷깃을/커튼을] 올리다.
〈襟を立てる。/カーテンを上げる。〉(10.1%)
⑤예 [인사를/절을] 올리다.
〈[挨拶を/お辞儀を]する。〉(8.4%)
⑥예 [속력을/효과를] 올리다.
〈[速力を/効果を]上げる。〉(8.4%)
⑦예 [성과를/수익을] 올리다.
〈[成果を/収益を]上げる。〉(6.3%)
⑧예 [탄성을/함성을] 올리다.
〈[嘆声を/歓声を]上げる。〉(3.8%)
⑨예 [기도를/제사를] 올리다.
〈[お祈りを/祭祀を]捧げる。〉(3.4%)
⑩예 [먼지를/연기를] (피워) 올리다.
〈[ほこりを/煙を](たてて)あげる。〉(3%)
⑪예 위를 올려다 보다.
〈上を見上げる。〉(3%)
⑫예 [결혼식을/식을] 올리다.
〈[結婚式を/式を]挙げる。〉(3%)

올림픽 명 ☆★☆ 【20種のテキストで61例】
⓪예 서울 올림픽에 참가하다.
〈ソウルオリンピックに参加する。〉(100%)

올바르다 형 ★☆☆ 【48種のテキストで121例】
⓪예 올바르게 [생각하다/이해하다].
〈正しく[考える/理解する]。〉(100%)

올해 명 ☆★★ 【35種のテキストで54例】
①예 아이가 올해 학교에 들어가다.
〈子供が今年学校に入る。〉(57.4%)
②예 올해의 [계획/목표].
〈今年の[計画/目標]。〉/
올해로 결혼한 지 10년째이다.

---

32) 韓国式床下暖房

〈今年で結婚して10年目だ。〉(42.6%)

옮기다 동 ★★★【109種のテキストで272例】

①예 교실로 자리를 옮기다.
〈教室に席を移す。〉/
직장을 옮기다.
〈職場を移す。〉(38.6%)

②예 짐을 옮기다.
〈荷物を移す。〉/
꽃을 옮겨 심다.
〈花を植え替える。〉(26.5%)

③예 걸음을 옮기다.
〈足を運ぶ。〉(11.4%)

④예 말을 글로 옮기다.
〈言葉を文章へ移す。〉(6.3%)

옳다 형 ★★★【72種のテキストで212例】

①예 옳은 [말을/일을] 하다.
〈正しい[話を/ことを]する。〉(60.4%)

②예 답을 옳게 쓰다.
〈答えを正しく書く。〉(17.9%)

③예 인사라도 드렸어야 옳다.
〈挨拶でも差し上げるべきだった。〉/
그 말만은 하지 말았어야 옳았다.
〈その話だけはするべきでは無かった。〉(6.1%)

④예 옳거니, 바로 그것이다!
〈そうだ、まさにそれだ!〉(6.1%)

올바로 부 【14種のテキストで18例】

⓪예 올바로 [알다/처신하다].
〈正しく[知る/行動する]。〉(100%)

옷 명 ★★★【119種のテキストで448例】

⓪예 옷을 [벗다/입다].
〈服を[脱ぐ/着る]。〉(99.6%)

옷감 명 ☆☆★【16種のテキストで25例】

⓪예 옷감으로 옷을 짓다.
〈布で着物をしたてる。〉(100%)

옷장 명 【13種のテキストで25例】

⓪예 옷을 개어 옷장(-欌)에 넣다.
〈服を畳んで箪笥に入れる。〉(100%)

옷차림 명 ☆★☆【30種のテキストで47例】

⓪예 옷차림이 화려하다.
〈身なりが派手だ。〉(100%)

와¹ 토 【201種のテキストで5,366例】

①예 노래와 춤을 배우다.
〈歌と踊りを習う。〉(72.4%)

②예 친구와 같이 살다.
〈友達と一緒に暮らす。〉/
그녀와 사귀다.
〈彼女と付き合う。〉(27.6%)

와² 감 【25種のテキストで34例】

①예 와, [너무하다/말도 안 돼].
〈わぁー、[ひどい/めちゃくちゃだ]。〉(44.1%)

②예 와, [잘됐다/좋다].

〈わぁー、[良かった/いい]。〉(35.3%)

③예 와 하는 함성이 터지다.
〈わあっという歓声があがる。〉(20.6%)

완벽하다 형 【27種のテキストで36例】

⓪예 연주가 완벽(完璧)하다.
〈演奏が完璧だ。〉(100%)

완성 명 【10種のテキストで16例】

⓪예 [건물의/인격의/작품의] 완성(完成)을 보다.
〈[建物の/人格の/作品の]完成を見る。〉(100%)

완성되다 동 【27種のテキストで46例】

⓪예 [건물이/인격이/작품이] 완성(完成)되다.
〈[建物が/人格が/作品が]完成する。〉(100%)

완성하다 동 ★★☆【22種のテキストで42例】

⓪예 [건물을/인격을/작품을] 완성(完成)하다.
〈[建物を/人格を/作品を]完成する。〉(100%)

완전하다 형 【22種のテキストで30例】

⓪예 준비가 완전(完全)하다.
〈準備が完全だ。〉(100%)

완전히 부 ★★☆【72種のテキストで140例】

①예 기대가 완전(完全)히 무너지다.
〈期待が完全に崩れる。〉/
주위가 완전히 어두워지다.
〈周りが完全に暗くなる。〉(84.3%)

②예 분위기가 완전히 다르다.
〈雰囲気が完全に違う。〉(14.3%)

왕 명 ★★☆【28種のテキストで125例】

⓪예 새로운 왕(王)이 되다.
〈新しい王になる。〉(94.4%)

왕자 명 【15種のテキストで46例】

⓪예 공주와 왕자(王子).
〈姫と王子。〉(100%)

왕조 명 【14種のテキストで23例】

⓪예 조선 왕조(王朝) 중기.
〈朝鮮王朝中期。〉(91.3%)

왜 부 ★★★【194種のテキストで1,433例】

⓪예 아직까지 왜 연락이 없을까?
〈なぜまだ連絡がないのか?〉(100%)

왜냐하면 부 ☆★☆【48種のテキストで87例】

⓪예 나도 나가기 싫다. 왜냐하면 춥기 때문이다.〈私も出かけるのは嫌だ。なぜなら、寒いからだ。〉(100%)

왠지 부 【18種のテキストで30例】

⓪예 왠지 불안하다.
〈なぜか不安だ。〉(100%)

외 명의 ★★☆【54種のテキストで68例】

⓪예 생각 외(外)의 일이 많다.
〈想定外のことが多い。〉/
이것 외에 또 무엇이 있을까.
〈これの他に、また何があるだろうか。〉(100%)

외가 명【16種のテキストで28例】

⓪예 외가(外家)에 다녀오다.
〈母方に行って来る。〉(100%)

외교 명【12種のテキストで45例】

①예 외교(外交) [관계/문제].
〈外交[関係/問題]。〉(77.8%)

②관 <외교 정책>.
〈外交政策。〉(22.2%)

외국 명 ★★★【79種のテキストで223例】

⓪예 외국(外國)으로 유학을 가다.
〈外国に留学する。〉(100%)

외국어 명 ☆★☆【10種のテキストで22例】

⓪예 외국어(外國語)를 배우다.
〈外国語を学ぶ。〉(100%)

외국인 명 ★★☆【27種のテキストで76例】

⓪예 외국인(外國人)을 안내하다.
〈外国人を案内する。〉(100%)

외로움 명【16種のテキストで33例】

⓪예 외로움에 지치다.
〈寂しさにへたばる。〉(100%)

외롭다 형 ☆☆★【33種のテキストで59例】

⓪예 집에 혼자 있으니 외롭다.
〈家に一人でいるから寂しい。〉(91.5%)

외면하다 동【20種のテキストで34例】

⓪예 [친구를/현실을] 외면(外面)하다.
〈[友達に/現実に]顔を背ける。〉(100%)

외모 명【13種のテキストで23例】

⓪예 외모(外貌)를 [가꾸다/중시하다].
〈見た目を[飾る/重視する]。〉(100%)

외부 명【24種のテキストで45例】

①예 회사의 일이 외부(外部)로 알려지다.
〈会社の仕事が外部に知られる。〉(68.9%)

②예 체내의 노폐물을 외부로 내보내다.
〈体内の老廃物を外部に出す。〉(26.7%)

외삼촌 명【13種のテキストで41例】

⓪예 외삼촌(外三寸).
〈母方のおじ。〉(100%)

외우다 동 ☆★★【21種のテキストで38例】

①예 [내용을/이름을] 다 외우다.
〈[内容を/名前を]すべて暗記する。〉(71.1%)

②예 [싯구절을/주문을] 크게 외우다.
〈[詩の一節を/呪文を]大きい声で暗唱する。〉(28.9%)

외적¹ 명【10種のテキストで20例】

⓪예 외적(外敵)의 침략을 받다.
〈外敵の侵略を受ける。〉(100%)

외적² 관【5種のテキストで7例】

⓪예 외적(外的) 조건을 따지다.
〈外的条件を問いただす。〉(100%)

외적³ 명【6種のテキストで6例】

⓪예 외적(外的)인 면을 중요시하다.
〈外的面を重要視する。〉(100%)

외출 명 ☆★☆【16種のテキストで21例】

⓪예 볼일을 보러 외출(外出)을 하다.
〈用事があって外出をする。〉(100%)

외출하다 동 ☆★☆【13種のテキストで17例】

⓪예 주인이 외출(外出)하고 없다.
〈主人が外出していない。〉(100%)

외치다 동 ☆☆★【51種のテキストで110例】

①예 [구령을/그만두라고] 외치다.
〈[号令を/やめろと]叫ぶ。〉(43.6%)

②예 큰 소리로 외치다.
〈大きい声で叫ぶ。〉(37.3%)

③예 재선거 실시를 외치다.
〈再選挙実施を叫ぶ。〉(19.1%)

외할머니 명【19種のテキストで56例】

⓪예 외(外)할머니.
〈母方の祖母。〉(100%)

외할아버지 명【13種のテキストで24例】

⓪예 외(外)할아버지.
〈母方の祖父。〉(100%)

왼손 명【15種のテキストで25例】

⓪예 왼손으로 잡다.
〈左手でつかむ。〉(100%)

왼쪽 명 ★★★【42種のテキストで79例】

⓪예 왼쪽으로 가다.
〈左に行く。〉(100%)

요¹ 토【109種のテキストで675例】

⓪예 저는요, 학교에요 꼭요 가고 싶어요.
〈私はね、学校にね、ぜひ行きたいです。〉
(100%)

–요² 준【58種のテキストで225例】

⓪예 그것이 우리의 의무요.
〈それが我々の義務です。〉(100%)

–요³ 끝【46種のテキストで112例】

⓪예 그는 언론인이요, 학자다.
〈彼は、言論人であり、学者だ。〉(100%)

요⁴ 관【25種のテキストで36例】

⓪예 요 [근처/모양/앞].
〈この[近く/様子/前]。〉(100%)

요⁵ 명 ☆☆★【1種のテキストで1例】

⓪예 요를 깔다.
〈敷き布団を敷く。〉(100%)

요구 명 ★☆★【33種のテキストで75例】

①예 개헌 요구(要求)가 높아지다.
〈改憲要求が高まる。〉(69.3%)

②예 협상 요구 조건을 걸다.
〈交渉要求の条件をかかげる。〉(30.7%)

요구되다 동 【14種のテキストで21例】

  ⓪예 정책적 결단이 요구(要求)되다.

    〈政策的決断が要求される。〉(95.2%)

요구하다 동 ★☆☆ 【48種のテキストで109例】

  ①예 인간다운 삶을 요구(要求)하다.

    〈人間らしい暮らしを要求する。〉(89%)

  ②예 그녀가 내게 돈을 요구하다.

    〈彼女が私にお金を要求する。〉(11%)

요금 명 ☆★★ 【12種のテキストで26例】

  ⓪예 [수도/전기] 요금(料金).

    〈[水道/電気]料金。〉(100%)

요란하다 형 【30種のテキストで33例】

  ①예 소리가 요란(搖亂)하다.

    〈音が騒々しい。〉(81.8%)

  ②예 차림새가 요란하다.

    〈身なりが下品だ。〉(18.2%)

요령 명 【12種のテキストで21例】

  ①예 기안 쓰는 요령(要領)을 배우다.

    〈起案を書く要領を学ぶ。〉(76.2%)

  ②예 경험으로 빨리 하는 요령을 알다.

    〈経験で早くするコツを知る。〉(19%)

요리 명 ☆★★ 【17種のテキストで28例】

  ①예 서양 요리(料理)의 맛.

    〈西洋料理の味。〉(57.1%)

  ②예 요리를 잘 하다.

    〈料理が上手だ。〉(42.9%)

요새 명 ★★★ 【34種のテキストで91例】

  ①예 요새 어떻게 지내십니까?

    〈このごろいかがお過ごしですか?〉(84.6%)

  ②예 요새 세상에 그런 일이 있다니.

    〈今どきそんなことがあるなんて。〉(15.4%)

요소 명 ★☆☆ 【35種のテキストで109例】

  ⓪예 평등은 민주주의의 중요한 요소(要素)다.

    〈平等は民主主義の重要な要素だ。〉(100%)

요약하다 동 【13種のテキストで21例】

  ⓪예 글의 내용을 간단히 요약(要約)하다.

    〈文の内容を簡単に要約する。〉(100%)

요인 명 【14種のテキストで31例】

  ⓪예 노화의 요인(要因)을 밝히다.

    〈老化の要因を明らかにする。〉(100%)

요일 명 ☆★☆ 【14種のテキストで28例】

  ⓪예 요일(曜日)마다 메뉴가 다르다.

    〈曜日ごとにメニューが異なる。〉(100%)

요즈음¹ 부 ★★☆ 【43種のテキストで70例】

  ⓪예 요즈음 일이 바쁘다.

    〈最近仕事が忙しい。〉(100%)

요즈음² 명 【24種のテキストで59例】

  ⓪예 요즈음의 젊은이들.

    〈近頃の若者たち。〉(100%)

요즘¹ 부 ★★☆ 【69種のテキストで177例】

  ⓪예 요즘 몸이 안 좋다.

    〈最近、体調が悪い。〉(100%)

요즘² 명 ☆★★ 【53種のテキストで108例】

  ⓪예 요즘이 제일 바쁠 때이다.

    〈このごろが一番忙しい時だ。〉(96.3%)

욕 명 【25種のテキストで31例】

  ①예 그들에게 욕(辱)을 퍼붓다.

    〈彼らにののしりを浴びせる。〉(58.1%)

  ②예 사람들에게 욕을 듣다.

    〈人にののしられる。〉(25.8%)

  ③관 <욕을 먹다>.

    〈ののしられる。〉(16.1%)

욕구 명 【27種のテキストで56例】

  ⓪예 성적인 욕구(欲求)를 느끼다.

    〈性的な欲求を感じる。〉(100%)

욕망 명 ★☆☆ 【17種のテキストで52例】

  ⓪예 출세의 욕망(欲望)에 불타다.

    〈出世の欲望に燃える。〉(100%)

욕설 명 【11種のテキストで16例】

  ⓪예 욕설(辱說)을 [듣다/퍼붓다]하다.

    〈ののしりを[聞く/浴びせる/する]。〉(100%)

욕심 명 ★★★ 【45種のテキストで71例】

  ⓪예 욕심(慾心)을 [내다/부리다].

    〈欲を[出す/張る]。〉(100%)

용¹ 명 【13種のテキストで33例】

  ⓪예 용(龍)이 승천하다.

    〈龍が天に昇る。〉(100%)

–용² 접 【16種のテキストで24例】

  ①예 [광고/연습/영업]용(用).

    〈[広告/練習/営業]用。〉(70.8%)

  ②예 [숙녀/신사/아동]용.

    〈[淑女/紳士/児童]用。〉(29.2%)

용기 명 ★★☆ 【58種のテキストで127例】

  ⓪예 용기(勇氣)를 내다.

    〈勇気を出す。〉(91.3%)

용돈 명 ★★☆ 【26種のテキストで75例】

  ⓪예 아이에게 용(用)돈을 주다.

    〈子供にお小遣いをやる。〉(100%)

용서 명 ☆☆★ 【16種のテキストで26例】

  ⓪예 용서(容恕)를 [받다/빌다].

    〈許される。/許しを乞う。〉(100%)

용서하다 동 【33種のテキストで56例】

  ⓪예 [그를/죄를] 용서(容恕)하다.

    〈[彼を/罪を]許す。〉(100%)

용어 명 【18種のテキストで31例】

  ⓪예 [경제/전문] 용어(用語)를 쓰다.

    〈[経済/専門]用語を使う。〉(100%)

ㅇ

ㅡ우 끝【11種のテキストで23例】
　⓪예 미안하우.
　　〈すみません。〉/
　　참 말도 많으시우.
　　〈本当に口やかましいですね。〉(100%)

우두커니 부【15種のテキストで17例】
　⓪예 우두커니 [바라보다/서다].
　　〈ぼうぜんと[眺める/立つ]。〉(100%)

우려 명【17種のテキストで23例】
　⓪예 실패할 우려(憂慮)가 있다.
　　〈失敗するおそれがある。〉(100%)

우리¹ 대 ★★★【213種のテキストで7,221例】
　①예 우리 같이 가자.
　　〈みんな一緒に行こう。〉(66.8%)
　②관 <우리 나라> 예 우리 나라는 공화국이다.
　　〈我が国は共和国だ。〉(9.1%)
　③예 우리 할머니.
　　〈うちのおばあさん。〉(8.4%)

우리² 명 ☆★☆【7種のテキストで17例】
　⓪예 가축을 우리에 가두다.
　　〈家畜を小屋に囲う。〉(100%)

우리말 명【39種のテキストで95例】
　⓪예 외국에서 우리말을 가르치다.
　　〈外国で我が国の言葉を教える。〉(100%)

우물 명 ☆☆★【14種のテキストで23例】
　⓪예 우물에서 물을 긷다.
　　〈井戸で水をくむ。〉(95.7%)

우산 명 ★★★【23種のテキストで71例】
　⓪예 우산(雨傘)을 쓰다.
　　〈傘を使う。〉(100%)

우선 부 ★★★【103種のテキストで222例】
　①예 딴 것보다 우선(于先) 먹을 것을 찾다.
　　〈他のものよりも先ず食べるものを探す。〉(64.9%)
　②예 우선 달리고 보다.
　　〈先ず走って見る。〉(35.1%)

우수하다 형【20種のテキストで25例】
　⓪예 [성적이/품질이] 우수(優秀)하다.
　　〈[成績が/品質が]優秀だ。〉(100%)

우습다 형 ☆☆★【38種のテキストで46例】
　①예 [내용이/표현이] 우습다.
　　〈[内容が/表現が]おかしい。〉(34.8%)
　②예 잘난 척하는 것이 우습다.
　　〈偉そうなふりをするのが笑わせる。〉(23.9%)
　③예 넘어지는 모습이 우습다.
　　〈倒れる姿がおかしい。〉(21.7%)
　④예 우습다 싶을 만큼 화를 내다.
　　〈こっけいなほど腹を立てる。〉(17.4%)

우연 명【15種のテキストで24例】
　⓪예 거짓말 같은 우연(偶然)도 있다.

〈嘘のような偶然もある。〉(100%)

우연히 부 ☆★☆【30種のテキストで38例】
　⓪예 길에서 우연(偶然)히 친구를 만나다.
　　〈道で偶然に友達に会う。〉(100%)

우울하다 형 ☆★★【30種のテキストで47例】
　⓪예 기분이 우울(憂鬱)하다.
　　〈気分が憂鬱だ。〉(100%)

우유 명 ★★★【25種のテキストで73例】
　⓪예 우유(牛乳)를 마시다.
　　〈牛乳を飲む。〉(100%)

우정 명【15種のテキストで42例】
　⓪예 친구와 우정(友情)을 나누다.
　　〈友達と友情を交わす。〉(100%)

우주 명 ★☆☆【21種のテキストで51例】
　⓪예 무한한 우주(宇宙).
　　〈無限の宇宙。〉(100%)

우체국 명 ☆★★【18種のテキストで40例】
　⓪예 우체국(郵遞局)에서 편지를 부치다.
　　〈郵便局で手紙を出す。〉(100%)

우편 명 ☆☆★【4種のテキストで9例】
　①예 편지를 우편(郵便)으로 부치다.
　　〈手紙を郵便で送る。〉(88.9%)
　②예 등기 우편을 받다.
　　〈書留を受け取る。〉(11.1%)

우표 명 ☆☆★【4種のテキストで14例】
　⓪예 봉투에 우표(郵票)를 붙이다.
　　〈封筒に切手を貼る。〉(100%)

운 명【13種のテキストで21例】
　⓪예 운(運)이 [나쁘다/좋다].
　　〈運が[悪い/良い]。〉(100%)

운동 명 ★★★【102種のテキストで335例】
　①예 선거 운동(運動)을 벌이다.
　　〈選挙運動を繰り広げる。〉(46%)
　②예 아침마다 운동을 하다.
　　〈毎朝運動をする。〉(31.9%)
　③예 좋아하는 운동은 야구이다.
　　〈好きな運動は野球だ。〉(10.1%)

운동장 명 ★★☆【52種のテキストで131例】
　⓪예 운동장(運動場)에서 아이들이 뛰어놀다.
　　〈運動場で子どもたちが走りまわる。〉(100%)

운동하다 동 ☆★☆【15種のテキストで30例】
　①예 아침마다 운동(運動)하다.
　　〈毎朝運動する。〉(73.3%)
　②예 물질이 끊임없이 운동하다.
　　〈物質が絶えず運動する。〉(20%)

운동화 명 ☆★☆【9種のテキストで33例】
　⓪예 운동화(運動靴)를 신다.
　　〈運動靴を履く。〉(100%)

운동회 명【22種のテキストで48例】

◎예 학교에서 운동회(運動會)가 열리다.
〈学校で運動会が開かれる。〉(100%)

운명 명【47種のテキストで134例】
◎예 헤어져야 할 운명(運命)이다.
〈別れなければならない運命だ。〉/
정해진 운명을 거스르다.
〈定められた運命に逆らう。〉(100%)

운반하다 동【12種のテキストで20例】
◎예 차로 짐을 운반(運搬)하다.
〈車で荷物を運ぶ。〉(100%)

운영하다 동【22種のテキストで28例】
◎예 [가게를/기업을] 운영(運營)하다.
〈[店を/企業を]運営する。〉(100%)

운전 명 ☆★★【23種のテキストで59例】
①예 택시 운전(運轉)을 하다.
〈タクシーの運転をする。〉(55.9%)
②관 <운전 기사>.
〈運転手。〉(44.1%)

운전사 명【10種のテキストで23例】
◎예 택시 운전사(運轉士)로 일하다.
〈タクシー運転手として働く。〉(100%)

운전하다 동 ☆★★【20種のテキストで34例】
◎예 차를 운전(運轉)하다.
〈車を運転する。〉(100%)

울다 동 ★★★【102種のテキストで348例】
①예 아기가 울다.
〈赤ん坊が泣く。〉/
울음을 울다.
〈泣き声をあげる。〉(82.5%)
②예 [벌레가/짐승이] 울다.
〈[虫が/けだものが]哭く。〉(13.8%)

울리다 동 ★★☆【81種のテキストで152例】
①예 [경적이/사이렌이] 울리다.
〈[警笛が/サイレンが]なる。〉(62.5%)
②예 떠드는 소리가 방에서 울리다.
〈騒ぐ声が部屋から響く。〉(9.9%)
③예 [경적을/종을] 울리다.
〈[警笛を/鐘を]ならす。〉(8.6%)

울먹이다 동【11種のテキストで21例】
◎예 울먹이는 목소리.
〈うるんだ声。〉(100%)

울음 명【47種のテキストで124例】
◎예 슬퍼서 울음이 나오다.
〈悲しくて涙が出る。〉(100%)

울타리 명【17種のテキストで29例】
◎예 울타리를 치다.
〈垣根をめぐらす。〉(100%)

움직이다 동 ★★★【96種のテキストで265例】
①예 [사람이/열차가] 움직이다.
〈[人が/列車が]動く。〉(37%)

②예 [발을/손을/손목을] 움직이다.
〈[足を/手を/手首を]動かす。〉(15.1%)
③예 [다리가/팔이] 움직이다.
〈[足が/腕が]動く。〉(10.6%)
④예 [기계가/회사가] 잘 움직이다.
〈[機械が/会社が]よく動く。〉(9.4%)
⑤예 [의자를/짐을] 뒤로 움직이다.
〈[椅子を/荷物を]後に動かす。〉(7.9%)

움직임 명 ★☆☆【34種のテキストで71例】
①예 방 안엔 아무 움직임이 없다.
〈部屋の中には何も動きがない。〉(50.7%)
②예 재야의 움직임을 살피다.
〈在野の動きを探る。〉(31%)
③예 마음의 움직임을 느끼다.
〈心の動きを感じる。〉(18.3%)

움켜쥐다 동【11種のテキストで18例】
①예 [가방을/멱살을/팔을] 움켜쥐다.
〈[カバンを/胸ぐらを/腕を]握る。〉(66.7%)
②예 [손을/주먹을] 움켜쥐다.
〈[手を/拳を]握る。〉(27.8%)

웃기다 동【19種のテキストで36例】
①예 웃기는 [사람/일] 다 보겠네.
〈笑わせる人もいるもんだ。/笑わせることもあるもんだ。〉(55.6%)
②예 농담으로 사람들을 웃기다.
〈冗談で人を笑わせる。〉(41.7%)

웃다 동 ★★★【124種のテキストで519例】
◎예 [만족한 듯/손뼉을 치며] 웃다.
〈[満足したように/手を打って]笑う。〉(93.1%)

웃어른 명【15種のテキストで38例】
◎예 설날에 웃어른께 세배하다.
〈お正月に目上の方に年始の挨拶をする。〉(100%)

웃음 명 ★☆☆【74種のテキストで185例】
◎예 웃음을 [짓다/터뜨리다].
〈笑いを[浮かべる/爆発させる]。〉(99.5%)

웅크리다 동【20種のテキストで24例】
◎예 몸을 웅크리다.
〈体を丸くする。〉(100%)

워낙 부 ☆☆★【41種のテキストで56例】
①예 사장님은 워낙 바쁘시다.
〈社長はあまりにも忙しい。〉(73.2%)
②예 샘이 워낙 겨울에도 안 얼다.
〈泉が元々冬でも凍らない。〉(26.8%)

원¹ 명 ★★★【74種のテキストで395例】
◎예 돈 1000원.
〈お金、千ウォン。〉(100%)

원² 명 ☆☆★【4種のテキストで5例】
◎예 원(圓)을 그리다.
〈円を描く。〉(100%)

원³ 〔감〕【17種のテキストで32例】

⓪예 원, 별 걱정 다하십니다.
〈まあ、心配無用です。〉(100%)

원고 〔명〕☆☆★【21種のテキストで52例】

⓪예 원고(原稿)를 쓰다.
〈原稿を書く。〉(100%)

원동력 〔명〕【15種のテキストで17例】

⓪예 경제 발전의 원동력(原動力)은 교육에 있다.〈経済発展の原動力は教育にある。〉(100%)

원래¹ 〔부〕☆★★【57種のテキストで104例】

⓪예 성격이 원래(元來・原來) 그렇다.
〈性格が元々そうだ。〉(100%)

원래² 〔명〕【19種のテキストで25例】

⓪예 원래(元來・原來)의 의미를 밝히다.
〈元の意味を明らかにする。〉(100%)

원료 〔명〕【11種のテキストで27例】

⓪예 석유를 원료(原料)로 쓰다.
〈石油を原料として使う。〉(100%)

원리 〔명〕★☆☆【26種のテキストで68例】

⓪예 기본 원리(原理)를 알다.
〈基本原理を知る。〉(100%)

원만하다 〔형〕【12種のテキストで17例】

①예 이웃과의 사이가 원만(圓滿)하다.
〈隣人との仲が円満だ。〉(35.3%)

②예 원만한 [성격/인품].
〈円満な〔性格/人柄〕。〉(29.4%)

③예 일이 원만하게 해결되다.
〈事が円満に解決する。〉(29.4%)

원망하다 〔동〕【20種のテキストで28例】

⓪예 [그 사람을/세상을] 원망(怨望)하다.
〈〔その人を/世の中を〕恨む。〉(100%)

원숭이 〔명〕☆☆★【16種のテキストで45例】

⓪예 원숭이가 나무에 오르다.
〈猿が木に登る。〉(100%)

원인 〔명〕★★☆【48種のテキストで155例】

⓪예 원인(原因)과 결과.
〈原因と結果。〉/
사고의 원인을 밝히다.
〈事故の原因を明らかにする。〉(100%)

원칙 〔명〕★☆☆【20種のテキストで46例】

①예 그 문제에 대해 몇 가지 원칙(原則)을 세우다.〈その問題について、いくつかの原則を立てる。〉(54.3%)

②예 [거래의/과학 실험의] 원칙을 지키다.
〈〔取引の/科学実験の〕原則を守る。〉(45.7%)

원하다 〔동〕★★☆【68種のテキストで127例】

①예 [노트북 컴퓨터를/직장 생활을 하는 것을] 원(願)하다.〈〔ノートパソコンを/会社生活をす

ることを〕希望する。〉(79.5%)

②예 <-기 원하다> 예 성공하기 원하다.
〈成功することを望む。〉(20.5%)

월 〔명〕★★★【36種のテキストで88例】

⓪예 4월.〈四月。〉(95.5%)

월급 〔명〕☆☆★【19種のテキストで37例】

⓪예 월급(月給)을 받다.
〈月給を貰う。〉(100%)

월요일 〔명〕☆★★【21種のテキストで35例】

⓪예 월요일(月曜日).〈月曜日。〉(100%)

웬 〔관〕★★☆【38種のテキストで56例】

①예 갑자기 웬 비가 이렇게 오지?
〈なぜ急にこんなに雨が降るんだ?〉(66.1%)

②예 웬 청년이 찾아오다.
〈見知らぬ青年が訪ねてくる。〉(33.9%)

웬만하다 〔형〕【23種のテキストで36例】

①예 웬만해서는 화를 내지 않다.
〈ちょっとやそっとのことでは怒らない。〉/
웬만한 일에 당황하지 않다.
〈大概の事にあわてない。〉(75%)

②예 아주 못하지는 않고 [솜씨가/실력이] 웬만하다.
〈満更では無くて〔腕が/実力が〕まあまあだ。〉(22.2%)

웬일 〔명〕★★☆【48種のテキストで66例】

⓪예 웬일로 낮술을 드실까?
〈昼酒とは何事?〉/
웬일인지 잠이 오지 않다.
〈なぜか眠れない。〉(100%)

웬지 〔부〕【11種のテキストで16例】☞ 왠지.

⓪예 웬지 불안하다.
〈なぜか不安だ。〉(100%)

위 〔명〕★★★【179種のテキストで984例】

①예 침대 위에 눕다.
〈寝台に寝転ぶ。〉(29.3%)

②예 논밭이 메워지고 그 위에 주택이 들어서다.
〈田畑が埋め立てられ、その上に住宅が立ち並ぶ。〉(21.5%)

③예 산 위에 수원지가 있다.
〈山の上に水源地がある。〉(16.1%)

④예 위에 든 예를 설명하다.
〈上掲の例を説明する。〉(12.8%)

⑤예 나무 위로 올라가다.
〈木の上に登る。〉(12%)

위기 〔명〕【28種のテキストで74例】

⓪예 절체절명의 위기(危機)에 빠지다.
〈絶体絶命の危機に陥る。〉/
위기를 극복하다.
〈危機を克服する。〉(100%)

위대하다 〔형〕【33種のテキストで73例】

⓪예 역사상 위대(偉大)한 인물.

〈歴史上偉大な人物。〉/
자연의 위대한 힘.
〈自然の偉大な力。〉(100%)

위로 名【20種のテキストで23例】
⓪예 위로(慰勞)를 [받다/하다].
〈慰労を[受ける/する]。〉(100%)

위로하다 動【32種のテキストで45例】
⓪예 [그녀를/슬픔을/울적한 마음을] 위로(慰勞)하다.〈[彼女を/悲しみを/鬱屈した心を]慰める。〉(100%)

위안 名【14種のテキストで17例】
⓪예 마음의 위안(慰安)을 받다.
〈心の癒しを受ける。〉(100%)

위원 名 ☆☆★【4種のテキストで4例】
⓪예 위원(委員)으로 위촉하다.
〈委員に委嘱する。〉(100%)

위원회 名【13種のテキストで24例】
⓪예 전문가들로 위원회(委員會)를 구성하다.
〈専門家で委員会を構成する。〉(100%)

위주 名【15種のテキストで26例】
⓪예 능력 위주(爲主)로 평가하다.
〈能力重視で評価する。〉/
수출 위주의 경제.
〈輸出中心の経済。〉(100%)

위쪽 名【12種のテキストで16例】
⓪예 [강/건물/마을의] 맨 위쪽.
〈[川の/建物の/村の]一番上の方。〉(100%)

위치 名 ★★★【51種のテキストで94例】
①예 집터의 위치(位置)가 좋다.
〈敷地の位置がいい。〉(51.1%)
②예 [역사에/정국에서] 중요한 위치를 차지하다.〈[歴史に/政局で]重要な位置を占める。〉(48.9%)

위치하다 動【16種のテキストで23例】
⓪예 [도심에/북쪽에/산속에] 위치(位置)하다.
〈[都心に/北に/山の中に]位置する。〉(100%)

위하다 動 ★★★【182種のテキストで2,004例】
①句 <-기 위(爲)하다>
예 성공하기 위해 노력하다.
〈成功するために努力する。〉(51.5%)
②예 제사를 위해 친척들이 오다.
〈祭祀のために親戚たちが来る。〉(26.4%)
③예 관광객을 위해 공연을 하다.
〈観光客のために公演をする。〉(20.2%)

위험 名 ★☆★【36種のテキストで57例】
⓪예 위험(危險)에 빠지다.
〈危険に陥る。〉(100%)

위험하다 形 ★★★【49種のテキストで79例】

위험하다 形【22種のテキストで40例】

(右段)

⓪예 무단횡단은 위험(危險)하다.
〈信号無視は危険だ。〉(100%)

위협 名【22種のテキストで40例】
⓪예 생명의 위협(威脅)을 느끼다.
〈生命の脅威を感じる。〉(100%)

위협하다 動【18種のテキストで24例】
⓪예 [건강을/생명을] 위협(威脅)하다.
〈[健康を/命を]脅かす。〉(100%)

유교 名【11種のテキストで35例】
⓪예 유교(儒敎) 사상.
〈儒教思想。〉(100%)

유난히 副【39種のテキストで54例】
⓪예 할아버지가 손자를 유난히 귀여워하다.
〈おじいさんが孫を格別にかわいがる。〉/
시간이 유난히 빨리 지나가다.
〈時間がやけに速く過ぎる。〉(100%)

유럽 名(固有) ★★☆【26種のテキストで68例】
⓪예 유럽 여행을 하다.
〈ヨーロッパ旅行をする。〉(100%)

유리 名 ★☆☆【31種のテキストで49例】
⓪예 유리(琉璃) 그릇.
〈ガラスの器。〉(100%)

유리창 名【19種のテキストで31例】
⓪예 유리창(琉璃窓)을 [닦다/열다].
〈ガラス窓を[磨く/開く]。〉(100%)

유리하다 形【23種のテキストで26例】
⓪예 우리에게 유리(有利)한 조건을 제시하다.
〈我々に有利な条件を提示する。〉(100%)

유명하다 形 ★★★【67種のテキストで129例】
①예 유명(有名)한 사람.
〈有名な人。〉(75.2%)
②句 <[-기로/~로] 유명하다>
예 전주는 비빔밥으로 유명하다.
〈全州はビビンバ[33]で有名だ。〉(24.8%)

유물 名【16種のテキストで76例】
⓪예 삼국 시대의 유물(遺物).
〈三国時代の遺物。〉(100%)

유사하다 形【10種のテキストで15例】
⓪예 모양이 유사(類似)하다.
〈形が似ている。〉(100%)

유산 名【22種のテキストで48例】
①예 민족의 유산(遺産)을 보존하다.
〈民族の遺産を保存する。〉(45.8%)
②句 <문화 유산>.
〈文化遺産。〉(45.8%)

유월 名 ☆★☆【24種のテキストで55例】
⓪예 유월(六月).〈六月。〉(100%)

---

33) 混ぜご飯

유의하다 동 【24種のテキストで46例】
　ⓞ예 [건강에/안전 사고에] 유의(留意)하다.
　〈[健康に/安全事故に]留意する。〉(100%)

유익하다 형 【13種のテキストで16例】
　ⓞ예 서로에게 유익(有益)한 선택.
　〈お互いに有益な選択。〉(100%)

유일하다 형 【43種のテキストで68例】
　ⓞ예 사고의 유일(唯一)한 생존자.
　〈事故の唯一の生存者。〉(100%)

유적 명 【12種のテキストで64例】
　ⓞ예 신라의 유적(遺蹟)을 돌아보다.
　〈新羅の遺跡を顧みる。〉(100%)

유적지 명 【11種のテキストで33例】
　ⓞ예 유적지(遺蹟地)를 조사하다.
　〈遺跡地を調査する。〉(100%)

유지 명 【10種のテキストで19例】
　ⓞ예 [관계/보안의] 유지(維持)에 힘쓰다.
　〈[関係/セキュリティ]維持に努める。〉(100%)

유지하다 동 ★★☆ 【44種のテキストで65例】
　①예 [관계를/명맥을/자세를] 유지(維持)하다.
　〈[関係を/命脈を/姿勢を]維持する。〉(70.8%)
　②예 [거리를/금리를] 몸을 정상으로] 유지하다.
　〈[距離を/金利を/体を正常に]維持する。〉(29.2%)

유치원 명 【18種のテキストで43例】
　ⓞ예 유치원(幼稚園)에 다니다.
　〈幼稚園に通う。〉(100%)

유치하다¹ 형 【10種のテキストで15例】
　ⓞ예 하는 [생각이/장난이] 유치(幼稚)하다.
　〈する[考えが/いたずらが]幼稚だ。〉(100%)

유치하다² 동 【2種のテキストで2例】
　ⓞ예 [대회를/투자를] 유치(誘致)하다.
　〈[大会を/投資を]誘致する。〉(100%)

유학¹ 명 ★★☆ 【22種のテキストで49例】
　ⓞ예 일본으로 유학(留學)을 가다.
　〈日本に留学に行く。〉(100%)

유학² 명 【5種のテキストで24例】
　ⓞ예 사대부들이 유학(儒學)을 중요시하다.
　〈士大夫たちが儒学を重要視する。〉(100%)

유행 명 ☆★☆ 【24種のテキストで31例】
　ⓞ예 미니 스커트가 유행(流行)이 되다.
　〈ミニスカートが流行る。〉(90.3%)

유행하다 동 【12種のテキストで16例】
　ⓞ예 요즘 유행(流行)하는 스타일.
　〈最近流行するスタイル。〉(93.8%)

유희 명 【11種のテキストで21例】
　ⓞ예 유희(遊戲)를 즐기다.
　〈遊戯を楽しむ。〉(100%)

육 수 ★★★ 【123種のテキストで399例】
　ⓞ예 6(六)[년/번/호].〈六[年/番/号]。〉(93.5%)

육군 명 ☆☆★ 【4種のテキストで4例】
　ⓞ예 육군(陸軍)으로 복무하다.
　〈陸軍に服務する。〉(100%)

육십 수 【79種のテキストで213例】
　ⓞ예 육십(六十) [년/세].〈六十[年/歳]。〉(99.1%)

육지 명 ★☆☆ 【10種のテキストで16例】
　①예 바다 멀리 육지(陸地)가 보이다.
　〈海の遠くに陸地が見える。〉(68.8%)
　②예 섬에서 육지로 가는 배.
　〈島から陸地へ行く船。〉(31.3%)

육체 명 ★☆☆ 【20種のテキストで35例】
　ⓞ예 육체(肉體)를 가꾸다.
　〈肉体を鍛え上げる。〉(97.1%)

윤리 명 【16種のテキストで28例】
　ⓞ예 윤리(倫理)를 따르다.
　〈倫理に従う。〉(100%)

윷놀이 명 ☆★☆ 【11種のテキストで18例】
　ⓞ예 윷놀이를 하다.
　〈ユンノリ34)をする。〉(100%)

으 감 【10種のテキストで36例】
　ⓞ예 으, 이것은, 으, 중요한 문제이다.
　〈う、これは、う、重要な問題だ。〉(100%)

-으나 끝 【113種のテキストで390例】
　ⓞ예 무엇을 먹으나 마찬가지다.
　〈何を食べようが、同じだ。〉/
　키는 작으나 운동도 잘한다.
　〈背は低いが、運動も良くできる。〉(100%)

-으니 끝 【124種のテキストで378例】
　ⓞ예 설명을 들으니 알겠다.
　〈説明を聞いてわかった。〉/
　옳으니 그르니 해도 소용없다.
　〈正しいだの正しくないだのと言っても無駄だ。〉
　(100%)

-으니까¹ 끝 【89種のテキストで218例】
　ⓞ예 돈이 없으니까 나중에 사겠다.
　〈お金がないから後で買うよ。〉(100%)

-으니까² 끝 【30種のテキストで53例】
　ⓞ예 그때는 가난한 시절이었으니까.
　〈その時は貧しい時代だったから。〉(100%)

-으니까요 끝 【28種のテキストで38例】
　ⓞ예 희망이 있으니까요.
　〈希望があるからです。〉(100%)

-으라고 끝 【29種のテキストで37例】
　ⓞ예 이것을 다 먹으라고?

---

34) 韓国のすごろく。

〈これを全部食えって？〉(100%)

－으랴 〔끝〕【11種のテキストで18例】

⓪예 꿈이면 얼마나 좋으랴.

〈夢だったらどんなにいいだろうか。〉/

내가 읽으랴?

〈私が読もうか？〉(100%)

－으러 〔끝〕【50種のテキストで83例】

⓪예 돈을 찾으러 은행에 가다.

〈金を下ろしに銀行に行く。〉(100%)

으레 〔무〕【19種のテキストで27例】

①예 겨울 하면 으레 눈을 떠올리다.

〈冬といえば、いつも雪を思い浮かべる。〉(59.3%)

②예 퇴근길에 으레 술집에 들르다.

〈帰宅途中に決まって飲み屋に立ち寄る。〉(40.7%)

－으려 〔끝〕【45種のテキストで58例】

⓪예 화를 참으려 하다.

〈怒りを我慢しようとする。〉(100%)

－으려고 〔끝〕【74種のテキストで136例】

⓪예 화를 참으려고 애를 쓰다.

〈怒りを我慢しようと努力する。〉(100%)

－으려는 〔준〕【40種のテキストで52例】

⓪예 자신을 찾으려는 노력을 하다.

〈自信を取り戻そうと努力をする。〉(100%)

－으려면 〔끝〕【25種のテキストで31例】

⓪예 날이 밝으려면 멀었다.

〈夜が明けるにはまだまだだ。〉/

책을 읽으려면 자세를 바로해라.

〈本を読むなら姿勢を正しなさい。〉(100%)

－으렴 〔끝〕【11種のテキストで12例】

⓪예 얼른 밥을 먹으렴.

〈早くご飯を食べなさい。〉/

앉으렴.

〈座りなさい。〉(100%)

으로 〔토〕【216種のテキストで10,484例】

⓪예 산으로 올라가다.

〈山に登る。〉/

점심을 먹을 생각으로 식당에 가다.

〈おひるを食べるつもりで食堂に行く。〉(100%)

으로부터 〔토〕【82種のテキストで196例】

⓪예 중국으로부터 귀국하다.

〈中国から帰国する。〉/

선생님으로부터 사랑을 받다.

〈先生から愛される。〉(100%)

으로서 〔토〕【100種のテキストで293例】

⓪예 가장으로서 가족을 돌보다.

〈家長として家族を世話する。〉/

한국인으로서 떳떳하다.

〈韓国人として恥ずかしくない。〉(100%)

으로써 〔토〕【72種のテキストで300例】

⓪예 이것으로써 [식을/회의를] 마치겠습니다.

〈これで［式を/会議を］終えます。〉(100%)

으루 〔토〕【10種のテキストで28例】 ☞ 으로

⓪예 산으루 올라가다.

〈山に登る。〉/

친구를 만날 셈으루 오다.

〈友達に会うつもりで来る。〉(100%)

－으리－ 〔끝〕【60種のテキストで116例】

⓪예 절대로 실패하지 않으리라.

〈絶対に失敗しないだろう。〉/

그 정도면 됐으리라 생각하다.

〈その程度なら大丈夫だろうと考える。〉(100%)

－으며 〔끝〕【165種のテキストで1,086例】

⓪예 그가 웃으며 묻다.

〈彼が笑いながら聞く。〉/

오래 함께 살았으며 행복했다.

〈長く一緒に暮らしていたが、幸せだった。〉(100%)

－으면 〔끝〕【197種のテキストで1,328例】

⓪예 날이 밝으면 떠나겠다.

〈夜が明けたら出発する。〉/

돈 있으면 좀 빌려 주세요.

〈お金があったらちょっと貸してください。〉/

옷이 작으면 바꾸세요.

〈服が小さかったら変えてください。〉(100%)

－으면서 〔끝〕【131種のテキストで313例】

⓪예 웃으면서 말하다.

〈笑いながら言う。〉(100%)

－으므로 〔끝〕【61種のテキストで142例】

⓪예 겨울이었으므로 날이 몹시 추웠다.

〈冬だったので非常に寒かった。〉(100%)

－으세요 〔끝〕【50種のテキストで94例】

⓪예 말씀이 다 옳으세요.

〈おっしゃることはすべて正しいです。〉/

어디 편찮으세요?

〈どこか具合が悪いんですか？〉/

여기 앉으세요.

〈ここに座ってください。〉(100%)

－으시－ 〔끝〕【119種のテキストで434例】

⓪예 자리에 앉으시다.

〈席に着かれる。〉/

복이 많으시다.

〈恵まれていらっしゃる。〉(100%)

으응 〔감〕【11種のテキストで31例】 ☞ 응.

⓪예 으응, [갈게/알았어].

〈うん、［行くよ/分かったよ〕。〉(80.6%)

은¹ 〔토〕【217種のテキストで20,843例】

⓪예 이것은 무엇입니까?

〈これは何ですか？〉/

아직은 이르다.

〈まだ早い。〉(100%)

－은² 〔끝〕【217種のテキストで12,429例】

⓪예 남은 돈이 없다.

〈残ったお金がない。〉/

죽은 사람.
〈死んだ人。〉/

짧은 치마.
〈短いスカート。〉/

높은 산.
〈高い山。〉(100%)

은³ 명 ☆☆★【10種のテキストで21例】
⓪예 은(銀)으로 만든 수저.
〈銀で作った匙と箸。〉(100%)

－은가 끝【58種のテキストで89例】
⓪예 기분이 좋은가?
〈気分が良いのか?〉/

쉬고 싶은가?
〈休みたいのか?〉(100%)

은근히 부【28種のテキストで36例】
①예 은근(慇懃)히 놀라다.
〈内心驚く。〉(61.1%)

②예 의중을 은근히 떠 보다.
〈意中をそれとなく推し量る。〉(30.6%)

－은데¹ 끝【97種のテキストで208例】
⓪예 날씨 추운데 괜찮으세요?
〈寒いのに大丈夫ですか?〉(100%)

－은데² 끝【16種のテキストで26例】
⓪예 어? 이야기가 좀 이상한 것 같은데?
〈え?話がちょっと変なようだけど?〉(100%)

－은데요 끝【32種のテキストで47例】
⓪예 날씨가 참 좋은데요.
〈天気が本当にいいですね。〉/

좀 작은데요?
〈ちょっと小さいですが?〉(100%)

－은지 끝【58種のテキストで78例】
⓪예 크기가 같은지 같지 않은지를 알아보다.
〈大きさが同じなのか同じではないのかを調べる。〉
(100%)

은커녕 토【12種のテキストで14例】
⓪예 외국말은커녕 자기 말도 제대로 못하다.
〈外国語どころか、自分の国の言葉も侭ならない。〉
(100%)

은행 명 ★★★【34種のテキストで88例】
⓪예 은행(銀行)에 저금을 하다.
〈銀行に貯金をする〉(100%)

은혜 명【23種のテキストで34例】
⓪예 은인에게 은혜(恩惠)를 갚다.
〈恩人に恩返しをする。〉(97.1%)

을¹ 토【217種のテキストで48,935例】
⓪예 가방을 들다.
〈カバンをさげる。〉/

하늘을 날다.
〈空を飛ぶ。〉/

설명을 하다.

〈説明をする。〉(100%)

－을² 끝【210種のテキストで4,395例】
⓪예 여기에 앉을 사람이 누구냐?
〈ここに座る人は誰だ?〉/

친구를 만났을 때.
〈友達に会った時。〉(100%)

－을까 끝【154種のテキストで617例】
⓪예 색이 왜 붉을까?
〈色がなぜ赤いのか?〉/

어디 갔을까?
〈どこへ行ったのか?〉(100%)

－을까요 끝【84種のテキストで316例】
⓪예 점심이나 함께 먹을까요?
〈昼食でも一緒に食べますか?〉/

방법이 있을까요?
〈方法はありますか?〉(100%)

－을래 끝【12種のテキストで19例】
⓪예 밥을 먹을래?
〈ご飯を食べる?〉(100%)

－을수록 끝【22種のテキストで36例】
⓪예 산이 높으면 높을수록 오르는 보람이 있다.
〈山が高ければ高いほど登るかいがある。〉
(100%)

－을지 끝【106種のテキストで205例】
⓪예 어찌하면 좋을지 이야기하다.
〈どうしたらいいのか話す。〉/

이런 말을 해도 좋을지.
〈このような話をしてもいいのか。〉(100%)

읊다 동【16種のテキストで22例】
①예 낙엽을 보고 시를 읊다.
〈落ち葉を見て詩を詠む。〉(31.8%)

②예 외로움을 읊은 시.
〈寂しさを詠んだ詩。〉(31.8%)

③예 랭보의 시를 원어로 읊다.
〈ランボーの詩を原語で口ずさむ。〉(22.7%)

음¹ 감 ☆★☆【48種のテキストで590例】
⓪예 음, 가만 있어 봐.
〈まあ、待てよ。〉(100%)

－음² 끝【133種のテキストで578例】
⓪예 날씨는 맑음.
〈天気は晴れ。〉/

그날이 생일이었음을 기억하다.
〈その日が誕生日だったことを覚えている。〉(100%)

음력 명【16種のテキストで26例】
⓪예 오늘은 음력(陰曆)으로 몇월 며칠입니까?
〈今日は旧暦で何月何日ですか?〉(100%)

음료수 명 ☆★☆【16種のテキストで20例】
⓪예 음료수(飲料水) 병.
〈飲み物の瓶。〉(95%)

음성 명【19種のテキストで39例】

◎예 무거운 음성(音聲)으로 말하다.
〈重い声で話す。〉(92.3%)

음식 명 ★★★【100種のテキストで451例】
◎예 음식(飲食)을 먹다.
〈食べ物を食べる。〉(100%)

음식점 명 ☆★☆【15種のテキストで29例】
◎예 음식점(飲食店)에서 식사를 하다.
〈飲食店で食事をする。〉(100%)

음악 명 ★★★【75種のテキストで227例】
①예 조용한 음악(音樂)을 듣다.
〈静かな音楽を聞く。〉(60.4%)
②예 한국의 음악을 전공하다.
〈韓国の音楽を専攻する。〉(39.6%)

응 감 ★★★【73種のテキストで285例】
①예 응, [갈게/알았어].
〈うん、〔行くよ/分かったよ〕。〉(53.3%)
②예 A:내가 말이야 …. B:응.
〈A:私がさ…。B:うん。〉(18.6%)
③예 왜 그래, 응, 왜?
〈どうしてなの、ねぇ、どうして?〉(14.4%)

응시하다[1] 동【14種のテキストで16例】
◎예 [바다를/앞을] 응시(凝視)하다.
〈〔海を/前を〕凝視する。〉(100%)

응시하다[2] 동【3種のテキストで3例】
◎예 [대학 입시에/신입 사원 모집에] 응시(應試)하다.〈〔大学入試に/新入社員募集に〕応募する。〉(100%)

의 토【214種のテキストで34,651例】
◎예 나의 집.
〈私の家。〉/
강가의 모래.
〈川辺の砂。〉/
한국의 역사.
〈韓国の歴史。〉(100%)

의견 명 ★★★【69種のテキストで392例】
◎예 의견(意見)을 말하다.
〈意見を述べる。〉(100%)

의논 명【16種のテキストで25例】
◎예 여럿이 의논(議論)을 하다.
〈多くの人が話し合いをする。〉(100%)

의논하다 동 ★★☆【34種のテキストで83例】
◎예 부모와 의논(議論)하다.
〈親に相談する。〉(100%)

의도 명 ★☆☆【25種のテキストで100例】
◎예 글쓴이의 의도(意圖).
〈作者の意図。〉(100%)

의리 명【13種のテキストで17例】
◎예 [신하로서의/친구로서의] 의리(義理)를 지키다.〈〔臣下としての/友達としての〕義理を守る。〉(100%)

의무 명 ★☆☆【25種のテキストで40例】
①예 가장의 의무(義務)를 다하다.
〈家長の義務を果たす。〉(82.5%)
②예 투표는 국민의 의무이다.
〈投票は国民の義務だ。〉(17.5%)

의문 명 ★☆☆【35種のテキストで53例】
◎예 의문(疑問)이 풀리다.
〈疑問が解ける。〉(100%)

의미 명 ★★★【85種のテキストで345例】
①예 글의 의미(意味)를 파악하다.
〈文の意味を把握する。〉(40.6%)
②예 사과하는 의미에서 한잔 사다.
〈謝罪する意味で一杯おごる。〉(34.8%)
③예 책은 안 읽으면 의미가 없다.
〈本は読まないと意味がない。〉(24.6%)

의미하다 동【29種のテキストで63例】
◎예 그것은 대체 무엇을 의미(意味)하는 것일까?〈それは一体何を意味するのだろうか?〉(100%)

의사[1] 명 ★★★【55種のテキストで143例】
◎예 의사(醫師)가 진찰을 하다.
〈医者が診察をする。〉(100%)

의사[2] 명【20種のテキストで26例】
①예 회사를 그만두겠다는 의사(意思)를 전하다.〈会社を辞めるという意思を伝える。〉(57.7%)
②관 <의사 소통>.
〈意思疎通。〉(19.2%)
③관 <의사 결정>.
〈意志決定。〉(11.5%)
④관 <의사 표시>.
〈意思表示。〉(11.5%)

의사[3] 명【3種のテキストで25例】
◎예 안중근 의사(義士).
〈安重根(アン・ジュングン)義士。〉(100%)

의식 명 ★☆★【55種のテキストで206例】
①예 인권에 대한 의식(意識)이 높아지다.
〈人権に対する意識が高まる。〉(71.4%)
②예 의식을 [잃다/회복하다].
〈意識を〔失う/回復する〕。〉(26.2%)

의식적 명【12種のテキストで18例】
◎예 의식적(意識的)으로 그를 피하다.
〈意識的に彼を避ける。〉(100%)

의식하다 동【24種のテキストで48例】
①예 [눈을/아내를] 의식(意識)하다.
〈〔目を/妻を〕意識する。〉(54.2%)
②예 위기가 닥쳤음을 의식하다.
〈危機が迫っていることを意識する。〉(45.8%)

의심 명【18種のテキストで27例】
◎예 의심(疑心)이 들다.
〈疑いが起こる。〉(100%)

의심하다 통【23種のテキストで33例】
⓪예 [부모의 사랑을/사람을/사실을] 의심(疑心)
하다.〈[親の愛を/人を/事実を]疑う。〉(100%)

의외 명【15種のテキストで22例】
⓪예 의외(意外)로 일이 잘 되다.
〈意外とことが旨くいく。〉(100%)

의욕 명【15種のテキストで19例】
⓪예 의욕(意欲・意慾)이 넘치다.
〈意欲があふれる。〉(100%)

의원¹ 명 ★☆☆【12種のテキストで62例】
⓪예 [국회/의회] 의원(議員).
〈[国会/議会]議員。〉(100%)

의원² 명【6種のテキストで30例】
⓪예 아기를 의원(醫員)에게 보이다.
〈赤ちゃんを医者にみせる。〉(100%)

의자 명 ★★★【52種のテキストで144例】
⓪예 의자(椅子)에 앉다.
〈椅子に座る。〉(100%)

의젓하다 형【17種のテキストで20例】
①예 말과 행동이 어른처럼 의젓하다.
〈言葉と行動が大人のようにしっかりしている。〉
(80%)
②예 소나무들이 의젓하게 서 있다.
〈松の木が堂々と立っている。〉(15%)

의존하다 통【26種のテキストで36例】
⓪예 [그 사람에게/도움에/원조에] 의존(依存)
하다.〈[その人に/助けに/援助に]依存する。〉
(100%)

의지 명 ★☆☆【34種のテキストで75例】
⓪예 의지(意志)가 강하다.
〈意志が強い。〉(100%)

의지하다 통【23種のテキストで37例】
⓪예 [가장에게/종교에] 의지(依支)하다.
〈[家長に/宗教に]頼る。〉(94.6%)

의하다 통 ★★☆【88種のテキストで420例】
⓪예 기록에 의(依)하면 한반도에도 지진이
잦았다.〈記録によれば、朝鮮半島にも地震が頻
繁だった。〉(100%)

의학 명【12種のテキストで16例】
⓪예 현대 의학(醫學)으로도 치료가 불가능
하다.〈現代の医学でも治療が不可能だ。〉
(100%)

의회 명 ★☆☆【10種のテキストで45例】
⓪예 지방마다 의회(議會)를 두다.
〈地方ごとに議会を置く。〉(88.9%)

이¹ 토【218種のテキストで36,182例】
①예 눈이 내리다.
〈雪が降る。〉/
마음이 아프다.

〈心が痛い。〉(90.9%)
②예 물이 얼음이 되다.
〈水が氷になる。〉/
그것은 책이 아니다.
〈それは本ではない。〉(9.1%)

이² 관 ★★★【206種のテキストで3,805例】
①예 이제는 더 못 참겠다 이 말입니다.
〈もう我慢できないという事です。〉(45.2%)
②예 여러분이 지금 보고 계시는 이 책은….
〈みなさんがいま見ていらっしゃるこの本は….〉
(39.6%)
③예 이 시대의 이 시간에 우리가 생각해야
할 일.〈この時代のこの時間に私たちが考えるべ
きこと。〉(10.6%)

- 이³ 접 ★★☆【140種のテキストで2,453例】
⓪예 [갑순/복돌]이.
〈カップスニ。/ボックトリ。〉(98.1%)

이⁴ 주 ★★★【176種のテキストで1,036例】
⓪예 결혼하고 2(二)년째 되던 해.
〈結婚して2年目になった年。〉/
2층은 세를 놓다.
〈2階は賃貸しにする。〉(83.2%)

이⁵ 대 ★★★【127種のテキストで856例】
①예 도시 문제의 해결이 시급하며 이를 무시
하면 안 된다.〈都市問題の解決が急がれ、こ
れを無視してはいけない。〉(80.6%)
②예 거 참, 이 …, 참 곤란하네.
〈さてさて、この…、本当に困ったね。〉(18.6%)

이⁶ 명의 ★★☆【54種のテキストで117例】
⓪예 옛 일을 기억하는 이가 많다.
〈昔のことを記憶する人が多い。〉(99.1%)

이⁷ 명 ★★★【36種のテキストで70例】
①예 아기가 이가 나기 시작하다.
〈赤ん坊が歯が生え始める。〉(77.1%)
②관 <이(를) 악물다> 예 이를 악물고 참다.
〈歯を食いしばって我慢する。〉(12.9%)

이거 대 ★★★【130種のテキストで744例】 ☞이것.
①예 너 이거 좀 들고 있어.
〈お前これちょっと持っていろ。〉(39.2%)
②예 이게 무슨 소리지?
〈これは何のことだ?〉/
이건 제 인생이에요.
〈これは私の人生です。〉(30.9%)
③예 이거 어디 이거 정신을 차릴 수 있어야
이거 살지.〈こりゃ、なんともはや気をしっかり持た
にゃ死ぬぞ。〉(11.4%)

이것 대 ★★★【149種のテキストで670例】 ☞이거.
①예 '건강', 이것이야말로 중요하다.
〈「健康」、これこそが重要だ。〉(76%)
②예 너 이것 좀 들고 있어.
〈お前これちょっと持っていろ。〉(19.6%)

이것저것 명 【28種のテキストで37例】

① 예 이것저것 다양한 일을 하다.
〈あれこれ多様な事をする。〉(83.8%)

② 예 짐을 이것저것을 다 챙기다.
〈荷物をあれこれを全部仕舞う。〉(13.5%)

이고 토 【33種のテキストで54例】

⓪ 예 술이고 뭐고 다 마셔 버리다.
〈酒でも何でも全て飲み干す。〉/
저녁이고 나발이고 다 귀찮다.
〈夕食だろうと何だろうとすべて面倒くさい。〉
(100%)

이곳 대 ★★☆ 【57種のテキストで142例】

① 예 이곳에서부터 여행을 시작하다.
〈ここから旅行を始める。〉(69.7%)

② 예 상주, 이곳은 감으로 유명하다.
〈尚州、ここは柿で有名だ。〉(19.7%)

③ 관 <이곳 저곳>.
〈あちこち。〉(10.6%)

이기다 동 ★★★ 【78種のテキストで163例】

① 예 [상대에게/상대편을] 이기다.
〈[相手に/相手側に]勝つ。〉(58.9%)

② 예 [고통을/더위를] 이기다.
〈[苦痛を/暑さを]克服する。〉(20.9%)

③ 예 경쟁 사회에서 이기다.
〈競争社会で勝つ。〉(6.7%)

이끌다 동 ★☆☆ 【52種のテキストで79例】

① 예 [우리 집안을/주력 함대를] 이끌어 나가다.
〈[我が家を/主力艦隊を]率いていく。〉(29.1%)

② 예 80년대를 이끄는 연극.
〈80年代を率いる演劇。〉(12.7%)

③ 예 흥정을 유리하게 이끌다.
〈交渉を有利に導く。〉/
스스로를 파멸로 이끌다.
〈自らを破滅に導く。〉(12.7%)

④ 예 [부대를/식구들을] 이끌다.
〈[部隊を/家族を]率いる。〉(10.1%)

⑤ 예 후배들을 올바로 이끌다.
〈後輩たちを正しく導く。〉(7.6%)

⑥ 예 [대화를/분위기를/이야기를] 이끌다.
〈[会話を/雰囲気を/話を]導く。〉(6.3%)

⑦ 예 호기심이 나를 이끌다.
〈好奇心が私を導く。〉(6.3%)

이끌리다 동 【13種のテキストで17例】

① 예 알 수 없는 힘에 이끌리다.
〈よく分からない力に惹かれる。〉(35.3%)

② 예 [가족에게/손에] 이끌리다.
〈[家族に/手に]引かれる。〉(29.4%)

③ 예 음악에 마음이 이끌리다.
〈音楽に心が惹かれる。〉(29.4%)

이나 토 【201種のテキストで2,368例】

① 예 책이나 공책을 사다.
〈本やノートを買う。〉(79.9%)

② 예 무척이나 보고 싶다.
〈とても会いたい。〉/
혼자 3인분이나 먹다.
〈一人で3人前も食べる。〉/
잠이나 자다.
〈睡眠でもとる。〉(18.1%)

이나마 토 【15種のテキストで17例】

⓪ 예 일시적이나마 건강이 회복되다.
〈一時的ながら健康が回復する。〉(100%)

이내¹ 부 【25種のテキストで48例】

⓪ 예 방이 더워 이내 밖으로 나오다.
〈部屋が暑くてほどなく外に出る。〉(97.9%)

이내² 명 【7種のテキストで7例】

⓪ 예 반경 2미터 이내(以內).
〈半径2メートル以内。〉/
한 달 이내에 일이 끝나다.
〈一ヶ月以内に仕事が終わる。〉(100%)

이념 명 ★☆☆ 【22種のテキストで63例】

① 예 사상과 이념(理念)의 차이를 초월하다.
〈思想と理念の違いを超越する。〉(57.1%)

② 예 이산가족들에게 이념은 중요하지 않다.
〈離散家族たちに理念は重要ではない。〉(42.9%)

이놈 대 【19種のテキストで40例】

① 예 너 이놈의 새끼.
〈お前、この野郎。〉(62.5%)

② 예 이놈의 [냄새/세상/집구석].
〈こいつの[臭い/世界/家庭]。〉(20%)

③ 예 시계 이놈이 고장나다.
〈時計の野郎が故障する。〉(17.5%)

이니 토 【14種のテキストで21例】

⓪ 예 필통에는 연필이니 만년필이니 필기 도구가 가득하다. 〈筆箱には鉛筆や万年筆や筆記道具がいっぱいだ。〉(100%)

이다 지 ★★★ 【217種のテキストで36,685例】

① 예 이게 우리 집이다.
〈これが私の家だ。〉(48.7%)

② 관 <-ㄴ/-는 [것/말/바/소리/얘기]이다>
예 거짓말이란 말이야.
〈嘘という事だ。〉/
괜히 그러는 것이다.
〈訳もなくそうしているのだ。〉(11.2%)

③ 관 <-[이라고/이라는/이라면]>
예 '가족'이라고 하는 사회.
〈「家族」という社会。〉(9.4%)

④ [도덕적/무조건적]이다.
〈[道徳的/無条件的]である。〉(6.8%)

⑤ 관 <-ㄹ 것이다> 예 비가 올 것이다.
〈雨が降るだろう。〉(4.8%)

이대로 부 【25種のテキストで32例】

⓪ 예 이대로 살고 싶다.
〈このまま暮らしたい。〉(100%)

이데올로기 　명【13種のテキストで47例】

⓪예 해방 후 좌우익의 이데올로기 대립이 심해지다.〈解放後は左翼と右翼のイデオロギー対立がひどくなる。〉(100%)

이동 　명【13種のテキストで17例】

①예 사람의 이동(移動)을 위한 도로.
〈人の移動のための道路。〉(82.4%)

②예 인사 이동.
〈人事異動。〉(11.8%)

이동하다 　동【12種のテキストで26例】

⓪예 우측으로 이동(移動)하다.
〈右側に移動する。〉(100%)

이들 　대【68種のテキストで253例】

⓪예 이들은 그들과 다르다.
〈この人たちはあの人たちと違う。〉(100%)

이듬해 　명【14種のテキストで17例】

⓪예 결혼한 그 이듬해에 애를 낳다.
〈結婚したその翌年に子を産む。〉(100%)

이따가 　부 ☆★☆【7種のテキストで11例】

⓪예 이따가 놀러 가자.
〈後で遊びに行こう。〉(100%)

이따금 　부 ☆☆★【19種のテキストで35例】

①예 결석하는 일도 이따금 있다.
〈欠席することもときどきある。〉(60%)

②예 몸이 이따금 경련을 하다.
〈体が時折痙攣をする。〉(40%)

이때 　명【36種のテキストで94例】

①예 그를 만난 건 이때가 처음이다.
〈彼に会ったのは、今が初めてだ。〉(60.6%)

②예 기회는 이때다.
〈機会は今だ。〉/
이때까지 뭐 해?
〈今まで何してた?〉(39.4%)

이라고는 　토【15種のテキストで25例】

⓪예 힘이라고는 전혀 없는 목소리.
〈力のまったくない声。〉/
가족이라고는 형뿐이다.
〈家族といえるのは、兄だけだ。〉(100%)

이라곤 　토【11種のテキストで12例】

⓪예 먹을 것이라곤 아무것도 없다.
〈食べものといえるのは何もない。〉(100%)

이라도 　토【131種のテキストで330例】

⓪예 김밥이라도 먹자.
〈のり巻きでも食べよう。〉/
무슨 일이라도 다 할 수 있다.
〈何でもできる。〉/
내일이라도 떠나자.
〈明日にでも出かけよう。〉(100%)

이라든가 　토【19種のテキストで33例】

⓪예 말이라든가 소 같은 가축.

〈馬とか牛のような家畜。〉(100%)

이라든지 　토【11種のテキストで24例】

⓪예 과일이라든지 떡을 먹다.
〈果物とか餅を食べる。〉(100%)

이란 　토【100種のテキストで327例】

⓪예 규범이란 사회에서 꼭 지켜야 할 표준이다.
〈規範とは社会で必ず守らなければならない基準である。〉(100%)

이랑 　토【29種のテキストで62例】

①예 발이랑 얼굴이랑 잘 씻어라.
〈足と顔と、よく洗いなさい。〉(72.6%)

②예 친구들이랑 놀다.
〈友達と遊ぶ。〉/
이것이랑 똑같다.
〈これとまったく同じだ。〉(27.4%)

이래 　명의【21種のテキストで33例】

①예 [유사/70년대/칸트/해방] 이래(以來).
〈〔有史/70年代/カント/解放〕以來。〉(60.6%)

②예 [졸업한/취직한] 이래 처음이다.
〈〔卒業して/就職して〕以来初めてだ。〉(39.4%)

이러다 　동【53種のテキストで133例】

①예 같이 놀자는데, 이럴 거 없잖아.
〈一緒に遊ぼうって言ってるのに、こんな風にすることないじゃない。〉(56.4%)

②예 이상에서 미술의 특징을 살펴보았다. 이러고 보면 미술이란 말에도….
〈以上で美術の特徴を調べてみた。こうして見ると、美術という言葉にも…。〉(22.6%)

③예 화난 목소리로 이러더군요.
〈怒った声でこんな風に言ってました。〉(17.3%)

이러하다 　형 ★★☆【99種のテキストで605例】 ☞이렇다.

⓪관 <이러한>예 이러한 관점에서 보다.
〈このような観点で見る。〉(97.7%)

이런 　관 ★★★【166種のテキストで1,184例】

⓪예 이런 요소가 중요하다.
〈このような要素が重要だ。〉(99%)

이런저런 　관【25種のテキストで28例】

⓪예 이런저런 [생각/이야기].
〈あれこれの〔考え/話〕。〉(100%)

이렇게 　부 ★★★【180種のテキストで1,073例】

①예 팔을 이렇게 들어 보세요.
〈腕をこんな風に上げてみて下さい。〉(84%)

②예 이렇게 훌륭한 분이 계시다니.
〈こんなに立派な方がいらっしゃるなんて。〉(14.8%)

이렇다 　형 ★★★【79種のテキストで155例】 ☞이러하다.

①예 꽃이 하나둘 시들어, 결국 정원의 꽃들이 다 이랬다.〈花が一つ二つしおれて、結局、庭の花が全てこうだった。〉(78.7%)

②예 그의 하는 대답이 이랬다.
〈彼の答えがこうだった。〉(17.4%)

이론 명 ★☆☆【29種のテキストで94例】
① 예 [문학/첨단] 이론(理論).
〈[文学/先端]理論。〉(66%)
② 예 이론을 세우다.
〈理論を立てる。〉(34%)

이롭다 형 【15種のテキストで17例】
⓪ 예 운동은 몸에 이(利)롭다.
〈運動は体に良い。〉(100%)

이루다 동 ★★★【108種のテキストで324例】
① 예 [문전성시를/불바다를/조화를] 이루다.
〈[門前市を/火の海を/調和を]なす。〉(28.7%)
② 예 냇물이 모여 큰 강을 이루다.
〈川の水が集まって、大きな川をなす。〉/
집단을 이루고 살다.
〈集団をなして暮らす。〉(23.5%)
③ 예 [국가를/사회를] 이루다.
〈[国家を/社会を]なす。〉/
결혼하여 일가를 이루고 살다.
〈結婚して一家をなして暮らす。〉(17.3%)
④ 예 [기대를/꿈을/목표를/욕망을] 이루다.
〈[期待を/夢を/目標を/欲望を]とげる。〉(16.4%)
⑤ 예 부친이 이룬 회사를 물려 받다.
〈父親が築いた会社を受け継ぐ。〉/
이룰 수 없는 사랑.
〈かなわぬ恋。〉(11.7%)

이루어지다 동 【82種のテキストで237例】
① 예 [적극적 참여가/충분한 논의가] 이루어
지다.〈[積極的参加が/十分な論議が]なされ
る。〉(33.8%)
② 예 [사랑이/일이] 이루어지다.
〈[愛が/仕事が]かなう。〉(21.5%)
③ 예 많은 사건들로 이루어진 생애.
〈多くの事件で構成された生涯。〉(20.3%)
④ 예 화산 폭발로 이루어진 산.
〈火山の爆発でできた山。〉/
긴 행렬이 이루어지다.
〈長い行列ができる。〉(15.6%)

이룩하다 동 ★☆☆【35種のテキストで60例】
① 예 고도 성장을 이룩하다.
〈高度成長を達成する。〉(73.3%)
② 예 통일 국가를 이룩하다.
〈統一国家を成しとげる。〉(26.7%)

이르다¹ 동 ★★★【92種のテキストで238例】
① 예 위험한 [수준에/지경에] 이르다.
〈危険な[レベルに/状況に]至る。〉(25.6%)
② 예 태백산에서 속리산에 이르는 길.
〈太白山(テベクサン)から俗離山(ソンニサン)
に至る道。〉/
오늘에 이르기까지 10년간.
〈今日に至るまで10年間。〉(24.4%)
③ 예 [20세기에/절정에] 이르다.
〈[20世紀に/絶頂に]達する。〉(16.8%)
④ 예 차가 사거리에 이르다.

〈車が四つ角にさしかかる。〉(12.6%)
⑤ 예 선덕왕에 이르러 절이 완성되다.
〈善徳王に至って、お寺が完成される。〉(11.8%)

이르다² 동 【36種のテキストで52例】
① 예 운전사에게 시내로 가자고 이르다.
〈運転手に市内に行こうと言う。〉(61.5%)
② 예 떠든다고 선생님에게 이르다.
〈騒ぐと、先生に告げ口する。〉(17.3%)

이르다³ 형 ☆☆★【33種のテキストで49例】
① 예 이른 [봄/시간/아침].
〈早[春/時間/朝]。〉(73.5%)
② 예 결론을 내리기(에) 이르다.
〈結論を下すには早い。〉(18.4%)

이른바 관 【38種のテキストで106例】
⓪ 예 이 지역은 이른바 호남의 곡창 지대이다.
〈この地域は、いわゆる湖南(ホナム)の穀倉地
帯である。〉(100%)

이를테면 관 【22種のテキストで36例】
⓪ 예 부정 탄 사람 이를테면 초상집에 다녀온
사람이 오면 야단이 나다.
〈縁起が悪い人、例えば、喪中の家に行ってきた
人が来たら大騒ぎになる。〉(100%)

이름 명 ★★★【167種のテキストで686例】
① 예 풀과 나무의 이름을 알다.
〈草と木の名を知っている。〉(57.9%)
② 예 성도 이름도 모르다.
〈性も名前も知らない。〉(19.2%)
③ 예 내 이름은 서부경이다.
〈私の名前は、ソブギョンだ。〉(16%)

이름나다 형 【10種のテキストで17例】
⓪ 예 뛰어난 가창력으로 이름난 가수.
〈優れた歌唱力で有名な歌手。〉/
성실하기로 이름난 사람.
〈真面目なことで有名な人。〉(100%)

이리¹ 관 ★★★【44種のテキストで83例】
① 예 이리 나오세요.
〈こちらにどうぞ。〉/
이리 뛰고 저리 뛰다.
〈あちこち駆けずり回る。〉(80.7%)
② 관 <이리로> 예 이리로 나오세요.
〈こちらへどうぞ。〉(19.3%)

이리² 관 【15種のテキストで16例】
⓪ 예 날이 왜 이리 추울까?
〈天候がどうしてこんなに寒いんだろう?〉(100%)

이리³ 명 【2種のテキストで19例】
⓪ 예 이리 한 마리.
〈オオカミ一匹。〉(100%)

이리저리 관 ★☆☆【29種のテキストで42例】
⓪ 예 팔짱을 끼고 이리저리 서성이다.
〈腕組みをしてあちこちうろつく。〉(100%)

이마 몡 ☆☆★【52種のテキストで91例】

⓪예 이마에 땀이 흐르다.
〈額に汗が流れる。〉(100%)

이모 몡 ☆☆★【20種のテキストで53例】

⓪예 엄마보다 두 살 아래의 이모(姨母).
〈お母さんより二つ年下のおば。〉(96.2%)

이미 囝 ★★★【120種のテキストで399例】

①예 이미 노인이 되다.
〈すでに老人になる。〉/
아이들이 이미 어엿한 대학생이다.
〈子供たちがすでに立派な大学生だ。〉(76.9%)

②예 일이 이미 글러 버린 것 같다.
〈ことがすでにこじれてしまった様だ。〉(23.1%)

이미지 몡【27種のテキストで62例】

①예 시의 이미지 전개를 파악하다.
〈詩のイメージ展開を把握する。〉(54.8%)

②예 얼굴 전체의 이미지가 청순하다.
〈顔全体のイメージが清純だ。〉(45.2%)

이바지하다 동【12種のテキストで16例】

⓪예 사회에 이바지하다.
〈社会に貢献する。〉(100%)

이번 몡 ★★★【140種のテキストで408例】

①예 이번에 졸업하게 되었다.
〈今回卒業することになった。〉(54.2%)

②예 이번 [여름 방학에/일로] 배운 게 많다.
〈今度の〔夏休みに/仕事で〕学んだ事が多い。〉
(44.9%)

이별 몡【15種のテキストで26例】

⓪예 이별(離別)을 슬퍼하다.
〈別れを悲しむ。〉(100%)

이분 대 ☆★☆【12種のテキストで21例】

⓪예 방금 오신 이분이 선생님입니다.
〈今来られたこの方が先生です。〉(100%)

이불 몡 ☆☆★【36種のテキストで66例】

⓪예 이불을 [개다/덮다].
〈布団を〔畳む/掛ける〕。〉(100%)

이빨 몡【14種のテキストで17例】

⓪예 이빨을 뽑다.〈歯を抜く。〉(100%)

이쁘다 혱【12種のテキストで32例】

①예 [눈이/얼굴이] 이쁘다.
〈〔目が/顔が〕かわいい。〉(78.1%)

②예 [딸이/사위가/아기가] 이쁘다.
〈〔娘が/婿が/赤ちゃんが〕かわいい。〉(21.9%)

이사¹ 몡 ★★★【39種のテキストで80例】

⓪예 다른 동네로 이사(移徙)를 가다.
〈他の町内に引っ越しをする。〉(100%)

이사² 몡【4種のテキストで9例】

⓪예 회사에서 이사(理事)로 승진하다.
〈会社で理事に昇進する。〉(100%)

이사하다 동 ☆★☆【24種のテキストで31例】

⓪예 서울로 이사(移徙)하다.
〈ソウルに引っ越す。〉(100%)

이삼 囝【11種のテキストで16例】

⓪예 이삼(二三) [년/일].
〈二三〔年/日〕。〉(100%)

이상¹ 몡의 ★★★【118種のテキストで301例】

①예 [더 이상/이 이상] [보기/하기] 싫다.
〈〔もうこれ以上/これ以上〕〔見るのが/するのが〕
嫌だ。〉(42.9%)

②예 평균의 4배 이상(以上).
〈平均の4倍以上。〉(33.9%)

③예 친형제 이상으로 친하다.
〈実の兄弟以上に親しい。〉(23.3%)

이상² 몡【29種のテキストで38例】

①예 이상(以上)의 사실이 중요하다.
〈以上の事実が重要である。〉(50%)

②예 사고를 낸 이상 책임을 지다.
〈事故を起こした以上、責任を負う。〉(34.2%)

③예 이것으로 강의를 마치겠다. 이상!
〈これで講義を終えます。以上!〉(15.8%)

이상³ 몡【22種のテキストで35例】

①예 꿈과 이상(理想)을 가슴에 품다.
〈夢と理想を胸に抱く。〉(88.6%)

②예 현실과 이상 사이의 틈.
〈現実と理想の間のギャップ。〉(11.4%)

이상적 몡【16種のテキストで25例】

⓪예 [이상적(理想的)으로/이상적인] 결혼을
하다.〈〔理想的に/理想的な〕結婚をする。〉
(100%)

이상하다 혱 ★★★【121種のテキストで312例】

①예 겨울에 여름옷을 입다니, 저 사람 이상
(異常)하다.〈冬に夏服を着るなんて、あの人変
だ。〉(40.1%)

②예 너 오늘 태도가 이상하다.
〈お前今日態度がおかしい。〉(31.7%)

③예 저 사람, 자꾸 비틀거리는 것이 이상하다.
〈あの人、ずっとよろよろしているけど変だ。〉(27.9%)

이성¹ 몡 ★☆☆【17種のテキストで50例】

⓪예 인간은 이성(理性)을 가진 존재이다.
〈人間は理性を持った存在だ。〉(100%)

이성² 몡【7種のテキストで19例】

⓪예 이성(異性)에 눈을 뜨다.
〈異性に目覚める。〉(100%)

이슬 몡 ☆☆★【15種のテキストで20例】

①예 풀섶에 이슬이 내리다.
〈草むらに露が降りる。〉(85%)

②예 눈에 이슬이 맺히다.
〈目に涙が溜まる。〉(15%)

이십 囝【137種のテキストで561例】

◎예 이십(二十) [년/명/분].
〈二十〔年/人/分〕。〉(99.6%)

이야 国【43種のテキストで61例】
◎예 말이야 쉽지.
〈言葉では易しい。〉(100%)

이야기 명 ★★★【158種のテキストで1,742例】☞얘기.
①예 이 책은 신과 영웅들의 이야기이다.
〈この本は神と英雄たちの物語である。〉(67.9%)
②예 친구와 이야기를 하다.
〈友達と話をする。〉(15.7%)
③예 형이 애인과 결혼한다는 이야기를 들려 주
다.〈兄が恋人と結婚するという話を聞かせてや
る。〉(11.3%)

이야기하다 동 ★★☆【112種のテキストで660例】
◎예 친구에게 [기분 나쁘다고/사연을/사정을]
이야기하다.〈友達に〔気分が悪いと/理由を/
事情を〕話す。〉(94.1%)

이어 무【14種のテキストで25例】
①예 옷을 입고 이어 가방을 메다.
〈服を着て、続けてカバンを肩に掛ける。〉(64%)
②관 <곧 이어>.
〈まもなく。〉(36%)

이어받다 동【16種のテキストで22例】
①예 [사업을/피를] 이어받다.
〈〔事業を/血を〕受け継ぐ。〉(86.4%)
②예 그의 말을 이어받아 되받아치다.
〈彼の言葉を受け継ぎ、切り返す。〉(13.6%)

이어서 무【19種のテキストで25例】
①예 졸업장과 상장 수여, 이어서 축사가 시작
되다.〈卒業証書に賞状授与、続いて祝辞が始
まる。〉(88%)
②관 <[곧/바로] 이어서>.
〈〔じきに/すぐに〕続けて。〉(12%)

이어지다 동【59種のテキストで157例】
①예 언덕이 바다로 이어지다.
〈丘が海につながる。〉(66.9%)
②예 논란이 계속 이어지다.
〈議論がずっと続く。〉(17.8%)
③예 사상이 오늘날까지 이어지다.
〈思想が今日まで続く。〉(15.3%)

이에 무【15種のテキストで16例】
◎예 특검이 임명되었고, 이에 본격적인 수사가
시작되다.〈特別検事が任命されており、これに
本格的な捜査が始まる。〉(100%)

이왕 명【18種のテキストで24例】
①관 <이왕(已往)이면>.
〈どうせなら。〉(45.8%)
②예 이왕 왔으니 구경이라도 하자.
〈せっかく来たのだから、見物でもしよう。〉(41.7%)
③예 이왕에 죽을 몸이라면 ….

〈どうせ死ぬ身なら…。〉(12.5%)

이외 명【42種のテキストで67例】
◎예 월급 이외(以外)의 수입이 있다.
〈月給以外の収入がある。〉(100%)

이용 명 ☆★★【22種のテキストで37例】
①예 [도구의/자원] 이용(利用).
〈〔道具/資源〕の利用。〉(86.5%)
②예 남에게 이용만 당하다.
〈人に利用ばかりされる。〉(13.5%)

이용되다 동【20種のテキストで37例】
①예 대나무가 공예에 널리 이용(利用)되다.
〈竹が工芸に広く利用される。〉(54.1%)
②예 공터가 주차장으로 이용되다.
〈空き地が駐車場として利用される。〉(27%)
③예 헛점이 적에게 이용되다.
〈弱点が敵に利用される。〉(18.9%)

이용하다 동 ★★☆【102種のテキストで375例】
◎예 [버스를/지하철을] 이용(利用)하다.
〈〔バスを/地下鉄を〕利用する。〉(92.3%)

이웃 명 ★★★【77種のテキストで297例】
①예 이웃에 살다.
〈隣に住む。〉/
이웃과 친하게 지내다.
〈隣近所と親しくする。〉(79.8%)
②예 한국의 이웃인 일본
〈韓国の隣国である日本。〉(18.5%)

이웃집 명【30種のテキストで44例】
◎예 이웃집에 살다.
〈隣の家に住む。〉(100%)

이월 명 ☆★☆【11種のテキストで21例】
◎예 이월(二月).〈二月。〉(100%)

이유 명 ★★★【132種のテキストで423例】
◎예 사회가 혼란해진 이유(理由)는 무엇일까.
〈社会が混乱している理由は何だろうか。〉
(96.9%)

이윽고 무【31種のテキストで73例】
①예 한참 울던 아이가 이윽고 입을 열다.
〈ひとしきり泣いていた子供がやがて口を開く。〉
(86.3%)
②예 투표 결과 이윽고 이승만이 당선되다.
〈投票結果やがて李承晩(イ・スンマン)が当選
する。〉(13.7%)

이익 명 ★☆★【43種のテキストで145例】
①예 모두에게 이익(利益)이 되다.
〈皆に利益になる。〉(86.9%)
②예 물건을 팔아 이익을 남기다.
〈物を売って利益を残す。〉(12.4%)

이자 명 ★☆☆【6種のテキストで10例】
◎예 비싼 이자(利子)를 주고 돈을 빌리다.
〈高い利息を出して金を借りる。〉(100%)

이전 명 ★☆☆【51種のテキストで91例】
①예 [건국/해방] 이전(以前).
〈[建国/解放]以前。〉(72.5%)
②예 이전까진 별 구경거리가 없었다.
〈以前までは別に見せ物がなかった。〉(12.1%)

이제¹ 분 ★★★【173種のテキストで964例】
①예 그간 열심히 노력한 덕에 이제 남의 도
움 없이 살아갈 수 있다.
〈これまで熱心に努力したおかげで、今は人の助
けを借りずに暮らして行ける。〉(48.3%)
②예 이제 여기서 어디로 가야 할까.
〈今ここからどこに行けば良いのだろうか。〉(27.3%)
③예 이제 막 스물에 접어들다.
〈今ちょうど二十歳(はたち)に入る。〉(24.2%)

이제² 감【12種のテキストで224例】
⓪예 근데, 이제, 그게 이제, 막 시작하려던 그
참에, 이제….
〈ところが、もう、それがもう、始めようとしたその矢
先に、もう…。〉(100%)

이제³ 명 ☆★★【61種のテキストで107例】
①예 이제까지 기다리다.
〈これまで待つ。〉/
이제부터 시작하다.
〈これから始める。〉(64.5%)
②예 이제 세상은 과거와 다르다.
〈もう世の中は過去とは違う。〉(29.9%)

이중 명【11種のテキストで15例】
⓪예 이중(二重)으로 된 창문.
〈二重になった窓。〉(100%)

이쪽 명 ★★☆【42種のテキストで87例】
①예 이쪽으로 오세요.
〈こちらにいらして下さい。〉(81.6%)
②예 그가 이쪽에게 말을 걸어 오다.
〈彼がこちらに声を掛けて来る。〉(14.9%)

이처럼 분【66種のテキストで133例】
⓪예 세상에 이처럼 슬픈 일이 또 있을까.
〈世の中にこのように悲しいことがまたとあるだろうか。〉
(100%)

이치 명【28種のテキストで38例】
⓪예 자연의 이치(理致)를 따르다.
〈自然の摂理に従う。〉(100%)

이튿날 명 ★☆☆【42種のテキストで74例】
⓪예 서울 온 이튿날에 떠나다.
〈ソウルに来て翌日に発つ。〉(100%)

이틀 명 ☆★★【31種のテキストで50例】
⓪예 집 떠난 지 이틀 지나다.
〈家を出てから二日経つ。〉(100%)

이하 명【14種のテキストで17例】
①예 10세 이하(以下)의 어린이.
〈10歳以下の子供。〉(76.5%)

②예 경제 성장률이 평균 이하이다.
〈経済成長率が平均以下である。〉(17.6%)

이해¹ 명 ★★★【49種のテキストで90例】
①예 [뜻이/의도가] 이해(理解)가 안 [가다/되다].
〈[意味が/意図が]理解が[いかない/できな
い]。〉(65.6%)
②예 그는 이런 일에 이해가 없는 사람이다.
〈彼はこのようなことに理解がない人だ。〉(34.4%)

이해² 명【10種のテキストで15例】
①예 쌍방의 이해(利害)가 맞다.
〈双方の利害が合致する。〉(53.3%)
②관 <이해 관계>.
〈利害関係。〉(33.3%)
③관 <이해 타산>.
〈利害のそろばん勘定。〉(13.3%)

이해되다 동【15種のテキストで17例】
①예 두 개념은 대립되는 것으로 이해(理解)되
다.〈二つの概念は対立するものと理解される。〉
(64.7%)
②예 [글이/말이] 이해되다.
〈[文が/言葉が]理解できる。〉(23.5%)
③예 [마음이/처지가] 이해되다.
〈[心が/状況が]理解できる。〉(11.8%)

이해하다 동 ★★☆【99種のテキストで280例】
①예 그의 [심정을/처지를] 잘 이해(理解)하다.
〈彼の[心情を/立場を]よく理解する。〉(42.5%)
②예 원자 현상들을 이해하기 위해 연구하다.
〈原子現象を理解するため、研究する。〉(33.2%)
③예 [뜻을/말을] 이해하다.
〈[意味を/言葉を]理解する。〉(23.6%)

이혼 명【12種のテキストで27例】
⓪예 이혼(離婚)을 하다.
〈離婚をする。〉(100%)

이후 명 ★★★【88種のテキストで260例】
①예 학교를 졸업한 이후(以後)로 처음 만나다.
〈学校を卒業後、初めて会う。〉(89.6%)
②예 이후부터 컴퓨터가 보급되다.
〈以後コンピューターが普及する。〉(10%)

익다¹ 동 ★★★【24種のテキストで42例】
①예 [과실이/벼이삭이] 익어 가다.
〈[果実が/稲穂が]実る。〉(76.2%)
②예 [김치가/술이] 익다.
〈[キムチが/お酒が]つかる。〉(16.7%)

익다² 형【10種のテキストで11例】
①예 소리가 귀에 익다.
〈声が耳に聞き慣れている。〉/
모습이 눈에 익다.
〈姿が見慣れている。〉(63.6%)
②예 아이가 낯이 익다.
〈子供が顔なじみだ。〉(18.2%)

익숙하다 형 ★★☆【45種のテキストで69例】

①예 [생활에/일이] 익숙하다.
〈[生活に/仕事が]慣れている。〉(63.8%)

②예 아이 다루는 데 익숙하다.
〈子供の扱いに慣れている。〉/
익숙한 솜씨.
〈ものなれた手つき。〉(36.2%)

익히다[1] 동 ★★☆【48種のテキストで95例】

①예 [기술을/한국어를] 익히다.
〈[技術を/韓国語を]習得する。〉(88.4%)

②예 이웃들과 낯을 익히다.
〈隣人たちと顔を覚える。〉(11.6%)

익히다[2] 동【10種のテキストで13例】

①예 고기를 불에 익히다.
〈肉を煮る。〉(76.9%)

②예 [김치를/술을] 익히다.
〈[キムチを/お酒を]よく発酵させる。〉(23.1%)

인 명 ☆★★【29種のテキストで53例】

⓪예 수백 인(人)의 지원자.
〈数百人の志願者。〉(98.1%)

인간 명 ★★★【99種のテキストで730例】

⓪예 동물과 인간(人間)의 관계.
〈動物と人間の関係。〉(87.7%)

인간적[1] 명【19種のテキストで29例】

⓪예 인간적(人間的)으로 대하다.
〈人間的に接する。〉/
인간적인 [삶/태도].
〈人間的な[人生/態度]。〉(100%)

인간적[2] 관【7種のテキストで12例】

⓪예 인간적(人間的) [고독을/번민을] 느끼다.
〈人間的[孤独を/煩悶を]感じる。〉(100%)

인격 명【21種のテキストで56例】

①예 모든 사람을 평등한 인격(人格)으로 대하다.〈すべての人を平等な人格として相手する。〉(64.3%)

②예 말에 인격이 드러나다.
〈言葉に人格が現れる。〉(35.7%)

인구 명 ★★★【29種のテキストで88例】

⓪예 서울의 인구(人口).
〈ソウルの人口。〉(97.7%)

인근 명【11種のテキストで16例】

⓪예 공장 인근(隣近)의 주택.
〈工場周辺の住宅。〉(100%)

인기 명 ★★★【33種のテキストで69例】

⓪예 인기(人氣)가 [없다/있다].
〈人気が[無い/有る]。〉(100%)

인내 명【15種のテキストで17例】

⓪예 인내(忍耐)를 가지고 기다리다.
〈忍耐心をもって待つ。〉(100%)

인들 토【13種のテキストで14例】

⓪예 무엇인들 못 할까.
〈なんだろうとできないことがあるだろうか。〉/
부모님도 속인들 편하겠어요?
〈親をもごまかして心が安らかでいられますか?〉(100%)

인류 명 ☆★☆【37種のテキストで116例】

①예 인류(人類) 공영과 번영.
〈人類の共栄と繁栄。〉(56%)

②예 최초의 인류가 출현한 시기.
〈最初の人類が出現した時期。〉(43.1%)

인물 명 ★★★【72種のテキストで394例】

①예 역사를 바꾼 인물(人物)들.
〈歴史を変えた人物たち。〉(68%)

②예 훌륭한 인물이 나다.
〈立派な人物が出る。〉(18.3%)

인사 명 ★★★【84種のテキストで230例】

①예 대감께 인사(人事)를 올리다.
〈大鑑[35]に挨拶を差し上げる。〉(62.6%)

②예 처음으로 인사를 나누다.
〈初めて挨拶を交わす。〉(28.3%)

인사말 명【21種のテキストで73例】

⓪예 선물을 받고 고맙다는 인사(人事)말을 하다.〈贈り物をもらってお礼の言葉を言う。〉(100%)

인사하다 동 ☆★☆【36種のテキストで85例】

①예 학과장에게 인사(人事)하러 가다.
〈学科長に挨拶しに行く。〉(88.2%)

②예 고개를 숙여 인사하다.
〈頭を下げて挨拶する。〉(10.6%)

인삼 명 ☆★★【10種のテキストで18例】

⓪예 인삼(人蔘)을 재배하다.
〈高麗人参を栽培する。〉(100%)

인상[1] 명 ★★☆【33種のテキストで46例】

①예 좋은 인상(印象)을 주다.
〈良い印象を与える。〉(73.9%)

②예 <인상(이) 깊다>.
〈印象が深い。〉(21.7%)

인상[2] 명【13種のテキストで21例】

⓪예 인상(人相)을 찌푸리다.
〈顔をしかめる。〉/
선량해 보이는 인상.
〈善良に見える容貌。〉(95.2%)

인생 명 ★★★【59種のテキストで233例】

⓪예 그의 인생(人生)은 행복했다.
〈彼の人生は幸せだった。〉(98.3%)

인식 명【29種のテキストで68例】

⓪예 사물에 대한 인식(認識).
〈事物に対する認識。〉(98.5%)

---

35) 朝鮮朝時代, 正二品以上の官員に対する尊称。

인식하다 〔動〕【25種のテキストで44例】

①예 중요성을 인식(認識)하다.
〈重要性を認識する。〉(100%)

인심 〔名〕【10種のテキストで17例】

①예 이웃에게 인심(人心)을 얻다.
〈隣人に信頼される。〉(58.8%)

②예 사람들의 인심이 좋다.
〈人々の人柄が善い。〉(35.3%)

인연 〔名〕☆★☆【23種のテキストで32例】

①예 이승의 인연(因緣)이 다하다.
〈この世の縁が尽きる。〉(59.4%)

②예 돈과 인연이 닿지 않다.
〈お金と縁がない。〉(18.8%)

③예 춘향과 몽룡이 결혼을 약속하고 그 날 인
연을 맺다.〈春香36)と夢竜が結婚を約束してそ
の日契りを結ぶ。〉(12.5%)

인용하다 〔動〕【12種のテキストで30例】

①예 [글을/시를] 인용(引用)하다.
〈[文章を/詩を]引用する。〉(100%)

인정¹ 〔名〕★☆☆【15種のテキストで18例】

①예 이웃에게 인정(人情)을 베풀다.
〈隣人に人情を施す。〉(100%)

인정² 〔名〕【11種のテキストで15例】

①예 사람들에게 인정(認定)을 받다.
〈人々に認められる。〉(100%)

인정받다 〔動〕【15種のテキストで19例】

①예 [가치를/공을/실력을] 인정(認定)받다.
〈[価値を/功を/実力を]認められる。〉(78.9%)

②예 [독립국으로/친구로] 인정받다.
〈[独立国として/友達として]認められる。〉(21.1%)

인정하다 〔動〕★☆☆【36種のテキストで56例】

①예 [사실을/잘못을/패배를] 인정(認定)하다.
〈[事実を/過ちを/敗北を]認める。〉(85.7%)

②예 [독립국으로/친구로] 인정하다.
〈[独立国として/友達として]認定する。〉(10.7%)

인제¹ 〔感〕【14種のテキストで136例】

①예 그런데, 인제, 그게 인제, 막 시작하려던
그 참에, 인제….〈ところが、今、それが今、始
めようとしたその矢先に、今…。〉(100%)

인제² 〔副〕★☆☆【49種のテキストで87例】

①예 인제 홀로 살 수 있게 되었다.
〈もう一人で暮らしていけるようになった。〉(49.4%)

②예 인제 어디로 가야 할까?
〈さて、どこに行こうか?〉(39.1%)

③예 인제 와?
〈ようやく来たか?〉/
인제 막 스물이 되다.
〈今ちょうど二十歳になる。〉(11.5%)

인천 〔名〕(固有) ☆★☆【19種のテキストで34例】

①예 인천(仁川)에 살다.
〈仁川に住む。〉(100%)

인하다 〔動〕★★☆【58種のテキストで121例】

①예 [교통사고로/홍수로] 인(因)한 피해가 크
다.〈[交通事故に/洪水に]よる被害が大きい。〉
(100%)

인형 〔名〕☆★☆【21種のテキストで32例】

①예 인형(人形)을 가지고 놀다.
〈人形で遊ぶ。〉(100%)

일¹ 〔名〕★★★【210種のテキストで4,490例】

①예 그와의 지난 일들을 잊다.
〈彼との過ぎ去ったことを忘れる。〉/
좋지 않은 일이 생기다.
〈良くないことが生じる。〉(33.8%)

②예 인간이 일만 하면서 살 수는 없다.
〈人間が仕事ばかりしながら生きることはできな
い。〉(23.5%)

③예 자연을 보호하는 것은 꼭 필요한 일이다.
〈自然を保護することは必ず必要なことだ。〉(16.1%)

④예 회사에서 일을 하다.
〈会社で仕事をする。〉/
학원에서 가르치는 일을 하다.
〈塾で教えることをやっている。〉(9.6%)

일² 〔数〕★★★【190種のテキストで1,241例】

①예 1(일)(一)[등/번].
〈一[等/番]。〉(79.1%)

②예 일에 오를 더하다.
〈1に5を加える。〉(11.3%)

일³ 〔名・依〕★★★【119種のテキストで470例】

①예 마감이 [몇/5(오)]일(日) 남다.
〈締め切りが[数日/5日]残る。〉(100%)

일가 〔名〕【12種のテキストで16例】

①예 그는 혜경궁 홍 씨와도 일가(一家)가 되다.
〈彼は恵慶宮洪氏とも一家になる。〉(100%)

일곱 〔数〕★★★【71種のテキストで120例】

①예 아이가 일곱 살이 되다.
〈子供が七歳になる。〉(82.5%)

②예 식구가 모두 일곱이다.
〈家族が全員で七名だ。〉(17.5%)

일관되다 〔動〕【11種のテキストで15例】

①예 [논리가/주장이/태도가] 일관(一貫)되다.
〈[論理が/主張が/態度が]一貫している。〉
(100%)

일구다 〔動〕【15種のテキストで20例】

①예 [밭을/산을] 일구다.
〈[畑を/山を]耕す。〉(100%)

일그러지다 〔動〕【15種のテキストで17例】

①예 [상자가/얼굴이] 일그러지다.
〈[箱が/顔が]歪む。〉(82.4%)

---

36) 春香伝(チュナンジョン)の主人公。：朝鮮朝時代の18世紀後半に作られたパンソリ劇の代表作。

②예 성격이 일그러지다.
〈性格が歪む。〉(17.6%)

일기¹ 명 ★★★【26種のテキストで74例】
　⑩예 매일 일기(日記)를 쓰다.
　　〈毎日日記を書く。〉(100%)

일기² 명【6種のテキストで13例】
　①관 <일기(日氣) 예보>.
　　〈天気予報。〉(69.2%)
　②예 일기가 좋지 않다.
　　〈天気が良くない。〉(30.8%)

일깨우다 동【20種のテキストで24例】
　①예 사람들에게 사랑의 중요성을 일깨우다.
　　〈人々に愛の重要性を悟らせる。〉(70.8%)
　②예 그의 정신이 우리를 일깨우다.
　　〈彼の精神が私たちを覚醒させる。〉(29.2%)

일다 동【24種のテキストで28例】
　①예 [바람이/풍랑이] 일다.
　　〈〔風が/風浪が〕立つ。〉(35.7%)
　②예 여론이 일다.
　　〈世論が起こる。〉(35.7%)
　③예 [의구심이/흥분이] 일다.
　　〈〔疑懼の念が/興奮が〕起こる。〉(21.4%)

일단 부 ☆★☆【41種のテキストで81例】
　①예 증세가 보이면 일단(一旦) 의사에게 가다.
　　〈症状が現れれば、先ず医者に行く。〉(79%)
　③예 일단 병에 걸리면 전염에 주의해야 하다.
　　〈とりあえず病気にかかると、伝染に注意しなけれ
　　ばならない。〉(16%)

일대¹ 명【20種のテキストで25例】
　⑩예 남해안 일대(一帶)에 태풍이 불다.
　　〈南海岸一帯に台風が吹く。〉(100%)

일대² 관【9種のテキストで11例】
　⑩예 한국 문학 사상 일대(一大) 혁명이다.
　　〈韓国文学史上一大革命だ。〉(100%)

일련 명【13種のテキストで17例】
　⑩예 일련(一連)의 [사건/사태/현상].
　　〈一連の〔事件/事態/現象〕。〉(100%)

일류 명【11種のテキストで16例】
　①예 건물의 외관은 일류(一流)이다.
　　〈建物の外観は、一流だ。〉(50%)
　②관 <일류 대학>.
　　〈一流大学。〉(50%)

일반 명 ★☆☆【33種のテキストで76例】
　①예 일반(一般) 시민들을 위한 주택.
　　〈一般市民たちのための住宅。〉(64.5%)
　② <~ 일반> 예 [남성/여성/한국인] 일반에 대한
　　정보. 〈〔男性/女性/韓国人〕一般に対する情報。〉
　　(14.5%)
　③예 주민의 보건과 생활 일반을 돌보다.
　　〈住民の保健と生活一般を世話する。〉(13.2%)

일반적¹ 명【31種のテキストで70例】
　⑩예 일반적(一般的)으로 그렇다.
　　〈一般的にそうだ。〉/
　　일반적인 방식.
　　〈一般的な方式。〉(100%)

일반적² 관【7種のテキストで10例】
　⑩예 일반적(一般的) 경향.
　　〈一般的傾向。〉(100%)

일방적 명【16種のテキストで23例】
　①예 일방적(一方的)으로 당하다.
　　〈一方的にやられる。〉(65.2%)
　②예 일방적인 통고를 하다.
　　〈一方的な通告をする。〉(34.8%)

일본 명 (固有) ★★★【77種のテキストで412例】
　⑩예 일본(日本)으로 출장을 가다.
　　〈日本へ出張に行く。〉(100%)

일본어 명 ☆★☆【5種のテキストで9例】
　⑩예 일본어(日本語)를 배우다.
　　〈日本語を習う。〉(100%)

일본인 명【13種のテキストで15例】
　⑩예 일본인 [관광객이/친구가/학생이] 많다.
　　〈日本人の〔観光客が/友達が/学生が〕多い。〉
　　(100%)

일부 명 ★★☆【60種のテキストで132例】
　①예 뜰은 집의 일부(一部)이다.
　　〈庭は家の一部である。〉(89.4%)
　②예 변화가 일부 나타나다.
　　〈変化が一部現れる。〉(10.6%)

일부러 부 ★★★【54種のテキストで79例】
　①예 술 한잔하러 일부러 찾아오다.
　　〈お酒一杯飲みにわざわざ訪ねて来る。〉(51.9%)
　②예 일부러 쓰러져서 사람을 놀라게 하다.
　　〈わざと倒れて人を驚かす。〉(36.7%)
　③예 애가 울어도 일부러 모른 척하다.
　　〈子供が泣いてもわざと知らないふりをする。〉
　　(11.4%)

일상 명 ★★☆【43種のテキストで74例】
　①예 <일상(日常) 생활>.
　　〈日常生活。〉(64.9%)
　②예 [반복되는/지루한] 일상에서 벗어나다.
　　〈〔繰り返される/退屈な〕日常から逃れる。〉
　　(24.3%)

일상적¹ 명【14種のテキストで17例】
　⑩예 일상적(日常的)으로 반복하다.
　　〈日常的に繰り返す。〉/
　　일상적인 생활.
　　〈日常的な生活。〉(100%)

일상적² 관【4種のテキストで8例】
　⑩예 일상적(日常的) [대화/삶/현실].
　　〈日常的〔会話/人生/現実〕。〉(100%)

일생 명 ☆☆★【32種のテキストで63例】
⓪예 후회 없는 일생(一生)을 살다.
〈悔いのない一生を生きる。〉(93.7%)

일시적[1] 명【13種のテキストで15例】
⓪예 일시적(一時的)으로 중단되다.
〈一時的に中断される。〉/
일시적인 혼란.
〈一時的な混乱。〉(100%)

일시적[2] 관【2種のテキストで2例】
⓪예 일시적(一時的) [유행/효과].
〈一時的〔流行/効果〕。〉(100%)

일쑤 명【27種のテキストで37例】
⓪〈-기 일쑤이다〉
예 애가 울어서 밤을 새우기가 일쑤다.
〈子供が泣いて夜を明かすのが常だ。〉(91.9%)

일어나다 동 ★★★【168種のテキストで783例】
①예 [사건이/싸움이] 일어나다.
〈〔事件が/争いが〕起こる。〉(38.4%)
②예 의자에서 일어나다.
〈椅子から立ち上がる。〉(22.6%)
③예 아침에(침상에서) 일어나다.
〈朝に(寝床から)起きる。〉(22.2%)

일어서다 동 ★☆☆【64種のテキストで156例】
⓪예 의자에서 벌떡 일어서다.
〈椅子からぱっと立ち上がる。〉(89.1%)

일요일 명 ★★★【62種のテキストで128例】
⓪예 일요일(日曜日).
〈日曜日。〉(100%)

일월 명 ☆★☆【16種のテキストで26例】
⓪예 일월(一月).
〈一月。〉(100%)

일으키다 동 ★★★【75種のテキストで147例】
①예 [몸을/허리를] 일으키다.
〈体を起こす。/腰を上げる。〉(25.2%)
②예 [먼지를/물살을] 일으키다.
〈ホコリを立てる。/水の流れを起こす。〉(16.3%)
③예 [반란을/폭동을] 일으키다.
〈〔反乱を/暴動を〕起こす。〉(11.6%)
④예 사회에 물의를 일으키다.
〈社会に物議を醸す。〉(10.9%)
⑤예 그에게 혼란을 일으키다.
〈彼に混乱を起こす。〉(7.5%)
⑥예 아이를 일으켜 세우다.
〈子供を起こす。〉(6.8%)
⑦예 [말썽을/평지풍파를] 일으키다.
〈〔問題を/大騒動を〕起こす。〉(5.4%)
⑧예 그의 가슴에 혐오감을 일으키다.
〈彼の胸に嫌悪感を起こす。〉(5.4%)

일일이 부【18種のテキストで23例】
⓪예 문제를 일일(一一)이 지적하다.
〈問題をいちいち指摘する。〉(100%)

일자리 명【15種のテキストで21例】
⓪예 일자리를 구하다.
〈勤め口を探す。〉(100%)

일정하다 형 ★☆☆【42種のテキストで58例】
⓪예 건물의 간격이 일정(一定)하다.
〈建物の間隔が一定している。〉/
메뉴가 일정하다.
〈メニューが一定している。〉(100%)

일제 명【22種のテキストで73例】
①예 일제(日帝)가 중국을 침략하다.
〈日帝が中国を侵略する。〉(50.7%)
②예 일제 말기의 국어 말살 정책.
〈日帝末期の韓国語抹殺政策。〉(28.8%)
③관 〈일제 시대〉.
〈日帝時代。〉(20.5%)

일제히 부【24種のテキストで31例】
⓪예 모두 일제(一齊)히 멈추다.
〈皆一斉に止まる。〉(100%)

일종 명【30種のテキストで60例】
①예 이 시는 일종(一種)의 서정시이다.
〈この詩は一種の叙情詩だ。〉(81.7%)
②예 하프는 악기의 일종이다.
〈ハープは楽器の一種だ。〉(18.3%)

일찌감치 부【10種のテキストで15例】
⓪예 아침 일찌감치 출발하다.
〈朝早くから出発する。〉(100%)

일찍 부 ★★★【107種のテキストで211例】
①예 일찍 [일어나다/일이 끝나다].
〈早く〔起きる/仕事が終わる〕。〉(80.1%)
②관 〈일찍부터〉 일찍부터 농업이 발달하다.
〈早くから農業が発達する。〉(10%)

일찍이 부【24種のテキストで38例】
⓪예 한방에서는 일찍이 대추를 강장제로 많이 써 오다.〈漢方では早くからナツメを強壮剤に多く使ってきた。〉(97.4%)

일체[1] 명【14種のテキストで22例】
①예 일체(一切)의 사실들을 밝히다.
〈一切の事実を明らかにする。〉(77.3%)
②예 수술비와 입원비 일체를 보험에서 보장하다.〈手術費と入院費一切を保険で保障する。〉(22.7%)

일체[2] 부【12種のテキストで16例】
⓪예 걱정 근심을 일체(一切) 털어 버리다.
〈心配、懸念を一切払い落とす。〉(100%)

일체[3] 명【3種のテキストで6例】
⓪예 모든 겨레가 일체(一體)로 뭉치다.
〈すべての民族が一体にまとまる。〉(100%)

일치하다 동【16種のテキストで20例】

⓪ 例 [두 사람의 말이/말과 행동이/의견들이] 일치(一致)하다.〈[二人の言葉が/言葉と行動が/意見が]一致する。〉(100%)

일컫다 동 【25種のテキストで35例】
① 例 도자기는 도기와 자기를 통틀어 일컫는 말이다.〈陶磁器は、陶器と磁器を合わせて指す言葉だ。〉(65.7%)
② 例 가구 만드는 목수를 소목장이라 일컫다.〈家具を作る木工を家具師と称する。〉(34.3%)

일하다 동 ★★★ 【112種のテキストで312例】
⓪ 例 [공장에서/땀 흘려] 일하다.〈[工場で/汗を流して]働く。〉(95.5%)

일행 명 【18種のテキストで40例】
⓪ 例 대표단 일행(一行)을 안내하다.〈代表団一行を案内する。〉(100%)

일흔 수 ☆☆★ 【12種のテキストで17例】
① 例 나이가 [일흔이다/일흔이 넘다].〈年が[七十だ/七十を越える]。〉(58.8%)
② 例 일흔 [명/살].〈七十名。/七十歳。〉(41.2%)

읽다 동 ★★★ 【151種のテキストで1,890例】
⓪ 例 [글을/책을] 읽다.〈[文を/本を]読む。〉(94%)

잃다 동 ★★★ 【99種のテキストで213例】
① 例 [넋을/정신을] 잃다.〈[魂を/精神を]なくす。〉(20.7%)
② 例 [기운을/웃음을/특성을] 잃다.〈[生気を/笑みを/特性を]失う。〉(16.9%)
③ 例 [대중의 사랑을/일자리를] 잃다.〈[大衆の愛を/職を]失う。〉(15%)
④ 例 아들을 홍역으로 잃다.〈息子を、はしかで失う。〉(11.7%)
⑤ 例 길에서 [돈을/지갑을] 잃다.〈道で[お金を/財布を]なくす。〉(10.3%)
⑥ 例 [명성을/인기를] 잃다.〈[名声を/人気を]失う。〉(6.6%)

잃어버리다 동 ★★☆ 【54種のテキストで94例】 ☞잃다.
① 例 길에서 지갑을 잃어버리다.〈道で財布を落とす。〉(40.4%)
② 例 일자리를 잃어버리다.〈職を失う。〉(21.3%)
③ 例 [기운을/웃음을] 잃어버리다.〈[生気を/笑を]失う。〉(14.9%)
④ 例 노름에서 돈을 잃어버리다.〈博打でお金をする。〉(5.3%)

임금¹ 명 ★★★ 【37種のテキストで253例】
⓪ 例 신하가 임금을 섬기다.〈臣下が王様に仕える。〉(100%)

임금² 명 【6種のテキストで14例】
① 例 노동을 하고 임금(賃金)을 받다.〈労働をして賃金を貰う。〉(64.3%)
② 慣 <임금 인상>.〈賃金引き上げ。〉(35.7%)

임마 감 【16種のテキストで55例】
⓪ 例 임마, 이리 와 봐.〈こら、こっち来い。〉/ 뭘 봐, 임마.〈なにを見てる、こら。〉(100%)

임무 명 【13種のテキストで18例】
⓪ 例 임무(任務)를 맡다.〈任務を引き受ける。〉(100%)

임시 명 ★☆☆ 【16種のテキストで28例】
① 例 임시(臨時)로 대표를 맡다.〈臨時に代表を務める。〉(82.1%)
② 慣 <임시 정부>.〈臨時政府。〉

입 명 ★★★ 【124種のテキストで450例】
① 例 입을 뻥긋하다.〈口を開く。〉(36%)
② 例 밥을 입에 넣다.〈ご飯を口に入れる。〉(34.7%)
③ 例 입을 꼭 다물다.〈口をぎゅっと閉じる。〉/ 입 언저리에 국물이 묻다.〈口の周りにスープが付く。〉(17.3%)

입가 명 【15種のテキストで17例】
⓪ 例 입가에 웃음을 띠다.〈口許に笑いを浮かべる。〉(100%)

입구 명 ☆★★ 【47種のテキストで67例】
⓪ 例 [건물/마을] 입구(入口).〈[建物の/村の]入り口。〉(100%)

입다 동 ★★★ 【141種のテキストで525例】
⓪ 例 [바지를/옷을/양장을] 입다.〈[ズボンを/服を/洋服を]着る。〉(89.9%)

입맛 명 【19種のテキストで20例】
① 例 환절기에 입맛이 떨어지다.〈季節の変わり目に食欲が落ちる。〉(65%)
② 例 스타일이 입맛에 맞지 않다.〈スタイルが口に合わない。〉(10%)
③ 慣 <입맛을 다시다> 例 입맛을 다시며 밥을 먹다.〈舌鼓を打ちながらご飯を食べる。〉(10%)

입술 명 ★☆☆ 【35種のテキストで66例】
① 例 입술에 루즈를 바르다.〈唇に口紅を塗る。〉(89.4%)
② 慣 <입술을 깨물다> 例 입술을 깨물며 아픔을 참다.〈唇を噛みしめて痛みに堪える。〉(10.6%)

입원 명 ☆☆★ 【11種のテキストで16例】
⓪ 例 병원에 입원(入院)을 하다.

〈病院に入院をする。〉(100%)

입원하다　图【14種のテキストで23例】
⓪囫 병원에 입원(入院)하다.
　〈病院に入院する。〉(100%)

입장　图 ★★☆【55種のテキストで160例】
⓪囫 상대의 입장(立場)에서 생각하다.
　〈相手の立場で考える。〉(100%)

입학　图 ☆★★【20種のテキストで38例】
①囫 입학(入學) 수속을 하다.
　〈入学手続きをする。〉(89.5%)
②囸 <입학 시험>.
　〈入学試験。〉(10.5%)

입학하다　图【27種のテキストで40例】
⓪囫 학교에 입학(入學)하다.
　〈学校に入学する。〉(100%)

입히다　图 ☆★☆【30種のテキストで41例】
①囫 아이에게 옷을 입히다.
　〈子供に服を着せる。〉(58.5%)
②囫 남에게 손해를 입히다.
　〈他人に損害を与える。〉(22%)
③囫 겉에 금박을 입히다.
　〈表面に金箔を張る。〉(14.6%)

잇다　图 ★★★【93種のテキストで273例】
①囫 [끼니를/말을] 잇다.
　〈その日その日の食事を維持する。/言葉を継ぐ。〉
　(53.8%)
②囫 [뒤를/사업을] 잇다.
　〈後を/事業を]継ぐ。〉(17.2%)
③囫 그림1과 그림4를 잇다.
　〈図1と図4を継ぐ。〉(7.3%)
④ <~에 이어(서)> 囫 외환 위기에 이어 금융
　위기가 일어나다.〈通貨危機に続き、金融危
　機が起こる。〉(6.2%)

있다¹　图 ★★★【215種のテキストで12,630例】
①囫 옛날에 어느 산골에 한 부부가 있었다.
　〈昔ある山奥に一組の夫婦がいた。〉/
　이심전심이란 말이 있다.
　〈以心伝心という言葉がある。〉(19.9%)
②囫 주말엔 늦잠 잘 수 있다.
　〈週末は寝坊ができる。〉(16.9%)
③囫 사고가 또 날 수 있다.
　〈事故が又起こりうる。〉(12.9%)
④囫 정거장은 바로 앞에 있다.
　〈停留所は、すぐ前にある。〉/
　자료가 회사에 있다.
　〈資料が会社にある。〉(10.2%)
⑤囫 이 소설에는 독창성이 있다.
　〈この小説には独創性がある。〉(8.1%)
⑥囸 <-ㄹ 수 있다> 囫 문제를 풀 수 있다.
　〈問題を解決することができる。〉(5%)
⑦囫 돈은 내게 있다.
　〈お金は私にある。〉/

그 사람한테 자가용이 있을까?
　〈その人に車はあるだろうか?〉(4.3%)
⑧囫 열차 사고가 있었다.
　〈列車事故があった。〉/
　그 일로 크게 다치는 사람이 있을 것이다.
　〈そのことで大けがをする人もいるはずだ。〉(4%)

있다²　图囸 ★★★【208種のテキストで6,698例】
①囫 [밥을 먹고/책을 읽고/학교에 다니고] 있다.
　〈[ご飯を食べて/本を読んで/学校に通って]い
　る。〉(67.8%)
②囫 아이를 안고 있다.
　〈子供を抱いている。〉/
　버스에 타고 있다.
　〈バスに乗っている。〉(32.2%)

있다³　图囸 ★★★【200種のテキストで3,730例】
⓪囫 뒤에 서 있다.
　〈後に立っている。〉/
　비닐로 포장되어 있다.
　〈ビニールで包装されている。〉/
　일이 밀려 있다.
　〈仕事がつかえている。〉(100%)

잉크　图【12種のテキストで17例】
⓪囫 펜에 검정 잉크를 찍어 쓰다.
　〈ペンに黒インクをつけて書く。〉(100%)

잊다　图 ★★★【110種のテキストで246例】
①囫 [그를/그 일을] 잊겠다.
　〈[彼を/そのことを]忘れる。〉(37%)
②囫 [본분을/은혜를] 잊다.
　〈[本分を/恩を]忘れる。〉(15.4%)
③囫 [약속을/이름을] 잊다.
　〈[約束を/名前を]忘れる。〉(13.8%)
④囫 숙제 하는 것을 잊다.
　〈宿題するのを忘れる。〉(12.2%)
⑤囫 [근심을/피로를] 잊다.
　〈[心配を/疲労を]忘れる。〉(11%)

잊어버리다　图 ★★★【46種のテキストで75例】
①囫 [약속을/이름을] 잊어버리다.
　〈[約束を/名前を]忘れてしまう。〉(48%)
②囫 [그를/그 일을] 잊어버리겠다.
　〈[彼を/そのことを]忘れてしまう。〉(20%)
③囫 숙제 하는 것을 잊어버리다.
　〈宿題するのを忘れてしまう。〉(13.3%)

잊히다　图【20種のテキストで27例】
⓪囫 그 일이 결코 잊힐 리 없다.
　〈その事は決して忘れられるはずがない。〉(100%)

잎　图 ★☆★【31種のテキストで51例】
⓪囫 나무에 푸른 잎이 달리다.
　〈木に青葉が茂っている。〉(96.1%)

ㅈ

─자[1] ⓜ【156種のテキストで2,763例】
　⓪ⓔ 술이나 마시자.
　　〈お酒でも飲もう。〉/
　　버리자 하니 아깝다.
　　〈すてようとしたけど、もったいない。〉(100%)

─자[2] ⓜ【148種のテキストで851例】
　⓪ⓔ 집을 나서자 비가 쏟아지다.
　　〈家を出るやいなや雨がざーざー降り出す。〉
　　(100%)

자[3] ⓚ ★★★【77種のテキストで238例】
　①ⓔ 자, 그만들 떠들고 일어나자.
　　〈さあ、騒ぐのはそれ位にして腰をあげよう。〉/
　　자, 식기 전에 차를 들게.
　　〈さあ、冷めないうちにお茶をどうぞ。〉(52.5%)
　②ⓔ 자, 거의 다 왔다.
　　〈さあ、もうちょっとで着くよ。〉/
　　자, 그럼 나는 이만 가겠다.
　　〈じゃあ、私はもう行くね。〉(45.8%)

자[4] ⓜⓘ ★★☆【58種のテキストで177例】
　⓪ⓔ 하늘은 스스로 돕는 자(者)를 돕는다.
　　〈天は自ら助くる者を助く。〉(94.4%)

자[5] ⓜⓘ【38種のテキストで75例】
　①ⓔ 그 글자는 무슨 자(字)입니까?
　　〈その文字は何という字ですか?〉(46.7%)
　②ⓔ 이백 자 원고지.
　　〈二百字原稿紙。〉(34.7%)
　③ⓔ 4월 1일자 신문.
　　〈4月1日付けの新聞。〉(17.3%)

자[6] ⓜ ★★★【9種のテキストで14例】
　⓪ⓔ 자로 길이를 재다.
　　〈定規で長さを測る。〉(100%)

자격 ⓜ【30種のテキストで33例】
　①ⓔ [응모/지원] 자격(資格).
　　〈[応募/志願]資格。〉(63.6%)
　②ⓔ 회장 자격으로 참석하다.
　　〈会長の資格で参加する。〉(36.4%)

─자고 ⓜ【82種のテキストで138例】
　⓪ⓔ 밥 먹으러 가자고 하다.
　　〈ご飯食べに行こうという。〉(100%)

─자구 ⓜ【11種のテキストで14例】
　⓪ⓔ 꽃구경을 가자구 말하다.
　　〈花見に行こうという。〉(100%)

자국[1] ⓜ【14種のテキストで18例】
　⓪ⓔ 자국이 [남다/생기다].
　　〈痕が[残る/生じる]。〉(100%)

자국[2] ⓜ【3種のテキストで10例】
　⓪ⓔ 자국(自國)의 이익을 추구하다.
　　〈自国の利益を追求する。〉(100%)

자극 ⓜ【13種のテキストで26例】
　①ⓔ 친구와 서로 자극(刺戟)을 주고받다.
　　〈友達とお互いに刺激を交わす。〉(65.4%)
　②ⓔ 위에 자극을 주다.
　　〈胃に刺激を与える。〉(34.6%)

자금 ⓜ ★☆☆【11種のテキストで14例】
　①ⓔ 결혼 자금(資金)을 모으다.
　　〈結婚資金を集める。〉(57.1%)
　②ⓔ 사업 자금을 마련하다.
　　〈事業資金を工面する。〉(42.9%)

자기 ⓓ ★★★【185種のテキストで1,547例】
　①ⓔ 흔히 우리는 생명을 자기(自己) 것으로
　　착각한다.〈よく私たちは生命を自分のものと勘
　　違いする。〉(49.8%)
　②ⓔ 그가 밖에서 자기의 방을 올려다보다.
　　〈彼が外から自分の部屋を見上げる。〉(48.1%)

자꾸 ⓑ ★★★【98種のテキストで214例】
　①ⓔ 그의 모습이 자꾸 생각나다.
　　〈彼の姿がしきりに心に浮かぶ。〉(70.1%)
　②ⓔ 마음이 자꾸 더 불안해지다.
　　〈心がしきりにもっと不安になる。〉(29.4%)

자네 ⓓ ★★★【43種のテキストで161例】
　⓪ⓔ 자네는 누구인가?
　　〈君は誰かね?〉(100%)

자녀 ⓜ【26種のテキストで81例】
　⓪ⓔ 자녀(子女)를 교육하다.
　　〈子女を教育する。〉(100%)

─자는 ⓙ【67種のテキストで132例】
　⓪ⓔ 함께 일하자는 제안을 받다.
　　〈一緒に仕事しようという提案を受ける。〉(100%)

─자니 ⓜ【12種のテキストで18例】
　⓪ⓔ 일을 혼자 하자니 힘이 들다.
　　〈仕事を一人でしようとしたが、大変だ。〉(100%)

자다 ⓥ ★★★【119種のテキストで376例】
　⓪ⓔ [겨울잠을/낮잠을] 자다.
　　〈[冬眠を/昼寝を]する。〉(97.6%)

자동 ⓜ【14種のテキストで23例】
　⓪ⓔ 문이 자동(自動)으로 열리다.
　　〈ドアが自動で開く。〉(91.3%)

자동차 ⓜ ★★★【69種のテキストで203例】
　⓪ⓔ 자동차(自動車)를 몰다.
　　〈自動車を運転する。〉(100%)

자라나다 ⓥ【15種のテキストで27例】☞자라다[1].
　①ⓔ [아이들이/키가/풀이] 자라나다.
　　〈[子供たちが/背が/草が]育つ。〉(51.9%)
　②ⓔ [가난하게/고아로] 자라나다.
　　〈[貧乏に/孤児として]育つ。〉(44.4%)

자라다 ⓥ ★★★【110種のテキストで275例】☞자라나다.

①예 [아이들이/풀이] 잘 자라다.
〈[子供たちが/草が]よく育つ。〉(56.7%)

②예 [고아로/한 마을에서] 자라다.
〈[孤児として/同じ村で]育つ。〉(40%)

자랑 명 ☆☆★【32種のテキストで45例】
⓪예 친구에게 자랑을 하다.
〈友達に自慢をする。〉(100%)

자랑거리 명【18種のテキストで31例】
⓪예 이 고장은 자랑거리가 많다.
〈この地方は自慢の種が多い。〉(100%)

자랑스럽다 형 ★☆☆【43種のテキストで89例】
⓪예 아들이 자랑스럽다.
〈息子が誇らしい。〉(100%)

자랑하다 동 ☆★☆【56種のテキストで69例】
⓪예 합격했다고 자랑하다.
〈合格したと自慢する。〉(100%)

자료 명 ★★☆【48種のテキストで234例】
⓪예 회의 자료(資料).
〈会議資料。〉(100%)

자르다 동 ★★★【43種のテキストで78例】
①예 칼로 [고기를/나무를] 자르다.
〈刃物で[肉を/木を]切る。〉(32.1%)

②예 머리를 짧게 자르다.
〈髪を短く切る。〉(26.9%)

③예 서론은 자르고 본론에 들어가다.
〈序論は省略して本論に入る。〉(17.9%)

④예 한 마디로 잘라 말하다.
〈一言で言い切る。〉(15.4%)

자리 명 ★★★【149種のテキストで524例】
①예 자리에 앉다.
〈席に座る。〉(35.9%)

②예 볕이 잘 드는 자리에 빨래를 널다.
〈日当たりのいい場所に洗濯物を干す。〉
(21.8%)

③예 총리의 자리가 비다.
〈首相の席が空く。〉(13.2%)

④예 우리가 나설 자리가 아니다.
〈私たちが出る幕ではない。〉(12.4%)

자리잡다 동 ★☆☆【39種のテキストで57例】
①예 산골 구석에 자리잡은 마을.
〈山奥の隅に位置した村。〉(63.2%)

②예 가슴에 슬픔이 자리잡다.
〈胸に悲しみが住み着く。〉(22.8%)

③예 강강술래가 민속 놀이로 자리잡다.
〈カンガンスルレ37)が民俗遊びとして定着する。〉
(14%)

− 자마자 끝【61種のテキストで97例】
⓪예 비가 그치자마자 추워지다.

〈雨が止むやいなや、寒くなる。〉/
집에 오자마자 화를 내다.
〈家に着くとすぐに腹を立てる。〉(100%)

자매 명【13種のテキストで18例】
①예 세 자매(姉妹)의 사이가 좋다.
〈三姉妹の仲がいい。〉(83.3%)

②예 3천만 자매 형제여.
〈3千万姉妹兄弟よ。〉(11.1%)

− 자면 끝【44種のテキストで81例】
⓪예 가게를 차리자면 돈이 많이 필요하다.
〈店を構えるとすると、金がたくさん必要だ。〉/
두고 보자면 누가 겁날 줄 알아?
〈覚えてろと脅かしたら人が怖がるとでも思ってる
のか?〉(100%)

자물쇠 명【6種のテキストで17例】
⓪예 자물쇠를 [열다/채우다].
〈錠を[あける/おろす]。〉(100%)

자본 명 ☆☆★【9種のテキストで26例】
①예 사회 간접 자본(資本).
〈社会的間接資本。〉(80.8%)

②예 자본과 권력이 지배하는 사회.
〈資本と権力が支配する社会。〉(15.4%)

자본주의 명【13種のテキストで36例】
⓪예 자본주의(資本主義) 사회.
〈資本主義社会。〉(100%)

자부심 명【20種のテキストで26例】
⓪예 자부심(自負心)을 느끼다.
〈自負心を感じる。〉(100%)

자살 명【12種のテキストで21例】
⓪예 자살(自殺)을 하다.
〈自殺をする。〉(100%)

자상하다 형【13種のテキストで15例】
①예 마음이 자상(仔詳)하다.
〈心が優しい。〉/
자상한 남편.
〈優しい夫。〉(73.3%)

②예 자상하게 설명하다.
〈詳細に説明する。〉(26.7%)

자세 명 ★☆★【77種のテキストで237例】
①예 똑바른 자세(姿勢)로 서다.
〈まっすぐな姿勢で立つ。〉(58.7%)

②예 성실한 자세로 일하다.
〈誠実な姿勢で働く。〉(40.5%)

자세하다 형 ★☆★【38種のテキストで103例】
⓪예 자세(仔細)한 [설명/지도].
〈詳しい[説明/地図]。〉(93.2%)

자세히 부 ★★☆【64種のテキストで128例】

---

37) 歌と踊りが一つになった女性の遊びで、主に全羅南道の海岸側の地域で秋夕(陰暦8月15日)を前後する月夜
に行われる。

⓪예 설명서를 자세(仔細)히 읽어 보다.
〈説明書を詳しく読んでみる。〉(100%)

자손 몡 【13種のテキストで20例】

①예 [단군의/후대의] 자손(子孫)들.
〈〔檀君の/後代の〕子孫たち。〉(55%)

②예 슬하에 자손을 셋 두다.
〈膝下に子孫を三人置く。〉(35%)

③관 <자손 대대(로)>.
〈子孫代々(に)。〉(10%)

자식 몡 ★★★ 【73種のテキストで265例】

①예 자식(子息) 낳아 키우다.
〈子を産み育てる。〉(69.4%)

②예 저 나쁜 자식 좀 보아.
〈あの悪い奴ちょっと見てみろ。〉(22.3%)

자신¹ 몡 ★★☆ 【138種のテキストで1,091例】

①예 그는 자신(自身)이 해야 할 일을 알고 있
다.〈彼は自分がやるべきことを知ってい
る。〉(74%)

② <~ 자신>

예 선생님 자신도 가르치면서 배우다.
〈先生自身も教えながら学ぶ。〉(26%)

자신² 몡 ★★★ 【57種のテキストで82例】

⓪예 수학에 자신(自信)이 [없다/있다].
〈数学に自信が〔ない/ある〕。〉(100%)

자신감 몡 【24種のテキストで39例】

⓪예 자신감(自信感)을 갖다.
〈自信感を持つ。〉(100%)

자아¹ 몡 【13種のテキストで24例】

①예 타인과 구별되는 자아(自我)를 발견하다.
〈他人と区別される自我を発見する。〉(79.2%)

②예 심리학의 자아는 자기 자신에 대한 의식
을 가리키다.〈心理学の自我は自分自身に対
する意識を指す。〉(12.5%)

자아² 캄 【4種のテキストで5例】 ☞자6.

①예 자아, 차나 한잔 들게.
〈さあ、お茶でも一杯どうぞ。〉(80%)

②예 자아, 이제 어떻게 한다?
〈さあ、これからどうする？〉(20%)

자연 몡 ★★★ 【79種のテキストで316例】

①예 도시에서 나와 자연(自然)을 즐기다.
〈都市から出て自然を楽しむ。〉(42.7%)

②예 자연의 [법칙/질서].
〈自然の〔法則/秩序〕。〉(30.7%)

③관 <자연 환경>.
〈自然環境。〉(13%)

자연스럽다 톙 ★★☆ 【60種のテキストで119例】

①예 가구에 자연(自然)스러운 나뭇결이 살아 있
다.〈家具に自然な木目が生きている。〉(68.9%)

② <자연스럽게> 예 자주 듣다가 자연스럽게
노래를 익히다.〈何度も聞いている内に、自然

に歌を覚える。〉(20.2%)

③예 이성에 관심이 생기는 것은 자연스러운
일이다.〈異性に関心が生じるのは自然なこと
だ。〉(10.9%)

자연히 틘 【22種のテキストで30例】

⓪예 욕심을 버리면 자연(自然)히 마음이 편해지
다.〈欲を捨てたら自然と心が楽になる。〉(100%)

자원¹ 몡 ★☆☆ 【24種のテキストで81例】

⓪예 [인적/천연] 자원(資源)이 풍부하다.
〈〔人的/天然〕資源が豊富だ。〉(100%)

자원² 몡 【8種のテキストで11例】

⓪예 자원(自願) [봉사/입대].
〈志願〔奉仕/入隊〕。〉(100%)

자유 몡 ★☆★ 【59種のテキストで161例】

⓪예 언론의 자유(自由).
〈言論の自由。〉(92.5%)

자유롭다 톙 ★★☆ 【52種のテキストで102例】

①예 시내를 자유(自由)롭게 다니다.
〈市内を自由に往来する。〉(37.3%)

②예 자유롭고 정의로운 사회를 만들다.
〈自由で正義にのっとった社会を作る。〉(34.3%)

③예 형식에 상관 없이 자유롭게 글을 쓰다.
〈形式に関係なく自由に文を書く。〉(20.6%)

자음 몡 ☆★☆ 【3種のテキストで6例】

⓪예 자음(子音)과 모음.
〈子音と母音。〉(100%)

자전거 몡 ★★★ 【28種のテキストで104例】

⓪예 자전거(自轉車)를 타다.
〈自転車に乗る。〉(100%)

자존심 몡 【16種のテキストで33例】

⓪예 자존심(自尊心)이 강하다.
〈自尊心が強い。〉(100%)

자주 틘 ★★★ 【106種のテキストで220例】

①예 선생님을 자주 찾아뵙다.
〈先生をよく訪ねていく。〉/
지하철을 자주 타다.
〈地下鉄によく乗る。〉(68.6%)

②예 사소한 일로 자주 싸우다.
〈些細なことでよくケンカする。〉(31.4%)

자체 몡 ☆★★ 【67種のテキストで240例】

⓪예 사랑 그 자체(自體)를 말하다.
〈愛そのものを言う。〉(96.3%)

자취 몡 ☆★☆ 【13種のテキストで19例】

①예 그가 있었다는 자취를 찾을 수가 없다.
〈彼がいたという形跡を見つけることができな
い。〉(52.6%)

②관 <자취를 감추다>.
〈行方をくらます。〉(47.4%)

자칫 틘 【14種のテキストで21例】

①예 그런 행동들이 자칫 건강을 해치기 쉽다.

〈そんな行動が、ややもすれば健康を害しやすい。〉(81%)

②예 자칫 잘못하면 큰 사고가 생기다.
〈一歩間違えば大事故が起こる。〉(19%)

작가 명 ☆☆★【32種のテキストで181例】
⑩예 소설을 쓴 작가(作家).
〈小説を書いた作家。〉(100%)

작년 명 ★★★【49種のテキストで85例】
⑩예 작년(昨年)에 대학을 졸업했다.
〈去年大学を卒業した。〉(98.8%)

작다 형 ★★★【163種のテキストで520例】
①예 [몸이/크기가/테이블이] 작다.
〈[体が/サイズが/テーブルが]小さい。〉(60.2%)
②예 작은 [규모/모임/회사].
〈小さな[規模/集まり/会社]。〉(12.3%)
③예 작은 일에도 잘 웃다.
〈小さな事にもよく笑う。〉/
사회에 작으나마 보탬이 되다.
〈社会に小さくてもプラスになる。〉(8.5%)

작문 명 ☆☆★【7種のテキストで12例】
①예 머릿속으로 작문(作文)을 하면서 영어로 대답하다.〈頭の中で作文をしながら英語で答える。〉(66.7%)
②예 작문 [수업/시간].
〈作文の[授業/時間]。〉(33.3%)

작성하다 동 【14種のテキストで22例】
⑩예 [답안지를/서류를] 작성(作成)하다.
〈[答案用紙を/書類を]作成する。〉(100%)

작업 명 【53種のテキストで120例】
⑩예 서류 작업(作業)을 하다.
〈書類作業をする。〉(97.5%)

작용 명 【11種のテキストで20例】
①예 [발열/정신] 작용(作用).
〈[発熱/精神]作用。〉(50%)
②예 환경에 대한 인간의 작용.
〈環境に対する人間の作用。〉(50%)

작용하다 동 ★☆☆【23種のテキストで36例】
⑩예 전통 관념이 작용(作用)하다.
〈伝統観念が作用する。〉(97.2%)

작은아버지 명 【13種のテキストで35例】
⑩예 작은아버지에게 세배를 드리다.
〈叔父に新年のあいさつを差し上げる。〉(100%)

작전 명 【17種のテキストで34例】
①예 [광고/신상품 판매] 작전을 짜다.
〈[広告/新商品の販売]作戦を練る。〉(50%)
②예 인천 상륙 작전(作戦).
〈仁川上陸作戦。〉(41.2%)

작정 명 【17種のテキストで21例】
⑩예 회사를 그만둘 작정(作定)이다.
〈会社を辞めるつもりだ。〉(100%)

작품 명 ★★★【52種のテキストで366例】
⑩예 예술 작품(作品)을 감상하다.
〈芸術作品を鑑賞する。〉(97%)

잔 명 ★★★【56種のテキストで202例】
①예 커피 한 잔(盞) 주세요.
〈コーヒー一杯下さい。〉(63.4%)
②예 잔에 술을 따르다.
〈杯に酒を注ぐ。〉(36.6%)

잔디 명 ☆☆★【10種のテキストで11例】
⑩예 정원의 잔디를 깎다.
〈庭の芝を刈る。〉(100%)

잔디밭 명 【13種のテキストで15例】
⑩예 잔디밭에 들어가다.
〈芝生に入る。〉(100%)

잔뜩 부 【46種のテキストで62例】
①예 잔뜩 불쾌한 표정을 짓다.
〈すごく不快な顔をする。〉(58.1%)
②예 하늘에 구름이 잔뜩 끼다.
〈空に雲が厚くたちこめている。〉(21%)
③예 잔뜩 멋을 부리다.
〈いっぱいめかしこむ。〉(21%)

잔인하다 형 【16種のテキストで20例】
⑩예 잔인(残忍)한 [범죄/학살/행위].
〈残忍な[犯罪/虐殺/行為]。〉/
잔인하게 죽이다.
〈残忍に殺す。〉(100%)

잔잔하다 형 【14種のテキストで18例】
①예 [물결이/바다가/바람이] 잔잔하다.
〈[波が/海が/風が]静まり返っている。〉(38.9%)
②예 [관계가/분위기가] 잔잔하다.
〈[関係が/雰囲気が]穏やかだ。〉(33.3%)
③예 [목소리가/소리가] 잔잔하다.
〈[声が/音が]穏やかだ。〉(22.2%)

잔치 명 ★★★【28種のテキストで42例】
⑩예 큰 잔치를 베풀다.
〈大きな祭りを催す。〉(100%)

-잖- 준 【118種のテキストで709例】
⑩예 지금 비가 오잖아.
〈今雨が降ってるじゃない。〉/
맛이 좋잖니?
〈おいしいじゃない?〉(100%)

잘 부 ★★★【210種のテキストで2,294例】
①예 누구나 잘 알고 있는 사실.
〈誰でもよく知っている事実。〉(20.5%)
②예 감정을 잘 다스리다.
〈感情をよく治める。〉/
뭐든 잘 먹다.
〈何でもよく食べる。〉(14.4%)
③예 선생님 말씀을 잘 듣다.
〈先生の話をよく聞く。〉/

여기를 잘 보세요.
〈ここをよく見てください。〉(12.9%)

④예 넥타이와 양복이 잘 어우러지다.
〈ネクタイと洋服がよくつりあっている。〉(11.1%)

⑤예 아무 근심 없이 잘 먹고, 잘 자다.
〈何の心配も無くよく食べて、よく眠る。〉/
재미있게 잘 놀다.
〈楽しくよく遊ぶ。〉(8.8%)

⑥예 일이 잘 되다.
〈仕事がうまくいく。〉/
잘 팔리다.
〈よく売れる。〉(5.3%)

⑦예 덕택에 잘 지냅니다.
〈おかげで元気にやってます。〉/
그럼, 잘 가거라.
〈それじゃ、気をつけて行きなさい。〉(5%)

⑧ <잘 [하다/해 주다]>
예 다른 사람에게 잘 해 주다.
〈他の人によくしてやる。〉(4.6%)

잘나다 혱【21種のテキストで23例】
①예 잘났다고 콧대를 세우다.
〈偉いと鼻を高くする。〉(78.3%)
②예 우리 중 그가 제일 잘나 보이다.
〈私たちの中で彼が一番優れて見える。〉(8.7%)
③예 그래 너 잘났다!
〈そう、君は偉い!〉(8.7%)

잘다 혱【14種のテキストで17例】
⓪예 [무늬가/활자가] 잘다.
〈[模様が/活字が]小さい。〉(88.2%)

잘되다 동【18種のテキストで29例】
①예 [갈비찜이/작품이] 잘되다.
〈[カルビチム[38]が/作品が]うまくいく。〉(41.4%)
②예 [사업이/일이] 잘되다.
〈[事業が/仕事が]うまくいく。〉(34.5%)
③예 다행이야, 참 잘됐다.
〈よかったね、本当に良かった。〉(20.7%)

잘못¹ 명 ★★★【57種のテキストで130例】
⓪예 아무 잘못도 없다.
〈何の落ち度もない。〉/
남의 잘못을 탓하다.
〈人の過ちを責める。〉(100%)

잘못² 부 ★★☆【70種のテキストで114例】
⓪예 길을 잘못 알다.
〈道を間違える。〉/
전화가 잘못 걸리다.
〈間違い電話がかかる。〉(100%)

잘못되다 동 ★☆☆【59種のテキストで117例】
①예 [뭔가/처리가] 잘못되다.
〈[何か/処理が]間違う。〉(41.9%)
②예 애가 잘못된 곳으로 빠지다.

〈子が間違った道に陥る。〉(38.5%)
③예 [수술이/일이] 잘못되다.
〈[手術が/仕事が]失敗する。〉(16.2%)

잘못하다 동 ★★☆【57種のテキストで103例】
①예 누가 잘못했는지 따지다.
〈誰が間違ったのかチェックする。〉(65%)
②예 [잘못하다가는/잘못하면/잘못해서] 실패
하다.〈[一歩間違ったら/間違ったら/間違って]
失敗する。〉(18.4%)
③예 자기가 무엇을 잘못하는지 잘 모르다.
〈自分が何を誤ったのかよく分からない。〉/
진상 파악을 잘못하다.
〈真相把握を誤る。〉(13.6%)

잘하다 동 ★★★【76種のテキストで167例】
①예 공부를 잘하다.
〈勉強が良くできる。〉(50.9%)
②예 몸조리 잘하세요.
〈お体をお大事に。〉(13.8%)
③예 누가 잘하고 잘못했는지 따지다.
〈誰が正しくて誰が間違っているのかはっきりさせ
る。〉(10.2%)
④예 이사 오기를 잘하다.
〈引っ越して良かった。〉(8.4%)

잠 명 ★★★【94種のテキストで257例】
⓪예 잠에서 깨다.
〈眠りから覚める。〉/
잠이 들다.
〈寝る。〉(98.1%)

잠그다¹ 동【21種のテキストで30例】
①예 [가방을/문을/서랍을] 잠그다.
〈[カバンを/ドアを/引き出しを]ロックする。〉
(43.3%)
②예 [가스를/수도꼭지를] 잠그다.
〈[ガスを/水道の栓を]閉める。〉(43.3%)
③예 [자물쇠를/지퍼를] 잠그다.
〈[錠をかける。/チャックを締める。〉(10%)

잠그다² 동【2種のテキストで5例】
⓪예 시냇물에 [두 발을/몸을] 잠그다.
〈小川に[両足を/体を]浸す。〉(100%)

잠기다 동 ★☆☆【47種のテキストで81例】
①예 [슬픔에/행복에] 잠기다.
〈[悲しみに/幸せに]ふける。〉(66.7%)
②예 [마을이/몸이] 물에 잠기다.
〈[村が/体が]水に浸る。〉(29.6%)

잠깐¹ 부 ★★★【78種のテキストで139例】
⓪예 잠깐 집에 갔다 오다.
〈しばらく家に行って来る。〉/
새벽에 잠깐 쉬다.
〈夜明けにちょっと休む。〉(99.3%)

잠깐² 명【15種のテキストで16例】

---
38) カルビ(骨付き肉)の蒸し煮。

ⓞ예 [잠깐을/잠깐의 고통을] 못 참고 안달하다.
〈[ほんの一時を/しばしの苦痛を]我慢できなくてイライラする。〉(100%)

잠들다 〔동〕【37種のテキストで61例】
ⓞ예 아이가 잠들다.
〈子供が寝付く。〉(88.5%)

잠시¹ 〔부〕★★☆【97種のテキストで196例】
ⓞ예 잠시(暫時) [말을 끊다/이성을 잃다].
〈一瞬[言葉を切る/理性を失う]。〉(100%)

잠시² 〔명〕【52種のテキストで76例】
ⓞ예 잠시(暫時) 후에 역에 도착하다.
〈しばらく後に駅に到着する。〉(100%)

잠자다 〔동〕【21種のテキストで27例】
ⓞ예 잠자는 동안에는 불을 끄다.
〈寝ている間は明かりを消す。〉(96.3%)

잠자리¹ 〔명〕★☆☆【33種のテキストで42例】
ⓞ예 잠자리가 불편하다.
〈寝床が不便だ。〉/
잠자리에 들다.
〈寝床に入る。〉(92.9%)

잠자리² 〔명〕【14種のテキストで33例】
ⓞ예 잠자리가 가을 하늘을 날아다니다.
〈とんぼが秋の空を飛び交う。〉(100%)

잠자코 〔부〕☆☆★【15種のテキストで21例】
ⓞ예 입을 다물고 잠자코 있다.
〈口をつぐんで黙っている。〉(100%)

잡다 〔동〕★★★【148種のテキストで576例】
①예 [손목을/손을] 잡다.
〈[手首を/手を]握る。〉/
지팡이를 잡고 서다.
〈杖を握って立つ〉(36.3%)
②예 [매미를/해충을] 잡다.
〈[セミを/害虫を]取る。〉(29.2%)
③예 범인을 잡다.
〈犯人をつかまえる。〉(7.1%)
④예 [장소를/터를] 잡다.
〈場所を取る。/場所を決める。〉(3.6%)
⑤예 [균형을/중심을] 잡다.
〈[均衡を/中心を]つかむ。〉(1.9%)
⑥예 산으로 [길을/방향을] 잡다.
〈山の方に[道を/方向を]決める。〉(1.7%)
⑦예 [갈피를/마음을] 잡다.
〈[要領を/心を]つかむ。〉(1.7%)
⑧예 [기반을/윤곽을] 잡다.
〈[基盤を/輪郭を]つかむ。〉(1.7%)
⑨예 전체의 1할을 합격자로 잡다.
〈全体の1割を合格者として取る。〉(1.7%)

잡수시다 〔동〕☆★★【17種のテキストで26例】
①예 저녁을 잡수시다.
〈夕食を召し上がる。〉(76.9%)
②예 약을 잡수시다.

〈薬をお飲みになる。〉(11.5%)

잡아당기다 〔동〕【14種のテキストで15例】
ⓞ예 [손목을/줄을] 잡아당기다.
〈[手首を/ひもを]引っ張る。〉(100%)

잡아먹다 〔동〕【17種のテキストで36例】
ⓞ예 [물고기를/벌레를/사람을/짐승을] 잡아먹다.
〈[魚を/虫を/人を/動物を]つかまえて食う。〉(91.7%)

잡지 〔명〕★★★【35種のテキストで77例】
ⓞ예 잡지(雜誌)를 읽다.
〈雑誌を読む。〉(100%)

잡히다 〔동〕★★★【73種のテキストで106例】
①예 범인이 현장에서 잡히다.
〈犯人が現場で捕まる。〉(32.1%)
②예 쥐가 뱀에게 잡히다.
〈ネズミが蛇に食われる。〉/
고기가 잘 잡히다.
〈魚がよく釣れる。〉(24.5%)
③예 손에 잡히는 대로 책을 읽다.
〈手当たり次第に本を読む。〉/
손에 멱살을 잡히다.
〈手で胸ぐらをつかまれる。〉(14.2%)
④예 카메라에 모습이 잡히다.
〈カメラに姿が映る。〉(6.6%)
⑤예 [건물의/국가의] 틀이 잡히다.
〈[建物の/国家の]型が決まる。〉(5.7%)

장¹ 〔명〕의 ★★★【76種のテキストで172例】
ⓞ예 종이 한 장(張).
〈紙一枚。〉/
오천 원짜리 석 장.
〈5千ウォン札三枚。〉(98.8%)

장² 〔명〕★★★【10種のテキストで33例】
①예 장(場)에 나가 채소를 팔다.
〈市場に出かけ、野菜を売る。〉(81.8%)
②관 <장이 서다>.
〈市が立つ。〉(12.1%)

장³ 〔명〕【14種のテキストで24例】
①예 이 점은 4장(章)에서 설명하다.
〈この点は4章で説明する。〉(83.3%)
②예 책의 각 장의 제목.
〈本の各章のタイトル。〉(16.7%)

장가 〔명〕【16種のテキストで22例】
ⓞ예 장가(丈家)를 [가다/보내다].
〈結婚[する/させる]。〉(100%)

장갑 〔명〕☆☆★【11種のテキストで25例】
ⓞ예 장갑(掌匣)을 끼다.
〈手袋をする。〉(100%)

장관¹ 〔명〕☆☆★【14種のテキストで18例】
ⓞ예 외교부 장관(長官).
〈外交部長官。〉(100%)

장관[2] 명【7種のテキストで9例】
　①예 단풍이 장관(壯觀)을 이루다.
　　〈紅葉が壮観をなす。〉(100%)

장군 명 ★☆☆【30種のテキストで110例】
　⓪예 이순신 장군(將軍).
　　〈李舜臣(イ・スンシン)将軍。〉(93.6%)

장기[1] 명 ☆☆★【4種のテキストで4例】
　⓪예 장기(將棋)를 두다.
　　〈将棋を指す。〉(100%)

장기[2] 명【1種のテキストで6例】
　⓪예 장기(臟器) 이식.
　　〈臓器移植。〉(100%)

장기[3] 명【3種のテキストで3例】
　⓪예 장기(長期) 대출.
　　〈長期貸し付け。〉(100%)

장난 명 ☆★☆【52種のテキストで92例】
　①예 인생은 장난으로 살 수 없다.
　　〈人生は戯れ事では無い。〉(42.4%)
　②예 남자들의 지나친 장난에 기분이 상하다.
　　〈男たちの悪ふざけに気分を害する。〉(23.9%)
　③예 장난을 치다.
　　〈いたずらをする。〉(17.4%)
　④관 <장난(이) 아니다>
　　예 바람이 장난이 아니다.
　　〈風が半端じゃない。〉(16.3%)

장난감 명 ☆★★【31種のテキストで67例】
　⓪예 장난감을 가지고 놀다.
　　〈おもちゃで遊ぶ。〉(100%)

장단 명【18種のテキストで23例】
　①관 <장단을 맞추다>
　　예 '얼쑤' 하고 장단을 맞추다.
　　〈'オルス'と言って調子を合わせる。〉(52.2%)
　②예 느린 장단과 가락.
　　〈遅いリズムと節回し。〉(34.8%)
　③예 그의 거짓말에 장단을 맞추다.
　　〈彼の嘘に適当に合わせる。〉(13%)

장래 명 ☆☆★【26種のテキストで48例】
　①예 아이의 장래(將來)를 생각하다.
　　〈子供の将来を考える。〉/
　　가까운 장래에 일어날 일.
　　〈近い将来に起こること。〉(83.3%)
　②예 장래가 [밝다/어둡다/촉망되다].
　　〈将来が[明るい/暗い/嘱望される]。〉(12.5%)

장롱 명【12種のテキストで31例】
　⓪예 장롱(欌籠)에서 옷을 꺼내다.
　　〈箪笥から服を引き出す。〉(100%)

장마 명 ☆★★【17種のテキストで34例】
　⓪예 지루한 장마가 그치다.
　　〈うっとうしい梅雨が明ける。〉(100%)

장만하다 동【15種のテキストで20例】
　①예 [등산복을/아파트를] 장만하다.
　　〈[登山服を/マンションを]買って準備する。〉
　　(60%)
　②예 음식을 장만하다.
　　〈食べ物を用意する。〉(40%)

장면 명 ★☆☆【61種のテキストで179例】
　①예 방에서 벌어지는 장면(場面)에 놀라다.
　　〈部屋で繰り広げられる光景に驚く。〉(74.3%)
　②예 영화의 첫 장면이 멋지다.
　　〈映画の最初の場面がすばらしい。〉(25.7%)

장모 명 ☆☆★【3種のテキストで5例】
　⓪예 장모(丈母)와 장인.
　　〈妻方の母と父。〉(100%)

장미 명 ☆★★【8種のテキストで15例】
　⓪예 뜰에 장미(薔薇)를 심다.
　　〈庭にバラを植える。〉(100%)

장비 명【14種のテキストで16例】
　⓪예 등산 장비(裝備)를 갖추다.
　　〈登山装備をする。〉(100%)

장사 명 ★☆☆【33種のテキストで65例】
　⓪예 김밥 장사를 하다.
　　〈のり巻きを商う。〉(100%)

장소 명 ★★★【72種のテキストで164例】
　⓪예 약속 장소(場所)에 가다.
　　〈約束場所に行く。〉(100%)

장수[1] 명 ★☆☆【16種のテキストで41例】
　⓪예 [과일/생선/소금] 장수.
　　〈[果物/魚/塩]商人。〉(100%)

장수[2] 명【5種のテキストで7例】
　⓪예 고구려의 장수(將帥) 을지문덕.
　　〈高句麗の将軍、乙支文徳(ウルチムンドク)。〉
　　(100%)

장수[3] 명【4種のテキストで6例】
　⓪예 장수(長壽)를 하다.
　　〈長寿をする。〉(100%)

장애 명【14種のテキストで27例】
　①예 [신체/위장/정신] 장애(障碍)를 겪다.
　　〈[身体/胃腸/精神]障害を経験する。〉
　　(66.7%)
　②예 [계획에/일에] 장애가 되다.
　　〈[計画に/仕事に]障害になる。〉(33.3%)

장인[1] 명 ☆☆★【1種のテキストで1例】
　⓪예 장인(丈人) 어른.
　　〈妻の父。〉(100%)

장인[2] 명【6種のテキストで7例】
　①예 원시 사회의 장인(匠人)은 존경받는 사람들이었다.〈元来社会の匠人は尊敬される人たちだった。〉(57%)
　②예 나전장 장인.
　　〈螺鈿細工匠人。〉(43%)

장점 명 ☆★☆ 【13種のテキストで17例】

　⓪예 장점(長點)과 단점.
　　〈長所と短所。〉(100%)

장차 부 【15種のテキストで25例】

　⓪예 장차(將次) [의사가 되고 싶다/크게 되다/
　　할 일이 많다]. 〈将来[医師になりたい/大きく
　　なる/することが多い]。〉(100%)

장치 명 【14種のテキストで47例】

　⓪예 [계산/기계/냉방] 장치(裝置).
　　〈[計算/機械/冷房]裝置。〉(89.4%)

장학금 명 【11種のテキストで24例】

　⓪예 장학금(奬學金)을 받다.
　　〈奨学金を貰う。〉(100%)

재[1] 명 ☆☆★ 【10種のテキストで16例】

　⓪예 집이 불에 타서 재가 되다.
　　〈家が焼けて灰になる。〉(100%)

재[2] 명 【1種のテキストで5例】

　⓪예 가파른 재를 넘다.
　　〈険しい峠を越える。〉(100%)

재능 명 【18種のテキストで35例】

　⓪예 재능(才能)을 살리다.
　　〈才能を生かす。〉(100%)

재다 동 ★☆★ 【24種のテキストで52例】

　⓪예 환자의 열을 재다.
　　〈患者の熱を計る。〉(92.3%)

재떨이 명 ☆☆★ 【4種のテキストで4例】

　⓪예 담뱃재를 재떨이에 떨다.
　　〈タバコの灰を灰皿に落とす。〉(100%)

재료 명 ★★★ 【31種のテキストで78例】

　⓪예 갈대를 재료(材料)로 지은 집.
　　〈葦を材料として造った家。〉(100%)

재미 명 ★★★ 【45種のテキストで99例】

　①예 분재에 재미를 느끼다.
　　〈盆栽に興味を感じる。〉(72.7%)

　②관 <재미(가) 없다>.
　　〈面白くない。〉(11.1%)

재미없다 형 ☆☆☆ 【18種のテキストで23例】

　⓪예 그 책은 재미없다.
　　〈その本は面白くない。〉(100%)

재미있다 형 ★★★ 【121種のテキストで484例】

　①예 재미있는 [광고/에피소드].
　　〈面白い[広告/エピソード]。〉(55%)

　②예 [그의 말투가/일이] 재미있다.
　　〈[彼の話し方が/仕事が]面白い。〉(44.8%)

재밌다 형 【13種のテキストで45例】 ☞재미있다.

　①예 [그의 말투가/일이] 재밌다.
　　〈彼の話し方が/仕事が]面白い。〉(71.1%)

　②예 재밌는 [에피소드/광고].
　　〈面白い[エピソード/広告]。〉(28.9%)

재배하다 동 【13種のテキストで19例】

　⓪예 벼를 재배(栽培)하다.
　　〈稲を栽培する。〉(100%)

재벌 명 【12種のテキストで24例】

　⓪예 재벌(財閥)들의 재산.
　　〈財閥の財産。〉(95.8%)

재빨리 부 【29種のテキストで41例】

　⓪예 재빨리 [도망치다/알아채다].
　　〈いち早く[逃げる/気づく]。〉(100%)

재산 명 ★★★ 【41種のテキストで74例】

　⓪예 재산(財産)이 많다.
　　〈財産が多い。〉(97.3%)

재수[1] 명 【4種のテキストで17例】

　⓪예 재수(再修)를 하다.
　　〈浪人をする。〉(100%)

재수[2] 명 【13種のテキストで14例】

　⓪예 재수(財數)가 [나쁘다/없다/좋다].
　　〈縁起が悪い。/ついてない。/ついてる。〉
　　(100%)

재주 명 ☆☆★ 【21種のテキストで40例】

　①예 사업을 하는 재주(才-)가 있다.
　　〈事業をする才能がある。〉(77.5%)

　②예 교묘한 재주로 사람을 속이다.
　　〈巧妙な手際で人をだます。〉(12.5%)

재촉하다 동 【17種のテキストで18例】

　①예 빨리 오라고 재촉하다.
　　〈早く来てほしいと催促する。〉(66.7%)

　②예 [걸음을/길을/발길을] 재촉하다.
　　〈足を速める。/道を急ぐ。/家路を急ぐ。〉
　　(33.3%)

재판 명 ★☆★ 【14種のテキストで41例】

　①예 1심의 재판(裁判) 결과가 나오다.
　　〈1審の裁判結果が出る。〉(82.9%)

　②예 민족적 재판.
　　〈民族的裁判。〉(17.1%)

재활용하다 동 【10種のテキストで24例】

　⓪예 빈 병을 재활용(再活用)하다.
　　〈空ビンを再活用する。〉(100%)

쟁반 명 【10種のテキストで18例】

　⓪예 쟁반(錚盤)에 과일을 담다.
　　〈お盆に果物を盛る。〉(100%)

쟤 대 【11種のテキストで22例】

　⓪예 저기 있는 쟤가 맘에 들어?
　　〈あっちにいるあの子が気に入った?〉(100%)

저[1] 대 ★★★ 【134種のテキストで1,124例】

　⓪예 저는 학생입니다.
　　〈私は学生です。〉(99.4%)

저[2] 관 ★★★ 【134種のテキストで517例】

　①예 집이 저 위쪽이지?

〈家はあの上の方だよね?〉/
저 어른이 누구시죠?
〈あのお偉いさんは誰ですか?〉(78.9%)

②예 저 잔인무도한 폭도들.
〈あの残忍非道な暴徒たち。〉(9.1%)

③ <이 ~ 저 ~>
　예 이 마을 저 마을을 돌아다니다.
〈この村あの村と歩き回る。〉(8.1%)

저³ 갑 ☆★☆【44種のテキストで187例】
①예 저, 잘 못 들었는데 다시 말씀해 주세요.
〈あの、よく聞こえなかったんですがもう一度おっしゃってください。〉(57.8%)

②예 저, 말씀 좀 묻겠습니다.
〈あの、ちょっとお伺いします。〉(42.2%)

저거 대 ☆★☆【46種のテキストで77例】☞저것.
①예 저기 보이는 저거 뭐죠?
〈あっちに見えるあれ、何だろう?〉(50.6%)

②예 2학기 때 저거 뭐 들었지?
〈2学期の時、あれについて何か聞いたよね?〉(22.1%)

③예 이거도 어렵다, 저거도 어렵다 불평하다.
〈これも難しい、あれも難しいと、不平を言う。〉(9.1%)

저것 대 ★★★【37種のテキストで59例】☞저거.
①예 저기 보이는 저것은 무엇이죠?
〈あっちに見えるあれは何ですか?〉(52.5%)

②예 이것도 어렵다, 저것도 어렵다 불평하다.
〈これも難しい、あれも難しいと、ぶうぶう言う。〉(22%)

③예 저것들이 새벽부터 어딜 가지?
〈彼奴ら、朝早くからどこ行くんだろう?〉(13.6%)

④예 저것 봐요, 사람들이 웃어요.
〈そらごらんなさい、人が笑ってますよ。〉(10.2%)

저고리 명 ☆★★【12種のテキストで24例】
⓪예 한복 저고리에 치마를 입다.
〈韓服(ハンボク)チョゴリ39)にチマ40)を着る。〉(95.8%)

저곳 대 【11種のテキストで16例】
⓪관 <이곳 저곳>.
〈あちこち。〉(93.8%)

저금 명 ☆☆★【8種のテキストで9例】
⓪예 은행에 저금(貯金)을 하다.
〈銀行に貯金をする。〉(100%)

저기 대 ★★★【80種のテキストで160例】
①예 저기 가서 얘기하자.
〈あそこに行って話そう。〉(52.5%)

②예 저기에 집이 보이지?
〈あそこに家が見えるでしょ?〉/
저기가 네 고향이다.
〈あそこが私の故郷だ。〉(25%)

③예 어릴 땐 저기, 그 뭐, 공주처럼 살았어.
〈幼い時はあのね、その何て言うか、お姫様のように暮らしたの。〉(15.6%)

저녁 명 ★★★【127種のテキストで316例】
①예 아침부터 저녁까지 일하다.
〈朝から夕方まで働く。〉(75.6%)

②예 저녁을 먹다.
〈夕食を食べる。〉(24.4%)

저녁밥 명 【11種のテキストで21例】
⓪예 저녁밥을 [먹다/짓다].
〈夕食を〔食べる/作る〕。〉(100%)

저러다 동 【16種のテキストで19例】
①예 계속 저러다 다치겠다.
〈あのままあんなことしてたらケガするぞ。〉(84.2%)

②예 이러다 저러다 말이 많다.
〈ああだこうだ口うるさい。〉(15.8%)

저런¹ 관 ☆★★【32種のテキストで46例】
①예 저런 놈이 어떻게 의사가 됐지?
〈あんな奴が何で医者になったんだ?〉(71.7%)

②관 <그런 저런>/<이런 저런> 예 이런 저런 이야기.〈なんやかんやの話。〉(28.3%)

저런² 갑 【15種のテキストで19例】
①예 저런, 비를 맞았군요.
〈あれまあ、雨に降られたんですね。〉(100%)

저렇게 부 ★★★【50種のテキストで89例】
①예 저렇게 남들 욕만 하면 안 돼.
〈そんなに人をののしってばかりいてはいけません。〉(57.3%)

②예 웬 자동차가 저렇게 많아?
〈なんで自動車があんなに多いの?〉(36%)

저렇다 형 【14種のテキストで22例】
①예 지금은 모습이 저렇다.
〈今は姿があんな風だ。〉(81.8%)

②예 <이렇고 저렇고>.
〈ああだこうだと。〉(13.6%)

저리¹ 부 【15種のテキストで19例】
①예 현장에서 이리 뛰고 저리 뛰다.
〈現場であちこち飛び跳ねる。〉(47.4%)

②예 저리 가! 혼자 있고 싶어.
〈あっちに行け。一人でいたいんだ。〉(42.1%)

저리² 부 【5種のテキストで6例】
①예 모두 저리 반대하니 안 되겠다.
〈みんなあんな風に反対しているからダメだ。〉(83.3%)

②예 저리 먼 하늘.
〈ああ、遠い空。〉(16.7%)

저마다 부 【29種のテキストで52例】
①예 사람들이 저마다 한 마디씩 하다.

---

39) 韓国の民族衣装(韓服)で、男女共に着る上衣。
40) 女性用伝統的衣装

〈人たちがみなそれぞれ一言ずつ言う。〉(71.2%)

②예 모두 저마다의 의견을 말하다.
〈皆各自の意見を述べる。〉(28.8%)

저물다 图【20種のテキストで21例】

①예 [날이/해가] 저물다.
〈日が暮れる。/日が沈む。〉(85.7%)

②예 [가을이/한 해가] 저물다.
〈[秋が/一年が]暮れる。〉(14.3%)

저서 图【11種のテキストで15例】

⓪예 저서(著書)를 출판하다.
〈著書を出版する。〉(100%)

저수지 图【11種のテキストで22例】

⓪예 저수지(貯水池)에 물이 차다.
〈貯水池に水が満ちる。〉(100%)

저어 图【13種のテキストで17例】 ☞ 저⁶.

⓪예 저어, 말씀 좀 묻겠습니다.
〈あの、ちょっとお伺いします。〉(94.1%)

저자 图【11種のテキストで19例】

⓪예 '국어문법'의 저자(著者) 주시경.
〈「国語文法」の著者、周時経(チュ・シギョン)。〉
(100%)

저장하다 图【11種のテキストで16例】

①예 창고에 곡식을 저장(貯藏)하다.
〈倉庫に穀物を貯蔵する。〉(87.5%)

②예 데이터를 하드디스크에 저장하다.
〈データをハードディスクに保存する。〉(12.5%)

저절로 图 ★★★【33種のテキストで46例】

①예 신나서 저절로 노래가 나오다.
〈うきうきして自然と歌が口をついて出る。〉(78.3%)

②예 거센 감정이 저절로 넘쳐흐르다.
〈激しい感情が自然にあふれ出る。〉(21.7%)

저지르다 图 ★☆☆【35種のテキストで55例】

⓪예 잘못을 저지르다.
〈ミスをしでかす。〉(100%)

저쪽 图 ★★☆【43種のテキストで67例】

①예 도서관은 저쪽에 있다.
〈図書館はあっちにある。〉(53.7%)

②예 유리창 저쪽에 아이들이 앉다.
〈ガラス窓のむこうに子供たちが座る。〉(28.4%)

저축 图【10種のテキストで37例】

①예 용돈을 아껴 저축(貯蓄)을 하다.
〈小遣いを節約して貯蓄をする。〉(81.1%)

②예 은행에 목돈 마련 저축을 들다.
〈銀行に「大金準備貯金」をする。〉(18.9%)

저편 图【16種のテキストで28例】

①예 저편(便)으로 가다.
〈向こうへと行く。〉/
[거울/바다] 저편.
〈[鏡の/海の]向こう。〉(78.6%)

②예 [기억의/시간의] 저편.

〈[記憶の/時間の]向こう。〉(10.7%)

저항 图【15種のテキストで32例】

⓪예 [독재에/압력에] 저항(抵抗)을 하다.
〈[独裁に/圧力に]抵抗をする。〉(96.9%)

저희 団 ★★☆【58種のテキストで179例】

①예 저희는 학생입니다.
〈自分たちは学生です。〉(53.1%)

②예 저희 [부서/아버지/엄마/학과].
〈自分たちの[部署/父/母/学科]。〉(46.9%)

적¹ 图의 ★★★【135種のテキストで424例】

⓪예 한국에 여행한 적이 있다.
〈韓国に旅行したことがある。〉(97.2%)

-적² 접 ★★☆【50種のテキストで344例】

①예 역사론적(的) 비판.
〈歴史論的批判。〉(66.6%)

②예 지도자적인 능력.
〈指導者的な能力。〉(33.4%)

적³ 图 ★☆★【21種のテキストで32例】

①예 적(敵)과 동지.
〈敵と同志。〉(50%)

②예 전선에서 적과 대치하다.
〈前線で敵と対峙する。〉(46.9%)

적극 图 ☆★★【10種のテキストで14例】

⓪예 일을 적극(積極) 추진하다.
〈仕事を積極的に推進する。〉(100%)

적극적¹ 图【36種のテキストで57例】

⓪예 적극적(積極的)인 태도.
〈積極的な態度。〉/
문제에 적극적으로 대처하다.
〈問題に積極的に対処する。〉(100%)

적극적² 관【4種のテキストで8例】

⓪예 적극적(積極的) 협조를 하다.
〈積極的協力をする。〉(100%)

적다¹ 图 ★★★【78種のテキストで250例】

①예 원고지에 [수필을/시를] 적다.
〈原稿用紙に[随筆を/詩を]書く。〉(81.2%)

②예 [글자를/한자를] 적다.
〈[文字を/漢字を]書く。〉(10.4%)

적다² 웹 ★★★【81種のテキストで167例】

⓪예 강우량이 적다.
〈降雨量が少ない。〉/
사람이 적다.
〈人が少ない。〉(100%)

적당하다 웹 ★★★【31種のテキストで45例】

①예 온도를 적당(適當)하게 맞추다.
〈温度を適当に合わせる。〉(77.8%)

②예 모여 살기에 적당한 곳.
〈集まって暮らしていくのに適した場所。〉
(15.6%)

적당히 图【19種のテキストで24例】

①예 술도 적당(適當)히 마시면 좋다.
〈お酒も適当に飲むと体によい。〉(58.3%)

②예 일을 적당히 얼버무리다.
〈仕事を適当にはぐらかす。〉(41.7%)

적성 명 ☆★☆【12種のテキストで72例】

⑩예 직업이 적성(適性)에 딱 맞다.
〈職業が適性にぴったりだ。〉(100%)

적시다 동【19種のテキストで22例】

①예 땀이 몸을 적시다.
〈汗が体を濡らす。〉(31.8%)

②예 빗물에 치마 밑단을 적시다.
〈雨水にスカートのすそを濡らす。〉(27.3%)

③예 수건에 물을 적시다.
〈タオルを水で濡らす。〉(22.7%)

④예 멜로디가 가슴을 적시다.
〈メロディーが胸を濡らす。〉(13.6%)

적어도 부【60種のテキストで110例】

①예 착하지는 않아도 적어도 죄 지을 사람은
아니다.〈善良ではないが、少なくとも、罪を犯す
人ではない。〉(68.2%)

②예 적어도 한 달은 걸릴 것 같다.
〈少なくともひと月はかかりそうだ。〉(31.8%)

적용되다 동【12種のテキストで19例】

⑩예 [법이/원리가] 모두에게 공평하게 적용
(適用)되다.〈[法が/原理が]みんなに公平に
適用される。〉(100%)

적응하다 동【17種のテキストで36例】

①예 [사회의 변화에/새 생활에/시대에] 적응
(適應)하다.〈[社会の変化に/新しい生活に/
時代に]適応する。〉(75%)

②예 생물이 [자연에/환경에] 적응하다.
〈生物が[自然に/環境に]適応する。〉(25%)

적절하다 형 ★☆☆【36種のテキストで92例】

⑩예 돈을 적절(適切)하게 활용하다.
〈お金を適切に活用する。〉(93.5%)

적합하다 형【15種のテキストで25例】

⑩예 [농업에/일을 하기에/전문직에] 적합(適
合)하다.〈[農業に/仕事をするのに/専門職に]
適している。〉(100%)

적히다 동【25種のテキストで33例】

⑩예 수첩에 [메모가/이름이/주소가] 적히다.
〈手帳に[メモが/名前が/住所が]書かれている。〉
(90.9%)

전 명 ★★★【194種のテキストで1,044例】

①예 [몇 년/오래] 전(前)의 일이다.
〈[何年か/随分]前のことだ。〉(52.9%)

②곤 <[~/-기] 전>
예그는 아직 귀가 전이다.
〈彼はまだ帰宅前だ。〉/

출발하기 전에 연락하다.
〈出発する前に連絡する。〉(34.7%)

③예 요즘 전보다 더 바빠지다.
〈最近、前よりもっと忙しくなる。〉(11.5%)

전개 명【16種のテキストで36例】

⑩예 줄거리의 전개(展開)가 빠르다.
〈ストーリーの展開が早い。〉(100%)

전개되다 동【23種のテキストで39例】

①예 [사건이/상황이/이야기가] 이상하게 전개
(展開)되다.〈[事件が/状況が/話が]おかしな
方向に展開する。〉(69.2%)

②예 [논의가/추격전이/토론] 활발히 전개되다.
〈[議論が/追撃戦が/討論が]活発に展開される。〉
(17.9%)

③예 등 뒤로 [바다가/배경이/절벽이] 전개되다.
〈背後に[海が/背景が/崖っぷちが]展開する。〉
(12.8%)

전공 명 ☆★☆【15種のテキストで50例】

①예 전공(專攻)을 살리는 직업.
〈専攻を生かす職業。〉(88%)

②예 교양과 전공을 2과목씩 신청하다.
〈教養と専攻を2科目ずつ申請する。〉(12%)

전공하다 동【12種のテキストで19例】

⑩예 국어학을 전공(專攻)하다.
〈国語学を専攻する。〉(100%)

전국 명 ★★★【47種のテキストで89例】

⑩예 전국(全國)에 비가 내리다.
〈全国に雨が降る。〉(97.8%)

전기¹ 명 ★★★【30種のテキストで94例】

⑩예 전기(電氣)로 가는 자동차.
〈電気で動く自動車。〉(95.7%)

전기² 명【6種のテキストで12例】

⑩예 위인들의 전기(傳記)를 읽다.
〈偉人たちの伝記を読む。〉(100%)

전날 명【27種のテキストで32例】

⑩예 [떠나기/추석] 전(前)날.
〈[発つ/秋夕(チュソク)⁴¹)]前日。〉(96.9%)

전달 명【11種のテキストで22例】

①예 의미 전달(傳達)이 잘 안되다.
〈意味伝達がうまく行かない。〉(77.3%)

②예 선물이 제대로 전달이 되다.
〈プレゼントがちゃんと伝えられる。〉(9.1%)

전달되다 동【16種のテキストで24例】

①예 글을 통해 [뜻이/의도가] 의미가] 전달(傳
達)되다.〈文を通じて、[意味が/意図が/意味
が]伝わる。〉(41.7%)

②예 그들에게 [요구가/이야기가] 전달되다.
〈彼らに[要求が/話が]伝わる。〉(29.2%)

---

41) 一番大きい満月の出る旧暦8月15日。祖先祭祀や墓参をはじめとする行事が行われる。

③에 [냄새가/느낌이/소리가/생각이/신호가] 전달되다.〈〔臭いが/感じが/音が/考えが/信号が〕伝わる。〉(16.7%)

전달하다 동 ★☆☆【26種のテキストで48例】
①에 글을 통해 [뜻을/의도를/의미를] 전달(傳達)하다.〈文を通じて、〔意を/意図を/意味を〕伝える。〉(52.1%)
②에 [느낌을/생각을/소리를/신호를] 전달하다.〈〔感じを/考えを/音を/信号を〕伝える。〉(29.2%)
③에 편지를 그에게 전달하다.〈手紙を彼に伝達する。〉(10.4%)

전등 명 ☆☆★【14種のテキストで18例】
①에 전등(電燈)을 켜다.〈電灯をつける。〉(100%)

전락하다 동【17種のテキストで22例】
①에 [범죄자로/비참한 신세로/초라한 모습으로] 전락(轉落)하다.〈〔犯罪者に/落ちぶれた身に/哀れな姿に〕転落する。〉(100%)

전래 명【12種のテキストで44例】
①에 한국의 전래(傳來) 동화.〈韓国の伝来童話。〉(97.7%)

전략 명【12種のテキストで35例】
①에 그의 교묘한 전략(戰略)에 휘둘리다.〈彼の巧妙な戦略に振り回される。〉(85.7%)
②에 전쟁에서 이기기 위한 전략을 세우다.〈戦争で勝つための戦略を立てる。〉(14.3%)

전망 명【20種のテキストで27例】
①에 경제 전망(展望)을 낙관하다.〈経済の見通しを楽観する。〉(77.8%)
②에 앞이 트여 전망이 좋다.〈前が開けて展望がよい。〉(22.2%)

전문 명 ★☆☆【17種のテキストで29例】
①에 [불고기/한식] 전문(專門) 식당.〈〔焼肉/韓国料理〕専門食堂。〉(93.1%)

전문가 명【27種のテキストで45例】
①에 [각 분야의/경제/역사/요리] 전문가(專門家).〈〔各分野の/経済/歴史/料理〕専門家。〉(100%)

전문적¹ 명【16種のテキストで20例】
①에 디자인을 전문적(專門的)으로 가르치다.〈デザインを専門的に教える。〉/ 전문적인 용어.〈専門的な用語。〉(100%)

전문적² 관【4種のテキストで7例】
①에 전문적(專門的) 지식을 갖추다.〈専門的知識を備える。〉(100%)

전보 명 ☆☆★【3種のテキストで4例】
①에 전보(電報)를 [받다/치다].〈電報を〔貰う/打つ〕。〉(100%)

전부¹ 명【37種のテキストで49例】

①에 재산의 전부(全部)를 기부하다.〈財産の全部を寄付する。〉(100%)

전부² 부 ☆★★【20種のテキストで39例】
①에 일을 전부(全部) 마치다.〈仕事を全部終える。〉(100%)

전설 명【15種のテキストで35例】
①에 산에 얽힌 전설(傳說).〈山にまつわる伝説。〉(100%)

전세계 명【11種のテキストで22例】
①에 전세계(全世界)의 [나라들/인류].〈全世界の〔国々/人類〕。〉/ 전세계가 놀라다.〈全世界が驚く。〉(100%)

전시되다 동【13種のテキストで22例】
①에 박물관에 유물이 전시(展示)되다.〈博物館に遺物が展示される。〉(100%)

전시회 명【14種のテキストで41例】
①에 사진 전시회(展示會)가 열리다.〈写真展示会が催される。〉(100%)

전자¹ 명 ★☆☆【16種のテキストで47例】
①관 <전자(電子) 제품>.〈電子製品。〉(21.3%)
②관 <전자 오락>.〈電子ゲーム。〉(14.9%)
③관 <전자 오락기>.〈電子ゲーム機。〉(14.9%)
④관 <전자 공업>.〈エレクトロニクス工業。〉(12.8%)
⑤에 전자, 화학 등의 공업.〈電子、化学などの工業。〉(8.5%)
⑥관 <전자 상가>.〈電気商店街。〉(6.4%)
⑦관 <전자 회사>.〈エレクトロニクス企業。〉(4.3%)

전자² 명【9種のテキストで12例】
①에 전자(前者)는 후자와 다르다.〈前者は後者と違う。〉(100%)

전쟁 명 ★★★【58種のテキストで231例】
①에 양국 간에 전쟁(戰爭)이 나다.〈両国間に戦争が起こる。〉(95.2%)

전제 명【22種のテキストで55例】
①에 결혼을 전제(前提)로 사귀다.〈結婚を前提に付き合う。〉(96.4%)

전철 명 ☆☆★【12種のテキストで27例】
①에 전철(電鐵)을 타고 가다.〈電車に乗って行く。〉(100%)

전체 명 ★★★【83種のテキストで185例】
①에 이불로 몸 전체(全體)를 덮다.〈布団で体全体を覆う。〉(65.4%)
②에 [국민/회사] 전체.

〈[国民/会社]全体。〉(34.6%)

전체적¹ 〔명〕【13種のテキストで19例】
⓪에 전체적(全體的)인 조망.
〈全体的な眺望。〉/
전체적으로 볼 때.
〈全体的に見て。〉(100%)

전체적² 〔관〕【3種のテキストで3例】
⓪에 전체적(全體的) [균형/의미].
〈全体的[均衡/意味]。〉(100%)

전통 〔명〕★★★【50種のテキストで153例】
①에 전통(傳統)을 지키다.
〈伝統を守る。〉(51.6%)
②관 <전통 문화>.
〈伝統文化。〉(20.3%)
③관 <전통 음식>.
〈伝統料理。〉(9.2%)

전통적¹ 〔명〕【19種のテキストで37例】
⓪에 전통적(傳統的)인 문화를 소개하다.
〈伝統的な文化を紹介する。〉(100%)

전통적² 〔관〕【6種のテキストで12例】
⓪에 전통적(傳統的) 사상을 이해하다.
〈伝統的思想を理解する。〉(100%)

전투 〔명〕【13種のテキストで25例】
⓪에 적과 전투(戰鬪)를 벌이다.
〈敵と戦闘を繰り広げる。〉(100%)

전하다 〔동〕★★★【116種のテキストで390例】
①에 [소식을/의견을] 전(傳)하다.
〈[消息を/意見を]伝える。〉(62.6%)
②에 [가사는/책의 원본은] 전하지 않는다.
〈[歌詞は/本の原本は]伝わっていない。〉
(17.9%)
③에 방송국에 원고를 전하다.
〈放送局に原稿を伝える。〉/
편지를 전하다.
〈手紙を伝える。〉(10.8%)

전학 〔명〕【16種のテキストで27例】
⓪에 다른 학교로 전학(轉學)을 가다.
〈他の学校に転校をする。〉(100%)

전혀 〔부〕★★★【98種のテキストで231例】
⓪에 [우리에게/일에] 전(全)혀 도움이 안 되다.
〈[私たちに/仕事に]全く役に立たない。〉(99.1%)

전형 〔명〕【10種のテキストで20例】
⓪에 [대가족의/문학의] 전형(典型).
〈[大家族の/文学の]典型。〉(100%)

전형적¹ 〔명〕【12種のテキストで15例】
⓪에 전형적(典型的)인 [농촌/모습].
〈典型的な[農村/姿]。〉(100%)

전형적² 〔관〕【1種のテキストで5例】
⓪에 전형적(典型的) [상징/인물].
〈典型的[象徴/人物]。〉(100%)

전화 〔명〕★★★【97種のテキストで559例】
⓪에 전화(電話)를 [걸다/받다].
〈電話を[かける/受ける]。〉(87.1%)

전화기 〔명〕【22種のテキストで47例】
⓪에 전화기(電話機)가 울리다.
〈電話機が鳴る。〉(100%)

전화번호 〔명〕☆★★【15種のテキストで27例】
⓪에 전화번호(電話番號)를 가르쳐 주다.
〈電話番号を教えてやる。〉(100%)

전화벨 〔명〕【14種のテキストで24例】
⓪에 전화(電話)벨이 울리다.
〈電話のベルが鳴る。〉(100%)

전화하다 〔동〕☆★☆【41種のテキストで73例】
⓪에 친구에게 전화(電話)하다.
〈友達に電話する。〉(100%)

절¹ 〔명〕★★★【32種のテキストで71例】
①에 부처님께 절을 올리다.
〈仏様にお辞儀をする。〉(83.1%)
②에 어른에게 절을 하다.
〈目上の人にお辞儀をする。〉(16.9%)

절² 〔명〕【25種のテキストで86例】
⓪에 절에서 불공을 드리다.
〈お寺で供養をする。〉(100%)

절대¹ 〔부〕【33種のテキストで57例】
①에 기한을 절대(絶對) 지킬 수 없다.
〈期限を絶対守ることはできない。〉(82.5%)
②에 이 일은 절대 비밀로 하다.
〈このことは絶対に秘密にする。〉(15.8%)

절대² 〔명〕【8種のテキストで18例】
①에 절대(絶對) [빈곤/이성/진리].
〈絶対[貧困/理性/真理]。〉(72.2%)
②에 왕이 절대의 권력을 갖다.
〈王が絶対の権力を持つ。〉(22.2%)

절대로 〔부〕☆★★【38種のテキストで45例】
⓪에 절대(絶對)로 용서 않다.
〈絶対に許さない。〉(100%)

절대적¹ 〔명〕【21種のテキストで43例】
⓪에 절대적(絶對的)인 권력.
〈絶対的な権力。〉(100%)

절대적² 〔관〕【7種のテキストで17例】
⓪에 절대적(絶對的) 진리.
〈絶対的真理。〉(100%)

절로 〔부〕【12種のテキストで16例】
⓪에 절로 [웃음이/화가] 나다.
〈なんとなく[笑ってしまう/腹が立つ]。〉(100%)

절망 〔명〕【21種のテキストで47例】
⓪에 깊은 절망(絶望)에 빠지다.
〈深い絶望に陥る。〉(100%)

절반 명 【19種のテキストで28例】

⓪예 재산의 절반(折半)을 잃다.
〈財産の半分を失う。〉(100%)

절실하다 형 【13種のテキストで17例】

⓪예 서민들에게 주택 문제가 가장 절실(切實)하
다.〈庶民にとって住宅問題が最も切実だ。〉(100%)

절약하다 동 【16種のテキストで40例】

⓪예 [교통비를/돈을/물을/시간을/에너지를]
절약(節約)하다.〈[交通費を/お金を/水を/時
間を/エネルギーを]節約する。〉(100%)

절차 명 【13種のテキストで15例】

⓪예 복잡한 절차(節次)를 거치다.
〈複雑な手続きを経る。〉(100%)

젊다 형 ★★★【100種のテキストで276例】

①예 나이가 젊다.
〈年齢が若い。〉/
젊은 사람.
〈若い人。〉(80.8%)

②예 젊은 [날/시절/용기/정열].
〈若い[日/時代/勇気/情熱]。〉(13.8%)

젊은이 명 ★★☆【65種のテキストで265例】

⓪예 길에서 한 젊은이가 노인을 도와 주다.
〈道で、ある若者が老人を助けてやる。〉(100%)

젊음 명 【14種のテキストで24例】

⓪예 젊음을 불태우다.
〈若さを燃やす。〉(100%)

점¹ 명의 ★★☆【160種のテキストで1,039例】

⓪예 이 점(點)에 주의하다.
〈この点に注意する。〉/
어려운 점이 많다.
〈難しい点が多い。〉(87.7%)

점² 명 ★★★【16種のテキストで26例】

①예 얼굴에 점(點)이 있다.
〈顔にほくろがある。〉(57.7%)

②예 붓으로 점을 찍다.
〈筆で点を打つ。〉(38.5%)

점³ 명 【4種のテキストで12例】

①예 점(占)을 보다.
〈占いをする。〉(75%)

②관 <점(을) 치다>.
〈占う。〉(25%)

점검하다 동 【15種のテキストで15例】

⓪예 자동차를 점검(點檢)하다.
〈自動車を点検する。〉(100%)

점수 명 【14種のテキストで34例】

⓪예 좋은 점수(點數)를 따다.
〈よい点数を取る。〉(100%)

점심 명 ★★★【66種のテキストで121例】

①예 점심(點心)을 먹다.

②관 <점심 시간>.
〈昼食時間。〉(19%)

⟨昼食をとる。⟩(74.4%)

점잖다 형 ☆☆★【19種のテキストで25例】

①예 점잖은 [사람/신사].
〈上品な[人/紳士]。〉(56%)

②예 점잖은 색의 넥타이.
〈上品な色のネクタイ。〉
점잖은 처지에 그럴 수 없다.
〈年がいもなくそんなことはできない。〉(44%)

점점 부 ★★★【93種のテキストで186例】

⓪예 인기가 점점(漸漸) 높아지다.
〈人気がだんだん高くなる。〉/
지원자가 점점 줄어들다.
〈志願者がだんだん減っていく。〉(100%)

점차 부 ★★★【34種のテキストで64例】

⓪예 사회가 점차(漸次) 변화하다.
〈社会が次第に変化する。〉(100%)

접근하다 동 【20種のテキストで27例】

①예 [그녀에게/목표에] 접근(接近)하다.
〈[彼女に/目標に]接近する。〉(55.6%)

②예 [문제에/실체에] 접근하다.
〈[問題に/実体に]接近する。〉(40.7%)

접다 동 【20種のテキストで34例】

①예 [날개를/우산을] 접다.
〈[翼を/傘を]畳む。〉(35.3%)

②예 [수건을/편지를] 접다.
〈[タオルを/手紙を]畳む。〉(32.4%)

③예 [배를/종이학을] 접다.
〈[船を/折り鶴を]折る。〉(26.5%)

접시 명 ☆★★【23種のテキストで44例】

⓪예 요리를 접시에 담다.
〈料理を皿に盛る。〉(95.5%)

접어들다 동 【26種のテキストで35例】

①예 [4월에/중년으로] 접어들다.
〈[4月に/中年に]入る。〉(54.3%)

②예 산업화의 단계로 접어들다.
〈産業化の段階に入る。〉(25.7%)

③예 [골목길로/시내로] 접어들다.
〈[路地に/市内に]入る。〉(20%)

접촉 명 【13種のテキストで17例】

①예 [사회적/타인들과의] 접촉(接觸).
〈[社会的/他人との]接触。〉(76.5%)

②예 물체가 접촉을 하다.
〈物体が接触をする。〉(17.6%)

접하다 동 【18種のテキストで30例】

①예 [시를/좋은 글을] 접(接)하다.
〈[詩に/良い文に]接する。〉(50%)

②예 [서양 문물에/자연과] 접하다.
〈[西洋の文物に/自然と]接する。〉(23.3%)

③예 담이 뒷집과 접하다.

〈塀が後ろの家と接する。〉/
휴전선에 접한 마을.
〈休戦ラインに接した村。〉(10%)

④예 외국인을 처음 접하다.
〈外国人に初めて接する。〉(10%)

젓가락 명 ☆★★【19種のテキストで29例】
⓪예 젓가락으로 생선을 집어 들다.
〈箸で魚をつまむ。〉(100%)

젓다 동 ☆☆★【23種のテキストで32例】
①예 싫다고 [고개를/머리를/손을] 절레절레
젓다.〈嫌だと〔首を/頭を/手を〕しきりに左右に振る。〉(46.9%)

②예 [고개를/다리를/팔을] 젓다.
〈〔首を/足を/腕を〕振る。〉(28.1%)

③예 [노를/배를] 젓다.
〈〔櫓を/舟を〕こぐ。〉(18.8%)

정 명 ★★★【42種のテキストで75例】
①예 직장에 정(情)을 붙이다.
〈職場に情を寄せる。〉/
미운 정 고운 정 다 들다.
〈愛憎入り交じった情が移る。〉(76%)

②예 [연모의/연민의] 정을 갖다.
〈〔恋慕の/憐憫の〕情を寄せる。〉(16%)

정교하다 형【14種のテキストで20例】
⓪예 [기계가/기술이/체계가] 정교(精巧)하다.
〈〔機械が/技術が/体系が〕精巧だ。〉/
정교하게 다듬다.
〈精巧に仕上げる。〉(100%)

정권 명【18種のテキストで63例】
⓪예 정권(政權)을 잡다.
〈政権を取る。〉(100%)

정답다 형【29種のテキストで41例】
①예 정(情)답게 팔짱을 끼다.
〈親しげに腕を組む。〉/
정다운 친구.
〈親しい友達。〉(75.6%)

②예 새소리가 정답게 들려오다.
〈鳥の声がむつまじげに聞こえてくる。〉(24.4%)

정당하다 형【18種のテキストで31例】
⓪예 그의 말은 정당(正當)하다.
〈彼の言葉は正当だ。〉(100%)

정도 명 ★★★【158種のテキストで749例】
①예 부산까지 3시간 정도(程度) 걸리다.
〈釜山まで3時間程度かかる。〉/
이 정도 선에서 타협하다.
〈この程度の線で妥協する。〉(52.1%)

②예 눈물이 날 정도로 춥다.
〈涙が出るほど寒い。〉(36.6%)

③관 <어느 정도>
예 그의 처지가 어느 정도 이해되다.
〈彼の境遇がある程度理解できる。〉(10.7%)

정들다 동【11種のテキストで19例】
⓪예 정(情)든 [고향/친구/학교].
〈慣れ親しんだ〔故郷/友達/学校〕。〉/
그 아이와 정들다.
〈その子と親しくなる。〉(100%)

정류장 명 ☆★★【23種のテキストで43例】
⓪예 정류장(停留場)에서 버스를 타다.
〈停留場でバスに乗る。〉(93%)

정리 명 ★★★【34種のテキストで65例】
①예 [경지/교통/물건/자료/집안] 정리(整理)를 하다.〈〔耕地/交通/物の/資料/家の〕整理をする。〉/
정리 정돈.
〈整理整頓。〉(81.5%)

②예 신변 정리를 하다.
〈身辺整理をする。〉(10.8%)

정리하다 동 ★★☆【81種のテキストで231例】
①예 내용을 간단히 정리(整理)하다.
〈内容を簡単に整理する。〉(38.5%)

②예 전래의 음악을 정리하다.
〈伝来の音楽を整理する。〉(29.9%)

③예 [물건을/서류를/옷장을] 정리하다.
〈〔物を/書類を/衣装だんすを〕整理する。〉(26%)

정말[1] 부 ★★☆【139種のテキストで565例】
⓪예 정말(正-) [뜻밖이다/좋아하다/춥다].
〈本当に〔心外だ/好きだ/寒い〕。〉(100%)

정말[2] 명 ☆★★【41種のテキストで56例】
⓪예 그 말이 정말(正-)이다.
〈その言葉が本当だ。〉(100%)

정말로 부【28種のテキストで35例】
⓪예 정말(正-)로 부럽다.
〈本当にうらやましい。〉(100%)

정면 명【17種のテキストで26例】
①예 건물 정면(正面)에 현수막이 걸리다.
〈建物の正面に垂れ幕が掛かる。〉(69.2%)

②예 여야가 정면으로 대결하다.
〈与野党が真っ向から対立する。〉(30.8%)

정문 명【16種のテキストで27例】
⓪예 학교 정문(正門)으로 들어가다.
〈学校の正門から入る。〉(100%)

정반대 명【16種のテキストで18例】
⓪예 사실과 정반대(正反對)의 말.
〈事実と正反対の言葉。〉(100%)

정보 명 ★★☆【37種のテキストで231例】
①예 21세기는 정보(情報)의 시대다.
〈21世紀は情報の時代だ。〉(84.8%)

②예 중요한 정보를 듣다.
〈重要な情報を聞く。〉(15.2%)

정부 명 ★★★【41種のテキストで200例】
①예 정부(政府)의 여러 부처가 협력하다.

ㅈ

〈政府の様々な省庁が協力する。〉(57%)

②例 선거로 정부를 수립하다.
〈選挙で政府を樹立する。〉(43%)

정상¹ 명【10種のテキストで15例】

①例 산 정상(頂上)에 오르다.
〈山の頂上に上がる。〉(80%)

②例 [권력의/인기의] 정상에 오르다.
〈[権力の/人気の]頂上に上がる。〉(20%)

정상² 명【9種のテキストで14例】

⓪例 [사람이/생각이] 정상(正常)이 아니다.
〈[人が/考えが]正常ではない。〉(92.9%)

정상적 명【10種のテキストで15例】

⓪例 정상적(正常的)인 사고 방식.
〈正常な考え方。〉/
정상적으로 자라다.
〈正常に育つ。〉(100%)

정서 명【23種のテキストで34例】

①例 [겨레의/농민의] 정서(情緒)가 표현된 작품
〈[民族の/農民の]情緒が表現された作品。〉
(58.8%)

②例 아이들의 정서가 불안하다.
〈子供たちの情緒が不安だ。〉(41.2%)

정성 명 ★★☆【36種のテキストで51例】

⓪例 정성(精誠)을 [기울이다/다하다/쏟다].
〈真心を[傾ける/尽くす/そそぐ]。〉(100%)

정성껏 명【16種のテキストで20例】

⓪例 음식을 정성(精誠)껏 만들다.
〈食べ物を丹念に作る。〉(100%)

정승 명【11種のテキストで42例】

⓪例 정승(政丞) 벼슬을 지내다.
〈政丞⁴²⁾官職を務める。〉(95.2%)

정식 명【16種のテキストで25例】

①例 정식(正式)으로 사표를 내다.
〈正式に辞表を出す。〉(36%)

②例 정식으로 발령하다.
〈正式に発令する。〉(28%)

③例 불교가 정식으로 꽃피기 시작하다.
〈仏教が正式に興隆し始める。〉(24%)

④例 정식으로 남의 집을 방문하다.
〈正式に人の家を訪問する。〉(12%)

정신 명 ★★★【109種のテキストで393例】

①例 [독립/자유/절차탁마]의 정신(精神).
〈[独立/自由/切磋琢磨]の精神。〉(49.1%)

②例 새로운 정신으로 일을 시작하다.
〈新たな精神で仕事を始める。〉(18.6%)

③例 동양의 심오한 정신 세계에 빠져들다.
〈東洋の深奥な精神世界にのめりこむ。〉(10.7%)

④慣 <정신을 차리다>
例 정신 바짝 차리고 대처하다.

〈気を引き締めて対処する。〉(8.7%)

정신없이 副【17種のテキストで21例】

①例 너무 놀라서 정신(精神)없이 대답하다.
〈あまりに驚いて上の空で答える。〉(61.9%)

②例 시간에 늦어 정신없이 뛰어가다.
〈時間に遅れて夢中で走って行く。〉(38.1%)

정신적¹ 冠【24種のテキストで48例】

⓪例 정신적(精神的) 고통을 겪다.
〈精神的苦痛を味わう。〉(100%)

정신적² 명【24種のテキストで41例】

⓪例 정신적(精神的)으로 병적인 상태에 있다.
〈精神的に病的な状態にある。〉(100%)

정열 명【13種のテキストで19例】

⓪例 정열(情熱)을 쏟다.
〈情熱を注ぐ。〉(100%)

정월 명【12種のテキストで25例】

⓪例 정월(正月) 초하루.
〈元日。〉(100%)

정의¹ 명【10種のテキストで41例】

⓪例 용어의 정의(定義)를 설명하다.
〈用語の定義を説明する。〉(100%)

정의² 명【14種のテキストで27例】

⓪例 정의(正義)를 실현하다.
〈正義を実現する。〉(100%)

정작 副【18種のテキストで23例】

①例 정작 대면하면 화를 못 내다.
〈いざ会ってみると怒れない。〉(43.5%)

②例 그 일로 정작 우리가 죄의식을 느끼다.
〈そのことのために、本当に我々が罪の意識を感じる。〉(34.8%)

③例 정작 관심을 끈 것은 경력이다.
〈まさに関心を引いたのは経歴だ。〉(21.7%)

정적 명【13種のテキストで18例】

⓪例 고요한 정적(静寂)이 감돌다.
〈静かな静寂が漂う。〉/
정적을 깨는 소리.
〈静寂を破る音。〉(100%)

정중하다 형【13種のテキストで15例】

⓪例 정중(鄭重)하게 [말을/인사를] 하다.
〈丁重に[話を/挨拶を]する。〉(100%)

정직하다 형 ☆☆★【7種のテキストで35例】

⓪例 정직(正直)한 태도.
〈正直な態度。〉/
역사에 대해 정직하다.
〈歴史に対して正直だ。〉(100%)

정책 명 ☆☆★【29種のテキストで221例】

⓪例 정부의 외교 정책(政策).
〈政府の外交政策。〉(100%)

---

42) 現在の大韓民国の国務総理にあたる。

정치 명 ★★★【55種のテキストで307例】

⓪예 민주 정치(政治).
〈民主政治。〉(94.5%)

정치가 명【15種のテキストで24例】

①예 정당에 소속된 정치가(政治家).
〈政党に所属した政治家。〉(87.5%)

②예 위대한 정치가이기도 했던 왕.
〈偉大な政治家でもあった王。〉(12.5%)

정치인 명【11種のテキストで20例】

⓪예 정치인(政治人)으로 활동하다.
〈政治家として活動する。〉(100%)

정치적[1] 관【20種のテキストで81例】

⓪예 정치적(政治的) 상황.
〈政治的状況。〉(100%)

정치적[2] 명【20種のテキストで43例】

⓪예 정치적(政治的)으로 중립을 지키다.
〈政治的に中立を守る。〉/
정치적인 문제.
〈政治的な問題。〉(100%)

정하다 동 ★★★【91種のテキストで260例】

①예 약속 장소를 지하철역으로 정(定)하다.
〈約束の場所を地下鉄駅に決める。〉(46.2%)

②예 [내용을/목적을] 정하다.
〈[内容を/目的を]定める。〉(36.5%)

정확하다 형 ★★★【78種のテキストで324例】

⓪예 발음을 정확(正確)하게 하다.
〈発音を正確にする。〉(100%)

정확히 부【37種のテキストで45例】

⓪예 발음을 정확(正確)히 하다.
〈発音を正確にする。〉/
주소를 정확히 [기억하다/쓰다].
〈住所を正確に[記憶する/書く]。〉/
정확히 말하다.
〈ずばりと言う。〉(100%)

젖 명 ☆☆★【11種のテキストで24例】

⓪예 아기가 젖을 잘 먹다.
〈赤ちゃんが乳をよく飲む。〉/
소의 젖을 마시다.
〈牛の乳を飲む。〉(91.7%)

젖다 동 ☆★★【64種のテキストで129例】

①예 옷이 땀으로 흥건하게 젖다.
〈服が汗でじっとりと濡れる。〉/
온몸이 비에 젖다.
〈全身が雨に濡れる。〉(59.7%)

②예 [생각에/실의에] 젖다.
〈[考えに/失意に]浸る。〉(19.4%)

③예 [생활에/타성에] 젖다.
〈[生活に/惰性に]浸る。〉(8.5%)

젖히다 동【15種のテキストで34例】

①예 [문을/이부자리를] 젖히다.
〈[戸を/布団を]広げる。〉(50%)

②예 [몸을/좌석을] 뒤로 젖히다.
〈[体を/座席を]後ろに反らす。〉(38.2%)

제[1] 접【86種のテキストで527例】

⓪예 국보 제(第)1호.
〈国宝第1号[43]。〉/
제2공장.
〈第2工場。〉(100%)

제[2] 대 ★★★【114種のテキストで477例】

⓪예 제가 도와 드리겠습니다.
〈私がお助けします。〉(95.4%)

제[3] 관 ★★☆【77種のテキストで227例】

⓪예 제 곁으로 오세요.
〈私のそばに来てください。〉(100%)

제[4] 관【74種のテキストで140例】

①예 호랑이도 제 말 하면 온다.
〈うわさをすれば影がさす。〉(80%)

②예 제 값을 받다.
〈それ相応の値段を貰う。〉/
제 꼴을 갖추다.
〈自分の身なりを整える。〉(20%)

제각기 부【24種のテキストで29例】

⓪예 모습이 제각기(- 各其) 다르다.
〈姿がそれぞれ違う。〉(93.1%)

제공하다 동【27種のテキストで43例】

⓪예 [숙식을/정보를/편의를] 제공(提供)하다.
〈[宿泊を/情報を/便宜]を提供する。〉(100%)

제기되다 동【11種のテキストで19例】

①예 해결할 문제가 제기(提起)되다.
〈解決すべき問題が提起される。〉(63.2%)

②예 민족주의는 4.19에서 제기되다.
〈民族主義は4.19で提起される。〉(15.8%)

③예 공해가 새로운 과제로 제기되다.
〈公害が新たな課題として提起される。〉(10.5%)

④예 신빙성에 의문이 제기되다.
〈信憑性に疑問が提起される。〉(10.5%)

제기하다 동【12種のテキストで20例】

①예 토의할 문제를 제기(提起)하다.
〈討議する問題を提起する。〉(85%)

②예 회사를 상대로 소송을 제기하다.
〈会社を相手に訴訟を提起する。〉(10%)

제대로 부 ★★☆【95種のテキストで185例】

①예 학교를 제대로 마치다.
〈学校をまともに終える。〉(52.4%)

②예 집값이 제대로 나가다.
〈住宅価格がまともに出る。〉(30.8%)

③예 일이 제대로 풀리다.
〈仕事がちゃんと旨くいく。〉(13.5%)

---

43) 崇礼門(今の南大門)

제도 圏 ★★★【37種のテキストで131例】
　⓪㋐ 휴직 제도(制度).
　　〈休職制度。〉(92.4%)

제목 圏 ★★☆【39種のテキストで101例】
　⓪㋐ 글에 제목(題目)을 붙이다.
　　〈文章にタイトルをつける。〉(100%)

제발 圖 ☆★★【33種のテキストで58例】
　⓪㋐ 제발 용서해 주세요.
　　〈どうか許してください。〉(100%)

제법 圖【44種のテキストで78例】
　⓪㋐ 제법 키가 크다.
　　〈かなり背が高い。〉(94.9%)

제비 圏 ☆★★【10種のテキストで59例】
　⓪㋐ 제비가 집을 짓다.
　　〈ツバメが巣を作る。〉(98.3%)

제사 圏 ★★★【26種のテキストで65例】
　⓪㋐ 제사(祭祀)를 지내다.
　　〈祭祀を行う。〉(100%)

제시되다 圗【12種のテキストで16例】
　⓪㋐ [대안이/해답이] 제시(提示)되다.
　　〈[代案が/解答が]提示される。〉(93.8%)

제시하다 圗【33種のテキストで75例】
　⓪㋐ [조건을/해결 방안을] 제시(提示)하다.
　　〈[条件を/解決策を]提示する。〉(100%)

제안 圏【15種のテキストで19例】
　⓪㋐ 제안(提案)을 받아들이다.
　　〈提案を受け入れる。〉(100%)

제약 圏【13種のテキストで23例】
　⓪㋐ 많은 제약(制約)이 따르다.
　　〈多くの制約が伴う。〉(100%)

제외하다 圗【29種のテキストで34例】
　⓪㋐ 휴식 시간을 제외(除外)하다.
　　〈休憩時間を除く。〉(100%)

제일 圖 ☆★☆【106種のテキストで253例】
　①㋐ 아버지가 제일(第一) 무섭다.
　　〈父が一番怖い。〉(85.4%)
　②㋐ 당대 제일의 화가.
　　〈当代随一の画家。〉(11.5%)

제자 圏【28種のテキストで68例】
　⓪㋐ 스승과 제자(弟子).
　　〈師匠と弟子。〉(100%)

제자리 圏【27種のテキストで33例】
　①㋐ 책을 도로 제자리에 꽂다.
　　〈本をもと通りにしまう。〉(48.5%)
　②㋐ 모든 물건을 제자리에 두다.
　　〈すべての品物をもとの場所に置く。〉(24.2%)
　③㋐ 제자리에서 빙글빙글 돌다.
　　〈その場でぐるぐる回る。〉(12.1%)

제작 圏【11種のテキストで37例】
　①㋐ [광고/방송/영화/작품] 제작(製作).
　　〈[広告/放送/映画/作品]制作。〉(73%)
　②㋐ [비행기/토기의] 제작 과정.
　　〈[飛行機/土器]制作過程。〉(27%)

제작하다 圗【12種のテキストで21例】
　①㋐ [영화를/작품을] 제작(製作)하다.
　　〈[映画を/作品を]制作する。〉(52.4%)
　②㋐ [도구를/장치를] 제작하다.
　　〈[道具を/装置を]制作する。〉(47.6%)

제주도 圏 (固有) ★★☆【23種のテキストで54例】
　⓪㋐ 제주도(濟州島)로 여행을 가다.
　　〈済州道に旅行に行く。〉(100%)

제품 圏 ★★☆【27種のテキストで149例】
　⓪㋐ 전자 제품(製品).
　　〈電子製品。〉(100%)

제한 圏【10種のテキストで15例】
　①㋐ 제한(制限) 급수를 실시하다.
　　〈給水制限を実施する。〉(80%)
　②㋐ 금액에 제한이 없다.
　　〈金額に制限がない。〉(20%)

제한되다 圗【15種のテキストで18例】
　⓪㋐ [공간이/범위가/조건이] 제한(制限)되다.
　　〈[スペースが/範囲が/条件が]制限される。〉
　　(100%)

조[1] 圏【17種のテキストで33例】
　⓪㋐ 8개 조(組)로 나누다.
　　〈8組に分ける。〉(100%)

조[2] 圕【4種のテキストで8例】
　⓪㋐ 1조(兆) 원의 예산이 들다.
　　〈1兆ウォンの予算がかかる。〉(100%)

조각[1] 圏 ★☆★【33種のテキストで59例】
　①㋐ 벽돌이 깨어져 조각이 나다.
　　〈レンガが壊れてこなごなになる。〉(64.4%)
　②㋐ 베이컨 두 조각을 먹다.
　　〈ベーコン二切れを食べる。〉(18.6%)
　③㋐ 햇빛이 빛의 조각들이 되어 쏟아지다.
　　〈太陽の光が光のかけらになって降り注ぐ。〉
　　(16.9%)

조각[2] 圏【8種のテキストで26例】
　⓪㋐ 돌로 조각(彫刻)을 하다.
　　〈石で彫刻をする。〉(100%)

조개 圏 ☆☆★【16種のテキストで36例】
　⓪㋐ 조개를 잡다.
　　〈貝をとる。〉(100%)

조건 圏 ★★☆【47種のテキストで127例】
　⓪㋐ 같은 조건(條件)에서 실험하다.
　　〈同じ条件で実験する。〉/
　　결혼 조건.
　　〈結婚の条件。〉(93.7%)

조국 명 ★☆★【27種のテキストで76例】
① 예 해외에서 살다가 조국(祖國)으로 돌아가
다. 〈海外で暮らし、祖国に帰る。〉(100%)

조그마하다 형【14種のテキストで22例】
① 예 크기가 조그마하다.
〈大きさが小柄だ。〉(100%)

조그맣다 형【47種のテキストで69例】
① 예 조그만 [거울/손/아이].
〈小さな[鏡/手/子]。〉(100%)

조금¹ 부 ★★★【146種のテキストで482例】
① 예 날이 조금 춥다.
〈少し寒い。〉/
눈이 조금 쌓이다.
〈少し雪が積もる。〉(61.4%)
② 예 조금도 [다르지 않다/움직이지 않다].
〈少しも[変わらない/動かない]。〉(16.2%)
③ 예 조금 [쉬다가/있다가] 가다.
〈少し[休んでから/してから]行く。〉(11.8%)

조금² 명【43種のテキストで68例】
① 예 조금 [전/후]에.
〈少し[前/後]に。〉(58.8%)
② 예 물 조금을 붓다.
〈水少しを注ぐ。〉(41.2%)

조르다 동 ☆☆★【25種のテキストで37例】
① 예 애인에게 [같이 살자고/결혼을] 조르다.
〈恋人に[一緒に住もうと/結婚を]せがむ。〉(100%)

조명 명【11種のテキストで39例】
① 예 무대 조명(照明).
〈舞台照明。〉/
조명이 들어오다.
〈照明が入る。〉(71.8%)
② 예 [가게의/방의/현관] 조명이 밝다.
〈[お店の/部屋の/玄関の]照明が明るい。〉
(25.6%)

조사 명 ★★★【39種のテキストで85例】
① 예 [발굴/인구] 조사(調査)를 하다.
〈[発掘/人口]調査をする。〉(100%)

조사하다 동 ★☆☆【53種のテキストで257例】
① 예 [사건을/자료를] 조사(調査)하다.
〈[事件を/資料を]調査する。〉(100%)

조상 명 ★★★【66種のテキストで353例】
① 예 우리 조상(祖上)들의 지혜를 배우다.
〈私たちの祖先の知恵を学ぶ。〉(86.1%)
② 예 한 조상을 모시는 일가친척들.
〈一つの祖先をまつる一家親戚たち。〉(13.3%)

조선 명(固有) ★★☆【51種のテキストで239例】
① 예 조선(朝鮮)을 건국하다.
〈朝鮮を建国する。〉(51.5%)
② 예 조선 [시대/왕조].
〈朝鮮[時代/王朝]。〉(40.2%)

조심 명【12種のテキストで20例】
① 예 조심(操心)을 하다.
〈用心をする。〉(100%)

조심스럽다 형【39種のテキストで49例】
① 예 운전을 조심(操心)스럽게 하다.
〈運転を慎重にする。〉/
말투가 조심스럽다.
〈言い方が慎重だ。〉(89.8%)
② 예 깨질까 손대기 조심스럽다.
〈割れるかと気をつけてさわる。〉(10.2%)

조심조심 부【13種のテキストで15例】
① 예 조심조심(操心操心) [다가가다/행동하다].
〈おそるおそる[近づく/行動する]。〉(100%)

조심하다 동 ★★★【61種のテキストで102例】
① 예 [길을/행동을] 조심(操心)하다.
〈[足下に/行動に]気をつける。〉(99%)

조용하다 형 ★★★【49種のテキストで73例】
① 예 조용한 데로 가서 요양하다.
〈静かなところに行って療養する。〉(38.4%)
② 예 집 안이 쥐 죽은 듯 조용하다.
〈家の中がしんと静まり返っている。〉(34.2%)
③ 예 조용한 사람.
〈静かな人。〉(13.7%)
④ 예 [조용하게/조용한 소리로] 말하다.
〈[静かに/静かな声で]言う。〉(11%)

조용히 부 ★★☆【63種のテキストで120例】
① 예 아이가 조용히 이야기를 듣다.
〈子供が静かに話を聞く。〉(46.7%)
② 예 [식이/예배가] 조용히 진행되다.
〈[式が/礼拝が]静かに進行する。〉(43.3%)

조절하다 동【16種のテキストで19例】
① 예 [강의 흐름을/호흡을] 조절(調節)하다.
〈[川の流れを/呼吸を]調節する。〉(100%)

조정¹ 명【7種のテキストで22例】
① 예 [시간의/화면] 조정(調整).
〈[時間の/画面]調整。〉(50%)
② 구 <구조 조정>.
〈構造調整。〉(50%)

조정² 명【6種のテキストで7例】
① 예 조정(朝廷)에서 정사를 논하다.
〈朝廷で政事を論じる。〉(100%)

조직 명 ★☆★【23種のテキストで52例】
① 예 임시 정부의 조직(組織).
〈臨時政府の組織。〉(94.2%)

조차 토【97種のテキストで228例】
① 예 바람이 불어서 눈조차 뜰 수 없다.
〈風が吹いて目も開けられない。〉(100%)

조치 명【20種のテキストで46例】
① 예 조치(措置)를 취하다.

조카　[명]　☆★★【14種のテキストで17例】

①예 조카가 장가를 가다.
〈甥が嫁をとる。〉(76.5%)

②예 오빠 내외 조카들을 보고 싶다.
〈兄夫妻の甥たちに会いたい。〉(23.5%)

조화　[명]【23種のテキストで40例】

⓪예 균형과 조화(調和)를 [깨다/이루다].
〈均衡と調和を〔破る/なす〕。〉(100%)

존경하다　[동]　★☆☆【23種のテキストで34例】

⓪예 [선생님을/위인을] 존경(尊敬)하다.
〈〔先生を/偉人を〕尊敬する。〉(100%)

존재　[명]　★☆☆【57種のテキストで184例】

①예 자신을 버림 받은 존재(存在)라고 생각
하다.〈自分を見捨てられた存在だと考える。〉
(58.7%)

②예 그의 존재를 잊다.
〈彼の存在を忘れる。〉(41.3%)

존재하다　[동]　★☆☆【37種のテキストで107例】

①예 지구상에 존재(存在)하는 자원은 유한하
다.〈地球上に存在する資源は有限だ。〉(73.8%)

②예 구비 문학은 말로 존재한다.
〈口碑文学は言葉で存在する。〉(26.2%)

존중하다　[동]　★☆☆【22種のテキストで62例】

⓪예 [개성을/의견을] 존중(尊重)하다.
〈〔個性を/意見を〕尊重する。〉(100%)

졸다　[동]　☆★★【16種のテキストで18例】

⓪예 의자에 앉아 꾸벅꾸벅 졸다.
〈椅子に座ってうとうとする。〉(100%)

졸리다　[동]　☆★☆【11種のテキストで11例】

⓪예 밤에 잠을 설쳐서 졸리다.
〈夜に寝そびれて眠い。〉(100%)

졸업　[명]　☆★★【18種のテキストで27例】

⓪예 졸업(卒業)을 하다.
〈卒業をする。〉(100%)

졸업하다　[동]　★★☆【49種のテキストで87例】

⓪예 학교를 졸업(卒業)하다.
〈学校を卒業する。〉(100%)

졸음　[명]【10種のテキストで17例】

⓪예 쏟아지는 졸음을 [쫓다/참다].
〈やたらに眠いのを〔追い払う/こらえる〕。〉(100%)

좀[1]　[갑]【125種のテキストで762例】

①예 여보, 어디 좀 봐요.
〈あなた、ちょっと見せてみて。〉/
친구한테 좀 가 보세요.
〈友達にちょっと相談してみて。〉(58.4%)

②예 어어, 저 놈 좀 보게!
〈おお、あいつをちょっと見ろ!〉/
야, 내 정신 좀 봐라.
〈あ、うっかりしていた。〉(41.6%)

좀[2]　[문]　★★★【129種のテキストで555例】

①예 몸이 좀 이상하다.
〈体がちょっとおかしい。〉/
눈에 좀 거슬리다.
〈ちょっと目にきわる。〉/
돈이 좀 모아지다.
〈お金がちょっと溜まる。〉(80.9%)

②예 좀 [쉬다/있다가] 가다.
〈ちょっと〔休んで/してから〕行く。〉(10.3%)

좀더　[문]　★★☆【83種のテキストで169例】

①예 좀더 [구체적이다/쉽다/편하다].
〈もっと〔具体的だ/易しい/楽だ〕。〉(57.4%)

②예 좀더 [기다리다/생각하다].
〈もすこし〔待つ/考える〕。〉(26.6%)

③예 좀더 [빨리/일찍/잘] 하다.
〈もっと〔早く/早めに/旨く〕やる。〉(16%)

좀처럼　[문]　☆☆★【22種のテキストで26例】

⓪예 좀처럼 입을 열지 못하다.
〈なかなか口を開けられない。〉/
딸꾹질이 좀처럼 멎지 않다.
〈しゃっくりがなかなか止まらない。〉(100%)

좁다　[형]　★★★【67種のテキストで101例】

①예 [마당이/방이] 좁다.
〈〔庭が/部屋が〕狭い。〉(50.5%)

②예 [골목이/책상 폭이] 좁다.
〈〔路地が/机の幅が〕狭い。〉(29.7%)

③예 목이 좁은 호리병.
〈首の細いとっくり。〉/
틈이 좁다.
〈すき間が狭い。〉(5.9%)

④예 좁은 소견.
〈狭い所見。〉/
그는 속이 좁다.
〈彼は心が狭い。〉(5.9%)

종[1]　[명]　★☆☆【13種のテキストで44例】

⓪예 종(鐘)을 치다.
〈鐘を打つ。〉(100%)

종[2]　[명의]【8種のテキストで14例】

⓪예 교과서를 5종(種) 선정하다.
〈教科書を5種選定する。〉(100%)

종교　[명]　★☆★【32種のテキストで76例】

⓪예 종교(宗教)를 가지다.
〈宗教を持つ。〉(96.1%)

종로　[명](固有)　☆★☆【18種のテキストで28例】

⓪예 종로(鍾路) 거리가 붐비다.
〈鍾路通りが混雑している。〉(100%)

종류　[명]　★★★【72種のテキストで185例】

①예 과일을 종류(種類)대로 사다.
〈果物を種類別に色々買う。〉(80%)

②예 잡지가 세 종류 나오다.
〈雑誌が三種類出る。〉(14.6%)

종말 명【13種のテキストで18例】

①예 지구가 종말(終末)을 맞다.
〈地球が終末を迎える。〉(100%)

종사하다 동【13種のテキストで22例】

①예 농업에 종사(從事)하다.
〈農業に従事する。〉(100%)

종업원 명【12種のテキストで50例】

①예 식당의 종업원(從業員).
〈食堂の従業員。〉(100%)

종이 명 ★★★【66種のテキストで138例】

①예 종이에 주소를 쓰다.
〈紙に住所を書く。〉(100%)

종일 명【32種のテキストで42例】

①예 회사에서 종일(終日)을 일하다.
〈会社で一日中働く。〉(76.2%)

②예 종일 비가 내리다.
〈終日雨が降る。〉(23.8%)

종종 무【19種のテキストで22例】

①예 소문을 종종 듣다.
〈うわさをしばしば聞く。〉/
종종 만나다.
〈しばしば会う。〉(100%)

종합 명【22種のテキストで48例】

①예 동대문 종합(綜合) 상가.
〈東大門(トンデムン)総合商店街。〉/
종합 대책.
〈総合対策。〉(79.2%)

②예 정보의 종합이 중요하다.
〈情報の総合が重要である。〉(18.8%)

종합하다 동【16種のテキストで31例】

①예 의견을 종합(綜合)하다.
〈意見を総合する。〉(100%)

좋다 형 ★★★【207種のテキストで2,452例】

①예 [경치가/머리가] 좋다.
〈〔景色が/頭が〕いい。〉/
좋은 [음식/음악].
〈いい〔食べ物/音楽〕。〉(17.8%)

②관 <-는 것이/-면-어야 좋다>
예 무슨 사업을 하면 좋을까요?
〈どんな事業をすればいいでしょうか？〉(10.6%)

③예 기분이 좋다.
〈気分がいい。〉/
아이를 보고 좋아서 싱글벙글하다.
〈子供を見て気分が良くてニコニコする。〉(7.6%)

④관 <-면 좋겠다>
예 나도 딸 하나 있으면 좋겠다.
〈私も娘が一人いればいいな。〉(7.5%)

⑤예 나는 [그 사람이/바다가] 좋다.
〈私は〔その人が/海が〕いい。〉(7%)

⑥예 좋은 대학을 나오다.
〈いい大学を出る。〉/

[성능이/질이] 좋다.
〈〔性能が/質が〕いい。〉(6.4%)

⑦예 좋은 [방법이/생각이/수가] 있다.
〈良い〔方法が/考えが/方法が〕ある。〉/
좋은 [예/지적].
〈いい〔例/指摘〕。〉(4.9%)

⑧예 [나가도/안 믿어도] 좋다.
〈〔出ても/信じなくても〕いい。〉/
잠깐이라도 좋으니 시간 좀 내 줘.
〈少しでもいいから時間を少し割いてくれ。〉(4.1%)

⑨예 [듣기에/보기가/살기(에)] 좋다.
〈〔聞くのに/見た目が/暮らし（に）〕いい。〉(4%)

⑩예 좋은 기회.
〈いい機会。〉/
선물로는 반지가 좋다.
〈プレゼントとしては指輪がいい。〉/
[궁합이/조건이] 좋다.
〈〔相性が/条件が〕いい。〉(3.7%)

⑪예 [느낌이/분위기가] 좋다.
〈〔感じが/雰囲気が〕いい。〉/
좋은 [소식/일] 생기다.
〈いい〔ニュースが/ことが〕できる。〉(3.6%)

⑫예 좋다, 갔다 오너라.
〈良し、行って来い。〉/
좋소, 내가 하지요.
〈いいでしょう、私がやりましょう。〉(3.2%)

⑬예 [솜씨가/수단이/입담이] 좋다.
〈〔腕が/手段が〕いい。/話がうまい。〉(1%)

좋아하다 동 ★★★【145種のテキストで527例】

①예 [꽃을/예쁜 것을] 좋아하다.
〈〔花を/きれいなものを〕愛でる。〉(45.5%)

②예 [놀기(를)/놀러 오는 것을/운동을] 좋아
하다. 〈遊びを/遊びに来るのを/運動を〕好む。〉
(20.3%)

③예 [생선을/채식을] 좋아하다.
〈〔魚を/菜食を〕好む。〉(16.1%)

④예 두 사람이 서로 좋아하다.
〈二人が互いに好きあっている。〉/
후배를 좋아하다.
〈後輩を愛する。〉(12.3%)

좌석 명 ☆☆★【8種のテキストで14例】

①예 열차의 좌석(座席)에 앉다.
〈列車の座席に座る。〉(92.9%)

좌우 명【10種のテキストで16例】

①예 고개를 좌우(左右)로 흔들다.
〈首を左右に振る。〉(87.5%)

좌절 명【14種のテキストで20例】

①예 살면서 좌절(挫折)을 겪다.
〈生きながら挫折を味わう。〉(85%)

②예 혁명이 좌절로 끝나다.
〈革命が挫折に終わる。〉(15%)

죄 명 ★☆★【40種のテキストで79例】

①예 죄(罪)를 짓다.

〈罪を犯す。〉(100%)

죄송하다 형 ★★★【44種のテキストで92例】

① 예 불편하시게 해서 죄송(罪悚)합니다.
〈御不便をかけて申し訳ありません。〉(85.9%)

② 예 죄송하지만 차 좀 세워 주세요.
〈すみませんが車をちょっと止めて下さい。〉(14.1%)

-죠 끝【94種のテキストで861例】

⓪ 예 기쁜 일이죠.
〈嬉しいことですよね。〉/

내일 떠나죠?
〈明日発ちますよね?〉/

그렇게 하시죠.
〈そうしてください。〉(100%)

주¹ 명 ★★★【48種のテキストで83例】

① 예 주(週) 5일제.
〈週五日制。〉(66.3%)

② 예 [두/몇] 주 만에 만나다.
〈[二/数]週ぶりに会う。〉(33.7%)

주² 명【10種のテキストで18例】

① 예 주(主)를 믿다.
〈キリストを信じる。〉(72.2%)

② 예 주를 이루다.
〈主流をなす。〉/

주가 되다.
〈主になる。〉(27.8%)

주고받다 동 ★☆☆【41種のテキストで115例】

① 예 [말을/이야기를] 주고받다.
〈[言葉を/話を]交わす。〉(64.3%)

② 예 [선물을/영향을] 주고받다.
〈[プレゼントを/影響を]交わす。〉(35.7%)

주관 명【11種のテキストで16例】

① 예 해석이 주관(主觀)에 치우치다.
〈解釈が主観に偏る。〉/

자기 주관대로 하다.
〈自分の主観通りにする。〉(62.5%)

② 관 <주관 판단>.
〈主観的判断。〉(25%)

③ 관 <주관이 없다>.
〈主観がない。〉(12.5%)

주다¹ 동보 ★★★【212種のテキストで3,759例】

① 예 등을 두들겨 주다.
〈背中をたたいてやる。〉/

철수 씨 좀 바꿔 주세요.
〈チョルスさん、ちょっと変わってください。〉(79.3%)

② 예 무사히 끝나 주기를 바랐다.
〈無事に終わってくれるのを願った。〉/

그가 깨어나 준 것이 고맙다.
〈彼が目覚めてくれたことに感謝する。〉(9.5%)

주다² 동 ★★★【207種のテキストで1,259例】

① 예 내게 [쪽지를/책을] 주다.
〈私に[メモを/本を]くれる。〉(34.8%)

② 예 사람들에게 [감동을/인상을] 주다.

〈人々に[感動を/印象を]与える。〉(12.2%)

③ 예 남에게 도움을 주다.
〈人を助けてやる。〉(11.5%)

④ 예 그에게 [싸게/월급을] 주다.
〈彼に[安く/給料を]やる。〉(5.9%)

⑤ 예 아이에게 [밥을/젖을] 주다.
〈子供に[ご飯を/乳を]与える。〉(5.9%)

⑥ 예 남에게 [고통을/해를] 주다.
〈人に[苦痛を/害を]与える。〉(5.1%)

⑦ 예 [변화를/악센트를] 주다.
〈[変化を/アクセントを]与える。〉(3.2%)

⑧ 예 아이에게 [벌을/상을] 주다.
〈子供に[罰を/賞を]与える。〉(2.6%)

주도하다 동【16種のテキストで18例】

⓪ 예 [모임을/파업을] 주도(主導)하다.
〈[会合を/ストを]主導する。〉(100%)

주되다 동【11種のテキストで15例】

⓪ 예 주(主)된 [업무/원인/특징].
〈主な[業務/原因/特徴]。〉(100%)

주로 부 ★★★【78種のテキストで140例】

⓪ 예 고객은 주(主)로 회사원이다.
〈利用客は主に会社員だ。〉/

아침에 주로 빵을 먹다.
〈朝に主にパンを食べる。〉(100%)

주말 명 ☆★★【38種のテキストで73例】

⓪ 예 주말(週末)을 보내다.
〈週末を過ごす。〉(100%)

주머니 명 ★★☆【40種のテキストで102例】

⓪ 예 주머니에서 돈을 꺼내다.
〈ポケットから金をつかみ出す。〉(100%)

주먹 명 ★☆☆【33種のテキストで72例】

① 예 주먹으로 때리다.
〈げんこつでなぐる。〉(81.9%)

② 예 조직의 주먹들이 다 모이다.
〈組織のヤクザたちがみんな集まる。〉(15.3%)

주목하다 동【13種のテキストで21例】

⓪ 예 [말에/사실에] 주목(注目)하다.
〈[言葉に/事実に]注目する。〉(90.5%)

주무시다 동 ☆★★【26種のテキストで41例】

① 예 어머니께서 방에서 주무시다.
〈お母さんが部屋でお休みだ。〉(70.7%)

② 관 <안녕히 주무시다>

예 안녕히 주무세요.
〈おやすみなさい。〉/

안녕히 주무셨어요?.
〈良くお休みになれましたか?〉(29.3%)

주문하다 동 ☆★☆【11種のテキストで15例】

⓪ 예 [소주를/책을] 주문(注文)하다.
〈[焼酎を/本を]注文する。〉(93.3%)

주민 명 ★☆★【29種のテキストで62例】

⓪㉠ 아파트 주민(住民).
〈アパートの住民。〉(100%)

주방 명【11種のテキストで33例】
⓪㉠ 식당 주방(廚房)에서 일하다.
〈食堂の厨房で働く。〉(100%)

주변 명 ★★☆【88種のテキストで221例】
⓪㉠ [섬/우리/집] 주변(周邊)을 둘러보다.
〈[島の/私たちの/家の]周辺を見回す。〉(100%)

주부 명 ☆★★【19種のテキストで46例】
⓪㉠ 가정의 주부(主婦)들.
〈家庭の主婦たち。〉(100%)

주사 명 ☆☆★【11種のテキストで21例】
⓪㉠ 간호사가 주사(注射)를 놓다.
〈看護士が注射を打つ。〉(100%)

주소 명 ☆★★【27種のテキストで32例】
⓪㉠ 봉투에 주소(住所)를 쓰다.
〈封筒に住所を書く。〉(100%)

주스 명 ☆★★【7種のテキストで10例】
⓪㉠ 과일 주스를 마시다.
〈フルーツジュースを飲む。〉(100%)

주어지다 동 ★☆☆【41種のテキストで81例】
⓪㉠ 기회가 주어지다.
〈機会が与えられる。〉/
주어진 조건에 따르다.
〈与えられた条件に従う。〉(100%)

주요 명【27種のテキストで57例】
⓪㉠ 주요(主要) 성분.
〈主要成分。〉(100%)

주위 명 ★★★【98種のテキストで234例】
①㉠ 주위 사람들.
〈周りの人たち。〉/
주위에 [물어 보다/소문을 내다].
〈周りに[聞いてみる/うわさを立てる]。〉(49.1%)
②㉠ 주위를 두리번거리다.
〈きょろきょろと辺りを見回す。〉/
학교 주위.
〈学校の周り。〉(41%)

주의¹ 명 ★★★【31種のテキストで36例】
①㉠ 사람들의 주의(注意)를 끌다.
〈人々の注意を引く。〉(38.9%)
②㉠ 선생님에게 주의를 듣다.
〈先生に注意を聞く。〉(36.1%)
③㉠ 위험에 주의를 하다.
〈危険に注意を払う。〉(19.4%)

주의² 명【1種のテキストで4例】
⓪㉠ 신세대들은 주의(主義)와 주장이 분명하
다.〈新世代たちは主義と主張が明らかだ。〉
(100%)

주의하다 동 ★☆☆【34種のテキストで127例】
⓪㉠ 전염병에 주의(注意)하다.

〈伝染病に注意する。〉/
깨지기 쉬우니까 주의해.
〈割れやすいので注意して。〉(100%)

주인 명 ★★★【87種のテキストで322例】
①㉠ 개가 주인(主人)을 따르다.
〈犬が主人についてまわる。〉(49.1%)
②㉠ 가게의 주인.
〈店の主人。〉(31.7%)

주인공 명【36種のテキストで89例】
①㉠ 영화의 주인공(主人公).
〈映画の主人公。〉(73%)
②㉠ [단체의/시대의] 주인공.
〈[団体の/時代の]主人公。〉(11.2%)

주일 명 ☆★★【74種のテキストで120例】
⓪㉠ 생후 2주일.
〈生後2週間。〉(98.3%)

주장 명 ★★☆【59種のテキストで219例】
⓪㉠ 각자의 주장(主張)을 내세우다.
〈各自の主張を掲げる。〉(100%)

주장하다 동 ★☆☆【63種のテキストで164例】
①㉠ [결백을/권리를/의견을] 주장(主張)하다.
〈[潔白を/権利を/意見を]主張する。〉(56.7%)
②㉠ 옳지 않다고 주장하다.
〈正しくないと主張する。〉(43.3%)

주저앉다 동【36種のテキストで56例】
①㉠ 지쳐서 그 자리에 주저앉다.
〈疲れてその場に座り込む。〉(51.8%)
②㉠ 끌려가지 않으려고 땅바닥에 주저앉다.
〈連れて行かれないように地べたに座り込む。〉(37.5%)

주전자 명 ☆☆★【12種のテキストで24例】
⓪㉠ 주전자(酒煎子)에 물을 끓이다.
〈やかんに湯を湧かす。〉(100%)

주제 명 ★☆☆【38種のテキストで187例】
①㉠ 사랑을 주제(主題)로 한 작품.
〈愛をテーマにした作品。〉(62%)
②㉠ 발표의 주제를 정하다.
〈発表のテーマを決める。〉(38%)

주차장 명【11種のテキストで39例】
⓪㉠ 주차장(駐車場)에 차를 대다.
〈駐車場に車をつける。〉(100%)

주체 명 ★☆☆【18種のテキストで36例】
①㉠ [경제의/문제 해결의] 주체(主體).
〈[経済の/問題解決の]主体。〉(50%)
②㉠ 주체와 객체의 관계는 철학의 근본적 문
제이다.〈主体と客体の関係は哲学の根本的な
問題だ。〉(36.8%)

주택 명【16種のテキストで26例】
①㉠ 음식, 옷, 주택(住宅)은 생존의 기본 조건이
다.〈衣、食、住は生存の基本条件だ。〉(88.5%)
②㉠ 고급 주택에 살다.

〈高級住宅に住む。〉(11.5%)

죽¹ 몡 ☆☆★ 【10種のテキストで12例】
① 몐 죽(粥)을 [끓이다/먹다].
〈かゆを[炊く/食べる]。〉(75%)
② 관 <식은 죽 먹기>
〈朝飯前。〉(16.7%)

죽² 閉 【10種のテキストで23例】
① 몐 간판들이 죽 잇대어 있다.
〈看板がずらりと接している。〉/
집을 죽 에워싸다.
〈家をずらりと取り囲む。〉(34.8%)
② 몐 3년 동안 죽 함께 공부하다.
〈3年間ずっと一緒に勉強する。〉(34.8%)
③ 몐 구구단을 죽 외우다.
〈九九をずっと覚える。〉(26.1%)

죽다 동 ★★★ 【142種のテキストで701例】
⓪ 몐 사고로 사람이 죽다.
〈事故で人が死ぬ。〉/
개가 죽다.
〈犬が死ぬ。〉(82.7%)

죽음 몡 ★★☆ 【54種のテキストで190例】
⓪ 몐 삶과 죽음.
〈生と死。〉(100%)

죽이다 동 ★★★ 【55種のテキストで149例】
① 몐 적을 죽이다.
〈敵を殺す。〉(80.5%)
② 몐 소리 죽여 울다.
〈声を殺して泣く。〉/
텔레비전의 소리를 죽이다.
〈テレビの音を小さくする。〉(11.4%)

준비 몡 ★★★ 【95種のテキストで178例】
⓪ 몐 일을 할 준비(準備)를 하다.
〈仕事をする準備をする。〉(99.4%)

준비물 몡 【20種のテキストで43例】
⓪ 몐 여행 준비물(準備物)을 챙기다.
〈旅行の準備物をまとめる。〉(100%)

준비하다 동 ★★☆ 【77種のテキストで145例】
⓪ 몐 [결혼을/음식을] 준비(準備)하다.
〈[結婚を/料理を]準備する。〉(100%)

줄¹ 몡의 ★★★ 【154種のテキストで484例】
① 몐 [거짓말인/다리가 아픈] 줄을 모르다.
〈[嘘である/足が痛い]ことを知らない。〉(36.6%)
② 몐 반론의 여지가 없을 줄로 알다.
〈反論の余地がないと思う。〉/
거짓말인 줄(로) 알았는데 사실이다.
〈嘘だと思っていたが、事実だ。〉(27.1%)
③ 몐 양보할 줄 알아야 한다.
〈譲歩することを知らねばならない。〉(13.2%)
④ 몐 자전거 탈 줄 [모르다/알다].
〈自転車の乗りかたを[知らない/知っている]。〉
(9.3%)

줄² 몡 ★★★ 【55種のテキストで124例】
① 몐 아이들이 줄을 서다.
〈子供たちが並ぶ。〉(50.8%)
② 몐 줄로 묶다.
〈ひもで縛る。〉/
줄이 끊어지다.
〈ひもが切れる。〉(37.9%)

줄거리 몡 【23種のテキストで105例】
⓪ 몐 [이야기의/작품의] 줄거리.
〈[話の/作品の]筋。〉(100%)

줄곧 閉 【19種のテキストで23例】
⓪ 몐 어려서부터 줄곧 시골서 자라다.
〈幼い頃からずっと田舎で育つ。〉(100%)

줄기 몡 ★☆★ 【31種のテキストで49例】
① 몐 나무의 줄기.
〈木の幹。〉(40.8%)
② 몐 한 줄기 눈물이 흘러내리다.
〈一筋の涙がこぼれる。〉(16.3%)
③ 몐 [강의/산의] 줄기가 갈라지다.
〈[河の流れが分かれる。/山脈が分かれる。〉
(14.3%)
④ 몐 민중 운동의 큰 줄기.
〈民衆運動の大きな流れ。〉(6.1%)
⑤ 몐 두 줄기 버드나무 가로수.
〈二筋の柳並木。〉(6.1%)

줄다 동 ☆☆★ 【21種のテキストで33例】
⓪ 몐 [소비가/옷이/체중이] 줄다.
〈[消費が/体重が]減る。/服が縮む。〉(100%)

줄어들다 동 ★☆☆ 【31種のテキストで44例】
⓪ 몐 [소비가/옷이/체중이] 줄어들다.
〈[消費が/体重が]だんだん減る。/服がだんだん縮む。〉(100%)

줄이다 동 ★★★ 【55種のテキストで135例】
⓪ 몐 [소리를/옷을] 줄이다.
〈[音を/服を]小さくする。〉(98.5%)

줍다 동 ★☆★ 【54種のテキストで125例】
① 몐 모래밭에서 조개껍질을 줍다.
〈砂浜で貝を拾う。〉/
휴지를 줍다.
〈紙屑を拾う。〉(82.4%)
② 몐 길에서 [돈을/지갑을] 줍다.
〈道で[お金を/財布を]拾う。〉(10.4%)

중¹ 몡의 ★★☆ 【181種のテキストで1,030例】
① 몐 학생 중(中)에서 가장 크다.
〈学生の中で一番大きい。〉(71%)
② 몐 [토의/회의] 중.
〈[討議/会議]中。〉(11.2%)

중² 몡 ☆☆★ 【4種のテキストで7例】
① 몐 중(中)3(삼) 때.
〈中3の時。〉(85.7%)
② 몐 성적은 중 정도이다.

〈成績は中程度だ。〉(14.3%)

중간 명 ★★★【46種のテキストで67例】

① 예 출장을 중간(中間)에 그만두다.
〈出張を中間でやめる。〉(47.8%)

② 예 서울과 인천의 중간쯤.
〈ソウルと仁川(インチョン)の中間ぐらい。〉(17.9%)

③ 예 전동차의 중간쯤에 가서 앉다.
〈電動車の中間くらいに行って座る。〉(16.4%)

중국 명(固有) ★★★【59種のテキストで276例】

⓪ 예 중국(中國)으로 여행을 가다.
〈中国に旅行に行く。〉(100%)

중년 명【18種のテキストで36例】

⓪ 예 나이가 중년(中年)에 접어들다.
〈年が中年に入る。〉(100%)

중단하다 동【14種のテキストで18例】

⓪ 예 [공사를/말을] 중단(中斷)하다.
〈[工事を/言葉を]中断する。〉(100%)

중반 명【15種のテキストで20例】

⓪ 예 [40대/90년대] 중반(中盤)에 접어들다.
〈[40台/90年代]中盤にさしかかる。〉(95%)

중시하다 동【12種のテキストで15例】

⓪ 예 [성격을/외모를] 중시(重視)하다.
〈[性格を/外貌を]重視する。〉(100%)

중심 명 ★★★【68種のテキストで310例】

① 예 농경 중심(中心)의 문화.
〈農耕中心の文化。〉(64.5%)

② 관 <～를 중심으로>
예 문제점을 중심으로 논의하다.
〈問題点を中心に議論する。〉(27.4%)

중앙 명 ☆☆★【25種のテキストで34例】

① 예 단상의 중앙(中央)에 서다.
〈壇の中央に立つ。〉(35.3%)

② 예 중앙의 귀족과 지방의 토호.
〈中央の貴族と地方の土豪。〉(26.5%)

③ 예 당의 중앙 위원으로 뽑히다.
〈党の中央委員に選ばれる。〉(14.7%)

④ 관 <국립 중앙 박물관>.
〈国立中央博物館。〉(11.8%)

중얼거리다 동【39種のテキストで65例】

⓪ 예 입으로 뭔가를 중얼거리다.
〈口で何かをつぶやく。〉(100%)

중요성 명【24種のテキストで48例】

⓪ 예 교육의 중요성(重要性)을 알다.
〈教育の重要性を知る。〉(100%)

중요시하다 동【10種のテキストで16例】

⓪ 예 미래보다 현재를 중요시(重要視)하다.
〈未来より現在を重要視する。〉(100%)

중요하다 형 ★★★【125種のテキストで522例】

① 예 꿈을 갖는 건 중요(重要)하다.

〈夢を持つのは重要だ。〉(51.7%)

② 예 사건의 중요한 원인을 찾다.
〈事件の重要な原因を探る。〉(48.1%)

중학교 명 ☆★★【45種のテキストで107例】

⓪ 예 중학교(中學校)에 다니다.
〈中学校に通う。〉(100%)

쥐 명 ★★★【26種のテキストで54例】

① 예 고양이가 쥐를 잡다.
〈猫がねずみを捕る。〉(75.9%)

② 관 <쥐 죽은 듯이>.
〈しいんと。〉(5.6%)

③ 관 <쥐도 새도 모르게>.
〈誰にも気づかれずに。〉(5.6%)

쥐다 동 ★☆☆【52種のテキストで103例】

① 예 [멱살을/부채를] 쥐고 흔들다.
〈[胸ぐらを/うちわを]握って振る。〉(66%)

② 예 주먹을 쥐다.
〈拳を握る。〉(17.5%)

즈음 명 의【19種のテキストで28例】

⓪ 예 [그/저녁 먹을/해가 질] 즈음에야 도착하다.
〈[その/夕食を食べる/日が暮れる]ころになって
ようやく到着する。〉(100%)

즉 부 ★★★【67種のテキストで262例】

① 예 천고마비, 즉(卽) 하늘은 높고 말은 살찐
다는 계절이다.〈天高く馬肥ゆる、つまり天は高
〈馬は太るという季節だ。〉(36.6%)

② 예 우화는 교훈적이다. 즉 악보다 선이 더
강하다는 것이다.〈寓話は教訓的である。つま
り悪より善が強いということだ。〉(27.9%)

③ 예 그는 큰 도박을 걸었다. 즉 자기의 승진을
요구한 것이다.〈彼は大きな賭けに出た。つまり
自分の昇進を要求したのだ。〉(25.2%)

즉시 부【17種のテキストで19例】

① 예 연락을 받고 즉시(卽時) 떠나다.
〈連絡を受けてすぐに発つ。〉(63.2%)

② 예 그 즉시에는 대답을 못하다.
〈すぐその時には答えられない。〉(36.8%)

즐거움 명【33種のテキストで62例】

⓪ 예 독서의 즐거움을 느끼다.
〈読書の楽しさを感じる。〉(100%)

즐거워하다 동【11種のテキストで15例】

⓪ 예 아이들이 함께 [놀며/운동장을 뛰며] 즐
거워하다.〈子供たちが一緒に[遊びながら/運
動場を走りまわりながら]喜ぶ。〉(100%)

즐겁다 형 ★★★【101種のテキストで309例】

① 예 나는 [등산이/여행이] 즐겁다.
〈私は[登山が/旅行が]楽しい。〉(75.1%)

② <즐거운> 예 즐거운 여행이 되다.
〈楽しい旅行になる。〉(24.6%)

즐기다 동 ★★★【88種のテキストで218例】

①예 해변에서 햇빛을 즐기다.
〈海辺で日光を楽しむ。〉(37.6%)
②관 <즐겨 ~>
예 즐겨 다니는 곳.
〈好んで通っているところ。〉(25.7%)
③예 전화로 데이트를 즐기다.
〈電話でデートを楽しむ。〉(24.8%)
④예 휴가를 즐기다.
〈休暇を楽しむ。〉(10.1%)

증가 명【10種のテキストで19例】
⓪예 인구 증가(增加).
〈人口増加。〉(100%)

증가하다 동【13種のテキストで25例】
⓪예 인구가 증가(增加)하다.
〈人口が増加する。〉(100%)

증거 명【21種のテキストで28例】
⓪예 증거(證據)를 찾다.
〈証拠を探す。〉(100%)

증명하다 동【15種のテキストで16例】
⓪예 결백을 증명(證明)하다.
〈潔白を証明する。〉(100%)

증상 명【10種のテキストで17例】
⓪예 감기 증상(症狀)이 심하다.
〈風邪の症状がひどい。〉(100%)

증오 명【13種のテキストで28例】
⓪예 증오(憎惡)에 찬 시선.
〈憎悪に満ちた視線。〉(100%)

– 지¹ 끝【215種のテキストで8,502例】
⓪예 결과가 중요하지, 과정은 중요하지 않다.
〈結果が重要で、過程は重要でない。〉/
날씨가 좋지 않다.
〈天気が良くない。〉/
그냥 돌아가지 않겠다.
〈そのままでは帰らない。〉(100%)

– 지² 끝【159種のテキストで1,986例】
⓪예 그건 내 잘 알지.
〈それは私がよく分かっているよ。〉/
가방이 무겁지?
〈カバンが重いだろう?〉/
그만 일어나지!
〈そろそろ起きろ!〉(100%)

지³ 명의 ★★☆【107種のテキストで206例】
①예 친구를 못 본 지 1년이 되다.
〈友達に会えずに1年になる。〉(51.9%)
②예 이곳에 온 지가 얼마나 되나?
〈ここに来てからどれくらいになるんだろうか?〉
(48.1%)

지각¹ 명 ☆☆★【4種のテキストで5例】
⓪예 학교에 지각(遲刻)을 하다.
〈学校に遅刻をする。〉(100%)

지각² 명【6種のテキストで13例】

①예 지각(知覺)과 감각.
〈知覚と感覚。〉(84.6%)
②예 지각이 있는 사람.
〈思慮分別がある人。〉(15.4%)

지각하다¹ 동 ☆☆☆【4種のテキストで4例】
⓪예 늦잠을 자서 학교에 지각(遲刻)하다.
〈朝寝坊して学校に遅刻する。〉(100%)

지각하다² 동【4種のテキストで4例】
⓪예 실제 세계를 있는 그대로 지각(知覺)하다.
〈実際の世界をありままに知覚する。〉(100%)

지갑 명 ☆★★【20種のテキストで39例】
⓪예 지갑(紙匣)에 돈을 넣다.
〈財布にお金を入れる。〉(100%)

지겹다 형【19種のテキストで26例】
①예 [공부가/사는 게/일이] 지겹다.
〈[勉強が/生きるのが/仕事が]うんざりする。〉
(80.8%)
②관 <지겹게/지겹도록>
예 지겹게 쫓아다니는 남자.
〈うんざりするほど追いかけ回す男。〉(19.2%)

지경 명의 ☆☆☆【53種のテキストで78例】
⓪예 포기해야 할 지경(地境)에 이르다.
〈放棄しなければならないはめに陥る。〉/
죽을 지경이다.
〈死にそうだ。〉(98.7%)

지구 명 ★★★【44種のテキストで143例】
⓪예 지구(地球)에서 달까지의 거리.
〈地球から月までの距離。〉(100%)

지극히 부【19種のテキストで22例】
⓪예 지극(至極)히 사랑하다.
〈この上なく愛する。〉/
그렇게 생각하는 것은 지극히 당연하다.
〈そう思うのは至極当然だ。〉(100%)

지금¹ 명 ★★★【165種のテキストで652例】
①예 지금(只今)까지 거짓말한 적 없다.
〈今まで嘘をついたことがない。〉(68.6%)
②예 지금이 몇 시야?
〈今何時?〉/
지금으로부터 10년 전.
〈今から10年前。〉(29.6%)

지금² 부 ★★☆【169種のテキストで954例】
①예 지금(只今) 막 도착하다.
〈今ちょうど到着する。〉/
당장 나가, 지금 당장!
〈すぐ出て行け、今すぐ!〉(52.9%)
②예 세계는 지금 정보화 시대에 들어서고 있다.
〈世界は今、情報化時代に入っている。〉(40.6%)

지껄이다 동【11種のテキストで18例】
⓪예 함부로 지껄이다.
〈ぺらぺらしゃべる。〉(100%)

지나가다 동 ★★★【114種のテキストで247例】

①예 [가게 앞을/버스가/이 길을] 지나가다.
〈[店の前を/バスが/この道を]通る。〉(65.6%)

②예 [세월이/1년이] 지나가다.
〈[歳月が/1年が]過ぎる。〉(11.3%)

③예 [생각이 머릿속을/얼굴에 미소가] 지나가다.〈[考えが頭の中を/顔に微笑が]浮かんで消える。〉(4.9%)

지나다 동 ★★★【177種のテキストで689例】

①예 시간이 꽤 지나다.
〈時間が随分過ぎる。〉(26.3%)

②예 지난 [1년간/1일부터 9일까지].
〈この[1年間/1日から9日まで]。〉(25.5%)

③예 열차가 건널목을 지나다.
〈列車が踏切を通る。〉(15.2%)

④예 지난 3월 처음 만나다.
〈この3月に初めて会う。〉(11.8%)

⑤예 [겨울이/자정이] 지나다.
〈[冬が/午前零時が]過ぎる。〉(8.4%)

지나치다¹ 형 ★☆☆【52種のテキストで94例】

① <지나치게> 예 지나치게 가늘다.
〈過度に細い。〉(56.4%)

②예 술이 너무 지나치다.
〈酒が度を超す。〉/
도에 지나친 요구를 하다.
〈度を過ぎた要求をする。〉(43.6%)

지나치다² 동 ★☆☆【38種のテキストで63例】

①예 내릴 정류장을 지나치다.
〈降りる停留所を通り過ぎる。〉(69.8%)

②예 그냥 지나칠 [사건이/일이] 아니다.
〈そのままやり過ごす[事件では/仕事では]ない。〉(20.6%)

지난날 명【18種のテキストで27例】

①예 지난날이 떠오르다.
〈過ぎし日が目に浮かぶ。〉(55.6%)

②예 지난날을 후회하다.
〈過去を後悔する。〉(22.2%)

③예 지난날, 나는 바보처럼 살았다.
〈昔、私はバカのように生きていた。〉(22.2%)

지난번 명【33種のテキストで54例】

①예 지난번(番)에 함께 여행을 했다.
〈この前一緒に旅行をした。〉(83.3%)

②예 동생이 지난번 아팠을 때.
〈弟がこの前病んでいた時。〉(16.7%)

지난해 명【17種のテキストで25例】

①예 지난해에 학교를 졸업했다.
〈昨年学校を卒業した。〉(64%)

②예 그 친구를 지난해 한번 만났다.
〈その友達に昨年一度会った。〉(36%)

지내다 동 ★★★【132種のテキストで408例】

①예 [삼촌 집에서/직장 생활에 만족해서] 지내다.〈[叔父の家で/職場生活に満足して]暮らす。〉(40.2%)

②예 그와 [가까이/어울려] 지내다.
〈彼と[親しく/一緒に]暮らす。〉(32.6%)

③예 조상에게 차례를 지내다.
〈祖先に祭祀を行う。〉(14.5%)

지니다 동 ★★☆【76種のテキストで238例】

⓪예 상징이 지니는 의미.
〈象徴が持つ意味。〉/
겸손한 마음 자세를 지니다.
〈謙遜な姿勢を持つ。〉(92.9%)

지다¹ 동보 ★★☆【206種のテキストで3,915例】

①예 이부자리가 개어져 있다.
〈布団が畳まれている。〉/
소원이 이루어지다.
〈願いがかなう。〉(45.9%)

②예 얼굴이 벌게지다.
〈顔が赤くなる。〉/
기분이 괜찮아지다.
〈気分が良くなる。〉(45.7%)

지다² 동【52種のテキストで74例】

①예 [부담을/책임을] 지다.
〈[負担を/責任を]負う。〉(39.2%)

②예 [빚을/신세를/외상을] 지다.
〈[借金を負う。/お世話になる。/付けを負う。〉(28.4%)

③예 짐을 [등에/지게에] 지다.
〈荷物を[背に/背負子に]背負う。〉(23%)

지다³ 동 ★★★【35種のテキストで60例】

①예 [달이/해가] 지다.
〈[月が/日が]落ちる。〉(66.7%)

②예 나무의 잎들이 지다.
〈木の葉が散る。〉(28.3%)

지다⁴ 동 ★★★【35種のテキストで48例】

⓪예 [경기에서/남에게/장기에서] 지다.
〈[試合で/人に/将棋で]負ける。〉(100%)

지다⁵ 동【12種のテキストで18例】

①예 [경사가/차이가/허기가] 지다.
〈[斜めになる。/差が出る。/ひもじい。〉(44.4%)

②예 [그늘이/얼룩이/주름이] 지다.
〈[陰に/シミに/しわに]なる。〉(38.9%)

③예 [장마가/홍수가] 지다.
〈[梅雨に/洪水に]なる。〉(11.1%)

지도¹ 명 ★★★【27種のテキストで211例】

⓪예 세계 지도(地圖)를 펼치다.
〈世界地図を広げる。〉(99.5%)

지도² 명【11種のテキストで12例】

⓪예 코치의 지도(指導)를 따르다.
〈コーチの指導に従う。〉(100%)

지도자 명 ★☆☆【20種のテキストで60例】

⓪예 [정치/종교] 지도자(指導者).
〈[政治/宗教]指導者。〉(100%)

지독하다 형【16種のテキストで24例】

①예 [감기가/몸살이] 지독(至毒)하다.
〈風邪が/疲労が〕とてもひどい。〉(83.3%)

②예 [모기가/성미가] 지독하다.
〈蚊が/気性が〕ものすごい。〉(16.7%)

지루하다 〔형〕 ☆★☆ 【30種のテキストで37例】
⓪예 지루한 [나날이/장마가] 계속되다.
〈うっとうしい〔日々が/梅雨が〕続く。〉(100%)

지르다 〔동〕 ★★★ 【64種のテキストで134例】
⓪예 [고함을/비명을/소리를] 지르다.
〈大声を/悲鳴を/声を〕上げる。〉(100%)

지리 〔명〕 ☆★★ 【10種のテキストで15例】
①예 고장의 지리(地理)를 잘 알다.
〈地元の地理をよく知っている。〉(53.3%)

②예 천문과 지리에 통달하다.
〈天文と地理に詳しい。〉(46.7%)

– 지만 〔끝〕 【197種のテキストで2,449例】
⓪예 노력을 했지만 실패했다.
〈努力をしたが失敗した。〉/
값도 싸지만 질도 좋다.
〈値段も安いが質もよい。〉(100%)

– 지만은 〔끝〕 【14種のテキストで33例】
⓪예 노력을 했지만은 결과는 좋지 않다.
〈努力をしたが、結果はよくない。〉(100%)

지명 〔명〕 【11種のテキストで15例】
⓪예 전국의 지명(地名)을 조사하다.
〈全国の地名を調査する。〉(100%)

지방 〔명〕 ★★★ 【60種のテキストで201例】
①예 [경기/남극/북쪽] 지방(地方).
〈京畿/南極/北の〕地方。〉(68.7%)

②예 본사를 지방으로 이전하다.
〈本社を地方に移転する。〉(24.9%)

지배 〔명〕 【14種のテキストで32例】
①예 일본의 지배(支配)를 당하다.
〈日本の支配を受ける。〉(71.9%)

②예 도덕과 관습의 지배를 받다.
〈道徳と慣習の支配を受ける。〉(21.9%)

지배하다 〔동〕 ★☆☆ 【24種のテキストで35例】
①예 왕이 천하를 지배(支配)하다.
〈王が天下を支配する。〉(54.3%)

②예 자본이 세상을 지배하다.
〈資本が世の中を支配する。〉(45.7%)

지붕 〔명〕 ★★★ 【33種のテキストで57例】
⓪예 건물의 지붕에 눈이 쌓이다.
〈建物の屋根に雪が積もる。〉(96.5%)

지상 〔명〕 【18種のテキストで45例】
①예 이 지상(地上)에서 더는 볼 수 없다.
〈この地上でこれ以上見ることができない。〉
(53.3%)

②예 지하 2층 지상 5층 건물.
〈地下2階地上5階建て。〉(46.7%)

지속되다 〔동〕 【12種のテキストで15例】
⓪예 [불황이/상태가/효과가] 오래 지속(持續)
되다.〈不況が/状態が/効果が〕長く持続する。〉
(100%)

지시 〔명〕 【15種のテキストで23例】
⓪예 상부의 지시(指示)를 따르다.
〈上部の指示に従う。〉(100%)

지식 〔명〕 ★★★ 【44種のテキストで175例】
⓪예 지식(知識)을 쌓다.
〈知識を蓄える。〉(100%)

지식인 〔명〕 【14種のテキストで42例】
⓪예 지식인(知識人)의 사회적 책무.
〈知識人の社会的責務。〉(100%)

지역 〔명〕 ★★★ 【51種のテキストで210例】
⓪예 지역(地域)에 따른 차이.
〈地域による差。〉(99.5%)

지옥 〔명〕 【13種のテキストで16例】
①예 죽어서 지옥(地獄)에 가다.
〈死んで地獄に行く。〉(81.3%)

②예 [교통/입시] 지옥.
〈交通/入試〕地獄。〉(18.8%)

– 지요 〔끝〕 【113種のテキストで894例】
⓪예 내일은 비가 오겠지요.
〈明日は雨が降るでしょう。〉/
오늘 왔지요?
〈今日来たでしょう?〉/
그만 나가시지요!
〈もう、出ましょう!〉(100%)

지우개 〔명〕 ☆☆★ 【9種のテキストで15例】
①예 고무 지우개로 글씨를 지우다.
〈消しゴムで文字を消す。〉(66.7%)

②예 지우개로 칠판을 지우다.
〈黒板ふきで黒板を消す。〉(13.3%)

지우다¹ 〔동〕 ☆☆★ 【27種のテキストで36例】
①예 [낙서를/화장을] 지우다.
〈落書きを消す。/化粧を落とす。〉(33.3%)

②예 불안한 마음을 지우다.
〈不安な気持ちを消す。〉(30.6%)

③예 범행의 흔적을 지우다.
〈犯行の跡を消す。〉(22.2%)

지우다² 〔동〕 【4種のテキストで4例】
①예 남에게 [부담을/책임을] 지우다.
〈人に〔負担を/責任を〕負わせる。〉(75%)

②예 짐꾼에게 짐을 지우다.
〈ポーターに荷を背負わせる。〉(25%)

지원 〔명〕 【11種のテキストで22例】
⓪예 [생활비/재정적] 지원(支援).
〈生活費/財政的〕支援。〉(100%)

지원하다¹ 〔동〕 【11種のテキストで13例】
①예 [단체를/사업을/서민을] 지원(支援)하다.

〈[団体を/事業を/庶民を]支援する。〉(84.6%)

②예 [물자를/자금을] 지원하다.
〈[物資を/資金を]支援する。〉(15.4%)

지원하다² 동 【5種のテキストで5例】
⓪예 [군대에/대학에] 지원(志願)하다.
〈[軍隊に/大学に]志願する。〉(100%)

지위 명 ★☆★ 【22種のテキストで36例】
⓪예 여성들의 지위(地位) 향상.
〈女性たちの地位向上。〉(100%)

지저분하다 형 ☆☆★ 【19種のテキストで27例】
⓪예 쓰레기가 지저분하게 널려 있다.
〈ごみが汚く散らかっている。〉(96.3%)

지적¹ 명 【15種のテキストで26例】
①예 문제를 지적(指摘)을 하다.
〈問題を指摘をする。〉(53.8%)
②예 시설이 부족하다는 지적을 받다.
〈施設が不足しているという指摘を受ける。〉
(46.2%)

지적² 관 【10種のテキストで15例】
⓪예 지적(知的) 능력을 키우다.
〈知的能力を育てる。〉(100%)

지적³ 형 【8種のテキストで8例】
①예 그녀는 아주 지적(知的)이다.
〈彼女はとても知的だ。〉(62.5%)
②예 지적으로 우수하다.
〈知的に優れている。〉(37.5%)

지적하다 동 【21種のテキストで41例】
⓪예 잘못을 지적(指摘)하다.
〈過ちを指摘する。〉(100%)

지점¹ 명 ☆☆★ 【13種のテキストで32例】
①예 사고가 일어난 지점(地點).
〈事故が起きた地点。〉(75%)
②예 문학과 역사가 만나는 지점.
〈文学と歴史が出会う地点。〉(25%)

지점² 명 【4種のテキストで6例】
⓪예 해외에 지점(支店)을 내다.
〈海外に支店を出す。〉(100%)

지정되다 동 【11種のテキストで19例】
①예 [국보로/휴일로] 지정(指定)되다.
〈[国宝に/休日に]指定される。〉(68.4%)
②예 [목표가/자리가] 지정되다.
〈[目標が/席が]指定される。〉(31.6%)

지지 명 【14種のテキストで18例】
⓪예 주장이 여론의 지지(支持)를 받다.
〈主張が世論の支持を受ける。〉(100%)

지지하다 동 【10種のテキストで15例】
⓪예 후보를 지지(支持)하다.
〈候補を支持する。〉(100%)

지치다 동 【58種のテキストで93例】

①예 피로에 지친 몸.
〈疲労に疲れた体。〉(65.6%)
②예 유학 준비를 하다가 중간에 지쳐 포기하다.
〈留学準備をしていて途中で疲れて放棄する。〉
(33.3%)

지켜보다 동 【41種のテキストで73例】
①예 남자가 그를 지켜보다.
〈男が彼女を見守る。〉(87.7%)
②예 결과를 지켜보다.
〈結果を見届ける。〉(12.3%)

지키다 동 ★★★ 【145種のテキストで610例】
①예 [법을/약속을/질서를] 지키다.
〈[法を/約束を/秩序を]守る。〉(57.7%)
②예 [권리를/자유를] 지키다.
〈[権利を/自由を]守る。〉(13.1%)
③예 [나라를/지구를] 지키다.
〈[国を/地球を]守る。〉(6.9%)
④예 [관계를/우위를/태도를] 지키다.
〈[関係を/優位を/態度を]維持する。〉(3.3%)
⑤예 [물건을/짐을] 지키다.
〈[品物を/荷物を]守る。〉(2.5%)

지팡이 명 ☆☆★ 【8種のテキストで14例】
⓪예 지팡이를 짚다.
〈杖をつく。〉(100%)

지하 명 【20種のテキストで46例】
①예 관을 지하(地下)에 묻다.
〈管を地下に埋める。〉(52.2%)
②관 <지하 자원>.
〈地下資源。〉(32.6%)

지하철 명 ☆★★ 【29種のテキストで65例】
⓪예 지하철(地下鐵)을 타다.
〈地下鉄に乗る。〉(100%)

지하철역 명 ☆★☆ 【3種のテキストで7例】
⓪예 지하철역(地下鐵驛)으로 들어가다.
〈地下鉄駅に入る。〉(100%)

지향하다 동 【13種のテキストで19例】
⓪예 [권력을/목표를] 지향(志向)하다.
〈[権力を/目標を]志向する。〉(100%)

지혜 명 ★☆☆ 【37種のテキストで84例】
⓪예 삶의 지혜(智慧).
〈生活の知恵。〉(100%)

지혜롭다 형 【14種のテキストで26例】
⓪예 지혜(智慧)롭게 해결하다.
〈賢明に解決する。〉(100%)

직선¹ 명 【10種のテキストで15例】
⓪예 도로가 직선(直線)으로 뻗다.
〈道路が直線に伸びる。〉(100%)

직선² 명 【2種のテキストで2例】
⓪예 대통령을 직선(直選)으로 뽑다.
〈大統領を直選で選ぶ。〉(100%)

ㅈ

직업 명 ★★★【54種のテキストで231例】

①예 직업(職業)을 [고르다/찾다].
〈職業を〔選ぶ/探す〕。〉(99.6%)

직원 명 ★★☆【23種のテキストで58例】

①예 회사의 직원(職員)들.
〈会社の職員たち。〉(100%)

직장 명 ★★★【50種のテキストで122例】

①예 직장(職場) 생활.
〈職場生活。〉/
직장에 나가다.
〈職場に出る。〉(100%)

직전 명【27種のテキストで38例】

①예 [출발하기/퇴근] 직전(直前).
〈〔出発の/退勤の〕直前。〉(100%)

직접[1] 부 ★★☆【100種のテキストで217例】

①예 사장이 직접(直接) 나서서 문제를 해결
하다.〈社長が直接乗り出して問題を解決す
る。〉(100%)

직접[2] 명 ☆★★【9種のテキストで9例】

①예 직접(直接)으로 이루어진 경험.
〈直接に行われた経験。〉(100%)

직접적 명【22種のテキストで37例】

①예 [직접적(直接的)으로 / 직접적인] 영향을
받다.〈〔直接的に/直接的な〕影響を受ける。〉
(100%)

직후 명【21種のテキストで32例】

①예 [전쟁/해방] 직후(直後).
〈〔戦争/解放〕直後。〉(65.6%)

②예 귀국한 직후에 결혼하다.
〈帰国した直後に結婚する。〉(34.4%)

진단 명【13種のテキストで20例】

①예 의사가 진단(診斷)을 내리다.
〈医師が診断を下す。〉(55%)

②예 정치적 사태에 대한 진단을 내리다.
〈政治的事態に対する診断を下す。〉(45%)

진달래 명 ☆★★【12種のテキストで24例】

①예 산에 진달래가 피다.
〈山にツツジが咲く。〉(100%)

진리 명 ★☆☆【20種のテキストで62例】

①예 진리(眞理)를 깨닫다.
〈真理を悟る。〉(100%)

진보 명【12種のテキストで18例】

①예 기술이 진보(進步)를 거듭하다.
〈技術が進歩を重ねる。〉(94.7%)

진실 명【21種のテキストで42例】

①예 역사적 진실(眞實)을 밝히다.
〈歴史的真実を明らかにする。〉(100%)

진실하다 형【16種のテキストで22例】

①예 진실(眞實)한 사랑을 하다.

〈真実の恋をする。〉(100%)

진심 명【22種のテキストで25例】

①예 진심(眞心)을 말하다.
〈本当の気持ちを言う。〉(100%)

진정 명【21種のテキストで35例】

①예 진정(眞正)으로 평화를 원하다.
〈真に平和を願う。〉(62.9%)

②예 진정 뜻밖이다.
〈本当に意外である。〉(37.1%)

진정하다[1] 형【34種のテキストで64例】

①예 진정(眞正)한 [사랑/친구]을 만나다.
〈真の〔愛/友達〕に出会う。〉(100%)

진정하다[2] 동【7種のテキストで8例】

①예 떨리는 마음을 진정(鎭靜)하다.
〈震える心を沈静させる。〉(100%)

진지 명 ☆☆★【8種のテキストで9例】

①예 할아버지께서 진지를 잡수시다.
〈お爺さまがお食事を召し上がる。〉(100%)

진지하다 형【34種のテキストで53例】

①예 진지(眞摯)한 [태도/표정].
〈真摯な〔態度/表情〕。〉(100%)

진짜 명 ☆☆★【48種のテキストで182例】

①예 진(眞)짜 화가 나다.
〈本当に腹が立つ。〉(73.1%)

②예 진짜와 가짜.
〈本物と偽物。〉(26.9%)

진찰 명 ☆☆★【7種のテキストで9例】

①예 의사에게 진찰(診察)을 받다.
〈医者に診察を受ける。〉(100%)

진출 명【10種のテキストで18例】

①예 여성의 사회 진출(進出).
〈女性の社会進出。〉(83.3%)

진하다 형 ☆☆★【22種のテキストで29例】

①예 인상이 진(津)하게 남다.
〈印象が深く残る。〉/
진한 사랑을 하다.
〈濃い恋愛をする。〉(44.8%)

②예 [색이/향기가/화장이] 진하다.
〈〔色が/香りが/化粧が〕濃い。〉(41.4%)

③예 고추장을 진하게 물에 풀다.
〈唐辛子味噌を濃く水に溶く。〉/
진한 커피를 마시다.
〈濃いコーヒーを飲む。〉(13.8%)

진학 명【10種のテキストで16例】

①예 대학에 진학(進學)을 하다.
〈大学に進学をする。〉(100%)

진행 명【24種のテキストで44例】

①예 일의 진행(進行)을 의논하다.
〈仕事の進行を相談する。〉(97.7%)

진행되다 통 ★☆☆【27種のテキストで43例】
　⓪예 [공판이/선거가/연구가] 순조롭게 진행(進行)되다.
　　〈公判が/選挙が/研究が〕順調に進む。〉(100%)

진행하다 통【20種のテキストで38例】
　⓪예 [방송을/일을/회의를] 진행(進行)하다.
　　〈放送を/仕事を/会議を〕進行する。〉(94.7%)

질¹ 명【18種のテキストで32例】
　⓪예 옷감의 질(質)이 좋다.
　　〈生地の質がいい。〉(100%)

－질² 접【4種のテキストで7例】
　①예 [걸레/비/삽]질.
　　〈拭き掃除。/掃き掃除。/穴掘り仕事。〉/
　　바느질.
　　〈針仕事。〉(71.4%)
　②예 [목수/선생]질.
　　〈[大工/先生]稼業。〉(14.3%)
　③예 [계집/서방/전화]질.
　　〈女遊び。/間男。/長電話。〉(14.3%)

질리다 통【25種のテキストで34例】
　①예 사람들이 [겁에/위협에] 새파랗게 질리다.
　　〈人々が〔恐怖に/脅しに〕真っ青になる。〉/
　　서울의 광활함에 질리다.
　　〈ソウルの広大さに閉口する。〉(58.8%)
　②예 매사에 경솔한 그에게 질리다.
　　〈毎事に軽率な彼に閉口する。〉/
　　그의 떠버리 기질에 질리다.
　　〈彼のおしゃべりな気質に閉口する。〉(14.7%)
　③예 [공포에/추위에] 얼굴이 새파랗게 질리다.
　　〈[恐怖に/寒さに]顔が真っ青になる。〉(8.8%)
　④예 [자장면에/사람들과의 공허한 만남에] 질리다.〈[ジャージャー麺に/人々との空虚な出会いに]飽きる。〉(8.8%)
　⑤관 <기가 질리다>.〈おじけづく。〉(8.8%)

질문 명 ★★★【59種のテキストで118例】
　⓪예 질문(質問)을 받다.
　　〈質問を受ける。〉(100%)

질문하다 통【13種のテキストで21例】
　⓪예 선생님에게 질문(質問)하다.
　　〈先生に質問する。〉(100%)

질병 명【14種のテキストで20例】
　⓪예 질병(疾病)을 예방하다.
　　〈疾病を予防する。〉(100%)

질서 명 ★☆☆【54種のテキストで162例】
　①예 도덕률 등의 질서(秩序)에 따르다.
　　〈道徳律などの秩序に従う。〉(64.2%)
　②예 차례차례 질서를 지키다.
　　〈順番に秩序を守る。〉(34%)

짊어지다 통【11種のテキストで16例】
　①예 [과제를/어려움을] 짊어지다.
　　〈課題を/困難を〕背負う。〉(56.3%)

　②예 [배낭을/짐을] 짊어지다.
　　〈[リュックサックを/荷物を]背負う。〉(37.5%)

짐 명 ★★★【37種のテキストで82例】
　①예 짐을 [들다/옮기다].
　　〈荷物を〔持つ/移す〕。〉(81.7%)
　②예 일이 잘 되면 나로서는 큰 짐을 덜게 되다.
　　〈仕事がうまくいけば、私としては、大きな荷物を減らせる。〉(17.1%)

짐승 명 ★☆☆【46種のテキストで116例】
　①예 사람은 짐승과 다르다.
　　〈人は獣と違う。〉(53.4%)
　②예 새와 짐승을 사냥하다.
　　〈鳥や獣を狩る。〉(45.7%)

짐작 명【12種のテキストで16例】
　⓪예 짐작이 [가다/맞다/틀리다].
　　〈推察が〔できる/合っている/間違っている〕。〉(100%)

짐작하다 통 ★☆☆【40種のテキストで55例】
　⓪예 나이를 짐작하다.
　　〈歳を推察する。〉(100%)

짐짓 부【10種のテキストで15例】
　⓪예 알면서도 짐짓 모른 척하다.
　　〈知りながらも殊更知らぬふりをする。〉(100%)

집 명 ★★★【196種のテキストで2,379例】
　①예 정원이 있는 집.
　　〈庭のある家。〉(66.8%)
　②예 그 집 아이는 예의바르다.
　　〈その家の子供は礼儀正しい。〉(27.2%)

집다 통 ☆★★【47種のテキストで85例】
　①예 손으로 [과자를/안주를] 집어 먹다.
　　〈手で〔お菓子を/おつまみを〕つまんで食べる。〉(76.5%)
　②예 [돌멩이를/파편을] 하나 집어 들다.
　　〈[石を/破片を]一つ拾う。〉(10.6%)

집단 명 ★☆☆【24種のテキストで39例】
　⓪예 자신이 속한 집단(集團).
　　〈自分が属する集団。〉(94.9%)

집들이 명 ☆☆☆【2種のテキストで2例】
　⓪예 집들이를 하다.
　　〈引っ越し祝いをする。〉(100%)

집안 명 ★★☆【85種のテキストで186例】
　①예 가구로 집안을 꾸미다.
　　〈家具で家を飾る。〉(37.1%)
　②예 집안이 형편없고 사람들이 예의가 없다.
　　〈家柄が悪くて、人々が礼儀がない。〉(31.2%)
　③예 집안 형편이 어렵다.
　　〈家の経済が苦しい。〉/
　　집안에서 결혼을 서두르다.
　　〈家で結婚を急ぐ。〉(28%)

집안일 명 ☆★☆【26種のテキストで44例】
　①예 빨래, 설거지 같은 집안일.

〈洗濯、皿洗いのような家事。〉(86.4%)

②엠 집안일로 속이 상하다.
〈家のことで心が痛む。〉(13.6%)

집어넣다 동 【23種のテキストで28例】

①엠 돈을 [가방에/지갑에] 집어넣다.
〈お金を[カバンに/財布に]入れる。〉(75%)

②엠 [기사를 1면에/서식에 금액을] 집어넣다.
〈[記事を1面に/書式に金額を]入れる。〉(21.4%)

집어들다 동 【12種のテキストで16例】

⓪엠 [가위를/돈을/의자를] 손에 집어들다.
〈[ハサミを/お金を/椅子を]手につかみ取る。〉
(100%)

집중되다 동 【12種のテキストで16例】

⓪엠 [관심이/시선이/조명이] 그에게 집중(集中)되다.〈[関心が/視線が/照明が]彼に集中する。〉(100%)

집집 명 【14種のテキストで18例】

⓪엠 집집마다 연기가 솟아오르다.
〈家ごとに煙が立ちのぼる。〉(100%)

짓 명의 ★☆☆ 【64種のテキストで124例】

⓪엠 [악한/잔인한] 짓을 하다.
〈[悪い/残忍な]ことをする。〉(95.2%)

짓다 동 ★★★ 【155種のテキストで634例】

①엠 [밥을/집을/한복을] 짓다.
〈ご飯を炊く。/家を建てる。/韓服を仕立てる。〉
(37.5%)

②엠 [미소를/울상을/표정을] 짓다.
〈笑みを浮かべる。/泣きっ面をする。/表情をする。〉(19.7%)

③엠 [농사를/밭농사를] 짓다.
〈[農業を/畑作を]営む。〉(14.4%)

④엠 노래의 노랫말을 짓다.
〈歌の歌詞をつける。〉(7.7%)

⑤엠 [떼를/열을/짝을] 짓다.
〈[群れを/列を/コンビを]なす。〉(5.4%)

짖다 동 ☆☆★ 【14種のテキストで28例】

⓪엠 개가 사납게 짖다.
〈犬が猛々しくほえる。〉(100%)

짙다 형 ★☆★ 【36種のテキストで48例】

①엠 짙고 뽀얀 국물.
〈濃く、白いスープ。〉/
화장이 짙다.
〈化粧が濃い。〉(33.3%)

②엠 짙은 남빛 치마.
〈濃い藍色のスカート。〉/
색이 짙다.
〈色が濃い〉(25%)

③엠 얼굴에 병색이 짙다.
〈顔に病気の気色が濃い。〉/
변하는 경향이 짙다.
〈変わる傾向が強い。〉(12.5%)

④엠 [비구름이/안개가] 짙게 끼다.

〈[雨雲が/霧が]深く立ちこめる。〉(10.4%)

짚다 동 【26種のテキストで44例】

①엠 [머리를/혈을] 짚다.
〈[頭を/つぼを]おさえる。〉(27.3%)

②엠 땅에 두 손을 짚다.
〈地面に両手をつく。〉/
탁자를 짚다.
〈テーブルに手をつく。〉(20.5%)

③관 <짚고 넘어가다>
엠 꼭 짚고 넘어가야 할 문제.
〈必ずおさえて越えなければならない問題。〉
(20.5%)

④엠 문제를 자세히 짚어 보다.
〈問題をつぶさにおさえてみる。〉(15.9%)

⑤엠 지팡이를 짚다.
〈杖をつく。〉(13.6%)

ㅉㅉ

짜다¹ 동 ★☆★ 【26種のテキストで48例】

①엠 [계획을/일정을/전략을] 짜다.
〈[計画を/日程を/戦略を]組む。〉(33.3%)

②엠 실로 [옷감을/원단을] 짜다.
〈糸で[生地を/反物を]織る。〉(31.3%)

③엠 [조를/팀을] 짜다.
〈[組を/チームを]組む。〉(25%)

짜다² 형 ☆★★ 【15種のテキストで17例】

⓪엠 [국물이/맛이] 짜다.
〈[スープが/味が]塩からい。〉(94.1%)

짜다³ 동 【9種のテキストで14例】

⓪엠 [여드름을/치약을] 짜다.
〈ニキビをつぶす。/歯磨き粉をしぼり出す。〉
(92.9%)

－짜리 접 ★★☆ 【56種のテキストで110例】

①엠 열 권짜리 전집.
〈十巻の全集。〉/
오십 개짜리 사과 한 상자.
〈五十個入りのりんご一箱。〉(50.9%)

②엠 만 원짜리 지폐.
〈1万ウォン札。〉/
천 원짜리 공책.
〈千ウォンのノート。〉/
오백 원짜리 동전.
〈五百ウォン玉。〉(49.1%)

짜이다 동 【11種のテキストで15例】

①엠 [계획이/프로그램이] 짜이다.
〈[計画が/プログラムが]組まれる。〉(73.3%)

②엠 섬세하게 짜인 비단.
〈繊細に織られた絹。〉(26.7%)

짜임 명 【10種のテキストで24例】

⓪ⓔ 글의 짜임을 살펴보다.
〈文章の構成をしらべる。〉(100%)

짜증 명 ☆★★【29種のテキストで43例】

⓪ⓔ 짜증이 나다.
〈いらいらする。〉/

짜증을 내다.
〈怒る。〉(100%)

짝 명 ★☆☆【66種のテキストで129例】

①ⓔ 둘이 짝을 이루다.
〈二人が対をなす。〉/

내 짝은 착하다.
〈自分のパートナーは善良だ。〉

버선 두 짝.
〈足袋二足。〉(65.1%)

②ⓔ 〈짝(이) 없다〉 ⓔ 슬프기 짝이 없다.
〈悲しいことこの上ない。〉(33.3%)

짧다 형 ★★★【79種のテキストで163例】

①ⓔ 인생은 너무나 짧다.
〈人生はあまりにも短い。〉(41.7%)

②ⓔ 머리를 짧게 자르다.
〈髪を短く切る。〉/

목이 짧다.
〈首が短い。〉(33.7%)

③ⓔ [글이/이야기가] 짧고 간결하다.
〈[文章が/話が]短くて簡潔だ。〉(11.7%)

④ⓔ 짧게 [대답하다/한숨을 쉬다].
〈短く[答える/ため息をつく]。〉(10.4%)

ー째 접 ★☆☆【107種のテキストで280例】

①ⓔ 첫째.
〈第一。〉/

[세 그릇/열 개]째.
〈[三杯/十個]目。〉(77.1%)

②ⓔ [이틀/일주일]째.
〈[二日/一週間]目。〉(22.9%)

쪼개다 동 【14種のテキストで19例】

①ⓔ [수박을/장작을] 쪼개다.
〈[スイカを/薪を]割る。〉(52.6%)

②ⓔ [돈을/시간을] 쪼개다.
〈[お金を/時間を]分ける。〉(26.3%)

③ⓔ [공간을/일을] 쪼개다.
〈[空間を/仕事を]分ける。〉(21.1%)

쪽[1] 명의 ★★★【141種のテキストで613例】

①ⓔ 계곡 쪽으로 발을 옮기다.
〈渓谷の方に足を転ずる。〉(74.7%)

②ⓔ 고소한다면 내 쪽에서 하다.
〈告訴するなら、私の方です。〉(18.6%)

쪽[2] 명 ☆☆☆【12種のテキストで23例】

⓪ⓔ 교과서 51쪽을 펴다.
〈教科書51ページを開ける。〉(100%)

쪽지 명 【15種のテキストで21例】

①ⓔ 주소를 쪽지(ー紙)에 써서 주다.
〈住所を紙切れに書いて与える。〉(66.7%)

②ⓔ 복도에 붙은 쪽지를 보다.
〈廊下に張られた紙を見る。〉(33.3%)

쫌[1] 부 【13種のテキストで52例】

①ⓔ 몸이 쫌 이상하다.
〈体が少し変だ。〉(88.5%)

②ⓔ 쫌 쉬다가 가다.
〈ちょっと休んで行く。〉(11.5%)

쫌[2] 갑 【8種のテキストで24例】

①ⓔ 쫌, 소극적인 성격으로 많이 쫌, 바뀌다.
〈ちょっと、消極的な性格に大分、変わる。〉(79.2%)

②ⓔ 이것 쫌 보세요.
〈これ、ちょっと見て下さい。〉(20.8%)

쫓겨나다 동 【23種のテキストで35例】

①ⓔ [교단에서/왕위에서] 쫓겨나다.
〈[教団から/王位から]追放される。〉(54.3%)

②ⓔ [동네서/집에서] 쫓겨나다.
〈[村から/家から]追いだされる。〉(45.7%)

쫓기다 동 【28種のテキストで34例】

①ⓔ 범인이 경찰에 쫓기다.
〈犯人が警察に追われる。〉(55.9%)

②ⓔ [마감에/시간에/일에] 쫓기다.
〈[締め切りに/時間に/仕事に]追われる。〉
(41.2%)

쫓다 동 ☆☆★【33種のテキストで57例】

①ⓔ [나비를/토끼를] 쫓다.
〈[チョウを/ウサギを]追う。〉(59.6%)

②ⓔ [잠을/파리를] 쫓다.
〈[眠気を/ハエを]追い払う。〉(40.4%)

쫓아가다 동 【13種のテキストで18例】

①ⓔ [뒤를/형을] 쫓아가다.
〈[後を/兄を]追いかける。〉(72.2%)

②ⓔ [유행을/진도를] 쫓아가다.
〈[流行を/進度を]追いかける。〉(22.2%)

쫓아다니다 동 【17種のテキストで20例】

①ⓔ [닭을/범인을] 잡으려 쫓아다니다.
〈[鶏を/犯人を]捕まえようと追いかけ回す。〉
(45%)

②ⓔ [관계 기관을/현장을] 쫓아다니다.
〈[関係機関を/現場を]駆け回る。〉(35%)

③ⓔ [결혼하자고/그녀를] 쫓아다니다.
〈[結婚しようと/彼女を]つけ回す。〉(20%)

쭉 부 【22種のテキストで46例】

①ⓔ 쭉 혼자서 살아 오다.
〈ずっと一人で生きて来る。〉(32.6%)

②ⓔ 발을 쭉 뻗고 자다.
〈足を伸ばして寝る。〉(19.6%)

③ⓔ 냉수 한 잔을 쭉 들이켜다.
〈冷水一杯をぐいと飲み干す。〉(15.2%)

④ⓔ 모래사장이 쭉 펼쳐지다.
〈砂浜がずっと広がる。〉(10.9%)

⑤ⓔ [물기를/살을/힘을] 쭉 빼다.

〈水気をしっかり切る。/贅肉をごっそり取る。/力を
すーっと抜く。〉(6.5%)

⑥예 값이 쭉 떨어지다.
〈価格がずんと落ちる。〉/
얘기를 쭉 하다.
〈話をずっとする。〉(6.5%)

ー쯤 접 ★★☆【154種のテキストで492例】
⓪예 [어디/오늘/한번/한 시간 전]쯤.
〈[どこ/今日/一度/一時間前]位。〉(100%)

찌개 명 ☆★☆【15種のテキストで20例】
⓪예 찌개를 끓이다.
〈鍋料理をつくる。〉(100%)

찌꺼기 명【13種のテキストで19例】
①예 [기름/음식] 찌꺼기.
〈[油/食べ物]のカス。〉(78.9%)
②예 [감정의/피로의] 찌꺼기.
〈[感情の/疲労の]残りカス。〉(15.8%)

찌다¹ 동 ★★★【16種のテキストで57例】
⓪예 살이 찌다.
〈太る。〉(100%)

찌다² 동【12種のテキストで15例】
①예 [감자를/고구마를] 찌다.
〈[じゃがいもを/サツマイモを]ふかす。〉(66.7%)
②예 날씨가 몹시 찌다.
〈ひどく蒸す。〉
찌는 더위.
〈蒸す暑さ。〉(33.3%)

찌르다 동 ★☆☆【31種のテキストで51例】
①예 칼로 옆구리를 찌르다.
〈ナイフでわき腹を刺す。〉/
주사 바늘을 팔에 찌르다.
〈注射針を腕に刺す。〉(43.1%)
②예 치맛자락을 걷어 허리에 찌르다.
〈チマ44)の裾をたくし上げて腰に結わえる。〉/
비녀를 찌르다.
〈かんざしを挿す。〉(17.6%)
③관 <코를 찌르다>.
〈鼻を突く。〉(11.8%)
④예 허리를 팔꿈치로 꾹 찌르다.
〈腰を肘でどすっと突く。〉(9.8%)

찌푸리다 동【22種のテキストで30例】
⓪예 [눈살을/얼굴을] 찌푸리다.
〈[眉を/顔を]しかめる。〉(100%)

찍다¹ 동 ★★★【41種のテキストで109例】
⓪예 [사진을/영화를] 찍다.
〈[写真を/映画を]撮る。〉(100%)

찍다² 동 ★★★【38種のテキストで48例】
①예 눈 위에 발자국을 찍다.
〈雪の上に足跡をつける。〉/
서류에 도장을 찍다.

〈書類に判子を押す。〉(33.3%)
②예 [책을/초대권을] 찍다.
〈[本を/招待券を]刷る。〉(20.8%)
③예 옷자락으로 눈물을 찍다.
〈裾で涙を拭く。〉(12.5%)
④관 <종지부를 찍다>.
〈終止符を打つ。〉(8.3%)
⑤예 [구두점을/빨간 점을] 찍다.
〈[句読点を/赤い点を]打つ。〉(6.3%)
⑥예 벽돌을 찍다.
〈レンガを作る。〉(6.3%)

찍다³ 동【12種のテキストで16例】
⓪예 포크로 고기를 찍어 먹다.
〈フォークで肉を突き刺して食べる。〉/
도끼로 나무를 찍다.
〈斧で木を切る。〉(100%)

찡그리다 동【18種のテキストで22例】
⓪예 [미간을/얼굴을] 찡그리다.
〈[眉間を/顔を]歪める。〉(100%)

찢다 동 ☆☆★【34種のテキストで54例】
⓪예 [봉지를/옷을/종이를] 찢다.
〈[袋を/服を/紙を]引き裂く。〉(94.4%)

차¹ 명 ★★★【95種のテキストで468例】
⓪예 차(車)를 [운전하다/타다].
〈車を運転する。/車に乗る。〉(100%)

ー차² 접 ☆★☆【26種のテキストで81例】
⓪예 제일차(次) 석유 위기.
〈第一次石油危機。〉/
2차 면접.
〈2次面接。〉(91.6%)

차³ 명 ★★★【24種のテキストで37例】
①예 다방에서 차를 나르다.
〈喫茶店で働く。〉(78.4%)
②예 차(茶)를 마시다.
〈お茶を飲む。〉(21.6%)

차갑다 형【36種のテキストで49例】
①예 [날씨가/바람이] 차갑다.
〈寒い。/風が冷たい。〉(65.3%)
②예 [눈길이/시선이] 차갑다.
〈雪道が寒い。/視線が冷たい。〉(34.7%)

차다¹ 동 ★★★【76種のテキストで131例】
①예 눈에 호기심이 가득 차다.
〈目に好奇心がいっぱいだ。〉/
목소리가 생기로 차다.

44) 伝統的女性用韓服

〈声が生気に満ちる。〉/
[신념에/위풍에] 차다.
〈[信念に/威風に]満ちる。〉(38.9%)

②예 마당에 사람들이 꽉 차다.
〈庭に人々がぎっしりいる。〉/
통이 쓰레기로 차다.
〈箱がごみで一杯になる。〉(35.1%)

③예 계곡이 봄기운으로 차다.
〈渓谷が春の気配で満ちる。〉/
뜰에 햇살이 가득 차다.
〈庭に日差しがいっぱい満ちる。〉(8.4%)

④관 <숨(이) 차다>.
〈息が切れる。〉(8.4%)

차다² 동 【42種のテキストで66例】

①예 [깡통을/상자를] [구둣발로/발로] 차다.
〈[缶を/箱を][土足で/足で]蹴る。〉(39.4%)

②예 [공을/제기를] 차다.
〈[ボールを/チェギ⁴⁵]を]蹴る。〉(30.3%)

③관 <혀를 차다>.
〈舌打ちする。〉(13.6%)

차다³ 형 ☆★★【19種のテキストで22例】

⓪예 [날씨가/맥주가] 차다.
〈寒い。/ビールが冷たい。〉(95.5%)

차다⁴ 동 【12種のテキストで19例】

①예 손목에 시계를 차다.
〈手首に時計をはめる。〉/
허리에 [주머니를/총을/칼을] 차다.
〈腰に[巾着を下げる/銃を帯びる/刀を差す]。〉
(63.2%)

②관 <기저귀를 차다>.
〈おむつをする。〉(15.8%)

③관 <[깡통을/쪽박을] 차다>.
〈乞食に成りはてる。/物もらいをする。〉(10.5%)

차라리 부 ★★☆【65種のテキストで109例】

①예 그 편이 차라리 마음 편하다.
〈その方がかえって気楽だ。〉(51.4%)

②예 노예가 되느니 차라리 죽겠다.
〈奴隷になるくらいならむしろ死ぬ方が良い。〉
(31.2%)

③예 너무 막막해 차라리 울고 싶다.
〈頼る所もなく途方に暮れて泣きたい。〉(15.6%)

차량 명 【13種のテキストで27例】

⓪예 도로에 차량(車輛)이 늘어나다.
〈道路に車両が増える。〉(100%)

차례¹ 명 ★★★【100種のテキストで292例】

①예 차례(次例)를 따지다.
〈順序を問い正す。〉(44.2%)

②예 [세/여러/한두] 차례 연락하다.

〈[三/数/一二]度、連絡する。〉(27.7%)

③예 나에게 차례가 돌아오다.
〈私に番が回って来る。〉(20.2%)

차례² 명 【11種のテキストで24例】

⓪예 명절에 차례(茶禮)를 지내다.
〈名節⁴⁶)にチャレ(茶礼)⁴⁷)の儀式を行う。〉
(100%)

차리다 동 ★★★【66種のテキストで110例】

①예 [여유를/정신을] 차리다.
〈余裕を取りつくろう。/気を引き締める。〉(35.5%)

②예 [밥상을/잔치를/저녁을] 차리다.
〈[お膳を/お祭りを/夕食を]準備する。〉(21.8%)

③예 음식을 상에 차려 놓다.
〈料理を食卓にならべる。〉(13.6%)

④ <차려 입다> 예 양복을 차려 입다.
〈洋服を着こむ。〉(13.6%)

⑤예 [사무실을/회사를] 차리다.
〈[事務室を/会社を]構える。〉(8.2%)

차림 명 【34種のテキストで58例】

⓪예 차림이 요란하다.
〈姿が麗々しい。〉/
한복 차림.
〈韓国衣装の身なり。〉(100%)

차마 부 【26種のテキストで33例】

①예 차마 얼굴을 보기 민망하다.
〈顔を見るに忍びない。〉(63.6%)

②예 차마 사람의 짓이랄 수 없다.
〈どうしても人の仕業とは言えない。〉(36.4%)

차별 명 【12種のテキストで18例】

⓪예 학력 때문에 차별(差別)을 받다.
〈学歴のために差別を受ける。〉(100%)

차분하다 형 【18種のテキストで18例】

①예 차분한 눈길로 바라보다.
〈穏やかな目で見つめる。〉(44.4%)

②예 차분한 성격.
〈物静かな性格。〉/
마음이 차분하게 가라앉다.
〈心が物静かに落ち着く。〉(27.8%)

③예 차분한 목소리로 말하다.
〈落ち着いた声で言う。〉(22.2%)

차원 명 【32種のテキストで68例】

⓪예 국가적 차원(次元)에서 다루다.
〈国家的レベルで扱う。〉(98.5%)

차이 명 ★★★【74種のテキストで192例】

⓪예 차이(差異)가 나다.
〈差が出る。〉(100%)

---

45) チェギ蹴り：韓国の伝統的遊びで、小銭を紙で巻いて「羽根（チェギ）」を作り、チェギを地面に落とさないように蹴り
続ける。

46) 韓国の伝統的な節日。

47) 先祖を供養する韓国の法事。

차이점 〔명〕【25種のテキストで91例】

① 남녀의 차이점(差異點).
〈男女の相違点。〉(100%)

차지하다 〔동〕★☆☆【66種のテキストで116例】

① [몫을/반을/비중을] 차지하다.
〈[役割を/半分を/比重を]占める。〉(50.9%)

② 재산을 차지하다.
〈財産を占める。〉(31.9%)

③ [위치를/1위를/자리를/중심을] 차지하다.
〈[位置を/1位を/席を/中心を]占める。〉(17.2%)

차차 〔부〕【17種のテキストで22例】

① 차차(次次) 책에 빠져들다.
〈次第に本にのめり込む。〉(86.4%)

② 방법은 차차 생각하기로 하다.
〈方法は、追々考えることにする。〉(13.6%)

차창 〔명〕【16種のテキストで27例】

① 차창(車窓) 밖을 바라보다.
〈車窓の外を眺める。〉(100%)

차츰 〔부〕【28種のテキストで45例】

① 소문이 차츰 퍼져 나가다.
〈噂が徐々に広がっていく。〉(100%)

차표 〔명〕☆☆★【3種のテキストで5例】

① 역에서 차표(車票)를 사다.
〈駅で切符を買う。〉(100%)

착각 〔명〕【22種のテキストで34例】

① 착각(錯覚)이 들다.
〈錯覚する。〉(100%)

착각하다 〔동〕【15種のテキストで20例】

① [날짜를/비가 온 것으로/외국인이라고] 착각(錯覚)하다.〈[日付を/雨が降ったものと/外国人と]錯覚する。〉(100%)

착하다 〔형〕★★★【50種のテキストで100例】

① 마음씨가 착한 아이.
〈心根の優しい子。〉(100%)

찬란하다 〔형〕【27種のテキストで39例】

① 찬란(燦爛)한 전통과 문화.
〈輝かしい伝統と文化。〉(69.2%)

② [불빛이/햇빛이] 찬란하다.
〈[灯の光が/日の光が]華やかだ。〉(30.8%)

찬성하다 〔동〕【13種のテキストで25例】

① 그 의견에 찬성(賛成)하다.
〈その意見に賛成する。〉(100%)

찬찬히 〔부〕【16種のテキストで16例】

① 찬찬히 [살펴보다/읽다].
〈ゆっくり[うかがう/読む]。〉(100%)

참¹ 〔부〕★★★【124種のテキストで418例】

① 참 잘생기다.
〈本当にハンサムだ。〉/
참 오랜만이다.
〈本当に久しぶりだ。〉(100%)

참² 〔감〕★★☆【65種のテキストで157例】

① 참, 나한테 할 말이 있다고요?
〈あ、私に言いたいことがあるんですって?〉(52.9%)

② 할아버지도 참, 요즘 세상이 어떤 세상인데요.〈おじいさんたら、最近の世の中がどのような世の中だと思ってるんですか。〉(46.5%)

참³ 〔명/의〕☆★☆【21種のテキストで39例】

① 이제 막 가는 참(站)이다.
〈これから行くところだ。〉(61.5%)

② 어디로 갈 참이냐?
〈どこへ行くつもり?〉(38.5%)

참가하다 〔동〕★☆☆【30種のテキストで48例】

① [시위에/학회에] 참가(参加)하다.
〈[デモに/学会に]参加する。〉(100%)

참다 〔동〕★★★【82種のテキストで175例】

① [무서움을/역겨움을] 참다.
〈[恐ろしいのを/おぞましいのを]こらえる。〉(32%)

② [고난을/역경을] 참다.
〈[苦難を/逆境を]こらえる。〉(31.4%)

③ [기침을/웃음을/잠을] 참다.
〈[咳を/笑うのを/眠りを]こらえる。〉(21.1%)

④ 며칠만 더 참으면 돈을 갚겠다.
〈数日だけ我慢すればお金を返せる。〉(11.4%)

참답다 〔형〕【11種のテキストで21例】

① 참다운 [삶을/애국자로] 살다.
〈真の[生を/愛国者として]生きる。〉(100%)

참되다 〔형〕【21種のテキストで36例】

① 인간의 참된 모습을 깨닫다.
〈人間の真の姿を悟る。〉(83.3%)

② 거짓 없는 참된 생활을 하다.
〈偽りのない真の生活をする。〉(16.7%)

참새 〔명〕☆☆★【13種のテキストで100例】

① 참새가 날아들다.
〈スズメが舞い込む。〉(100%)

참석하다 〔동〕★★☆【24種のテキストで36例】

① [식에/행사에/회의에] 참석(参席)하다.
〈[式に/イベントに/会議に]参席する。〉(100%)

참여 〔명〕【16種のテキストで37例】

① 봉사에 참여(参与)를 하다.
〈ボランティアに参加をする。〉(100%)

참여하다 〔동〕★☆☆【42種のテキストで97例】

① [투표에/파업에] 참여(参与)하다.
〈[投票に/ストに]参加する。〉(100%)

참외 〔명〕【11種のテキストで36例】

① 참외를 깎아 먹다.
〈マクワウリをむいて食べる。〉(100%)

참으로 〔부〕【61種のテキストで130例】

① 참으로 [고맙다/훌륭하다].

〈実に［ありがたい／すばらしい］。〉(100%)

창 圆 ★☆☆【41種のテキストで109例】
⓪예 창(窓)을 ［닫다／열다］.
〈窓を［閉める／開ける］。〉(100%)

창가 圆【19種のテキストで37例】
⓪예 창(窓)가의 자리에 앉다.
〈窓際の席に座る。〉(100%)

창고 圆【16種のテキストで22例】
⓪예 창고(倉庫)에 짐을 보관하다.
〈倉庫に荷を保管する。〉(100%)

창문 圆 ★★★【44種のテキストで101例】
⓪예 창문(窓門)을 열다.
〈窓を開ける。〉(100%)

창밖 圆【16種のテキストで26例】
⓪예 창(窓)밖이 훤하다.
〈窓の外がほんのり明るい。〉(100%)

창작 圆【12種のテキストで35例】
⓪예 창작(創作) 활동을 하다.
〈創作活動をする。〉(100%)

창조 圆【16種のテキストで59例】
⓪예 ［문화／세상의］ 창조(創造).
〈［文化／世界の］創造。〉(100%)

창조적¹ 圆【13種のテキストで16例】
⓪예 ［창조적(創造的)으로／창조적인］ 일을 하다.
〈［創造的に／創造的な］仕事をする。〉(100%)

창조적² 圆【6種のテキストで9例】
⓪예 창조적(創造的) ［발상／활동］.
〈創造的［発想／活動］。〉(100%)

창조하다 圄【16種のテキストで23例】
⓪예 새로운 것을 창조(創造)하다.
〈新しいものを創造する。〉(100%)

창피하다 圈 ☆☆★【15種のテキストで16例】
⓪예 사람들 보기 창피(猖披)하다.
〈人に会うのが恥ずかしい。〉(100%)

찾다 圄 ★★★【193種のテキストで1,014例】
①예 ［아이를／화장실을］ 찾다.
〈［子供を／トイレを］探す。〉(23.8%)
②예 광맥을 찾다.
〈鉱脈を探す。〉/
구두를 찾아 신다.
〈靴を探して履く。〉(19.9%)
③예 산속 깊은 절을 찾아 쉬다.
〈山奥の寺を訪れて休む。〉(13.1%)
④예 ［사전을／전화번호부를］ 찾다.
〈［辞書を／電話番号帳を］引く。〉(7.2%)
⑤예 인생의 참뜻을 찾다.
〈人生の真義を探す。〉(6.9%)
⑥예 ［일자리를／직장을］ 찾다.
〈［働き口を／職場を］ 探す。〉(5.7%)

⑦예 ［비결을／원인을］ 찾다.
〈［秘訣を／原因を］探す。〉(5.2%)

찾아가다 圄 ★★☆【95種のテキストで206例】
①예 ［고향을／회사를］ 찾아가다.
〈［故郷を／会社を］訪ねて行く。〉(57.3%)
②예 ［당숙을／선생님을］ 찾아가다.
〈［父の従兄弟を／先生を］訪ねて行く。〉(33%)

찾아내다 圄【29種のテキストで37例】
①예 ［물건을／사람을／집을］ 찾아내다.
〈［物を／人を／家を］さがしだす。〉(59.5%)
②예 ［방법을／비밀을］ 찾아내다.
〈［方法を／秘密を］さがしだす。〉(40.5%)

찾아다니다 圄【25種のテキストで31例】
①예 ［셋집을／아이를］ 찾아다니다.
〈［借家を／子供を］さがし回る。〉(51.6%)
②예 관계자를 찾아다니며 부탁하다.
〈関係者を回りながら、お願いする。〉(48.4%)

찾아들다 圄【11種のテキストで15例】
①예 ［집으로／하숙으로］ 찾아들다.
〈［家に／下宿に］訪れる。〉(60%)
②예 인생에 계기가 찾아들다.
〈人生に転機が訪れる。〉(33.3%)

찾아보다 圄 ★★☆【98種のテキストで430例】
①예 근처에서 잘 곳을 찾아보다.
〈近くで寝る場所を探してみる。〉(49.3%)
②예 ［사전을／서적을］ 찾아보다.
〈［辞書を／書籍を］検索してみる。〉(35.8%)
③예 ［사례를／예를］ 찾아보다.
〈［使用例を／例を］検索してみる。〉(11.9%)

찾아오다 圄 ★★☆【94種のテキストで225例】
①예 ［나를／우리를］ 찾아오다.
〈［私を／私たちを］訪れる。〉(51.1%)
②예 ［숲을／학교로］ 찾아오다.
〈［森に／学校へ］やってくる。〉(32.4%)
③예 ［복통이／어둠이］ 찾아오다.
〈［腹痛が／闇が］訪れる。〉(15.1%)

채¹ 圆의 ★★★【122種のテキストで444例】
⓪예 낙지를 산 채로 먹다.
〈タコを生きたまま食べる。〉/
아무 말도 못한 채 앉아 있다.
〈何も言えないで座っている。〉(100%)

채² 閈【33種のテキストで46例】
①예 버스가 채 멈추기도 전이었다.
〈バスがまだ止まる前だった。〉(56.5%)
②예 걸어서 ［5분이／한 시간도］ 채 안 되다.
〈歩いてまだ［5分／一時間］にも満たない。〉(43.5%)

채소 圆 ★☆★【23種のテキストで72例】
⓪예 밭에 채소(菜蔬)를 심다.
〈畑に野菜を植える。〉(100%)

채우다¹ 圄 ★★☆【59種のテキストで111例】

채우다 285

①예 [장독을/탕에 물을] 채우다.
〈[かめを/風呂に水を]一杯にする。〉(50.5%)

②예 [배고픔을/배움의 욕구를] 채우다.
〈[空腹を/学びの欲求を]満たす。〉(25.2%)

③예 [사욕을/욕심을] 채우다.
〈[私欲を/欲を]満たす。〉(9%)

채우다² 图【10種のテキストで14例】

①예 [자물쇠를/자물통을] 채우다.
〈[錠を/錠を]かける。〉(57.1%)

②예 [단추를/허리띠를] 채우다.
〈ボタンをかける。/ベルトを締める。〉(42.9%)

책 图 ★★★【137種のテキストで902例】

⓪예 책(冊)을 [보다/쓰다/읽다].
〈本を[見る/書く/読む]。〉(100%)

책가방 图【13種のテキストで26例】

⓪예 책(冊)가방을 [메다/챙기다].
〈ランドセルを[かつぐ/取りまとめる]。〉(100%)

책상 图 ★★★【70種のテキストで184例】

⓪예 책상(冊床)에 앉다.
〈机に座る。〉(100%)

책임 图 ★★★【57種のテキストで106例】

①예 책임(責任)을 [맡다/지다].
〈責任を[引き受ける/取る]。〉(67.9%)

②예 그에게 책임을 묻다.
〈彼に責任を問う。〉(32.1%)

책임감 图【17種のテキストで20例】

⓪예 책임감(責任感)이 강하다.
〈責任感が強い。〉(100%)

책임지다 图【22種のテキストで31例】

①예 [생계를/아이를/일을] 책임(責任)지다.
〈[生計に/子供に/仕事に]責任を負う。〉
(80.6%)

②예 일련의 사태에 대해 책임지다.
〈一連の事態に対して責任を取る。〉(19.4%)

챙기다 图【46種のテキストで71例】

①예 [보따리를/짐을] 챙기다.
〈[包みを/荷物を]取りまとめる。〉(19.7%)

②예 밥을 챙겨 먹다.
〈ご飯をきちんと食べる。〉/
옷을 챙겨 입다.
〈服をきちんと着る。〉(19.7%)

③예 [서류를/제사용품을] 챙기다.
〈[書類を/祭祀用品を]取りそろえる。〉(18.3%)

④예 하던 일을 대강 챙기다.
〈やりかけの仕事をざっと片づける。〉(14.1%)

⑤예 [대가를/돈을/사례금을] 챙기다.
〈[代価を/お金を/謝礼金を]取りそろえる。〉(9.9%)

처녀 图 ☆☆★【29種のテキストで79例】

⓪예 딸이 처녀(處女)가 다 되다.
〈娘が立派な乙女になる。〉(96.2%)

처럼 토【187種のテキストで1,670例】

⓪예 꽃처럼 아름답다.
〈花のように美しい。〉/
너처럼 되고 싶다.
〈あなたのようになりたい。〉(100%)

처리 图【18種のテキストで32例】

①예 [쓰레기/하수] 처리(處理).
〈[ごみ/下水]処理。〉(53.1%)

②예 [업무/일/전산/정보] 처리.
〈[業務/仕事の/電算/情報]処理。〉(31.3%)

③예 [냉각/약품/폐수/화학] 처리.
〈[冷却/薬品/廃水/化学]処理。〉(12.5%)

처리하다 图 ★★☆【43種のテキストで62例】

①예 일을 잘 처리(處理)하다.
〈仕事をうまく処理する。〉(59.7%)

②예 [쓰레기를/하수를] 처리하다.
〈[ごみを/下水を]処理する。〉(35.5%)

처마 图【12種のテキストで18例】

⓪예 처마 밑에 등불을 걸다.
〈軒下にランタンをかける。〉(100%)

처음¹ 图 ★★★【147種のテキストで445例】

⓪예 서울 구경이 처음이다.
〈ソウル見物は初めてだ。〉/
처음으로 만나다.
〈初めて会う。〉(99.3%)

처음² 图 ★★☆【123種のテキストで261例】

⓪예 처음 [듣다/만나다].
〈初めて[聞く/会う]。〉(95.4%)

처지 图 ★☆☆【44種のテキストで99例】

①예 지방서 올라온 처지(處地)라 서울에 아
는 사람이 없다.〈地方から上ってきた境遇な
ので、ソウルに知っている人はいない。〉/
처지가 불쌍하다.
〈身の上が気の毒だ。〉(83.8%)

②예 필자의 표현 의도와 처지.
〈筆者の表現意図と立場。〉(13.1%)

처하다 图【27種のテキストで42例】

⓪예 [난관에/역경에] 처(處)하다.
〈[難関に/逆境に]直面する。〉(92.9%)

척¹ 图의 ☆★☆【35種のテキストで52例】

⓪예 [모르는 척/못 이기는 척] 따라 들어가다.
〈[知らないふりをして/仕方ないふりをして]付いて
入る。〉(100%)

척² 图의【9種のテキストで20例】

⓪예 배 한 척(隻).
〈船一隻。〉(100%)

척하다 图보 ☆★☆【31種のテキストで44例】

⓪예 [말을 못 알아듣는/잠이 안 깬] 척하다.
〈[言葉が分からない/目が覚めない]ふりをする。〉
(100%)

천 ㊟ ★★★【154種のテキストで1,191例】

⓪예 돈 천(千) 원.
〈お金、千ウォン。〉/
백 번, 천 번.
〈百回、千回。〉(97.1%)

천국 몡 【17種のテキストで25例】
①예 근심 없는 천국(天國) 같은 삶.
〈心配事の無い天国のような人生。〉(76%)
②예 예수를 믿고 천국에 가다.
〈イエスを信じて天国に行く。〉(16%)

천둥 몡 【15種のテキストで22例】
①관 <천둥 소리>.
〈雷の音。〉(45.5%)
②예 천둥이 치다.
〈雷が鳴る。〉(36.4%)
③관 <천둥 번개>.
〈雷と稲妻。〉(18.2%)

천만 㽻 【15種のテキストで25例】
①예 천만(千萬) [가지/년/명].
〈千万〔種/年/人〕。〉(64%)
②예 인구가 5천만을 헤아리다.
〈人口が5千万を数える。〉(36%)

천사 몡 【12種のテキストで19例】
①예 그녀는 마음이 천사(天使)이다.
〈彼女は心が天使だ。〉(68.4%)
②예 하느님이 천사를 보내다.
〈神様が天使を送る。〉(26.3%)

천장 몡 ☆☆★ 【19種のテキストで26例】
⓪예 손이 천장(天障)에 닿다.
〈手が天井に届く。〉(100%)

천정 몡 【10種のテキストで16例】
⓪예 천정에 달린 전등.
〈天井に垂れ下がった電灯。〉(100%)

천지 몡 【13種のテキストで15例】
①예 천지(天地)에 봄이 오다.
〈天地に春が来る〉(40%)
②예 중국 천지에 이름을 알리다.
〈中国の天地に名前を知らせる。〉(40%)

천천히 㽻 ★★★ 【67種のテキストで117例】
⓪예 천천히 걷다.
〈ゆっくり歩く。〉(94.9%)

천하 몡 【17種のテキストで32例】
①예 생명은 천하(天下)의 어떤 것과도 바꿀
수 없다.〈生命は天下のどのような物とも取り換
えることができない。〉(46.9%)
②예 천하의 영웅 호걸.
〈天下の英雄豪傑。〉/
이 천하에 못된 놈 같으니!
〈この、天下の悪党め!〉(21.9%)
③예 천하를 통일하다.
〈天下を統一する。〉(18.8%)

철¹ 몡 ★★★ 【16種のテキストで20例】

①예 경치가 철마다 변하다.
〈景色が季節ごとに変わる。〉(70%)
②예 아직 해수욕 철이 아니다.
〈まだ海水浴シーズンではない。〉(25%)

철² 몡 【12種のテキストで19例】
①예 철(鐵)로 만든 농기구.
〈鉄でつくった農機具。〉(89.5%)
②예 철의 장막.
〈鉄のカーテン。〉(10.5%)

철³ 몡 【15種のテキストで16例】
⓪예 철이 들다.
〈物心が付く。〉/
철을 모르는 아이.
〈思慮分別を知らない子供。〉(100%)

철도 몡 ☆☆★ 【19種のテキストで34例】
⓪예 서울에서 인천까지 철도(鐵道)가 놓이다.
〈ソウルから仁川まで鉄道が敷かれる。〉(100%)

철저하다 혱 【33種のテキストで53例】
⓪예 원칙에 철저(徹底)하다.
〈原則に徹底している。〉(100%)

철저히 㽻 【24種のテキストで30例】
⓪예 철저(徹底)히 조사하다.
〈徹底的に調査する。〉(100%)

철학 몡 ★☆☆ 【30種のテキストで187例】
⓪예 동양 철학(哲學)과 서양 철학.
〈東洋哲学と西洋哲学。〉(91.4%)

철학자 몡 【18種のテキストで69例】
⓪예 [고대의/위대한] 철학자(哲學者)들의 사상.
〈〔古代の/偉大な〕哲学者たちの思想。〉(100%)

첫 관 ★★★ 【82種のテキストで169例】
①예 첫 장면.
〈初めの場面。〉/
새해 첫 해돋이.
〈新年初の日の出。〉(74%)
②관 <첫 번째>.
〈一番目。〉(26%)

첫날 몡 【17種のテキストで19例】
⓪예 [입원/행사] 첫날.
〈〔入院/イベント〕初日。〉(100%)

첫머리 몡 【11種のテキストで30例】
⓪예 원고의 첫머리를 읽다.
〈原稿の冒頭を読む。〉(100%)

첫째¹ 㽻 ★★☆ 【39種のテキストで63例】
① <첫째 ~> 예 첫째 원인.
〈一番目の原因。〉(55.6%)
②예 세 단계로 나눈다면 첫째는 준비 단계이고,
둘째는 ….〈三段階に分けるとすれば、最初は
準備段階、二番目は…。〉(44.4%)

첫째² 㽻 【28種のテキストで47例】
⓪예 첫째, 밥을 먹고 이를 닦을 것.

〈先ず、ご飯を食べて歯をみがくこと。〉(100%)

청년 명 ☆☆★ 【46種のテキストで129例】
① 예 잘 생긴 청년(靑年)과 맞선을 보다.
〈ハンサムな青年と見合いをする。〉(60.5%)
② 예 청년을 교육하다.
〈青年を教育する。〉(39.5%)

청바지 명 【13種のテキストで47例】
⓪ 예 청(靑)바지를 입다.
〈ジーンズをはく。〉(100%)

청소 명 ★★★ 【40種のテキストで103例】
⓪ 예 청소(淸掃)를 하다.
〈掃除をする。〉(100%)

청소년 명 【12種のテキストで19例】
⓪ 예 청소년(靑少年)은 미래의 희망이다.
〈青少年は未来の希望だ。〉(100%)

청소하다 동 ★★☆ 【29種のテキストで45例】
⓪ 예 집 안팎을 깨끗하게 청소(淸掃)하다.
〈家の内外をきれいに掃除する。〉(100%)

청춘 명 【11種のテキストで18例】
⓪ 예 청춘(靑春)을 보내다.
〈青春を送る。〉(100%)

청하다 동 ★☆☆ 【30種のテキストで39例】
① 예 [귀국하기를/도움을/돌아가라고] 청(請)하다.〈[帰国することを/助けを/戻るように]請う。〉(71.8%)
② 예 [돈을/물 한 그릇을] 청하다.
〈[お金を/水一杯を]請う。〉(17.9%)

체 명의 【17種のテキストで22例】
① 예 유식한 체 떠들다.
〈識者ぶって騒ぐ。〉(63.6%)
② 예 아는 체를 하다.
〈知ったかぶりをする。〉(36.4%)

체계 명 ★☆☆ 【21種のテキストで88例】
⓪ 예 사상 체계(體系)를 세우다.
〈思想体系を立てる。〉(100%)

체력 명 【11種のテキストで21例】
① 예 강인한 체력(體力)을 기르다.
〈強靭な体力を養う。〉(71.4%)
② 관 <체력 단련>.
〈体力鍛錬。〉(28.6%)

체육 명 ☆☆★ 【19種のテキストで25例】
① 예 체육(體育) 과목.
〈体育の科目。〉(84%)
② 관 <체육 대회>.
〈体育大会。〉(16%)

체제 명 ★☆☆ 【22種のテキストで73例】
⓪ 예 권위적인 정치 체제(體制)에 저항하다.
〈権威的な政治体制に抵抗する。〉(100%)

체조 명 ☆☆★ 【10種のテキストで16例】

⓪ 예 맨손 체조(體操)를 하다.
〈徒手体操をする。〉(100%)

체질 명 【15種のテキストで25例】
① 예 [건강한/살이 찌는] 체질(體質).
〈[健康な/太る]体質。〉(64%)
② 예 [대학의/미술계의] 체질로 굳다.
〈[大学の/美術界の]体質で固まる。〉(20%)
③ 예 [병원/월급쟁이] 체질.
〈[病院/サラリーマン]体質。〉(12%)

체포되다 동 【11種のテキストで16例】
⓪ 예 범인이 경찰에 체포(逮捕)되다.
〈犯人が警察に逮捕される。〉(100%)

체하다¹ 동보 【20種のテキストで26例】
⓪ 예 다 알면서도 [모르는/못 들은] 체하다.
〈全て知っていながらも、[知らない/聞こえなかった]ふりをする。〉(100%)

체하다² 동 【6種のテキストで6例】
① 예 걸핏하면 먹은 것이 체하다.
〈ともすれば食べた物がもたれる。〉(83.3%)
② 예 사는 일에 체하다.
〈生きることに消化不良を起こす。〉(16.7%)

체험 명 【23種のテキストで71例】
⓪ 예 문화 체험(體驗)을 하다.
〈文化体験をする。〉(100%)

체험하다 동 【18種のテキストで29例】
⓪ 예 [굶주림을/사랑을/직접 몸으로] 체험(體驗)하다.〈[飢えを/愛を/直接体で]体験する。〉(100%)

쳐다보다 동 ★★★ 【82種のテキストで218例】
① 예 옆 사람을 슬쩍 쳐다보다.
〈隣の人をちらっと見る。〉(72.5%)
② 예 [지붕을/하늘을] 쳐다보다.
〈[屋根を/空を]見つめる。〉(24.3%)

쳐들다 동 【19種のテキストで24例】
① 예 [얼굴을/턱을/팔을] 쳐들다.
〈[顔を/あごを/腕を]もたげる。〉(58.3%)
② 예 바위를 머리 위로 쳐들다.
〈岩を頭上に持ち上げる。〉(20.8%)
③ 관 <고개를 쳐들다>.
예 빳빳이 고개를 쳐들다.
〈ぴんと頭をもたげる。〉(16.7%)

쳐들어오다 동 【17種のテキストで29例】
① 예 적군이 성으로 쳐들어오다.
〈敵軍が城に攻め寄せて来る。〉(82.8%)
② 예 빚쟁이들이 집으로 쳐들어오다.
〈借金取りたちが家に押しかけてくる。〉(17.2%)

초¹ 명의 ★★★ 【28種のテキストで40例】
⓪ 예 [다음 달/2학년/80년대] 초(初).
〈[次の月の/2年生の/80年代の]初め。〉(100%)

초² 명 【14種のテキストで62例】

◎예 몇 초(秒)의 짧은 시간.
〈数秒の短い時間。〉(95.2%)

초기 명 【24種のテキストで52例】
◎예 [20세기/조선] 초기(初期).
〈[20世紀/朝鮮]初期。〉(100%)

초대¹ 명 ☆★☆ 【10種のテキストで15例】
◎예 집들이에 초대(招待)를 받다.
〈引っ越し祝いに招待を受ける。〉(93.3%)

초대² 명 【4種のテキストで4例】
◎예 초대(初代) 교장.
〈初代校長。〉(100%)

초대하다 동 ☆★☆ 【22種のテキストで29例】
◎예 친구를 집에 초대(招待)하다.
〈友達を家に招待する。〉(100%)

초등 명 【22種のテキストで45例】
◎관 <초등(初等) 학교>.
〈小学校。〉(91.1%)

초래하다 동 【12種のテキストで19例】
◎예 [결과를/불행을/재앙을] 초래(招來)하다.
〈[結果を/不幸を/災害を]招く。〉(100%)

초반 명 【12種のテキストで15例】
◎예 [경기/40대/21세기] 초반(初盤).
〈[競技/40代/21世紀]初め。〉(100%)

초여름 명 【13種のテキストで17例】
◎예 초(初)여름의 날씨.
〈初夏の天気。〉(100%)

초월하다 동 【16種のテキストで18例】
◎예 [국경을/상상을] 초월(超越)하다.
〈[国境を/想像を]超越する。〉(100%)

초점 명 【19種のテキストで50例】
①예 [렌즈의/카메라의] 초점(焦點)을 맞추다.
〈[レンズの/カメラの]焦点を合わせる。〉(50%)
②예 [관심의/시선의] 초점이 모아지다.
〈[関心の/視線の]焦点が合わさる。〉(40%)
③예 흐리멍덩하게 초점 없는 눈을 하다.
〈ぼんやりと焦点の定まらない目をする。〉(10%)

초조하다 형 【21種のテキストで34例】
◎예 마음이 초조(焦燥)하다.
〈心がいらいらする。〉(100%)

촛불 명 ☆☆★ 【11種のテキストで23例】
◎예 촛불을 [끄다/켜다].
〈ろうそくを[消す/つける]。〉(100%)

총¹ 명 ★☆☆ 【16種のテキストで32例】
①예 총(銃)을 쏘다.
〈銃を撃つ。〉(78.1%)
②예 적군의 총에 맞아 죽다.
〈敵軍の銃に当たって死ぬ。〉(21.9%)

총² 관 【6種のテキストで6例】
◎예 직원이 총(總) 20명이다.

〈職員が計20人だ。〉(100%)

총각 명 ☆☆★ 【13種のテキストで25例】
①예 아직 결혼 안 한 총각(總角)이다.
〈まだ結婚していない独身男性だ。〉(76%)
②예 총각, 길 좀 가르쳐 주오.
〈そこのお若いの、道をちょっとおしえておくれ。〉(24%)

최고 명 ★★★ 【58種のテキストで85例】
①예 건강이 최고(最高)다.
〈健康が最高だ。〉/
최고 학부를 졸업하다.
〈最高学府を卒業する。〉(78.8%)
②예 속도를 최고로 놓다.
〈ギアをトップに入れる。〉(20%)

최근 명 ☆☆★ 【50種のテキストで115例】
①예 최근(最近)의 일이다.
〈最近のことだ。〉(61.7%)
②예 조기 교육이 최근 붐을 타다.
〈早期教育が最近、ブームに乗る。〉(38.3%)

최대 명 【19種のテキストで29例】
①예 [사상/세계] 최대(最大)의 규모.
〈[史上/世界]最大の規模。〉(89.7%)
②예 출력을 최대로 높이다.
〈出力を最大へと高める。〉(10.3%)

최선 명 ☆☆☆ 【28種のテキストで60例】
①예 자신의 최선(最善)을 다하다.
〈自分の最善を尽くす。〉(66.7%)
②예 최선이 어려우면 차선을 택하다.
〈最善が難しければ次善を選ぶ。〉(33.3%)

최소한 명 【24種のテキストで28例】
①예 최소한(最小限) 천만 원이 필요하다.
〈少なくとも千万ウォンが必要だ。〉(71.4%)
②예 최소한의 예의를 지키다.
〈最小限の礼儀を守る。〉(28.6%)

최초 명 【29種のテキストで65例】
◎예 세계 최초(最初)로 발명하다.
〈世界で初めて発明する。〉(100%)

최후 명 【13種のテキストで20例】
◎예 최후(最後)로 종교에 의지하다.
〈最後に宗教に頼る。〉(95%)

추구하다¹ 동 【20種のテキストで46例】
◎예 [꿈을/행복을] 추구(追求)하다.
〈[夢を/幸せを]追求する。〉(100%)

추구하다² 동 【20種のテキストで38例】
◎예 학문을 하며 진리를 추구(追究)하다.
〈学問をしながら真理を追究する。〉(100%)

추다 동 ★★★ 【42種のテキストで92例】
◎예 [춤을/탱고를] 추다.
〈[踊りを/タンゴを]踊る。〉(100%)

추상적¹ 명 【11種のテキストで20例】

①예 추상적(抽象的)인 원리.
〈抽象的な原理。〉(65%)

②예 얘기가 추상적으로 들리다.
〈話が抽象的に聞こえる。〉(35%)

추상적² 관【5種のテキストで7例】

①예 추상적(抽象的) 관념.
〈抽象的観念。〉(85.7%)

②예 한갓 추상적 문자의 나열.
〈単なる抽象的文字の羅列。〉(14.3%)

추석 명 ★★★【24種のテキストで90例】

⓪예 추석(秋夕)에 송편을 먹다.
〈チュソク(秋夕48))にソンピョン49)を食べる。〉
(100%)

추세 명【12種のテキストで21例】

⓪예 물가가 오르는 추세(趨勢)이다.
〈物価が上がる趨勢だ。〉(100%)

추억 명 ☆☆★【37種のテキストで81例】

⓪예 추억(追憶)을 떠올리다.
〈追憶を思い出す。〉(100%)

추위 명 ★★★【28種のテキストで43例】

⓪예 추위에 덜덜 떨다.
〈寒さにがたがた震える。〉(93%)

추진하다 동【12種のテキストで31例】

⓪예 [계획을/사업을/일을/정책을] 추진(推進)
하다.〈[計画を/事業を/仕事を/政策を]推進す
る。〉(100%)

축¹ 명의【12種のテキストで14例】

⓪예 나이는 어린 축이다.
〈歳は若い部類である。〉(100%)

축² 명【6種のテキストで9例】

①예 바퀴를 축(軸)으로 하여 돌다.
〈車輪を軸として回る。〉(66.7%)

②예 가족의 두 축은 부모이다.
〈家族の両軸は親だ。〉(33.3%)

축³ 부【6種のテキストで8例】

⓪예 의자 위에 축 처져 기대다.
〈椅子の上にぐったり座ってもたれる。〉(100%)

축구 명 ★★★【24種のテキストで61例】

⓪예 축구(蹴球)를 하다.
〈サッカーをする。〉(100%)

축제 명【17種のテキストで44例】

⓪예 축제(祝祭)가 열리다.
〈祝祭が開かれる。〉(97.7%)

축하 명 ☆★☆【23種のテキストで36例】

⓪예 축하(祝賀)를 드리다.
〈お祝いを申し上げる。〉(100%)

축하하다 동 ☆★★【42種のテキストで67例】

⓪예 [결혼을/승리를/졸업을/합격을] 축하(祝賀)
하다.〈[結婚を/勝利を/卒業を/合格を]お祝い
する。〉(100%)

출근 명 ☆★★【18種のテキストで25例】

①예 회사에 첫 출근(出勤)을 하다.
〈会社に初出勤をする。〉(84%)

②관 <출근 시간>.
〈出勤時間。〉(16%)

출근하다 동 ☆★☆【23種のテキストで34例】

⓪예 회사에 출근(出勤)하다.
〈会社に出勤する。〉(100%)

출발 명 ☆★★【16種のテキストで18例】

①예 [논의의/문학의/삶의] 출발(出發).
〈[議論の/文学の/人生の]出発。〉(61.1%)

②예 버스가 출발을 하다.
〈バスが出発をする。〉(38.9%)

출발하다 동 ★★☆【41種のテキストで66例】

①예 과거의 비판에서 출발(出發)하다.
〈過去の批判から始める。〉(56.1%)

②예 열차가 정시에 출발하다.
〈列車が定時に出発する。〉(43.9%)

출석 명 ☆☆★【9種のテキストで11例】

①예 수업에 출석(出席)을 하다.
〈授業に出席をする。〉(72.7%)

②관 <출석을 부르다>.
〈出席を取る。〉(27.3%)

출세 명【12種のテキストで19例】

⓪예 출세(出世)를 하다.
〈出世をする。〉(100%)

출신 명【27種のテキストで42例】

①예 지방 대학 출신(出身).
〈地方大学出身。〉(52.4%)

②예 출신도 모르는 고아.
〈出身も分からない孤児。〉(47.6%)

출입문 명【10種のテキストで16例】

⓪예 출입문(出入門)을 잠그다.
〈出入口を閉ざす。〉(100%)

출장 명 ☆☆★【10種のテキストで15例】

⓪예 [지방/해외] 출장(出張)을 가다.
〈[地方/海外]出張に行く。〉(100%)

출판사 명【16種のテキストで34例】

⓪예 출판사(出版社)에서 일하다.
〈出版社で働く。〉(100%)

춤 명 ★★★【43種のテキストで124例】

⓪예 춤을 추다.

---

48) 一番大きい満月の出る旧暦8月15日。祖先祭祀や墓参をはじめとする行事が行われる。

49)ソンピョン(松餅)：米粉をこねて、豆・胡麻・栗など多様な材料を餡にして月型(満月または半月)に作って蒸した餅。

〈踊りを踊る。〉(91.9%)

춤추다 동【19種のテキストで31例】
　◎예 노래하며 춤추고 놀다.
　　〈歌ったり踊ったりして遊ぶ。〉(96.8%)

춥다 형 ★★★【71種のテキストで149例】
　①예 추운 방에서 떨다.
　　〈寒い部屋で震える。〉(48.3%)
　②예 아이가 추운 듯 떨고 있다.
　　〈子供が寒いようで震えている。〉/
　　몸이 으슬으슬 춥다.
　　〈体がぞくぞくと寒い。〉(29.5%)
　③예 바깥 날씨가 춥다.
　　〈外が寒い。〉/
　　추운 날.
　　〈寒い日。〉(22.1%)

충격 명 ☆★☆【33種のテキストで53例】
　◎예 사고 소식에 충격(衝撃)을 받다.
　　〈事故の知らせにショックを受ける。〉/
　　사회에 충격을 주다.
　　〈社会に衝撃を与える。〉(96.2%)

충돌 명【12種のテキストで27例】
　①예 귀족들과의 이해 충돌(衝突).
　　〈貴族らとの利害衝突。〉(81.5%)
　②예 입자들의 충돌 과정.
　　〈粒子の衝突過程。〉(18.5%)

충동 명【21種のテキストで29例】
　◎예 울고 싶은 충동(衝動)을 참다.
　　〈泣きたい衝動をこらえる。〉(100%)

충분하다 형 ☆★★【40種のテキストで58例】
　①예 충분(充分)한 식량을 준비하다.
　　〈十分な食料を準備する。〉(65.5%)
　②예 풍경이 감탄하기에 충분하다.
　　〈風景が感嘆するに十分だ。〉(34.5%)

충분히 부 ★★☆【53種のテキストで79例】
　①예 돈을 충분(充分)히 준비하다.
　　〈金を十分に準備する。〉(72.2%)
　②예 충분히 가능한 일이다.
　　〈十分可能なことだ。〉(27.8%)

충실하다¹ 형【20種のテキストで23例】
　◎예 [직무에/직업에] 충실(忠實)하다.
　　〈[職務に/職業に]忠実だ。〉(100%)

충실하다² 형【4種のテキストで4例】
　◎예 내용이 충실(充實)하다.
　　〈内容が充実している。〉(100%)

충족시키다 동【11種のテキストで16例】
　◎예 [욕구를/조건을] 충족(充足)시키다.
　　〈[欲求を/条件を]満たす。〉(100%)

취급하다 동【20種のテキストで26例】
　①예 사건을 취급(取扱)하다.
　　〈事件を取り扱う。〉(53.8%)

②예 나를 바보로 취급하다.
　　〈私をこけにする。〉(42.3%)

취미 명 ★★★【34種のテキストで116例】
　◎예 등산을 취미(趣味)로 삼다.
　　〈登山を趣味とする。〉(90.5%)

취소하다 동 ☆★☆【6種のテキストで9例】
　◎예 약속을 취소(取消)하다.
　　〈約束をキャンセルする。〉(100%)

취직 명 ☆★★【25種のテキストで39例】
　◎예 회사에 취직(就職)을 하다.
　　〈会社に就職をする。〉(97.4%)

취직하다 동 ☆★☆【14種のテキストで22例】
　◎예 회사에 취직(就職)하다.
　　〈会社に就職する。〉(100%)

취하다¹ 동 ★★★【42種のテキストで80例】
　①예 [술에/약에/잠에] 취(醉)하다.
　　〈酒に酔う。/薬に頭がぼうっとする。/寝ぼける。〉
　　(81.3%)
　②예 [기쁨에/음악에/흥에] 취하다.
　　〈[喜びに/音楽に/興に]陶酔する。〉(18.8%)

취하다² 동【39種のテキストで67例】
　①예 [입장을/태도를] 취(取)하다.
　　〈[立場を/態度を]取る。〉(37.3%)
　②예 [연락을/행동을] 취하다.
　　〈[連絡を/行動を]取る。〉(34.3%)
　③예 [방법을/방식을/형식을] 취하다.
　　〈[方法を/方式を/形式を]取る。〉(13.4%)

－측¹ 접【16種のテキストで21例】
　◎예 [남/반대/주최]측(側).
　　〈[南/反対/主催]側。〉(100%)

측² 명의【5種のテキストで5例】
　◎예 우리 측(側)에서 반대하다.
　　〈我々の側で反対する。〉(100%)

측면 명【30種のテキストで77例】
　◎예 경제적인 측면(側面)에서 검토하다.
　　〈経済的な側面で検討する。〉(97.4%)

층 명 ★★★【59種のテキストで150例】
　◎예 5층(層) 건물.
　　〈5階建てビル。〉(91.3%)

치¹ 명의【14種のテキストで17例】
　◎예 길이가 두 치 가량 되다.
　　〈長さが二寸ほどになる。〉(100%)

치² 명의【6種のテキストで8例】
　◎예 세 사람 치의 일삯.
　　〈三人分の賃金。〉/
　　넉 달 치 이자.
　　〈四か月分の利子。〉(100%)

치³ 감【5種のテキストで6例】
　◎예 치, 왜 나한테 화를 내?

〈ちぇっ、なんで私に腹を立てるの？〉（100%）

치고 토【23種のテキストで28例】
⓪ⓔ 주말치고 일이 바쁘다.
〈週末にしては仕事が忙しい。〉/
외국인치고 말을 잘하다.
〈外国人にしては言葉が上手だ〉（100%）

치다¹ 동 ★★★【130種のテキストで419例】
①ⓔ [도망을/발버둥을/야단을/장난을] 치다.
〈逃げる。/じたんだを踏む。/叱る。/いたずらをする。〉（14.3%）
②ⓔ [박수를/손뼉을] 치다.
〈拍手をする。/手を打つ。〉（10.5%）
③ⓔ [고함을/소리를/호통을] 치다.
〈どなる。/大声で叫ぶ。/どなりつける。〉（9.5%）
④ⓔ 책상을 치다.
〈テーブルをたたく。〉/
어깨를 툭 치다.
〈肩をぽんとたたく。〉（9.1%）
⑤ⓔ [공을/테니스를/홈런을] 치다.
〈ボールを打つ。/テニスをする。/ホームランを打つ。〉（8.1%）
⑥ⓔ [자판을/타자를] 치다.
〈[キーボードを/タイプライターを]打つ。〉（6.7%）
⑦ⓔ [따귀를/뺨을/사내를] 치다.
〈[横つ面を/頬を/男を]たたく。〉（5.5%）
⑧ⓔ [북을/종을/징을] 치다.
〈[太鼓を/鐘を/銅鑼を]打つ。〉（4.5%）
⑨ⓔ [기타를/피아노를] 치다.
〈[ギターを/ピアノを]弾く。〉（4.3%）
⑩ⓔ 적이 사방에서 치고 들어오다.
〈敵が四方から攻め込む。〉（2.4%）
⑪관 <맞장구(를) 치다>.
〈相槌を打つ。〉（2.1%）
⑫ⓔ 가슴이 [고동을/난리를] 치다.
〈胸が高鳴る。/胸が騒ぐ。〉（2.1%）
⑬ⓔ [트럼프를/화투를] 치다.
〈[トランプを/花札を]する。〉（1.4%）
⑭ⓔ [날개를/꼬리를/활개를] 치다.
〈羽ばたく。/しっぽを振る。/大手を振る。〉（1.4%）
⑮ⓔ [눈웃음을/코웃음을] 치다.
〈[目で/鼻で]笑う。〉（1.4%）
⑯ⓔ 시험을 치다.
〈試験を受ける。〉（1.4%）

치다² 동【31種のテキストで38例】
①ⓔ 문에 [발을/커튼을] 치다.
〈窓に[すだれを/カーテンを]かける。〉（21.1%）
②ⓔ [담을/칸막이를] 치다.
〈[塀を/仕切りを]巡らす。〉（15.8%）
③ⓔ [괄호를/동그라미를/선을] 치다.
〈括弧をつける。/丸を打つ。/線を引く。〉（13.2%）
④ⓔ 천막을 치다.
〈テントを張る。〉（10.5%）
⑤ⓔ [금줄을/빨랫줄을] 치다.

〈[しめ縄を/洗濯物干しのロープを]張る。〉（7.9%）
⑥관 <진(을) 치다> ⓔ 가게 앞에 진을 치다.
〈店の前に陣を張る。〉（7.9%）
⑦ⓔ [둥지를/움막을/진을] 치다.
〈[巣を作る。/掘っ立て小屋を作る。/陣を張る。]〉（5.3%）
⑧ⓔ [병풍을/철망을/철조망을] 치다.
〈屏風を立てる。/金網を張り巡らす。/鉄条網を張り巡らす。〉（5.3%）

치다³ 동【32種のテキストで46例】
①ⓔ 택시를 탄다고 쳐도 늦었다.
〈タクシーに乗ったとしても遅刻だ。〉（50%）
②ⓔ 끈질기로 치면 그밖에 없다.
〈粘り強さ、それしか無い。〉（30.4%）
③ⓔ 값을 높게 치다.
〈値段を高くつける。〉（10.9%）

치료 명 ★☆★【24種のテキストで45例】
⓪ⓔ 치료(治療)를 받다.
〈治療を受ける。〉（100%）

치르다¹ 동 ★★★【41種のテキストで89例】
①ⓔ [시험을/중대사를] 치르다.
〈[試験を/重大事を]行う。〉/
어차피 치러야 할 일이라면 피하지 않겠다.
〈どうせしなければならないことなら避けない。〉（76.4%）
②ⓔ [옥고를/홍역을] 치르다.
〈[獄中生活の苦しみを/はしかを]経る。〉（19.1%）

치르다² 동【11種のテキストで12例】
①ⓔ [값을/돈을/하숙비를] 치르다.
〈[値を/お金を/下宿費を]払う。〉（75%）
②ⓔ 대가를 치르다.
〈代価を払う。〉（25%）

치마 명 ★★★【23種のテキストで50例】
⓪ⓔ 치마를 입다.
〈スカートをはく。〉（100%）

치밀다 동【15種のテキストで16例】
⓪ⓔ [부아가/생각이/화가] 치밀다.
〈[怒りが/思いが/怒りが]込み上げる。〉（100%）

치약 명 ☆★☆【6種のテキストで20例】
⓪ⓔ 칫솔에 치약(齒藥)을 묻히다.
〈歯ブラシに歯磨き粉をつける。〉（100%）

치열하다 형【23種のテキストで32例】
⓪ⓔ 경쟁이 치열(熾烈)하다.
〈競争が激しい。〉（100%）

치우다¹ 동 ☆☆★【46種のテキストで76例】
①ⓔ [방을/집안을] 치우다.
〈[部屋を/家の中を]片付ける。〉（31.6%）
②ⓔ 밥 먹을 때는 신문을 치우다.
〈ご飯を食べる時は新聞を片付ける。〉/

손을 치우다.
〈手を引っ込める。〉(26.3%)

③예 쓰레기를 치우다.
〈ごみを捨てる。〉(14.5%)

④예 상을 치우다.
〈お膳を片付ける。〉(13.2%)

⑤예 탁자를 한쪽으로 치우다.
〈テーブルを片寄せる。〉(10.5%)

치우다² 동보 【8種のテキストで8例】

⓪예 [음식을 먹어/책을 팔아] 치우다.
〈[食べ物を食べて/本を売って]しまう。〉(100%)

친구 명 ★★★ 【186種のテキストで1,736例】

⓪예 친구(親舊)를 사귀다.
〈友達とつきあう。〉(93.6%)

친절하다 형 ★★★ 【29種のテキストで54例】

⓪예 이웃에게 친절(親切)하게 대하다.
〈隣人に親切に接する。〉(100%)

친정 명 【14種のテキストで27例】

⓪예 아내가 친정(親庭)에 가다.
〈妻が実家に行く。〉(100%)

친척 명 ★★★ 【42種のテキストで119例】

⓪예 친척(親戚)들이 모이다.
〈親戚たちが集まる。〉(100%)

친하다 형 ★★★ 【49種のテキストで89例】

⓪예 이웃과 친(親)하게 지내다.
〈隣近所と親しくする。〉(96.6%)

칠 수 ★★★ 【117種のテキストで371例】

⓪예 칠(七) [번/장/형제].
〈七[番/枚/兄弟]。〉(90%)

칠십 수 【74種のテキストで303例】

⓪예 칠십(七十) 명.〈七十名。〉(96.7%)

칠월 명 ☆★★ 【25種のテキストで37例】

⓪예 칠월(七月).〈七月。〉(100%)

칠판 명 ☆☆★ 【17種のテキストで26例】

⓪예 칠판(漆板)에 글씨를 쓰다.
〈黒板に字を書く。〉(100%)

칠하다 동 【21種のテキストで24例】

⓪예 [기름을/페인트를] 칠(漆)하다.
〈[油を/ペンキを]塗る。〉(100%)

침 명 ★☆☆ 【34種のテキストで45例】

⓪예 침을 [뱉다/삼키다].
〈唾を[吐く/飲み込む]。〉(91.1%)

침대 명 ☆★★ 【34種のテキストで73例】

⓪예 침대(寝臺)에서 일어나다.
〈ベッドから起きる。〉(100%)

침략 명 ★☆☆ 【12種のテキストで41例】

⓪예 외적에게 침략(侵略)을 당하다.
〈外敵に侵略を受ける。〉(100%)

침묵 명 【27種のテキストで80例】

①예 긴 침묵(沈默)이 흐르다.
〈長い沈黙が流れる。〉(90%)

②관 <침묵을 지키다>.
〈沈黙を守る。〉(10%)

침입 명 【12種のテキストで24例】

⓪예 외세의 침입(侵入)을 받다.
〈外勢の侵入を受ける。〉(100%)

침착하다 형 【21種のテキストで28例】

⓪예 침착(沈着)한 태도.
〈沈着な態度。〉(100%)

칫솔 명 ☆☆★ 【7種のテキストで14例】

⓪예 칫솔(齒-)로 이를 닦다.
〈歯ブラシで歯を磨く。〉(100%)

칭찬하다 동 ★☆☆ 【31種のテキストで47例】

⓪예 [성실함을/소년을/태도를] 칭찬(稱讚)
하다.〈[誠実さを/少年を/態度を]称賛する。〉
(100%)

ㅋ

카드 명 ★★☆ 【23種のテキストで61例】

①예 [감사/생일/성탄절] 카드를 쓰다.
〈[お礼の/誕生/クリスマス]カードを書く。〉(52.5%)

②예 트럼프 카드를 돌리다.
〈トランプのカードを回す。〉(13.1%)

③예 신용 카드.
〈クレジットカード。〉/
카드로 계산하다.
〈カードで計算する。〉(9.8%)

④예 [독서/진료] 카드.
〈[読書/診療]カード。〉(8.2%)

⑤예 그림 카드 중에서 2장을 뽑다.
〈絵カードの中で2枚を選ぶ。〉(8.2%)

카메라 명 ☆★★ 【14種のテキストで92例】

⓪예 텔레비전 중계 카메라.
〈テレビ中継カメラ。〉(92.4%)

칸¹ 명 ★☆☆ 【27種のテキストで62例】

①예 줄을 그어 칸을 만들다.
〈線を引いて空欄を作る。〉(69.4%)

②예 객차 두 칸을 달다.
〈客車二両をつなぐ。〉(21%)

칸² 명의 【12種のテキストで22例】

⓪예 집 한 칸 없다.
〈家一軒無い。〉(100%)

칼 명 ★☆★ 【37種のテキストで93例】

⓪예 칼에 손을 베다.
〈包丁で手を切る。〉(97.8%)

캄캄하다 형 ☆☆★ 【17種のテキストで21例】

①예 캄캄한 [거리/지하실].
〈真っ暗な[街/地下室]。〉(81%)

②예 앞이 캄캄하다.
〈お先真っ暗だ。〉/
캄캄한 절망감.
〈真っ暗な絶望感。〉(14.3%)

캐다 〔동〕 ☆☆★【16種のテキストで24例】
①예 [약초를/조개를] 캐다.
〈[薬草を/貝を]掘る。〉(66.7%)

②예 말의 진의를 캐다.
〈言葉の真意を問い正す。〉(29.2%)

캠퍼스 〔명〕【10種のテキストで19例】
⓪예 [대학/지방] 캠퍼스.
〈[大学/地方]キャンパス。〉(100%)

커다랗다 〔형〕 ★★☆【88種のテキストで195例】
⓪예 커다란 집.
〈大きな家。〉/
눈을 커다랗게 뜨다.
〈目を大きく開ける。〉(100%)

커튼 〔명〕【11種のテキストで35例】
⓪예 창문에 커튼을 치다.
〈窓にカーテンをかける。〉(100%)

커피 〔명〕 ★★★【44種のテキストで122例】
⓪예 짙은 커피를 마시다.
〈濃いコーヒーを飲む。〉(90.2%)

컴퓨터 〔명〕 ★★★【52種のテキストで400例】
⓪예 컴퓨터를 업무에 활용하다.
〈コンピューターを業務に活用する。〉(100%)

컵 〔명〕 ☆☆★【21種のテキストで45例】
⓪예 컵에 물을 따르다.
〈コップに水を注ぐ。〉(86.7%)

케이크 〔명〕 ☆★☆【1種のテキストで2例】
⓪예 생일 케이크를 먹다.
〈誕生ケーキを食べる。〉(100%)

켜다 〔동〕 ★★★【57種のテキストで113例】
①예 [등잔불을/전등을] 켜다.
〈[灯りを/電灯を]つける。〉(59.3%)

②예 [텔레비전을/히터를] 켜다.
〈[テレビを/ヒーターを]つける。〉(32.7%)

코 〔명〕 ★★★【72種のテキストで148例】
①예 코로 냄새를 맡다.
〈鼻で臭いをかぐ。〉(64.2%)

②관 <코를 골다>.
〈いびきをかく。〉(15.5%)

③예 흐르는 코를 닦다.
〈流れる鼻水をふく。〉(7.4%)

코끝 〔명〕【14種のテキストで17例】
⓪예 코끝이 [시큰하다/찡하다].
〈鼻先が[ずきずきする/じいんとする]。〉(94.1%)

코끼리 〔명〕 ☆☆★【12種のテキストで39例】

⓪예 코끼리는 코가 길다.
〈象は鼻が長い。〉(100%)

코트 〔명〕 ☆★☆【8種のテキストで14例】
⓪예 코트를 입다.
〈コートを着る。〉(100%)

콜라 〔명〕 ☆★★【9種のテキストで15例】
⓪예 콜라를 마시다.
〈コーラを飲む。〉(100%)

콩 〔명〕 ★☆★【14種のテキストで60例】
⓪예 밥에 콩을 섞다.
〈ご飯に豆を混ぜる。〉(98.3%)

콩나물 〔명〕【13種のテキストで17例】
⓪예 콩나물로 국을 끓이다.
〈豆モヤシでスープをつくる。〉(88.2%)

쾌감 〔명〕【10種のテキストで22例】
⓪예 쾌감(快感)을 [느끼다/주다].
〈快感を[感じる/与える]。〉(100%)

쾌락 〔명〕【10種のテキストで15例】
⓪예 쾌락(快樂)을 즐기다.
〈快楽を楽しむ。〉(100%)

쾌적하다 〔형〕【10種のテキストで18例】
⓪예 쾌적(快適)한 [기분/환경].
〈快適な[気分/環境]。〉(100%)

크기 〔명〕 ★★☆【40種のテキストで77例】
⓪예 잔들의 크기가 다르다.
〈グラスの大きさが違う。〉(89.6%)

크다[1] 〔형〕 ★★★【202種のテキストで1,671例】
①예 [덩치가/미용실이] 크다.
〈[規模が/美容室が]大きい。〉(38.4%)

②예 공이 크다.
〈功が大きい。〉/
큰 [싸움/전투].
〈大きい[戦い/戦闘]。〉(13.2%)

③예 크게 [달라지다/앓다].
〈大きく[変わる/病む]。〉(10.5%)

④예 [목소리가/박수가/소리가] 크다.
〈[声が/拍手が/音が]大きい。〉(9%)

⑤예 [세력이/영향이/효과가] 크다.
〈[勢力が/影響が/効果が]大きい。〉(4.7%)

⑥예 큰 [결단/구실/이유/일/특징].
〈大きな[決断/役割/理由/仕事/特徴]。〉(4.4%)

크다[2] 〔동〕 ☆☆☆【50種のテキストで73例】
⓪예 아들이 씩씩하게 잘 크다.
〈息子が元気によく育つ。〉(98.6%)

크리스마스 〔명〕 ☆★☆【11種のテキストで19例】
⓪예 크리스마스가 다가오다.
〈クリスマスが近づいてくる。〉(100%)

큰길 〔명〕【17種のテキストで21例】
⓪예 골목에서 큰길로 나가다.
〈路地から大通りに出る。〉(95.2%)

큰댁　명【12種のテキストで27例】
　⓪예　큰댁(宅)에서 제사를 지내다.
　　〈本家で祭祀を行う。〉(100%)

큰아버지　명【17種のテキストで31例】
　⓪예　큰아버지와 작은아버지.
　　〈伯父と叔父。〉(100%)

큰일　명★★☆【41種のテキストで54例】
　⓪예　나라의 큰일을 맡아 하다.
　　〈国の大事な仕事を引き受ける。〉(96.3%)

큰일나다　동★★☆【20種のテキストで29例】
　⓪예　조금만 늦었으면 큰일날 뻔하다.
　　〈少し遅れたら大変なことになるところだった。〉
　　(100%)

큼직하다　형【11種のテキストで17例】
　⓪예　큼직한 [가방/글씨/집].
　　〈大きな〔カバン/文字/家〕。〉(100%)

키¹　명★★★【70種のテキストで143例】
　⓪예　아이들 키가 [작다/크다].
　　〈子供たちの背が〔低い/高い〕。〉(92.3%)

키²　명【6種のテキストで23例】
　①예　아파트의 키.
　　〈マンションのキー。〉/
　　자동차 키.
　　〈自動車のキー。〉(78.3%)
　②예　[인터폰의/자판의] 키를 누르다.
　　〈〔インターホンの/キーボードの〕キーを押す。〉
　　(21.7%)

키우다　동★★★【67種のテキストで127例】
　①예　[금붕어를/콩나물을] 키우다.
　　〈〔金魚を/豆もやしを〕育てる。〉(48.8%)
　②예　[능력을/병을] 크게 키우다.
　　〈〔能力を/病気を〕大きく育てる。〉(37.8%)

킬로미터　명【20種のテキストで34例】
　⓪예　거리가 10킬로미터이다.
　　〈距離が10キロメートルである。〉(100%)

타고나다　동【25種のテキストで28例】
　⓪예　[건강을/기억력을] 타고나다.
　　〈〔健康に/記憶力に〕恵まれる。〉(100%)

타다¹　동★★★【148種のテキストで585例】
　①예　[버스를/차에] 타다.
　　〈〔バスに/車に〕乗る。〉(81.4%)

타다²　동【40種のテキストで57例】
　①예　집이 불에 타다.
　　〈家が燃える。〉(52.6%)
　②예　밥이 타다.

〈ご飯が焦げる。〉(10.5%)
　③예　얼굴이 검게 타다.
　　〈顔が黒く焼ける。〉(10.5%)
　④예　그에 대한 생각에 가슴이 타다.
　　〈彼に対する考えで胸が焦がれる。〉(10.5%)

타다³　동【17種のテキストで24例】
　⓪예　[돈을/봉급을/상을] 타다.
　　〈〔お金を/給料を/賞を〕もらう。〉(91.7%)

타다⁴　동【11種のテキストで22例】
　①예　[꿀물을/커피를/홍차를] 타다.
　　〈〔蜂蜜水を/コーヒーを/紅茶を〕入れる。〉
　　(77.3%)
　②예　물에 꿀을 타다.
　　〈水に蜂蜜をとく。〉/
　　술에 약을 타다.
　　〈酒に薬を入れる。〉(22.7%)

타다⁵　동【16種のテキストで17例】
　①예　[부끄럼을/수줍음을] 타다.
　　〈恥ずかしがる。/はにかむ。〉(47.1%)
　②예　[간지럼을/더위를/추위를] 타다.
　　〈〔くすぐるのに/暑さに/寒さに〕弱い。〉(29.4%)
　③예　[더러움이/때가/부정을] 타다.
　　〈汚れやすい。/しみがつく。/縁起が悪い。〉
　　(17.6%)

타당하다　형【10種のテキストで16例】
　⓪예　[근거가/말이/주장이] 타당(妥當)하다.
　　〈〔根拠が/言葉が/主張が〕妥当だ。〉(100%)

타오르다　동【17種のテキストで21例】
　①예　[불꽃이/장작불이] 타오르다.
　　〈〔花火が/まきが〕燃え上がる。〉(33.3%)
　②예　[나무가/짚이] 타오르다.
　　〈〔木が/藁が〕燃え上がる。〉(23.8%)
　③예　[마음이/정념이] 타오르다.
　　〈〔心が/情念が〕燃え上がる。〉(23.8%)

타이르다　동【18種のテキストで20例】
　⓪예　[애를/조심하라고] 타이르다.
　　〈〔子を/気をつけろと〕たしなめる。〉(100%)

타인　명【20種のテキストで25例】
　⓪예　타인(他人)의 물건을 훔치다.
　　〈他人の品物を盗む。〉(100%)

탁　부【24種のテキストで31例】
　①예　문을 탁 닫다.
　　〈戸をぴしゃりと閉める。〉/
　　바닥을 탁 치다.
　　〈床をぽんと打つ。〉(38.7%)
　②예　마음을 탁 놓다.
　　〈ほっと気を緩める。〉/
　　맥이 탁 풀리다.
　　〈がっくりくる。〉(16.5%)
　③예　[가슴이/시야가] 탁 트이다.
　　〈〔胸が/視野が〕ぱっとひらける。〉(12.9%)
　④예　탁 [깨나다/나가다/나타나다].

〈ばっと[覚める/出る/現れる]。〉(12.9%)

⑤⑩ 탁 [보다/찾다].
〈はたと[見る/探し出す]。〉(12.9%)

탁구 명 ☆☆★【3種のテキストで5例】

⓪⑩ 탁구(卓球)를 치다.
〈卓球をする。〉(100%)

탁월하다 형【11種のテキストで27例】

⓪⑩ 탁월(卓越)한 [감각/능력]을 지니다.
〈卓越した[感覚/能力]を持つ。〉/
탁월한 [이론/작가].
〈卓越した[理論/作家]。〉(100%)

탁자 명【15種のテキストで21例】

⓪⑩ 찻잔을 탁자(卓子) 위에 놓다.
〈湯飲み茶碗をテーブルの上に置く。〉(100%)

탄생 명【16種のテキストで25例】

①⑩ 대한제국의 탄생(誕生)을 선포하다.
〈大韓帝国の誕生を宣布する。〉(76%)

②⑩ 부처의 탄생을 기리다.
〈仏陀の誕生をたたえる。〉(24%)

탄생하다 동【13種のテキストで15例】

①⑩ [작품이/종교가] 탄생(誕生)하다.
〈[作品が/宗教が]誕生する。〉(60%)

②⑩ [공자가/아이가] 탄생하다.
〈[孔子が/子供が]誕生する。〉(40%)

탄성 명【15種のテキストで17例】

⓪⑩ 묘기에 탄성(歎聲)을 지르다.
〈妙技に嘆声をあげる。〉(94.1%)

탈¹ 명 ★☆★【12種のテキストで22例】

①⑩ 탈을 쓰다.
〈仮面をかぶる。〉(81.8%)

② <~(의) 탈>
⑩ 사람 탈만 썼지 그가 어디 인간인가.
〈人の仮面をかぶっているだけで、彼がはたして
人間か。〉(18.2%)

탈² 명【13種のテキストで14例】

①⑩ 아무 탈 없이 살아 오다.
〈つつがなく生きてくる。〉(57.1%)

② <탈이다> ⑩ 너무 고지식해 탈이다.
〈あまりにも生真面目で問題だ。〉(35.7%)

탈춤 명【10種のテキストで35例】

⓪⑩ 탈춤을 추다.
〈仮面舞踊を踊る。〉(100%)

탑 명【10種のテキストで32例】

①⑩ 탑(塔)을 세우다.
〈塔を建てる。〉(81.3%)

②⑩ 등대의 탑 꼭대기.
〈灯台の塔のいただき。〉(18.8%)

탓 명의 ☆★☆【50種のテキストで101例】

①⑩ 물가고는 공급 부족 탓이다.
〈物価高は、供給不足のせいだ。〉(64.4%)

②⑩ [그 사람의/남] 탓을 하다.
〈[その人の/人の]せいにする。〉(35.6%)

태권도 명 ☆☆☆【11種のテキストで17例】

⓪⑩ 태권도(跆拳道)를 배우다.
〈テコンドー50)を習う。〉(100%)

태도 명 ★★☆【84種のテキストで243例】

①⑩ 사람에게 겸손한 태도(態度).
〈人に謙遜な態度。〉(84.4%)

②⑩ 사회에 대한 태도.
〈社会に対する態度。〉(15.6%)

태양 명 ☆☆★【31種のテキストで43例】

⓪⑩ 태양(太陽)이 떠오르다.
〈太陽が昇る。〉(93%)

태어나다 동 ★★★【89種のテキストで268例】

⓪⑩ [망아지가/아이가] 태어나다.
〈[子馬が/子供が]生まれる。〉(95.1%)

태우다¹ 동 ★☆☆【24種のテキストで35例】

①⑩ [나뭇가지를/장작을] 태우다.
〈[木の枝を/薪を]燃やす。〉(68.6%)

②⑩ 뜻대로 안 돼서 [속을/애를] 태우다.
〈思った通りに行かなくて[気をもむ/あせる]。〉
(11.4%)

태우다² 동 ★☆★【19種のテキストで27例】

①⑩ [배에/차에] 아내를 태우다.
〈[船に/車に]妻を乗せる。〉(66.7%)

②⑩ 아이를 사다리에 태우다.
〈子供をはしごに乗せる。〉(14.8%)

③관 <비행기(를) 태우다>.
〈おだてる。〉(11.1%)

택시 명 ★★★【39種のテキストで81例】

⓪⑩ 택시를 타다.
〈タクシーに乗る。〉(100%)

택하다 동【39種のテキストで54例】

⓪⑩ 철학을 전공으로 택(擇)하다.
〈哲学を専攻として選ぶ。〉(100%)

터¹ 명의 ★★★【127種のテキストで397例】

①⑩ 곧 적이 쳐들어올 터이니 피하시오.
〈すぐに敵が攻めて来ますから逃げなさい。〉
(65.5%)

②관 <-ㄹ 테니까>
⑩ 도와 드릴 테니까 안심하세요.
〈助けて差し上げますので安心してください。〉
(21.2%)

③⑩ 나는 그를 존경해 왔던 터였다.
〈私は彼をかねがね尊敬して来たものだった。〉
(13.4%)

터² 명【19種のテキストで32例】

---

50) 「蹴り」を中心とした韓国の武道・スポーツ

①예 옛 학교 터에 빌딩을 세우다.
〈昔の学校の敷地にビルを立てる。〉(53.1%)

②예 빈 터에 관공서가 들어서다.
〈空き地に、官公署が入る。〉(31.3%)

③예 빨래 터에서 빨래를 하다.
〈洗濯場で洗濯をする。〉(12.5%)

터득하다 동【11種のテキストで19例】

⓪예 기술을 터득(攄得)하다.
〈わざを会得する。〉(100%)

터뜨리다 동【41種のテキストで61例】

①예 [울음을/웃음을] 터뜨리다.
〈わあわあ泣く。/げらげら笑う。〉(75.4%)

②예 풍선을 터뜨리다.
〈風船を割る。〉(8.2%)

③예 [불만을/불평을] 터뜨리다.
〈[不満を/不平を]爆発させる。〉(8.2%)

터미널 명【11種のテキストで46例】

①예 [고속/시외] 버스 터미널.
〈[高速/市外]バスターミナル。〉(63%)

②예 컴퓨터 터미널의 스위치를 넣다.
〈コンピューターターミナルのスイッチを入れる。〉
(37%)

터전 명【17種のテキストで30例】

⓪예 생활의 터전을 닦다.
〈生活の基盤を築く。〉(100%)

터지다 동 ★☆★【63種のテキストで129例】

①예 분통이 터지다.
〈憤りが爆発する。〉(20.2%)

②예 함성이 터지다.
〈歓声があがる。〉(15.5%)

③예 [사고가/전쟁이] 터지다.
〈[事故が/戦争が]起こる。〉(14.7%)

④예 [지뢰가/폭탄이] 터지다.
〈[地雷が/爆弾が]破裂する。〉(12.4%)

⑤예 봉지가 터지다.
〈袋が破れる。〉/
저녁을 배 터지게 먹다.
〈夕食をお腹が張り裂けそうになるまで食べる。〉
(9.3%)

⑥예 장갑 손가락 구멍이 터지다.
〈手袋の指穴が破れる。〉(3.9%)

⑦예 불량배들에게 터지다.
〈ごろつきに殴られる。〉(3.1%)

⑧예 머리가 터져 입원하다.
〈頭にケガをして入院する。〉(2.3%)

⑨예 손이 갈라 터지다.
〈手がひび割れる。〉(2.3%)

⑩관 <목이 터져라>.
〈喉が裂けるほど。〉(2.3%)

턱¹ 명 ☆☆★【26種のテキストで39例】

①예 숨이 턱에 닿다.
〈ひどく息切れがする。〉(69.2%)

②예 손등으로 턱을 받치다.
〈手の甲で頬づえをつく。〉(30.8%)

턱² 명 의【6種のテキストで7例】

①예 그가 비밀을 알 턱이 없다.
〈彼が秘密を知るはずがない。〉(71.4%)

②관 <턱도 없다>.
〈はずもない。〉(28.6%)

턱³ 명 의【4種のテキストで7例】

⓪ <[~ 턱/한 턱] 내다>
예 친구들에게 승진 턱을 내다.
〈友人たちに昇進祝いでおごる。〉(100%)

털 명 ☆☆★【20種のテキストで44例】

⓪예 다리에 털이 많다.
〈足に毛が多い。〉(95.5%)

털다 동 ★☆★【36種のテキストで60例】

①예 [머리카락을/먼지를/옷을] 털다.
〈[髪の毛を/ほこりを/服を]はたく。〉(53.3%)

②예 고뇌를 털어 버리다.
〈苦悩をはらい落とす。〉(10%)

③예 밑천을 몽땅 털어 땅을 사다.
〈元手をすっかりはたいて土地を買う。〉(10%)

④예 쌀을 쌀통에 털어 붓다.
〈米を米びつにはたいて入れる。〉/
소금을 집어 입에 털어 넣다.
〈塩をつまんで口に放り込む。〉(10%)

털썩 부【15種のテキストで18例】

①예 바닥에 털썩 주저앉다.
〈床にぺたっと座る。〉(88.9%)

②예 가방을 털썩 내려놓다.
〈カバンをどかっと下ろす。〉(11.1%)

털어놓다 동【22種のテキストで38例】

⓪예 [과거를/사실을] 털어놓다.
〈[過去を/事実を]打ち明ける。〉(100%)

텅 부 ☆★☆【29種のテキストで39例】

⓪예 [들녘이/집이] 텅 비다.
〈[野原が/家が]からっぽになる。〉(100%)

테니스 명 ☆★☆【3種のテキストで21例】

⓪예 테니스를 치다.
〈テニスをする。〉(100%)

테이블 명【12種のテキストで46例】

⓪예 테이블에 앉아 맥주를 마시다.
〈テーブルに座ってビールを飲む。〉(100%)

테이프 명 ☆★☆【16種のテキストで24例】

①예 노래 테이프를 듣다.
〈歌のテープを聞く。〉(79.2%)

②예 시장이 개통 테이프를 끊다.
〈市長が開通テープを切る。〉(16.7%)

텔레비전 명 ★★★【58種のテキストで217例】

⓪예 텔레비전을 보다.
〈テレビを見る。〉(100%)

토끼 명 ★★★【27種のテキストで106例】

⓪例 토끼를 기르다.
　〈ウサギを飼う。〉(100%)

토대 명【13種のテキストで20例】

⓪例 조사 결과를 토대(土臺)로 결정하다.
　〈調査結果をもとに決定する。〉(100%)

토론 명【21種のテキストで108例】

⓪例 토론(討論)을 벌이다.
　〈議論を戦わせる。〉(100%)

토론하다 동【15種のテキストで39例】

⓪例 국제 문제를 토론(討論)하다.
　〈国際問題を討論する。〉(100%)

토막 명【12種のテキストで15例】

①例 토막을 내다.
　〈ぶつ切りにする。〉/
　나무 토막.
　〈木の切れ端。〉(66.7%)

②例 나라가 두 토막이 나다.
　〈国がまっぷたつになる。〉(20%)

③例 시 한 토막을 외우다.
　〈詩の一節を覚える。〉(13.3%)

토요일 명 ★★★【53種のテキストで89例】

⓪例 토요일(土曜日).
　〈土曜日。〉(100%)

토의하다 동【15種のテキストで23例】

⓪例 중요 문제를 토의(討議)하다.
　〈重要問題を討議する。〉(100%)

토지 명 ☆☆★【9種のテキストで15例】

⓪例 토지(土地)를 소유하다.
　〈土地を所有する。〉(100%)

토하다 동 ☆☆★【18種のテキストで25例】

①例 낮은 신음을 토(吐)하다.
　〈低いうめき声を出す。〉(40%)

②例 먹은 것을 토하다.
　〈食べたものを吐く。〉(32%)

③例 열변을 토하다.
　〈熱弁をふるう。〉(20%)

톱 명 ☆☆★【4種のテキストで5例】

⓪例 톱으로 나무를 자르다.
　〈のこぎりで木を切る。〉(100%)

통¹ 명 ★☆☆【17種のテキストで31例】

①例 통(桶)에 석유가 들다.
　〈ドラム缶に石油が入る。〉(74.2%)

②例 [물/석유] 한 통.
　〈[水/石油]一杯。〉(25.8%)

통² 명의 ☆★☆【15種のテキストで18例】

⓪例 아이들이 떠들어대는 통에 정신이 없다.
　〈子供たちがさわぎたてているために落ち着かない。〉
　(100%)

통³ 부 ☆★☆【13種のテキストで17例】

⓪例 통 [만날/볼/알] 수가 없다.
　〈全然[会う/会う/知る]ことができない。〉(100%)

통⁴ 명의 ☆★☆【11種のテキストで13例】

①例 등본 두 통(通) 떼다.
　〈謄本二通をとる。〉(76.9%)

②例 전화 한 통 하면 해결되다.
　〈電話一本すれば解決する。〉(23.1%)

통과하다 동【18種のテキストで21例】

①例 [문을/터널을/현관을] 통과(通過)하다.
　〈[門を/トンネルを/玄関を]通過する。〉(47.6%)

②例 [검문을/시험을/예선을] 통과하다.
　〈[検問を/試験を/予選を]通過する。〉(28.6%)

③例 [기억을/사랑을] 통과하다.
　〈[記憶を/愛を]通過する。〉(14.3%)

통신 명 ★☆☆【16種のテキストで80例】

⓪例 통신(通信)이 두절되다.
　〈通信がとだえる。〉(98.8%)

통일 명 ★★★【33種のテキストで156例】

⓪例 삼국의 통일(統一).
　〈三国の統一。〉(96.2%)

통일되다 동【12種のテキストで20例】

①例 [남북이/삼국이] 통일(統一)되다.
　〈[南北が/三国が]統一される。〉(65%)

②例 [용어로/형식으로] 통일되다.
　〈[用語で/形式で]統一される。〉(20%)

③例 [사상이/조직이/행동이] 통일되다.
　〈[思想が/組織が/行動が]統一される。〉(15%)

통장 명 ☆★☆【11種のテキストで19例】

⓪例 통장(通帳)의 돈을 찾아 오다.
　〈通帳のお金を引き出して来る。〉(100%)

통제 명【13種のテキストで21例】

⓪例 [교통/출입] 통제(統制).
　〈[交通/出入]統制。〉(100%)

통하다 동 ★★★【139種のテキストで581例】

①例 인물의 문답을 통(通)해 이야기를 하다.
　〈人物のインタビューを通して話をする。〉(38.4%)

②例 협상을 통한 타협을 하다.
　〈交渉を通じた妥協をする。〉(23.2%)

③例 조사를 통해 경향을 파악하다.
　〈調査を通して傾向を把握する。〉(9.3%)

④例 학생을 통해 소식을 듣다.
　〈学生を通して消息を聞く。〉(5.7%)

⑤例 창을 통해 풍경을 보다.
　〈窓を通して風景を見る。〉(5.2%)

통화¹ 명 ☆☆★【12種のテキストで18例】

⓪例 전화 통화(通話)가 길다.
　〈通話が長い。〉(94.4%)

통화² 명【3種のテキストで5例】

⓪例 통화(通貨) 공급.

〈通貨供給。〉(100%)

퇴근 명 ☆★★【12種のテキストで20例】
　⓪예 퇴근(退勤) 시간.
　　〈退勤時間。〉(100%)

퇴근하다 동 ☆★☆【24種のテキストで30例】
　⓪예 회사에서 퇴근(退勤)하다.
　　〈会社から退勤する。〉(100%)

투 명의【16種のテキストで22例】
　①예 [기분 나쁜/비난] 투로 말하다.
　　〈[気分悪い/非難の]調子で言う。〉(59.1%)
　②예 그만두겠다는 투로 말하다.
　　〈やめるという調子で言う。〉(36.4%)

투덜거리다 동【15種のテキストで18例】
　⓪예 투덜거리며 불평하다.
　　〈ぼやきながら文句を言う。〉(100%)

투명하다 형【11種のテキストで16例】
　①예 [유리가/창문이] 투명(透明)하다.
　　〈[ガラスが/窓が]透明だ。〉(37.5%)
　②예 [소리가/정신이] 투명하다.
　　〈[声が/精神が]透明だ。〉(31.3%)
　③예 [과정이/일 처리가] 투명하다.
　　〈[過程が/仕事処理が]透明だ。〉(18.8%)
　④예 [냇물이/액체가] 투명하다.
　　〈[川の水が/液体が]透明だ。〉(12.5%)

－투성이 접【27種のテキストで35例】
　⓪예 [먼지/상처/주름살]투성이.
　　〈[ほこり/傷/しわ]だらけ。〉(100%)

투쟁 명【30種のテキストで41例】
　①예 노동자들의 임금 투쟁(鬪爭).
　　〈労働者の賃金闘争。〉(78%)
　②예 통치자와 백성과의 투쟁.
　　〈統治者と民との闘争。〉(22%)

투표 명 ☆☆★【9種のテキストで26例】
　⓪예 투표(投票)로 결정하다.
　　〈投票で決定する。〉(100%)

툭 부【15種のテキストで24例】
　①예 [옆구리를/팔을] 툭 치다.
　　〈[わき腹を/腕を]軽くたたく。〉(25%)
　②예 줄이 툭 끊어지다.
　　〈ロープがぶつんと切れる。〉(25%)
　③예 나무에서 밤이 툭 하고 떨어지다.
　　〈木から栗がポトンと落ちる。〉(20.8%)
　④예 눈두덩이 툭 튀어나오다.
　　〈上まぶたがぷっくりと飛び出る。〉(12.5%)

퉁명스럽다 형【15種のテキストで20例】
　⓪예 퉁명스럽게 [대꾸하다/말을 내뱉다].
　　〈ぶっきらぼうに[言い返す/言葉を吐く]。〉/
　　퉁명스러운 대답.
　　〈無愛想な返事。〉(100%)

튀다 동【18種のテキストで28例】

①예 흙탕물이 튀다.
　　〈泥水が跳ねる。〉(53.6%)
②예 화려한 색은 너무 튀다.
　　〈派手な色は目につきすぎる。〉(21.4%)
③예 사람이 튀어 [나가다/나오다].
　　〈人が飛び[出て行く/出て来る]。〉(14.3%)
④예 범인이 창 밖으로 튀다.
　　〈犯人が窓の外へ飛び出す。〉(10.7%)

튀어나오다 동【26種のテキストで34例】
　①예 [이마가/핏줄이] 튀어나오다.
　　〈[額が/血管が]飛び出る。〉(44.1%)
　②예 [말이/욕이] 튀어나오다.
　　〈[言葉が/罵倒が]飛び出る。〉(41.2%)
　③예 [공이/아이가] 길로 튀어나오다.
　　〈[ボールが/子供が]道に飛び出てくる。〉(14.7%)

트럭 명【20種のテキストで35例】
　⓪예 트럭을 몰다.
　　〈トラックを運転する。〉(100%)

트이다 동【16種のテキストで17例】
　①예 [시야가/앞이] 트이다.
　　〈[視野が/前が]開ける。〉(35.3%)
　②예 [가슴이/귀가/숨이] 트이다.
　　〈気持ちが晴れる。/耳が開ける。/息ができる。〉
　　(29.4%)
　③예 앞뒤로 트인 창.
　　〈前後に開けた窓。〉(23.5%)

특별 명【22種のテキストで34例】
　⓪예 특별(特別) [대우/메뉴].
　　〈特別[待遇/メニュー]。〉(97.1%)

특별하다 형 ★★☆【49種のテキストで82例】
　①예 특별(特別)한 [계층/일].
　　〈特別な[階層/仕事]。〉(75.6%)
　②예 그렇게 특별한 계책은 없다.
　　〈そんなに特別な策はない。〉(22%)

특별히 부 ★★☆【42種のテキストで57例】
　⓪예 특별(特別)히 좋아하는 음식은 없다.
　　〈特に好きな食べ物はない。〉(100%)

특색 명【12種のテキストで22例】
　⓪예 모양에 특색(特色)이 있다.
　　〈模様に特色が有る。〉(100%)

특성 명 ★☆☆【32種のテキストで48例】
　⓪예 독특한 특성(特性)을 갖다.
　　〈独特な特性を持つ。〉(100%)

특수 명【13種のテキストで28例】
　⓪예 특수(特殊) [부대/학교/효과].
　　〈特殊[部隊/学校/効果]。〉(96.4%)

특수하다 형 ★☆☆【17種のテキストで51例】
　⓪예 사정이 특수(特殊)하다.
　　〈事情が特殊だ。〉(100%)

특유 명【15種のテキストで20例】

⓪㉄ 경상도 특유(特有)의 사투리.
〈慶尚道独特の方言。〉/
여성 특유의 [말씨/시각/행동].
〈女性特有の〔言葉つき/視角/行動〕。〉(100%)

특정 몡【12種のテキストで18例】
⓪㉄ 특정(特定) 사실만 보도하다.
〈特定の事実だけを報道する。〉(100%)

특정하다 혱【11種のテキストで25例】
⓪㉄ 규칙이 특정(特定)한 조건에만 적용되다.
〈規則が特定の条件にだけ適用される。〉(100%)

특집 몡【10種のテキストで18例】
⓪㉄ 잡지에서 특집(特輯)으로 다루다.
〈雑誌で特集で扱う。〉(100%)

특징 몡 ★★★【50種のテキストで119例】
⓪㉄ 작품의 특징(特徴).
〈作品の特徴。〉(100%)

특히 끰 ★★★【119種のテキストで349例】
①㉄ 특(特)히 주목하다.
〈特に注目する。〉(56.7%)
②㉄ 생선 중에 특히 등 푸른 생선.
〈魚の中で特に青魚。〉(43.3%)

튼튼하다 혱 ★★★【41種のテキストで72例】
①㉄ 몸이 튼튼하다.
〈体が丈夫だ。〉(40.3%)
②㉄ 튼튼한 밧줄로 매다.
〈丈夫な綱で結ぶ。〉(31.9%)
③㉄ 나라를 튼튼하게 하다.
〈国を堅固にする。〉(26.4%)

튼튼히 끰【12種のテキストで24例】
①㉄ [국방을/재정을] 튼튼히 하다.
〈〔国防を/財政を〕堅固にする。〉(54.2%)
②㉄ [몸과 마음을/뼈를] 튼튼히 하다.
〈〔身体と心を/骨を〕丈夫にする。〉(29.2%)
③㉄ [담을/성을] 튼튼히 쌓다.
〈〔塀を/城を〕堅固に築く。〉(16.7%)

틀 몡【21種のテキストで31例】
①㉄ 주어진 삶의 틀 안에 안주하다.
〈与えられた人生の枠組みの中に安住する。〉(38.7%)
②㉄ 그림을 그릴 틀을 잡다.
〈絵を描く枠組みを決める。〉(29%)
③㉄ 정형시의 형식적인 틀에 맞추다.
〈定型詩の形式的な枠組みに合わせる。〉(19.4%)

틀다 동【33種のテキストで48例】
①㉄ [에어컨을/텔레비전을] 틀다.
〈〔エアコンを/テレビを〕つける。〉(31.3%)
②㉄ [노래를/동영상을/방송을] 틀다.
〈〔歌を/動画を/放送を〕かける。〉(18.8%)
③㉄ [더운물을/수도를/펌프를] 틀다.
〈〔熱い水を/水道を/ポンプを〕ひねる。〉(12.5%)
④㉄ 덤불에 둥지를 틀다.
〈草むらに巣を作る。〉(10.4%)

⑤㉄ [고개를/몸을] 오른쪽으로 틀다.
〈〔首を/体を〕右に回す。〉(8.3%)

틀리다 동 ★★★【61種のテキストで139例】
①㉄ [논거가/답이/주장이] 틀리다.
〈〔論拠が/答えが/主張が〕違う。〉(51.8%)
②㉄ 발음을 자꾸 틀리다.
〈発音をしきりに間違う。〉(16.5%)
③㉄ 악기가 소리부터가 틀리다.
〈楽器が音から違う。〉(15.1%)

틀림없다 혱 ☆★★【52種のテキストで84例】
⓪㉄ 걱정하고 있는 것이 틀림없다.
〈心配しているに違いない。〉(94%)

틀림없이 끰 ☆★★【28種のテキストで40例】
⓪㉄ 일을 틀림없이 끝내다.
〈仕事を間違いなく終わらせる。〉(100%)

틈 몡 ★★★【64種のテキストで89例】
①㉄ 대문의 틈 사이.
〈門の隙間の間。〉/
바위 틈.
〈岩の隙間。〉(53.9%)
②㉄ 전화할 틈도 없다.
〈電話する暇もない。〉/
틈이 나다.
〈手があく。〉(37.1%)

틈틈이 끰【14種のテキストで17例】
①㉄ 일하다가 틈틈이 쉬다.
〈仕事しながら合間を縫って休む。〉(70.6%)
②㉄ 살림하는 틈틈이 글을 쓰다.
〈家事の合間に文を書く。〉(29.4%)

티브이 몡 ☆★☆【20種のテキストで187例】
⓪㉄ 티브이로 영화를 보다.
〈TVで映画を見る。〉(100%)

팀 몡 ☆★☆【15種のテキストで36例】
①㉄ 한국 팀이 이기다.
〈韓国チームが勝つ。〉(66.7%)
②㉄ 두 팀으로 나뉘다.
〈二つのチームに分かれる。〉/
팀을 짜다.
〈チームを組む。〉(33.3%)

파¹ 몡 ☆☆★【11種のテキストで17例】
⓪㉄ 국에 파를 썰어 넣다.
〈汁物にネギを切って入れる。〉(100%)

파² 몡【3種のテキストで3例】
⓪㉄ 같은 본관에 파(派)가 다르다.
〈同じ本貫51)で派が違う。〉(100%)

파괴 명 ☆☆★【11種のテキストで21例】
　⑩예 [건물의/환경의] 파괴(破壊).
　　〈[建物の/環境の]破壊。〉(85.7%)

파괴되다 동【14種のテキストで22例】
　①예 공장이 파괴(破壊)되다.
　　〈工場が破壊される。〉(77.3%)
　②예 [생태계가/세포가] 파괴되다.
　　〈[生態系が/細胞が]破壊される。〉(22.7%)

파괴하다 동【13種のテキストで17例】
　①예 [건물을/다리를] 파괴(破壊)하다.
　　〈[建物を/橋を]破壊する。〉(52.9%)
　②예 내면을/민족을] 파괴하다.
　　〈[内面を/民族を]破壊する。〉(23.5%)
　③예 [자연을/환경을] 파괴하다.
　　〈[自然を/環境を]破壊する。〉(23.5%)

파다 동 ★☆★【41種のテキストで79例】
　①예 [땅을/바닥을] 파다.
　　〈[地を/底を]掘る。〉(40.5%)
　②예 우물을 파다.
　　〈井戸を掘る。〉(25.3%)
　③예 [글씨를/도장을] 파다.
　　〈[字を/印を]彫る。〉(15.2%)

파도 명 ☆★★【26種のテキストで45例】
　⑩예 바다에 파도(波濤)가 치다.
　　〈海に波が打つ。〉(97.8%)

파란색 명【22種のテキストで72例】
　⑩예 벽을 파란색(--色)으로 칠하다.
　　〈壁を青い色で塗る。〉(100%)

파랗다 형 ★★★【32種のテキストで64例】
　⑩예 [바닷물이/하늘이] 파랗다.
　　〈[海水が/空が]青い。〉(98.4%)

파리 명 ☆☆★【13種のテキストで20例】
　⑩예 파리들이 날아다니다.
　　〈ハエが飛び回る。〉(100%)

파묻히다 동【14種のテキストで122例】
　①예 [일에/책에] 파묻혀 지내다.
　　〈[仕事に/本に]埋まって暮らす。〉(35%)
　②예 [서재에/촌구석에] 파묻혀 살다.
　　〈[書斎に/片田舎に]埋もれて暮らす。〉(20%)
　③예 [흙 속에/흙에] 파묻히다.
　　〈[土の中に/土に]埋まる。〉(15%)
　④예 [야유에/웃음소리에] 파묻히다.
　　〈[やじに/笑い声に]埋もれる。〉(10%)

파악하다 동【40種のテキストで86例】
　⑩예 [고객들의 요구를/범인의 윤곽을] 파악(把握)하다.〈[顧客たちの要求を/犯人の輪郭を]把握する。〉(100%)

파출소 명 ☆☆★【10種のテキストで19例】
　⑩예 파출소(派出所)에 신고하다.
　　〈交番に届ける。〉(100%)

파티 명 ☆★★【13種のテキストで35例】
　⑩예 생일 파티를 하다.
　　〈誕生パーティーをする。〉(100%)

파헤치다 동【11種のテキストで16例】
　①예 [땅을/흙을] 파헤치다.
　　〈[地を/土を]掘り返す。〉(75%)
　②예 [사건을/진상을] 파헤치다.
　　〈[事件を/真相を]暴く。〉(25%)

판¹ 명 ★☆☆【34種のテキストで78例】
　①예 먹고살기도 어려운 판이다.
　　〈食べていくのも難しい状況だ。〉(47.4%)
　②예 놀이나 트럼프로 판을 벌이다.
　　〈遊びやトランプで場を繰り広げる。〉(37.2%)
　③예 바둑을 세 판 두다.
　　〈碁を三局打つ。〉(11.5%)

판² 명【2種のテキストで12例】
　⑩예 판(板)에다 구멍을 뚫다.
　　〈板に穴をあける。〉(100%)

판단 명 ★☆☆【30種のテキストで162例】
　⑩예 판단(判断)을 내리다.
　　〈判断を下す。〉(100%)

판단하다 동 ★★☆【41種のテキストで70例】
　①예 [반칙이라고/파울로] 판단(判断)하다.
　　〈[反則だと/ファウルと]判断する。〉(74.3%)
　②예 [남을/사람을] 판단하다.
　　〈[他人を/人を]判断する。〉(25.7%)

판매 명【17種のテキストで31例】
　⑩예 판매(販賣)가 늘다.
　　〈販売が増える。〉/
　　할인 판매.
　　〈割引販売。〉(96.8%)

판소리 명 ☆☆★【10種のテキストで31例】
　⑩예 판소리를 배우다.
　　〈パンソリ52)を習う。〉(100%)

팔¹ 주 ★★★【105種のテキストで428例】
　⑩예 팔(八) 년간.
　　〈八年間。〉(92.3%)

팔² 명 ★☆★【59種のテキストで125例】
　⑩예 두 팔로 잡다.
　　〈両手でつかむ。〉(96.8%)

팔다 동 ★★★【98種のテキストで273例】
　⑩예 물건을 팔러 장에 가다.
　　〈品物を売りに市場に行く。〉(92.3%)

---

51) 韓国の本貫とは、その氏族集団の発祥の地を示す戸籍制度に基づく。

52) 物語に節をつけて唄う語り物で、韓国の代表的な民族芸能の一つ。

팔리다 〔동〕 ★★★【39種のテキストで65例】
　⓪〔예〕[집이/책이] 잘 팔리다.
　　〈[家が/本が]よく売れる。〉(92.3%)

팔십 〔주〕【67種のテキストで303例】
　⓪〔예〕팔십(八十) [년/명].
　　〈八十[年/名]。〉(99.3%)

팔월 〔명〕☆★☆【37種のテキストで65例】
　⓪〔예〕팔월(八月).〈八月。〉(100%)

팔자 〔명〕【19種のテキストで35例】
　⓪〔예〕팔자(八字)가 [나쁘다/좋다].
　　〈星回りが[悪い/良い]。〉(91.4%)

팥 〔명〕☆☆★【6種のテキストで7例】
　⓪〔예〕팥으로 죽을 끓이다.
　　〈小豆でかゆを炊く。〉(100%)

팽개치다 〔동〕【16種のテキストで19例】
　①〔예〕[가방을/짐을] 팽개치다.
　　〈[カバンを/荷物を]放り投げる。〉(73.7%)
　②〔예〕[가족을/일을] 팽개치다.
　　〈[家族を/仕事を]投げ出す。〉(26.3%)

퍼붓다 〔동〕【18種のテキストで24例】
　①〔예〕[불평을/욕을] 퍼붓다.
　　〈[不平を/悪罵を]ぶちまける。〉(54.2%)
　②〔예〕[눈이/소나기가] 퍼붓다.
　　〈[雪が/夕立が]激しく降る。〉(33.3%)

퍼센트 〔명의〕★★☆【36種のテキストで160例】
　⓪〔예〕97퍼센트(%).
　　〈97パーセント。〉(100%)

퍼지다 〔동〕★☆★【52種のテキストで70例】
　⓪〔예〕[소문이/술기운이] 퍼지다.
　　〈[うわさが/酒の勢いが]広がる。〉(81.4%)

퍽 〔부〕☆☆★【20種のテキストで39例】
　⓪〔예〕퍽 [따뜻하다/즐겁다/춥다].
　　〈すごく[暖かい/楽しい/寒い]。〉(100%)

펄럭이다 〔동〕【14種のテキストで20例】
　⓪〔예〕바람에 [국기가/옷자락이/치맛자락이] 펄럭이다.〈風に[国旗が/裾が/チマ53)の裾が]ぱたばたする。〉(100%)

펴다 〔동〕★★★【70種のテキストで119例】
　①〔예〕[가슴을/날개를/허리를] 펴다.
　　〈胸を張る。/羽を広げる。/腰を伸ばす。〉(30.3%)
　②〔예〕[뜻을/소신을] 펴다.
　　〈志を立てる。/所信を開陳する。〉(25.2%)
　③〔예〕[전보를/종이를/책을] 펴다.
　　〈[電報を/紙を/本を]開く。〉(17.6%)
　④〔예〕[우산을/철사를] 펴다.
　　〈傘を開く。/針金を伸ばす。〉(9.2%)
　⑤〔예〕[멍석을/이불을/자리를] 펴다.

편¹ 〔명의〕★★☆【79種のテキストで178例】
　①〔예〕거리는 비교적 조용한 편이다.
　　〈街は比較的静かな方だ。〉/
　　혈압이 높은 편이다.
　　〈血圧が高い方だ。〉(62.9%)
　②〔예〕초대한 편에서 비용을 내다.
　　〈招待した側から費用を出す。〉(15.2%)
　③〔예〕차라리 걷는 편이 더 빠르다.
　　〈むしろ歩いた方が速い。〉(11.2%)

편² 〔명의〕【37種のテキストで87例】
　①〔예〕[논문/시/영화] 한 편(篇).
　　〈[論文/詩/映画]一編。〉(80.5%)
　②〔예〕참고서 기초 편을 공부하다.
　　〈参考書基礎編を勉強する。〉(12.6%)

편³ 〔명〕【29種のテキストで58例】
　⓪〔예〕아이들이 편(便)을 [가르다/나누다/짜다].
　　〈子供らが敵味方を[はっきりする/分ける/編成する]。〉/
　　우리 편.
　　〈私たちの味方。〉(91.4%)

편견 〔명〕【14種のテキストで31例】
　⓪〔예〕편견(偏見)을 [갖다/버리다].
　　〈偏見を[持つ/捨てる]。〉(100%)

편리하다 〔형〕★★★【56種のテキストで163例】
　⓪〔예〕살기에 편리(便利)하다.
　　〈生活が便利だ。〉(92.6%)

편안하다 〔형〕★☆☆【48種のテキストで69例】
　⓪〔예〕편안(便安)하게 [살다/잠들다].
　　〈楽に[暮らす/眠る]。〉(89.9%)

편지 〔명〕★★★【84種のテキストで393例】
　⓪〔예〕편지(便紙·片紙)를 쓰다.
　　〈手紙を書く。〉(100%)

편집 〔명〕【10種のテキストで20例】
　⓪〔예〕[신문/영상/책] 편집(編輯).
　　〈[新聞/映像/本]の編集。〉(100%)

편찮다 〔형〕【11種のテキストで19例】
　⓪〔예〕[몸이/할머니가] 편찮으시다.
　　〈[体が/おばあさんが]具合が悪い。〉(100%)

편하다 〔형〕★★★【73種のテキストで140例】
　①〔예〕질서를 지켜야 서로 편(便)하다.
　　〈秩序を守るとお互いが楽だ。〉(45.7%)
　②〔예〕마음이 편하다.
　　〈気が楽だ。〉(27.1%)
　③〔예〕연장이 다루기 편하다.
　　〈道具が扱いが楽だ。〉(25.7%)

편히 〔부〕【19種のテキストで22例】
　⓪〔예〕집에서 편(便)히 쉬다.
　　〈家でゆっくり休む。〉(100%)

---

53) 伝統的女性用韓服。

펼치다 동 ★☆☆【65種のテキストで105例】
①〈펼쳐지다〉 예 눈앞에 들이 펼쳐지다.
〈目の前に野原が開ける。〉(29.5%)
②예 [우산을/종이를] 펼치다.
〈[傘を/紙を]広げる。〉(20%)
③예 [교과서를/서류철을] 펼치다.
〈[教科書を/書類ファイルを]広げる。〉(17.1%)
④〈펼쳐지다〉 예 놀랄 일이 눈앞에 펼쳐지다.
〈驚くべきことが目の前で繰り広げられる。〉(12.4%)
⑤예 [경기를/수사를] 펼치다.
〈[競技を/捜査を]繰り広げる。〉(10.5%)

평¹ 명의 【23種のテキストで39例】
⓪예 땅 백 평(坪).
〈土地百坪。〉/
논 한 평에 얼마?
〈田、一坪いくら?〉(100%)

평² 명 【4種のテキストで7例】
⓪예 남보다 낫다는 평(評)을 듣다.
〈人よりましだという評判を聞く。〉(100%)

평가 명 ★☆☆【28種のテキストで52例】
⓪예 [인물에/작품에] 대해 평가(評價)를 내리다.
〈[人物に/作品に]ついて評価を下す。〉(98.1%)

평가하다 동 【28種のテキストで40例】
①예 [가치를/실력을/품질을] 평가(評價)하다.
〈[価値を/実力を/品質を]評価する。〉(50%)
②예 [기적으로/높이/좋게] 평가하다.
〈[奇跡と/高く/良く]評価する。〉(50%)

평균 명 ★★★【19種のテキストで42例】
⓪ 40대 직장인의 월수입의 평균(平均).
〈40代のサラリーマンの月収の平均。〉/
평균 점수를 내다.
〈平均点数を出す。〉(100%)

평등 명 ☆☆☆【14種のテキストで19例】
⓪예 [남녀/정치적] 평등(平等).
〈[男女/政治的]平等。〉(100%)

평범하다 형 【36種のテキストで67例】
⓪예 외모가 평범(平凡)하다.
〈外見が平凡だ。〉(100%)

평생 명 【56種のテキストで83例】
①예 교육에 평생(平生)을 바치다.
〈教育に生涯を捧げる。〉(44.6%)
②예 평생 잊지 못할 사건.
〈一生忘れられない事件。〉(18.1%)
③예 평생 처음.
〈生涯初めて。〉/
평생 모은 돈.
〈生涯集めたお金。〉(13.3%)

평소 명 ★★☆【65種のテキストで98例】
①예 평소(平素)에 한복을 입다.
〈ふだん韓服を着る。〉/
요금이 평소보다 많이 나오다.
〈料金が普段よりたくさんかかる。〉(83.7%)
②예 평소 존경해 오다.
〈平素尊敬してくる。〉(16.3%)

평야 명 【10種のテキストで33例】
⓪예 눈 앞에 평야(平野)가 펼쳐지다.
〈目の前に平野が広がる。〉(100%)

평일 명 ☆★★【7種のテキストで8例】
⓪예 평일(平日)에만 근무하다.
〈平日にだけ勤務する。〉(100%)

평화 명 ★☆☆【28種のテキストで72例】
①예 세계 평화(平和)가 깨지다.
〈世界平和が壊れる。〉(76.4%)
②예 얼굴에 평화가 찾아오다.
〈顔に平和が訪れる。〉(19.4%)

평화롭다 형 【19種のテキストで32例】
⓪예 평화(平和)로운 웃음을 짓다.
〈平和な笑みをたたえる。〉(100%)

폐¹ 명 ☆☆★【10種のテキストで12例】
⓪예 [남에게/이웃에게] 폐(弊)를 끼치다.
〈[他人に/お隣に]迷惑をかける。〉(100%)

폐² 명 【5種のテキストで7例】
⓪예 한쪽 폐(肺)에 결핵이 걸리다.
〈片方の肺が結核にかかる。〉(100%)

폐허 명 【13種のテキストで18例】
⓪예 전쟁의 폐허(廢墟)가 되다.
〈戦争の廃墟と化す。〉(100%)

포근하다 형 【13種のテキストで15例】
①예 기분이 포근하다.
〈気分がぽかぽかする。〉/
포근한 인상.
〈ぽかぽかした印象。〉(73.3%)
②예 날씨가 포근하다.
〈ぽかぽか天気だ。〉/
포근한 이불.
〈ふかふかした布団。〉(26.7%)

포기하다 동 ☆★★【58種のテキストで122例】
⓪예 [결혼을/계획을/꿈을] 포기(抛棄)하다.
〈[結婚を/計画を/夢を]放棄する。〉(100%)

포도 명 ☆★★【8種のテキストで20例】
⓪예 포도(葡萄)를 먹다.
〈ブドウを食べる。〉(100%)

포장¹ 명 【11種のテキストで15例】
⓪예 선물의 포장(包裝)을 풀다.
〈プレゼントの包みをとく。〉(100%)

포장² 명 【5種のテキストで5例】
①〈포장(布帳) 마차〉.
〈屋台。〉(60%)
②예 마차에 포장을 씌우다.
〈馬車に幌を掛ける。〉(40%)

포함되다 동 【19種のテキストで24例】

① 예 [외가도 친척에/요금에 팁이] 포함(包含)
　되다.〈[母の実家も親戚に/料金にチップが]含ま
　れる。〉(100%)

포함하다 동 【28種のテキストで44例】

① 예 세금을 포함(包含)한 가격.
　〈税金を含んだ価格。〉(100%)

폭 명 ☆☆★ 【28種のテキストで37例】

① 예 제품의 선택 폭(幅)이 넓다.
　〈製品の選択の幅が広い。〉(51.4%)

② 예 여덟 폭 병풍.
　〈八幅屏風。〉(35.1%)

③ 예 도로의 폭이 좁다.
　〈道路の幅が狭い。〉(13.5%)

폭력 명 【18種のテキストで30例】

① 예 폭력(暴力)을 휘두르다.
　〈暴力を振るう。〉(100%)

표[1] 명 ★★★ 【25種のテキストで51例】

① 예 역에서 표(票)를 끊다.
　〈駅で切符を買う。〉(76.5%)

② 예 후보에게 표를 던지다.
　〈候補に票を投ずる。〉(23.5%)

표[2] 명 【19種のテキストで41例】

① 예 표(表) 1을 보면 알 수 있다.
　〈表1を見れば分かる。〉(100%)

표[3] 명 【6種のテキストで13例】

① 예 매일 날짜 위에다 표(標)를 하다.
　〈毎日日付の上に印を付ける。〉(61.5%)

② 예 표가 나지 않게 봉투를 뜯어보다.
　〈跡が残らないように封筒を開けて見る。〉(38.5%)

표면 명 【14種のテキストで21例】

① 예 돗자리의 표면(表面)이 거칠다.
　〈ござの表面が粗い。〉(61.9%)

② 예 말의 표면과 이면을 구별하다.
　〈言葉の表面と裏面を区別する。〉(38.1%)

표시[1] 명 【11種のテキストで18例】

① 예 주차 금지 표시(標示).
　〈駐車禁止表示。〉(100%)

표시[2] 명 【9種のテキストで11例】

① 예 감사의 표시(表示)를 하다.
　〈感謝の表示をする。〉(100%)

표시되다 동 【11種のテキストで22例】

① 예 지도에 도시가 표시(標示)되다.
　〈地図に都市が表示される。〉(50%)

② 예 [기호로/색으로] 표시되다.
　〈[記号で/色で]表示される。〉(50%)

표시하다[1] 동 ★☆☆ 【18種のテキストで38例】

① 예 지도에 논과 밭을 기호로 표시(標示)하다.
　〈地図に田と畑を記号で標示する。〉(100%)

표시하다[2] 동 【13種のテキストで13例】

① 예 [난색을/불만을/의문을] 표시(表示)하다.
　〈[難色を/不満を/疑問を]表示する。〉(100%)

표정 명 ★★★ 【110種のテキストで420例】

① 예 잘 모르겠다는 표정(表情)을 짓다.
　〈よく分からないという表情を浮かべる。〉(51%)

② 예 아무 표정이 없이 웃다.
　〈何の表情もなく笑う。〉(48.3%)

표현 명 ★★☆ 【61種のテキストで238例】

① 예 [사상의/정중한] 표현(表現)을 하다.
　〈[思想の/丁寧な]表現をする。〉(100%)

표현되다 동 【23種のテキストで30例】

① 예 작품에 한국인의 생활이 표현(表現)되다.
　〈作品に韓国人の生活が表現される。〉(100%)

표현하다 동 ★★☆ 【70種のテキストで211例】

① 예 감정을 표현(表現)하다.
　〈感情を表現する。〉(100%)

푸다 동 ☆☆★ 【12種のテキストで22例】

① 예 그릇에 [국을/밥을] 푸다.
　〈器に[つゆを/ご飯を]よそう。〉(100%)

푸르다 형 ★★★ 【71種のテキストで147例】

① 예 [산이/하늘이] 푸르다.
　〈[山が/空が]青い。〉(100%)

푹 부 ★★☆ 【38種のテキストで51例】

① 예 몸과 마음이 푹 늘어지게 쉬다.
　〈体と心がゆっくり緊張が解けるように休む。〉
　(31.4%)

② 예 머리를 푹 수그리다.
　〈頭をがっくりと垂れる。〉(31.4%)

③ 예 코트에 손을 푹 찌르다.
　〈コートにさっと手を通す。〉/
　푹 꺼진 소파.
　〈深々とくぼんだソファー〉(15.7%)

④ 예 온몸이 푹 젖다.
　〈全身がびっしょりぬれる。〉(11.8%)

푼 명 의 【14種のテキストで25例】

① 예 돈이 몇 푼 안 되다.
　〈お金が何文にもならない。〉(100%)

풀[1] 명 ★★★ 【41種のテキストで71例】

① 예 밭에 풀이 나다.
　〈畑に草が生える。〉/
　소가 풀을 뜯어 먹다.
　〈牛が草をはむ。〉(100%)

풀[2] 명 【16種のテキストで17例】

① 관 <풀(이) 죽다> 풀이 죽은 목소리.
　〈しょんぼりした声。〉(47.1%)

② 예 사진을 풀로 붙이다.
　〈写真をノリではりつける。〉(41.2%)

풀다 동 ★★★ 【91種のテキストで193例】

① 예 긴장을 풀다.

〈緊張を解く。〉(28.5%)
②[예] [벨트를/옷고름을] 풀다.
〈ベルトを外す。/チョゴリのひもを解く。〉(12.4%)
③[예] 보자기를 풀다.
〈風呂敷を解く。〉(11.4%)
④[예] [계산 문제를/퀴즈를] 풀다.
〈〔計算問題を/クイズを〕解く。〉(10.4%)
⑤[예] 내용을 풀어서 설명하다.
〈内容を易しく説明する。〉(7.8%)
⑥[예] 코를 풀다.
〈鼻をかむ。〉(6.2%)
⑦[예] [오해를/일을] 순리대로 풀다.
〈〔誤解を/仕事を〕道理に従って解く。〉(6.2%)
⑧[예] [안전장치를/족쇄를] 풀다.
〈〔安全装置を/足かせを〕外す。〉(3.6%)
⑨[예] [깍지를/부동자세를] 풀다.
〈〔腕組みを/不動の姿勢を〕解く。〉(3.6%)

풀리다 [동] ★★☆ **【57種のテキストで78例】**
①[예] 분이 풀리다.
〈怒りが解ける。〉(25.6%)
②[예] [신경이/힘이] 풀리다.
〈〔神経が/力が〕ほぐれる。〉(11.5%)
③[예] [경기가/일이] 쉽게 풀리다.
〈〔景気が/仕事が〕簡単に良くなる。〉(11.5%)
④[예] [난제들이/문제가] 풀리다.
〈〔難題が/問題が〕解決する。〉(11.5%)
⑤[예] [고삐가/수갑이] 풀리다.
〈〔手綱が/手錠が〕外れる。〉(9%)
⑥[관] <직성이 풀리다>.
〈気が済む。〉(9%)
⑦[예] 추위가 풀리다.
〈寒さが緩まる。〉(6.4%)

풀밭 [명] **【13種のテキストで18例】**
⓪[예] 풀밭에 누워 하늘을 보다.
〈草原に横になって空を見る。〉(100%)

품 [명] **【25種のテキストで43例】**
②[예] 자식을 품에 안다.
〈子を胸に抱く。〉(74.4%)
③[예] 자연의 품에서 살다.
〈自然の懐で暮らす。〉(20.9%)

품다 [동] ★☆★ **【42種のテキストで59例】**
①[예] [기대를/뜻을/불만을/한을/회의를/희망을] 품다.〈〔期待を/志を/不満を/恨みを/懐疑を/希望を〕いだく。〉(72.9%)
②[예] [아기를/자식을] 가슴에 품다.
〈〔赤ちゃんを/子を〕胸に抱く。〉(10.2%)

품위 [명] **【11種のテキストで15例】**
①[예] 교사로서 품위(品位)를 지키다.
〈教師としての品位を守る。〉(86.7%)
②[예] 품위가 있는 분위기의 거실.
〈気高い雰囲気の居間。〉(13.3%)

품질 [명] **【12種のテキストで23例】**
⓪[예] 상품의 품질(品質)이 좋다.
〈商品の品質がいい。〉(100%)

풍경 [명] **【43種のテキストで78例】**
①[예] 주위의 풍경(風景)이 아름답다.
〈周りの風景が美しい。〉(57.7%)
②[예] 회사에서 매일 보는 아침 풍경.
〈会社で毎日見る朝の風景。〉(42.3%)

풍기다 [동] **【31種のテキストで48例】**
①[예] [냄새가/향내가] 풍기다.
〈〔においが/香りが〕漂う。〉(33.3%)
②[예] [느낌을/분위기를] 풍기다.
〈〔感じを/雰囲気を〕漂わせる。〉(31.3%)
③[예] [느낌이/분위기가] 풍기다.
〈〔感じが/雰囲気が〕漂う。〉(18.8%)
④[예] [냄새를/향기를] 풍기다.
〈〔においを/香りを〕漂わせる。〉(14.6%)

풍년 [명] **【11種のテキストで18例】**
⓪[예] 풍년(豊年)이 들다.
〈豊年になる。〉(100%)

풍부하다 [형] ★★☆ **【38種のテキストで62例】**
①[예] [감정이/경험이/재능이] 풍부(豊富)하다.
〈〔感情が/経験が/才能が〕豊富だ。〉(45.2%)
②[예] 자원이 풍부하다.
〈資源が豊富だ。〉(37.1%)
③[예] 탄력성이 풍부하다.
〈弾力性に富む。〉(17.7%)

풍선 [명] **【12種のテキストで55例】**
⓪[예] 풍선(風船)을 불다.
〈風船を膨らます。〉(100%)

풍속 [명] **【18種のテキストで24例】**
⓪[예] 지방마다 풍속(風俗)이 다르다.
〈地方ごとに風俗が異なる。〉(100%)

풍습 [명] ★★☆ **【23種のテキストで60例】**
⓪[예] 시골 풍습(風習).
〈里のならわし。〉(100%)

풍요롭다 [형] **【11種のテキストで21例】**
⓪[예] 풍요(豊饒)로운 환경.
〈豊かな環境。〉(100%)

프랑스 [명](固有) ★★☆ **【22種のテキストで55例】**
⓪[예] 프랑스로 유학을 가다.
〈フランスに留学する。〉(100%)

프로^1 [명] ☆★☆ **【10種のテキストで18例】**
⓪[예] [코미디/텔레비전] 프로.
〈〔コメディー/テレビ〕番組。〉(100%)

프로^2 [명] **【4種のテキストで7例】**
⓪[예] 프로 [선수/야구/축구].
〈プロ〔選手/野球/サッカー〕。〉(100%)

프로^3 [명][의] **【3種のテキストで7例】**
⓪[예] 가능성이 100프로(%)에 가깝다.

〈可能性が100%に近い。〉(100%)

프로그램 명 ★★☆【33種のテキストで141例】
①예 방송 프로그램을 개편하다.
〈放送プログラムを改編する。〉(52.5%)
②예 컴퓨터 게임 프로그램.
〈コンピューターゲームプログラム。〉(39%)

플라스틱 명【17種のテキストで20例】
⓪예 플라스틱 물통.
〈プラスチックのバケツ。〉(100%)

피 명 ★★★【52種のテキストで106例】
①예 피가 [나다/흐르다].
〈血が[出る/流れる]。〉(78.3%)
②예 부모의 피를 이어받다.
〈親の血を引く。〉/
피는 못 속이다.
〈血は争えない。〉(5.7%)

피곤하다 형 ★★★【57種のテキストで101例】
⓪예 [눈이/몸이] 피곤(疲困)하다.
〈[目が/体が]疲れる。〉(93.1%)

피다 동 ★★★【67種のテキストで172例】
⓪예 [국화가/꽃이] 피다.
〈[菊が/花が]咲く。〉(84.3%)

피로 명【13種のテキストで18例】
⓪예 피로(疲勞)를 풀다.
〈疲れをいやす。〉(100%)

피부 명【24種のテキストで36例】
①예 피부(皮膚)가 [곱다/검다].
〈肌が[きれいだ/黒い]。〉(83.3%)
②관 <피부로 느끼다>
예 불경기를 피부로 느끼다.
〈不景気を皮膚で感じる。〉(16.7%)

피아노 명 ☆★☆【18種のテキストで41例】
⓪예 피아노를 치다.
〈ピアノを弾く。〉(100%)

피어나다 동【18種のテキストで36例】
①예 꽃이 피어나다.
〈花が咲く。〉(69.4%)
②예 따스한 정감이 피어나다.
〈暖かい情感が花開く。〉(11.1%)
③예 입가에 웃음기가 피어나다.
〈口元に笑いが花咲く。〉(8.3%)

피우다¹ 동 ★★★【52種のテキストで104例】
①예 [담배를/아편을] 피우다.
〈タバコを/アヘンを]吸う。〉(74%)
②예 게으름을 피우다.
〈怠ける。〉(9.6%)
③관 소란을 피우다.
〈騒ぎ立てる。〉(3.8%)

피우다² 동【40種のテキストで64例】
①예 모란이 꽃을 활짝 피우다.
〈牡丹がぱっと花を咲かせる。〉(42.2%)
②예 [모닥불을/향을] 피우다.
〈[たき火を/香を]焚く。〉(37.5%)
③관 <이야기(로) 꽃을 피우다>.
〈話に花を咲かせる。〉(10.9%)

피하다 동 ★★★【82種のテキストで127例】
①예 [검문을/위험을] 피(避)하다.
〈[検問を/危険を]避ける。〉(26%)
②예 [사람을/시선을] 피하다.
〈[人を/視線を]避ける。〉(22%)
③예 [공을/매를/차를] 피하다.
〈[ボールを/鞭を/車を]避ける。〉(15%)
④예 불필요한 갈등을 피하다.
〈不要な葛藤を避ける。〉(9.4%)
⑤예 [밭일을/앞에 나서기를] 피하다.
〈[畑仕事を/前に出るのを]避ける。〉(7.1%)
⑥예 바쁜 시간대를 피하다.
〈忙しい時間帯を避ける。〉(6.3%)

피해 명 ★☆☆【44種のテキストで114例】
⓪예 태풍으로 피해(被害)가 나다.
〈台風で被害が出る。〉(100%)

필름 명【7種のテキストで52例】
⓪예 [엑스선/카메라] 필름.
〈[レントゲン/カメラ]フィルム。〉/
[컬러/흑백] 필름을 끼우다.
〈[カラー/モノクロ]フィルムを入れる。〉(100%)

필연적 명【12種のテキストで26例】
⓪예 필연적(必然的)인 결과.
〈必然的な結果。〉/
필연적으로 일어날 사고.
〈必然的に起こるであろう事故。〉(100%)

필요 명 ★★★【105種のテキストで287例】
①예 재고할 필요(必要)가 있다.
〈再考する必要がある。〉(65.2%)
②예 산소를 필요로 하다.
〈酸素を必要とする。〉(27.5%)

필요성 명【12種のテキストで19例】
⓪예 [도덕의/쉬어야 할] 필요성(必要性)을 느끼다.〈[道徳の/休まなければならない]必要性を感じる。〉(100%)

필요하다 형 ★★★【140種のテキストで553例】
⓪예 [기술이/돈이/증언이] 필요(必要)하다.
〈[技術が/お金が/証言が]必要だ。〉/
등기에 필요한 서류.
〈登記に必要な書類。〉(100%)

필자 명【14種のテキストで69例】
⓪예 책의 필자(筆者).
〈本の筆者。〉(100%)

핏줄 명【10種のテキストで25例】
⓪예 같은 핏줄로 이어진 사람들.
〈同じ血筋でつながった人たち。〉(92%)

핑계 명【13種のテキストで17例】

⓪예 핑계를 대다.
〈言い訳をする。〉(100%)

하¹ 명의【20種のテキストで39例】

⓪예 아이엠에프 사태 하(下).
〈IMF事態の下。〉(100%)

하² 감【3種のテキストで10例】

⓪예 하 참 기가 막혀서 원.
〈ほう、実に呆れて、まぁ。〉(100%)

－하³ 접【6種のテキストで7例】

⓪예 [조건/지배/통치]하(下).
〈[条件/支配/統治]下。〉(100%)

하고¹ 토【111種のテキストで471例】

①예 떡하고 주스를 사다.
〈餅とジュースを買う。〉/
너하고 나하고 가자.
〈君と僕とで行こう。〉(62.4%)

②예 네 생각하고는 다르다.
〈私の思っていたのとは違う。〉/
남편하고 같은 회사에 다니다.
〈夫と同じ会社に勤めている。〉(37.6%)

하고² 토【88種のテキストで349例】

⓪예 '빌어먹을'하고 중얼거리다.
〈「糞」と呟く。〉/
"내일 가지"하고 일어나다.
〈「明日行くさ」といって立ち上がる。〉(100%)

하기야 부【10種のテキストで22例】

⓪예 하기야 그 말도 일리가 있다.
〈もっともその言葉も一理がある。〉(100%)

하긴 부【19種のテキストで29例】

⓪예 하긴 그 말이 맞다.
〈確かにその言葉は当たっている。〉(100%)

하나¹ 수【★★★【183種のテキストで1,040例】

⓪예 하나에 셋을 더하다.
〈一つにみっつを加える。〉(88.4%)

하나² 명【104種のテキストで376例】

①예 영화의 특징 중의 하나.
〈映画の特徴の一つ。〉(48.4%)

②예 하나의 새로운 경향.
〈一つの新しい傾向。〉(27.7%)

③예 마음을 하나로 합하다.
〈心を一つに合わせる。〉(15.7%)

하나님 명【10種のテキストで29例】

⓪예 예수는 하나님의 아들이다.
〈イエスは神様の息子だ。〉(100%)

하나하나¹ 부【20種のテキストで25例】

①예 하나하나 차근차근 가르치다.
〈一つ一つ丹念に教える。〉(68%)

②예 하나하나 다 적어서 보고하다.
〈一つ一つ全て書いて報告する。〉(32%)

하나하나² 명【19種のテキストで23例】

⓪예 모습부터 태도 하나하나까지 아버지를 닮다.
〈姿から態度一つ一つまで父に似る。〉(100%)

하느님 명【26種のテキストで48例】

①예 하느님의 아들인 환웅.
〈神の息子である桓雄[54]。〉(68.8%)

②예 이스라엘 민족의 하느님.
〈イスラエル民族の神。〉(31.3%)

하늘 명 ★★★【124種のテキストで543例】

⓪예 하늘에 별이 뜨다.
〈空に星が出る。〉/
흐린 하늘.
〈曇った空。〉(83.8%)

하다¹ 동 ★★★【218種のテキストで17,042例】

①예 [노래를/말을/살림을/숙제를/일을/행동을] 하다.〈歌を歌う。/話す。/[暮らしを/宿題を/仕事を/行動を]する。〉(30%)

②예 [반대를/이사를/진출을/축하를/충고를] 하다.〈[反対を/引っ越しを/進出を/お祝いを/忠告を]する。〉(19.2%)

③예 그가 내게 만나자고 하다.
〈彼が私に会おうと言う。〉(12.9%)

④예 [비유로/사투리를/엉뚱한 말을/하소연을/한국말을] 하다.
〈比喩で言う。/方言をしゃべる。/とんでもないことを言う。/哀訴をする。/韓国語をしゃべる。〉(5.4%)

⑤예 '쉿!' 하더니 손짓을 하다.
〈「しーっ!」と言って手招きをする。〉/
「아」 하는 신음을 내다.
〈「あ～」っとうめき声を出す。〉(5.4%)

⑥예 [구슬치기를/차전놀이를/팔굽혀펴기를] 하다.〈[ビー玉遊びを/伝統芸のチャジョンノリ[55]を/腕立て伏せを]する。〉(4.8%)

⑦예 그 일을 비밀로 하다.
〈そのことを秘密にする。〉/
저녁을 양식으로 하다.
〈夕食を洋式にする。〉/
바탕으로 하다.
〈ベースとする。〉(2.1%)

⑧예 [기분 나쁘게/인상 좋게/조용히] 하다.
〈[気分悪く/印象良く/静かに]話す。〉(2%)

⑨ 〈[-ㄴ가/-ㄹ까/-지/-려니] 하다〉

---

54) 朝鮮の檀君神話に登場する神。

55) 車戦遊び

예 놀리는 건가 하다.
〈からかっているのかと思う。〉/
나이 들면 사람이 좀 되려니 하다.
〈年を取ったら少しは大人になるかと思う。〉(1.9%)

⑩퇜 [-라고/-이라고] 하다＞
예 이름을 가영이라고 하다.
〈名前をカヨンと言う。〉(1.7%)

하다² 동보 ★★☆【214種のテキストで7,295例】
① ＜-아야/-어야 하다＞
예 꼭 [도와야/따라가야/잊어야] 하다.
〈必ず[助けなければ/ついて行かなければ/忘れなければ]ならない。〉(40.7%)
② ＜-기도 하다＞ 예 우연히 만나기도 하다.
〈偶然に会うこともある。〉(21.6%)
③ ＜-게 하다＞ 예 아이에게 약을 먹게 하다.
〈子供に薬を飲ませる。〉(14.1%)
④ ＜-려고/고자 하다＞ 예 [가려고/그만두고자] 하다.〈[行こうと/やめようと]する。〉(11.8%)

하다³ 형보 ★★☆【166種のテキストで799例】
① ＜-기는 하다＞
예 힘들기는 하다.
〈大変には大変だ。〉/
마음이 즐겁기까지 하다.
〈うれしくさえある。〉(61.8%)
② ＜-아야/-어야 하다＞
예 마음이 아름다워야 한다.
〈心が美しくなければならない。〉(27.9%)

하도 부 ☆★☆【35種のテキストで41例】
⓪예 하도 기가 막혀 말이 안 나오다.
〈あまりにも呆れて言葉が出ない。〉(100%)

하루 명 ★★★【139種のテキストで366例】
①예 약을 하루에 세 번 먹다.
〈薬を一日に三回飲む。〉(51.6%)
②예 하루 종일 해가 들다.
〈一日中日が当たる。〉/
하루의 일과를 마치다.
〈一日の日課を終える。〉(20.2%)
③예 하루는 누가 찾아왔다.
〈ある日誰かが訪ねてきた。〉(10.9%)
④휴 ＜하루 [내내/(온)종일]＞.
〈一日[ずっと/中]。〉(10.1%)

하루빨리 부 【12種のテキストで16例】
⓪예 하루빨리 협상을 끝내다.
〈一日も早く交渉を終える。〉(100%)

하루종일 명 ☆★☆【21種のテキストで25例】
⓪예 하루종일 푹 쉬다.
〈一日中ゆっくり休む。〉(100%)

하룻밤 명 【21種のテキストで28例】
⓪예 하룻밤을 꼬박 세우다.
〈一晩徹夜する。〉(96.4%)

하숙 명 ☆★☆【6種のテキストで15例】

⓪예 하숙(下宿)을 하다.
〈下宿をする。〉(100%)

하숙비 명 ☆★☆【7種のテキストで26例】
⓪예 하숙비(下宿費)를 내다.
〈下宿代を出す。〉(100%)

하숙집 명 【15種のテキストで43例】
⓪예 하숙(下宿)집을 구하다.
〈下宿を探す。〉(100%)

하얗다 형 ★★★【75種のテキストで155例】
⓪예 하얀 [눈/빛깔/서리].
〈白い[雪/色/霜]。〉(95.5%)

하여금 부 【36種のテキストで65例】
⓪예 학생들로 하여금 내용을 쉽게 이해할 수 있게 설명하다.〈学生たちにとって内容を容易に理解することができるように説明する。〉(100%)

하여튼 부 【24種のテキストで41例】
⓪예 하여튼(何如-) 그 말은 확실하다.
〈とにかくその言葉は確かだ。〉(100%)

하지만 부 ★★☆【91種のテキストで369例】
①예 모두 폭력을 두려워한다. 하지만 아무도 폭력을 없앨 방법을 갖고 있지 않다.
〈みな暴力を恐れている。しかし、誰も暴力をなくす方法を持っていない。〉(55%)
②예 감춘 건 사실이다. 하지만 훔칠 생각은 없었다.〈隠したのは事実だ。しかし、盗むつもりはなかった。〉(43.6%)

하품 명 ☆☆★【9種のテキストで10例】
①예 너무 졸려서 하품을 하다.
〈とても眠くてあくびをする。〉(90%)
②휴 ＜하품이 나오다＞ 예 하품만 나오는 영화.
〈あくびばかり出る映画。〉(10%)

하필 부 【31種のテキストで40例】
①휴 ＜하필이면＞
예 왜 하필이면 지금?
〈なぜ、よりによって今？〉(70%)
②예 딴 사람도 많은데 하필 나한테 부탁해?
〈他の人も多いのに、よりによって私にお願い？〉(30%)

하하하 부 【16種のテキストで29例】
⓪예 우스운 듯 하하하 웃다.
〈おかしいようにハハハと笑う。〉(100%)

학교 명 ★★★【172種のテキストで1,284例】
⓪예 학교(學校)에 입학하다.
〈学校に入学する。〉(98%)

학급 명 【26種のテキストで73例】
⓪예 1학년은 3개 학급(學級)이 있다.
〈1年生はクラスが三つある。〉(100%)

학기 명 ☆★☆【28種のテキストで79例】
①예 새 학기(學期)가 시작되다.
〈新学期が始まる。〉(53.2%)

②예 [세/한] 학기를 다니다.
〈[三/一]学期通う。〉(46.8%)

학년 몡 ★★★【91種のテキストで357例】
⓪예 [같은/1(일)] 학년(學年)에 다니다.
〈[同じ/1年の]学年に通う。〉(95%)

학문 몡 ★☆★【33種のテキストで112例】
①예 인류학은 어떤 학문(學問)인가.
〈人類学はどういう学問なのか。〉(63.4%)
②예 학문의 대성을 바라다.
〈学問の大成を願う。〉(20.5%)
③예 학문을 깊게 하다.
〈学問を深くする。〉(16.1%)

학생 몡 ★★★【109種のテキストで501例】
⓪예 학생(學生)을 가르치다.
〈学生を教える。〉(99%)

학습 몡 ★☆☆【21種のテキストで56例】
⓪예 학습(學習)을 하다.
〈学習をする。〉(100%)

학용품 몡【12種のテキストで27例】
⓪예 가방에 학용품(學用品)을 넣다.
〈カバンに学用品を入れる。〉(100%)

학원¹ 몡 ☆★★【17種のテキストで40例】
⓪예 [수학/영어] 학원(學院)에 다니다.
〈[数学/英語]の塾に通う。〉(100%)

학원² 몡【5種のテキストで8例】
⓪예 학원(學園) 사찰.
〈学校査察。〉(100%)

학위 몡【10種のテキストで15例】
⓪예 박사 학위(學位)를 [따다/받다].
〈博士の学位を[取る/貰う]。〉(100%)

학자 몡 ★☆☆【35種のテキストで72例】
⓪예 학자(學者)들의 주장.
〈学者たちの主張。〉(100%)

한¹ 관 ★★★【206種のテキストで3,654例】
①예 자동차 한 대.
〈車一台。〉(84.8%)
②예 이곳은 상가의 한 가게입니다.
〈ここは商店街の一店舗です。〉(9.4%)

한² 몡【55種のテキストで95例】
①예 죽는 한(限)이 있어도 약속을 지키다.
〈死に至るとも、約束を守る。〉(78.9%)
②예 부끄럽기 한이 없다.
〈恥ずかしいことこの上ない。〉(21.1%)

한³ 몡【17種のテキストで28例】
⓪예 한(恨)이 맺히다.
〈恨みが胸に残っている。〉(100%)

한가운데 몡【33種のテキストで46例】

⓪예 [강/마당/호수] 한가운데.
〈[川/広場/湖]の真ん中。〉(95.7%)

한가하다 혱 ☆★★【14種のテキストで17例】
①예 한가(閑暇)한 시간.
〈暇な時間。〉(76.5%)
②예 술집 안은 한가하다.
〈飲み屋の中はガランとしている。〉(23.5%)

한강 (固有) ★★☆【23種のテキストで121例】
⓪예 한강(漢江)을 건너다.
〈漢江(ハンガン)を越える。〉(100%)

한결 뮈【15種のテキストで17例】
⓪예 세수를 하니 한결 시원하다.
〈顔を洗ったのでひときわ涼しい。〉(94.1%)

한결같이 뮈【20種のテキストで26例】
⓪예 표정이 한결같이 밝다.
〈表情が一様に明るい。〉(100%)

한계 몡 ★☆☆【34種のテキストで66例】
⓪예 능력의 한계(限界)를 느끼다.
〈能力の限界を感じる。〉(98.5%)

한국 몡 (固有) ★★★【84種のテキストで511例】
⓪예 한국(韓國)에 온 지 1년 되다.
〈韓国に来てから1年なる。〉(83.2%)

한국말 몡【12種のテキストで46例】
⓪예 한국(韓國)말을 가르치다.
〈韓国語を教える。〉(100%)

한국어 몡 ☆★★【14種のテキストで49例】
⓪예 한국어(韓國語)를 배우다.
〈韓国語を学ぶ。〉(100%)

한국인 몡【24種のテキストで82例】
⓪예 한국인(韓國人)의 사고방식.
〈韓国人の考え方。〉(100%)

한글 몡 ★★★【25種のテキストで57例】
⓪예 한글로 쓰다.
〈ハングル56)で書く。〉(100%)

한꺼번에 뮈 ★☆☆【51種のテキストで72例】
⓪예 사람들이 한꺼번에 입구로 몰려들다.
〈人々がいっぺんに入口に詰めかける。〉(100%)

한껏 뮈【16種のテキストで21例】
①예 숨을 한껏 들이켜다.
〈息を精一杯吸い込む。〉/
한껏 멋을 부리다.
〈精一杯おしゃれをする。〉(71.4%)
②예 쪽빛으로 한껏 갠 하늘.
〈藍色にひときわ晴れ上がった空。〉(28.6%)

한눈¹ 몡【25種のテキストで30例】
①예 온 시내가 한눈에 들어오다.
〈一目で全市内が目に入る。〉(70%)

---

56) 韓国固有の文字。

②예 한눈에 사태를 알아차리다.
〈一目で事態を見抜く。〉(30%)

한눈[2] 명【4種のテキストで6例】
⓪<한눈(을) 팔다> 예 한눈 팔지 않고 일하다.
〈わき目をふらないで働く。〉(100%)

한데[1] 명【20種のテキストで25例】
⓪예 한데 [모으다/뭉치다/어울리다].
〈一つに[集める/団結する/交わる]。〉(100%)

한데[2] 부【7種のテキストで9例】
⓪예 날이 개리라 생각했다. 한데 그렇지 않았다.〈晴れるだろうと思った。ところがそうではなかった。〉(100%)

한동안 명【42種のテキストで79例】
⓪예 한동안 멍하니 서 있다.
〈しばらくぽかんと立っている。〉(100%)

한두 관 ☆★☆【53種のテキストで68例】
⓪예 한두 [명/번/사람].
〈一二名。/一二回。/一人二人。]〉(100%)

한때 명【39種のテキストで55例】
⓪예 한때 고생을 많이 하다.
〈一時、苦労を重ねる。〉(92.7%)

한마디 명【34種のテキストで70例】
⓪예 말을 한마디도 못하다.
〈言葉を一言も言えない。〉(100%)

한문 명【15種のテキストで30例】
⓪예 한문(漢文)을 배우다.
〈漢文を習う。〉(100%)

한바탕 명【16種のテキストで20例】
⓪예 한바탕 [비가 쏟아지다/웃다].
〈ひとしきり[雨が降り注ぐ/笑う]。〉(100%)

한밤중 명【17種のテキストで26例】
⓪예 한밤중(--中)에 잠이 깨다.
〈夜中に目が覚める。〉(100%)

한번 부 ★★☆【121種のテキストで378例】
①예 되는지 안 되는지 한번 해 보자.
〈できるかどうか一度やってみよう。〉/
한번 놀러 오세요.
〈一度遊びに来てください。〉(40.5%)
②예 한번 봐서는 잘 모르겠다.
〈一度見ただけでは良く分からない。〉(31.7%)
③예 한번 더 그러면 용서 안 하다.
〈もう一度やったら許さない。〉(15.6%)

한복 명 ☆★★【23種のテキストで69例】
⓪예 한복(韓服)을 입다.
〈韓服を着る。〉(100%)

한순간 명【10種のテキストで15例】
①예 한순간(-瞬間)의 실수.
〈瞬間のミス。〉(86.7%)
②예 한순간 눈앞이 캄캄해지다.

〈一瞬目の前が真っ暗になる。〉(13.3%)

한숨[1] 명 ☆☆★【49種のテキストで76例】
⓪예 답답함에 한숨을 짓다.
〈かったるさにため息をつく。〉(100%)

한숨[2] 명【10種のテキストで11例】
①예 고비를 넘기고 한숨을 돌리다.
〈峠を越してほっと一息つく。〉(54.5%)
②예 한숨도 자지 못하다.
〈一睡もできない。〉(45.5%)

한심하다 형【17種のテキストで24例】
⓪예 [결과가/생각이/하는 짓이/행동이] 한심(寒心)하다.〈[結果が/考えることが/やることが/行動が]情けない。〉(100%)

한없이 부【21種のテキストで30例】
⓪예 한(限)없이 슬프다.
〈限りなく悲しい。〉(100%)

한자 명 ☆★★【20種のテキストで60例】
⓪예 한자(漢字)로 표기하다.
〈漢字で表記する。〉(100%)

한잔 명 ☆★☆【9種のテキストで14例】
⓪예 술을 한잔(-盞) 하다.
〈酒を一杯やる。〉(100%)

한정되다 동【14種のテキストで16例】
⓪예 한정(限定)된 [시간/자원].
〈限られた[時間/資源]。〉(100%)

한쪽 명 ★☆☆【55種のテキストで104例】
①예 [건물의/광장의/길] 한쪽 구석.
〈[建物の/広場の/道の]片すみ。〉(66.3%)
②예 한쪽 [신발/팔/다리].
〈片方の[靴/腕/足]。〉(23.1%)
③예 한쪽의 이야기만 듣다.
〈一方の話だけを聞く。〉(10.6%)

한참[1] 명 ★★☆【78種のテキストで132例】
①예 한참을 [걷다/자다].
〈しばらく[歩く/寝る]。〉/
한참 동안 기다리다.
〈長く待つ。〉/
한참 후에 도착하다.
〈ずっと後に到着する。〉(59.8%)
②예 화가 나서 한참 말이 없다.
〈腹が立ってしばらく何も言わない。〉(40.2%)

한참[2] 부【21種のテキストで28例】
①예 땡볕이 한참 기승을 부리다.
〈炎天がしばらく猛威を振るう。〉(71.4%)
②예 달라도 한참 다르다.
〈違っても、かなり異なる。〉(28.6%)

한창 명【32種のテキストで42例】
①예 한창 자라는 어린이.
〈ひときわ伸び盛りの子供。〉(71.4%)
②예 요즘 수박이 한창이다.

〈最近スイカがシーズンだ。〉(28.6%)

한층 뷔 【23種のテキストで29例】
①예 한층(-層) [아름답다/힘들다].
〈ひとしお〔美しい/大変だ〕。〉(44.8%)
②관 <한층 더>.
〈ひときわ。〉(37.9%)
③예 한층 [긴장이 고조되다/맥이 빠지다].
〈一層〔緊張が高まる/気が抜ける〕。〉(17.2%)

한테 토 【125種のテキストで581例】
⓪예 친구한테 편지를 쓰다.
〈友達に手紙を書く。〉(100%)

한테서 토 【35種のテキストで50例】
⓪예 어머니한테서 편지가 오다.
〈母から手紙が来る。〉(100%)

한편¹ 【56種のテキストで92例】
①예 한편으로는 이해를 하지만 불만도 있다.
〈一方では理解をするが、不満もある。〉(73.9%)
②예 복지 향상에 노력하는 한편 경제 회복에
힘쓰다.〈福祉向上に努力する一方、経済回復
につとめる。〉(25%)

한편² 뷔 【35種のテキストで60例】
⓪예 한편(-便) 어제 전국에서 크고 작은 화재
가   났다.〈一方、昨日全国で大小の火災があっ
た。〉(100%)

할머니 명 ★★★ 【88種のテキストで494例】
①예 손자가 할머니에게 세배하다.
〈孫がお婆さんに新年の挨拶をする。〉(51.6%)
②예 아직 할머니라 부르긴 젊다.
〈まだおばあちゃんと呼ぶには若い。〉(26.3%)
③예 내게 할머니가 되시는 친척.
〈私にとって祖母になる親戚。〉(18.2%)

할아버지 명 ★★★ 【87種のテキストで495例】
①예 아버지가 어렸을 때 할아버지가 몹시 귀
여워했다.〈父が幼い頃、お爺さんが大変かわ
いがってくれた。〉(53.9%)
②예 낯선 할아버지에게 자리를 양보하다.
〈見知らぬお爺さんに席を譲る。〉(29.5%)
③예 내게 할아버지가 되는 친척.
〈私にとって祖父になる親戚。〉(16%)

핥다 동 【10種のテキストで15例】
①예 [아이스크림을/입가를] 핥다.
〈〔アイスクリームを/口元を〕なめる。〉(60%)
②예 물결이 밀려와 모래톱을 핥다.
〈波が押し寄せ、砂浜をなめる。〉(13.3%)
③관 <수박 겉 핥기>.
〈生かじり。〉(6.7%)

함께 뷔 ★★★ 【180種のテキストで1,157例】
①예 가족과 함께 주말을 보내다.
〈家族と共に週末を送る。〉(71.7%)
②예 혼은 죽음과 함께 사라질까?

〈魂は死と共に消えるのだろうか?〉(25.3%)

함부로 뷔 ★★☆ 【54種のテキストで100例】
①예 함부로 약을 먹으면 위험하다.
〈むやみに薬を服用すると危ない。〉(87%)
②예 어른에게 함부로 대하다.
〈目上の人に無礼に振る舞う。〉(12%)

함성 명 【14種のテキストで20例】
⓪예 함성(喊聲)을 지르다.
〈喊声をあげる。〉(100%)

합격하다 동 ☆★☆ 【14種のテキストで25例】
⓪예 대학에 합격(合格)하다.
〈大学に合格する。〉(100%)

합리적¹ 명 【19種のテキストで26例】
⓪예 생각이 합리적(合理的)이다.
〈考えが合理的だ。〉(100%)

합리적² 관 【4種のテキストで5例】
⓪예 합리적(合理的) 결정을 하다.
〈合理的決定をする。〉(100%)

합의¹ 명 【11種のテキストで46例】
⓪예 양측이 합의(合意)를 하다.
〈双方が合意をする。〉(100%)

합의² 명 【6種のテキストで9例】
⓪예 노조가 합의(合議)를 거쳐 파업을 하다.
〈労組が合議を経てストをする。〉(100%)

합치다 동 ★☆☆ 【34種のテキストで53例】
①예 두 강줄기가 하나로 합(合)치다.
〈二つの川の流れが一つになる。〉(32.1%)
②예 힘을 합치다.
〈力を合わせる。〉(28.3%)
③예 모은 돈을 합치다.
〈集めたお金を合わせる。〉(18.9%)
④예 서로 다른 이념을 합치는 것은 어렵다.
〈お互いに異なる理念を一つにすることは難しい。〉
(17%)

합하다 동 ★☆☆ 【21種のテキストで30例】
①예 힘을 합(合)하여 적과 싸우다.
〈力を合わせて敵と戦う。〉(36.7%)
②예 두 개의 판단을 합하여 추리를 하다.
〈二つの判断を合わせて推理をする。〉(26.7%)
③예 크고 작은 것 합해서 계를 세 개나 하다.
〈大小合わせて頼母子講を三つもする。〉(23.3%)
④예 음양이 서로 합해서 하나의 전체를 이루다.
〈陰陽が互いに合わさって一つの全体をなす。〉
(13.3%)

항구 명 ☆☆★ 【13種のテキストで15例】
①예 배가 항구(港口)로 들어오다.
〈船が港に入ってくる。〉(86.7%)
②관 <항구 도시>.
〈港町。〉(13.3%)

항상 뷔 ★★★ 【94種のテキストで237例】

ⓞ예 인생에 대해 항상(恒常) 낙관적이다.
〈人生に対していつも楽観的だ。〉(100%)

해¹ 명 ★★★【104種のテキストで275例】

①예 해가 바뀌어 스무 살이 되다.
〈年が明けて二十歳になる。〉(53.8%)

②예 [다섯/한] 해가 지나다.
〈[五/一]年が過ぎる。〉(26.2%)

③관 <해마다> 예 해마다 홍수가 나다.
〈毎年洪水になる。〉(20%)

해² 명 ★★★【63種のテキストで140例】

ⓞ예 해가 [뜨다/지다].
〈日が[昇る/沈む]。〉(92.8%)

해결 명 ★☆☆【28種のテキストで37例】

ⓞ예 [문제의/분쟁의] 해결(解決) 방안.
〈[問題の/紛争の]解決策。〉(100%)

해결되다 동【24種のテキストで33例】

ⓞ예 문제가 해결(解決)되다.
〈問題が解決する。〉(100%)

해결하다 동 ★★☆【64種のテキストで138例】

ⓞ예 문제를 해결(解決)하다.
〈問題を解決する。〉(100%)

해내다 동【38種のテキストで50例】

ⓞ예 큰 일을 해내다.
〈大きな仕事を成しとげる。〉(100%)

해답 명【12種のテキストで17例】

①예 1번 문제의 해답(解答)을 쓰다.
〈1番の問題の解答を書く。〉(76.5%)

②예 빚 문제를 풀 해답을 얻다.
〈借金問題を解決する解答を得る。〉(23.5%)

해당되다 동【19種のテキストで30例】

ⓞ예 [금지 사항에/사단 규모에/우리에게] 해당(該當)되다.〈[禁止事項に/師団規模に/私たちに]該当する。〉(100%)

해당하다 동 ★☆☆【23種のテキストで36例】

①예 대사구는 지금의 대법원장에 해당(該當)하다.〈大司寇は今の最高裁長官に該当する。〉(86.1%)

②예 공사비가 총예산의 30%에 해당하다.
〈工事費が総予算の30%に該当する。〉(13.9%)

해롭다 동【17種のテキストで23例】

ⓞ예 [건강에/몸에/인간에게] 해(害)롭다.
〈[健康に/体に/人間に]悪い。〉/
해로운 [곤충/벗].
〈有害な[昆虫/友]。〉(100%)

해방 명 ☆☆☆【25種のテキストで64例】

①예 1945년 해방(解放)을 맞다.
〈1945年、解放を迎える。〉(54.7%)

②예 여성의 진정한 해방.
〈女性の真の解放。〉(45.3%)

해방되다 동【19種のテキストで28例】

ⓞ예 여성들이 구습에서 해방(解放)되다.
〈女性たちが旧習から解放される。〉(100%)

해석 명【22種のテキストで47例】

ⓞ예 [경전의/사건의] 해석(解釋)에 이견이 있다.
〈[経典の/事件の]解釈に意見の相違がある。〉(91.5%)

해석하다 동【24種のテキストで34例】

ⓞ예 [사건을/신화를/작품을] 해석(解釋)하다.
〈[事件を/神話を/作品を]解釈する。〉(97.1%)

해설 명【10種のテキストで18例】

ⓞ예 [내용/작품의] 해설(解說).
〈[内容/作品の]解説。〉(100%)

해안 명【17種のテキストで29例】

ⓞ예 배가 해안(海岸)에 닿다.
〈船が海岸に着く。〉(100%)

해외 명 ★★☆【26種のテキストで60例】

ⓞ예 해외(海外)로 여행을 가다.
〈海外に旅行に行く。〉(100%)

해치다 동【20種のテキストで24例】

①예 개가 사람을 해(害)치다.
〈犬が人を傷つける。〉(54.2%)

②예 과로로 건강을 해치다.
〈過労で健康を害する。〉(45.8%)

핵심 명【24種のテキストで49例】

ⓞ예 농촌 문제의 핵심(核心)은 부채 문제이다.
〈農村問題の核心は、負債問題だ。〉(100%)

햇볕 명【18種のテキストで23例】

ⓞ예 햇볕이 내리쬐다.
〈太陽が照りつける。〉/
햇볕에 고추를 말리다.
〈天日に唐辛子を乾かす。〉(100%)

햇빛 명 ★★★【35種のテキストで73例】

ⓞ예 햇빛이 비치다.
〈日光が照らす。〉(100%)

햇살 명【36種のテキストで63例】

ⓞ예 아침 햇살이 맑고 눈부시다.
〈朝の日差しが清くまぶしい。〉(100%)

행동 명 ★★★【100種のテキストで365例】

①예 어른들의 행동(行動)이 아이에게 영향을 주다.〈大人たちの行動が子供に影響を与える。〉(63.3%)

②예 행동이 민첩하다.
〈行動がすばしこい。〉(36.7%)

행동하다 동 ★☆☆【45種のテキストで93例】

ⓞ예 습관적으로 행동(行動)하다.
〈習慣的に行動する。〉(100%)

행복 명 ☆★★【39種のテキストで91例】

ⓞ예 행복(幸福)에 겹다.
〈幸福に溢れる。〉(100%)

행복하다 형 ★★☆【78種のテキストで203例】
　⓪예 행복(幸福)하게 살다.
　　〈幸せに生きる。〉(100%)

행사 명 ★★☆【36種のテキストで105例】
　⓪예 기념 행사(行事)를 준비하다.
　　〈記念行事を準備する。〉(100%)

행사하다 동 【12種のテキストで16例】
　⓪예 [권리를/압력을/한 표를] 행사(行使)하다.
　　〈[権利を/圧力を/一票を]行使する。〉(100%)

행여 부 【13種のテキストで15例】
　⓪예 행여(幸-) 아는 사람이라도 만날까 [걱정
　　하다/기대하다].〈もしや知っている人でも会う
　　かと[心配する/期待する]。〉(100%)

행운 명 【10種のテキストで17例】
　⓪예 행운(幸運)을 가져오는 부적.
　　〈幸運をもたらす護符。〉(100%)

행위 명 ★☆☆【41種のテキストで131例】
　⓪예 잘못된 행위(行爲).
　　〈誤った行為。〉(100%)

행정 명 ★☆☆【18種のテキストで34例】
　①예 [관치/자치] 행정(行政).
　　〈[官治/自治]行政。〉(47.1%)
　②관 <행정 구역>.
　　〈行政区域。〉(26.5%)
　③예 대학 행정.
　　〈大学行政。〉(17.6%)

행하다 동 ★☆★【25種のテキストで36例】
　⓪예 [가르침대로/선을/지시대로] 행(行)하다.
　　〈[教え通り/善を/指示通り]行う。〉(100%)

향기 명 ☆★★【28種のテキストで42例】
　⓪예 꽃의 향기(香氣)를 맡다.
　　〈花の香りをかぐ。〉(100%)

향기롭다 형 【12種のテキストで17例】
　⓪예 꽃 내음이 향기(香氣)롭다.
　　〈花の香りがかぐわしい。〉(100%)

향상 명 【14種のテキストで20例】
　⓪예 품질의 향상(向上).
　　〈品質の向上。〉(100%)

향수 명 【10種のテキストで15例】
　⓪예 향수(鄕愁)에 [잠기다/젖다].
　　〈郷愁に[ふける/ひたる]。〉(93.3%)

향하다 동 ★★★【109種のテキストで328例】
　①예 사람들의 시선이 [나를/나에게로] 향(向)하
　　다.〈人々の視線が[私に/私へと]向かう。〉(32%)
　②예 [버스를/앞을] 향해 가다.
　　〈[バスに/前に]向かって行く。〉(22.3%)
　③예 학생을 향해 폭력을 휘두르다.
　　〈学生に対して暴力をふるう。〉/
　　정부를 향해 데모를 하다.
　　〈政府に対してデモをする。〉(16.2%)
　④예 [서울을/여관으로] 향하다.
　　〈[ソウルに/旅館へ]向かう。〉(15.9%)

허 감 【12種のテキストで19例】
　⓪예 허, [기가 막혀/큰일났군].
　　〈ほう、[呆れた/大変だ]。〉(94.7%)

허공 명 【18種のテキストで21例】
　⓪예 허공(虛空)을 바라보다.
　　〈虚空を眺める。〉(100%)

허구 명 【10種のテキストで29例】
　⓪예 작품 속의 허구(虛構)의 인물.
　　〈作品の中の虚構の人物。〉(100%)

허락 명 【16種のテキストで23例】
　⓪예 집으로 들어와도 좋다고 허락(許諾)을
　　[받다/하다].〈家に入ってきてもいいという承諾を
　　[もらう/する]。〉(100%)

허락하다 동 【17種のテキストで20例】
　⓪예 결혼을 허락(許諾)하다.
　　〈結婚を承諾する。〉(100%)

허리 명 ★★★【50種のテキストで91例】
　⓪예 허리를 펴다.
　　〈腰を伸ばす。〉/
　　허리가 아프다.
　　〈腰が痛い。〉(91.2%)

허망하다 형 【13種のテキストで16例】
　①예 노력이 허망(虛妄)하게 끝나다.
　　〈努力があっけなく終わる。〉(56.3%)
　②예 [꿈은/사랑은] 허망하고 속절없다.
　　〈[夢は/愛は]虚妄ではない。〉(43.8%)

허무하다 형 【10種のテキストで17例】
　⓪예 허무(虛無)한 [노력/인생].
　　〈虚しい[努力/人生]。〉(100%)

허약하다 형 【12種のテキストで16例】
　①예 몸이 허약(虛弱)하다.
　　〈体が虚弱だ。〉(68.8%)
　②예 [논리가/세력이] 허약하다.
　　〈[論理が/勢力が]虚弱だ。〉(31.3%)

허열다 형 【17種のテキストで25例】
　⓪예 입에서 허연 입김을 내뿜다.
　　〈口から白い息を吐く。〉(88%)

허용되다 동 【13種のテキストで17例】
　⓪예 통행이 허용(許容)되다.
　　〈通行が許容される。〉(100%)

허전하다 형 【13種のテキストで16例】
　⓪예 친구가 떠나고 나니 허전하다.
　　〈友人が去ってしまって何となく寂しい。〉(93.8%)

허허[1] 감 【12種のテキストで15例】
　①예 허허, 가문에 효자 났군.
　　〈ほほう、家門に大きく貢献したな。〉(53.3%)

②예 허허 이거 낭패로군, 낭패야.
〈ほほう、これはまいったな、まいった。〉(46.7%)

허허² 閊 【8種のテキストで8例】
⓪예 어이없어서 허허 웃음을 터뜨리다.
〈ばからしくて、ハハハと笑い出してしまう。〉
(100%)

헌 冠 ☆☆★ 【13種のテキストで22例】
⓪예 헌 [가방/옷/집].
〈古い〔カバン/服/家〕。〉(100%)

헌병 閊 【10種のテキストで17例】
⓪예 헌병(憲兵)이 검문을 하다.
〈憲兵が検問をする。〉(100%)

험하다 嵒 【17種のテキストで19例】
①예 험(險)한 보릿고개를 보내다.
〈けわしい春のはざかい期を送る。〉/
험한 꼴을 보다.
〈ひどい目を見る。〉(26.3%)
②예 봉우리가 높고 험하다.
〈峰が高くてけわしい。〉(15.8%)
③예 길이 험하다.
〈道がけわしい。〉(15.8%)
④예 문을 험하게 닫다.
〈ドアを乱暴に閉める。〉(15.8%)
⑤예 세상이 험하다.
〈世の中がけわしい。〉(15.8%)

헤매다 动 ☆☆★ 【31種のテキストで45例】
⓪예 [거리를/길을/시내를] 헤매다.
〈〔街を/道を/市内を〕さまよう。〉(88.9%)

헤아리다 动 ★☆☆ 【34種のテキストで60例】
①예 [가진 돈을/나이를] 헤아리다.
〈〔手持ちの金を/歳を〕考慮する。(58.3%)
②예 마음을 헤아리다.
〈心を察する。〉(25%)
③예 [말뜻을/소문이 사실인지 아닌지] 헤아
리다.〈〔言葉の意味を/噂が事実かどうか〕推し
量る。〉(11.7%)

헤어지다 动 ★★★ 【44種のテキストで73例】
①예 친구와 헤어져 집으로 가다.
〈友達と別れて家に帰る。〉(56.2%)
②예 [남편과/애인과] 헤어지다.
〈〔夫と/恋人と〕別れる。〉(42.5%)

헤엄치다 动 【13種のテキストで20例】
⓪예 강을 헤엄쳐서 건너다.
〈川を泳いで渡る。〉(100%)

헤치다 动 【24種のテキストで29例】
①예 억새를 헤치고 들어가다.
〈ススキをかき分けて入る。〉(48.3%)
②예 [안개를/파도를] 헤치며 가다.
〈〔霧を/波を〕かき分けて進む。〉(17.2%)
③예 [쓰레기를/짚더미를] 헤치다.
〈〔ごみを/わらの山を〕かき分ける。〉(13.8%)

④예 [시국을/험한 세상을] 헤쳐 나가다.
〈〔時局を/険しい世の中を〕切り抜ける。〉(13.8%)

혀 閊 ★☆★ 【33種のテキストで42例】
①예 혀로 핥다.
〈舌でなめる。〉/
혀로 맛을 보다.
〈舌で味を見る。〉(66.7%)
②쿤 <혀를 차다>.
〈舌打ちをする。〉(21.4%)

혁명 閊 【29種のテキストで74例】
①예 1960년의 4월 혁명(革命).
〈1960年の4月革命。〉(81.1%)
②예 문화 생활의 혁명.
〈文化生活の革命。〉(18.9%)

현관 閊 【21種のテキストで48例】
⓪예 집 현관(玄關)에 들어서다.
〈家の玄関に入る。〉(100%)

현금 閊 ☆☆★ 【4種のテキストで10例】
①예 수표를 현금(現金)으로 바꾸다.
〈小切手を現金に換える。〉(70%)
②예 부동산보다는 현금이 낫다.
〈不動産よりは現金がましだ。〉(30%)

현대 閊 ★★☆ 【40種のテキストで217例】
①예 우리가 사는 이 현대(現代)는 '인간 상
실'의 시대라고 한다.〈我々が住むこの現代
は「人間喪失」の時代という。〉(45.2%)
②쿤 <현대 [미술/회화]>.
〈現代〔美術/会話〕。〉(22.1%)
③쿤 <현대(~) 사회>
예 현대 산업 사회.
〈現代産業社会。〉(11.5%)
④쿤 <현대 [문학/소설]>.
〈現代〔文学/小説〕。〉(10.1%)

현대인 閊 ☆★☆ 【13種のテキストで36例】
⓪예 오늘날 현대인(現代人)들은 지나치게
바쁘다.〈今日、現代人たちは、過度に忙しい。〉
(100%)

현명하다 嵒 【18種のテキストで27例】
⓪예 현명(賢明)한 [선택/인물].
〈賢明な〔選択/人物〕。〉(100%)

현상 閊 ★★★ 【43種のテキストで135例】
⓪예 대기층에 불안정 현상(現象)이 생기다.
〈大気層に不安定現象が生じる。〉(100%)

현실 閊 ★☆☆ 【70種のテキストで277例】
⓪예 현실(現實)과 이상의 차이.
〈現実と理想の差。〉(100%)

현실적¹ 閊 【24種のテキストで43例】
①예 현실적(現實的)으로 있을 수 없는 일.
〈現実的にありえないこと。〉(51.2%)
②예 현실적인 [문제를/필요를] 해결하다.

〈現実的な[問題を/必要を]解決する。〉(32.6%)

③예 그는 매우 현실적이다.
〈彼は極めて現実的だ。〉(16.3%)

현실적² 펜 【8種のテキストで11例】

①예 현실적(現實的) 상황으로 받아들이다.
〈現実的状況として受け入れる。〉(54.5%)

②예 현실적 태도를 취하다.
〈現実的態度を取る。〉(45.5%)

현장 몜 【34種のテキストで75例】

①예 방송 현장(現場)을 둘러보다.
〈放送現場を見回す。〉(40%)

②예 건설 현장에서 일하다.
〈建設現場で働く。〉(32%)

③예 지식을 현장에서 실천하다.
〈知識を現場で実践する。〉(18.7%)

현재 몜 ★★★ 【62種のテキストで173例】

①예 현재(現在)로서는 치료법이 없다.
〈現在としては治療法がない。〉(49.7%)

②예 환경이 현재 급변하고 있다.
〈環境が現在急変している。〉(37.6%)

③예 지금 현재 우리가 당면한 문제.
〈今現在われわれが直面している問題。〉(10.4%)

협동 몜 【11種のテキストで23例】

①예 모두가 협동(協同)을 하다.
〈みんなが協同をする。〉(87%)

②펜 <협동 조합>.
〈協同組合。〉(13%)

협력하다 동 【13種のテキストで23例】

①예 친구들과 협력(協力)하다.
〈友達と協力する。〉(65.2%)

②예 자선 사업에 협력하다.
〈慈善事業に協力する。〉(34.8%)

형 몜 ★★★ 【64種のテキストで282例】

①예 위로 형(兄)과 누나가 있다.
〈上に兄と姉がいる。〉(73.1%)

②예 같은 과 형.
〈同じ科の兄貴。〉(27%)

형님 몜 【21種のテキストで121例】

⓪예 형(兄)님 먼저 앉으십시오.
〈お兄さん先に座ってください。〉(100%)

형사 몜 【10種のテキストで61例】

⓪예 강력계 형사(刑事).
〈マル暴刑事。〉(100%)

형상 몜 【18種のテキストで22例】

⓪예 [동물의/사물의] 형상(形象)을 본뜨다.
〈[動物の/事物の]形を象る。〉(100%)

형성 몜 【18種のテキストで36例】

①예 [문화/성격/여론]의 형성(形成).
〈[文化/性格/世論]の形成。〉(77.8%)

②예 [아파트 단지/체구의] 형성.

〈[マンション団地/体つきの]形成。〉(22.2%)

형성되다 동 【21種のテキストで32例】

①예 [성격이/여론이] 형성(形成)되다.
〈[性格が/世論が]形成される。〉(71.9%)

②예 [사회가/상가가] 형성되다.
〈[社会が/商店街が]形成される。〉(25.7%)

형성하다 동 【25種のテキストで35例】

①예 [성격을/여론을] 형성(形成)하다.
〈[性格を/世論を]形成する。〉(74.3%)

②예 [사회를/상가를] 형성하다.
〈[社会を/商店街を]形成する。〉(25.7%)

형수 몜 ☆☆★ 【4種のテキストで6例】

⓪예 형과 형수(兄嫂).
〈兄と兄嫁。〉(100%)

형식 몜 ★☆☆ 【39種のテキストで132例】

①예 형식(形式)보다 내용이 중요하다.
〈形式より内容が重要だ。〉(65.2%)

②예 문답 형식으로 쓴 글.
〈問答形式で書いた文章。〉(26.5%)

형제 몜 ★★★ 【50種のテキストで115例】

⓪예 다섯 형제(兄弟).
〈五人兄弟。〉(96.5%)

형태 몜 ★★☆ 【53種のテキストで134例】

①예 [사물의/표현의] 형태(形態).
〈[事物の/表現の]形態。〉(54.5%)

②예 [교육/비평의/창작의] 형태.
〈[教育/批評の/創作の]形態。〉(45.5%)

형편 몜 ★★★ 【51種のテキストで83例】

①펜 <-는 형편[에/이다]>
예 돈을 꿔야 하는 형편(形便)이다.
〈お金を借りなければならないありさまだ。〉(43.4%)

②예 가정 형편이 어렵다.
〈家庭の事情が難しい。〉(31.3%)

③예 [형편에 따라/형편을 봐서] 정하다.
〈[状態に応じて/成り行きを見て]定める。〉(24.1%)

혜택 몜 【16種のテキストで22例】

⓪예 복지의 혜택(惠澤)을 입다.
〈福祉の恩恵を被る。〉(100%)

호¹ 몜의 ★★☆ 【24種のテキストで51例】

①예 국보 1호(號).
〈国宝1号。〉(72.5%)

②예 303호 강의실.
〈303号講義室。〉(9.8%)

호² 갑 【2種のテキストで14例】

⓪예 호! 놀라운 기술이군.
〈ほう!驚くべき技術だね。〉(100%)

호³ 몜의 【4種のテキストで11例】

⓪예 백 호(戶) 가깝게 사는 마을.
〈百戸近く住む村。〉(100%)

호기심 명 ☆★☆【33種のテキストで49例】

⓪예 호기심(好奇心)에 찬 눈.
〈好奇心に満ちた目。〉(100%)

호되다 형【11種のテキストで15例】

⓪예 호되게 맞다.
〈さんざんになぐられる。〉/
호된 [꾸지람을/욕을] 듣다.
〈厳しい[お叱りを/ののしりを]聞く。〉(100%)

호랑이 명 ★★★【39種のテキストで177例】

⓪예 산에서 호랑이를 만나다.
〈山で虎に会う。〉(93.8%)

호박 명 ☆☆★【12種のテキストで17例】

①예 호박을 썰어서 찌개에 넣다.
〈カボチャを切って鍋料理に入れる。〉(76.5%)

②예 밭에 호박을 심다.
〈畑にカボチャを植える。〉(17.6%)

호소하다 동【14種のテキストで19例】

①예 의사에게 고통을 호소(呼訴)하다.
〈医者に苦痛を訴える。〉(78.9%)

②예 [감각에/동정심에] 호소하다.
〈[感覚に/同情心に]訴える。〉(21.1%)

호수 명 ☆☆★【12種のテキストで26例】

⓪예 맑은 호수(湖水).
〈澄んだ湖。〉(100%)

호주머니 명【11種のテキストで16例】

⓪예 바지 호주머니에 손을 넣다.
〈ズボンのポケットに手をつっこむ。〉(93.8%)

호칭 명【11種のテキストで21例】

⓪예 상대에 따라 부르는 호칭(呼稱)이 다르다.
〈相手によって呼ぶ呼称が異なる。〉(100%)

호텔 명 ★★★【24種のテキストで60例】

⓪예 호텔에 묵다.
〈ホテルに泊まる。〉(100%)

호통 명【16種のテキストで17例】

⓪예 큰 소리로 호통을 치다.
〈大きな声でどなりつける。〉(100%)

호흡 명【13種のテキストで16例】

①예 호흡(呼吸)이 [가쁘다/거칠다].
〈息が[苦しい/荒い]。〉(68.8%)

②예 관객과 배우의 호흡이 맞다.
〈観客と俳優の呼吸が合う。〉(31.3%)

혹[1] 명【6種のテキストで20例】

①예 턱 밑에 혹이 달리다.
〈あごの下にこぶが垂れ下がっている。〉(65%)

②예 낙타 등의 혹
〈駱駝の背のこぶ。〉(15%)

③관 <혹 떼러 갔다가 혹 붙인 격>.
〈ミイラ取りがミイラになる。〉(10%)

혹[2] 부【11種のテキストで14例】

①예 이 일이 혹(或) 사람들에게 알려지면 곤란하다.〈このことが、もし人々に知れると困る。〉
(57.1%)

②예 혹 좀 늦을지도 몰라.
〈もしかしてちょっと遅れるかもしれない。〉(21.4%)

③예 혹 잊은 일도, 혹 오해도 있다.
〈あるいは忘れた事も、ひょっとしたら誤解もある。〉
(21.4%)

혹시 부 ★★★【63種のテキストで113例】

①예 혹시(或是) 그 사람 아세요?
〈もしかしたら、その人をご存知?〉/
혹시라도 화가 났을까 걱정하다.
〈もしかしたら、腹が立ったのだろうか心配する。〉
(48.7%)

②예 이따 혹시 그가 올까 기대하다.
〈もしかしたら後で彼が来るかと期待する。〉
(36.3%)

③예 혹시 손님이 오면 전화해라.
〈もしお客さんが来たら電話しなさい。〉(14.2%)

혹은 부 ★☆☆【51種のテキストで133例】

⓪예 사람들이 서너 명씩 혹(或)은 대여섯 명씩
모여들다.〈人が三、四人ずつあるいは五、六
人ずつ集まってくる。〉(98.5%)

혼 명【30種のテキストで45例】

①관 <혼(魂)을 내다>.
〈とっちめる。〉(24.4%)

②예 혼이 나간 표정을 짓다.
〈魂が抜けた表情をする。〉/
그녀에게 혼을 뺏기다.
〈彼女に魂を奪われる。〉(22.2%)

③예 죽은 처녀의 혼을 달래다.
〈死んだ乙女の霊を慰める。〉(17.8%)

④관 <혼이 나다>
〈ひどい目に遭う。〉(15.6%) ☞ 혼나다.

⑤예 독립투사들의 혼이 담긴 현장.
〈独立闘士たちの魂が込められた現場。〉(13.3%)

혼나다 동【15種のテキストで17例】

①예 거짓말하면 아버지에게 혼(魂)나다.
〈嘘を言うと父に叱られる。〉(76.5%)

②예 짐을 옮기느라 혼나다.
〈荷物を移そうと苦労をする。〉(17.6%)

혼란 명【22種のテキストで37例】

⓪예 전쟁의 혼란(混亂)을 겪다.
〈戦争の混乱を経験する。〉(100%)

혼자[1] 부 ★★★【105種のテキストで248例】

⓪예 혼자 [가다/있다].
〈一人で[行く/いる]。〉(90.3%)

혼자[2] 명 ★★★【111種のテキストで221例】

①예 혼자만의 시간을 즐기다.
〈一人だけの時間を楽しむ。〉(82.2%)

② <~ 혼자> 예 [여자/자기/저] 혼자 해결하다.
〈[女/自分/私]一人で解決する。〉(14%)

혼잣말 명【13種のテキストで31例】
　⓪예 혼잣말로 중얼거리다.
　〈独り言をつぶやく。〉(100%)

홀로 부【34種のテキストで49例】
　①예 홀로 살다.
　〈一人で暮らす。〉(87.8%)
　②예 홀로 일을 해내다.
　〈一人で仕事を成しとげる。〉(12.2%)

홍수 명 ☆☆★【22種のテキストで49例】
　①예 폭우로 홍수(洪水)가 나다.
　〈暴雨で洪水になる。〉(89.8%)
　②예 외국어의 홍수 시대에 살다.
　〈外国語の洪水時代に生きる。〉(10.2%)

화 명 ★★★【73種のテキストで192例】
　⓪예 화(火)가 나다.
　〈腹が立つ。〉/
　화를 내다.
　〈腹を立てる。〉(100%)

화가 명 ☆☆★【16種のテキストで63例】
　⓪예 화가(畫家)의 그림.
　〈画家の絵。〉(100%)

화나다 동 ☆☆★【15種のテキストで18例】
　⓪예 좀 화(火)나도 참다.
　〈ちょっと腹が立ってもこらえる。〉(100%)

화단¹ 명【1種のテキストで27例】
　⓪예 화단(畫壇)에 데뷔하다.
　〈画壇にデビューする。〉(100%)

화단² 명【12種のテキストで24例】
　⓪예 화단(花壇)에 꽃이 피다.
　〈花壇に花が咲く。〉(100%)

화려하다 형 ★☆☆【34種のテキストで55例】
　①예 [옷이/차림이] 화려(華麗)하다.
　〈[服が/服装が]派手だ。〉(50.9%)
　②예 세계 무대에 화려하게 복귀하다.
　〈世界舞台に華やかに復帰する。〉(18.2%)
　③예 화려한 도회지 생활을 하다.
　〈華やかな都会生活をする。〉(14.5%)

화면 명 ★☆☆【23種のテキストで68例】
　①예 [극장의/TV의] 화면(畫面).
　〈[劇場の/TVの]画面。〉(79.4%)
　②예 [그림의/사진의] 화면.
　〈[絵の/写真の]画面。〉(19.1%)

화목하다 형【17種のテキストで37例】
　⓪예 [가정이/집안이] 화목(和睦)하다.
　〈[家庭が/家が]仲むつまじい。〉(100%)

화분 명【12種のテキストで31例】
　⓪예 화분(花盆)에 꽃을 심다.
　〈植木鉢に花を植える。〉(100%)

화사하다 형【11種のテキストで15例】
　①예 코스모스가 화사(華奢)하게 피다.
　〈コスモスが華やかに咲く。〉(60%)
　②예 가을의 화사한 햇살 속을 걷다.
　〈秋の華やかな日差しの中を歩く。〉(40%)

화살 명【14種のテキストで18例】
　①예 화살이 과녁에 꽂히다.
　〈矢が的に刺さる。〉(83.3%)
　②예 그에게 [비난의/원망의] 화살을 돌리다.
　〈彼に[非難の/恨みの]矛先を向ける。〉(11.1%)

화요일 명 ☆★★【6種のテキストで10例】
　⓪예 화요일(火曜日).
　〈火曜日。〉(100%)

화장 명 ☆★★【11種のテキストで16例】
　⓪예 얼굴에 화장(化粧)을 하다.
　〈顔に化粧をする。〉(100%)

화장실 명 ☆★★【47種のテキストで99例】
　⓪예 화장실(化粧室)에 가다.
　〈トイレに行く。〉(100%)

화제 명【24種のテキストで60例】
　①예 선거를 화제(話題)로 삼다.
　〈選挙を話題にする。〉(73.3%)
　②관 <화제가 바뀌다>.
　〈話題が変わる。〉(21.7%)

화학 명【13種のテキストで24例】
　①예 화학(化學) 분야를 전공하다.
　〈化学分野を専攻する。〉(41.7%)
　②관 <화학 물질>.
　〈化学物質。〉(20.8%)
　③관 <화학 공업>.
　〈化学工業。〉(12.5%)
　④관 <석유 화학 ~>
　　예 석유 화학 단지.
　〈石油化学団地。〉(8.3%)

확 부【18種のテキストで26例】
　⓪예 불길이 확 퍼지다.
　〈炎がぱっと広がる。〉/
　낯빛이 확 달라지다.
　〈顔色がきっと変わる。〉(96.2%)

확대 명【16種のテキストで23例】
　①예 [교육의/복지의] 확대(擴大).
　〈[教育の/福祉の]拡大。〉/
　확대 사진.
　〈拡大写真。〉(69.6%)
　②예 확대 [보급하다/실시하다].
　〈拡大[普及する/実施する]。〉(30.4%)

확대되다 동【11種のテキストで15例】
　⓪예 [규모가/기회가/크기가] 확대(擴大)되다.
　〈[規模が/機会が/サイズが]拡がる。〉(100%)

확대하다 동【16種のテキストで23例】
　⓪예 [사진을/수사를/수출을/투자를] 확대(擴大)

하다.〈〔写真を/捜査を/輸出を/投資を〕拡大する。〉(100%)

확실하다 [형] ★☆☆【38種のテキストで56例】

⓪[예] 확실(確實)한 사실.
〈確実な事実。〉/
무슨 일이 생겼음이 확실하다.
〈何かが起こったのは確実だ。〉(100%)

확실히 [부]【34種のテキストで64例】

①[예] 확실(確實)히 일이 힘들다.
〈確かに仕事が大変だ。〉(75%)

②[예] 글자가 확실히 보이다.
〈文字がはっきり見える。〉/
확실히 결정되다.
〈確実に決定される。〉(25%)

확인 [명]【16種のテキストで20例】

①[예] 몇 호 차인지 확인(確認)을 하다.
〈何号車か確認をする。〉(80%)

②[예] 친자 확인 소송을 하다.
〈親子確認訴訟をする。〉(20%)

확인하다 [동] ★★☆【68種のテキストで115例】

⓪[예] [사실을/의사를] 확인(確認)하다.
〈〔事実を/意志を〕確認する。〉(100%)

확장 [명]【13種のテキストで18例】

⓪[예] [도로/사업/영토] 확장(擴張).
〈〔道路/事業/領土〕拡張。〉(100%)

환경 [명] ★★★【78種のテキストで327例】

①[예] 후천적인 환경(環境)의 영향.
〈後天的な環境の影響。〉(50.8%)

②[예] 사무실의 근무 환경.
〈事務室の勤務環境。〉/
교통 환경.
〈交通環境。〉(12.8%)

③[관] <자연 환경>.
〈自然環境。〉(12.5%)

④[관] <환경 오염>.
〈環境汚染。〉(10.4%)

환상1 [명]【14種のテキストで30例】

①[예] 로맨틱한 환상(幻想)에 빠지다.
〈ロマンチックな幻想にふける。〉(80%)

②[예] 성공하리라는 환상에 사로잡히다.
〈成功するという幻想に囚われる。〉(16.7%)

환상2 [명]【4種のテキストで7例】

⓪[예] 환상(幻像)을 보다.
〈幻像を見る。〉(100%)

환영1 [명] ☆☆★【6種のテキストで8例】

⓪[예] 시민들의 환영(歡迎)을 받다.
〈市民たちの歓迎を受ける。〉(100%)

환영2 [명]【4種のテキストで5例】

⓪[예] 환영(幻影)을 보다.
〈幻を見る。〉(100%)

환영하다 [동]【15種のテキストで15例】

①[예] [손님을/우리를] 환영(歡迎)하다.
〈〔客を/私たちを〕歓迎する。〉(60%)

②[예] [방문을/입사를/조치를] 환영하다.
〈〔訪問を/入社を/措置を〕歓迎する。〉(40%)

환자 [명] ★★★【29種のテキストで109例】

⓪[예] 환자(患者)를 치료하다.
〈患者を治療する。〉(100%)

환하다 [형] ★☆★【41種のテキストで67例】

①[예] 표정이 환하다.
〈表情が明るい。〉/
환한 웃음.
〈明るい笑顔。〉(41.8%)

②[예] 햇빛이 환하게 비치다.
〈日が明るくさす。〉(28.4%)

③[예] [방 안이/사방이] 환하다.
〈〔部屋の中が/四方が〕明るい。〉(23.9%)

환히 [부]【26種のテキストで26例】

①[예] 불이 환히 켜지다.
〈灯りがこうこうとともる。〉(30.8%)

②[예] 환히 웃다.
〈明るく笑う。〉(30.8%)

③[예] 거리가 환히 내려다보이다.
〈街が良く見下ろせる。〉(23.1%)

④[예] 상황을 환히 알다.
〈状況を良く知っている。〉(15.4%)

활기 [명]【14種のテキストで17例】

⓪[예] 활기(活氣)가 [가득하다/넘치다].
〈活気が〔満ちる/溢れる〕。〉(100%)

활동 [명] ★★★【73種のテキストで242例】

⓪[예] [경제/보호/봉사/산업/생산/연구/예술/정치/학문] 활동(活動).
〈〔経済/保護/ボランティア/産業/生産/研究/芸術/政治/学問〕活動。〉(89.3%)

활동하다 [동] ★☆☆【31種のテキストで41例】

①[예] 가수로 활동(活動)하다.
〈歌手として活動する。〉(78%)

②[예] 활동하기 편한 옷을 입다.
〈活動するのに楽な服を着る。〉(22%)

활발하다 [형] ★☆★【28種のテキストで45例】

①[예] [교류가/상업 활동이] 활발(活潑)하다.
〈〔交流が/商業活動が〕活発だ。〉(82.2%)

②[예] 혈액 순환이 활발하다.
〈血液循環が活発だ。〉(17.8%)

활용하다 [동]【22種のテキストで46例】

①[예] [국토를/자원을] 잘 활용(活用)하다.
〈〔国土を/資源を〕うまく活用する。〉(84.8%)

②[예] 조사 결과를 연구에 활용하다.
〈調査結果を研究に活用する。〉(13%)

활자 [명]【15種のテキストで20例】

①예 활자(活字)로 인쇄하다.
〈活字で印刷する。〉(70%)
②예 본문의 활자가 굵다.
〈本文の活字が太い。〉(30%)

활짝 부 【32種のテキストで45例】
①예 대문이 활짝 열려 있다.
〈表門が大きく開いている。〉(40%)
②예 꽃잎을 활짝 벌리다.
〈花びらを大きく広げる。〉(31.1%)
③예 활짝 웃다.
〈にっこりと笑う。〉(24.4%)

황급히 부 【14種のテキストで15例】
⓪예 황급(遑急)히 달아나다.
〈あわてて逃げる。〉(100%)

회 명 ★☆☆【27種のテキストで60例】
⓪예 제13회(回) 대종상에서 수상하다.
〈第13回大鐘賞[57]で受賞する。〉(100%)

회복 명 ☆☆★【11種のテキストで18例】
①예 [경제/도덕성] 회복(回復).
〈[経済/道徳性]回復。〉(77.8%)
②예 [체력의/피로의] 회복이 빠르다.
〈[体力の/疲労の]回復が早い。〉(22.2%)

회복하다 동 【17種のテキストで26例】
①예 [관계를/우정을/피해를] 회복(回復)하다.
〈[関係を/友情を/被害を]回復する。〉(73.1%)
②예 [건강을/일상 생활을] 회복하다.
〈[健康を/日常生活を]回復する。〉(26.9%)

회사 명 ★★★【73種のテキストで250例】
①예 회사(會社)에 다니다.
〈会社に勤めている。〉(80%)
②예 [무역/반도체] 회사.
〈[貿易/半導体]会社。〉(20%)

회사원 명 ☆★☆【8種のテキストで11例】
⓪예 평범한 회사원(會社員).
〈平凡な会社員。〉(100%)

회상하다 동 【14種のテキストで16例】
⓪예 지난날을 회상(回想)하다.
〈在りし日を回想する。〉(100%)

회원 명 【11種のテキストで24例】
⓪예 [동호회/모임의/학회] 회원(會員)으로 가
입하다.〈[同好会/会の/学会]会員に加入す
る。〉(100%)

회의¹ 명 ★★☆【45種のテキストで104例】
⓪예 회의(會議)에 참석하다.
〈会議に参席する。〉(100%)

회의² 명 【14種のテキストで26例】
⓪예 삶에 대한 회의(懷疑)가 들다.
〈人生に対する懐疑が生じる。〉(100%)

회장 명 【15種のテキストで26例】
①예 학생회 회장(會長)이 되다.
〈学生会会長になる。〉(80.8%)
②예 L기업의 회장.
〈L企業の会長。〉(19.2%)

회초리 명 【12種のテキストで24例】
⓪예 회초리로 때리다.
〈ムチで打つ。〉(100%)

회화¹ 명 ☆☆★【4種のテキストで8例】
⓪예 영어 회화(會話)를 배우다.
〈英語会話を習う。〉(100%)

회화² 명 【3種のテキストで14例】
⓪예 조각과 회화(繪畵) 부문.
〈彫刻と絵画部門。〉(100%)

횡단 명 【11種のテキストで29例】
⓪관 <횡단(橫斷) 보도>.
〈横断歩道。〉(93.1%)

효과 명 ★★★【37種のテキストで82例】
①예 [광고/치료/표현] 효과(效果).
〈[広告/治療/表現]効果。〉(64.6%)
②예 약의 효과가 크다.
〈薬の効果が大きい。〉(35.4%)

효과적 명 【21種のテキストで58例】
⓪예 효과적(效果的)으로 대응하다.
〈効果的に対応する。〉/
효과적인 방법.
〈効果的な方法。〉(100%)

효도하다 동 【16種のテキストで22例】
⓪예 부모에게 효도(孝道)하다.
〈親に孝行する。〉(100%)

후 명 ★★★【150種のテキストで676例】
①예 아이를 낳은 후(後)에도 계속 회사에 나가다.
〈子供を産んだ後もずっと会社に出る。〉(53.1%)
②예 [10분/1년이 지난/한참] 후에 연락이 오다.
〈[10分/1年が過ぎた/しばらく]後に連絡が入る。〉
(31.4%)
③예 그 사실을 후에야 알다.
〈その事実を後になって知る。〉(14.8%)

후기 명 【16種のテキストで40例】
⓪예 조선 후기(後期)에 사회 변화가 일어나다.
〈朝鮮後期に社会変化が起こる。〉(100%)

후반 명 【24種のテキストで39例】
⓪예 경기 후반(後半)에 승부가 나다.
〈試合後半に勝負がつく。〉/
조선조 후반.
〈朝鮮王朝後半。〉(100%)

후배 명 ☆☆★【25種のテキストで66例】
①예 인생의 선배들 뒤를 후배(後輩)들이 따

---

57) 韓国アカデミー賞

르다.〈人生の先輩たちの後ろを後輩たちが追う。〉
(62.1%)

② [대학/직장] 후배.
〈[大学/職場の]後輩。〉(37.9%)

후보 명 【10種のテキストで23例】
⓪예 선거에서 후보(候補)로 나서다.
〈選挙で候補として出る。〉(95.7%)

후손 명 【17種のテキストで23例】
⓪예 후손(後孫)에게 문화를 전하다.
〈子孫に文化を伝える。〉(100%)

후회 명 【15種のテキストで18例】
⓪예 뒤늦은 후회(後悔)가 일다.
〈手遅れの後悔が生じる。〉(100%)

후회하다 동 ☆★☆ 【30種のテキストで44例】
⓪예 [경솔함을/내가 한 일을/잘못을] 후회(後悔)하다.〈[軽率さを/私がしたことを/過ちを]後悔する。〉(100%)

훈련 명 ★☆☆ 【30種のテキストで55例】
⓪예 훈련(訓練)을 쌓다.
〈訓練を積む。〉(100%)

훈장¹ 명 【10種のテキストで24例】
⓪예 서당의 훈장(訓長)에게 한문을 배우다.
〈書堂58)の訓長59)に漢文を学ぶ。〉(100%)

훈장² 명 【6種のテキストで6例】
⓪예 가슴에 훈장(勳章)을 달다.
〈胸に勲章を下げる。〉(100%)

훌륭하다 형 ★★★ 【100種のテキストで257例】
①예 자녀를 훌륭하게 키우다.
〈子供を立派に育てる。〉(53.7%)

②예 나무랄 데 없는 훌륭한 작품.
〈文句のつけようのない立派な作品。〉(22.6%)

③예 [결의가/맛이] 훌륭하다.
〈[決意が/味が]立派だ。〉(18.7%)

훑다 동 【15種のテキストで15例】
①예 [원고를/책장을] 대강 훑다.
〈[原稿を/ページを]斜め読みする。〉(40%)

②예 잔물결이 갯벌을 훑다.
〈さざ波が干潟をすすぐ。〉(26.7%)

③예 [나뭇잎을/머리카락을] 훑다.
〈[木の葉を/髪を]はたき落とす。〉(13.3%)

훑어보다 동 【13種のテキストで15例】
①예 그를 위아래로 훑어보다.
〈彼を上から下までじろじろ見る。〉(66.7%)

②예 [신문을/차례를] 훑어보다.
〈[新聞を/順番を]ざっと見る。〉(33.3%)

훔치다¹ 동 ☆☆★ 【27種のテキストで39例】
⓪예 남의 [돈을/물건을] 훔치다.

〈人の[お金を/物を]盗む。〉(92.3%)

훔치다² 동 【12種のテキストで13例】
①예 [손등으로 이마를/행주로 탁자를] 훔치다.
〈[手の甲で額を/ふきんでテーブルを]拭く。〉
(53.8%)

②예 손으로 [눈물을/먼지를] 훔치다.
〈手で[涙を/ほこりを]ぬぐう。〉(46.2%)

훗날 명 【13種のテキストで18例】
⓪예 먼 훗날(後-) 다시 만나다.
〈遠い後日また会う。〉(100%)

훨씬 부 ★★★ 【95種のテキストで203例】
①예 훨씬 [쉽다/효과적이다].
〈はるかに[易しい/効果的だ]。〉(56.7%)

②예 훨씬 [더/덜] 멀다.
〈もっともっと遠い。/全然遠くない。〉(16.7%)

③예 6시가 훨씬 넘다.
〈6時をはるかに越える。〉(15.3%)

휘두르다 동 【18種のテキストで23例】
①예 몽둥이를 휘두르다.
〈棒を振り回す。〉(47.8%)

②예 [머리를/팔을] 휘두르다.
〈[頭を/腕を]振り回す。〉(26.1%)

③예 [권력을/권세를] 휘두르다.
〈[権力を/権勢を]振り回す〉(17.4%)

휴가 명 ☆★★ 【20種のテキストで46例】
⓪예 휴가(休暇)를 떠나다.
〈休暇を取る。〉(100%)

휴식 명 【16種のテキストで17例】
①예 휴식(休息)을 취하다.
〈休息を取る。〉(88.2%)

②관 <휴식 시간>.
〈休憩時間。〉(11.8%)

휴일 명 ☆★☆ 【16種のテキストで24例】
⓪예 휴일(休日)에 등산을 하다.
〈休日に登山をする。〉(100%)

휴지 명 【20種のテキストで36例】
①예 휴지(休紙)를 모아 재활용하다.
〈紙くずを集めてリサイクルする。〉(52.8%)

②예 휴지로 코를 풀다.
〈チリ紙で鼻をかむ。〉(47.2%)

흉 명 【12種のテキストで17例】
⓪예 남의 흉을 보다.
〈人の悪口を言う。〉(94.1%)

흉내 명 【25種のテキストで34例】
⓪예 [외국인/원숭이] 흉내를 내다.
〈[外国人の/猿の]まねをする。〉(100%)

흉내내다 동 【33種のテキストで62例】

---

58) 藩校の縮小版
59) 教師

⓪⑩ [말투를/표정을] 흉내내다.
〈[話し方を/表情を]まねる。〉(100%)

흐느끼다 〔동〕【11種のテキストで23例】
⓪⑩ 소리 없이 흐느껴 울다.
〈声を出さずにむせび泣く。〉(100%)

흐르다 〔동〕★★★【117種のテキストで340例】
①⑩ [강이/시냇물이] 흐르다.
〈[川が/小川が]流れる。〉(23.2%)
②⑩ [세월이/시간이] 흐르다.
〈[歳月が/時間が]流れる。〉(19.1%)
③⑩ [눈물이/피가] 흐르다.
〈[涙が/血が]流れる。〉(10.9%)
④⑩ 음악이 고즈넉이 흐르다.
〈音楽が物寂しく流れる。〉(10%)
⑤⑩ 물이 골짜기를 흐르다.
〈水が谷間を流れる。〉(9.4%)
⑥⑩ [정적이/침묵이] 흐르다.
〈[静寂が/沈黙が]流れる。〉(8.8%)

흐름 〔명〕★☆☆【43種のテキストで100例】
①⑩ [감정의/경기의/시대적/역사의/이야기의] 흐름을 따르다.〈[感情の/競技の/時代的/歴史の/話の]流れに従う。〉(84%)
②⑩ 강물의 흐름을 바꾸다.
〈川の流れを変える。〉(16%)

흐리다¹ 〔형〕☆★★【31種のテキストで51例】
①⑩ 날씨가 흐리다.
〈曇る。〉/
흐린 하늘.
〈曇った空。〉(47.1%)
②⑩ 색이 흐리다.
〈色が濁る。〉/
흐린 불빛.
〈薄暗い灯り。〉(25.5%)
③⑩ 흐린 [눈빛으로/의식으로] 보다.
〈ぼんやりした[目で/意識で]見る。〉(23.5%)

흐리다² 〔동〕☆★★【13種のテキストで18例】
①⑩ 말끝을 흐리다.
〈言葉じりを濁す。〉(55.6%)
②⑩ 날씨가 오전에 흐린 뒤에 맑겠다.
〈午前に曇り後で晴れそうだ。〉(44.4%)

흐뭇하다 〔형〕【21種のテキストで29例】
⓪⑩ [기분이/마음이] 흐뭇하다.
〈[気持ちが/心が]暖まる。〉(100%)

흑인 〔명〕【10種のテキストで47例】
⓪⑩ 흑인(黑人) 가수.
〈黒人歌手。〉(100%)

흔들다 〔동〕★★★【72種のテキストで140例】
①⑩ [꼬리를/손을] 흔들다.
〈[しっぽを/手を]振る。〉(45%)
②⑩ [깃발을/딸랑이를] 흔들다.
〈[旗を/ガラガラを]振る。〉/

멱살을 잡아 흔들다.
〈胸ぐらをつかんでゆさぶる。〉(42.9%)

흔들리다 〔동〕★☆☆【38種のテキストで53例】
①⑩ [바람에/풍랑에] 배가 흔들리다.
〈[風に/風浪に]船が揺れる。〉(37.7%)
②⑩ [마음이/생각이] 흔들리다.
〈[心が/思いが]揺れる。〉(28.3%)
③⑩ [질서가/체제가] 흔들리다.
〈[秩序が/体制が]揺れる。〉(28.3%)

흔적 〔명〕★☆☆【25種のテキストで47例】
⓪⑩ 사람이 살았던 흔적(痕跡).
〈人が住んでいた形跡。〉(100%)

흔하다 〔형〕☆★☆【33種のテキストで44例】
①⑩ 봄이라 들에 쑥이 흔하다.
〈春で野によもぎが多い。〉(61.4%)
②⑩ 물건이 흔해서 쉽게 구하다.
〈物がどこにでもあるので簡単に買う。〉(38.6%)

흔히 〔부〕★☆☆【61種のテキストで110例】
⓪⑩ 흔히 있는 일이다.〈よくあることだ。〉/
흔히 실수를 하면서 산다.
〈よく失敗をしながら生きる。〉(100%)

흘러가다 〔동〕【36種のテキストで49例】
①⑩ [세월이/젊음이] 흘러가다.
〈[歳月が/若さが]流れ行く。〉(36.7%)
②⑩ 강물이 동해로 흘러가다.
〈川の水が東海に流れて行く。〉(32.7%)
③⑩ [구름이/배가] 흘러가다.
〈[雲が/船が]流れて行く。〉(12.2%)

흘러나오다 〔동〕【24種のテキストで35例】
⓪⑩ 방에서 [불빛이/소리가/음식 냄새가] 흘러나오다.〈部屋から[灯りが/音が/料理のにおいが]流れ出る。〉(80%)

흘러내리다 〔동〕【26種のテキストで35例】
①⑩ 비탈에서 흙이 흘러내리다.
〈坂から土がずり落ちる。〉/
두 눈에 눈물이 흘러내리다.
〈両目から涙がこぼれ落ちる。〉(57.1%)
②⑩ [계곡이/냇물이] 흘러내리다.
〈[渓谷が/川の水が]流れる。〉(20%)
③⑩ [머리카락이/바지가/안경이] 흘러내리다.
〈髪の毛がぱらぱら落ちる。/[ズボンが/眼鏡が]ずり落ちる。〉(17.1%)

흘리다 〔동〕★★★【88種のテキストで144例】
①⑩ [눈물을/땀을/침을] 흘리다.
〈[涙を/汗を/よだれを]流す。〉(68.8%)
②⑩ 밥상에 [물을/밥을] 흘리다.
〈お膳に[水を/ご飯を]こぼす。〉(8.3%)
③㉿ <땀 흘리다> ⑩ 땀 흘려 노력하다.
〈汗水流して努力する。〉(6.9%)

흙 〔명〕★★★【55種のテキストで100例】
⓪⑩ 밭의 흙을 파다.

〈畑の土を掘る。〉(95%)

흠뻑 〈부〉【16種のテキストで21例】
①예 화분에 물을 흠뻑 붓다.
〈植木鉢に水をたっぷり入れる。〉/
땀에 흠뻑 젖다.
〈汗びっしょりになる。〉(52.4%)
②예 사내한테 흠뻑 빠지다.
〈男に夢中になる。〉(28.6%)

흥¹ 〈감〉【12種のテキストで14例】
⓪예 흥 하고 코웃음을 치다.
〈ふふんと鼻先でせせら笑う。〉(100%)

흥² 〈명〉【10種のテキストで13例】
⓪예 차츰 놀이에 흥(興)이 오르다.
〈徐々に遊びに興味がわく。〉(100%)

흥겹다 〈형〉【18種のテキストで28例】
⓪예 노랫가락이 흥(興)겹다.
〈メロディーがうきうきする。〉(100%)

흥미 〈명〉【33種のテキストで79例】
①예 그는 나한테 흥미(興味)가 있다.
〈彼は私に関心がある。〉(67.1%)
②예 경기에 흥미를 느끼다.
〈競技に興味をおぼえる。〉(32.9%)

흥미롭다 〈형〉【14種のテキストで15例】
⓪예 흥미(興味)로운 사실.
〈興味深い事実。〉(100%)

흥분 〈명〉【24種のテキストで28例】
⓪예 흥분(興奮)에 들뜨다.
〈興奮に浮かれる。〉(96.4%)

흥분하다 〈동〉【23種のテキストで25例】
⓪예 너무 흥분(興奮)해서 실수를 하다.
〈興奮しすぎて失敗をする。〉(100%)

흩어지다 〈동〉★☆★【51種のテキストで74例】
①예 [군중들이/새들이] 흩어지다.
〈[群衆が/鳥たちが]散らばる。〉(48.6%)
②예 동전이 사방으로 흩어지다.
〈コインが四方に散らばる。〉(27%)
③예 여기 저기 흩어진 논밭이 많다.
〈あちこち散らばった田畑が多い。〉(24.3%)

희다 〈형〉★★★【50種のテキストで89例】
⓪예 박꽃이 희다.
〈夕顔が白い。〉/
흰 모자.
〈白い帽子。〉(95.5%)

희망 〈명〉★★★【51種のテキストで97例】
①예 새로운 희망(希望)에 차다.
〈新しい希望に満ちる。〉(82.5%)
②예 상황이 나아질 희망이 없다.
〈状況が好転する希望がない。〉(16.5%)

희미하다 〈형〉【27種のテキストで36例】
⓪예 [글씨가/기억이/자국이] 희미(稀微)하다.

〈[文字が/記憶が/跡形が]ぼんやりしている。〉
(100%)

희생 〈명〉【15種のテキストで26例】
①예 전쟁 통에 희생(犧牲)을 당하다.
〈戦争中に犠牲になる。〉(53.8%)
②예 다른 사람을 위해 희생을 하다.
〈他の人のために犠牲になる。〉(38.5%)

희한하다 〈형〉【12種のテキストで21例】
⓪예 [맛이/쌍무지개가 뜨다니] 참 희한(稀罕)하
다.〈[味が/二重の虹が架かるなんて]実に奇妙
だ。〉(100%)

흰색 〈명〉【14種のテキストで25例】
①예 흰색(- 色) [도자기/저고리].
〈白[陶磁器/チョゴリ]。〉(68%)
②예 흰색으로 페인트칠을 하다.
〈白いペイントを塗る。〉(32%)

힘 〈명〉★★★【155種のテキストで641例】
①예 정신 수련으로 닦은 힘으로 공부를 하다.
〈精神修練に磨いた力で勉強をする。〉(25.7%)
②예 손에 힘을 주며 당기다.
〈手に力を入れて引く。〉(22.8%)
③예 소국을 힘으로 굴복시키다.
〈小国を力で屈服させる。〉(15.4%)
④예 신기술 개발에 힘을 쏟다.
〈新技術開発に力を注ぐ。〉(12.5%)
⑤예 편지가 큰 힘이 되다.
〈手紙が大きな力になる。〉/
남의 힘을 빌다.
〈人の力を乞う。〉(7.3%)

힘껏 〈부〉【25種のテキストで27例】
⓪예 뺨을 힘껏 때리다.
〈頬を思い切りたたく。〉(100%)

힘들다 〈동〉★★☆【130種のテキストで331例】
①예 [몸이/일이] 많이 힘들다.
〈[体が/仕事が]うんと大変だ。〉(53.5%)
②예 [구별하기/만나기] 힘들다.
〈[区別するのが/会うのが]大変だ。〉(38.4%)

힘쓰다 〈동〉★☆★【36種のテキストで70例】
⓪예 [뜻을 펴는 데/창작에] 힘쓰다.
〈[志を達成するのに/創作に]励む。〉(98.6%)

힘없이 〈부〉【23種のテキストで27例】
⓪예 힘없이 [걷다/쓰러지다].
〈力なく[歩く/倒れる]。〉(100%)

힘차다 〈형〉★☆☆【29種のテキストで47例】
⓪예 고개를 힘차게 끄덕이다.
〈首を力強くうなずく。〉/
목소리가 힘차다.
〈声が生き生きとしている。〉(100%)

あ	아³, 어³, 참²
ああ	그래, 아야, 아유, 암², 어유, 저리²
あぁ	아³, 아휴
ああだ	저러다, 저렇다
あい(愛)	사랑
あいかわらず(相変わらず)だ	여전하다
あいがん(哀願)する	매달리다
アイグ	아이구
アイゴ	아이고
あいこくしゃ(愛国者)	애국자
あいさつ(挨拶)	인사
あいさつ(挨拶)する	인사하다
あいしあう(愛し合う)	사랑하다
あいじょう(愛情)	사랑, 애정
アイスクリーム	아이스크림
あい(愛)する	사랑하다, 좋아하다
あいだ(間)	간², 동안, 사이
あいだがら(間柄)	사이
あいたくちがふさがらない (開いた口がふさがらない)	어처구니
あいだ(間)に	새³
あいつ	녀석
あいついでおこる (相次いで起こる)	꼬리
あいづち(相槌)をうつ	치다¹
あいて(相手)	상대, 상대방, 상대편
アイデア	아이디어
あいま(合間)に	틈틈이
あいま(合間)をぬって	틈틈이
あう(会う)	만나다, 보다¹; (ひどい目に〜) 당하다
あう(合う)	맞다¹, 맞다²
あえて	감히, 아예
あおい(青い)	파랗다, 푸르다
あおいいろ(青い色)	파란색
あおば(青葉)	잎
あかい(赤い)	붉다, 빨갛다, 벌겋다
あかす(明かす)	새다³
あがったりさがったりする	맴돌다
あがってくる	올라오다
あからめる(赤らめる)	붉히다
あかり(明かり, 灯)	등불, 불빛
あがる(上がる)	오르다, 올라가다, 올라서다, 올라오다; (名が〜) 날리다¹; (歓声が〜) 터지다
あかるい(明るい)	밝다¹, 밝다², 환하다
あかるく(明るく)	환히
あかんぼう(赤ん坊)	아기
あき(秋)	가을
あきなう(商う)	장사
あきらか(明らか)だ	분명하다
あきらか(明らか)に	분명, 분명히
あきらか(明らか)にする	밝히다
あきらか(明らか)になる	드러나다
あきれる(呆れる)	기², 막히다
あきる(飽きる)	질리다¹
あきれる(呆れる)	어이없다
あく(空く)	비다
あくしゅ(握手)	악수
あくび	하품
あぐらをかく	꼬다
あけがた(明け方)	새벽
あける(空ける)	띄다², 비우다
あける(明ける)	밝다², 새다²
あける(穴を〜)	내다¹, 뚫다
あける(薄目を〜)	뜨다¹
あける(栓を〜)	뜯다
あげる	(効果を〜) 거두다; (手を〜) 꼽다; (例を〜) 들다²; (凧を〜) 띄우다¹; (カーテンを〜) 올리다; (声を〜) 울다, 지르다; (腰を〜) 일으키다
あげる(して〜)	드리다¹
あげる(育て〜)	내다²
あけわたす(明け渡す)	비우다
あさ(朝)	아침
あさい(浅い)	얕다
あさって	모레
あざむく(欺く)	속이다
あさめしまえ(朝飯前)	죽¹
あざわらう(笑う)	비웃다
あし(足)	다리¹, 발, 발걸음, 발길
あじ(味)	맛
あしあと(足跡)	발자국

あしおと(足音)	발소리	あつまり(集まり)	모임
あした(明日)	내일	あつまる(集まる)	모이다
あしどり(足どり)	걸음걸이	あつめる(集める)	모으다
あしのこゆび(足の小指)	발가락	あつりょく(圧力)	압력
あしのゆび(足の指)	발가락	あと(後)	나중, 뒤, 후
あじわう(味わう)	맛보다	あと(跡)	표³
あずき(小豆)	팥	あと(痕)	자국¹
あずける(預ける)	맡기다	あとかたづけ(後片付け)	설거지
あせ(汗)	땀	あと(後)で	이따가
あせる	태우다¹	あな(穴)	구멍, 굴
あそこ	저기	アナウンサー	아나운서
あそび(遊び)	놀이	あなた	그대, 니¹, 당신,
あそびば(遊び場)	놀이터		여보, 오빠
あそぶ(遊ぶ)	놀다, 뛰놀다	あに(兄)	오빠, 형
あたえられる(与えられる)	주어지다	アニメーション	만화
あたえる(与える)	부여하다, 입히다, 주다²	あによめ(兄嫁)	형수
あたたかい(暖かい)	따뜻하다, 따스하다	あね(姉)	누나, 누이, 언니
あたたまる(暖まる)	흐뭇하다	あの	저², 저³
あたためる(暖める)	녹이다	あの~	저어
あだな(あだ名)	별명	あのこ(あの子)	걔, 쟤
あたま(頭)	고개, 두뇌, 머리;	あばく(暴く)	들추다, 파헤치다
	(~にくる) 열²	アヒル	오리
あたま(頭)がぼうっとする	취하다¹	あぶら(油)	기름
あたまのなか(頭の中)	머릿속	あふれる	넘치다
あたらしい(新しい)	새¹	あふれて(溢れて)いる	가득하다
あたらしく(新しく)	새로	あふれて(溢れて)くる	번지다
あたり(当たり)	당	あふれん(溢れん)ばかりだ	벅차다
あたり(辺り)	주위	あまい(甘い)	달다³, 달콤하다
あたる(当たる)	맞다²	あまえる(甘える)	부리다¹
あちこち	곳곳, 사방, 여기저기¹,	あまみず(雨水)	빗물
	여기저기², 이곳, 이리¹,	あまもり(雨漏り)がする	새다¹
	이리저리, 저곳, 저리¹	あまり	나머지
あちら	그쪽	あまり-ない(あまり寒くない)	덜
あつい(厚い)	두껍다, 두텁다	あまりに	너무
あつい(暑い)	덥다	あまりにも	너무나, 워낙, 하도
あつい(熱い)	뜨겁다	あみ(網)	그물
あつかい(扱い)	대접	あむ(編む)	엮다
あつかう(扱う)	다루다	あめ(雨)	비
あつかえる(扱える)	만지다	あめ(飴)	사탕
あつく(厚く)	잔뜩	あめかぜ(雨風)	비바람
あつくるしい(暑苦しい)	무덥다	あめつぶ(雨粒)	빗방울
あっけなく	허망하다	アメリカ	미국
あつき(暑さ)	더위	アメリカ人	미국인
あっさりした	시원하다	あやす	달래다
あっち	저쪽	あやつ	그놈
あっちに	저리¹	あやまち(過ち)	잘못¹
あっちのやつ	그놈	あやまる(謝る)	사과하다
あって(合って)いる	맞다¹	あやまる(誤る)	잘못하다

あゆみ(歩み)	걸음	あわれだ(哀れだ)	불쌍하다
あゆんで(歩んで)くる	걸어오다	あわをくう(食う)	겁
あら	어머	あん(案)	방안²
あらい(荒い)	거칠다	あんき(暗記)する	외우다
あらう(洗う)	감다², 씻다	あんしょう(暗唱)する	외우다
あらそい(争い)	다툼, 싸움	あんしん(安心)	안심
あらそう(争う)	다투다	あんしん(安心)する	안심하다
あらた(新た)だ	새롭다	あんせい(安静)	안정²
あらた(新た)に	새로, 새로이	あんぜん(安全)	안전
あらためて(改めて)	다시금, 새삼	あんぜん(安全)だ	안전하다
あらためる(改める)	고치다	あんてい(安定)	안정¹
あらっぽい(荒っぽい)	사납다	あんてい(安定)する	안정되다¹
あらゆる	온갖	あんな	저런¹
あらわす	나타내다, 드러내다	あんない(案内)	안내
あらわにする	드러내다	あんない(案内)する	안내하다
あらわになる	드러나다	あんなことしてたら	저러다
あらわれる(現れる)	나타나다	あんなに	그토록, 저렇게
アリ	개미	あんなふう(風)だ	저렇다
ありがたい	감사하다²	あんなふう(風)に	저리²
ありがとう	고맙다	あんぴ(安否)	안부
ありがとうございます	감사하다²	-い(いい)	-다¹, -아², -여²
ありさま	격, 형편	-い(短いスカート)	-은²
ありしひ(日)	생전²	いい	괜찮다, 맑다, 좋다
ありとあらゆる	온갖	いいあてる(言い当てる)	알아맞히다
ある	어느, 어떤, 있다¹; (ことも~) 하다²; (決断力が~) 세다¹; (模様が~) 박히다	いいえ	아뇨, 아니오
		いいかげん(いい加減)	어지간히
		いいだけさ	그²
ある(うれしくさえ~)	하다³	いいちらす(言い散らす)	대다¹
あるいていく(歩いて行く)	걸어가다	いいわけ(言い訳)	변명, 핑계
あるいてかよう(歩いて通う)	걸어다니다	いいん(委員)	위원
あるいてくる(歩いて来る)	걸어오다	いいんかい(委員会)	위원회
あるいは	혹², 혹은	いう(言う)	말씀드리다, 말하다, 이르다², 하다¹
あるきまわる(歩き回る)	돌아다니다		
あるく(歩く)	걷다	いう(わがままを言う)	부리다¹
アルバイト	아르바이트	いう(言う)ことなんか 聞く人では無い	막무가내
あるひ(日)	어느날, 하루		
あれ	저거, 저것	いえ(家)	집, 집안
あれ	어어	いえがら(家柄)	집안
あれこれ	별²	いえ(家)ごとに	집집마다
あれこれ	이것저것	いえ(家)の	집안
あれこれの	이런저런	いえ(家)のこと	집안일
あれほど	그토록	イカ	오징어
あれまあ	저런²	いか(以下)	다음, 아래, 이하
あれる	거칠다	いがい(意外)	의외
あわい(淡い)	연하다	いがい(以外)	이외
あわさる(合わさる)	합하다	いがい(以外)は	말다²
あわせる(合わせる)	맞추다, 합치다, 합하다	いがく(医学)	의학
あわてて	황급히	いかす(生かす)	살리다

いかなる	어떠하다, 어떻다	いせい(異性)	이성[2]
いかり(怒り)	분노	いせき(遺跡)	유적
いき(息)	숨, 호흡; (~が合う) 손발	いせきち(遺跡地)	유적지
いきいき(生き生き)		いぜん(以前)	예전, 이전
としている	힘차다	いぜん(依然)として	여전히
いきおい(勢い)	기세	いそいで(急いで)	급히
いきおい(勢い)よく出る	솟아오르다	いそがしい(忙しい)	바쁘다, 분주하다
いきがい(生きがい)	보람	いそぎ(急ぎ足)	급하다
いきかえる(生き返る)	살아나다	いそぎ(急ぎ)の	급하다
いきかた(生き方)	도[4]	いそぐ(急ぐ)	다급하다, 서두르다,
いききする(行き来する)	오가다		재촉하다
いきぐるしい(息苦しい)	답답하다	いぞん(依存)する	의존하다
いきさつ	사연	いた(板)	판[2]
いきつけ(行きつけ)の	늘	いたい(痛い)	아프다
いきづまった(行き詰まった)	꽉	いだい(偉大)だ	위대하다
いきて(生きて)くる	살아오다	いだく	품다
いきのこる(生き残る)	살아남다	いたずら	장난
イギリス	영국	いたのま(板の間)	마루
いきる(生きる)	살다, 살아가다	いたみ(痛み)	아픔
いく(行く)	가다[1], 건너가다, 다니다	いたむ	상하다
いく(して~)	나가다[1], 나가다[2]	いためる(炒める)	볶다, 부치다[2]
いくつか	갈래	いためる(痛める)	다치다
いくら	아무리, 얼마	いたる(至る)	이르다[1]
いくらでも	얼마든지	いち(一)	일[2], 한[1]
いくらも	얼마	いち(市)	장[2]
いくらやっても	아무래도	いち(位置)	위치
いけ(池)	연못	いちいち	일일이
いけん(意見)	의견	いちがつ(一月)	일월
いご(以後)	이후	いちご	딸기
いざ	정작	いちじてき(一時的)	일시적[1], 일시적[2]
いさましい(勇ましい)	씩씩하다	いち(位置)する	위치하다, 자리잡다
いさん(遺産)	유산	いちだい(一大)	일대[2]
いし(石)	돌, 돌멩이	いちだんらく(一段落)する	꺾이다
いし(意思)	뜻, 의사[2]	いちど(一度)	한번
いし(意志)	의지	いちに(一二)	한두
いじ(維持)	유지	いちにちじゅう(一日中)	종일, 하루종일
いじ(意地)	고집	いちにちに(一日に)	하루
いしき(意識)	의식	いちにちもはやく	
いしき(意識)する	의식하다	(一日も早く)	하루빨리
いしきてき(意識的)	의식적	いちば(市場)	시장, 장[2]
いじ(維持)する	유지하다, 잇다, 지키다	いちはやく(いち早く)	재빨리
いじめる	괴롭히다	いちばん(一番)	가장[3], 맨, 제일, 첫
いしゃ(医者)	의사[1], 의원[2]	いちばんだいじなもの	
いじょう(以上)	이상[1], 이상[2]	(一番大事な物)	간[3]
いじょう(異常)はない	멀쩡하다	いちばんめ(一番目)の	첫째[1]
いじ(意地)をはる	부리다[1]	いちぶ(一部)	일부
いす(椅子)	의자	いちやづけ(一夜漬け)	벼락
いずみ(泉)	샘[1]	いちよう(一様)に	한결같이

いちりゅう(一流)	일류	いっぺんに	한꺼번에
いちれん(一連)	일련	いっぽう(一方)	한쪽, 한편¹, 한편²
いつ	언제	いっぽうてき(一方的)	일방적
いっ-(一等)	일²	いっぽまちがえば	
いつか	언제, 언젠가	(一歩間違えば)	자칫
いっか(一家)	일가	いつしか	어느덧
いっかん(一貫)している	일관되다	いつつ(五つ)かむっつ(六つ)	
いっき(一気)に	단숨에	ぐらいか	대여섯
いっけん(一見)	얼핏	いつも	늘, 언제나, 여느, 으레,
いっこう(一行)	일행		항상
いっさい(一切)	일체¹, 일체²	イデオロギー	이데올로기
いっさくじつ(一昨日)	그저께	いと(糸)	실
いっしゅ(一種)	일종	いと(意図)	의도
いっしゅん(一瞬)	순간¹ 잠시¹, 한순간	いど(井戸)	우물
いっしょう(一生)	일생, 평생	いどう(移動)	이동
いっしょうけんめい		いどう(移動)する	이동하다
(一生懸命)	열심히	いとぐち(糸口)	끈
いっしょく(一食)	끼	いとこ	사촌
いっしょ(一緒)に	같이¹, 곁들이다, 모시다,	いとなむ(営む)	짓다
	어울리다	いとま	겨를
いっしょ(一緒)にする	같이하다	いない(以内)	이내²
いっしょ(一緒)になる	어우러지다	いない	없다
いっすい(一睡)	한숨²	いなか(田舎)	시골
いっせい(一斉)に	일제히	いなくなる	없어지다
いっせつ(一節)	마디	いなずま(稲妻)	번개
いっそう(一層)	한층	いにしえ(古)の	옛
いったい(一帯)	일대³	いぬ(犬)	개¹
いったい(一体)	대체, 도대체	いね(稲)	벼
いったい(一体)	일체³	いのち(命)	명¹, 목숨, 생명
いったいぜんたい(一体全体)	도대체	いのり(祈り)	기도
いっち(一致)する	일치하다	いのる(祈る)	기도하다¹, 빌다
いってい(一定)している	일정하다	いびき(~をかく)	코
いってくる(行って来る)	갔다오다, 다녀오다	いびる	볶다
いってる(言ってる)	그러다	いぶつ(遺物)	유물
いってんしかい(一天四海)	온	いま(今)	금방, 이때, 이제¹, 인제¹,
いっとき(一時)	한때		인제², 지금¹, 지금²
いつのま(間)にか	어느새	いま(居間)	거실
いっぱい(一杯)	잔, 통², 한잔	いま(今)かいま(今)かと	애타다
いっぱい	가득, 잔뜩	いまさら(今更)	새삼스럽다
いっぱいある	넉넉하다	いまさら(今更)ながら	새삼
いっぱいだ	가득하다, 부르다², 차다¹	いまさら(今更)のように	새삼스럽다
いっぱい(一杯)に	벅차다	いま(今)しがた	방금
いっぱい(一杯)にする	채우다¹	いまだに	아직
いっぱい(一杯)になる	가득차다, 고이다, 차다¹	いま(今)どき	요새
いっぱい(一杯)になるようだ	뿌듯하다	いま(今)にみていろ	두다²
いっぱん(一般)	일반	いま(今)は	이제¹
いっぱんてき(一般的)	일반적¹, 일반적²	いま(今)まで	여태
いっぷく(一服)	대⁵	いみ(意味)	뜻, 소용, 의미

いみ(意味)する	뜻하다, 의미하다	うえつける(植え付ける)	옮기다
いみ(意味)ない	싱겁다	うえ(上)のほう(方)	위쪽
イメージ	이미지	うえる(飢える)	굶주리다
いもうと(妹)	여동생	うえる(植える)	심다
いや	아니¹, 아냐	ウォン	원¹
いやし(癒し)	위안	うかがう	엿보다
いや(嫌)だ	싫다	うかがって(伺って)みる	여쭈다
いよく(意欲)	의욕	うかぶ(浮かぶ)	떠오르다, 뜨다²
いらい(以来)	이래	うかべる(浮かべる)	떠올리다, 띄우다¹,
いらい(依頼)	부탁		띄우다², 짓다
いらいらする	짜증, 초조하다	うかる(受かる)	붙다
いらっしゃいませ	어서²	うかれる(浮かれる)	나다, 신²
いらっしゃる	계시다¹	うかんだりきえたりする	
いらっしゃる(して〜)	계시다²	(浮かんだり消えたりする)	맴돌다
いらっしゃる(生きて〜)	계시다³	うかんできえる	
いり(五十個〜)	- 짜리	(浮かんで消える)	지나가다
いりぐち(入り口)	길목, 어귀, 입구	うきうきする	신나다, 흥겹다
いりまじる(入り交じる)	섞이다	うく(浮く)	뜨다²
いる	있다¹; (ぎっしり〜) 차다¹	うけいれる(受け入れる)	받아들이다
いる(立って〜)	있다³	うけつぐ(受け継ぐ)	이어받다
いる(食べて〜)	있다²	うけとる(受け取る)	받다, 받아들다
いる(気に入る)	들다¹	うける(受ける)	(被害を〜) 당하다;
いる(煎る)	볶다		(電話を〜) 받다;
いれかわりたちかわり			(試験を〜) 치다¹
(入れ替わり立ち替わり)	번갈다	うごかす(動かす)	놀리다², 움직이다
いれる(入れる)	꽂다, 넣다, 들여놓다,	うごき(動き)	움직임
	들이다, 집어넣다, 타다⁴	うごく(動く)	움직이다
いろ(色)	기색, 빛, 빛깔, 색, 색깔	ウサギ	토끼
いろいろ(色々)と	모³	うし(牛)	소²
いろいろ(色々)な	가지³, 개², 여러	うしなう(失う)	잃다, 잃어버리다
いろう(慰労)	위로	うしろ(後ろ)	뒤, 뒤쪽
いろがみ(色紙)	색종이	うしろすがた(後ろ姿)	뒷모습
いろんな(色んな)	갖가지	うしろむき(後ろ向)になる	돌아서다
いろんなひと(色んな人)	여럿	うず(渦)	소용돌이
いわ(岩)	바위	うすい(薄い)	싱겁다, 얇다, 엷다
いわない(言わない)で	없이	うずうずする	쑤시다²
いわば(言わば)	말하자면	うずく	쑤시다²
いわゆる	소위, 이른바	うすぐらい(薄暗い)	흐리다¹
いわれる(言われる)	시키다	うずめる	묻다³
インク	잉크	うそ	거짓, 거짓말
いんさつ(印刷)する	박다	うた(歌)	노래
いんしょう(印象)	인상¹	うたう(歌う)	노래하다, 부르다¹, 하다¹
いんしょくてん(飲食店)	음식점	うたがい(疑い)	의심
インチョン(仁川)	인천	うたがう(疑う)	나다¹, 의심하다
いんよう(引用)する	따다, 인용하다	うたれる(打たれる)	맞다²
う	으	うちあける(打ち明ける)	털어놓다
うえ(上)	위	うちあげる(打ち上げる)	쏘다
うえきばち(植木鉢)	화분	うちがわ(内側)	안쪽

うちこまれる(打ち込まれる)	박히다	うらみ(恨み)	한³
うちこむ(打ち込む)	박다	うらむ(恨む)	원망하다
うちの	우리¹	うらめしい(恨めしい)	섭섭하다
うちのめす(打ちのめす)	눕히다	うらやま(裏山)	동산, 뒷산
うちゅう(宇宙)	우주	うらやましい(羨ましい)	부럽다, 샘²
うちよせられる		うらやましがる(羨ましがる)	부러워하다
(打ち寄せられる)	밀려오다	うらやむ	샘²
うちわ	부채	うりつくす(売りつくす)	바닥
うつ(打つ)	뛰다, 박다, 찍다², 치다¹	うる(売る)	팔다
うつ(撃つ)	쏘다	うるおう(潤う)	머금다
うっかり	깜빡	うるさい	시끄럽다, 야단
うっかりする	실수하다	うるむ	울먹이다
うつくしい(美しい)	곱다, 아름답다	うれしい(嬉しい)	기쁘다, 반갑다
うつくしさ(美しさ)	아름다움	うれしがる	반기다
うつす(映す)	비추다	うれる(売れる)	팔리다
うつす(移す)	옮기다	うろうろする	서성거리다
うったえる(訴える)	호소하다	うろつく	맴돌다
うってもらう(打ってもらう)	맞다²	うわさ	소문
うっとうしい	지루하다	うわさをすれば影がさす	제⁴
うつる(映る)	비치다, 잡히다	うわ(上)のそら(空)で	정신없이
うつる(移る)	넘어가다	うん(運)	운
うつわ(器)	그릇	うん	그래², 그럼², 그럼요,
うで(腕)	솜씨		그치, 어어, 으응, 응
うとうとする	졸다	うんえい(運営)する	운영하다
うなずく	끄덕이다	うんざりする	지겹다
うなだれる	떨구다	うんてん(運転)	운전
うばう(奪う)	뺏다, 빼앗다	うんてんしゅ(運転手)	기사², 운전사
うばわれる(奪われる)	빼앗기다	うんてん(運転)する	끌다, 몰다, 운전하다
うまく	곧잘	うんどう(運動)	운동
うまくいく	잘되다	うんどうかい(運動会)	운동회
うまる(埋まる)	파묻히다	うんどうぐつ(運動靴)	운동화
うまれ(生まれ)	- 생²	うんどうじょう(運動場)	운동장
うまれて(生まれて)	생전¹	うんどう(運動)する	운동하다
うまれる(生まれる)	태어나다	うんめい(運命)	운명
うみ(海)	바다	え(絵)	그림
うみべ(海辺)	바닷가	え	어³
うむ(生む)	낳다	えー	에²
うむ(産む)	낳다	えい(英)	영³
うめき	신음	えいえん(永遠)である	영원하다
うめる(埋める)	메우다, 묻다³	えいえん(永遠)に	영영, 영원히
うもれる(埋もれる)	묻히다¹, 파묻히다	えいが(映画)	영화
うやまう(敬う)	공경하다, 받들다	えいがかん(映画館)	영화관
うら(裏)	뒤	えいきょう(影響)	영향
うらがえす(裏返す)	뒤집다	えいぎょう(営業)	영업
うらがわ(裏側)	뒤쪽	えいきょうりょく(影響力)	영향력
うらない(占い)	점³	えいご(英語)	영어
うらなう(占う)	점³	えいこう(光栄)	영광
うらにわ(裏庭)	뒤뜰	えいぞう(映像)	영상

えいち(英知)	슬기	おいだされる(追いだされる)	쫓겨나다
えいゆう(英雄)	영웅	おいとまもうしあげる	
えいよう(栄養)	영양	(おいとま申し上げる)	물러가다
ええ	네에, 아아	おいまわす(追い回す)	따라다니다
えー	네에	おいはらう(追い払う)	쫓다
えがく	그리다	おいわい(お祝い)	축하
えき(駅)	역	おいわい(お祝い)する	축하하다
エキサイティングだ	신나다	おう(王)	왕
えさ(餌)	먹이	おう(負う)	지다²
えっぺい(閲兵)をする	서다	おう(追う)	쫓다
エト	띠²	おうさま(王様)	임금¹
えとく(会得)する	터득하다	おうじ(王子)	왕자
エネルギー	에너지	おうじょ(王女)	공주
えのぐ(絵の具)	물감	おうだん(横断)	횡단
えび	새우	おうちょう(王朝)	왕조
えみ(笑み)	미소	おうぼ(応募)する	응시하다²
えらい(偉い)	잘나다	おうらい(往来)する	오가다
えらばれる(選ばれる)	뽑히다	おえる(終える)	끝내다, 마치다
えらぶ(選ぶ)	가리다¹, 고르다, 뽑다,	おー	야⁴, 야아¹
	택하다	おーい	야아²
えり(襟)	깃	おおい(多い)	많다, 숱하다, 흔하다;
えりごのみ(選り好み)する	가리다¹		(可能性が~) 쉽다
える(得る)	얻다	おおう(覆う)	덮다
エレクトロニクス	전자¹	おおかた(大かた)	대충
エレベーター	엘리베이터	おおがた(大型)	대형
えん(円)	동그라미, 원²	オオカミ	늑대, 이리³
えん(縁)	거리², 끈, 인연	おおきい(大きい)	굵다, 커다랗다, 크다¹,
えんぎ(演技)	연기²		큼직하다
えんぎ(縁起)	재수²	おおきく(大きく)	활짝
えんげき(演劇)	연극	おおきさ(大きさ)	크기
えんざ(円座)する	둘러앉다	おおく(多く)の場合	대체로
えんしゅう(演習)	연습²	おおごえ(大声)	고함
えんそう(演奏)	연주	おおざけのみ(大酒飲み)	고래
えんそう(演奏)する	연주하다	おおさわぎ(大騒ぎ)	난리, 야단
えんそく(遠足)	소풍	おおどおり(大通り)	가로², 큰길
えんちょう(延長)	연장¹	オートバイ	오토바이
えんぴつ(鉛筆)	연필	おおはば(大幅)に	상당히
えんまん(円満)だ	원만하다	おおむね	대체로
お-(お高い)	-시-¹	おおわれる(覆われる)	덮이다
おあい(お会い)する	뵈다¹	おか(丘)	언덕
おい(甥)	조카	おかあさん(お母さん)	어머님, 엄마
おい	야⁴, 야아¹, 얘¹	おかげ	덕², 덕분, 보람
おいおい(追々)	차차	おかし(お菓子)	과자
おいかけまわす		おかしい	우습다, 이상하다
(追いかけ回す)	쫓아다니다	おかしな	별²
おいかける(追いかける)	쫓아가다	おかず	반찬
おいこまれる(追い込まれる)	몰리다	おかね(お金)	돈
おいしい	맛, 맛있다	おかれる(置かれる)	놓이다

おがわ(小川)	시냇물	おしゃべり	수다
おきあい(沖合)	앞바다	おしゃべりをする	떨다²
おきる(起きる)	일어나다	おしゃれ	멋
おき(お気)をつけて	안녕히	おじょうさん(お嬢さん)	아가씨
おく(奥)	구석	おしょくじ(お食事)	진지
おく(億)	억	おしよせる(押しよせる)	모여들다, 몰려들다,
おく(置く)	내려놓다, 놓다², 두다²,		몰려오다, 밀려오다
	들여놓다	おしらせ(お知らせ)	소식
おく(して~)	놓다¹, 두다¹	おしり(お尻)	엉덩이
おくじょう(屋上)	옥상	おす(押す)	누르다, 밀다, 찍다²
おくのま(奥の間)	안방	おせん(汚染)	오염
おくびょう(臆病)だ	겁	おぜん(お膳)	상⁴
おくる(送る)	보내다, 부치다¹	おせん(汚染)される	오염되다
おくれる(遅れる)	늦다², 뒤지다²	おそい(遅い)	늦다¹
おげんき(元気)で	안녕히	おそるおそる	조심조심
おこす(起こす)	일으키다	おそれ	우려
おこす(悶着を~)	부리다¹	おそれる(恐れる)	두려워하다
おごそか(厳か)だ	엄숙하다	おそろしい(恐ろしい)	겁나다, 끔찍하다, 무섭다
おこづかい(お小遣い)	용돈	おだいじ(お大事)に	잘하다
おごってもらう	얻어먹다	おたがい(お互い)	서로¹, 서로²
おこなう(行う)	지내다, 치르다¹, 행하다	おたがい(お互い)に	서로¹
おこらせる(怒らせる)	약³	おだてる	태우다²
おこりうる(起こりうる)	있다¹	おだやか(穏やか)だ	잔잔하다, 차분하다
おこる(起こる)	나다, 일다, 터지다	おちいる(陥る)	빠져들다, 빠지다²
おこる(怒る)	짜증	おちついた(落ち着いた)	차분하다
おごる	턱³	おちつく(落ち着く)	가라앉다, 안정되다²
おさえる(抑える)	누르다, 짚다	おちど(落ち度)	잘못¹
おさない(幼い)	어리다	おちば(落ち葉)	낙엽
おさなご(幼子)	어린아이	おちゃ(お茶)	차³
おさまる	가라앉다	おちる(落ちる)	내리다, 떨어지다, 빠지다¹,
おさめる(治める)	다스리다		지다³
おされる(押される)	밀리다	おっかける(追っかける)	따르다
おし(押し)	억지로	おっくうだ	귀찮다
おじ	삼촌, (伯父) 큰아버지,	おっしゃる	말씀하다
	(叔父) 작은아버지	おっと(夫)	남편, 서방¹
おしい(惜しい)	아깝다, 아쉽다	おつまみ	마르다¹
おじいさん	영감	おてら(お寺)	절²
おじいさん(お爺さん)	할아버지	おと(音)	소리
おしえ(教え)	가르침	おとうさん(お父さん)	아버지, 아빠
おしえる(教える)	가르치다	おとうと(弟)	동생, 사내, 아우¹
おしかけて(押しかけて)くる	몰려오다, 쳐들어오다	おとこ(男)	남자, 사나이, 사내
おじぎ(お辞儀)	절¹	おとこのこ(男の子)	사내아이
おじけづく	질리다¹	おとし(お年)	연세
おしこむ(押し込む)	쑤시다¹	おとしいれる(陥れる)	빠뜨리다
おじさん	아저씨	おとす(落とす)	내다¹, 드리우다, 떨구다,
おしつける(押しつける)	미루다		떨어뜨리다, 떨치다¹,
おしっこ	오줌		빠뜨리다, 잃어버리다,
おしはかる(推し量る)	헤아리다		지우다¹

おとずれる(訪れる)	찾다, 찾아들다, 찾아오다	(思いもかけない)	뜻하다
おととい	그저께, 엊그제	おもいやる(思いやる)	알아주다
おとな(大人)	어른	おもう(思う)	알다, 여기다, 하다[1]
おと(音)のでる(出る)	소리나다	おもうぞんぶん(思う存分)	마음껏
おとめ(乙女)	처녀	おもさ(重さ)	무게
おとらず(劣らず)	못지않다	おもしろい(面白い)	재미있다, 재밌다
おとらない(劣らない)	못지않다, 못하다[4]	おもしろく(面白く)ない	재미[1], 재미없다
おどり(踊り)	춤	おもしろさ(面白さ)	맛
おとる(劣る)	뒤떨어지다, 뒤지다[2]	おもちゃ	장난감
おどる(踊る)	추다, 춤추다	おもって(思って)いる	알다
おどろかされる(驚かされる)	놀래다	おも(主)な	주되다
おどろく(驚く)	놀라다, 놀래다	おも(主)に	주로
おどろく(驚く)べきだ	놀랍다	おもむき(趣)	멋
おないどし(同い年)	동갑, 또래	おもわず(思わず)	그만
おなか(お腹)	뱃속	おもわれる(思われる)	생각되다
おなか(お腹)が空く	배고프다	おや(親)	부모, 어미
おなじ(同じ)	마찬가지	おやすみ(休み)だ	주무시다
おなじ(同じ)く	똑같이	おやすみ(休み)なさる	주무시다
おなじ(同じ)だ	같다, 똑같다	おやすみ(休み)になれる	주무시다
おなまえ(お名前)	성함	おやつ	간식
おに(鬼)	도깨비	およぐ(泳ぐ)	수영, 헤엄치다
おにいさん(お兄さん)	오빠, 형님	およげる(泳げる)	수영하다
おにがみ(鬼神)	귀신	およぶ(及ぶ)	미치다[2]
おねえさん(お姉さん)	언니	およぼす(及ぼす)	끼치다, 미치다[2]
おのみ(お飲み)になる	잡수시다	おられる(織られる)	짜이다
おばあさん(お婆さん)	할머니	おりおり(折々)	때때로
おばあちゃん	할머니	おりて(下りて)いく	내려가다
おはか(お墓)	산소	おりて(下りて)くる	내려오다
おばさん	아주머니, 아줌마	おりまぜる(織り交ぜる)	섞다
おひとり(お一人)	분[1]	おりる(下りる)	내리다;
おびやかす(脅かす)	위협하다		(夕暮れの帳が~) 깔리다
おびる(帯びる)	띠다, 차다[4]	オリンピック	올림픽
おぼうさん(お坊さん)	승려	おる(折る)	꺾다, 꼽다, 접다
おぼえる(覚える)	익히다[1]	おる(織る)	짜다[1]
おぼれる(溺れる)	빠지다[2]	おれい(お礼)	감사
おぼん(お盆)	쟁반	おれいのことば(お礼の言葉)	인사말
おまえ(お前)	너[1], 너희, 네[5], 니[3]	おれる(折れる)	꺾이다, 부러지다
おまえ(お前)の	니[4]	おろおろする	어리둥절하다
おめ(お目)にかかる	뵙다	おろか(愚か)だ	어리석다
おもい(重い)	무겁다	おろす(下ろす)	내려놓다, 내리다;
おもい(思い)	생각		(なで~) 내리다
おもいうかぶ(思い浮かぶ)	생각나다	おわかいの(お若いの)	총각
おもいかえす(思い返す)	돌이키다	おわせる(負わせる)	지우다[2]
おもいがけない		おわび(お詫び)	사과[2]
(思いがけない)	뜻밖	おわり(終わり)	끝
おもいきり(思い切り)	힘껏	おわる(終わる)	그치다, 끝나다, 나다
おもいだす(思い出す)	나다, 생각나다	おわれる(追われる)	쫓기다
おもいもかけない		おんがえし(恩返し)	은혜

おんがく(音楽)	음악	がいしゅつ(外出)する	외출하다
おんけい(恩恵)	덕², 혜택	かいすい(海水)	바닷물
おんせい(音声)	말소리	がいする(害する)	해치다
おんちょう(音調)	가락¹	かいせつ(解説)	해설
おんど(温度)	온도	かいぜん(改善)	개선
オンドル	온돌	かいぜん(改善)する	개선하다
おんな(女)	계집애, 아낙네, 여자	かいそう(階層)	계층
おんなのこ(女の子)	계집애	かいそう(回想)する	회상하다
おんぶする	업다	かいたく(開拓)する	개척하다
か(課)	과²	かいだん(階段)	계단
か(科)	과³	かいちょう(会長)	회장
か(蚊)	모기	かいちん(開陳)する	펴다
か(二つ～三つ)	나³	がいてき(外的)	외적², 외적³
-か(5日)	일³	がいてき(外敵)	외적¹
-か(下)	- 하³	かいてき(快適)だ	쾌적하다
か(するか)	-는지, -ㄹ지, -든지²	がいとう(街頭)	길거리
が	가¹, 께서, 이¹	かいとう(解答)	해답
が(するが)	-으나, -지만, -지만은	がいとう(街灯)	가로등
かあさん(母さん)	모⁴, 어미	がいとう(該当)する	해당되다, 해당하다
カーテン	커튼	かいならす(飼い慣らす)	길들이다
カード	카드	がいねん(概念)	개념
かい(会)	모임	かいはつ(開発)	개발
かい(回)	대⁵, 번, 회	かいはつ(開発)される	개발되다
かい(貝)	조개	かいはつ(開発)する	개발하다
かい(階)	층	がいぶ(外部)	외모
がい(外)	바깥, 밖, 외	かいふく(回復)	회복
かいいれる(買い入れる)	들이다, 사들이다	かいふく(回復)する	회복하다
かいいん(会員)	회원	かいぶつ(怪物)	괴물
かいが(絵画)	회화²	かいほう(解放)	해방
かいがい(海外)	해외	かいほう(解放)される	해방되다
かいかく(改革)	개혁	かいらく(快楽)	쾌락
かいかん(快感)	쾌감	かいわ(会話)	회화¹
かいがん(海岸)	해안	かいわい(界隈)	바닥
かいぎ(会議)	회의¹	かう(買う)	사다
かいぎ(懐疑)	회의²	かえす(返す)	갚다, 돌려주다
かいきゅう(階級)	계급	かえって	도리어, 오히려, 차라리
かいけつ(解決)	해결	かえって(帰って)くる	돌아오다
かいけつ(解決)する	풀리다, 해결되다, 해결하다	かえりみる(顧みる)	돌이켜보다
がいけん(外見)	겉	カエル	개구리
がいこう(外交)	외교	かえる(代える)	대신하다
がいこく(外国)	외국	かえる(帰る)	돌아가다
がいこくご(外国語)	외국어	かえる(変える)	바꾸다
がいこくじん(外国人)	외국인	かえる(替える)	끼우다
かいしゃ(会社)	회사	かえる(換える)	바꾸다
かいしゃいん(会社員)	회사원	かお(顔)	낯, 얼굴, 인상²
かいしゃく(解釈)	해석	かおいろ(顔色)	눈치, 빛
かいしゃく(解釈)する	해석하다	かおり(香り)	향기
がいしゅつ(外出)	나들이, 외출	かお(顔)をあらう	세수

かお(顔)をそむける	외면하다	かくしん(核心)	핵심
がか(画家)	화가	かくす(隠す)	가리다², 감추다, 숨기다
かかえる(抱える)	붙들다, 안다	かくせい(覚醒)させる	일깨우다
かがく(化学)	화학	がくせい(学生)	학생
かがく(科学)	과학	かくだい(拡大)	확대
かがくしゃ(科学者)	과학자	かくだい(拡大)する	번지다, 확대하다
かがくてき(科学的)	과학적¹, 과학적²	かくちょう(拡張)	확장
かかげる(掲げる)	내세우다, 달다²	かくにん(確認)	확인
かかせる(恥を～)	망신을 시키다	かくにん(確認)する	확인하다
かがみ(鏡)	거울	がくねん(学年)	학년
かがむ	굽다²	かくべつ(格別)に	유난히
かがやかしい(輝かしい)	찬란하다	かくべつ(格別)に変	
かがやかす(輝かす)	빛내다	わったこと	별일
かがやく(輝く)	빛나다	かくめい(革命)	혁명
かかる	걸리다¹, 걸리다², 끼다²,	がくもん(学問)	학문
	달리다², 들다¹, 들어가	がくようひん(学用品)	학용품
	다, 뜨다²	かくれる(隠れる)	숨다
かかれる(書かれる)	쓰이다², 씌다, 적히다	かくれんぼう	숨바꼭질
かかわらず(関わらず)	불구하다	かぐわしい	향기롭다
かき(柿)	감¹	ガクンと	뚝³
かぎ(鍵)	열쇠	かけ(賭け)	내기
かきとめ(書留)	등기, 우편	かげ(木の～)	뒤
かきね(垣根)	울타리	かげ(影)	그림자, (陰) 그늘
かきまわして(かき回して)		かげつ(ヶ月)	개월
さがす	뒤적이다	かけつける(駆けつける)	달려가다, 달려오다
かきまわす(かき回す)	긁다, 들추다	-かけて(しかけて)	-려다가
かきゅう(火急)だ	급하다	かけて(駆けて)いく	뛰어가다
かぎょう(稼業)	노릇, -질²	かけておく	올려놓다
かぎられる(限られる)	한정되다	かけのぼる(駆け上る)	뛰어오르다
かぎりがない(限りがない)	무한하다	かけはなれる(かけ離れる)	동떨어지다
かぎりなく(限りなく)	한없이	かけまわる(駆け回る)	쫓아다니다
かきわける(かき分ける)	헤치다	かけら	조각¹
かく(いびきを～)	골다	かける	걸다, 걸치다, 끼다¹, 덮다,
かく(各)	각⁵		두르다, 들이다, 쓰다³, 씌
かく(格)	격		우다, 잠그다¹, 채우다²,
かく(書く)	쓰다¹, 적다¹		치다², 틀다; (情を～) 들
かく(掻く)	긁다		이다
かく(恥を～)	당하다	かこ(過去)	과거, 지난날
かく(絵を～)	그리다	かご	바구니
かぐ(家具)	가구¹	かこまれる(囲まれる)	둘러싸이다
かぐ(嗅ぐ)	맡다¹	かこむ(囲む)	두르다
がくい(学位)	학위	かさ(笠)	갓²
かくご(覚悟)	각오	かさ(傘)	우산
かくじ(各自)	각자, 저마다	かさ(品物の～)	부피
かくじつ(確実)だ	확실하다	カササギ	까치
かくじつ(確実)に	확실히	かさなる(重なる)	겹치다
がくしゃ(学者)	학자	かさねる(重ねる)	거듭하다
がくしゅう(学習)	학습	かざる(飾る)	거두다, 꾸미다

かし(歌詞)	가사²	がつ(月)	달³
かじ(家事)	집안일	-がつ(月)	월
かじつ(果実)	열매	がっかりする	맥, 실망하다
かしゅ(歌手)	가수	かっき(活気)	활기
かじゅえん(果樹園)	과수원	がっき(学期)	학기
かしょ(カ所)	군데	がっき(楽器)	악기
かじる	뜯다, 베어 먹다	かつぐ(担ぐ)	메다¹
かす(貸す)	빌려주다, 빌리다	がっくりくる	탁
カス	찌꺼기	がっくりと	푹
かず(数)	수², 숫자	かっこいい	멋지다
ガス	가스	かっこう(格好)	꼴
かずおおい(数多い)	수많다, 숱하다	がっこう(学校)	학교, 학원²
かずかぎり(数限り)なく	수없이	かっこく(各国)	각국
かすめる	스치다	かつじ(活字)	활자
かぜ(風)	바람¹	がっしりしている	벌어지다²
かぜ(風邪)	감기	-かったですよ	-던데요
かせぐ(稼ぐ)	벌다	-かったね(おいしかったね)	-더구나²
かぞえきれない		かってくる(駆って来る)	몰다
(数え切れない)	숱하다	かっとう(葛藤)	갈등
かぞえる(数える)	세다²	かつどう(活動)	활동
かぞく(家族)	가족, 식구	かつどう(活動)する	활동하다
ガソリン	기름	かっぱつ(活発)だ	활발하다
かた(方)	아저씨	かつやく(活躍)する	뛰다
かた(肩)	어깨	かつよう(活用)する	활용하다
-かた(し方)	법¹, 줄¹	かて(糧)	양식
かたい	굳다¹, 단단하다, 딱딱하다	かてい(家庭)	가정¹
かだい(課題)	과제	かてい(過程)	과정
かたくな(頑な)	막무가내	かど(角)	모퉁이
かたすみ(片すみ)	한쪽	かという	-냐는, -느냐는
かたち(形)	꼴, 모양, 형상	かといって(言って)	그렇다고
かたづける(片付ける)	거두다, 챙기다, 치우다¹	かどうか	-ㄹ는지
かたどる(象る)	본뜨다	かとおもうと(思うと)	만하다¹
かたほう(片方)の	한쪽	かど(過度)に	지나치다¹
かたまり(塊)	덩어리	かなう	이루다, 이루어지다
かたまる(固まる)	굳다², 뭉치다	かなしい(悲しい)	서럽다, 슬프다
かたむく(傾く)	기울다	かなしみ(悲しみ)	슬픔
かたむける(傾ける)	기울이다	かなしむ(悲しむ)	슬퍼하다
かたよせる(片寄せる)	치우다¹	かなづち	망치
かだん(花壇)	화단²	かならず(必ず)	꼭¹, 꼭꼭², 반드시
がだん(画壇)	화단¹	かならず(必ず)しも	반드시
かち(価値)	가치¹	かなり	꽤, 상당히, 제법, 한참²
かちあう	마주치다	かなりのものだ	상당하다
かちかちに	딱딱하다	かに(蟹)	게⁴
かちかん(価値観)	가치관	かね(鐘)	종¹
かちく(家畜)	가축	かねて(兼ねて)	겸
かちょう(課長)	과장¹	かねもち(金持ち)	부자
カチンカチンに	꽁꽁	かのうせい(可能性)	가능성
かつ(勝つ)	이기다	かのう(可能)だ	가능하다

かのじょ(彼女)	그녀	ガラス	유리
かばい合う	감싸다	ガラス窓	유리창
カバン	가방	からだ	몸, 신체
かぶせる	씌우다	からだつき(体つき)	몸매, 몸집
かぶる	뒤집어쓰다, 쓰다³;	-からって(いやだ～)	-다구
	(猫を～) 떨다²	からっぽ	텅
かべ(壁)	담벼락, 벽	からです	-으니까요
かぼそい(か細い)	여리다	からにする	비우다
カボチャ	호박	からまる(絡まる)	얽히다
かま(釜)	솥	からみあう(絡み合う)	얽히다
かま(鎌)	낫	からめる	관련하다
ガマ	두꺼비	がらり	싹²
かまえる(構える)	버티다, 차리다	がらんとする	비다, 한가하다
かまわない	괜찮다, 상관없다	かり(狩り)	사냥
がまん(我慢)する	굶다, 참다	がりがりやる	긁다
かみ(紙)	종이, 쪽지	かりたてる(駆り立てる)	몰다
かみ(神)	신¹, 하느님	かりる(借りる)	빌다², 빌리다, 얻다
かみ(髪)	머리	かる(刈る)	베다
かみがかり(神がかり)	신²	かる(駆る)	몰다
かみきれ(紙切れ)	쪽지	かるい(軽い)	가볍다, 엷다
かみくず(紙くず)	휴지	かるく(軽く)	툭
かみさま(神様)	하나님	カルビ	갈비
かみなり(雷)	벼락, 천둥	かれ(彼)	그², 그이
かみのけ(髪の毛)	머리카락	かれら(彼ら)	그들
かむ(噛む)	깨물다, 물다, 씹다	かれる	마르다¹
ガム	껌	カレンダー	달력
かめ(甕)	독¹	かろうじて(辛うじて)	간신히
カメラ	카메라	かわ(川)	강
かめん(仮面)	탈¹	かわ(皮)	가죽, 껍질
がめん(画面)	화면	がわ(側)	측², -측¹, 편¹
かめんぶよう(仮面舞踊)	탈춤	かわいい	곱다, 귀엽다, 이쁘다
かもく(科目)	과목	かわいそうだ	가엾다, 안되다²
かもす(醸す)	빚다, 일으키다	かわいた(乾いた)	건조하다
かもん(家門)	가문	かわく(渇く, 乾く)	마르다¹
かゆ	죽¹	かわす(交わす)	건네다, 나누다, 던지다,
かゆい	가렵다		주고받다
かよう(通う)	다니다	かわのみず(川の水, 河の水)	강물, 냇물
かようび(火曜日)	화요일	かわべ(川辺, 河辺)	강가, 강변, 냇가
から(空)	비다	かわらぶき(瓦ぶき)の家	기와집
から(殻)	껍질	かわり(代わり)	대신
から	-기에, -으니까¹, -으니	かわり(代わり)に	대신
	까², 로부터, 부터, 서부	かわり(代わり)にする	대신하다
	터, 에게서, 에서, 에서부	かわりばんこ(代わり番こ)に	번갈다
	터, 으로부터, 한테서	かわりめ(変わり目)	길목
からい(辛い)	맵다	かわる(変わる)	달라지다, 바뀌다, 변하다
からかう	놀리다¹	かん(間)	간¹, 간²
カラカラに	바싹	かん(肝)	간³
カラス	까마귀	かん(感)	감²

かん(巻)	권[1]	かんそう(感想)	감상[2]
がん(癌)	암[1]	かんぞう(肝臓)	간[3]
かんがえ(考え)	생각	かんそう(乾燥)した	건조하다
かんがえる(考える)	따지다, 생각하다	かんだい(寛大)だ	너그럽다
かんかく(感覚)	감각	かんたん(簡単)だ	간단하다, 쉽다
かんきゃく(観客)	관객	かんたん(簡単)に	간단히, 손쉽다, 쉽사리
かんきょう(環境)	여건, 환경	かんちょう(官庁)	관청
かんけい(関係)	관계, 연관	かんてん(観点)	관점
かんけい(関係)ない	상관없다	かんどう(感動)	감동
かんげい(歓迎)	환영[1]	かんどうてき(感動的)	감동적
かんげい(歓迎)する	환영하다	かんとく(監督)	감독
かんげき(感激)	감격	カンナム(江南)	강남
かんこう(観光)	관광	かんねん(観念)	관념
かんこうきゃく(観光客)	관광객	かんばつ(干ばつ)	가뭄
かんこうち(観光地)	관광지	がんばる	버티다
かんこく(韓国)	한국	かんばん(看板)	간판
かんこくご(韓国語)	한국말, 한국어	かんぶ(幹部)	간부[1]
かんこくじん(韓国人)	한국인	かんぷく(韓服)	한복
かんごし(看護師)	간호사	かんぶん(漢文)	한문
かんさつ(観察)	관찰	かんぺき(完璧)だ	완벽하다
かんさつ(観察)する	관찰하다	かんよ(関与)する	나서다
かんさん(閑散)としている	썰렁하다	かんり(管理)	관리[1]
かんし(監視)	감시	かんり(官吏)	관리[2]
かんじ(感じ)	느낌	かんり(管理)する	관리하다
かんじ(漢字)	한자	かんれん(関連)	관련
かんしゃ(感謝)	감사	かんれん(関連)する	관련되다
かんじゃ(患者)	환자	かんれんせい(関連性)	상관
かんしゃ(感謝)する	감사하다[1], 기쁘다	き(木)	나무
かんしゃ(感謝)の気持ち	고마움	き(気)	기[2], 생각, 정신;
かんじゅする(甘受する)	감수하다		(~をくばる) 신경
かんじゅせい(感受性)	감수성		
かんしょう(鑑賞)	감상[1]	き(外気)	공기
かんしょう(感傷)	감상[3]	キー	키[2]
かんじょう(感情)	감정	きいろい(黄色い)	노랗다, 누렇다
かんしょう(鑑賞)する	감상하다	ぎいん(議員)	의원[1]
がんじょう(頑丈)だ	단단하다	きえる(消える)	꺼지다, 사라지다
かんしょく(官職)	벼슬	きおく(記憶)	기억
かんじる(感じる)	느끼다, 들리다, 알아차리다	きおく(記憶)する	기억하다
かんしん(関心)	관심, 흥미	きおん(気温)	기온
かんしん(感心)する	감탄하다	きかい(機会)	기회
かん(関)する	관하다	きかい(機械)	기계
かんせい(完成)	완성	ぎかい(議会)	의회
かんせい(嘆声)	탄성	きがえる(着替える)	갈아입다
かんせい(喊声)	함성	きかせる(聞かせる)	들려주다
かんせい(完成)する	완성되다, 완성하다	きがむく(気が向く)	내키다
かんせつてき(間接的)	간접적	きがる(気軽)に	선뜻
かんぜん(完全)だ	완전하다	きかん(期間)	기간
かんぜん(完全)に	완전히	きかん(機関)	기관
		きがん(祈願)する	기원하다

きき(危機)	위기	きたい(期待)	기대
ききいれる(聞き入れる)	들어주다	きたい(期待)する	기대하다
きぎょう(企業)	기업	きたちょうせん(北朝鮮)	북한
ききわける(聞き分ける)	알아듣다	きたて(気立て)	마음씨
きく(聞く)	듣다, 묻다[1]	きたない(汚い)	더럽다, 지저분하다
きぐ(器具)	기구[1]	きち(基地)	기지
きけん(危険)	위험	きちょう(貴重)だ	귀중하다, 귀하다
きけん(危険)だ	위험하다	きちょうめん(几帳面)だ	꼼꼼하다
きこう(機構)	기구[2]	きちんと	바르다[1], 챙기다
きこう(気候)	기후	きつい	독하다
きごう(記号)	기호	きっかけ	계기
きこえて(聞こえて)くる	들려오다	きっかり	딱
きこえる(聞こえる)	들리다	きづく(気づく)	알아채다
きこく(帰国)する	귀국하다	きっさてん(喫茶店)	다방
ぎこちない	딱딱하다, 어색하다	ぎっしり	꽉
きこむ(着こむ)	차리다	きっちりと	꽁꽁
きざむ(刻む)	새기다	きって(切手)	우표
きし(岸)	기슭	きってばらす(切ってばらす)	뜯다
きじ(記事)	기사[1]	きつね(狐)	여우
キジ	꿩	きっぷ(切符)	차표, 표[1]
ぎし(義士)	의사[3]	きてい(規定)する	규정하다
きしゃ(記者)	기자	き(気)にいる	맘
きしゃ(汽車)	기차	き(気)にくわない	못마땅하다
ぎじゅつ(技術)	기술	き(気)になる	궁금하다
ぎじゅつしゃ(技術者)	기술자	きぬ(絹)	비단[1]
きじゅん(基準)	기준	きねん(記念)	기념
きしょう(気性)	기상[1], 성질	きのう(昨日)	어제
きしょう(気象)	기상[2]	きのう(機能)	기능[1]
キスする	맞추다	ぎのう(技能)	기능[2]
きず(傷)	상처	きのうの夜	간밤
きずく(築く)	이루다	きのえだ(木の枝)	나뭇가지
きずぐち(傷口)	상처	きのこ	버섯
きず(傷)つく	상하다	き(気)のすすまない	내키다
きず(傷)つける	해치다	きのどく(気の毒)に	딱하다
きせい(気勢)	기세	きはん(規範)	규범
きせい(規制)	규제	きばん(基盤)	기반, 터전
ぎせい(犠牲)	희생	きびしい(厳しい)	엄격하다, 호되다
きせつ(季節)	계절, 철[1]	きぶん(気分)	기분
きぜつ(気絶)しそうだ	벅차다	きぼ(規模)	규모
きせる(着せる)	씌우다, 입히다	ぎほう(技法)	기법
きそ(基礎)	기초	きぼう(希望)	희망
きそう(競う)	견주다	きぼう(希望)する	원하다
きそく(規則)	규칙	きほん(基本)	기본
きぞく(貴族)	귀족	きほんてき(基本的)	기본적
きそくてき(規則的)	규칙적	きまって(決まって)	으레
きぞん(既存)	기존	きまりきった(決まりきった)	뻔하다[2]
きた(北)	북[1], 북쪽	きまる(決まる)	잡히다
ギター	기타[2]	きみ(君)	그대, 너, 네[4], 자네

きみょう(奇妙)だ	괴상하다, 묘하다, 희한하다	ぎょうし(凝視)する	응시하다[1]
ぎむ(義務)	의무	きょうしつ(教室)	교실
キムジャン	김장	きょうじゅ(教授)	교수
きむずかしい(気むずかしい)	까다롭다	きょうじゅ(享受)する	누리다
キムチ	김치	きょうしゅう(郷愁)	향수
キムチチゲ	김치찌개	きょうじん(強靭)だ	강인하다
きめる(決める)	잡다, 정하다[1]	きょうせい(強制)	강제
きもち(気持ち)	기분, 마음, 맘	ぎょうせい(行政)	행정
きもったま(肝っ玉)	간[3]	きょうせいてき(強制的)	강제
ぎもん(疑問)	의문	ぎょうせき(業績)	업적
きゃく(客)	손님	きょうそう(競争)	경쟁
ぎゃく(逆)に	거꾸로	きょうそう(競走)	경주[2]
きゃっかんてき(客観的)	객관적[1], 객관적[2]	きょうだい(兄弟)	형제
キャンセルする	취소하다	きょうちょう(強調)する	강조하다
キャンパス	캠퍼스	きょうつうてん(共通点)	공통점
きゅう(九)	구[1], 아홉	きょうどう(共同)	공동
きゅうえん(救援)	구원	きょうどう(協同)	협동
きゅうか(休暇)	휴가	きょうどうたい(共同体)	공동체
きゅうきょくてき(究極的)	궁극적	きょうふ(恐怖)	공포, 두려움
きゅうけい(休憩)	휴식	きょうみ(興味)	재미, 흥[2], 흥미
きゅうじつ(休日)	휴일	きょうみぶかい(興味深い)	흥미롭다
きゅうじゅう(九十)	구십, 아흔	ぎょうむ(業務)	업무
きゅうそく(休息)	휴식	きょうよう(教養)	교양
きゅうでん(宮殿)	궁궐	きょうよう(強要)する	강요하다
きゅう(急)に	갑자기	きょうり(郷里)	군[3]
ぎゅうにゅう(牛乳)	우유	きょうりょく(協力)する	협력하다
きゅうれき(旧暦)	음력	きょうりょく(強力)だ	강력하다
ぎゅっと	꼭꼭[1], 꽉, 꾹, 바싹	きょうれつ(強烈)に	강렬하다
きよい(清い)	맑다	きょく(曲)	곡
きょう(経)	경[2]	きょく(局)	판[1]
きょう(卿)	경[3]	きょくう(虚空)	허공
きょう(今日)	오늘	きょくたん(極端)な	극단적
きょうい(脅威)	위협	きょこう(虚構)	허구
きょういく(教育)	교육	きょじゃく(虚弱)だ	허약하다
きょうかい(境界)	경계[2]	きよ(寄与)する	기여하다
きょうかい(教会)	교회	きょだい(巨大)だ	거대하다
きょうかしょ(教科書)	교과서	きょねん(去年)	작년
きょうかん(共感)	공감	きょひ(拒否)する	거부하다
きょうかん(共感)する	공감하다	きょもう(虚妄)だ	허망하다
きょうぎ(競技)	경기[1]	きょよう(許容)される	허용되다
きょうきゅう(供給)	공급	きょり(距離)	거리[2]; (~を置く) 담[1]
きょうきゅう(供給)する	대다[2]	きょろきょろする	두리번거리다
きょうぐう(境遇)	처지	キョンジュ(慶州)	경주[1]
きょうくん(教訓)	교훈	キョンボックン(景福宮)	경복궁
きょうこう(強硬)に	강력하다	きらう(嫌う)	싫어하다
きょうさんしゅぎ(共産主義)	공산주의	きらきらさせる	반짝이다
きょうし(教師)	교사	きらきらする	반짝이다
ぎょうじ(行事)	행사	きり(霧)	안개

ぎり(義理)	의리	くいる(悔いる)	뉘우치다
キリスト	주²	くうかん(空間)	공간
きりだす(切り出す)	꺼내다	くうきょ(空虚)だ	공허하다
きりぬける(切り抜ける)	뚫다, 헤치다	くうこう(空港)	공항
きりもり(切り盛り)する	꾸리다	ぐうぜん(偶然)	우연
きる(切る)	깎다, 끊다, 자르다, 찍다³;	ぐうぜん(偶然)に	어쩌다², 우연히
	(読み~) 내다²	くうちゅう(空中)	공중²
きる(着る)	입다	くうらん(空欄)	칸¹
きれ(切れ)	조각¹	くがつ(九月)	구월
きれいだ	곱다, 깨끗하다, 예쁘다	くぎ(釘)	못¹
きれいに	깨끗이, 말끔히	くきょう(苦境)を切り	
きれいにする	다듬다	抜けよう	살아나다
きれはし(切れ端)	토막	くさ(草)	풀¹
きれる(切れる)	끊기다, 끊어지다;	くさとり(草取り)	김⁴
	(息が~) 차다¹	くさはら(草原)	풀밭
きろく(記録)	기록	くさ(草)むしりをする	뜯다
きろく(記録)する	기록하다	くさる(腐る)	썩다
キロメートル	킬로미터	くし(櫛)	빗
ぎろん(議論)	논의, 토론	くじく	꺾다
きわめて(極めて)	극히	くじける	기²
き(気)をくばる	신경쓰다	くし(駆使)する	구사하다, 부리다²
き(気)をつけて	안녕히, 잘	くじら(鯨)	고래
き(気)をつける	조심하다, 조심스럽다	くしん(苦心)する	애³
きん(金)	금¹	くすり(薬)	약¹
ぎん(銀)	은³	ぐずる	버티다
きんがく(金額)	금액	くずれる(崩れる)	무너지다
ぎんこう(銀行)	은행	くせ(癖)	버릇
きんし(禁止)	금지	くそ	에이
きんぞく(金属)	금속	くそ(糞)	똥
きんだい(近代)	근대	くそ(糞)をする	누다
きんだいか(近代化)	근대화	ぐたいてき(具体的)	구체적
きんちょう(緊張)	긴장	くだく(砕く)	부수다
きんちょう(緊張)する	긴장하다	くだける(砕ける)	부서지다
きんにく(筋肉)	근육	ください	-세요
きんぱく(緊迫)した	다급하다	くださいよ(下さいよ)	-구려
きんべん(勤勉)だ	부지런하다	くだす(下す)	내리다
きんべん(勤勉)に	부지런히	くだもの(果物)	과일
きんむ(勤務)	근무	くだら(百済)	백제
きんむ(勤務)する	근무하다	くだり	구절
きんようび(金曜日)	금요일	くだる(下る)	내려가다
きんらい(近来)	근래	くち(口)	입, 입맛
-く(良くない)	-지¹	くち(唇)	입술
ぐあい(具合)	편찮다	くちずさむ(口ずさむ)	읊다
クァンデー	광대	くちもと(口許)	입가
くいき(区域)	구역	くちょう(口調)	말투
くいちがう(食い違う)	어긋나다	ぐち(愚痴)をこぼす	긁다, 바가지¹
ぐいと	쭉	くつ(靴)	구두, 신발
くいとめる(食い止める)	내다¹	くつう(苦痛)	고통

くつう(苦痛)だ	고통스럽다	くる(来る)	오다¹; (して～) 오다²
くつがえす	뒤집다	くるう(狂う)	돌다
くつした(靴下)	양말	グループ	그룹, 분단¹
ぐったり	축³	くるしい(苦しい)	난처하다, 답답하다
くっついている	달라붙다	くるしみいやがる	
くっつく	달라붙다, 붙다	(苦しみ嫌がる)	괴로워하다
ぐっと	꾹, 바싹, 바짝	くるしむ(苦しむ)	괴로워하다
-くて(高くて)	-고¹	くるしめる(苦しめる)	괴롭히다
くなん(苦難)	고난	くるま(車)	차¹
くに(国)	국가, 나라	くるまる	뒤집어쓰다
くび(首)	목	くれる(暮れる)	저물다
くび(首)をかしげる	갸웃거리다	くれる	주다²; (して～) 주다¹
くふう(工夫)	궁리	くろい(黒い)	검다, 까맣다
くぶん(区分)	구분	くろう(苦労)	고생, 수고
くぶん(区分)する	구분하다	くろう(苦労)する	고생하다, 애³, 애타다
くべつ(区別)	구별	くろう(苦労)をする	혼나다
くべつ(区別)される	구별되다	くろやま(黒山)のようだ	새까맣다
くべつ(区別)する	구별하다	くわえる	가하다¹, 물다
くま(熊)	곰	くわしい(詳しい)	자세하다
くまなくさがす	뒤지다¹	くわしく(詳しく)	자세히
くまれる(組まれる)	짜이다	くわせる(食わせる)	살리다
くみ(組)	쌍, 조¹	くわだてる(企てる)	기도하다²
くみわけ(組み分け)をする	가르다	くわれる(食われる)	잡히다
くむ(水を～)	긷다	くん(君)	군²
くむ(組む)	끼다¹, 엮다, 짜다¹	ぐん(軍)	군⁴
くも	거미	ぐん(群)	떼¹
くも(雲)	구름	ぐんじ(軍事)	군사²
くもる(曇る)	흐리다¹, 흐리다²	ぐんしゅう(群衆)	군중
くやしい(悔しい)	속상하다	くんしょう(勲章)	훈장²
くらい(位)	- 쯤	ぐんじん(軍人)	군인
くらい(暗い)	어둡다	ぐんたい(軍隊)	군대
くらいだ	- 만하다²	くんちょう(訓長)	훈장¹
くらう	당하다	くんれん(訓練)	훈련
くらくらする	돌다, 어지럽다	け(毛)	털
くらし(暮らし)	살림, 살림살이	けい(計)	총²
くらして(暮らして)くる	살아오다	けいえい(経営)	경영
クラス	반¹, 학급	けいかい(警戒)	경계¹
くらす(暮らす)	살다, 살아가다, 지내다	けいかい(警戒)する	경계하다
くらべる(比べる)	견주다, 비하다	けいかく(計画)	계획
くらます	감추다	けいかく(計画)する	계획하다
くらむ	벌겋다	けいかん(警官)	경찰관
くりかえされる		けいき(景気)	경기²
(繰り返される)	되풀이되다, 반복되다	けいき(契機)	계기
くりかえす(繰り返す)	되풀이하다, 반복하다	けいけん(経験)	경험
クリスマス	크리스마스	けいけん(経験)する	경험하다
くりひろげられる		けいこう(傾向)	경향
(繰り広げられる)	벌어지다¹, 펼치다	けいこうとう(蛍光灯)	불
くりひろげる(繰り広げる)	벌이다, 펼치다	けいこく(渓谷)	계곡

けいさい(掲載)される	실리다	けっせき(欠席)	결석
けいざい(経済)	경제	けってい(決定)	결정
けいざいてき(経済的)	경제적[1], 경제적[2]	けってい(決定)される	결정되다
けいさつ(警察)	경찰	けってい(決定)する	결정하다
けいさつしょ(警察署)	경찰서	けっていてき(決定的)	결정적[1], 결정적[2]
けいさん(計算)	계산	けっとばす	걷어차다
けいさん(計算)する	계산하다, 따지다	けつまつ(結末)	결말
けいじ(刑事)	형사	げつようび(月曜日)	월요일
けいしき(形式)	형식	けつろん(結論)	결론
げいじゅつ(芸術)	예술	けど	-거니와
げいじゅつか(芸術家)	예술가	けなげだ	기특하다
げいじゅつてき(芸術的)	예술적[1], 예술적[2]	けねん(懸念)	염려
けいせい(形成)	형성	げひん(下品)だ	요란하다
けいせい(形成)される	형성되다	けむり(煙)	굴뚝, 연기[1]
けいせい(形成)する	형성하다	けもの(獣)	짐승
けいせき(形跡)	자취, 흔적	ケヤキの木	느티나무
けいたい(形態)	형태	げらげら(〜笑う)	터뜨리다
けいべつ(軽蔑)する	경멸하다	げり(下痢)	설사[2]
けいむしょ(刑務所)	감옥	-けりゃね(なけりゃね)	-어야지[1]
ケーキ	케이크	ける(蹴る)	차다[2]
ゲーム	게임	けわしい	험하다
ケガをする	터지다	けん(兼)	겸
げきじょう(劇場)	극장	けん(圏)	- 권[2]
げきれい(激励)	격려	けん(軒)	칸[2]
けしからぬ	망하다	けんい(権威)	권위
けしからん	괘씸하다	げんいん(原因)	원인
けしき(景色)	경치	ケンカ	싸움
けし(消し)ゴム	지우개	けんかい(見解)	견해
げしゅく(下宿)	하숙	げんかい(限界)	한계
げしゅくだい(下宿代)	하숙	けんがく(見学)	견학
けしょう(化粧)	화장	けんがく(見学)する	견학하다
けす(消す)	끄다, 지우다[1]	ケンカする	싸우다
けずる(削る)	깎다	げんかん(玄関)	현관
ケソン(開城)	개성[2]	げんき(元気)だ	안녕하다
けだかい(気高い)	품위	げんき(元気)に	잘
げつ(月)	달[3]	けんきゅう(研究)	연구
-げつ(月)	달[1]	けんきゅうしつ(研究室)	연구실
けっか(結果)	결과	けんきゅうしょ(研究所)	연구소
げっきゅう(月給)	월급	けんきゅう(研究)する	연구하다
けっきょく(結局)	결국	げんきゅう(言及)する	언급하다
げっこう(月光)	달빛	けんきょ(謙虚)だ	공손하다
けっこん(結婚)	결혼	げんきん(現金)	현금
けっこん(結婚)する	장가	げんご(言語)	언어
けっこんしき(結婚式)	결혼식	けんこ(堅固)だ	튼튼하다
けっこん(結婚)する	결혼하다	けんこう(健康)	건강
けっして(決して)	결코	げんこう(原稿)	원고
けっしん(決心)	결심, 다짐	けんこう(健康)だ	건강하다
けっしん(決心)する	결심하다, 마음먹다	げんこつ	주먹

けんこ(堅固)に	튼튼히	こうえん(公園)	공원
けんさ(検査)	검사	こうえん(公演)	공연
げんざい(現在)	현재	こうえんじょう(公演場)	공연장
けんさく(検索)してみる	찾아보다	こうか(効果)	효과
げんじつ(現実)	현실	こうかい(後悔)	후회
げんじつてき(現実的)	현실적¹, 현실적²	こうがい(公害)	공해
けんじゅう(拳銃)	권총	こうかい(後悔)する	후회하다
げんしゅく(厳粛)に	엄숙하다	ごうかく(合格)する	합격하다
げんしょう(現象)	현상	こうかてき(効果的)	효과적
けんせつ(建設)	건설	こうかん(交換)	교환
けんせつ(建設)する	건설하다	こうかん(交換)する	교환하다
けんぜん(健全)だ	건전하다	こうき(後期)	후기
げんそう(幻想)	환상¹	こうぎ(講義)	강의
げんぞう(幻像)	환상²	ごうぎ(合議)	합의²
げんそく(原則)	원칙	こうき(高貴)だ	고귀하다
げんだい(現代)	현대	こうきしん(好奇心)	호기심
げんだいじん(現代人)	현대인	こうきゅう(高級)	고급
けんちく(建築)	건축	こうきょう(公共)	공공
けんとう(検討)する	검토하다	こうぎょう(工業)	공업
げんどうりょく(原動力)	원동력	こうけい(光景)	광경, 장면
げんば(現場)	현장	こうげき(攻撃)	공격
けんぶつ(見物)	구경	こうげき(攻撃)する	공격하다
けんぶつ(見物)する	구경하다	こうけん(貢献)する	이바지하다
けんぶつにん(見物人)	구경꾼	こうこう(孝行)する	효도하다
けんぺい(憲兵)	헌병	こうこうと	환히
けんめい(賢明)だ	현명하다	こうこく(広告)	광고
けんめい(賢明)に	슬기롭다, 지혜롭다	こうさてん(交差点)	네거리
けんり(権利)	권리	こうし(子牛)	송아지
げんり(原理)	원리	こうじ(工事)	공사
げんりょう(原料)	원료	こうし(行使)する	행사하다
けんりょく(権力)	권력	こうじつ(口実)	구실²
こ(個)	알	こうしゅう(公衆)	공중¹
こ(子)	새끼, 애¹, 애기, 자식	こうじょう(工場)	공장
こ(子リス)	아기	こうじょう(向上)	향상
こ(戸)	호³	ごうじょう(強情)	고집
ご(五)	다섯, 오¹	ごうじょう(強情)だ	세다¹
ご(後)	이후	こうずい(洪水)	홍수
ご(碁)	바둑	こうする	이러다
こい(濃い)	진하다², 짙다	こうせい(構成)	구성, 짜임
ごい(語彙)	어휘	こうせいいん(構成員)	구성원
こいつの	이놈	こうせい(構成)される	구성되다
こいぬ(子犬)	강아지	こうせい(構成)する	구성하다
こいびと(恋人)	애인, 연인	こうせい(公正)に	공정하다
こう(乞う, 請う)	빌다¹, 청하다	こうそく(高速)	고속
-ごう(号)	호¹	こうぞう(構造)	구조
こうい(行為)	행위	こうだ	이렇다
ごうい(合意)	합의¹	こうたい(交代)で	번갈다
こううん(幸運)	행운	こうちょう(校長)	교장

こうつう(交通)	교통	こぐ	젓다
こうつうじこ(交通事故)	교통사고	ごく	극히
こうていてき(肯定的)	긍정적	こくさい(国際)	국제
こうど(高度)	고도	こくじん(黒人)	흑인
こうとう(高等)	고등	こくど(国土)	국토
こうどう(行動)	행동	こくどう(国道)	국도
こうとうがっこう(高等学校)	고등학교	こくない(国内)	국내
こうどう(行動)する	행동하다	こくはく(告白)	고백
こうとうぶ(後頭部)	뒤통수	こくはく(告白)する	고백하다
こうない(校内)	교내	こくばん(黒板)	칠판
こうにゅう(購入)する	구입하다	こくばん(黒板)ふき	지우개
こうはい(後輩)	후배	こくふく(克服)する	극복하다, 이기다
こうはん(後半)	뒷부분, 후반	こくみん(国民)	국민
こうばん(交番)	파출소	こくもつ(穀物)	곡식
こうふく(幸福)	행복	こくりつ(国立)	국립
こうふく(光復)	광복	こくりと(～うなずく)	가볍다
こうふん(興奮)	흥분	コグリョ(高句麗)	고구려
こうふん(興奮)しすぎる	흥분하다	こけにする	취급하다
こうへい(公平)だ	공평하다	こげる(焦げる)	타다²
こうほ(候補)	후보	ここ	여기¹, 이곳
こうむいん(公務員)	공무원	ごご(午後)	오후
こうもん(校門)	교문	ここに	여기²
ごうもん(拷問)	고문¹	こころ(心)	가슴, 마음, 맘
こうらい(高麗)	고려	こころがまえ(心構え)	마음가짐
こうらいにんじん(高麗人参)	인삼	こころざし(志)を同じくする	뜻있다
こうり(小売り)	소매²	こころ(心)のなか(中)	마음속
ごうりてき(合理的)	합리적¹, 합리적²	こころみ(試み)	시도
こうりゅう(交流)	교류	こころみる(試みる)	시도하다
こうりょ(考慮)する	고려하다, 헤아리다	こころよく(快く)	선뜻
こうろう(功労)	공³	こし(腰)	허리
こえ(声)	목소리, 소리, 음성	こじ(固辞)	굳이
こえる(越える)	넘다, 넘어가다, 넘어서다	こじき(乞食)	거지
こえをだす(声を出す)	소리내다	ごじっ(五十)	오십
コート	코트	ごじつ(後日)	훗날
コーヒー	커피	こしつ(固執)する	고집하다
コーラ	콜라	ごじゅう(五十)	쉰
こおり(氷)	얼음	こしょう(故障)	고장²
こおる(凍る)	얼다	こしょう(呼称)	호칭
ごかい(誤解)	오해	こしょう(故障)する	고장나다, 나다
こがた(小型)	꼬마	こしらえる	꾸미다
ごがつ(五月)	오월	こし(腰)をおろす	걸터앉다
こがら(小柄)だ	조그마하다	こじん(個人)	개인
こがれる(焦がれる)	타다²	こじんてき(個人的)	개인적¹, 개인적²
こきざみ(小刻み)に	가늘다	こす(越す)	넘기다, 넘어가다, 넘어서다
こぎって(小切手)	수표	こする	문지르다, 비비다
こきゅう(呼吸)	호흡	こせい(個性)	개성¹
こきょう(故郷)	고향	こぜに(小銭)	동전
こくご(国語)	국어	ごぜん(午前)	오전

こそこそ	살금살금	このひと(人)たち	이들
こだい(古代)	고대	このまえ(前)	지난번
こたえ(答)	대답, 답	このまま	이대로
こたえる(答える)	답하다, 대답하다,	このむ(好む)	좋아하다, 즐기다
	답(~을 하다)	このやろう(野郎)	이놈
こちょう(誇張)	과장²	このようだ	이러하다
こちら	이리¹, 이쪽	このような	이런
コツ	요령	このように	이처럼
こっかい(国会)	국회	ごはん(ご飯)	밥
こっかいぎいん(国会議員)	국회의원	コピー	복사
こっき(国旗)	국기	こぶ	혹¹
こっきょう(国境)	국경	こぼす	흘리다
こっけいだ	우습다	こぼね(小骨)	가시¹
こつこつと	꾸준히	こぼれおちる(落ちる)	흘러내리다
こっそり	몰래, 슬그머니, 슬쩍	ごま	깨
ごっそり	쭉	こまめに	부지런히
こづつみ(小包)	소포	こまらせる(困らせる)	귀찮다
コップ	컵	こまる(困る)	곤란하다
こてい(固定)させる	고정시키다	ごみ	쓰레기
こてん(古典)	고전	こみあう(込み合う)	붐비다
こと	-음², 것, 노릇, 데, 말¹,	こみあがる(込み上がる)	치밀다
	바, 법¹, 소리, 수¹, 일¹, 작²,	こみあって(混み合って)いる	복잡하다
	줄¹, 짓	ごみばこ(ごみ箱)	쓰레기통
		こむぎ(小麦)	밀
ことか	-는지	こむぎこ(小麦粉)	밀가루
こどく(孤独)	고독	ごむぐつ(ゴム靴)	고무신
ことさら(殊更)	짐짓	ごむとび(ゴム跳び)	고무줄, 놀이
ことし(今年)	금년, 올해	ごむひも(ゴムひも)	고무줄
ごとに	마다	こめ(米)	쌀
ことば(言葉)	말¹, 말씀	こめる(込める)	들이다
ことばじり(言葉じり)	말끝	ごめん	미안하다
ことばづかい(言葉遣い)	말씨	こもる	깃들다, 서리다, 들어가다,
こども(子供)	꼬마, 아이, 애¹, 어린애,		박히다
	어린이	こもん(顧問)	고문²
こどものころ(子供の頃)	어리다	こや(小屋)	우리²
ことわざ(諺)	속담	こゆう(固有)	고유
ことわる	거절하다	こゆう(固有)の	고유하다
こな(粉)	가루	こら	임마
こなごな	조각¹	こらえる	참다
こなす	부리다²	ごらく(娯楽)	오락
ごにん(五人)	다섯	こりゃ	이거
この	요⁴, 이², 이⁵	これ	이⁵, 이거, 이것
この(~三月)	지나다	これ(~まで)	그동안, 이제³
このうえ(~ない)	짝, 한², 더하다²	これいじょう(以上)	더이상
このうえなく(この上なく)	지극히	これといった	별다르다, 뾰족하다
このかた(方)	이분	これに	이에
このこ(子)	애²	ころ(頃)	경¹, 무렵, 즈음
このごろ	요새, 요즘²	ころがす(転がす)	굴리다
このは(木の葉)	나뭇잎		

ころがって(転がって)いる	뒹굴다	さいふ(財布)	지갑
ころがる(転がる)	구르다¹	さいぼう(細胞)	세포
ころす(殺す)	죽이다	ざいりょう(材料)	-감³, 양념, 재료
こわい(怖い)	겁나다, 두렵다, 무섭다	さいわい(幸い)	다행, 다행히
こわがる(怖がる)	겁, 내다¹	さえ	그나마
こわさ(怖さ)	겁, 무서움	さえぎる(遮る)	가로막다
こわしてあける		さかさまに	거꾸로
(壊して開ける)	뜯다	さがしだす	찾아내다
こわす(壊す)	부수다	さがして(探して)みる	찾아보다
こわばる	굳다¹, 굳다²	さがしまわる(回る)	찾아다니다
こわれる(壊れる)	깨지다, 망가지다, 부서지다	さがす(探す)	찾다
こんかい(今回)	이번	さかずき(杯)	술잔, 잔
こんきょ(根拠)	근거	さかせる(咲かせる)	피우다²
こんげん(根源)	근원	さかな(魚)	고기, 물고기, 생선
こんちゅう(昆虫)	곤충	さかのぼる	거스르다¹
こんど(今度)の	이번	さがる	내려가다, 물러나다,
こんなに	이렇게, 이리²		물러서다
こんなふうに	이렇게	さき(先)	끝
こんなふうにいう(言う)	이러다	さきだつ(先立つ)	앞서다, 앞세우다
こんなふうにする	이러다	さき(先)に	먼저
こんなん(困難)	어려움	さぎょう(作業)	작업
こんにち(今日)	오늘날	さきをいく(先を行く)	앞서다
こんにちは	안녕하다	さく(咲く)	피다, 피어나다
コンピューター	컴퓨터	さくせい(作成)する	작성하다
こんぽん(根本)	근본	さくせん(作戦)	작전
こんぽんてき(根本的)	근본적	さくねん(昨年)	지난해
こんらん(混乱)	혼란	さくひん(作品)	작품
さ(差)	차이	さくぶん(作文)	작문
さあ	자³, 자아²	さくや(昨夜)	간밤, 어젯밤
サービス	서비스	さくら(桜)	벚꽃
さい(歳)	세²	さぐる(探る)	살피다
さいかつよう(再活用)する	재활용하다	さけ(酒)	술
さいきん(最近)	요즈음¹, 요즘¹, 최근	さけび(叫び)	고함
さいげつ(歳月)	세월	さけぶ(叫ぶ)	소리치다, 외치다, 치다²
さいご(最後)	마지막, 최후	さける(裂ける)	터지다
さいこう(最高)	최고	さける(避ける)	비키다, 피하다
さいご(最後)まで	끝내	さげる(下げる)	낮추다, 숙이다, 차다⁴
ざいさん(財産)	재산	ささい(些細)だ	사소하다
さいし(祭祀)	제사	ささえる(支える)	부축하다
さいしょ(最初)	첫째¹	ささげる(捧げる)	바치다, 올리다
さいしょうげん(最小限)	최소한	ささやく	속삭이다
さいぜん(最善)	최선	ささる(刺さる)	걸리다¹, 꽂히다, 박히다
さいだい(最大)	최대	さされる(挿される)	꽂히다
さいど(再度)	다시	さじ(匙)	수저, 숟가락
さいのう(才能)	재능, 재주	さしあげる(差し上げる)	드리다², 올리다
さいばい(栽培)する	재배하다	さしかかる	이르다¹
ざいばつ(財閥)	재벌	さしこむ(差し込む)	꽂다
さいばん(裁判)	재판¹	さししめす(指し示す)	가리키다

さじとはし(匙と箸)	수저	さゆう(左右)	좌우
さす	두다[2]	さよう(作用)	작용
さす(かんざしを~)	찌르다	さよう(作用)する	작용하다
さす(傘を~)	쓰다[3]	さら(皿)	접시
さす(刺す)	쏘다, 찌르다	ざらざらする(皮膚が~)	마르다[2]
さす(指す)	일컫다	さらに	그나마, 더[1], 더구나[1], 더욱이
さす(差す)	차다[4]	さる(去る)	떠나다
ざせき(座席)	좌석	さる(猿)	원숭이
ざせつ(挫折)	좌절	される	당하다
させる	시키다	さわがしい(騒がしい)	떠들썩하다, 시끄럽다
-させる(飲ませる)	하다[2]	さわぎたてる(騒ぎ立てる)	떠들다, 소란, 피우다[1]
さだめる(定める)	정하다[1]	さわぐ(騒ぐ)	떠들다, 치다[1]
さつ(冊)	권[1]	さわやかだ	시원하다
さっか(作家)	작가	さわる(触る)	만지다
サッカー	축구	さわる(神経に~)	걸리다[1]
さっかく(錯覚)	착각	さん	서방[1], 선생, 씨[1]
さっかく(錯覚)する	착각하다	さん(三)	삼, 석, 세[1]
さっき	아까[1], 아까[2]	さんか(参加)	참여
さっき(殺気)	독[2]	さんか(参加)する	참가하다, 참여하다
ざっし(雑誌)	잡지	さんがつ(三月)	삼월
さつじん(殺人)	살인	さんぎょう(産業)	산업
さっ(察)する	헤아리다	さんごく(三国)	삼국
さっと	살짝, 푹, 확	さんさい(山菜)	나물
ざっと	대충	さんざんに	호되다
ざっとみる(見る)	훑어보다	さんじっさい(三十歳)	서른
さっぱりしている	시원하다	さんじゅう(三十)	삼십, 서른
サツマイモ	고구마	さんせい(賛成)する	찬성하다
さて	글쎄, 인제[2]	さんせき(参席)する	참석하다
さとう(砂糖)	설탕	さんど(三度)	끼[2]
さとす	깨우치다	さんにん(三人)	셋
さとらせる(悟らせる)	일깨우다	ざんにん(残忍)だ	잔인하다
さとり(悟り)	깨달음	ざんねん(残念)だ	섭섭하다
さとる(悟る)	깨닫다, 눈치채다	さんばんめのこ(三番目の子)	셋째
さばく(砂漠)	사막	さんぶつ(産物)	산물
さびしい(寂しい)	고독하다, 쓸쓸하다, 외롭다	さんぶん(散文)	산문
さびしく(寂しく)	썰렁하다	さんぽ(散歩)	산책
さびしさ(寂しさ)	외로움	さんみゃく(山脈)	산맥, 줄기
さべつ(差別)	차별	さんよん(三四)	서너
さほど	그리	し(氏)	씨[1]
さま(様)	-님	し(死)	죽음
さま(濡れた~)	꼴	し(師)	스승
さます	깨다[1], 깨다[2], 깨우다	し(詩)	시[3]
さまよう	떠돌다, 헤매다	し(降ってる~)	-는데
さむい(寒い)	차갑다, 차다[3], 춥다	じ(字)	글씨, 자[5]
さむさ(寒さ)	추위	じ(次)	-차[2]
さめる(冷める)	식다	じ(時)	시[2]
さめる(覚める)	깨다[2], 깨어나다	しあい(試合)	시합
さめる(興が~)	깨지다	しあわせ(幸せ)だ	행복하다

しあん(思案)する	궁리하다	じこう(事項)	사항
じいさん(爺さん)	영감	しこう(志向)する	지향하다
シーズン	철¹, 한창	しごく(至極)	지극히
しいて(強いて)	굳이	じこく(自国)	자국²
しいん(子音)	자음	じこく(時刻)	시각²
じいん(寺院)	사원²	じごく(地獄)	지옥
ジーンズ	청바지	しごと(仕事)	몫, 일¹, -질²
しいんと	쥐	しこむ(仕込む)	담그다
しえん(支援)	도움, 지원	しこりになって残っている	맺히다
しえん(支援)する	지원하다¹	じさつ(自殺)	자살
しお(塩)	소금	しじ(指示)	지시
しおからい(塩からい)	짜다²	しじ(支持)	지지
しおれる	시들다	しじ(支持)する	지지하다
しか	밖에	じじつ(事実)	사실¹
しか(鹿)	사슴	ししゅう(詩集)	시집²
じが(自我)	자아¹	ししゅんき(思春期)	사춘기
しかく(視角)	시각¹	じじょ(子女)	자녀
しかく(資格)	자격	じじょ(次女)	둘째
じかく(自覚)	깨달음	じじょう(事情)	사정, 형편
しかし	그러나, 하지만	しじん(詩人)	시인
しかた(仕方)ない	어떡하다	じしん(自身)	자신¹
しがつ(四月)	사월	じしん(自信)	자신²
しかめる	찌푸리다	じしんかん(自信感)	자신감
しかも	게다가, 더구나¹	しずか(静か)だ	고요하다, 조용하다
しかられる(叱られる)	꾸중, 야단(~을 맞다),	しずか(静か)に	조용히
	혼나다	しずく(雫)になる	맺히다
しかる(叱る)	꾸짖다, 치다¹	しずまりかえって	
しかりとばす(叱りとばす)	야단	(静まり返って)いる	잔잔하다, 조용하다
しかれて(敷かれて)いる	깔리다	しずむ(沈む)	가라앉다, 넘어가다, 저물다
しがん(志願)	자원²	しずめる(鎮める)	가라앉히다
じかん(時間)	시간	しせい(姿勢)	자세
しがん(志願)する	지원하다²	しせき(史跡)	사적³
しき(式)	-식²	しせつ(施設)	시설
じき(時期)	시기	しせん(視線)	시선
しきち(敷地)	터²	しぜん(自然)	자연
しきぶとん(敷き布団)	요⁵	じぜん(事前)	사전²
じぎょう(事業)	사업	しぜん(自然)だ	자연스럽다
しきりに	만¹, 연신, 자꾸	しぜん(自然)と	자연히, 저절로
しきん(資金)	자금	しぜん(自然)に	저절로
しく(敷く)	깔다, 덮다, 펴다	しそう(思想)	사상
じく(軸)	축²	じぞく(持続)する	지속되다
しぐさ(仕草)	시늉	しそん(子孫)	자손, 후손
しげき(刺激)	자극	じそんしん(自尊心)	자존심
しけん(試験)	시험	した(下)	밑, 아래
しげん(資源)	자원¹	した(舌)	혀
じけん(事件)	사건, 사태	したい(死体)	시체
じこ(事故)	사고¹	しだい(次第)	나름, 대로²
しこう(思考)	사고²	じたい(事態)	사태

じだい(時代)	시대, 시절	しっぱい(失敗)する	실패하다, 잘못되다
しだい(次第)だ	달리다²	しつびょう(疾病)	질병
じだいてき(時代的)	시대적¹, 시대적²	しっぽ	꼬리
しだい(次第)に	점차, 차차	しつぼう(失望)	실망
したうち(舌打ち)	혀	しつもん(質問)	질문
したがう(従う)	따르다	しつもん(質問)する	질문하다
したがって	그러므로, 따라서	しつよう(執拗)だ	끈질기다
したぎ(下着)	속옷	じつりょく(実力)	실력
したしい(親しい)	알다, 정들다, 정답다,	しつれい(失礼)	실례
	친하다	しつれい(失礼)する	실례하다
したじき(下敷き)になる	깔리다	してい(指定)される	지정되다
したしむ(親しむ)	가까이²	しておく	놔두다
したづつみ(舌鼓)	입맛	しでかす	저지르다
したてなおす(仕立て直す)	뜯다	してき(私的)	사적¹, 사적²
したてる(仕立てる)	짓다	してき(指摘)	지적¹
したのひと(下の人)	아랫사람	してき(指摘)する	지적하다
じだんだをふむ		してん(支店)	지점²
(地団駄を踏む)	구르다²	してん(視点)	시점²
しちがつ(七月)	칠월	じてん(事典)	사전³
しちゅう(支柱)	기둥	じてん(時点)	시점¹
しちょう(視聴)	시청²	じてん(辞典)	사전¹
しつ(質)	질¹	じてんしゃ(自転車)	자전거
-じつ(数日)	일³	しどう(指導)	지도²
じっか(実家)	친정	じどう(児童)	아동
しっかり	꼭², 꼭꼭¹, 단단히, 쭉	じどう(自動)	자동
しっかりしている	의젓하다	しどうしゃ(指導者)	지도자
じっくり	곰곰이	じどうしゃ(自動車)	자동차
じっけん(実験)	실험	しない(市内)	시내
じつげん(実現)	실현	しない	말다¹, 안¹, 안되다¹, 않다¹,
じつげん(実現)する	실현하다		않다⁴
しつこい	끈질기다	しなければならない	치르다¹
じっさい(実際)	실제²	しなもの(品物)	물건
じっさいてき(実際的)	실제적	しぬ(死ぬ)	떠나다, 죽다
じっさい(実際)に	막상, 실제로	しのぶ	그리워하다
じっし(実施)する	실시하다	しば(芝)	잔디
じつじょう(実情)	실정	しはい(支配)	지배
じっせん(実践)	실천	しはい(支配)する	지배하다
じっせん(実践)する	실천하다	しばし	잠깐²
しった(知ったかぶり)	알다	しばしば	종종
じったい(実体)	실체	しばふ(芝生)	잔디
しって(知って)いる	알다	しばらく	얼마, 잠깐¹, 잠시²,
じっと	가만¹, 가만히, 꾹, 빤히		한동안, 한참¹, 한참²
しつない(室内)	실내	しばられる(縛られる)	묶이다
じつ(実)に	실로, 참으로	しばる(縛る)	묶다
じつ(実)は	사실², 실은	じふしん(自負心)	자부심
しっぱい(失敗)	실패	じぶつ(事物)	사물
しっぱいしがち		じぶん(自分)	자기, 자신¹
(失敗しがち)だ	십상	じぶん(自分)たち	저희

じぶん(自分)で	손수, 스스로²	しゃべる	놀리다², 지껄이다;
じぶん(自分)の	내², 제⁴		(さわがしく〜) 떨다²;
じべた(地べた)	땅바닥		(方言を〜) 하다¹
しほう(四方)	사방	シャベル	삽
しぼりだす(しぼり出す)	짜다³	じゃま(邪魔)	방해
しほん(資本)	자본	しゃりょう(車両)	차량
しほんしゅぎ(資本主義)	자본주의	しゅ(主)	주²
しま(島)	섬	しゅ(種)	종²
しまい(姉妹)	자매	しゅう(周)	바퀴²
しまう	치우다²	しゅう(週)	주¹
しますから	-ㄹ게요	-しゅう(男衆)	- 네²
しまる(閉まる)	닫히다	じゆう(自由)	자유
じまん(自慢)	자랑	じゅう(十)	십, 열¹
じまん(自慢)する	자랑하다	じゅう(中)	온
じまんのたね(自慢の種)	자랑거리	じゅう(衣.食.住)	주택
しみがつく	타다⁵	じゅう(銃)	총¹
しみこむ(染みこむ)	배다, 스며들다	しゅうい(周囲)	둘레, 사위²
しみつく(染みつく)	배다	じゅういちがつ(十一月)	십일월
しみん(市民)	시민	しゅうかく(収穫)する	거두다
じむしつ(事務室)	사무실	じゅうがつ(十月)	시월
しめい(氏名)	성명²	しゅうかん(習慣)	습관
じめじめする	습기	しゅうかん(週間)	주일
しめす(示す)	나타내다	しゅうきょう(宗教)	종교
しめる(占める)	차지하다	じゅうぎょういん(従業員)	종업원
しめる(締める)	잠그다¹, 채우다²	じゅうし(重視)	위주
しめる(閉める)	닫다, 잠그다¹	じゅうし(重視)する	중시하다
じめん(地面)	땅	じゅうじ(従事)する	종사하다
しも(霜)	서리¹	しゅうじつ(終日)	종일
しや(視野)	시야	じゅうじつ(充実)する	충실하다²
じゃ	그럼¹, 그렇다면, 어디²	じゅうしょ(住所)	주소
じゃ(医者じゃない)	가¹	しゅうしょく(就職)	취직
じゃ(本当じゃ。)	-ㄹ세	しゅうしょく(就職)する	취직하다
じゃあ	자³	しゅうせい(修正)	수정
しゃいん(社員)	사원¹	じゆう(自由)だ	자유롭다
しゃかい(社会)	사회	じゅうたい(渋滞)する	밀리다
しゃかいしゅぎ(社会主義)	사회주의	じゅうたく(住宅)	주택
しゃかいてき(社会的)	사회적¹, 사회적²	しゅうだん(集団)	집단
ジャガイモ	감자	しゅうちゅう(集中)する	집중되다
しやくしょ(市役所)	시청¹	しゅうとく(習得)する	익히다¹
じゃぐち(蛇口)	수도꼭지	じゅうにがつ(十二月)	십이월
しゃしん(写真)	사진	じゆう(自由)になる	벗어나다
しゃそう(車窓)	차창	しゅうにゅう(収入)	수입¹
しゃちょう(社長)	사장	じゅうぶん(十分)	충분히
じゃっかん(若干)	약간²	じゅうぶん(十分)だ	충분하다
しゃっきん(借金)	빚	じゅうぶん(十分)に	충분히
じゃない	-잖-	しゅうへん(周辺)	인근, 주변
じゃね	안녕	しゅうまつ(終末)	종말
しゃべりだす	열다	しゅうまつ(週末)	주말

じゅうみん(住民)	주민	じゅんさ(巡査)	순경
じゅうようし(重要視)する	중요시하다	じゅんじょ(順序)	차례[1]
しゅうよう(収容)する	수용하다[2]	じゅんしん(純真)だ	순진하다
じゅうようせい(重要性)	중요성	じゅんすい(純粋)	순수
じゅうよう(重要)だ	중요하다	じゅんすい(純粋)だ	순수하다
じゅがく(儒学)	유학[2]	じゅんばん(順番)	순서
しゅかん(主観)	주관	じゅんび(準備)	준비
しゅぎ(主義)	주의[2]	じゅんび(準備)する	마련하다, 장만하다,
じゅきょう(儒教)	유교		준비하다, 차리다
じゅぎょう(授業)	수업	じゅんびぶつ(準備物)	준비물
じゅく(塾)	학원[1]	しょ(書)	서적
しゅくさい(祝祭)	축제	しょ(諸)	여러
しゅくしゃ(宿舎)	숙소	しよう	도리
しゅくだい(宿題)	숙제	しよう(使用)	사용
しゅじゅつ(手術)	수술	しょう(章)	장[3]
しゅしょう(首相)	수상	しょう(賞)	상[2]
しゅじん(主人)	주인	じょう(上)	상[3], -상[1]
しゅじんこう(主人公)	주인공	じょう(情)	정
しゅたい(主体)	주체	じょう(錠)	자물쇠
しゅだん(手段)	수단	しょうか	-ㄹ까
しゅちょう(主張)	주장	しょうが	-으나
しゅちょう(主張)する	주장하다	しょうか(消化)	소화
しゅっきん(出勤)	출근	しょうかい(紹介)	소개
しゅっきん(出勤)する	출근하다	しょうがい(生涯)	생애
しゅっしん(出身)	출신	しょうがい(生涯)	평생
しゅっせ(出世)	출세	しょうがい(障害)	장애
しゅっせき(出席)	출석	しょうかい(紹介)される	소개되다
しゅっちょう(出張)	출장	しょうかい(紹介)する	소개하다
しゅっぱつ(出発)	출발	しょうがくきん(奨学金)	장학금
しゅっぱつ(出発)する	출발하다	しょうがつ(正月)	설날, 정월
しゅっぱんしゃ(出版社)	출판사	しょうがっこう(小学校)	국민학교, 초등(~ 학교)
しゅつぼつ(出没)する	나타나다	しょうかふりょうをおこす	
しゅと(首都)	수도[2]	(消化不良を起こす)	체하다[2]
しゅどう(主導)する	주도하다	しょうぎ(将棋)	장기[1]
しゅふ(主婦)	주부	じょうぎ(定規)	자[6]
しゅほう(手法)	수법	しょうぎょう(商業)	상업
しゅみ(趣味)	취미	じょうきょう(状況)	상황, 판[1]
じゅみょう(寿命)	명[1], 수명	じょうきょう(上京)する	올라오다
しゅよう(主要)	주요	しょうぐん(将軍)	장군, 장수[2]
じゅよう(需要)	수요	じょうけい(上掲)	위
じゅよう(受容)する	수용하다[1]	しょうげき(衝撃)	충격
じゅりつ(樹立)する	수립하다	じょうげ(上下)する	오르내리다
しゅりゅう(主流)	주[2]	じょうけん(条件)	조건
しゅるい(種類)	종류	しょうこ(証拠)	증거
じゅわき(受話器)	수화기	しょうさい(詳細)だ	자상하다
じゅん(順)	순서	しよう(使用)される	사용되다
しゅんかん(瞬間)	순간[1], 순간[2], 한순간	しょうさん(称賛)する	칭찬하다
しゅんかんてき(瞬間的)	순간적	じょうしき(常識)	상식

しょうじき(正直)だ	정직하다	じょがくせい(女学生)	여학생
じょうじゅ(成就)	성취	しょき(初期)	초기
じょうじゅ(成就)する	성취하다	しょくいん(職員)	직원
しょうじょ(少女)	소녀	しょくぎょう(職業)	직업
しょうじょう(症状)	증상	しょくじ(食事)	끼니, 밥
しょうじる(生じる)	생겨나다, 생기다	しょくじ(食事)する	식사하다
しょうじん(匠人)	장인²	しょくたく(食卓)	식탁
しょうすう(少数)	소수	しょくどう(食堂)	식당
しよう(使用)する	사용하다	しょくば(職場)	직장
しょうする(称する)	일컫다	しょくひん(食品)	식품
しょうせつ(小説)	소설	しょくぶつ(植物)	식물
しょうせつか(小説家)	소설가	しょくみんち(植民地)	식민지
しょうたい(招待)	초대¹	しょくよく(食欲)	입맛
じょうたい(状態)	상태, 형편	しょくりょう(食糧)	식량, 양식
しょうたい(招待)する	초대하다	しょさい(書斎)	서재
しょうだく(承諾)	허락	じょし(女史)	여사
しょうだく(承諾)する	허락하다	じょじょ(徐々)に	서서히, 차츰
じょうだん(冗談)	농담	じょせい(女性)	여성, 여인
しょうちゅう(焼酎)	소주	しょたいどうぐ(所帯道具)	살림살이
じょうちょ(情緒)	정서	しょだい(初代)	초대²
しょうちょう(象徴)	상징	ショック	충격
しょうてん(焦点)	초점	ショッピング	쇼핑
しょうてん(商店)	상점	しょてん(書店)	서점
しょうてんがい(商店街)	상가	しょどう(書堂)	서당
しょうどう(衝動)	충동	しょとく(所得)	소득
しようとおもう(思う)	마음먹다	しょにち(初日)	첫날
しょうとつ(衝突)	충돌	しょみん(庶民)	서민
しょうにん(商人)	상인, 장수¹	しょもんだい(諸問題)	문제점
じょうねつ(情熱)	열정, 정열	しょゆう(所有)	소유
しょうねん(少年)	소년	しょゆう(所有)する	소유하다
しょうひ(消費)	소비	しょり(処理)	처리
しょうひしゃ(消費者)	소비자	しょり(処理)する	처리하다
しょうひん(商品)	상품	しょるい(書類)	서류
じょうひん(上品)だ	점잖다	しょんぼりする	풀²(~이 죽다)
じょうぶ(丈夫)だ	튼튼하다	しらが	머리칼
じょうぶ(丈夫)に	튼튼히	しらぎ(新羅)	신라
しょうべん(小便)をする	누다	じらす	들이다
じょうほう(情報)	정보	しらせる(知らせる)	알리다
じょうほ(譲歩)する	양보하다	しらべる(調べる)	뒤지다¹, 살피다, 알아보다
しょうめい(照明)	조명	しりあい(知り合い)	분¹
しょうめい(証明)する	증명하다	しりあがり(尻上がり)	말끝
しょうめん(正面)	정면	しりぞく(退く)	물러나다, 물러서다
しょうゆ(醤油)	간장¹	しりぞける(退ける)	물리치다
じょうようしゃ(乗用車)	승용차	しりつくして	
しょうらい(将来)	앞, 장래, 장차	(知り尽くして)いる	꿰다
しょうり(勝利)	승리	しりょう(資料)	자료
しょうりゃく(省略)する	자르다	しりょふんべつ(思慮分別)	지각², 철³
しょか(初夏)	초여름	しる(汁)	국물

しるし(印)	표[3]	しんぱい(心配)する	걱정하다
しれない	모르다	しんぱい(心配)そうだ	걱정스럽다
しれわたる(知れ渡る)	알리다	しんぱい(心配)だ	걱정스럽다
しれん(試練)	시련	しんぴ(神秘)だ	신비하다
しろ(白)	흰색	しんぷ(新婦)	신부
しろ(城)	성[1]	じんぶつ(人物)	인물
しろい(白い)	하얗다, 허옇다, 희다,	しんぶん(新聞)	신문
	흰색	しんぶんしゃ(新聞社)	신문사
しろくろさせる	굴리다	しんぽ(進歩)	진보
じろじろみる(見る)	훑어보다	しんめ(新芽)	새싹
しわくちゃにする	구기다	しんらい(信頼)	믿음, 신뢰
しわになる	구기다	しんらい(信頼)される	인심
しんか(臣下)	신하	しんり(心理)	심리
しんがく(進学)	진학	しんり(真理)	진리
じんかく(人格)	인격	しんりゃく(侵略)	침략
しんけい(神経)	신경	じんるい(人類)	인류
しんこう(信仰)	신앙	しんろう(新郎)	신랑
しんこう(進行)	진행	しんわ(神話)	신화
しんごう(信号)	신호	ずいいち(随一)	제일
しんごう(信号)	신호등	すいえいじょう(水泳場)	수영장
じんこう(人口)	인구	スイカ	수박
しんこう(進行)する	되다, 진행하다	すいこう(遂行)する	수행하다
しんこく(深刻)だ	심각하다	すいさつ(推察)	짐작
しんさつ(診察)	진찰	すいさつ(推察)する	짐작하다
しんし(紳士)	신사	ずいじ(随時)	수시로
しんし(真摯)だ	진지하다	すいしん(推進)する	추진하다
しんじつ(真実)	진실	すいそく(推測)する	미루다
しんじつ(真実)の	진실하다	スイッチ	스위치
しんしゅつ(進出)	진출	すいどう(水道)	수도[1]
しんじょう(心情)	심정	すいどうすい(水道水)	수돗물
しんじる(信じる)	믿다	ずいぶん(随分)	많이, 오래[2]
しんせい(神聖)だ	신성하다	ずいぶん(随分)になる	오래되다
じんせい(人生)	삶, 인생	すいへい(水平)	가로[1]
しんせき(親戚)	친척	すいもの(吸い物)	국
しんせつ(親切)だ	친절하다	すいようび(水曜日)	수요일
しんせん(新鮮)だ	신선하다	すう(吸う)	빨다[2], 피우다[1]
しんせん(新鮮)だ	싱싱하다	-すう(~数)	- 여[3]
しんぞう(心臓)	심장	すうがく(数学)	수학
しんだん(診断)	진단	すうじつ(数日)	며칠
しんちょう(慎重)だ	조심스럽다	すうじっこ(数十個)	수십
しん(真)に	진정	すうじつまえ(数日前)	엊그제
しんにゅう(侵入)	침입	ずうずうしくも(図々しくも)	감히
しんねん(信念)	신념	すうせい(趨勢)	추세
しんねん(新年)	새해	すうせん(数千)	수천
しんねんのあいさつ		すーっと	쭉
(新年の挨拶)	세배	スーパー	슈퍼마켓
しんの(真の)	진정하다[1]	すうひゃく(数百)	수백
しんぱい(心配)	걱정	すえ(末)	끝

すえっこ(末っ子)	막내	すてき(素敵)だ	근사하다, 멋있다, 멋지다
スカート	치마	すでに	벌써, 이미
すがた(姿)	차림	すてる(捨てる)	내던지다, 내버리다,
すきあって(好きあって)いる	좋아하다		버리다², 치우다¹
スキー	스키	ストレス	스트레스
すぎひ(過ぎし日)	지난날	すな(砂)	모래
すぎない(過ぎない)	불과하다	-ずに(会えずに)	지³
すきま(隙間)	틈	ずのう(頭脳)	두뇌
ずきずきする	시다²	すぱっと	싹²
すぎだ	넘어서다	ずばりと	정확히
すぎる(過ぎる)	넘다, 지나가다, 지나다	すべってころぶ(滑って転ぶ)	미끄러지다
すく(お腹が～)	고프다	すべて	다², 모두¹, 모조리
すく(髪を～)	빗다	すべての	모든
すぐ	곧, 곧장, 금방, 당장², 바로	ズボン	바지
すくい(救い)	구원	スポーツ	스포츠
すくう(救う)	구하다²	すます(済ます)	넘어가다, 때우다
すくう	건지다, 뜨다³	すまない	미안하다, 죄송하다
すぐそのとき(時)	즉시	すみずみ(隅々)	구석구석
すくない(少ない)	드물다, 적다²	すみつく(住み着く)	자리잡다
すくなくとも(少なくとも)	적어도, 최소한	すみっこ(隅っこ)	구석
すぐに	곧바로, 금방, 금세, 당장¹,	すみません	여보세요
	얼른, 즉시	すむ(気が～)	풀리다
すぐれた(～才能)	아깝다	すめる(住める)	살다
すぐれて(優れて)いる	뛰어나다	すもう(相撲)	씨름
すぐれる(優れてる)	잘나다	ずらりと	죽²
すごい	굉장하다, 대단하다	ずりおちる(ずり落ちる)	흘러내리다
すごく	너무너무, 되게, 사뭇,	すりおろす	갈다²
	잔뜩, 퍽	すりへる(すり減る)	닳다
すこし(少し)	약간¹, 얼마, 조금¹, 조금²,	する	(おむつを～) 차다¹; (ゲーム
	쫌¹		を～) 뛰다¹; (ケガを～) 당하
すごす(過ごす)	보내다		다; (テニスを～) 치다¹; (ふ
すじ(筋)	줄거리, 줄기		りを～) 내다¹; (蓋を～) 끼
すず(鈴)	방울²		우다, 닫다; (工夫を～) 내
すすぐ	헹다		다¹; (博打でお金を～) 잃어
すずしい(涼しい)	서늘하다, 시원하다		버리다; (舌打ちを～) 차다¹;
すすむ(進む)	나아가다, 진행되다		(息を～) 쉬다²; (挨拶を～)
スズメ	참새		올리다; (言い訳を～) 대다
すすめる(勧める)	권하다		²; (遊びを～) 하다¹; (泣きっ
スタイル	스타일		面を～) 짓다; (引っ越しを～)
ずつ	-씩		가다; (昼寝を～) 자다;
すっかり	단단히, 말끔히, 바싹, 아		(知らぬふりを～) 떼다; (草
	주, 온통; (～忘れる) 까맣다;		取りを～) 매다¹; (脅迫を～)
	(～마르다) 맥(～ 못 추다)		놓다¹; (仕方) 어쩌다¹
すっくと	벌떡	する	(したままに～) 두다²; (相
ずっと	계속, 내내, 사뭇, 아주,		手に～) 삼다
	죽², 줄곧, 쭉, 한참¹	する	(感じが～) 들다¹; (声が～)
すっぱい(酸っぱい)	시다¹		나오다¹; (音が～) 나다
すっぱり	딱	する	(マッチを～) 긋다¹; (墨を～)

	갈다²	せいさん(生産)	생산
する(難しく~)	만들다	せいさん(生産)される	생산되다
する(しようと~)	들다¹, 하다²	せいさん(生産)する	생산하다
する(刷る)	찍다²	せいじ(政治)	정치
すること	-들²	せいじか(政治家)	정치가, 정치인
すると	그러면, 그러면은, 그러자	せいしき(正式)	정식
するどい(鋭い)	날카롭다, 예민하다	せいしつ(性質)	성질
するね	-ㄹ게	せいじつ(誠実)に	성실하다
するよ	-ㄹ게, -ㄹ께, -마	せいじてき(政治的)	정치적¹, 정치적²
すればよかった	-ㄹ걸	せいじゃく(静寂)	정적
ずれる	어긋나다	せいじゅく(成熟)した	성숙하다
スローガン	구호	せいしゅん(青春)	청춘
すわらせる(座らせる)	앉히다	せいじょう(正常)	정상²
すわりこむ(座り込む)	주저앉다	せいじょう(政丞)	정승
すわる(座る)	앉다	せいじょう(正常)な	정상적
すん(寸)	치¹	せいしょうねん(青少年)	청소년
すんごく	막¹	せいしん(精神)	얼¹, 정신
ずんと	쭉	せいしんてき(精神的)	정신적¹, 정신적²
すんだ(澄んだ)	맑다	せいせき(成績)	성적¹
せ(背)	등², 키¹	せいぜん(生前)	생전¹, 생전²
せい	땜, 탓	せいぞん(生存)	생존
せい(生)	생¹	ぜいたく(贅沢)だ	배부르다
せい(性)	본성, 성³	せいちょう(成長)	성장
せい(姓)	성²	せいちょう(成長)する	성장하다
せいい(誠意)	성의	せいてき(性的)	성적²
せいいっぱい(精一杯)	고작, 한껏	せいど(制度)	제도
せいおう(西欧)	서구, 서방²	せいとう(正当)だ	정당하다
せいか(成果)	성과	せいとん(整頓)する	다듬다
せいかく(性格)	성격	せいねん(青年)	청년
せいかく(正確)だ	정확하다	せいはんたい(正反対)	정반대
せいかく(正確)に	정확히	せいひん(製品)	제품
せいかつ(生活)	생계, 생활	せいふ(政府)	정부
せいかつ(生活)する	생활하다	せいふく(制服)	교복
せいき(世紀)	세기¹	せいぶつ(生物)	생물
せいぎ(正義)	정의²	せいめい(生命)	생명
せいきゅう(性急)に	성급하다	せいめい(声明)	성명¹
ぜいきん(税金)	세금	せいめいりょく(生命力)	생명력
せいけい(生計)	생계	せいもん(正門)	정문
せいけん(政権)	정권	せいやく(制約)	제약
せいげん(制限)	제한	せいよう(西洋)	서양
せいげん(制限)される	제한되다	せいり(整理)	정리
せいこう(成功)	성공	せいり(整理)する	정리하다
せいこう(成功)する	성공하다	せいりつ(成立)する	성립되다
せいこう(精巧)だ	정교하다	せいりょく(勢力)	세력
せいさく(政策)	정책	せいれん(洗練)される	세련되다
せいさく(制作)	제작	せおう(背負う)	지다², 짊어지다
せいさく(制作)する	제작하다	せおわせる(背負わせる)	지우다²
せいざ(正座)する	꿇다	せかい(世界)	세계

せかいてき(世界的)	세계적¹, 세계적²	せわ(世話)をする	돌보다, 보살피다
せがむ	대다¹, 조르다	せをむける(背を向ける)	돌아서다
せき(席)	자리	せん(千)	천
せき(隻)	척²	せん(線)	금², 선¹
せき(咳)	기침	ぜん(全)	온
せきにん(責任)	책임	ぜん(善)	선²
せきにんかん(責任感)	책임감	ぜん(膳)	벌²
せきにんをおう(責任を負う)	책임지다	ぜんかい(全快)する	낫다²
せきにんをとる(責任を取る)	책임지다	せんきょ(選挙)	선거
せきゆ(石油)	석유	せんげん(宣言)する	선언하다
せく(気が〜)	급하다	ぜんご(前後)	앞뒤
せけんずれした(世間擦れした)	닳다	せんこう(専攻)	전공
せたい(世帯)	가구²	せんこう(専攻)する	전공하다
せだい(世代)	세대	ぜんこく(全国)	전국
せつ(節)	구절, 토막	せんざい(洗剤)	세제
せっかく	모처럼, 이왕	せんさい(繊細)だ	섬세하다
せっきょくてき(積極的)	적극적¹, 적극적²	せんじつ(先日)	엊그제
せっきょくてき(積極的)に	적극	ぜんじつ(前日)	전날
せっきん(接近)する	접근하다	ぜんしゃ(前者)	전자²
せっけん(石けん)	비누	せんしゅ(選手)	선수
せつじつ(切実)だ	간절하다, 절실하다	せんしん(先進)	선진¹
せっしょく(接触)	접촉	ぜんしん(全身)	온몸
せっする(接する)	접하다	せんしんか(先進化)	선진¹
ぜったい(絶対)	절대¹, 절대²	せんしんこく(先進国)	선진국
ぜったい(接待)する	모시다	せんせい(先生)	선생
ぜったいてき(絶対的)	절대적¹, 절대적²	ぜんせかい(全世界)	전세계
ぜったい(絶対)に	절대¹, 절대로	ぜんぜん(全然)	미처, 통³, 훨씬
せっち(設置)する	설치하다	せんそう(戦争)	전쟁
せっとく(説得)する	설득하다	ぜんたい(全体)	전체
せっとくりょく(説得力)	설득력	ぜんたいてき(全体的)	전체적¹, 전체적²
せつない(切ない)	서글프다	せんたく(選択)	선택
ぜつぼう(絶望)	절망	せんたく(洗濯)	빨래
せつめい(説明)	설명	せんたくき(洗濯機)	세탁기
せつめい(説明)する	설명하다	せんたく(選択)する	선택하다
せつやく(節約)する	절약하다	せんたく(洗濯)する	빨다¹
せつり(摂理)	이치	せんたくもの(洗濯物)	빨래
ぜひ	꼭²	センチ	센티미터
せまい(狭い)	좁다	ぜんてい(前提)	전제
せまって(迫って)くる	다가오다, 닥치다	ぜんと(前途)	앞날
セミ	매미	せんとう(先頭)	선두, 앞장¹
せめこむ(攻め込む)	치다¹	せんとう(戦闘)	전투
せめよせてくる(攻め寄せて来る)	쳐들어오다	せんとう(先頭)にする	앞세우다
セメント	시멘트	せんとう(先頭)にたつ	앞서다, 앞장서다
−せよ(従え)	−라²	せんぱい(先輩)	선배
セリフ	대사¹	せんび(船尾)	꼬리
ぜろ(zero)	공²	ぜんぶ(全部)	다², 몽땅, 전부¹, 전부²
せわ(世話)	신세	せんまん(千万)	천만
せわしく	바삐	せんめい(鮮明)だ	선명하다

ぜんめん(前面)に立てる	앞세우다	そうです(来る〜)	−ㄴ답니다, −대요
せんもん(専門)	전문	そうどう(騒動)	소동
せんもんか(専門家)	전문가	そうとも	그럼요
せんもんてき(専門的)	전문적¹, 전문적²	−そうな(怖そうな)	생기다
せんらん(戦乱)	난리	ぞうに(雑煮)	떡국
せんりゃく(戦略)	전략	そうね	글쎄
そいつ	새끼²	そうび(装備)	장비
そう	그럼요, 글쎄	そうりょ(僧侶)	스님
そう(〜する)	그렇게, 그리	ソウル	서울
そう(沿う)	끼다¹, 따르다	そえる(添える)	거들다, 곁들이다, 보태다
そう(早春)	이르다³	そがい(疎外)される	소외되다
−そう(死に〜だ)	지경	そがれる	꺾이다
ぞう(象)	코끼리	そく(足)	짝
そういてん(相違点)	차이점	そく(即)	곧
ぞうお(憎悪)	증오	ぞく(属)する	속하다
そうおん(騒音)	소음	ぞくせい(属性)	속성
ぞうか(増加)	증가	そくど(速度)	속도
そうかい(爽快)だ	상쾌하다	そくめん(側面)	측면
ぞうか(増加)する	증가하다	そこ	거기
そうかん(壮観)	장관²	そこ(底)	밑바닥, 바닥
そうき(早期)	빠르다	そこく(祖国)	조국
ぞうき(臓器)	장기²	そこそこ	안팎
ぞうきん	걸레	そざい(素材)	소재
そうこ(倉庫)	창고	そしき(組織)	조직
そうごう(総合)	종합	そしつ(素質)	소질
そうごう(総合)する	종합하다	そして	그러면서, 그리고, 그리구,
そうさく(創作)	창작		그리하여
そうじ(掃除)	−질², 청소	そせい(蘇生)する	살아나다
そうじ(掃除)する	청소하다	そせん(祖先)	조상
そうしつ(喪失)する	상실하다	そそぐ(注ぐ)	기울이다, 쏟다
そうしながら	그러다가	そだつ(育つ)	자라나다, 자라다, 크다²
そうする	그러다	そだてる(育てる)	가꾸다, 기르다, 키우다
そうぞう(創造)	창조	そち(措置)	조치
そうぞう(想像)	상상	そちら	그곳, 그쪽
そうぞう(想像)する	상상하다	そつぎょう(卒業)	졸업
そうぞうしい(騒々しい)	떠들썩하다, 요란하다	そつぎょう(卒業)する	졸업하다
そうぞう(創造)する	창조하다	そつじゅ(卒寿)	아흔
そうぞうてき(創造的)	창조적¹, 창조적²	そっちょく(率直)だ	솔직하다
そうぞうりょく(想像力)	상상력	そっちょく(率直)に	솔직히
そうだ	같다, 그러하다, 그렇다,	そっていく(沿って行く)	따라가다
	맞다¹, 옳다	そっと	가만히, 살며시, 살짝, 슬쩍
そうだ	그치	そっぽをむく	시선(외면의 〜)
そうたいてき(相対的)	상대적¹, 상대적²	そで(袖)	소매¹
そうだな	글쎄	そと(外)	바깥, 밖
そうだね	글쎄	そとがわ(外側)	겉
そうだん(相談)する	의논하다	そなえる(備える)	갖추다, 대비하다
そうち(装置)	장치	その	그¹, 저기
そうです	그렇다	その(園)	동산

そのかた(方)	그분	そんちょう(尊重)する	존중하다
そのとき	그때¹, 그때²	そんな	그러하다, 그런
そのば(場)で	제자리	そんなことしてると	그러다가
そのひ(日)	그날¹, 그날²	そんなに	저렇게
そのほか(他)	기타¹	そんなバカな	어뎄다
そのまま	그냥, 그대로	ソンビ	선비
そのままだ	그러다	た(田)	논
そのもの	자체	-た(した)	-다¹, -았-, -았었-, -었,
そのようだ	그러하다, 그렇다		-였
そのよくとし(翌年)に	이듬해	-た(した日)	-ㄴ¹, -던, -은²
そば	곁, 옆	-だ(何だ)	-ㄴ가, -란다, -이다
そびえたつ(立つ)	솟아오르다	たい(対)	대⁴
そびえる	솟다	-たい(行きたい)	보다¹, 싶다
そふ(祖父)	할아버지	だい(代)	대¹
ソファー	소파	だい(台)	대³
そぼ(祖母)	할머니	だい(第)	제¹, -째
そぼく(素朴)だ	소박하다	たいいく(体育)	체육
そまる(染まる)	물들다	ダイエット	다이어트
そもそも	애초	ダイエットする	빼다
そやつ	그놈	だいおう(大王)	대왕
そら	저것	たいおう(対応)する	대응하다
そら(空)	하늘	たいか(大家)	대가²
ソラクさん(雪嶽山)	설악산	だいか(代価)	대가¹
そらす(目を~)	거두다	たいかい(大会)	대회
そらす(反らす)	젖히다	たいがい(大概)	보통²
それ	그², 그거, 그것, 그렇게	たいがい(大概)の	웬만하다
それから	그리고, 그리구	だいがく(大学)	대학, 대학교
それくらいできる	그만하다¹	だいがくいん(大学院)	대학원
それぐらいの	그까짓	だいがくせい(大学生)	대학생
それこそ	그야말로	だいかんみんこく(大韓民国)	대한민국
それじゃ	그러면, 그러면은	だいきぼ(大規模)	대규모
それそうおう(相応)の	제⁴	たいきん(退勤)	퇴근
それぞれ	각각³, 각기, 제각기	たいきん(退勤)する	퇴근하다
それだけ	그만큼	たいぐう(待遇)	대우
それだけの	그만하다¹	たいくつ(退屈)だ	심심하다
それで	그래서, 그런데, 근데	たいけい(体系)	체계
それでこそ	그래야	たいけん(体験)	체험
それでは	그럼¹	たいけん(体験)する	체험하다
それでも	그래도, 그래두, 그런데도	たいこ(太鼓)	북²
それと	그리고	だいこん(大根)	무¹
それとなく	은근히	たいさ(大差)	바
それなりに	그런대로, 나름대로	たいさく(対策)	대책
それほど	그다지	たいし(大使)	대사²
そろえて	가지런히	たいしかん(大使館)	대사관
そんがい(損害)	손해	たいした(大した)	대단하다
そんけい(尊敬)する	존경하다	だいじ(大事)だ	귀하다, 소중하다
そんざい(存在)	존재	たいしつ(体質)	체질
そんざい(存在)する	존재하다	だいじ(大事)なしごと	큰일

だいじ(大事)にしまっておく	간직하다		쓰러지다
だいじ(大事)にする	아끼다	-たか(怖かったか)	-던지
だいじ(大事)につかう	아끼다	たかい(高い)	높다
たいしゅう(大衆)	대중	たかく(高く)	높이¹
たいしょう(対象)	대상	たかさ(高さ)	높이²
だいしょう(代償)	대가¹	たかだか	겨우, 그까짓
だいじょうぶ(大丈夫)だ	멀쩡하다	たかなる(高鳴る)	뛰다, 치다¹
たいしょ(対処)する	대처하다	たかめる(高める)	높이다
たいする(対する)	대하다, 비하다, 향하다	たがやす(耕す)	갈다³, 일구다
たいせい(体制)	체제	だから	그니까, 그러니, 그러니까, 근까
たいせつ(大切)だ	귀하다		
たいせつ(大切)に	소중히	だから(危険だから)	-니까
たいそう(体操)	체조	だからね(驚いたくらいだからね。)	-니까
だいたい(大体)	대강¹, 대강², 대개¹, 대충		
だいち(大地)	대지	たからもの(宝物)	보물
たいてい(大抵)	대개²	だかれる	안기다²
たいど(態度)	태도	だきかかえる(抱きかかえる)	껴안다
だいとうりょう(大統領)	대통령	たく(宅)	댁
だいどころ(台所)	부엌	たく(炊く)	짓다
タイトル	제목	たく(焚く)	때다, 피우다²
たいなくばえそ (鯛なくば狗母魚)	꿩	だく(抱く)	안다, 품다
だいなし(台無し)にする	망치다	たくえつ(卓越)した	탁월하다
たいは(大破)する	무찌르다	たくさん	많이
だいひょう(代表)	대표	タクシー	택시
だいひょう(代表)する	대표하다	-たくない(したくない)	싫다
だいひょうてき(代表的)	대표적	たけ(竹)	대나무
だいぶ(大分)	꽤	だけ	뿐¹, 뿐²
たいへん(大変)だ	나다, 들다¹, 힘들다	だけでも	라도¹
たいへん(大変)なことになる	큰일나다	-たけど(降ってたけど)	-던데, -은데²
たいほ(逮捕)される	체포되다	たこ(凧)	연
タイヤ	바퀴¹	だこと(きれい〜)	-여라
たいよう(太陽)	태양, 햇볕	たしか(確か)に	하긴, 확실히
だいよん(第四)	넷째	たしなめる	나무라다, 타이르다
たいらげる(平らげる)	비우다	たしに(足しに)する	보태다
たいりく(大陸)	대륙	たしょう(多少)	다소²
たいりつ(対立)	대립	たす(足す)	더하다¹
たいりつ(対立)する	맞서다	だす(出す)	(寄付金を〜) 내놓다; (欲を〜) 내다¹; (ポケットから手を〜) 빼다; (うめき声を〜) 토하다; (精を〜) 떨다²
たいりょう(大量)	대량		
たいりょく(体力)	체력		
たいれつ(隊列)	대열		
たいわ(対話)	대화	だす(描き〜)	내다²
たえま(絶え間)ない	끊임없다	たすう(多数)	다수
たえま(絶え間)なく	끊임없이	たすう(多数)ある	여럿
たえる(耐える)	감당하다, 견디다	たすける(助ける)	돕다
たえる(絶える)	끊기다, 끊어지다, 넘어가다	たずねていく(訪ねて行く)	찾아가다
タオル	수건	たずねる(訪ねる)	두드리다
たおれる(倒れる)	넘어가다, 넘어지다,	だそうだ	-래

だそうです	-래요	たて(縦)	세로
ただ	그냥, 그저, 다만, 단²,	たて(縦)にふる	끄덕이다
	단지¹, 딱, 마냥², 오직	たてもの(建物)	건물
タダ	공짜	たてる(立てる)	(旗を~) 꽂다; (腹を~)
だだ(駄駄をこねる)	떼²		내다¹; (寝息を~) 내다¹;
たたえる	띠다		(目めにかどを~) 뜨다¹;
たたかい(戦い)	싸움		(首相に~) 내세우다; (会
たたかう(戦う)	싸우다		社を~) 세우다²; (襟を~)
たたかれる	얻어맞다		올리다; (ホコリを~) 일으
たたく	두드리다, 두들기다, 치다¹;		키다; (家を~) 짓다; (屏
	(むだ口を~) 놀리다²		風を~) 치다²; (志を~)
ただし	다만		펴다
ただしい(正しい)	맞다¹, 바르다¹, 올바르다,		
	옳다, 잘하다	–たと(したと)	-더라고, -더라구
ただしく(正しく)	올바로	だと(~からかう)	라고², -라구², -라며,
ただじゃ(~置かない)	가만¹		-라면서
ただす	따지다, 바로잡다	–たという	-단¹, -더라는
ただち(直ち)に	대뜸	–だというが	-라는데
たたむ(畳む)	개다², 접다	だというんだから	-라니²
ただよう(漂う)	서리다, 풍기다	だとう(妥当)だ	타당하다
ただよわせる(漂わせる)	띄우다², 풍기다	たとえ	비록, 설령, 설사¹
たちあがる(立ち上がる)	일어나다, 일어서다	たとえば(例えば)	가령, 예컨대, 이를테면
たちこめる(立ちこめる)	서리다	–たとする	치다³
たちさる(立ち去る)	떠나가다¹	たどる	더듬다
たちば(立場)	입장, 처지	–たな	-더라
たちはだかる(立ちはだかる)	가로막다	–だなあ(春だなあ)	-로구나
たちむかう(立ち向かう)	맞서다	たにま(谷間)	골짜기
たちよる(立ち寄る)	들르다	たにん(他人)	타인
たつ(立つ)	돋다, 서다, 일다;	たね(種)	씨², 씨앗
	(腹が~) 나다, 오르다	–たね	-더군
たつ(建つ)	서다	だの	-으니
たつ(発つ)	떠나다	たのしい(楽しい)	신나다, 즐겁다
たつ(経つ)	묵다³	たのしさ(楽しさ)	즐거움
たつ(絶つ)	끊다, 떼다	たのしむ(楽しむ)	즐기다
たっきゅう(卓球)	탁구	たのむ(頼む)	부탁하다
–たっけ	-더라	たば(束)	다발
たっする(達する)	달하다, 이르다¹	タバコ	담배
たっせい(達成)する	이룩하다	たはた(田畑)	들²
たった	오로지	たばねる(束ねる)	묶다
だった(大変~)	-었었-	たびだつ(旅立つ)	떠나다
だったかね	-던가	たびびと(旅人)	나그네
だったら	-단¹	タフだ	억세다
だったろうか	-던가	たぶん(多分)	아마
–たって	-았자	たぶん(多分)に	다분히
だって	-라니¹	たべさせる(食べさせる)	먹이다
–だってば	-라니까	たべもの(食べ物)	음식
たっとぶ(尊ぶ)	받들다	たべられる(食べられる)	넘어가다
たっぷり	실컷 흠뻑	たべる(食べる)	먹다, 묵다²
		たま(玉)	방울¹

たまご(卵)	계란, 달걀, 알	たんじゅん(単純)	단순
だまされる	속다	たんじゅん(単純)だ	단순하다
たましい(魂)	넋, 얼, 영혼, 혼	たんじゅん(単純)に	단순히
だまって(黙って)	말없이, 잠자코	だんじょ(男女)	남녀
たまに	간혹, 더러¹	たんじょう(誕生)	탄생
たま(玉)になる	뭉치다	たんじょう(誕生)する	탄생하다
たまらない	굴뚝	たんじょうび(誕生日)	생신, 생일
たまる	깔리다, 고이다, 묵다³	たんす(箪笥)	옷장, 장롱
たみ(民)	백성	だんせい(男性)	남성
ダム	댐	たんせい(端整)だ	단정하다
ため	때문, 통²	だんたい(団体)	단체
ためいき(ため息)	한숨¹	だんだん	점점
ためぐち(ため口)	반말	だんだんちぢむ(縮む)	줄어들다
だめだ	안되다¹	だんだんへる(減る)	줄어들다
ために	위하다	だんち(団地)	단지²
たもつ(保つ)	간직하다	たんとう(担当)	담당
たやすい(容易い)	쉽다	たんとう(担当)する	담당하다
-たよ	-더라고, -더라구	だんな(旦那)さん	양반
だよ	-야¹, 뭐²	たんなる(単なる)	단순하다
たよう(多様)だ	다양하다	たん(単)に	단순히, 비단²
-だよと(好きだよと言う)	-ㄴ다구	たんにん(担任)	담임
たより(便り)	소식¹	たんねん(丹念)に	정성껏
たよる(頼る)	기대다, 의지하다	ち(血)	피
-たら(したら)	-ㄴ다면, -니깐, -다면,	ち(地)	강산
	-더니만, -면¹, -으면	ち(空き地)	터²
だらけ(傷~)	-투성이	ちい(地位)	지위
たらさ	-거든	ちいき(地域)	지역
たらす(垂らす)	드리우다	ちいさい(小さい)	작다, 잘다, 조그맣다
-たり(したりする)	-거나, -곤, -ㄴ다거나,	ちいさく(小さく)する	죽이다, 줄이다
	-다³, -다거나	チーム	팀
たりない(足りない)	모자라다	ちえ(知恵)	꾀, 지혜
だれ(誰)	누, 누구, 아무²	チェジュド(済州島)	제주도
だれだれ(誰々)	누구누구	ちぇっ	치³
だれにもきづかれずに	쥐	ちか(地下)	지하
たれる(垂れる)	끌리다, 늘어지다, 달리다²	ちかい(近い)	가깝다
だろう	거, 것, -ㄹ걸, -으리-,	ちかい(誓い)	다짐
	이다, -지²	ちがい(違い)ない	다름없다, 틀림없다
だろうか	-ㄴ지, -ㄹ까, -으랴	ちかう(誓う)	다짐하다
だろうから	-ㄹ텐데	ちがう(違う)	다르다, 틀리다
だろうと	-건², -으라-, 이고, 인들	ちかく(近く)	가까이¹, 가까이², 근처
だろうに	-ㄹ텐데	ちかく(知覚)	지각²
たわむれごと(戯れ事)	장난	ちかく(知覚)する	지각하다²
たん(反)	벌²	ちかく(近く)に	가까이²
たんい(単位)	단위	ちかごろ(近頃)	요즈음²
だんかい(段階)	단계	ちかづく(近づく)	가깝다, 다가가다,
たんご(単語)	낱말, 단어		다가서다, 다가오다
だんこと(断固)としている	단호하다	ちかてつ(地下鉄)	지하철
だんしがくせい(男子学生)	남학생	ちかてつえき(地下鉄駅)	지하철역

ちかよる(近寄る)	다가서다	ちゅうねん(中年)	중년
ちから(力)	공³, 기운, 힘	ちゅうばん(中盤)	중반
ちからづよい(力強い)	힘차다	ちゅうぼう(厨房)	주방
ちからなく(力なく)	힘없이	ちゅうもく(注目)する	주목하다
ちきゅう(地球)	지구	ちゅうや(昼夜)	밤낮
ちぎり(契り)	인연	ちゅうもん(注文)する	시키다, 주문하다
ちぎる	뜯다	チュソク(秋夕)	추석
ちこく(遅刻)	지각¹	ちょう(丁)	모⁵
ちこく(遅刻)する	지각하다¹	ちょう(兆)	조²
ちしき(知識)	지식	ちょう(町)	고을
ちしきじん(知識人)	지식인	ちょう(蝶)	나비
ちじょう(地上)	지상	ちょうえつ(超越)する	초월하다
ちず(地図)	지도¹	ちょうかん(長官)	장관¹
ちすじ(血筋)	핏줄	ちょうき(長期)	장기³
ちち(父)	부³, 아버님, 아버지	ちょうこく(彫刻)	조각²
ちち(乳)	젖	ちょうき(調査)	조사
ちちがたのおば(父方の叔母)	고모	ちょうき(調査)する	조사하다
ちぢむ(縮む)	줄다	ちょうし(調子)	장단, 투
ちちゅう(地中)	속	ちょうじゅ(長寿)	장수³
ちつじょ(秩序)	질서	ちょうしょ(長所)	장점
ちっとやそっとのことでは	웬만하다	ちょうじょう(頂上)	꼭대기, 정상
ちてき(知的)	지적², 지적³	ちょうしょく(朝食)	식사
ちてん(地点)	지점¹	ちょうせい(調整)	조정¹
ちばしる(血走る)	서리다	ちょうせつ(調節)する	조절하다
ちはみずよりこい(血は水より濃い)	굵다²	ちょうせん(朝鮮)	조선
ちほう(地方)	지방	ちょうせん(挑戦)	도전
ちまた(巷)	세상	ちょうせん(挑戦)する	도전하다
ちめい(地名)	지명	ちょうだい	달다¹
-ちゃ(行っちゃ)	-믄	ちょうちんよりえがふとい	
-ちゃ(返さなくちゃ)	-아야지	(提灯より柄が太い)	배꼽
ちゃいろ(茶色)	갈색	ちょうてい(朝廷)	조정²
ちゃく(着)	벌⁴	ちょうど	딱, 마침, 막²
チャレ(茶礼)	차례²	ちょうみりょう(調味料)	양념
ちゃんと	제대로	ちょうめ(丁目)	-가³
ちゅう(中)	내내, 중¹, 중²	ちょうわ(調和)	조화
ちゅうい(注意)	주의¹	チョーク	분필
ちゅうい(注意)する	주의하다	ちょきん(貯金)	저금
ちゅうおう(中央)	가운데, 중앙	ちょくご(直後)	직후
ちゅうがっこう(中学校)	중학교	ちょくせつ(直接)	직접¹, 직접²
ちゅうかん(中間)	중간	ちょくせつてき(直接的)	직접적
ちゅうごく(中国)	중국	ちょくせん(直線)	직선¹
ちゅうじつ(忠実)だ	충실하다¹	ちょくせん(直選)	직선²
ちゅうしゃ(注射)	주사	ちょくぜん(直前)	직전
ちゅうしゃじょう(駐車場)	주차장	ちょくめん(直面)する	처하다
ちゅうしょうてき(抽象的)	추상적¹, 추상적²	チョゴリ	저고리
ちゅうしょく(昼食)	점심	ちょしゃ(著者)	저자
ちゅうしん(中心)	위주, 중심	ちょしょ(著書)	저서
ちゅうだん(中断)する	중단하다	ちょぞう(貯蔵)する	저장하다

ちょちく(貯蓄)	저축	つかむ	붙들다, 붙잡다, 잡다
ちょっと	다소¹, 살짝, 약간¹, 얘¹, 잠깐¹, 좀¹, 좀², 쫌¹, 쫌²	つかる	익다¹
		つかれ(疲れ)	피로
ちょっとてれる(照れる)	쑥스럽다	つかれる(疲れる)	지치다, 피곤하다
ちょろい	손쉽다	つかわれる(使われる)	쓰이다¹
チョンノ(鍾路)	종로	つき(月)	달², 달³
ちらばって(散らばって)いる	구르다¹	つぎ(次)	담²
ちらばる(散らばる)	널리다, 흩어지다	つきあう	사귀다
ちり(地理)	지리	つきさす(突き刺す)	찍다³
チリがみ(紙)	휴지	つぎ(次)の	다음
ちりょう(治療)	치료	つきまとう	다니다, 따라다니다
ちる(散る)	지다³	つく(ため息を〜)	쉬다²
ちんぎん(賃金)	임금²	つく(鼻を突く)	찌르다
ちんせい(沈静)させる	진정하다²	つく(手を〜)	짚다
ちんちゃく(沈着)だ	침착하다	つく	(駅に〜) 닿다; (目に〜)
ちんもく(沈黙)	침묵		띄다¹; (途に〜) 오르다
つい	그만	つく	(垢が〜) 끼다²; (ボタン
つい(対)	짝		が〜) 달리다²; (土が〜)
ついおく(追憶)	추억		묻다², 붙다
ついきゅう(追求)する	추구하다¹	つぐ(継ぐ)	잇다
ついきゅう(追究)する	추구하다²	つくえ(机)	책상
ついさきほど(つい先ほど)	갓¹	つくす(尽くす)	다하다
ついて	대하다	つぐなう(償う)	때우다
ついで	김¹	つぐむ	다물다
ついていく	따라가다, 따르다	つくり(作り)の	생기다
ついてくる	따라오다	つくる(作る)	만들다, 빚다, 찍다², 치다²,
ついてない	재수²		틀다
ついてる	재수²	づけ(4月1日付け)	자⁵
ついに	마침내	つげぐち(告げ口)する	이르다²
ついほう(追放)される	쫓겨나다	つけくわえる(付け加える)	덧붙이다
ツインテール	갈래	つけまわす(つけ回す)	쫓아다니다
つう(通)	통⁴	つける(イヤリングを〜)	매달다
つうか(通貨)	통화²	つける(エアコンを〜)	틀다
つうか(通過)する	통과하다	つける(バッチを〜)	달다²; (ひを〜) 당기다,
つうじる(通じる)	통하다		밝히다, 켜다; (歌詞を〜)
つうしん(通信)	통신		짓다; (格好を〜) 내다¹;
つうちょう(通帳)	통장		(格好を〜) 내다¹; (括弧
つうわ(電話)	통화¹		を〜) 치다²; (口に〜) 대
つえ(杖)	지팡이		다²; (絆創膏を〜) 붙이다;
つかい(使い)	심부름		(水に〜) 들여놓다; (順
つかいかた(使い方)	쓰임		位を〜) 매기다; (言いが
つかう(使う)	부리다², 쓰다²		가리를〜) 걸다; (足跡を〜)
つかえる(仕える)	모시다, 봉사하다²		찍다²; (値段を〜) 치다³;
つかみとる(つかみ取る)	집어들다		(土を〜) 묻히다²; (後を〜)
つかまえてくう(食う)	잡아먹다		뒤따르다
つかまえる	붙들다, 붙잡다, 잡다	つける(漬ける)	담그다
つかまる(捕まる)	붙잡히다, 잡히다	つける(嗅ぎ〜)	맡다²
つかまれる	잡히다	つたえられる(伝えられる)	전달

つたえる(伝える)	전달하다, 전하다
-ったら(おじいさんったら)	참²
-ったら(やめろったら)	-라니까
つたわる(伝わる)	내려오다, 전달되다, 전하다
つち(土)	흙
つづいて(続いて)	이어서
つつがなく	탈²(~ 없이)
つづき(続き)	잇다
つづきまくる	대다¹
つづく(土を~)	쑤시다¹
つづく(続く)	계속되다, 이어지다
つづけて(続けて)	이어, 이어서
つづける(続ける)	계속하다
ツツジ	진달래
つつまれる(包まれる)	싸이다
つつみ(包み)	포장¹
つつむ(包む)	감다³, 감싸다, -ㄴ다면서, -ㄴ대, 둘러싸다, 싸다¹
-って	-ㄴ단다, -다구, -다니¹, -대², -라고³, -라구¹, -래, -으라고
-っていうの	-ㄹ라고
-っていうので	-라니²
-っていたら	-더라면
-ってください	-으세요
-ってさ	-단다, -란다
-ってなこと	-노라고
-ってば(下さいってば)	-ㄴ다구, -라고요
-っても	-ㄴ들
-ってよ	-ㄴ대요
つとめぐち(勤め口)	일자리
つな(綱)	밧줄
つながる	연결되다, 연결시키다, 이어지다
つなぐ	매다¹, 연결하다
つなげる	연결하다
つね(常)	일쑤
つねる	꼬집다
つの(角)	뿔
つば(唾)	침
ツバメ	제비
つぶす	때우다, 메우다, 짜다³
つぶやく	중얼거리다
つぶれる	망하다
つぼ(坪)	평¹
つま(妻)	마누라, 아내
つまがたのはは(妻方の母)	장모
つまのちち(妻の父)	장인¹
つまみ	안주
つまむ	집다
つまらない	시시하다, 싱겁다
つまり	즉
つまる	막히다
つまれる(積まれる)	쌓이다
つみ(罪)	죄
つみとる(摘取る)	따다
つむ	뜯다
つむ(積む)	싣다, 쌓다
つめ(爪)	손톱
つめたい(冷たい)	냉정하다¹, 싸늘하다, 차갑다, 차다³
つもり	거, -ㄹ려구, 작정, 참³
つもる(積もる)	쌓이다
つゆ(梅雨)	장마
つゆ(露)	이슬
つよい(強い)	강하다, 독하다, 세다¹, 세차다, 억세다, 짙다
つらい	고달프다, 괴롭다
つり(釣り)	낚시
つりばり(釣り針)	낚시
つる(首を~)	매달다
つる(足が~)	당기다
つるす(電球を~)	매달다
つるつるしてすべる(滑る)	미끄럽다
つれていく(連れて行く)	데려가다
つれてくる(連れてくる)	데려오다
つれる(連れる)	데리다
つれる(釣れる)	잡히다
て(手)	손, 손길, 손뼉, 팔²
て(~があく)	틈
-て(して)	-고서, -고야, -구², -니¹, -다³, -다가¹, -아¹, -아², -아서, -어², -어다, -어다가, -어서¹, -여서, -으니, 가지다², 갖다²
で(で、なに?)	그래
で	(ここで) 서, 에서; (これで) 로써, 으로써; (こんなことで) 가지다², 갖다²; (つもりで) 으로, 으루; (マイペースで) 대로¹; (突然のことで) -라¹; (水で洗う) 가지다¹, 르로, 로; (言えないで) 채¹; (重要~ない) -지¹; (重要で、) -오⁴, -지¹
であい(出会い)	만남

てあし(手足)	손발
てあたりしだい(手当たり次第)に	닥치다, 잡히다
であり	-요[3]
である	이다
であれ	-든[1]
であろう	-거니
ていあん(提案)	제안
ていぎ(定義)	정의[1]
ていき(提起)される	제기되다
ていき(提起)する	제기하다
ていきょう(提供)する	제공하다
ていこう(抵抗)	저항
ていじ(提示)される	제시되다
ていじ(提示)する	제시하다
-ていた(していた)	-았었-, -었었-, -였었-
-ていたが	-더니, -으며
-ていたら	-노라면
ていちゃく(定着)する	자리잡다
ていちょう(丁重)だ	정중하다
-ていては	-다가는
ていど(程度)	정도
ていねい(丁寧)だ	공손하다
ていぼう(堤防)	둑
でいりぐち(出入り口)	출입문
でいり(出入り)する	드나들다
ていりゅうじょ(停留場)	정류장
-ていると	-려니
ていれ(手入れ)する	가꾸다
デート	데이트
テープ	테이프
テーブル	탁자, 테이블
テーマ	주제
てがみ(手紙)	편지
-てから(来てから)	-면서부터, 지[3]
てき(的)	- 적[2]
てき(滴)	방울[1]
てき(敵)	적[3]
てきおう(適応)する	적응하다
できごと(出来事)	노릇
てきして(適して)いる	알맞다, 적당하다, 적합하다
てきせい(適性)	적성
てきせつ(適切)だ	적절하다
てきとう(適当)だ	마땅하다, 적당하다
てきとう(適当)に	적당히
てきとうにあわせる (適当に合わせる)	장단(~을 맞추다)
できない	(することが~) 못하다[2];

	(生活が~) 못하다[2]; (解決~) 어렵다
てきみかた(敵味方)	편[3]
てきよう(適用)される	적용되다
できる	(しみが~) 끼다[2]; (すき間が~) 벌어지다[2]; (することが~) 있다[1]; (にきびが~) 돋다; (マンションが~) 들어서다; (道が~) 나다; (施設が~) 마련되다; (息が~) 트이다; (学校が~) 생기다; (行列が~) 이루어지다;
てぎわ(手際)	재주
-てください	-아요, -죠
てくび(手首)	손목
-てこそ	-아야, -어야, -어야지[2], -여야
テコンドー	태권도
デザイン	디자인
でし(弟子)	제자
-てしまう(してしまう)	말다[1], 버리다[1]
でしょう	-지요
でしょうか	-ㄹ까요
です	-랍니다, -ㅂ니다, -세요, -습니다, 아요, -애요, -여요, -예요, -오[2], -요[2], -으세요
ですか	-ㄴ가요, -에요, -오[2]
ですが	-ㄴ데요, -은데요
ですから	-니까요
ですって	-라고요, -라구요
ですってば	-다구요
ですとも(本当~)	-고요, -구요
ですね	-군요, -ㄴ데요, -네요, -는걸요, -는군요, -는데요, -더군요, -어요, -우, -은데요
ですよね	-는걸요
-てな(来てな)	-더구나[2]
でたらめ	엉터리
てつ(鉄)	쇠, 철[2]
てつがく(哲学)	철학
てつがくしゃ(哲学者)	철학자
てづくり(手作り)で	손수
てつだう(手伝う)	거들다
てつづき(手続き)	절차
てってい(徹底)している	철저하다
てっていてき(徹底的)に	철저히

てつどう(鉄道)	철도
でて(出て)くる	나오다
でない(安らかでない)	못하다³
でなく(～だけでなく)	더러³
てにあまる(手に余る)	벅차다
てにいれる(手に入れる)	건지다
テニス	테니스
-てね	-렴
てのこう(手の甲)	손등
て(手)のひら	손바닥
-ては(ついては)	-여선
-ては(伏せては)	고는, -곤
では	이야
では(ではない)	이¹
では(ではなく)	-라¹
-てはいない(熟してはいない)	말다²
-てはじめて(初めて)	야
-てばかり(遊んでばかり)	아주
ではない	아니다
ではない(ほどではない)	못하다⁴
デパート	백화점
てぶくろ(手袋)	장갑
でまかせ(出まかせを言う)	아무렇게나
-てましたよ	-던데요
でまわって(出回って)いる	떠돌다
-ても(しても)	-나⁵, -더라도, -든¹, -ㄹ지라도, -어도, -어두, -여도
でも	그런데, 그렇지만, 근데, 나², 든지¹, 이고, 이나, 이라도
でも(どこに～)	든², -라도²
デモ	시위
～てようやく	-고서야, -고야
てらす(照らす)	밝히다, 비추다
-てる(知ってる)	-이²
でる(出る)	(咳が～) 나다; (芽が～) 돋아나다; (涙が～) 돌다; (月が～) 뜨다²; (ジンマシンが～) 솟다; (差が～) 지다⁵; (門を～) 나서다; (外に～) 나가다¹, 나오다
テレビ	텔레비전, 티브이
-てろ(黙ってろ)	-어¹
てん(店)	가게
てん(点)	점¹, 점²
てんか(天下)	천하
てんかい(展開)	전개
てんかい(展開)される	전개되다

てんかい(展開)する	전개되다
てんか(転嫁)する	돌리다
てんき(天気)	날씨, 일기²
でんき(伝記)	전기²
でんき(電気)	불, 전기¹, 전자¹
てんけい(典型)	전형
てんけいてき(典型的)	전형적¹, 전형적²
てんけん(点検)する	점검하다
てんこう(天候)	기상²
てんこう(転校)	전학
てんごく(天国)	천국
てんし(天使)	천사
でんし(電子)	전자¹
てんじかい(展示会)	전시회
てんじ(展示)される	전시되다
でんしゃ(電車)	전철
てんじょう(天井)	천장, 천정
てんすう(点数)	점수
でんせつ(伝説)	전설
でんたつ(伝達)	전달
でんたつ(伝達)する	전달하다
てんち(天地)	천지
でんとう(伝統)	전통
でんとう(電灯)	전등
でんとうてき(伝統的)	전통적¹, 전통적²
てんび(天日)	햇볕
てんぼう(展望)	전망
でんぽう(電報)	전보
でんらい(伝来)	전래
てんらく(転落)する	전락하다
でんわ(電話)	전화
でんわき(電話機)	전화기
でんわ(電話)する	전화하다
でんわ(電話)のベル	전화벨
でんわばんごう(電話番号)	전화번호
と(踊りと歌)	과¹, 랑, 와¹, 이랑, 하고¹
と	(～言う) 고², -ㄴ다고, -는다고, -다고, -라며, -라면서, 하고², 하다¹; (～思う) 줄¹; (と考える) -라고
と(気分がいいと、笑う)	-ㄴ답시고, -다면서
-と(すると)	-니까, -면¹, -면은
ど(度)	도², 번, 차례¹
ドア	문
とい(問い)	물음
という(と言う)	하다¹
という(という人)	-ㄴ다는, -ㄴ단, -는다는,

	-다는, -라는, -란[1]	どうして	어쩌면[2], 어쩌서, 어찌
という(船~船)	란[2]	どうしても	차마
というか	-랄까	とうしょ(当初)	애초
というが	-ㄴ다는데	とうじょう(登場)	등장
ということ(ということ事)	이[2]	どうじょう(道場)	도장[2]
ということです	-랍니다	とうじょう(登場)する	등장하다
というなら	-라면[1]	とうすい(陶酔)する	취하다[1]
というのに	-ㄴ다는데, -다는데	どうする	어떡하다, 어쩌다[1],
というより	-라기보다		어찌하다
といえるのは	이라고는, 이라곤	どうせ	어차피, 이왕
といかえす(問い返す)	되묻다	とうせい(統制)	통제
といかけ(問いかけ)	물음	とうぜん(当然)	당연히, 마땅히
といただす(問い正す)	따지다, 캐다	とうせん(当選)する	되다
どいつ	녀석	とうぜん(当然)だ	당연하다, 마땅하다
ドイツ	독일	とうそう(闘争)	투쟁
といった	-랬-	とうだいもん(東大門)	동대문
といって	-ㄴ다며, -다며, 하고[2]	とうたつ(到達)する	도달하다
トイレ	변소, 화장실	とうちゃく(到着)する	도착하다
とう(塔)	탑	どうである	어떠하다, 어떻다
どう(道)	도[3]	とうてい	도저히
どう(銅)	구리	とうとう	끝내
どう	어떻게, 어떻다, 어찌	どうどう(堂々)とした	당당하다, 떳떳하다,
どうあるか	어떠하다		의젓하다
とういつ(統一)	통일	どうとく(道徳)	도덕
とういつ(統一)される	통일되다	どうねんだい(同年代)	또래
どういつ(同一)である	동일하다	どうねんぱい(同年配)	또래
どういつ(同一)の	동일하다	とうばん(当番)	당번
どういん(動員)する	동원하다	とうひょう(投票)	투표
どうか	그저, 제발	どうぶつ(動物)	동물
とうかい(東海)	동해	どうぶつえん(動物園)	동물원
とうがらし(唐辛子)	고추	とうぶんのあいだ(当分の間)	당분간
どうき(動機)	동기[1]	どうほう(同胞)	동포
どうき(同期)	동기[2]	とうぼう(逃亡)	도망
とうぎ(討議)する	토의하다	とうめい(透明)だ	투명하다
どうきゅうせい(同級生)	동창	どうも	아무래도
とうきょく(当局)	당국	トウモロコシ	옥수수
どうぐ(道具)	도구, 연장[2]	とうよう(東洋)	동양
どうくつ(洞窟)	동굴	どうよう(同様)	마찬가지
とうげ(峠)	재[2]	どうよう(童謡)	동요
どうさ(動作)	동작	どうよう(同様)に	똑같이
とうじ(当時)	당대, 당시	どうり(道理)	도리
どうし(同士)	-끼리, 동지	どうりょう(同僚)	동료
どうし(動詞)	동사	どうろ(道路)	도로[1]
どうし(童詩)	동시[2]	とうろん(討論)する	토론하다
どうじ(同時)	동시[1]	どうわ(童話)	동화
とうじき(陶磁器)	도자기	とうわく(当惑)する	당황하다[2]
とうし(投資)する	대다[2]	どうわのほん(童話の本)	동화책
どうしたら	어떻게	とおい(遠い)	멀다

とおい(遠い)ところ	멀리²
とおか(十日)	열흘
とおく(遠く)	멀리¹
とおす(通す)	꿰다, 통하다
とおどかしたら	
(と脅かしたら)	-자면
とおなじくらい	
(と同じくらい)	만큼²
どおり(通り)	같이¹, 그대로, 대로¹
とおりすぎる(通り過ぎる)	지나치다²
とおりに	대로²
とおる(通る)	지나가다, 지나다
-とか	-ㄴ다거나, -ㄴ다든가, -ㄴ다든지, -느니, -다거나, -다든가, 라든가, 라든지, 이라든가, 이라든지
とかす(溶かす)	녹이다
とがっている	뾰족하다
どかっと	털썩
とき	때
とき(行く~)	-며¹
ときおり(時折)	때로, 이따금
ときどき(時々)	가끔, 이따금
どきどきさせる	두근거리다
どきどきする	두근거리다, 뛰놀다
ときに	더러²
とき(時)には	때로
ときめく	설레다
どぎもをぬく(度肝を抜く)	서늘하다
とく(徳)	덕
とく(解く)	풀다
とく(水に溶く)	타다⁴
どく(退く)	비키다
どく(毒)	독²
どくさい(独裁)	독재
どくしゃ(読者)	독자
とくしゅ(特殊)	특수
とくしゅう(特集)	특집
とくしゅ(特殊)だ	특수하다
どくしょ(読書)	독서
とくしょく(特色)	특색
どくしんだんせい(独身男性)	총각
とくせい(特性)	특성
とくそく(催促)する	재촉하다
とくちょう(特徴)	특징
とくてい(特定)	특정
とくてい(特定)の	특정하다
どくとく(独特)	특유
どくとく(独特)だ	독특하다
とく(特)に	특별히, 특히
とくべつ(特別)	특별
とくべつ(特別)だ	특별하다
とくゆう(特有)	특유
どくりつ(独立)	독립
とげ	가시¹
とけい(時計)	시계
どこ	어디¹
どこ(~から)	모³
どこどこ	어디어디
どこにいる	어딨다
ところ	곳, 구석, 길, 데
ところ(行く~)	참³
ところが	그런데, 근데, 한데²
どころか	는커녕, 은커녕
ところだ	뻔하다¹
ところで	근데
とき	-다네
とざん(登山)	등산
とし(年)	나이, 해¹
とし(歳)	살¹
とし(都市)	도시
どし(年)	띠²
とじこめられる	
(閉じ込められる)	갇히다
とじこめる(閉じこめる)	가두다
とじこもる(閉じこもる)	들어앉다
として	로서, 으로서
としょかん(図書館)	도서관
としより(年寄り)	늙은이
とじる(閉じる)	감다¹, 닫히다
-とすぐに	-자마자
-とすると	-자면
どだい(土台)にする	깔다
とち(土地)	땅, 토지
とちゅう(途中)	도중
とちゅう(途中)に	-다가¹
どちら	어떤
とつぎさき(嫁ぎ先)	시집
とつぐ(嫁ぐ)	시집¹
とつぜん(突然)	느닷없이, 별안간, 불쑥, 불현듯
とつぜん(突然)だ	갑작스럽다
とっちめる	혼(~을 내다)
とって(取っ手)	손잡이
とって	하여금
とっとと	썩

とっぴ(突飛)だ	엉뚱하다	とも(死に至る〜)	한²
トップ	최고	ともかく	간²
とで(君と僕とで)	하고¹	ともしび(灯)	등불
とても	굉장히, 꽤, 너무, 많이,	ともだち(友達)	동무, 친구
	매우, 몹시, 무척, 아주	ともなう(伴う)	뒤따르다, 따르다
とてもひどい	지독하다	ともに	더불어, 동시¹
とどく	미치다²	ともに(共に)する	같이하다
とどこおる(滞る)	밀리다	どもる	더듬다
とどまる	머무르다, 머물다	どようび(土曜日)	토요일
とؚ とも(共)に	아울러, 함께	とら(虎)	호랑이
ととのえる(整える)	가다듬다, 다듬다	とらえる(捕らえる)	사로잡다
となえる(唱える)	내세우다	トラック	트럭
となり(隣)	옆집, 이웃	ドラマ	드라마
となりきんじょ(隣近所)	이웃	ドラムかん(缶)	통¹
どなりつける	치다¹, 호통	とられる(取られる)	얻다
となりのいえ(隣の家)	이웃집	とらわれる(囚われる)	갇히다, 사로잡히다
どなる	치다¹	トランプ	놀이
とにかく	아무튼, 어쨌든, 하여튼	とり(鳥)	새²
−との(来いとの連絡)	−라는	とりあえず	일단
どの	어느	とりあつかう(取り扱う)	취급하다
どのくらい	얼마	とりかえる(取りかえる)	갈다¹
どのように	어떻게	とりかこむ(取り囲む)	감싸다, 둘러서다, 둘러싸다
とは	−랄, 이란	とりこ(虜)にする	사로잡다
とばす(だじゃれを〜)	떨다²; (空に〜) 날리다¹;	とりそろえる(取りそろえる)	맞추다, 챙기다
	(洒落を〜) 떨다², 부리다¹	とりだしてわたす(取り出して渡す)	내주다
とばす(笑い〜)	넘기다	とりだす(取り出す)	꺼내다
とび(〜出て来る)	튀다	とりつくろう(取りつくろう)	차리다
とびあがる(飛び上がる)	뛰어오르다	とりとめる	건지다
とびかかる(飛びかかる)	달려들다, 덤벼들다	とりひき(取引)	거래
とびこえる(飛び越える)	뛰어넘다	とりまく(取り巻く)	둘러싸다
とびこむ(飛び込む)	뛰어들다	とりまとめる(取りまとめる)	챙기다
とびだす(飛び出す)	뛰어나가다, 뛰어나오다,	とりもどす(取り戻す)	돌이키다, 되찾다
	튀다	どりょく(努力)	노력
とびつく(飛びつく)	달려들다	どりょく(努力)する	노력하다, 애쓰다
とびでて(飛び出て)くる	튀어나오다	とる(年を〜)	들다¹
とびでる(飛び出る)	튀어나오다	とる(取る)	떼다, 잡다, 취하다²
とびのる(飛び乗る)	뛰어오르다	とる(撮る)	찍다¹
とびまわる(飛び回る)	날아다니다, 뛰어다니다	とる(詰まりを〜)	뚫다
とぶ(飛ぶ)	날다	とる(せびり取る)	내다¹
とぶ(跳ぶ)	뛰다	ドル	달러
とまる(止まる)	꺼지다, 막히다, 멈추다,	どれ	어느
	멎다, 서다	どれい(奴隷)	노예
とまる(泊まる)	머무르다, 머물다, 묵다¹	どれくらい	얼마나
とみ(富)	부²	どれほど	어찌나
とむ(富む)	풍부하다	とれる(採れる)	나다¹
とめる(止める)	멈추다, 말리다², 세우다	どろぼう	도둑
とめる(留める)	끼우다¹	どをこす(度を超す)	지나치다¹
とも(友)	벗	どをすぎる(度を過ぎる)	지나치다¹

とんだりはねたりする		ながらく(長らく)	오래[1], 한참[1]
(飛んだり跳ねたりする)	날뛰다	ながれ(流れ)	맥, 물줄기, 줄기, 흐름
とんでいく(飛んで行く)	날아가다	ながれていく(流れて行く)	흘러가다
とんでくる(飛んでくる)	날아오다	ながれでる(流れ出る)	흘러나오다
とんでもない	엉뚱하다	ながれゆく(流れ行く)	흘러가다
どんどん	마구	ながれる(流れる)	흐르다, 흘러내리다
どんな	아무[1], 어떠하다, 어떤,	なきごえ(鳴き声)	소리
	어떻다	なきゃいけないんでしょう	-어야지요
どんなに	얼마나	なきゃいけません	-어야지요
とんぼ	잠자리[2]	なく	없이
な(名)	이름	なく(哭く, 泣く)	울다, 터뜨리다(울음을 ~)
-な(きれいな花)	-ㄴ[1]	なぐさめる(慰める)	달래다, 위로하다
-な(するな)	말다[1]	なくす	없애다, 잃다
-な(行きたいな)	-구만, -는걸, -어라	なく(無く)する	몰다
なあ	-구면	なくちゃいけません	-아야지요
ない(内)	내[3], 안쪽	なくなる	달아나다, 떨어지다,
ない	없다		없어지다
ない(火のないところに)	아니[2]	なく(亡く)なる	돌아가시다
-ない	(行かない) 말다[2] ; (寒く	なぐられる(殴られる)	얻어맞다, 터지다
	ない) 않다[2] ; (したくない)	なぐる(殴る)	두들기다, 때리다
	않다[3] ; (見ていない) 않	なげかける(投げかける)	던지다
	다[3] ; (覚めやらない) 덜	なげだす(投げ出す)	팽개치다
		なげつける(投げつける)	내던지다
ないがい(内外)	내외, 안팎	-なけりゃ	-여야지
ないし	내지	なげる(投げる)	던지다
ないしょ(内緒)で	몰래	-なければ	-아야, -여야지
ないしん(内心)	내심, 은근히	-なければね(しなければね)	-여야죠
ないぶ(内部)	내부	なごりおしい(名残惜しい)	서운하다, 섭섭하다
ないめん(内面)	내면	-なさい(しなさい)	-거라, -너라, -라고[3],
ないよう(内容)	내용		-라구[1], -라구요, -렴,
なう	꼬다		-ㅂ시오, -세[3], -아라, -
なおざりに	소홀히		어라, -여[2], -여라, -으렴
なおす(直す, 治す)	고치다	なさいって	-래요
なか(中)	가운데, 내[3], 속, 안[2], 중[1]	なさけ(情け)ない	한심하다
ながい(長い)	길다, 오래다, 오랜	-なさる	-시-[1]
ながいあいだ(長い間)	오래도록, 오랫동안	なされる	이루어지다
ながいこと(長いこと)	오랜	なし(梨)	배[4]
なかがよい(仲が良い)	사이좋다	なしでは	없이
ながく(長く)する(首を~)	빼다	なしとげる(成し遂げる)	이룩하다, 해내다
ながく(長く)なる	오래되다	なしに	없이
ながさ(長さ)	길이	なじみだ	익다[2]
ながす(流す)	흘리다	なじる	따지다
なかなか	좀처럼	なす	어쩌다[1], 이루다, 짓다
なかむつまじい		なぜ	왜, 웬
(仲むつまじい)	사이좋다, 화목하다	なぜか	뭣[1], 왠지, 웬일, 웬지
ながめる(眺める)	내다보다, 바라보다	なぜなら	왜[3]
なかよい(仲良い)	가깝다	なぞ(謎)	수수께끼
ながら	이나마	なつ(夏)	여름, 여름철
-ながら(見ながら)	-며[1], -면서, -으며, -으면서		

なつかしい(懐かしい)	그립다	ならんで(並んで)	나란히
なつかしさ(懐かしさ)	그리움	なり	나름
なつやすみ(夏休み)	여름	なりに	대로²
なでる	더듬다, 쓰다듬다, 쓸다	なりゆき(成り行き)	형편
など	등¹, 등등, 따위	なる	(火事に〜) 나다; (秋に〜)
なな(七)	칠		되다; (凶年に〜) 들다¹;
ななじっさい(七十歳)	일흔		(雨に〜) 변하다; (競争
ななじゅう(七十)	일흔, 칠십		에〜) 붙다; (最近に〜)
ななじゅうめい(七十名)	일흔		오다¹; (お世話に〜) 지
ななめい(七名)	일곱		다²; (しわに〜) 지다⁵
ななめよみ(斜め読み)する	훑다	なる(警笛が〜)	울리다
なに(何)	뭐¹, 뭣, 아무¹, 아무것	なる(赤く〜)	지다¹,
なにか(何か)	무슨, 무어, 무엇, 뭐¹	なるべく	되도록
なにがあっても		なれしたしむ(慣れ親しむ)	정들다
(何があっても)	깨어나다	なれて(慣れて)いる	익다², 익숙하다
なにげ(何気)に	슬그머니	なろうとしている	가다²
なにごと(何事)	웬일	なん(何)	몇, 뭐¹, 뭣, 아무것, 아무
なになに(何々)	무엇무엇		렇다
-なのか	-은지	なんか	따위, 뭣
-なので	-라서	なんだ	-냐
なのる(名乗る)	대다²	なん(何)だか	그냥
なべりょうり(鍋料理)	찌개	-なんて	-다니¹, -라니¹
なまえ(名前)	이름	なん(何)で	뭐하다
なまかじり(生かじり)	핥다	なんでも(〜ない)	아무렇다
なまけ(怠け)	게으르다	なんと(何と)	무려, 무어
なまける(怠ける)	피우다¹	なんとか	그나마
なまなましい(生々しい)	생생하다	なんとかと(何とかと)	무어
なみ(波)	물결, 파도	なんとなく	어쩐지, 절로
なみだ(涙)	눈물, 울음, 이슬	なんとなくさびしい(寂しい)	허전하다
なみだ(涙)がたまる	서리다	なんにん(何人)かの	몇몇
なみ(並)の	여간	なん(何)の	무엇, 아무¹
ナムサン(南山)	남산	なん(何)の考えもなく	무심코
ナムデムン(南大門)	남대문	なんぼく(南北)	남북
なめる	빨다², 핥다	なんやかんや	저런¹
なやまされる(悩まされる)	시달리다	に(二)	두¹, 두어, 이⁴
なやみ(悩み)	고민	に	(医者になる) 가¹, 이¹;
なやみくるしむ(悩み苦しむ)	고민하다		(私に言う) 게², 께, 다⁴,
-なら(するなら)	-ㄴ다면, -는다면, -다면,		더러³, 보고², 에게, 에게
	라면¹, -려면, 야², -으려면		로, 한테; (川に捨てる) 다
ならう(習う)	배우다		가²; (山に登る) ㄹ², 로,
ならされる(慣らされる)	길들이다		루, 에, 으로, 으루; (友
ならす	울리다		達に会う) 를; (解雇に他
ならない	되다, 안되다¹, 하다³		나라지 않다) 나⁶
ならない(しなければ〜)	하다²	に(察するに、)	-건대
ならば	-라면¹	-に(しに)	-러, -으러
ならぶ(並ぶ)	늘어서다, 서다, 줄²	にあう(似合う)	어울리다
ならべる	늘어놓다, 차리다	におい(臭い)	냄새
ならわし	풍습	にがい(苦い)	쓰다⁴

にがつ(二月)	이월	ニュース	뉴스
にぎる(握る)	움켜쥐다, 잡다, 쥐다	ニューヨーク	뉴욕
にく(肉)	고기	によって	말미암다
にくい(憎い)	밉다	にらみつける	노려보다, 노리다
にくたい(肉体)	육체	にる(似る)	닮다
に(二)ぐらい	두어	にる(煮る)	삶다, 익히다²
にくむ(憎む)	미워하다	にわ(庭)	뜰, 마당
にげさる(逃げ去る)	달아나다	にわかあめ(雨)	소나기
にげる(逃げる)	도망, 도망가다, 도망치다,	にわかにえた(得た)	벼락
	치다¹	にわとり(鶏)	닭
にごす(濁す)	흐리다²	にん(人)	인
にごる(濁る)	흐리다¹	にんき(人気)	인기
にさん(二三)	두세, 이삼	にんぎょう(人形)	인형
にし(西)	서쪽	にんげん(人間)	인간
にじ(虹)	무지개	にんげんてき(人間的)	인간적¹, 인간적²
にじっこ(二十)	스무	にんしき(認識)	인식
にしては(週末にしては)	치고	にんしき(認識)する	인식하다
にしても(するにしても)	-되	にんじょう(人情)	인정¹
にじゅう(二十)	스무, 이십	にんたいしん(忍耐心)	인내
にじゅう(二重)	이중	にんてい(認定)する	인정하다
にせ(偽)	가짜	にんにく	마늘
にせもの(偽物)	가짜	にんむ(任務)	임무
にちじょう(日常)	일상	-ぬ(人は見かけによらぬもの)	아니²
にちじょうてき(日常的)	일상적¹, 일상적²	ぬがせる(脱がせる)	벗기다
にちや(日夜)	밤낮	ぬく(抜く)	빼다, 뽑다
にちようび(日曜日)	일요일	ぬく(引き~)	내다¹
にっき(日記)	일기¹	ぬぐ(脱ぐ)	벗다
にっこう(日光)	햇빛	ぬぐう	닦다, 씻다, 훔치다²
にっこり	빙그레	ぬけだす(抜け出す)	벗어나다, 빠져나가다
にっこりと	활짝	ぬけてくる(抜けて来る)	빠져나오다
にってい(日帝)	일제	ぬけでる(抜け出る)	빠져나오다, 빼다
につれて(月が経つにつれて)	-ㄹ수록	ぬける(抜ける)	빠져나가다, 빠지다¹,
にている(似ている)	닮다, 비슷하다, 유사하다		뽑히다
にでも	이라도	ぬすむ(盗む)	훔치다¹
にとって(私~)	게²	ぬの(布)	옷감
になってこそ	-라야	ぬらす(濡らす)	적시다
には	-긴, 는¹, 만¹	ぬる(塗る)	바르다², 칠하다
には(なる~)	-려면, -으려면	ぬるい	미지근하다
には~だ(大変には大変だ)	하다³	ぬれる(濡れる)	젖다
にばんめ(二番目)	둘째	ね(根)	뿌리
にほん(日本)	일본	ね(私はね)	요¹
にほんご(日本語)	일본어	ね(うれしいね)	-구나, -군¹, -군⁶, -는구
にほんじん(日本人)	일본인		나, -는군, -는데, -아라
にもつ(荷物)	짐	ねいる(寝入る)	들다¹, 잠
にゅういん(入院)	입원	ねぇ	응
にゅういん(入院)する	입원하다	ねえさん(姉さん)	누나
にゅうがく(入学)	입학	ねがい(願い)	소원
にゅうがく(入学)する	입학하다	ねがう(願う)	바라다

ねかせる(寝かせる)	눕히다	のがし(逃し)たくない	지, -은가, -을까, -을지
ネギ	파¹	のがす(逃す)	아깝다
ねぎる(値切る)	깎다	のかと	놓치다
ネクタイ	넥타이	のかという	-느냐고
ねこ(猫)	고양이	のき(軒)	-느냐는
ねずみ	쥐	のこぎり	치마
ねそべる(寝そべる)	드러눕다	のこす(残す)	톱
ねたむ	나다	のこり(残り)	남기다, 내다¹, 두다²
ねたむ(妬む)	내다¹	のこる(残る)	나머지
ねだる	부리다¹	のさばる	남다
ねだん(値段)	가격¹	のせられる(乗せられる)	날뛰다
ねつ(熱)	열²	のせる(乗せる, 載せる)	실리다
ねつく(寝付く)	잠들다		싣다, 얹다, 올려놓다,
ネックレス	목걸이		올리다, 태우다²
ねっころがる(寝っ転がる)	뒹굴다	のぞきみる	들여다보다
ねっちゅう(熱中)する	열중하다	のぞく	들여다보다
ねってなおす(練って直す)	다듬다	のぞく(除く)	**빼놓다**, 빼다, 제외하다
ねて(寝て)いる	잠자다	のぞましい(望ましい)	바람직하다
ねどこ(寝床)	잠자리¹	のぞみ(望み)	소망
ねぼける(寝ぼける)	취하다¹	のぞむ(望む)	원하다
ねむい(眠い)	졸리다	のぞめない(望めない)	그르다
ねむいの(眠いの)	졸음	のち(後)に	다음
ねむり(眠り)	잠	のったりおりたり	
ねらう	노리다	(乗ったり降りたり)する	오르내리다
ねる(練る)	다듬다	ので	-ㄹ테니, -므로, -으므로,
ねる(寝る)	드러눕다		터¹
ねん(年)	년	のど(喉)	목, 목구멍
ねんだい(年代)	년대	のとおり(通り)	-다시피
ねんぶつ(念仏)	경²	のに	-건만, -ㄴ데도, -느라,
ねんをおす(念を押す)	다짐하다		-는데도, -은데¹
の	거, 것, 데, 의, -네²	のにおうじて(応じて)	만큼¹
-の(行くの?)	-는데	ののしられる	욕(~을 먹다)
のあいだずっと(の間ずっと)	내내	ののしり	욕, 욕설
のうがく(農楽)	놀이	のばす(伸ばす)	늘리다, 뻗다, 펴다
のうぎょう(農業)	농사, 농업	のばす(延ばす)	미루다
のうぎょう(農業)をする	농사짓다	のばして(伸ばして)	쭉
のうさぎょう(農作業)	농사일	のはら(野原)	들², 들판
のうさんぶつ(農産物)	농산물	のびのびと	기²
のうじょう(農場)	농장	のびる(伸びる)	뻗다
のうそん(農村)	농촌	のべる(述べる)	말하다
のうち(農地)	농토	のほうこそ(の方こそ)	야말로
のうち(家)の	-네²	のほうに(の方に)	에게로
のうふ(農夫)	농부	のぼってくる(登って来る)	올라오다
のうみん(農民)	농민	のぼったりおりたり	
のうり(脳裏)	뇌리	(昇ったり降りたり)する	오르내리다
のうりょく(能力)	능력	のぼる	오르내리다, 오르다,
ノート	노트, 공책		올라가다
-のか	-냐고, -느냐, -는가, -는	のませる(飲ませる)	먹이다

のみ	따름	ハエ	파리
のみこむ(飲み込む)	넘어가다, 삼키다	はえる(生える)	돋다, 돋아나다
のみもの(飲み物)	음료수	はおる(羽織る)	꿰다
のみや(飲み屋)	술집	はか(墓)	무덤
のむ(呑む)	머금다	バカ	바보
のむ(飲む)	마시다, 먹다	はかい(破壊)	파괴
のようだ	같다	はかい(破壊)される	파괴되다
のように	같이¹, 같이², 마냥¹, 양²,	はかい(破壊)する	파괴하다
	처럼	はがき(葉書)	엽서
のり(海苔)	김³	はがす(剥がす)	뜯다
ノリ	풀²	はかせ(博士)	박사
のりかえる(乗りかえる)	갈아타다	ばか(馬鹿)みたいに	괜히
のりき(乗り気)がしない	선뜻	ばかり	만¹
のりこえる(乗り越える)	넘다	ばかりか	뿐¹
のりこむ(乗り込む)	오르다, 올라타다	はかりごと	꾀
のりまきごはん		はかる(計る)	재다
(海苔巻きご飯)	김밥	ばか(馬鹿)をみた	괜히
のる(乗る)	타다¹	はきだす(吐き出す)	내뿜다
のろい	느리다	ハキハキと	씩씩하다
は	ㄴ², 는¹, 은¹	はきもの(履き物)	신³
は(派)	파²	はく(吐く)	내뱉다, 내뿜다, 내쉬다,
は(歯)	이⁷, 이빨		뱉다, 토하다
ば(洗濯場)	터²	はく(泊)	박¹
ば(場)	판¹	はく(掃く)	쓸다
-ば(行けば)	보다¹	はく(履く)	신다
ばあい(場合)	경우	はぐ	벗기다
はあく(把握)する	파악하다	はくさい(白菜)	배추
パーセント	퍼센트, 프로³	はくしゅ(拍手)	박수
パーティー	파티	ばくぜん(漠然)とした	막연하다
パートナー	짝	ばくだい(莫大)だ	엄청나다
はい	네¹, 예¹	ばくはつ(爆発)させる	터뜨리다
はい(灰)	재¹	ばくはつ(爆発)する	터지다
はい(杯)	그릇	はくぶつかん(博物館)	박물관
はい(肺)	폐²	はげしい(激しい)	거세다, 거칠다, 세다¹, 세
ばい(倍)	배³		차다, 심하다, 치열하다
ばい(水一杯)	모금	はげしく(激しく)降る	퍼붓다
はいきょ(廃虚)	폐허	はげむ(励む)	힘쓰다
はいぎょう(廃業)する	닫다	はこ(箱)	상자
はいけい(背景)	배경	はこぶ(運ぶ)	나르다, 옮기다, 운반하다
はいざら(灰皿)	재떨이	ハサミ	가위¹
ばいたい(媒体)	매체	はし(端)	가², 가장자리
はいたつ(配達)	배달	はし(箸)	젓가락
はいたつ(配達)する	배달하다	はし(橋)	다리²
はいゆう(俳優)	배우	はじ(恥)	부끄러움
はいる(入る)	담기다, 들다¹, 들어가다,	はしってくる(走って来る)	뛰어오다
	들어서다, 들어오다,	はじまり(始まり)	시작
	접어들다	はじまる(始まる)	비롯되다, 시작되다
はう	기다	はじめ(初め)	초¹, 초반

はじめて(初めて)	비로소, 처음¹, 처음², 최초	はっきりする	두드러지다¹, 똑똑하다
はじめる(始める)	비롯하다, 시작하다, 출발하다	バックする	빼다
ばしょ(場所)	자리, 장소	はっけん(発見)	발견
はしら(柱)	기둥	はつげん(発言)	발언
はしりまわる(走り回る)	다니다, 뛰어다니다	はっけん(発見)される	발견되다
はしる(走る)	달리다¹, 뛰다	はっけん(発見)する	발견하다
はず	리², 턱²	はっこう(発酵)させる	익히다²
バス	버스	ばっさりと	뚝¹
はずかしい(恥ずかしい)	부끄럽다, 창피하다	はっせい(発生)	발생
はずかしがる(恥ずかしがる)	타다⁵	はっせい(発生)する	발생하다
バスケ	농구	はっそう(発想)	발상
はずす(外す)	빼다, 풀다	はったつ(発達)	발달
バスターミナル	터미널	はったつ(発達)する	발달되다, 발달하다
はずむ(弾む)	들뜨다	ばったりあう(会う)	마주치다
バスルーム	목욕	パッチム	받침
はずれる(外れる)	벗어나다, 어긋나다, 풀리다	はってん(発展)	발전¹
はせる(馳せる)	날리다¹	はつでん(発電)	발전²
はだ(肌)	살갗, 피부	はってん(発展)させる	발전시키다
はたきおとす(はたき落とす)	훑다	はってん(発展)する	발전되다, 발전하다
はたく	털다	はっと	번쩍
はたけ(畑)	밭	ぱっと	번쩍, 탁, 확
はだざむい(肌寒い)	쌀쌀하다	はっぴょう(発表)	발표
はだし	맨발	はっぴょう(発表)する	발표하다
はたして(果たして)	과연	はつめい(発明)する	발명하다
はたち	스무	はてしない(果てしない)	끝없다
はたと	탁	はてしなく(果てしなく)	끝없이
ぱたぱたする	펄럭이다	はで(派手)だ	화려하다
はたらかせる(働かせる)	부리다²	はと(鳩)	비둘기
はたらき(働き)	역할	はな(花)	꽃
はたらく(働く)	일하다	はな(鼻)	코
はたらく(狼藉を働く)	부리다¹	はなさき(鼻先)	코끝
ぱたりと	뚝²	はなさく(花咲く)	피어나다
はち(八)	팔¹	はなし(話)	말¹, 소식, 얘기, 이야기
はち(蜂)	벌¹	はなしあい(話し合い)	의논
はちがつ(八月)	팔월	はなしごえ(話し声)	말소리
はちじっ(八十)	여든	はなして(放して)やる	날리다¹, 놓다²
はちじゅう(八十)	여든, 팔십	はなし(話)にする	꾸미다
はちにん(八人)	여덟	はなす(放す)	놓다²
はちまき(ハチマキ)	띠¹	はなす(話す)	얘기하다, 이야기하다, 하다¹
はちみつ(蜂蜜)	꿀	はなす(離す)	떼다, 벌리다
はつ(初)	첫	はなつ(放つ)	쏘다
はつ(発)	대⁵	はなのたね(花の種)	꽃씨
はつおん(発音)	발음	はなはだしきは	심지어
はつおん(発音)する	발음하다	はなばなしく(華々しく)	눈부시다
はっき(発揮)する	발휘하다	はなびら(花びら)	꽃잎
はっきょう(発狂)する	미치다¹	はなひらく(花開く)	피어나다
はっきり	뚜렷하다, 확실히	はなみず(鼻水)	코
		はなやか(華やか)だ	찬란하다, 화려하다,

	화사하다	はり(針)	바늘
はなれる(離れる)	떨어지다, 벗어나다	はりさける(張り裂ける)	터지다
はなをつくいしゅうの出る		はりめぐらす(張り巡らす)	치다²
(鼻を突く異臭の出る)	맵다	はる(春)	봄
はにかむ	타다⁵	はる(張る)	바르다², 입히다, 치다²,
はね(羽)	날개		펴다
はねあがる(跳ね上がる)	뛰다, 솟구치다	はる(欲を~)	부리다¹
はねあげる(跳ね上げる)	솟구치다	はる(値が~)	비싸다
はねる(跳ねる)	뛰다	はるか(遥か)だ	아득하다
はは(母)	어머니, 엄마	はるかに	훨씬
はば(幅)	폭¹	はるさめ(春雨)	봄비
パパ	아빠	はるのひ(春の日)	봄날
ははおや(母親)	엄마	はれつ(破裂)する	터지다
ははがた(母方)	외가	はれる(晴れる)	개다¹, 트이다
ははがたのおじ(母方のおじ)	외삼촌	はれる(腫れる)	붓다²
ははがたのそふ(母方の祖父)	외할아버지	ばれる	들키다
ははがたのそぼ(母方の祖母)	외할머니	はん(半)	반²
はばたく(羽ばたく)	치다¹	ばん(番)	번, 차례¹
ははは(ハハハ)	하하하, 허허²	パン	빵
は(歯)ブラシ	칫솔	はんい(範囲)	범위
はまる	박히다	はんえい(反映)する	반영하다
はみがきこ(歯磨き粉)	치약	ハンカチ	손수건
はめ	지경	ハンガン(漢江)	한강
はめこむ(はめ込む)	끼우다	ばんぐみ(番組)	프로¹
はめる	끼다¹, 끼우다, 차다⁴	ハングル	한글
ばめん(場面)	장면	はんこ(判子)	도장¹
はやい(速い)	빠르다	ばんごう(番号)	번호
はやい(早い)	빠르다, 이르다³	はんざい(犯罪)	범죄
はやく(早く)	바삐, 어서², 얼른, 일찍	ばんざい(万歳)	만세¹, 만세²
はやくから(早くから)	일찌감치, 일찍이	はんする(反する)	반하다¹, 벗어나다,
はやくはやく(早く早く)	빨리빨리		어긋나다
はやめる(速める)	재촉하다	はんせい(反省)する	반성하다
はやる(流行る)	유행	パンソリ	판소리
はら(腹)	배², 배꼽;	はんたい(反対)	반대
	(~を立てる), 약³, 화	はんたい(反対)する	반대하다
バラ	장미	はんだん(判断)	판단
はらいおとす(はらい落とす)	떨치다², 털다	はんだん(判断)する	판단하다
はらいこむ(払い込む)	붓다¹	はんちゅう(範疇)	범주
はらいっぱい(腹一杯)だ	배부르다	はんつき(半月)	보름
はらう(払う)	치르다²	はんとう(半島)	반도
はらがたつ(腹が立つ)	화나다	はんにん(犯人)	범인
パラソル	양산¹	はんのう(反応)	반응
はらだたしい(腹だたしい)	괘씸하다	はんぱ(半端)	장난
ぱらぱらおちる		はんばい(販売)	판매
(ぱらぱら落ちる)	흘러내리다	はんぷく(反復)	반복
ぱらぱらに	뿔뿔이	はんぶん(半分)	반², 절반
バランス	균형	ばんめ(番目)	번째
バランスよく	골고루	はんめん(半面)	반면

はんもん(反問)する	반문하다	ひざし(日差し)	햇살
ひ(日)	날, 날짜, 해²	ひさしい(久しい)	오래다
ひ(火)	불	ひさしぶり(久しぶり)	오래간만, 오랜만
び(美)	미¹	ひさん(悲惨)だ	비참하다
ピアノ	피아노	びしゃりと	탁
ひいては	나아가다	ひじゅう(比重)	비중
ビール	맥주	びじゅつ(美術)	미술
ひえびえ(冷え冷え)		ひじょう(非常)に	대단히, 썩
としている	썰렁하다	ひせき(碑石)	비석
ひがい(被害)	피해	ひそむ(潜む)	도사리다
ひかえる(控える)	앞두다	ひそめる(潜める)	숨기다
ひかく(比較)	비교	ひたい(額)	이마
ひかくてき(比較的)	비교적	ひたす(浸す)	잠그다²
ひかく(比較)する	비교하다	ひだり(左)	왼쪽
ひがし(東)	동쪽	ひだりて(左手)	왼손
ひかり(光)	빛	ひたる(浸る)	잠기다, 젖다
ひかれる(引かれる)	이끌리다	ひっかかる	걸리다¹, 넘어가다
ひかれる(惹かれる)	끌리다, 이끌리다	ひっかける	걸치다, 꿰다
ぴき(匹)	마리	ひっかぶる	쓰다³
ひきいる(率いる)	거느리다, 이끌다	びっくり	깜짝
ひきいれる(引き入れる)	끌어들이다, 넣다	ひっくりかえしてかき回す	들추다
ひきうける(引き受ける)	맡다¹	ひっくりかえす(返す)	뒤집다
ひきかえして(引き返して)	도로²	ひづけ(日付)	날짜¹
ひきこもる	들어앉다	ひっこし(引っ越し)	이사¹
ひきさく(引き裂く)	찢다	ひっこしいわい	
ひきしめる(引き締める)	차리다	(引っ越し祝い)	집들이
ひきずる(引きずる)	끌다	ひっこす(引っ越す)	이사하다
ひきだし(引き出し)	서랍	ひっこめる(引っ込める)	치우다¹
ひきつける(引きつける)	끌어들이다	ひつじ(羊)	양⁴
ひきつづく(引き続く)	계속하다	ひっしゃ(筆者)	필자
ひきぬく(引き抜く)	뜯다, 뽑다	びっしょり	푹, 흠뻑
ひきはなす(引き離す)	가르다	ひつぜんてき(必然的)	필연적
ひきよせる(引き寄せる)	끌어당기다	ひっそりとしている	고요하다
ひく(引く)	(そでを～) 끌다, 끌어당	ぴったり	딱
	기다; (辞書を～) 찾다;	ぴったりと	꼭², 바싹, 바짝
	(線を～) 긋다, 치다²; (数	ひっぱっていかれる	
	を～) 빼다; (田に水を～)	(引っ張っていかれる)	끌려가다
	대다²	ひっぱって(引っ張って)くる	끌어들이다
ひく(弾く)	치다¹	ひっぱられて(引っ張られて)	끌리다
ひく(鉄道を～)	놓다¹	ひっぱられる(引っぱられる)	끌려가다
ひくい(低い)	낮다	ひっぱる(引っ張る)	끌다, 당기다, 빼다,
ひくく(低く)する	낮추다		잡아당기다
ひくめる(低める)	낮추다	ひつよう(必要)	필요
ひげ	수염	ひつようせい(必要性)	필요성
ひげき(悲劇)	비극	ひつよう(必要)だ	필요하다
ひこうき(飛行機)	비행기	ひてい(否定)	부정²
ひこうき(飛行機)のチケット	비행기표	ひてい(否定)する	부정하다
ひざ(膝)	무릎	ひていてき(否定的)	부정적¹, 부정적²

ビデオ	비디오	ひま(暇)	틈
ひと(人)	남, 사람, 이[6]	ひま(暇)だ	한가하다
ひどい	고약하다, 심하다, 험하다	ひみつ(秘密)	비밀
ひといき(一息)	한숨[2]	ひめい(悲鳴)	비명
ひどいめ(目)にあう	혼	ひも	끈, 줄[2]
ひとえに	오직	ひもじい	지다[5]
ひとがら(人柄)	인심	ひゃく(百)	백
ひときわ	한결, 한껏, 한창	ひゃくまん(百万)	백만
びとく(美徳)	미덕	ひややか(冷ややか)だ	싸늘하다
ひとくさりやる	늘어놓다	ヒヤリとする	내려앉다
ひとこと(一言)	마디, 한마디	ひゆ(比喩)する	비유하다
ひとこと(一言)で	꼬집다	ひよう(費用)	비용
ひとしお	한층	ひょう(票)	표[1]
ひとしきり	한바탕	ひょう(表)	표[2]
ひとつ(一つ)	개[2], 덩어리(한~), 하나[1],	びょう(秒)	초[2]
	하나[2]	びょういん(病院)	병원
ひとつひとつ(一つ一つ)	하나하나[1], 하나하나[2]	ひょうか(評価)	평가[1]
ひとつ(一つ)に	한데[1]	ひょうか(評価)する	평가하다
ひとつ(一つ)にする	합치다	びょうき(病気)	병[1]
ひとつ(一つ)になる	합치다	ひょうげん(表現)	표현
ひとばん(一晩)	하룻밤	ひょうげん(表現)される	표현되다
ひとばんじゅう(一晩中)	밤새	ひょうげん(表現)する	표현하다
ひとびと(人々)	- 들[1]	ひょうし(表紙)	앞장[2]
ひとみ(瞳)	눈동자	ひょうじ(表示)	표시[2]
ひとめ(一目)	한눈[1]	ひょうじ(標示)	표시[1]
ひとめ(人目)	눈길	ひょうじ(表示)される	표시되다
ひとり(一人)	혼자[2]	ひょうじ(表示)する	표시하다[2]
ひとりごと(独り言)	혼잣말	ひょうじ(標示)する	표시하다[1]
ひとり(一人)で	혼자[1], 홀로	ひょうじょう(表情)	표정
ひとりひとり(一人一人)	각자	びょうどう(平等)	평등
ひとりふたり(一人二人)	한두	ひょうばん(評判)	평[2]
ひなん(非難)	비난	ひょうめん(表面)	표면
ひなん(非難)する	비난하다	ひよこ	병아리
ビニール	비닐	ひょうしぬけ(拍子抜け)する	맥
ひにん(否認)する	부인하다	びょうしゃ(描写)	묘사
ひねる	틀다	びょうしゃ(描写)する	묘사하다
ひのうちどころ(非の打ち所)	나무라다	ひょっとしたら	어쩌면[1], 혹[2]
ひのうちどころ(非の打ち		ひらい(飛来)する	날아오다
どころ)が無い	더하다[2]	ひらかれる(開かれる)	벌어지다[1], 열리다
ひのて(火の手)	불길	ひらく(開く)	개척하다, 뜨다[1], 벌리다,
ひばな(火花)	불꽃		벌어지다[2], 열다, 열리다,
ひはん(批判)	비판		펴다
ひはん(批判)する	비판하다	ひらける(開ける)	트이다, 펼치다
ひび(日々)	나날	ひりつ(比率)	비율
ヒビ	금[2]	ぴりぴりしている	날카롭다
ひびく(響く)	울리다	ひる(昼)	낮
ビビンパ	비빔밥	ビル	빌딩
ひふ(皮膚)	피부	ひるね(昼寝)	낮잠

ひれふす(ひれ伏す)	엎드리다	ふく(吹く)	불다¹, 불다²
ひろい(広い)	넓다	ふく(拭く)	찍다², 훔치다²
ひろう(拾う)	줍다, 집다	ふく(服)	옷
ひろがる(広がる,拡がる)	번지다, 퍼지다, 확대되	ふく(幅)	폭¹
	다; (畑が~) 놓이다	ふく(福)	복
ひろく(広く)	널리	ふく(噴く)	뿜다
ひろげる(広げる)	넓히다, 벌리다¹, 젖히다,	ふく(タオルで~)	닦다
	펴다, 펼치다	ぷく(服)	모금
ひろさ(広さ)	넓이	ふくざつ(複雑)だ	복잡하다
ひろば(広場)	광장	ふくし(福祉)	복지
びん(瓶)	병²	ふくしゅう(復習)	복습
ひんい(品位)	품위	ふくしゅうしん(復讐心)を	
びんかん(敏感)だ	민감하다	燃やす	갈다²
ひんこん(貧困)	가난, 빈곤	ふくそう(服装)	복장²
ひんしつ(品質)	품질	ぷくぷくと	뚱뚱하다
ぶ(部)	부¹	ふくべ	바가지¹, 박²
ぶあいそう(無愛想)だ	퉁명스럽다	ふくまれる(含まれる)	포함되다
ふあん(不安)	불안	ふくむ(含む)	머금다, 물다¹, 포함하다
ふあん(不安)だ	불안하다	ふくらます(膨らます)	불다²
フィルム	필름	ふくらむ(膨らむ)	부풀다
ふう(風)	식¹	ふくれる	부르다²
ふうけい(風景)	풍경	-ぶくろ(袋)	봉지, 봉투
ふうせん(風船)	풍선	ふける(老ける)	늙다
ふうぞく(風俗)	풍속	ふける(幸せに~)	잠기다
ふうとう(封筒)	봉투	ふこう(不幸)	불행
ふうふ(夫婦)	내외, 부부	ふごう(符号)	부호
ふえる(増える)	늘다, 늘어나다	ふこう(不幸)だ	불행하다
フェンス	담장	ふさがる(塞がる)	막히다
ぶか(部下)	아랫사람	ふさぐ	막다
ふかい(深い)	깊다, 두텁다, 진하다, 짙다	ふさわしい	걸맞다
ふかく(深く)	깊이¹, 깊숙이	プサン(釜山)	부산
ふかくじつ(不確実)だ	불확실하다	ふしぜん(不自然)だ	어색하다
ふかさ(深さ)	깊이²	ぶしつけに	없이
ふかす	찌다²	ぶじ(無事)に	무사히
ふかのう(不可能)だ	불가능하다	ふしょう(負傷)	부상
ふかひ(不可避)だ	불가피하다	ふじん(夫人)	부인¹
ふかふかした	포근하다	ふじん(婦人)	부인²
ふかぶか(深々)と	푹	ふす	눕다, 드러눕다
ふかまる(深まる)	가다², 깊다	ふせい(不正)	부정¹
ふかみ(深み)	깊이²	ふせぐ(防ぐ)	막다
ぶき(武器)	무기	ふせる(伏せる)	덮다
ふきあげる(噴き上げる)	내뿜다	ふせる(欲望を~)	눕히다
ふきかける(吹きかける)	뿜다	-ぶそく(不足)	부족¹
ふきだす(噴き出す)	뿜다	ぶぞく(部族)	부족²
ふきでる(吹き出る)	돋아나다	ふそくしてこまる	
ふきとぶ(吹き飛ぶ)	떠나가다²	(不足して困る)	몰리다
ぶきよう(不器用)だ	서투르다	ふそく(不足)する	부족하다
ふきん(付近)	부근	ふた	뚜껑

ふた(二)	두[1]	ふゆ(冬)	겨울
ぶた(豚)	돼지	ふゆかい(不愉快)だ	불쾌하다
ぶたい(舞台)	무대	ぶよう(舞踊)	무용
ぶたい(部隊)	부대	プライド	긍지
ふたたび(再び)	다시, 또다시	ぶらさがる(ぶら下がる)	늘어지다, 매달리다
ふたつ	둘	プラスチック	플라스틱
ふたり(二人)	둘, 둘이	ぶらつく	비틀거리다
ぶたれる	두들기다	ぶらぶらあそぶ(遊ぶ)	뒹굴다
ふたん(負担)	부담	ふられる(降られる)	맞다[2]
ふだん	평소	フランス	프랑스
ぶちまける	쏟다, 퍼붓다	ふり(知らないふり)	척[1], 체
ぶちょう(部長)	부장	ぶり(十年～)	만[3]
ふつう(普通)	보통[1]	ふりかえって	
ふつか(二日)	이틀	(振り返って)みる	돌아다보다, 돌이키다
ぶっか(物価)	물가[1]	ふりかえる(振り返る)	돌아보다, 되돌아보다,
ぶつかる	당하다, 부딪치다,		뒤돌아보다
	부딪히다	ふりきる(振り切る)	뿌리치다
ぶっきょう(仏教)	불교	ふりまわす(振り回す)	휘두르다
ぶっきらぼうだ	퉁명스럽다	ふりをする	척하다, 체하다[1]
ぶつぎり(ぶつ切り)	토막	ふる(降る)	내리다
ぶっくりと	툭	ふる(振る)	젓다, 치다[1], 흔들다
ぶっし(物資)	물자	ふる(水を～)	붓다[1]
ぶっしつ(物質)	물질	ふるい(古い)	낡다, 오래되다, 오랜, 헌
ぶっしつてき(物質的)	물질적[1], 물질적[2]	ぶるい(部類)	축[1]
ぶっだ(仏陀)	부처	ふるいおとす(落とす)	떨치다[2]
ぶったい(物体)	물체	ふるう	토하다
ぶって	체	フルーツジュース	주스
ふって(降って)くる	내려오다	ふるえる(震える)	떨다[1], 떨리다
ぶつんと	툭	ふるく(古く)なる	오래되다
ふで(筆)	붓	ふるさと	고장[1]
ふと	문득	ぶるぶるふるえる	떨다[1]
ふとい(太い)	굵다	ふるまう(振舞う)	굴다, 떨다[2]
ブドウ	포도	ぶれい(無礼)に	함부로
ふところ(懐)	품	プレゼント	선물
ふとる(太る)	살찌다, 찌다[1]	プレゼントする	선물하다, 안기다[1]
ふとん(布団)	이불	ふれる(触れる)	건드리다, 닿다
ふね(船)	배[1]	ふろ(風呂)	목욕
ぶひん(部品)	부품	プロ	프로[2]
ふふん	흥[1]	プログラム	프로그램
ぶぶん(部分)	대목, 부분	ふろば(風呂屋)	목욕
ふべん(不便)	불편	ぶん(文)	글, 문장
ふべん(不便)だ	불편하다	ぶん(分)	몫, 분[2], 양[1], -어치, 치[2]
ふまん(不満)	불만, 아쉬움	ふんいき(雰囲気)	기운, 분위기
ふみいれる(踏み入れる)	들여놓다	ぶんか(文化)	문화
ふむ(踏む)	밟다, 치다[2]	ぶんがく(文学)	문학
ふもと	기슭	ぶんかざい(文化財)	문화재
ぶもん(部門)	부문	ぶんかてき(文化的)	문화적[1], 문화적[2]
ふもんにふす(不問に付す)	넘어가다	ぶんせき(分析)	분석

ぶんせき(分析)する	분석하다	へんじ(返事)	답장, 대꾸, 대답
ぶんだん(分断)	분단[2]	へんじ(返事)する	대꾸하다
ぶんなぐる	두들기다	へんしゅう(編集)	편집
ぶんぽう(文法)	문법	へんしん(変身)する	변신하다
ぶんぼうぐ(文房具)	문방구	へん(変)だ	이상하다
ぶんぼうぐや(文房具屋)	문방구	ベンチ	벤치
ぶんめい(文明)	문명	へんどう(変動)	변동
ぶんや(分野)	분야	べんとう(弁当)	도시락
ぶんり(分離)	분리	べんり(便利)だ	편리하다
ぶんり(分離)する	분리하다	ほ(歩)	걸음, 발자국
ぶんりょう(分量)	분량	ぼいん(母音)	모음
へい(兵)	군사[1]	ほう	하[2], 허, 호[2]
へい(塀)	담[1], 담벼락	ほう(方)	쪽[1], 편[1]
べい(米)	미[2]	ほう(法)	법[2]
へいきん(平均)	평균	ぼう(棒)	막대기
べいぐん(米軍)	미군	ぼう(某氏)	모[1], 모[2], 아무개
へいこう(閉口)する	질리다[1]	ほうえい(放映)する	내보내다
へいじつ(平日)	평일	ぼうえき(貿易)	무역
へいそ(平素)	평소	ぼうがい(妨害)する	방해하다
へいぼん(平凡)だ	평범하다	ほうがい(法外)な料金	바가지[1]
へいや(平野)	평야	ほうき(放棄)する	포기하다
へいわ(平和)	평화	ほうげん(方言)	말씨
へいわ(平和)だ	평화롭다	ぼうけん(冒険)	모험
ページ	쪽[2]	ほうこう(方向)	방향
べきだ	옳다	ほうこく(報告)	보고[1]
へそ	배꼽	ほうこくしょ(報告書)	보고서
ぺたっと	털썩	ほうこく(報告)する	보고하다
べつ(別)	- 별[3]	ほうし(奉仕)	봉사
ベッド	침대	ぼうし(帽子)	모자
べつ(別)に	따로, 별[2], 별로	ほうしき(方式)	방식
べつ(別)の	별개	ほうし(奉仕)する	봉사하다[1]
べつもの(別物)	별개	ぼうし(防止)する	방지하다
へび(蛇)	뱀	ほうしゅう(報酬)	보수[1]
へや(部屋)	방, 방안[1]	ほうじょう(豊穣)だ	살찌다
へやのと(部屋の戸)	방문[2]	ぼうぜんと	우두커니
へらす(減らす)	덜다	ほうそう(放送)	방송
ぺらぺら無礼な話をする	굴리다	ほうそうきょく(放送局)	방송국
へる(経る)	거치다, 겪다, 치르다[1]	ほうそく(法則)	법칙
へる(減る)	줄다	ほうちょう(包丁)	칼
ベル	벨	ほうって(放って)おく	내버리다
ベルト	벨트	ぼうっと	멍하니
へん(編)	편[2]	ほうどう(報道)	보도[2]
へんか(変化)	변화	ぼうとう(冒頭)	첫머리
へんか(変化)する	변화되다, 변화하다	ほうねん(豊年)	풍년
べんきょう(勉強)	공부	ほうふ(豊富)だ	풍부하다
べんきょう(勉強)する	공부하다	ほうほう(方法)	방법
へんけん(偏見)	편견	ほうもん(訪問)	방문[1]
べんごし(弁護士)	변호사	ほうもん(訪問)する	방문하다

ほうりこむ(放り込む)	털다	ほどう(歩道)	보도[1]
ほうりつ(法律)	법률	ほどこす(施す)	베풀다
ほうりなげる(放り投げる)	팽개치다	ほどなく	이내[1]
ぼうりょく(暴力)	폭력	ほどに(高さ〜)	만큼[2]
ほえる	짖다	ほどほどに	그만
ほお(頬)	볼[1], 뺨	ほどよい	알맞다
ほお(頬)づえ	턱[1]	ほとんど	거의, 대부분
ほおばる	물다	ポトンと	뚝[1], 툭
ボール	공[1], 볼[2]	ほね(骨)	뼈
ボール遊び	공놀이	ほね(骨)をおる	수고하다, 애쓰다
ボールペン	볼펜	ほのお(炎)	불길, 불꽃
ほか	달리	ほほう	허허[1]
ほか(他)	외	ほめる	기리다
ほか(他)の	다르다, 딴	ぼやきながら	투덜거리다
ぽかぽかする	포근하다	ほりかえす(掘り返す)	파헤치다
ほかん(保管)する	보관하다	ほる(掘る)	캐다, 파다
ぽきんと	뚝[1]	ほる(彫る)	새기다, 파다
ぼくし(牧師)	목사	ほれる(惚れる)	반하다[2]
ぼくじょう(牧場)	목장	ほろ(幌)	포장[2]
ほぐれる	풀리다	ポロリと	뚝[1]
ほくろ	점[2]	ほん(本)	책
ポケット	주머니, 호주머니	～ほん(ぼん)(本)	(木一本) 그루; (矢一本)
ほけん(保険)	보험		대[5]; (焼酎二本) 병[2]; (謄
ほご(保護)	보호		本二通) 통[4]
ほこさき(矛先)	화살		
ほご(保護)する	보호하다	ほんかくてき(本格的)	본격적
ほこらしい(誇らしい)	자랑스럽다	ほんけ(本家)	큰댁
ほこり	먼지	ほんしつ(本質)	본질
ほし(星)	별[1]	ほんしつてき(本質的)	본질적[1], 본질적[2]
ほしい(欲しい)	가지다[1], 갖다[1]	ぽんと	탁
ほしい(助けて〜)	달다[1]	ほんとう(本当)	실제[1], 정말[2]
ほじくる	쑤시다[1]	ほんとう(本当)に	정말[1], 정말로, 정작,
ほしまわり(星回り)	팔자		진정, 진짜, 참[1]
ほしゅ(保守)	보수[2]		
ほしゅう(補修)	보수[3]	ほんとうのきもち	
ほしょう(補償)	보상	(本当の気持ち)	진심
ほす(干す)	말리다[1]	ほんにん(本人)	본인[1], 본인[2]
ほそい(細い)	가늘다, 좁다	ほんの	아주
ほぞん(保存)する	보존하다, 저장하다	ほんのいっとき(一時)	잠깐[2]
ボタン	단추	ほんのう(本能)	본능
ほっつきあるく(〜歩く)	쏘다니다	ポンポン	신나다
ほっと	탁	ほんもの(本物)	진짜
ぼっとう(没頭)する	매달리다, 몰두하다	ぼんやりしている	희미하다
ぽつりと	불쑥	ぼんやりする	흐리다[1]
ポツンと	뚝[3]	ぼんやりと	물끄러미
ほてる	달아오르다, 오르다	ほんらい(本来)	본래[1], 본래[2]
ホテル	호텔	ま(間)	사이
ほど	가량, 만큼[1], 〜을수록, 정도	まあ	아유, 원[3], 음[1]
		まあまあだ	웬만하다
		まい(枚)	장[1]

まい(行く～)	말다[2]
まいあがる(舞い上がる)	솟아오르다
まいおりる(舞い降りる)	내려앉다
まいかい(毎回)	매번
マイク	마이크
まいこむ	찾아들다
まいとし(毎年)	매년
まいにち(毎日)	날마다, 매일, 맨날
まう(舞う)	날리다[2]
まえ(前)	앞, 전
まえ(前)もって	미리
まえもってかう	
(前もって買う)	예매하다
まかせる(任せる)	맡기다
まがって(曲がって)いない	곧다
まがる(曲がる)	굽다[2]
まく(巻く)	두르다
まく(種を～)	뿌리다
まく(マフラーを～)	감다[3]
まく(幕)	부[1], 자리
まくら(枕)	베개
まくる	까다, 벗기다
まくる(袖を～)	부치다[3](걷어～)
マクワウリ	참외
まける(負ける)	지다[4]
まげる(曲げる)	굽히다
まご(孫)	손자
まごころ(真心)	정성
まこと(真)の	참답다, 참되다
まさか	설마, 에이
まさに	바로, 정작
まざる(混ざる)	끼다[3]
ましだ	낫다[1]
-ました	-어요
-ましたか	-던가요
-ましたね	-더군요
-ましょう	-라[1], -ㅂ시다, -세[3],
	-아요, -어야죠, -지요
-ましょうか	-ㄹ까요
まじる(混じる)	끼어들다, 끼여들다,
	섞이다
ます(増す)	더하다[1], 더하다[2]
-ます	-소[1], -아요, -어요, -여요,
	-예요, -오[2]
まず(先ず)	우선, 일단, 첫째[2]
まずい	맛
-ますか	-ㄹ래요, -ㅂ니까, -세요,
	-습니까, -을까요
-ますから	-구요, -니까요
マスコミ	언론
まずしい(貧しい)	가난하다
-ますね	-ㄹ게요, -ㄹ께요
-ますね(知って～)	-네요
ますます	날로
-ますよ	-ㄹ래요
まぜる(混ぜる)	비비다, 섞다
また	다시, 또, 또한
まだ	미처, 아직, 채[2]
またたくま(～間)	순식간
またと	또
または	또는
まだまだである	멀다
まち(町)	거리[1], 동네, 마을
まちがい(間違い)	잘못[2]
まちがい(間違い)なく	어김없이
まちがいでんわ(間違い電話)	걸리다[1]
まちがいなく(間違いなく)	틀림없이
まちがう(間違う)	잘못되다, 잘못하다,
	틀리다
まちがえる(間違える)	잘못[2]
まちがった(間違った)	그르다
まちかど(街角)	길목
まつ(末)	말[2]
まつ(松)	소나무
まつ(待つ)	기다리다
まっか(真っ赤)だ	빨갛다
まっき(末期)	말기
まっくら(真っ暗)だ	깜깜하다, 캄캄하다
まっくろ(真黒)だ	새까맣다, 시커멓다
まっこう(真っ向)	정면
マッコリ	막걸리
まっさお(真っ青)になる	질리다[1]
まっすぐ	곧장
まっすぐだ	곧다
まっすぐに	똑바로
まったく(全く)	도대체, 도무지, 영[2], 전혀
マッチ	성냥
まっとうする	감당하다
まっぷたつ	토막(두 ～)
まつり(祭り)	잔치
まつわる	얽히다
まで	까지, 마저
まど(窓)	창, 창문
まどぎわ(窓際)	창가
まどのそと(窓の外)	창밖
まとめられる	묶이다

まとめる	꾸리다, 엮다	みぎ(右)	오른쪽
まともに	제대로	みぎて(右手)	오른손
まなぶ(学ぶ)	배우다	みこ(巫女)	무당
まね	흉내	みじかい(短い)	짧다
まねく(招く)	초래하다	みじたく(身支度)	복장
まねる	흉내내다	みしらぬ(見知らぬ)	낯설다, 웬
まひる(真昼)	대낮	ミス	미스, 실수
まぶしい	눈부시다, 어지럽다	みず(水)	물, 물줄기
まぼろし(幻)	환영[2]	みずうみ(湖)	호수
まま(生きた〜)	채[1]	みずから(自ら)	스스로[1]
まめ(豆)	꼬마, 콩	みずけ(水気)	물기
まめもやし(豆モヤシ)	콩나물	みずべ(水辺)	물가[2]
まもなく	이어(곧 〜)	みせる(見せる)	내보내다, 보이다[2],
まもる(守る)	지키다		부리다[2]
まゆげ(眉毛)	눈썹	みそ(味噌)	된장
まよう(迷う)	망설이다	みたいだ	듯[1]
まる(丸)	동그라미	みだしなみ(身だしなみ)	몸가짐
まるい(丸い)	동그랗다, 둥글다	みたす(満たす)	채우다[1], 충족시키다
まるく(丸く)する	웅크리다	みため(見た目)	외모
まるで	꼭[1], 마치	みだれて(乱れて)いる	어지럽다
まわす(回す)	감다[3], 돌리다, 틀다	みち(道)	길, 도[4]
まわって(回って)みる	돌아보다	みちた(満ちた)	가득하다
まわり(周り)	주위	みちて(満ちて)いる	가득하다
まわる(回る)	구르다[1], 돌다, 돌아가다,	みちばた(道端)	길가, 옆
	찾아다니다	みちびく(導く)	이끌다
まん(万)	만[2]	みちる(満ちる)	차다[1]
まんいち(万一)	만약[2]	みっか(三日)	사흘
まんいん(満員)	만원	みつごのたましい	
まんが(漫画)	만화	(三つ子の魂)	버릇
マンション	아파트	みっせつ(密接)だ	밀접하다
まんぞく(満足)	만족	みっつめ(三つ目)	셋째
まんぞく(満足)する	만족하다	みつめる(見つめる)	쳐다보다
まんなか(真ん中)	한가운데	みている	두다[2]
まんねんひつ(万年筆)	만년필	みとおし(見通し)	전망
み(実)	열매	みとおす(見通す)	내다보다
みあげる(見上げる)	올려다보다, 올리다	みどころ	구경거리
みいらとりがみいらになる		みとどける(見届ける)	지켜보다
(ミイラ取りがミイラになる)	혹[1]	みとめ(認め)	인정[2]
みうごき(身動き)	꼼짝	みとめられる(認められる)	인정받다
みえて(見えて)いる	뻔하다[2]	みな	온통
みえる(見える)	드러나다, 띄다[1](눈에 〜),	みな(皆)さん	여러분
	보이다[1], 뵈다[2]	みなそれぞれ	저마다
みおろす(見下ろす)	내려다보다	みなと(港)	항구
みがきあげる(磨きあげる)	갈다[2]	みなみ(南)	남쪽
みかけ(見かけ)	생김새	みならう(見習う)	본받다
みかた(味方)	편[3]	みなり(身なり)	옷차림, 차림
ミカン	귤	みなれた(見慣れた)	낯익다
みき(幹)	줄기	みなれない(見慣れない)	낯설다

みぬく(見抜く)	알아차리다	むし(虫)	곤충, 벌레
みのうえ(身の上)	신세, 처지	むしあつい(蒸し暑い)	무덥다
みのる(実る)	익다[1]	むし(無視)する	무시하다
みぶり(身振り)	몸짓	むじゅん(矛盾)	모순
みぶるい(身震い)する	떨다[1]	むじょうけん(無条件)	무조건
みぶん(身分)	신분	むじょう(無情)だ	무심하다
みまもる(見守る)	지켜보다	むしょう(無性)に	공연히
みまわす(見回す)	두르다, 둘러보다,	むしりとる(むしり取る)	뜯다
	살펴보다	むしる	떼다
みみ(耳)	귀	むしろ	도리어, 차라리
みみもと(耳元)から離れない	맴돌다	むしん(無心)だ	무심하다
みゃく(脈)	맥	むす(蒸す)	찌다[2]
みゃくらく(脈絡)	맥락	むすう(無数)だ	무수하다
みょう(妙)だ	묘하다	むずかしい(難しい)	까다롭다, 어렵다
みらい(未来)	미래	むすこ(息子)	아들
みられる(見られる)	들키다	むすびつける(結びつける)	연결시키다, 연결하다
みりょく(魅力)	매력	むすぶ(結ぶ)	매다[1], 맺다
みる(見る)	꾸다, 보다[1], 쳐다보다	むすぶ(実が~)	맺히다
みる(して~)	보다[2]	むすめ(娘)	딸
みる(見る)に忍びない	차마	むせきにん(無責任)に	마구
みをむすぶ(実を結ぶ)	나다	むせびなく(むせび泣く)	흐느끼다
みんかん(民間)	민간	むせぶ	메다[2]
みんしゅう(民衆)	민중	むぞうさ(無造作)に	아무렇게나
みんしゅか(民主化)	민주, 민주화	むだ	낭비
みんしゅしゅぎ(民主主義)	민주주의	むだだ	쓸데없다
みんぞく(民俗)	민속	ムチ	매, 회초리
みんぞく(民族)	겨레, 민족	むちゅう(夢中)で	정신없이
みんな	모두[1], 모두[2], 얘[1], 우리[1]	むちゅう(夢中)になる	흠뻑
みんよう(民謡)	민요	むつまじい	정답다
む(無)	무[2]	むとんちゃく(無頓着)だ	무심하다
むいみ(無意味)だ	무의미하다	むなしい(虚しい)	공허하다, 허무하다
むかい(向かい合う)	마주	むね(胸)	가슴, 품
むかいがわ(向かい側)	맞은편	むねん(無念)だ	억울하다
むかう(向かう)	대다[2], 향하다	むやみに	함부로
むかえる(迎える)	맞다[3], 맞이하다	むら(村)	고을
むかし(昔)	옛날, 지난날	むり(無理)	무리[2]
むかし(昔)の	옛	むり(無理)をとおす	부리다[1]
むかんけい(無関係)だ	무관하다	むれ(群れ)	떼[1], 무리[1]
むかんしん(無関心)だ	무관심하다	むんずと	꽉
むぎ(麦)	보리	め(目)	눈[1], 안목
むきだす(むき出す)	드러내다	め(芽)	싹[1]
むく	까다, 벗기다	め(汚い目)	꼴
むく(向く)	돌아보다	め(二日目)	- 째
むくいる(報いる)	보답하다	めい(名)	명[2]
むこ(婿)	사위[1]	めいかく(明確)だ	분명하다
むこう(向こう)	너머, 저편	めいかく(明確)に	분명히
むこうがわ(向こう側)	건너, 건너편	めいし(名士)	명사[1]
むこうに	저쪽	めいし(名詞)	명사[2]

めいせつ(名節)	명절	もじ(文字)	글자, 문자
めいだい(命題)	명제	もしかしたら	혹시
めいはく(明白)だ	명백하다, 뻔하다²	もしかして	혹²
めいよ(名誉)	명예	もしもし	여보세요
めいれい(命令)	명령	もしや	행여
めいろう(明朗)だ	명랑하다	もすこし	좀더
めいわく(迷惑)	폐¹	もたげる	쳐들다
めうえのかた(目上の方)	웃어른	もたせる(持たせる)	안기다¹
めうえのひと(目上の人)	어른	もたもたする	머뭇거리다
メーター	미터	もたらす	가져오다, 안기다¹
めがね(眼鏡)	안경	もたれかかる	기대다
めぐまれる(恵まれる)	타고나다	もたれる	체하다²
めぐらす(垣根を~)	두르다, 치다²	もち(餅)	떡
めぐらす(知恵を~)	굴리다, 내다¹.	もちあげる(持ち上げる)	쳐들다
めぐる	놓다², 두다², 둘러싸다	もちろん	물론¹, 물론²
めざめる(目覚める)	깨다²	もつ(持つ)	가지다¹, 갖다¹, 두다¹,
めしあがる(召し上がる)	잡수시다		들다², 지니다
めだつ(目立つ)	두드러지다²	もったいない	아깝다
めちゃくちゃ	엉망	もって(持って)いく	가져가다
めつき(目つき)	눈초리, 눈빛	もって(持って)くる	가져오다
めでる(愛でる)	좋아하다	もっと	더¹, 더욱, 더욱더, 좀더
めどがつかない	아득하다	もっとひどい	더하다²
め(目)につく	뛰다	もっとも(最も)	가장³
め(目)のまえ(前)	눈앞	もっとも	하기야
めん(面)	면²	もっともっと	훨씬
めん(麺)	국수	もてなし	대접
めんかい(面会)	면회	もてなす	대접하다
めんどう(面倒)	신세	モデル	모델
めんどうくさい(面倒くさい)	번거롭다	もと(下)	아래, 하¹
めんどう(面倒)だ	까다롭다	もと(元)	원래²
めんどう(面倒)みる	보살피다	もと(基)	바탕, 토대
も	고⁴, 나², 도¹, 두², 또한,	もどかしい	답답하다, 안타깝다
	며², 이나, 조차	もどす(戻す)	돌리다
もう	그만, 더¹, 벌써, 이제²,	もとづく(基づく)	두다²
	이제³, 인제²	もとどおり(通り)	제자리
もういちど(一度)	다시	もとのばしょ(場所)	제자리
もうける	따다	もとめる(求める)	구하다¹
もうしわけ(申し訳)ない	죄송하다	もともと(元々)	워낙, 원래¹
もえあがる(燃え上がる)	달아오르다, 타오르다	もどる(戻る)	되돌아가다, 되돌아오다,
もえる(燃える)	불타다		돌아가다
もくげき(目撃)する	목격하다	もの	거, 것, 마련, 법¹, 터¹
もくぜん(目前)	눈앞	もの(ノーベル賞~)	- 감³
もくてき(目的)	목적	もの(物)	물건
もくてきち(目的地)	목적지	もの(者)	자⁴
もくひょう(目標)	목표	ものがたり(物語)	이야기
もくもく(黙々)と	묵묵히	ものごい(物乞い)する	빌다², 얻어먹다
もくようび(木曜日)	목요일	ものごころ(物心)	철³
もし	만약¹, 만일, 혹², 혹시	ものしずか(物静か)だ	차분하다

ものすごい	지독하다	やさい(野菜)	야채, 채소
ものなれた	익숙하다	やさしい(易しい)	쉽다
もののね(物の値)	값	やさしい(優しい)	다정하다, 상냥하다,
ものめずらしい(物珍しい)	신기하다		자상하다, 착하다
もはん(模範)	모범	やさしく(易しく)	간단히
もみじ(紅葉)	단풍	やさしく(易しく)する	풀다
もむ(気を〜)	태우다¹	やしなう(養う)	기르다, 먹이다
もも(モモ)	복숭아	やすい(安い)	싸다²
もやす(燃やす)	태우다¹	やすい(汚れ〜)	타다⁵
もよう(模様)	무늬	やすっぽい(安っぽい)	값싸다
もらう(お金を〜)	받다, 얻다, 타다³	やすみ(休み)	방학
もらう(おつりを〜)	거스르다²	やすむ(休む)	쉬다¹
もり(森)	숲	やすやすと	살짝
もりあがる(盛り上がる)	솟아오르다	やせる(痩せる)	마르다²
もりこまれる(盛り込まれる)	담기다	やたい(屋台)	포장²
もりこむ(盛り込む)	담다	やたら	괜히, 마구
もる(盛る)	담다	やたらに	마구
もれなく	두루	やつ(奴)	그놈, 녀석, 놈, 자식
もれる(漏れる)	새다¹	やつ(彼奴)	저것
もろくやわらか		やっき(躍起になって)	기²
(もろく柔らか)だ	여리다	やっきょく(薬局)	약국
もん(門)	대문	やってくる	찾아오다
もん(お金が何文)	푼	やってる(演説〜)	까다
もんか(笑う〜)	ㄹ³	やっと	겨우, 그제서야, 그제야
もんく(文句)	불평	やっぱり	역시
もんだい(問題)	문제, 탈²	やなぎのき(柳の木)	버드나무
や(矢)	화살	やね(屋根)	지붕
や(屋)	가게	やはり	역시, 역시²
や	및, 이나, 이니	やぶる(破る)	깨다¹
やいなや	-자², -자마자	やぶる(破る)	깨뜨리다, 어기다
やがい(野外)	야외	やぶれる(破れる)	깨지다, 터지다
やがて	이윽고	やま(山)	산
やかん	주전자	やまおく(山奥)	산골
ヤギ	염소	やまかわ(山川)	강산
やきにく(焼き肉)	불고기	やままち(山道)	산길
やきゅう(野球)	야구	やみ(闇)	어둠
やく(役)	쓸모	やむ(止む)	그치다
やく(約)	약²	やむ(病む)	병들다
やく(焼く)	굽다¹	やむなく	그만
ヤクザ	주먹	やめる	그만두다, 그만하다²,
やくすいのでる(薬水の			그치다, 내놓다, 두다²,
出る)ところ	약수터		말다², 멈추다, 물러가다
やくそく(約束)	약속		
やくそく(約束)する	약속하다	ややもすれば	자칫
やくだつ(役立つ)	도움	やら	니⁵
やくわり(役割)	구실¹, 노릇, 몫, 역할	やられる	당하다
やけに	유난히	やりすごす(やり過ごす)	넘기다, 지나치다²
やける(焼ける)	타다²	やりとり	-거니
		やる	주다²

やる(して~)	주다¹	ゆめみる(夢見る)	꿈꾸다
やる(おつりを~)	거스르다²	ゆるされる(許される)	용서
やる気	기²	ゆるし(許し)	용서
やろう(野郎)	이놈	ゆるす(許す)	용서하다
やわらかい(柔らかい)	부드럽다, 연하다	ゆるまる(緩まる)	풀리다
やわらか(柔らか)だ	여리다	ゆれる(揺れる)	흔들리다
やわらげる	덜다	ゆわえる(結わえる)	찌르다
やんちゃ	개구쟁이	ユンノリ	윷놀이
ゆうぎ(有意義)だ	뜻있다	よ(四)	넷, 사
ゆいいつ(唯一)の	유일하다	よ(百余)	-여³
ゆううつ(憂鬱)だ	우울하다	よ(あるよ)	-구², -네⁶, -다구, -아¹,
ゆうえき(有益)だ	유익하다		-어¹, -여², -지²
ゆうがい(有害)だ	해롭다	よ(風よ)	아⁴, 여⁴
ゆうがた(夕方)	저녁	よあかし(夜明かし)をする	새우다
ゆうき(勇気)	용기	よい(良い)	이롭다, 잘되다
ゆうぎ(遊戯)	유희	よい(すれば~)	되다
ゆうしゅう(優秀)だ	우수하다	ヨイド(汝矣島)	여의도
ゆうじょう(友情)	우정	よう(用)	볼일
ゆうしょく(夕食)	저녁, 저녁밥	よう(様)	듯¹
ゆうち(誘致)する	유치하다²	よう(酔う)	취하다¹
ゆうびん(郵便)	우편	よう(考え~)	나름
ゆうびんきょく(郵便局)	우체국	よう-(幼木)	아기
ゆうめい(有名)だ	알아주다, 유명하다,	-よう(児童用)	-용²
	이름나다	-よう	-듯²
ゆうやけ(夕焼け)	노을	-よう(行こう)	-아², 자¹
ゆうり(有利)だ	유리하다	ようい(用意)する	장만하다
ゆか(床)	마루, 바닥, 방바닥	よういん(要因)	요인
ゆがむ(歪む)	일그러지다	-ようか(しようか)	-까, -으랴
ゆがめる(歪める)	찡그리다	ようきゅう(要求)	요구
ゆき(雪)	눈²	ようきゅう(要求)される	요구되다
ゆきかう(行き交う)	오가다	ようきゅう(要求)する	요구하다
ゆくえ(行方)	자취	ようご(用語)	용어
ゆげ(湯気)	김²	ようしき(様式)	양식²
ゆさぶる	흔들다	ようじん(用心)	조심
ゆしゅつ(輸出)	수출	ようす(様子)	눈치, 모습, 양²
ゆしゅつ(輸出)する	수출하다	ようせい(要請)する	당부하다
ゆずりうける(譲り受ける)	물려받다	ようそ(要素)	요소
ゆずりわたす(譲り渡す)	물려주다	ようだ	것, 듯싶다, 듯하다,
ゆずる(譲る)	내주다, 비키다, 양보하다		모양, 보다¹
ゆたか(豊か)だ	넉넉하다, 풍요롭다	ようちえん(幼稚園)	유치원
ゆっくり	찬찬히, 천천히, 편히, 푹	ようち(幼稚)だ	유치하다¹
ゆっくりした	느리다	-ようと(しようと)	-고자, -느라고, -ㄹ려고,
ゆったりした	넉넉하다		-ㄹ려구, -려, -려고, -으
ゆとり	여유		려, -으려고, -자고, -자구
ゆにゅう(輸入)	수입²	-ようという(しようという)	-려는, -으려는, -자는
ゆにゅう(輸入)する	수입하다	-ようとしたら	
ゆびわ(指輪)	반지, 손가락	(しようとしたら)	-자니
ゆめ(夢)	꿈	-ようとして(しようとして)	-려다, -려다가

-ようとしていた~	-려던	よってたかる	덤벼들다
-ようとしているところに	-려는데	よてい(予定)	예정
-ようとすると	-려니	よなか(夜中)	한밤중
-ように(するように)	-게¹, -게끔, -도록, 듯¹, -듯이¹, 듯이²	よね	그치, -죠
		よのなか(世の中)	세상
ようび(曜日)	요일	よばれる(呼ばれる)	불리다
ようふく(洋服)	양복	よびおこす(呼び起こす)	불러일으키다
ようぼう(容貌)	인상²	よびだされる(呼び出される)	불리다
ようやく	드디어, 인제²	よぶ(呼ぶ)	부르다¹
ようやく(要約)する	간추리다, 요약하다	よぼう(予防)	예방
ようりょう(要領)	요령	よほど	어지간히
ヨーロッパ	유럽	よみがえらせる	되살리다
よか(余暇)	여가	よみがえる	되살아나다, 살아나다
よかった(して良かった)	잘하다	よむ(読む)	보다¹, 읽다
よかん(予感)	예감	よむ(詠む)	읊다
よぎる	스치다	よめ(嫁)	며느리; (嫁に行く) 시집¹, 시집가다
よきん(貯金)	저축		
よく(欲)	욕심	よやく(予約)	예약
よく	자주, 잘, 환히, 흔히	よやく(予約)する	예약하다
よくあつ(抑圧)	억압	よゆう(余裕)	여유
よくじつ(翌日)	다음날, 이튿날	より(~良い)	보다⁴
よくしらべる(調べる)	따지다	より(リンゴより)	보다³
よくせい(抑制)する	억제하다	よりけり	나름
よくちょう(翌朝)	다음날	よりによって	하필
よく(良く)できる	잘하다	よりは	-느니
よく(良く)なる	괜찮다, 풀리다	よる(夜)	밤
よくぼう(欲望)	욕망	よる	따르다, 의하다, 인하다
よくよく	가만히	よる(糸を~)	꼬다
よこ(横)	가로¹, 모³	よるおそい(夜遅い)	밤늦다
よこぎる(横切る)	가로지르다	よろこび(喜び)	기쁨
よごす(汚す)	더럽히다	よろこぶ(喜ぶ)	기뻐하다, 즐거워하다
よこたえる(横たえる)	눕히다	よろずや	구멍가게
よこばら(横腹)	옆구리	よろん(世論)	여론
よさん(予算)	예산	よわい(弱い)	약하다, 여리다; (暑さに~) 타다⁵
よし(良し)	좋다		
よじる	꼬다	よん(四)	네³, 네⁴
よそう(予想)	예상	よんじゅう(四十)	마흔, 사십
よそう	푸다	ラーメン	라면²
よそう(予想)する	예상하다	ライオン	사자
よそく(予測)する	예측하다	らいねん(来年)	내년
よそよそしい	쌀쌀하다	らいれき(来歴)	내력
よぞら(夜空)	밤하늘	らく(楽)だ	편안하다, 편하다
よそる	뜨다³	らしい	-답다
よち(余地)	여지	-られない(食べられない)	못²
よっ(四)	네³, 넷	ランドセル	책가방
よっか(四日)	나흘	ランニング	달리기
よっきゅう(欲求)	욕구	らんぼう(乱暴)だ	거칠다, 험하다
よっていく(寄って行く)	다녀가다	り(里)	리³

リアルだ	실감나다	りん(輪)	송이
りえき(利益)	이익	リンゴ	사과¹
りかい(理解)	이해¹	りんこく(隣国)	이웃
りがい(利害)	이해²	りんじ(臨時)	임시
りかい(理解)される	이해되다	りんり(倫理)	윤리
りかい(理解)する	이해하다	-る(食べる。)	-는다, -다¹, -어¹, -어²
りかい(理解)できる	이해되다	-る(食べる人)	-는², -ㄹ¹, -을²
りくぐん(陸軍)	육군	るい(類)	-류
りくち(陸地)	육지	れい(例)	보기, 사례, 예²
りこう(利口)だ	똑똑하다	れい(零)	영¹
りこん(離婚)	이혼	れい(霊)	귀신, 넋, 혼
りじ(理事)	이사²	れいか(零下)	영하
リス	다람쥐	れいがい(例外)	예외
リズム	리듬, 장단	れいぎ(礼儀)	예의
りせい(理性)	이성¹	れいぎただしい(礼儀正しい)	예의바르다
りそう(理想)	이상³	れいぎただしく(礼儀正しく)	공손히
りそうてき(理想的)	이상적	れいせい(冷静)だ	냉정하다²
りそく(利息)	이자	れいせつ(礼節)	예절
りっぱ(立派)だ	훌륭하다	れいぞうこ(冷蔵庫)	냉장고
りねん(理念)	이념	れいめん(冷麺)	냉면
リヤカー	리어카	れきし(歴史)	역사
りゆう(理由)	이유	れきしてき(歴史的)	역사적¹, 역사적²
りゅう(龍)	용¹	れっしゃ(列車)	열차
りゅうい(留意)する	유의하다	れっする(列する)	끼다³
りゅうがく(留学)	유학¹	-れば(放置すれば)	경우
りゅうこう(流行)する	유행하다	レベル	수준, 차원
りよう(利用)	이용	-れる	-으시-
りょう(両)	양³	-れる(畳まれる)	지다¹
りょう(客車二両)	칸¹	れんあい(恋愛)	연애,
りょう(量)	양¹	レンギョウ	개나리
りょう(寮)	기숙사	れんけつ(連結)	연결
りょういき(領域)	영역	れんけつ(連結)される	연결되다
りょうがわ(両側)	양쪽	れんしゅう(練習)	연습
りょうきん(料金)	요금	れんしゅう(練習)する	연습하다
りよう(利用)される	이용되다	レンズ	렌즈
りょうさん(量産)	양산²	れんたん(練炭)	연탄
りょうしん(良心)	양심	れんらく(連絡)	연락
りよう(利用)する	이용하다	れんらく(連絡)する	연락하다
りょうど(領土)	영토	-ろ(起きろ)	-지²
りょうはん(両班)	양반	ろう(労)	수고
りょうり(料理)	요리	ろうか(廊下)	복도
りょかん(旅館)	여관	ろうじん(老人)	노인
りょけん(旅券)	여권	ろうそく	촛불
りょこう(旅行)	나들이, 여행	ろうどう(労働)	노동
りょこうしゃ(旅行社)	여행사	ろうどうしゃ(労働者)	노동자
りょこう(旅行)する	여행하다	ろうどく(朗読)する	낭독하다
りりしい	씩씩하다	ろうにん(浪人)	재수¹
りろん(理論)	이론	ろうばいする	당황하다¹

ろうひ(浪費)	낭비	わすれられる(忘れられる)	잊히다
ろうひ(浪費)する	낭비하다	わすれる(忘れる)	잊다
ろく(六)	여섯, 육	わた(綿)	솜
ろくがつ(六月)	유월	わだい(話題)	화제
ろくじゅう(六十)	예순, 육십	わたし(私)	나¹, 내¹, 저¹, 제²
ろじ(路地)	골목, 골목길	わたし(私)の	내², 제³
ロシア	러시아	わたす(渡す)	건네다, 넘기다
ロックする	잠그다¹	わたって(渡って)いく	건너가다
ロボット	로봇	わたって(渡って)くる	건너오다
ロマン	낭만	わたりあるく(渡り歩く)	뛰다
ろんそう(論争)	논쟁	わたる(渡る)	건너가다, 건너다,
ろんぶん(論文)	논문		넘어가다
ろんり(論理)	논리	わたる(10年に～)	걸치다
ろんりてき(論理的)	논리적¹, 논리적²	わびる(詫びる)	빌다
わあ	아아¹	わらい(笑い)	웃음
わぁー	아우², 아유, 와²	わらう(笑う)	웃다, 치다¹
わあっ	와²	わらわせる(笑わせる)	우습다, 웃기다
わぁーと	막¹	わりこむ(割り込む)	끼다³, 끼어들다
わあわあ(～泣く)	엉엉	わる(割る)	깨다¹, 깨뜨리다, 쪼개다,
わが(我が)	우리¹		터뜨리다
わかい(若い)	젊다	わるい(悪い)	고약하다, 나쁘다,
わかいひと(若い人)	양반		못되다, 사납다, 해롭다;
わがくにのことば			(縁起が～) 타다⁵
(我が国の言葉)	우리말	わるくち(悪口)	흉
わかさ(若さ)	젊음	わるふざけ(悪ふざけ)	장난
わかす(沸かす)	끓이다	われる(割れる)	갈라지다, 깨지다,
わかもの(若者)	젊은이		나누어지다, 터지다
わからない	모르다	を	를², 를, 을¹
わかれ(別れ)	이별	をとおって	로
わかれる(分かれる)	갈라지다, 나누어지다,	んだ	-나⁴
	나뉘다	んだか	-는지
わかれる(別れる)	헤어지다	んだから	-다니²
わきあがる(湧き上がる)	솟구치다, 솟아오르다	んだけど	-ㄴ데, -니¹
わきばら(脇腹)	옆구리	んだって(行った～)	-ㄴ다며, -ㄴ다면서,
わきめ(わき目)	한눈²		-다네, -다구, -다는데
わく(沸く)	끓다	んだよな	-다니까
わく(湧く)	솟다	んだよね	-거든
わく(興が～)	나다	んで	땜
わくぐみ(枠組み)	틀¹	んです	-답니다, -랍니다
わけ	거, 것, 까닭, 셈, 영문	んですか	-나요, -는데요, -소¹,
わける(分ける)	가르다, 가리다¹, 나누다,		-으세요
	쪼개다	んですって	-다면서요, -대요
わざと	일부러	んですもの	-ㄴ걸요
わざわざ	일부러	んですよ	-거든요
わずか	고작, 불과		
わずらう(患う)	앓다		
わずらわしい(煩わしい)	번거롭다		
わすれて(忘れて)しまう	잊어버리다